U0034032

這是為什麼？——

「右」難及成因

裴毅然——著

關於建立「1957年學」的回憶
裴毅然《這是為什麼？——「右」難及成因》序

文／錢理群

　　毅然是我已經不年輕的「青年朋友」，也可以說是「忘年交」，對中國現當代歷史、對二十世紀中國命運的持續關注、傾心研究，把天各一方的我們的心連接在一起。毅然希望我為他的《這是為什麼——「右」難及成因》寫點什麼，我自然欣然同意。儘管我對這一段歷史也有所研究，但在閱讀毅然的新作時，卻被深深打動。毅然採取了「多擺事實，少發議論」的撰述策略，講述一個又一個右派的具體遭遇（歷史命運的帶血故事），這恰恰是許多歷史著作因為忙於概括而有意無意忽略的，也是不熟悉那段歷史的讀者（特別年輕讀者）完全不知道的；現在被一一無情揭示，就有一種觸目驚心之感。在我看來，這不僅是寫作策略，更顯示了一種新的歷史觀：歷史研究最應該關注的是特定歷史情境中的個體生命、他們的人生遭遇與內在心靈世界。

　　本書面對的1957年中國「右難」，給中華民族帶來的最大災難就是對一個個具體生命的摧殘：不僅是生存權利的無情剝奪，更是思想、言論自由的肆意踐踏，造成心靈傷害、人性扭曲，而這正集中揭示了所謂「中國特色」的極權體制的本質：為了維護自己「打江山、坐江山」的既得利益，不惜採取一切手段，付出一切代價，摧殘一切有礙自己統治的生命，毒化人與人的關係，欲從根本上改造人性，導致治下所有的國民（無論受害者還是加害者）的人性全面扭曲，進而導致整個社會的「非人化」，藉此將自己的統治權力達到無時不在、無所不至的地步，把極權統治的組織力、動員力、控制力、同化力，推向極致。在我看來，毅然這本「右難」之書，正是因為抓住了對個體生命從外到內的全面摧殘這一根本，深刻揭示了中國體制的「反人性」本質，這正是中國的基本問題所在：其驚心動魄之處，就在於此。

　　就我個人而言，讓我怦然心動的還有毅然在〈跋〉裡所說的一句話：錢理群先生說「1998年我提出建立『1957年學』的倡議，在學界幾乎無人理睬」，「作為對錢先生的呼應，拙著實在有點太晚」。這又觸及當代中國歷史研究的一個要害問題，也是我的最大心事，由此引發許多辛酸無奈的回憶。那麼，就藉給毅然此書寫序的機會，做一番歷史的梳理，也可以幫助讀者暸解毅然這本探討「右難成因」之著的寫作背景與意義。

　　2007年，我在《拒絕遺忘──「1957年學」研究筆記》的〈後記〉裡表達了這一寂寞感，距離我提出建立「1957年學」倡議的1998年，已有九年。其實當時我還說了一句多少有些樂觀的話：「直到最近才有幾位年輕學人表示了研究的興趣。」[1]確實有幾位在讀研究生和我聯繫，表示研究「1957年學」的意願，但他們畢業後到地方工作，就渺無音訊了。我自然明白，在當時和以後的中國，特別控制更嚴的地方上，根本沒有「闖禁區」的機會和條件。而我自己，2007年以後也轉向其他研究領域。這樣，可以說直到今天，也即我提出倡議的22年後，儘管也陸續出現有關「右難」的書，但大都是回憶性著述，我也陸續寫了不少序言，真正的研究性著作極少見。現在，終於有了毅然這本認真用心的研究專著，儘管確實「有點晚」，但畢竟有了，這就可能會有一個新的真正開始。特別是當下的中國與世界的年輕人早已不知發生在64年前的中國「右難」為何事，毅然這樣的具體仔細描述「當年事」的論著就實在難能可貴了。

　　其實，我在1998年、2007年一再宣導建立「1957年學」，也是因為我們正面臨中國極權體制在思想、文化、學術領域的一大「特色」，即「強迫遺忘」。2003年10月18日上海師範大學，我發表演講〈我的「1957年研究」〉：

　　　　中國歷史上曾有過對歷史的「重修」。魯迅揭露說，這其實就是對古書大肆刪改，或毀，或抽，目的是將歷史的血腥全部抹掉。而現在的做法就更乾脆，也更徹底：不讓當事人回憶，不

---

[1]　錢理群：《拒絕遺忘：「1957年學」研究筆記》，頁495。

讓後人討論，不許學術界研究，從一開頭就不予記載，不准進入歷史的敘述，從而從根本上消滅歷史的記憶。

這樣就造成了歷史的兩大遮蔽：一是如反右、文革這樣的歷史錯誤與罪惡，歷史的血腥氣就被遮蔽了，真的成了「一片光明」；一是歷史上的血性人物，那些拚命硬幹、為民請命、捨身求法，被魯迅稱為中國的「筋骨和脊樑」的人，被遮蔽了，只剩下「良民」和「順民」。

這樣的兩個遮蔽，就必然產生兩個嚴重後果——

一方面，歷史的血污被遮蔽就意味著造成反右、文革這樣的歷史錯誤的觀念和體制上的弊端，沒有得到認真的反省與清理，當然更談不上實質性的糾正與變革，就完全有可能在某種歷史條件下，被今人和後人所繼承和發展，甚至將歷史的罪孽當作神明重新供奉起來，以另一種形式重演二十世紀的歷史悲劇。

另一方面，思想先驅者被人為的遮蔽與抹殺，他們的思想成果不能為後人所知，這就導致了思想的不斷中斷，每一代人不能在前人的思考已經達到的高度上繼續推進，而必須一次又一次地從頭開始：這應該是中國現當代思想始終在一個低水準上重複的重要原因。而這樣的精神傳統的硬性切斷，如魯迅所說，對整個民族精神的損傷也許是更大的：「堅卓者」的滅亡，必然導致妥協、鄉愿之風盛行，活命哲學猖獗，「游移者愈益墮落」，實際是民族精神的墮落：「倘中國而亡，操此策者為之也」。[2]

今天重讀13年前所說的這些話，更有觸目驚心之感：當年的隱憂與警示，今天都成了無情的現實，並且有變本加厲之勢。

我們也因此更深刻地理解建立「1957年學」的必要與迫切性。我們當年提出的兩個理由已被此後歷史發展所證實。首先，1957年的「右難」是「中華人民共和國歷史的關鍵環節」。這大概也是我與毅然的一個共識。毅然一針見血地指出，「反右是二十世紀中國命運的一個逆轉點」；我強調，1957年的反右運動——

---

[2]　錢理群：《拒絕遺忘：「1957年學」研究筆記》，頁478～479。

　　它向上承續高饒事件、反胡風、肅反運動，往下與三年大饑荒、文化大革命，以至「六四」，都有深刻的內在聯繫。而且其所產生的影響是既深遠又廣泛的，幾乎涉及到政治、社會、經濟、法律、思想、文化、科學、技術、教育……各個領域。……或許正因為如此，反右運動和三年大饑荒、文化大革命、「六四」風波，一起成了要強制遺忘的四大禁區，成了歷史的死結。

　　在我看來，反右運動正是一個解結、解扣的關節點，因為歷史正是由那裡開始的。

　　可以期待，對1957年歷史的研究，必將帶動整個中華人民共和國歷史的研究；而對1957年歷史的考察，也必然是多學科的綜合研究，而且也會促進相關學科的研究：這就是我為什麼要提出「1957年學」這個概念的原因和理由。[3]

　　我期待「1957年學」將作為現代政治史、思想文化史、知識分子心靈史……的重要組成部分，為正在進行的中國人與中國社會的改造提供思想資源。

　　更不可忽視的是，1957年反右運動以後，毛澤東對建國後即已初創的一黨專政體制進行強化與發展，構建了一個更完整、更系統、更有效的極權體制，我把它稱為「五七體制」，這是我們理解此後中國所發生一切的一個關鍵。這樣的「五七體制」大概包括四個方面：其一，明確提出，「黨政軍民學，東西南北中，黨領導一切」，建立一個「大權獨攬，黨的一元化的領導體制」，強調黨對國家事務、社會生活的一切方面、一切領域無所不至的絕對領導和控制，不僅「黨政不分」，決策權集中在黨中央，政府只是一個執行部門，而且一切社會組織也必須服從黨的絕對領導；而黨的權力又集中在各級第一把手，以一個人為核心，把一黨專政落實為不受任何監督與制約的個人獨裁。其二，重組階級隊伍，在全體公民中，按照對黨的態度，具體為對單位黨領導的態度，劃

---

[3]　錢理群：〈我的「1957年學研究」──2003年10月18日在華東師範大學的演講〉，《拒絕遺忘：「1957年學」研究筆記》，頁484、491。

分「左、中、右」，在每個公民所在單位建立「對上服從，對下施暴」的等級社會結構，把「無產階級專政」落實到社會基層。其三，建立「以興無產階級思想、滅資產階級思想為核心的意識形態專政」。不僅將民主、自由、平等、博愛、人道等普世價值都定為「資產階級思想」無條件排斥，而且要把人所有欲望、所有個人利益、所有權利和追求，都全部拋棄，建立「黨的意志高於一切，黨代表的國家、集體利益至上」的信念，自覺充當黨的「馴服工具」。其四，不斷設置對立面，製造階級鬥爭，以保持「不斷革命」的緊張態勢，以推行「運動政治」作為治國基本方針與策略。[4]應該說，我們前文所討論的中國特色極權統治反人性的本性，以及毅然書中詳盡敘述與討論的「右難」，就是這樣的「五七體制」造成的，而且在中國似乎頗為有效，至今仍得以延續，原因也在於這樣的政治體制在所謂「改革開放」中並沒有得到觸動，甚至還有新的發展。這一切，都應該在我們所要建立的「1957年學」裡得到認真的研究。

　　提出建立「1957年學」，還有一個重要理由：根據我的研究，1957年所發生的，實際是兩個運動。一個是毛澤東所領導發動的自上而下的整風運動，與此同時，在以北京大學為中心的中國許多大學校園裡，還掀起了一個自下而上的民間思想政治運動。「正是這兩個運動引發了中國社會各階層，黨內各種力量的巨大震撼，各種矛盾的交織，導致了最後的反右運動」。儘管民間的思想、政治運動在某種意義上是被毛澤東召喚出來的，許多學生也是被動捲入的，但運動的發動者和主要骨幹，還是有相當自覺性的。我就注意到，北大《廣場》的發刊詞和相關文章裡，旗幟鮮明地提出「這個運動已遠遠超出了黨內整風運動的範圍，而且有了偉大的社會思想意識大變革的巨大意義」，「人與人之間的關係要重新調整，一些過去習以為常的正面和反面的東西要重新進行估計、評價和探索」，「這將是一場社會主義時代的『五四』新文化運動」，「青年人掙脫一切束縛，爭取思想解放的啟蒙運動」。這裡

---

[4]　錢理群：〈反右運動後建立的「五七體制」〉，錢理群：《毛澤東時代和後毛澤東時代：歷史的另一種書寫》（上），聯經出版公司（臺北）2012年，頁155～171。

高舉「五四」、「重新估計、評價」既定的一切的旗幟，是意味深長
的：他們要推動的是一個「掙脫」黨的意識形態束縛與控制的「新啟
蒙運動」。他們的思考，首先自然是現實的政治、社會、經濟問題，
在共和國歷史上第一次提出不能僅僅有「社會主義工業化」，「還應
有社會主義民主化」的要求，但也包括了深層次的政治學、倫理學、
法學、哲學的問題的思考，發表了諸如〈自由主義者宣言〉、〈利己
主義者宣言〉這樣的有關世界觀、基本立場的宣言書。[5]儘管由於自由
開放的時間很短（在北大不足20天），民間思想運動不可能有更多成果，
但畢竟有了一個新的開端。反右運動以後，不斷出現異端思想，逐漸
形成地下民間新思潮，文革後期還出現一個高潮，為文革後的改革開
放做了思想、理論的準備。[6]

　　正是在這樣的新的事實基礎上，我在2010年所寫《毛澤東時代和後
毛澤東時代：另一種歷史書寫》「後記」，做了新的理論概括，提出了
要將「民間異端思想和民間反抗運動史，作為毛澤東時代和後毛澤東時
代歷史的有機組成部分，將其寫進歷史，恢復民間思想者應有的歷史地
位」。我指出，在中華人民共和國歷史上，「事實上存在兩個中國，兩
條不同的發展路線：一個是毛澤東領導的，占主流地位的中國，另一個
則是儘管被鎮壓、被抹殺，卻始終頑強存在的『地下中國』；一條是在
現實上實現的毛澤東的發展路線，另一條是與之相對立，儘管沒有現實
化，卻存在著合理性的發展路線。而所謂『毛澤東時代』，就是兩個
中國、兩條發展路線，相互博弈，反抗，鎮壓，再反抗，再鎮壓的過
程」。[7]

　　2016年，我在《燼火不熄》「後記」又提出民間思想三大特徵：
「思想的異端性，傳播方式的民間性（不是通過國家的公共傳媒公開發表，
而是用大字報、私人書信、日記、傳單等方式在民間流傳）以及作者受壓制、

5　錢理群：《拒絕遺忘：「1957年學」研究筆記》，頁481～483。

6　錢理群：《燼火不熄——文革民間思想研究筆記》下卷，牛津大學出版社（香
　　港）2017年，頁771～842。

7　錢理群：《毛澤東時代和後毛澤東時代：歷史的另一種書寫》（下），頁348～
　　349。

鎮壓的命運。」我因此強調：「選擇民間思想的角度來描述共和國歷史，就是選擇了一個自下而上地看中國的視角，同時也意味著建立一個不同於主流意識形態，甚至是反主流的價值標準和系統。我不想否認這樣的研究路線對現行正統研究的反叛性；但在具體進入時，也時刻提醒自己，所謂『兩個中國。兩條思想路線』、『官方與民間』的對立，也是相對的，它們不僅相互對抗，相互制約，而且相互影響，相互滲透。」[8]

最後要說的是：我們所討論的1957年的民間思想者，不僅是共和國民間思想史的開創者，而且他們中許多人被打成右派以後依然參與民間思想運動，並做出巨大貢獻與犧牲。其中最為突出的，是1959年北大右派中傑出代表林昭和蘭州大學以張春元為首的一批學生右派，共同編印《星火》雜誌，自稱「農民的兒子」，醞釀成立「中國勞動農工同盟」等組織。《星火》尖銳指出，中國現行社會主義體制實質上是一種「由政治寡頭壟斷的國家社會主義，與納粹國家社會主義屬於同一類型」，所謂「黨的絕對領導」不過是「法西斯式獨裁政權的變種」，並且已經形成了「新興的官僚統治階層」，而其他社會階層，特別是工農基本群眾，實際上已經成為「依附農奴與國家奴隸」。這批「大饑荒年代的中國『普羅米修斯』」，最後遭到血腥鎮壓。[9]林昭在戰友紛紛被捕，自己也最後落入監獄時，仍堅持獨立思考，1965年〈致《人民日報》編輯部的信〉進一步提出「極權社會」概念，明確指出，這是一個「極權統治的警察國家」、「以血和仇恨維持統治權力」，是建立在「個人迷信，偶像崇拜」基礎上的「極權寡頭」的統治，推行「愚民政策」，培育「奴性」，實行精神欺騙與控制。[10]林昭最後在文革中遇難。

文革結束後，鄧小平推行「經濟開放，政治嚴控」的治國路線，始終堅持毛澤東時代一黨專政和個人獨裁的政治體制，自然也就拒絕

8　錢理群：《燼火不熄：文革民間思想研究筆記》下卷，頁1332。

9　錢理群：〈《星火》：大饑荒年代的中國「普羅米修士」——譚蟬雪《求索》序〉，〈錢理群談《星火》〉，《燼火不熄：文革民間思想研究筆記》，頁140～141。

10　錢理群：〈中國校園裡的地下新思潮〉，《毛澤東時代和後毛澤東時代：歷史的另一種書寫》（上），聯經出版公司（臺北）2012年，頁416。

為1957年反右運動平反，由此激發右派及其子女持續幾十年的抗爭。毅然在書中提到1996年方勵之、劉賓雁、許良英等發起「反右運動30年學術研討會」，2007年、2012年右派聯名上書等，都表明「鬥爭仍在繼續」。我在研究1989年天安門民主運動遭到鎮壓之後的民間反抗歷史時，談到「維權運動、網上監督、非政府組織」的出現，標誌著「民間力量的興起」，特別注意到「兩個特殊的群體」：「一是1957年的右派，一是以『天安門的母親』為代表的『六四』受難者的家屬」，「這些年他們奮起抗爭，獲得了廣泛的社會同情；其主要述求有二：為1957年和1989年的民主運動平反，恢復歷史的真面目，同時維護自身的政治、經濟權利。他們都是風燭殘年的老人，為了對歷史和子孫後代負責，寫下了大量的血淚回憶，其『拒絕遺忘』、『維護歷史與自我尊嚴』的鬥爭精神是一筆極其寶貴的精神財富」。[11]

更重要的是，我們由此看到了，1957年右派為代表的這一代人，不僅用自己的非凡的勇氣和犧牲精神開創了共和國民間政治、思想歷史，而且始終堅守「憂國憂民」的人間情懷，始終是中國歷史變革的在場者，參與者。在我看來，這是一個極其重要和寶貴的傳統。這也應該是研究這一代人、這一段歷史的「1957年學」必須繼承發揚的精神傳統。我們的研究本身就是對歷史傳統的一種繼承，對歷史變革的一種參與，我們始終是歷史與現實的在場者，而絕不是旁觀者，這也是我們與一般的歷史研究的區別所在。坦白地說，我自己（我相信毅然也如此）對1957年學的研究，都有明確的當代問題意識。2007年，我在《拒絕遺忘：「1957年學」研究筆記》「後記」寫下：

> 本書是我們這代人留給後人的一份遺言：「請記住這一切！」而且這幾乎是我們在當下中國所唯一能做的事了。[12]

我注意到，毅然在13年後2020年寫的這本「1957年學」研究力作，標題就是：「這是為什麼」，顯然是貫穿全書的問題意識。我理解，毅然代表比我們年輕的一代，所要追問的「這是為什麼」，包含了兩

---

[11] 錢理群：《毛澤東時代和後毛澤東時代：歷史的另一種書寫》（下），頁308～309。

[12] 錢理群：《拒絕遺忘：「1957年學」研究筆記》，頁495。

個方面的困惑與思考：一是「右難成因」，爲什麼會出現1957年的「右難」？二是「右難」的命運：「爲什麼」在此後至今的共和國歷史上，「右難」始終被強迫遺忘？

　　「爲什麼」至今「右難」還在不斷以新的形式蔓延、重演？爲什麼「右難」始終籠罩著中華人民共和國的上空？本書寫出了毅然自己的思考與回答，自然具有極大啟發性，這也是本書的主要貢獻；但並不是結束，還需要本書的讀者，以及一切關注關心中國問題的朋友，繼續追問與思考下去……

2020-12-31〜2021-1-4　北京

目次 | CONTENTS

前言

　　赤潮退落，共運殘照，歲月辨偽，實踐驗謬。馬克思主義肇禍甚巨，有史以來毒性最烈之思想瘟疫，國際共運殉難者至少兩次世界大戰之和（超過一億）。中國共運「出於藍而勝於藍」，殉難者至少三四倍於「蘇聯老大哥」。

　　中國赤難四大「標誌性建築」：反右、大饑荒、文革、六四。反右乃中國共運之漲頂，由盛入衰之拐點——信義盡喪，凝聚力始散，拽出後面的大躍進、大饑荒、文革。1980年10月中共高幹評點反右：「我們黨走下坡路，我們的事業走向災難，就是從這裡開始的。」[1]災源當然並非出自反右，而是馬克思主義與國際共運（目標、路徑全錯），紅色支票根本無法兌現，紅色天國本就不可能也不應該到達。

　　1917年俄國十月革命，共產主義著陸「形而下」，立現原形：糧食減產、全俄饑荒。列寧只得後撤：1921年改行新經濟政策（以實物稅代替餘糧徵集制、開放糧食市場），同時以暴噤聲，掩醜遮窘，懸望「暫時困難」。赤國水寒士先知，警號首先由知識界拉響。1920年，赤俄「契卡」（肅反委員會）主席捷爾任斯基為全俄知識分子建立個人檔案，擬議逐步消滅之。[2]

　　1949年中共奪國，捏著共產圖紙改天換地，吾華進入有史以來最黑暗時期。土改鎮反、恐怖肅反、大蕭條大饑荒，全球赤國統一標配，同路徑而同災難。反聲異議愈烈，共黨自然愈窘，鎮壓也愈狠，反右褪去最後一層面紗，獠牙畢露。

　　日光之下無新事，故事總有新編，人類很容易重複同型錯誤。每一代青年都有改造社會的衝動，倡「主義」以驚世，立新政以勒碑，很難遏制的人性弱點。法蘭西斯・福山（Francis Fukuyama, 1952-）：「獲得認可的欲望也有它黑暗的一面，致使許多哲學家相信精神是人類邪惡的根

---

[1] 李銳：〈討論《歷史決議（草案）》的摘記〉，《李銳文集》第5冊，卷九，頁54。
[2] 孫越：〈列寧遇刺還是自殘（下）〉，《揭露》（香港）2013年9月號，頁95。

源。」[3]盧梭（Jean-Jacques Rousseau, 1712-1778）：「人類的災難來自謬誤者多，來自無知者少。」[4]

　　創新之日即易錯之時。新說易誤，新事易偏，護新防新分寸難捏，只能邊試邊修正。歐美三權分立，立法者不執法，行政者不立法，輔以司法監督，很精巧的分權制衡。同時，言論自由保證新說孵孕與公眾及時撥辨，識歪於初，扼災於萌。國會嚴守立法雄關，集體智慧制衡各種偏激，摒拒極端豔說滲入法規。1688年英國「光榮革命」以來，三權分立一路調適校準，迄今為止最先進的政治制度──牢牢限公權於憲法，服從多數又保護少數。近代歐美未走大彎路，成功抵禦赤潮，根植整體文化底蘊，精確碼放價值序列。

　　馬克思主義利用了「自古成功在嘗試」誘引左翼士林，吾華不幸淪為赤說試驗場，七千萬國人非正常死亡、前後逾20億國人非正常生存。如今，中國共運雖夕陽殘照，尚未漢家陵闕，赤難罪酋屍供享堂，無人為「右難」擔責，無一聲「道歉」。中南海還在「不忘初心」，還在歪說「反右」、強迫淡化強迫遺忘。2006年北師大「右生」自費出版《不肯沉睡的記憶──五七學子的往事》（北京：中國文史出版社），旋遭查禁，「約談」主編俞安國。[5]中共遮罩歷史實訊，中青年誤識多多。2011年，一青年醫生正告某「右」翁：

> 毛澤東畢竟是偉大人物，你們不要批評太多，我們不相信大躍進餓死三四千萬人，我們不知道反右和文革，但是我們覺得毛澤東時代比現在好得多。[6]

　　「淡化」至少有效遲緩下一代認知赤難，擰歪他們對歷史與時局的判認。中共之所以不准研析赤難（不許回憶，不許討論），實因無法回答一聲質問：「這是為什麼？」1997年底，名「右」吳祖光（1917-2003）：

> 1949年我從香港滿腔熱情投奔黨和新中國的懷抱是懷了多大的感

3　（美）法蘭西斯・福山：《歷史的終結及最後之人》（1992），黃勝強等譯，中國社會科學出版社（北京）2003年，頁206。

4　盧梭：《懺悔錄》，黎星、范希衡譯，人民文學出版社（北京）1982年，頁356。

5　谷興雲編：《一位偉大的女性──紀念雷一寧》，頁227。

6　陳可榮：〈教子教孫都不要忘記歷史〉，《五七精神・薪盡火傳》，頁531～532。

情呀！甚至把一向認為選擇自己事業的最大自由都義無反顧地交給了中國共產黨。怎麼會想到號召提意見原來是一個騙局。把「陰謀」說是「陽謀」，從而發展到「大躍進」後三年困難時期，廬舍成墟……。「文革」把在校、不在校的一代青年全部教唆成為流氓、打手，大肆「打、砸、搶」，把祖國大地弄成一片打人殺人場，城市一片血海，農田遍野荒蕪。[7]

1957年復旦大學的「鳴放」仍令今天中南海膽寒：

憲法是中華人民共和國的憲法，又不是中華黨員共和國的憲法，由誰領導應該由人民選舉結果決定……。根據民主制度的原則，任何政黨（包括共產黨在內）都不能自封為不可反對的。[8]

已入歷史帷幕的「反右」，中共仍很敏感，習近平上臺後關緊擰死：強制忘卻，禁止回憶。連列寧的「偉大教導」都不顧了：「一個政黨對自己錯誤所抱的態度……是一個鄭重的黨的標誌。」[9]時諱拴繫時效：「右」難仍在延續（異議人士仍在入獄或流亡），「反右」邏輯仍未終止，研「右」也就尚有現實意義。

紅朝歷史當然不能由中共自演自書。2018～2019年筆者完成《赤難史證──大饑荒成因》，2020～2021年繼續「把一切獻給黨」：研析「右」難。一個如此荒謬悲慘的時代，一路邏輯肯定出了大問題。「羅馬不可能一天建成」，今天只能是昨天的延續。人類也只能根據昨日的腳印辨識今天的缺陷、規劃明天的藍圖。

史程伏因，史證第一；史實既確，史論自明。拙著述必附徵，無徵不信，無本不納，盡量採用中共史料，注重細節，還原場景，或可避免「惡攻」之訐。

史料繁浩，史訊龐雜，只能撮濃取精，綜梳史脈，溯難於源，匯因凝訓。「主要資料來源」資訊完整，頁注從簡。

2021年8月　Princeton

7　吳祖光：〈從「1957」年說起〉，《荊棘路》，頁87。
8　李梧齡：《泣血年華》，博思出版集團（香港）2002年，頁39、45。
9　《列寧選集》第4卷，人民出版社1972年第2版，頁213。

第一章　赤潮騰漲

　　意識形態碼放價值序列，安排社會秩序，決定未來走向。東西方古代文明均裹含烏托邦元素。余英時：「烏托邦式的理想在西方的經典中遠較中國發達。」[1]柏拉圖《理想國》明確提出共產構想，甚至共妻兒。[2]1516年，托馬斯‧莫爾（Thomas More, 1478-1535）的《烏托邦》提出廢除私有制：

　　達到普遍幸福的唯一道路是一切平均享有。……我深信，如不徹底廢除私有制，產品不可能公平分配，人類不可能獲得幸福。

　　在烏托邦，金錢既不使用，人們也就不貪金錢，這就砍掉多少煩惱啊！這就鏟除了多少罪惡啊！……貧窮似乎是僅僅缺乏金錢所造成，一旦金錢到處廢除，貧窮也就馬上減少以至消失了。

　　烏托邦城裡金銀成賤器（詛咒對象），只配鑄造糞桶溺盆、腳鐐手銬，罪犯才佩戴金飾金冠。「為富不仁」成為財產必須公有的論據：「富人不僅私下行騙，而且利用公共法令以侵吞窮人每日收入的一部分……，富人狼狽為奸，盜用國家名義為自己謀利。」[3]

　　托馬斯‧莫爾三大觀點：(1)金銀成賤，立滅貧窮；(2)「平均享有」乃通往普遍幸福唯一道路；(3)廢除私有制乃公平分配之前提。顯然，莫爾的觀點只顧分配未顧生產，僅符合無產者「樸素願望」，更脫離制度必須吻合人性這一價值地基，論據無法支撐論點。共產了，公有

---

[1]　余英時：《文史傳統與文化重建》，三聯書店（北京）2004年，頁447。

[2]　柏拉圖：《理想國》，郭斌和、張竹明譯，商務印書館（北京）2002年，頁130～131、190、200～202。

[3]　（英）托馬斯‧莫爾：《烏托邦》，戴鎦齡譯，商務印書館（北京）1982年，頁43～44、67、70、116。

了，生產效率怎麼辦？勤奮努力還有必要嗎？春種秋收，誰來汗滴禾下土？研發創新需要長期積累，誰來努力從事？最關鍵的：公有制能推動生產力發展麼？有實踐性依據麼？

賤廢金銀、共產治貧，原始樸素的想像。我國先秦即有：「不上賢，使民不爭；不貴難得之貨，使民不為盜；不見可欲，使民不亂。」（《老子》第三章）不尚賢、不貴難得之貨、不見可欲，很拙劣很原始的滅欲思路——以滅欲求滅爭。人類在解決社會爭端時，很容易滑墜想像式烏托邦，怎麼可能「不貴難得之貨」？怎麼能夠「不尚賢」？沒了欲望豈非一併沒了社會發展第一動能？「不尚賢」難道「尚愚」、「尚平庸」？廢棄貨幣，何物承擔交換價值功能？

無論如何，近代共產赤潮從《烏托邦》悄然濫觴。十七世紀，左翼思潮正式發軔。約翰‧洛克（John Locke, 1632-1704）：

　　無財產就無非義（一譯「沒有私有制的地方不會有不公正」）。[4]

法國空想家摩萊里（Morelly, 1700?-1780?）的《自然法典》（1755）：

　　社會上的任何東西，都不得單獨地或者作為私有財產屬於任何個人。

　　財產所有權是可憎的，企圖獲取財產所有權之人將被視為瘋子和人類之敵而被終身監禁。[5]

以「平等」質疑私有制，並開始走向形而下的激進、暴力。盧梭認為一切不平等均源於人類自擾，社會愈進步似乎愈不幸，原始狀態才值得追求：

　　自然所賦予人們的平等和人們自己造成的不平等。

　　最不幸的是：人類所有的進步，不斷地使人類和它的原始狀態背道而馳，我們愈積累新的知識，便愈失掉獲得最重要知識的途徑。這樣，在某種意義上說，正因為我們努力研究人類，反

---

[4]　約翰‧洛克：《人類理解論》下冊，關文運譯，商務印書館1959年，頁540。

　　（法）盧梭：《論人類不平等的起源和基礎》，李常山譯，商務印書館1962年，頁119。

[5]　（法）阿‧德‧托克維爾：《舊制度與大革命》，鍾書峰譯，中國長安出版社2013年，頁181。

而變得更不能認識人類。[6]

　　自由、平等、博愛，法國大革命「三色旗」。看似絕對正確的平等存在巨大漏洞，「均貧富」之現代版，為劫富提供合法性。根治貧窮，雖須富人慈濟，亦須窮人自強（不能躺平仰等）。貧窮不能成為劫富的天然理由，更不能以貧仇富、指富為罪。很簡單，失去財產權，如何保持獨立自由、維護人權？

　　十九世紀，歐洲左翼思潮大面積氾濫，憐貧憫弱演化出貧窮有理、富貴成罪，意識形態嚴重歪傾：平等壓倒自由，孕育出國際共運，動搖現代人文地基──獨立個權、私產神聖。共產主義這一基礎價值移位，赤謬原點。

　　1817年，英國羅伯特‧歐文（Robert Owen, 1771-1858）要求「一勞永逸」解決貧窮：

> 我國當政者還沒有提出任何合理辦法，對成千成萬在貧困中掙扎的人進行一勞永逸的實際救助，他們的家卻不必要地成了危害人生命的各種苦難的淵藪。……如果要改善低級階層以至整個社會的狀況，就絕對必須擬定辦法使勞動階級的子女受到良好的教育，以有利的方式雇用他們，並為他們提供一切生活必需品和有益的享用品。[7]

　　會有「一勞永逸」的濟貧方案麼？底層子女均受良好教育、以「有利方式」雇用窮人並提供一切生活必需品、享用品，發願宏大，客觀可能性呢？「一勞永逸」的脫貧思路，「共產滅私」，謬設目標，謬指路徑，赤潮先天性心臟病。

　　赤潮之所以迅速滲漫，在於擊中人性弱點──「厭卑近而騖高遠」[8]。知識分子向以扶危濟困為己任，天然左傾。批判現實主義成為十九世紀歐洲文學主潮，民氣日趨激揚，思維文學化，左翼士林漸奪話

6　（法）盧梭：《論人類不平等的起源和基礎》，李常山譯，商務印書館1962年，頁50、63。

7　羅伯特‧歐文：〈講演詞一〉（1817-8-14，15日載倫敦各報），《歐文選集》第1卷，柯象峰等譯，商務印書館（北京）1979年8月第2版，頁235、237。

8　《宋史‧道學一‧程灝傳》第427卷（程灝傳），中華書局1977年，頁12717。

語權。

　　法國思想家阿歷克西・德・托克維爾（Clérel de Tocqueville, 1805-1859）：

　　　　公眾激情披上了哲學外衣，政治生活裏上了強烈的文學色彩，文人引導著輿論並占據了在自由國家裡通常由政黨領袖占據的位置。

　　　　作家的美德，會成為政治家的罪惡。（濃縮）[9]

　　十九世紀中期發軔的馬克思主義，孵孕出二十世紀洶湧澎湃的國際共運。1921年，列寧（Lenin, 1870-1924）「名言」：

　　　　我們將來在世界範圍內取得勝利以後，我想我們會在世界幾個最大城市的街道上用金子修一些公共廁所。[10]

　　馬克思主義並非左傾孤兒，不缺伴郎——無政府主義、國家主義、民粹主義、納粹主義，以及各式各樣的社會主義，共同匯成赤色大潮，推聳起「紅色的三十年代」。

　　　　希特勒在德國上臺那年，馬克思主義在牛津大學知識分子中時髦的程度，就像每一個人去莫利體育館那樣平平常常。[11]

　　1920～1930年代，西方士林對共產主義普遍同情。1934年巴黎國際筆會，英國作家E・M・福斯特（E. M. Forster, 1879-1970）：

　　　　倘若我年輕一些，我一定加入共產黨。除了共產主義，今天的知識分子再也找不到含有希望的政治信仰了。[12]

　　百年國際共運慘烈證明：平等不能強行製造，單極強調分配均等，極大破壞人文生態。不同工而同薪、不同效而同酬，製造更大不公——弱者剝削強者，極大破壞生產力。共產赤國普遍怠工，深陷貧窮，長期饑荒、專制獨裁、政治恐怖、社會虛偽、貧者更貧……

[9]　（法）阿・德・托克維爾：《舊制度與大革命》，中國長安出版社2013年，頁164。
[10]　列寧：〈論黃金在目前和在社會主義完全勝利後的作用〉，《真理報》（莫斯科）1921-11-6～7。《列寧選集》第4卷，人民出版社1972年，頁578。
[11]　海倫・斯諾：《我在中國的歲月》，中國新聞出版社（陝西）1986年，頁188。
[12]　轉引自《未帶地圖的旅人——蕭乾回憶錄》，中國文聯出版公司（北京）1991年，頁154。

一、赤潮入華

　　戊戌至辛亥時期，王綱解紐，西潮東漸。老者驚呼：「天下之亡，不亡於長槍大劍而亡於三寸毛錐。」力倡新學的張之洞（1837-1909），晚年見人心日浮，天下搖動，生悔嗟歎。[13]1919年5月，幾位京中老吏搥桌：「不好了，過激派到了中國了。」[14]

　　1919-11-25浙江督軍盧永祥（1867-1933）致電大總統、國務院：

> 近來杭州發現一種週刊報紙，初名《雙十》，改名《浙江新潮》，大致主張社會改造，家庭革命，以勞動為神聖，以忠孝為罪惡，其貽害秩序，敗壞風俗，明目張膽，毫無忌憚，稍有知識者，莫不髮指眥裂。……《新社會》、《解放與改造》、《少年中國》等書以及上海《時事新報》，無不以改造新社會、推翻舊道德為標幟，擬拾外人過激言論，迎合少年浮動心理，將使一旦信從，終身迷惘。……叛道之莠言，即是人類之公敵。[15]

　　晚清迭遭外侮，士林痛於落後挨打，別求新聲於異邦，希望仿抄「最新最美」圖紙，「尊西人若帝天，視西籍如神聖。」[16]五四時期（1915-1924）洞開門戶引入各種西說，很不幸，選錯主義娶錯妹，迎回豔俗鹹水妹：「十月革命一聲炮響給我們送來馬克思列寧主義。」[17]

（一）文化失守

　　五四時期唯國學尚能闡禦赤潮，裁量新說唯一驗尺。新文化運動標新自貴，劍指攔路國學。1924年國民黨元老吳稚暉（1865-1953）：

> 國學大盛，政治無不腐敗。因為孔孟老墨便是春秋戰國亂世的產

---

[13]　胡思敬：《國聞備乘》，上海書店出版社1997年，頁56，84。

[14]　胡適：〈多研究些問題，少談些「主義」！〉，《每週評論》（北京）第31號（1919-7-20）。《胡適全集》第1卷，安徽教育出版社2003年，頁326。

[15]　《五四愛國運動檔案資料》，中國社會科學出版社（北京）1980年，頁631～632。

[16]　鄧實：〈國學保存論〉，《政藝通報》（上海）1904年第3號。轉引自嚴壽澂：〈章太炎國學觀概論〉，《饒宗頤國學院院刊》（香港）第5期，頁399。

[17]　毛澤東：〈論人民民主專政〉，《毛澤東選集》第4卷，頁1408。

物，非再把它丟在茅廁裡三十年……[18]

1925-2-10，魯迅回答《京報・副刊》「青年必讀書」：

　　我以為要少——或者竟不——看中國書。[19]

否棄國學即棄守天然關隘。傳統即繩範，量尺既失，何以檢驗新說？進化論一來，凡新必優，凡舊必劣，偏邪赤說長驅直入，「將來式」倒證：懸未來為論據，以設想否現實，驗效赤說推至「革命成功後」。文化未能下閘禦赤，結果用最笨拙最昂貴的實踐去檢驗。

1919年，秀才陳獨秀（1879-1942）〈《新青年》宣言〉：

　　我們想求社會進化，不得不打破「天經地義」、「自古如斯」的
　　成見……，創造政治上、道德上、經濟上的新觀念，樹立新時代
　　的精神，適應新社會的環境。[20]

全盤否定傳統（月亮也是外國的圓），凡新必優的邏輯延續至文革。1957-7-1北大學生譚天榮（1935-，極右），貼出大字報〈五四斷想〉：

　　擠是發展受到阻礙時必然的現象，而新的必然是發展的，能發展
　　的必然是新的，所以青年是永遠革命的，革命的永遠是青年。[21]

「新」成了神聖的正義正確，年齡成了握有真理的依據。傳統崩坍，古訓失承，知識分子形成代溝，士林分化兩翼，觀點對峙的背後是價值兩極化。1930年代初，四川忠縣中小學生一面跟老夫子讀《大學》、《中庸》，一面跟維新教師讀陶行知學說及下江的新式雜誌與傳單。[22]

大型社會運動均起意識形態之萍末。法國社會學家古斯塔夫・勒龐（Gustave Le Bon, 1841-1931）：

　　　　觀念一旦確立就擁有很強大的力量。最後我們看到，歷史
　　上的大動盪就是由這些基本觀念的變化造成的。

---

[18]　《中國近代思想家文庫・吳稚暉卷》，中國人民大學出版社2015年，頁270。

[19]　魯迅：〈青年必讀書〉，魯迅：《華蓋集》，人民文學出版社（北京）1973年，頁7。

[20]　《新青年》（北京）第7卷第1號（1919-12-1）。丁守和主編：《中國近代啟蒙思潮》中卷，社會科學文獻出版社（北京）1999年，頁27～28。

[21]　北京大學社教委：《北京大學右派分子反動言論匯集》，頁52。

[22]　馬識途：〈出路在哪裡？〉，《當我年輕的時候》，天津人民出版社1982年，頁12。

信仰使人成為自己夢想的奴隸。[23]

近代英國哲學家柯林伍德（R. G. Collingwood, 1889-1943）：

一切歷史都是思想的歷史。[24]

赤潮騰漲，思潮極端，中軸歪斜，社會失衡。五四走偏方向，說明吾華哲學根基浮淺、情緒偏激。戊戌後倉促奔向現代化，解讀西方現代人文精義的時間太短，缺乏必要文化準備，無力辨識各種西學內涵，加之內有「接應」──共產主義似合聖說「大同」（可附一二傳統觀念），急急娶回馬列「鹹水妹」。

（二）赤旗新豔

馬克思主義自炫發現資本家剝削祕密──剩餘價值，「科學」論證階級鬥爭乃人類社會前進動力、共產公有剿私滅貪、計畫經濟優越合理、當今政府乃保護資本家之機關、宗教是麻痺勞動者的鴉片、哲學是資本制度的辯士……。總之，一切制度全不合理，必須徹底推倒，才能終極消滅一切醜陋，直入天堂：「各盡所能，按需分配！」[25]

依靠時間差──紅色支票須登彼岸才能兌現，赤旗一時新豔，惑力強勁，1918年李大釗就為赤俄遙遙歡呼。1927年留美法學家張志讓（1893-1978）：

我確信只有共產黨的革命事業才是真正以謀求絕大多數人的利益為目的，也只有共產黨才能發動和領導工農群眾進行革命，取得勝利。共產黨的革命事業是中國當前唯一的出路……，比我素所企求的更加合於人類正義的事業。所以我在離漢回滬以前，已經確定了要投入這個革命事業中去。[26]

1943年，美國漢學家費正清（J. K. Fairbank, 1907-1991）認為共產主義適合中國：

[23] （法）古斯塔夫・勒龐（Gustave Le Bon）：《烏合之眾：群眾心理研究》，何道寬譯，北京大學出版社2016年，頁51、115。

[24] 轉引自余英時：《文史傳統與文化重建》，三聯書店（北京）2004年，頁6。

[25] 馬克思：〈哥達綱領批判〉，《馬克思恩格斯選集》第3卷，頁12。

[26] 〈張志讓自傳〉，《文史資料選輯》第85輯，頁100。

> 我斷然否定共產主義作為一種意識形態所宣稱的那種放之四海而皆準的普遍性……，我必須對這種看法負責，即認為「共產主義」在美國是邪惡的，而在中國卻是有益的，我對這一結論的真實性深信不疑。[27]

共產主義的誘惑力來自三大要素：違反常識、違反歡樂、奪富濟貧。[28]違反常識，吸引關注，尤誘熱血青年；違反歡樂，依傍高尚，占據道德高度；奪富濟貧，利益直觀，廣招窮人「咸與革命」。

（三）邪說炫世

烏托邦本為知識分子的鴉片，愈脫離現實的圖紙，愈有吸引力。追求絕對自由的無政府主義先於共產主義滲入吾華。吳稚暉曾是無政府主義大將，一度服膺共產主義——

> 物質文明幫人類統一地球，從而共產，從而大同，是我所堅信。[29]

> 無政府主義者，其主要即喚起人民之公德心，注意於個人與社會之相互，而以捨棄一切權利，謀共同之幸樂……[30]

貌似高尚公義，實伏重弊：捨棄個人一切權利，共同利益安在？失去個體幸樂，集體幸樂何繫？途徑與目標悖反，奈何當時渾然不覺。

雅樂悄而鄭聲淫。1919年，瞿秋白（1899-1935）從蒲魯東的「財產即贓物」化出：「知識是贓物」——精神權利也應平等，知識分子靠掠奪他人時間才獲得知識，「廢止知識私有制就是廢止財產私有制的第一步。」[31]

1920-9-20，中共最早三黨員之一張申府（1893-1986，右派）：

---

[27]　《費正清對華回憶錄》，陸惠勤等譯，知識出版社（上海）1991年，頁384。

[28]　（美）埃里克・霍弗（Eric Hoffer）：《狂熱分子》，頁132。

[29]　《吳稚暉學術論著續編》，出版合作社（上海）1927年，頁99。

[30]　吳稚暉：〈無政府主義以教育為革命說〉，《新世紀》（巴黎）第65號（1908-9），《中國近代思想家文庫・吳稚暉卷》，中國人民大學出版社2015年，頁52。

[31]　瞿秋白：〈知識是贓物〉，《新社會》旬刊第六號（1919-12-21）。《瞿秋白文集・政治理論編》第1卷，人民出版社1987年，頁40～46。
　　普魯東認為財產乃維持生命、改善生活之工具，需要者均有平等使用之權；財產多寡不均，不公道也。

　　　　吾的根本主張是廢國、滅產、絕婚姻……。共產主義是社會主義
　　　　的精華，對於共產主義自然要絕對的信奉。……社會主義與資本
　　　　主義之間，更沒有第三者。……吾絕對相信如要把現狀改換，只
　　　　有換改一個社會主義（共產主義）的社會。[32]

　　中共初期拉勸國民黨員：「三民主義不徹底，共產主義才徹底。」[33]

　　1957-11-7，莫斯科十月革命40週年慶祝大會，宋慶齡演講〈全人類將選擇社會主義〉（《人民日報》1957-11-9，版1）。1958年北大教授魏建功（1901-1980），懺文〈知識公有——社會主義改造的關鍵〉。[34]

　　只能個人修習獲得的知識，如何公有？知識分子如何與文盲共用專業知識？「知識公有」只能走向對知識產權的無償占有、對知識分子的整體蔑視——「我是大老粗！」（毛時代最高分貝語之一）

　　原點偏歪的赤色意識形態放射出愈來愈偏的價值邏輯，凝成愈來愈酷虐的社會存在。基礎觀念錯移，價值標準歪謬，神州傾斜，天下動盪。

（四）紅色三十年代

　　五四平民文學看似關注底層苦難，實則裏售階級論——以貧為親，以富為仇。文學革命很快拐至革命文學：宣揚階級鬥爭，煽動仇富，題材扁平，趣味八股。平民文學以批判貴族文學始，以不得高雅終。1942年5月延安文藝座談會，「普及」壓倒「提高」，革命文藝路線收官於文革八個「樣板戲」。

　　經五四、北伐，赤說瀰漫寰內，滲入縣鄉。1929年河南滑縣中學，赤青胡一敬、聶真（1908-2005）主持校務，大講辯證法、唯物論，校圖書館已有「進步書籍」《反杜林論》、《社會發展史》等。[35]同年秋，中共黨員孔慶嘉（1905-1931）在家鄉山東曹縣開辦書店，「推銷馬列著

[32]　張申府：〈給少年中國學會的信〉，《「一大」前後》（一），頁144。
[33]　陳公博：《苦笑錄》，東方出版社（北京）2004年，頁23。
[34]　《中共重要歷史文獻資料彙編》第22輯第37分冊，〈「拔白旗・插紅旗」——北京各高等學校雙反運動大字報選〉，人民出版社1958年10月，頁203。
[35]　聶真：〈滑縣建黨和革命運動的一段回憶〉，《中共冀魯豫邊區黨資料選編》第1輯（上），山東大學出版社1985年，頁246。

作，同共產黨員任守鈞發起組織『曹縣社會科學研究會』，引導會員學習革命理論」。[36]1930年太原成成中學，教師向初中生推薦《吶喊》、《彷徨》、《女神》、《少年漂泊者》、《獨秀文存》、法俄小說。1932年北平師大社科系侯外廬、陶希聖、馬哲民等教授，講授馬克思主義，課堂徵訂《資本論》。[37]

1930年山東濟寧省立七中，訓育主任乃共黨劉順元（1903-1996）：

> 我就根據馬克思列寧主義關於戰爭的理論，幫助他們（按：學生）分清革命和反革命兩種不同性質的戰爭，指出國民黨反動派猖狂地向中國工農紅軍進攻……。人民團結起來革命……，只有依靠人民的強大力量才能消滅反革命戰爭。……我建議圖書館購置了許多通俗的社會科學讀物、馬列主義經典著作，以及進步的文學作品。[38]

「九・一八」前後，共黨江隆基（1905-1966，跳河）出任西安中學校長（陝西時無大學）：「馬克思、列寧的著作，可以在西安和陝西一些地方公開地閱讀、講解和討論。」[39]1932年入學燕京的黃華（1913-2010）：「燕大……圖書館裡可以看到馬恩列斯的一些著作的英譯本。」[40]

抗戰時期重慶中央大學（蔣介石兼校長），吳恩裕教授開設馬克思主義課程。[41]國府各地矯正思想的青年勞動營（兩年制）、中山室（政治思想室）掛像：蔣介石、羅斯福、邱吉爾、史達林；女生營中山室掛像：宋慶齡、宋美齡、居里夫人、柯倫泰（蘇共婦女領袖）。[42]國府時期，意識形態寬鬆度大大高於中共紅朝。

文學、社科書籍捏塑青少年三觀（世界觀、價值觀、人生觀），魯

[36] 荷澤地委黨史資料委員會：〈魯西南地區黨的產生和發展〉，《中共冀魯豫邊區黨資料選編》第1輯（下），山東大學出版社1985年，頁188。

[37] 賈植芳：《獄裡獄外——一個「胡風分子」的人生檔案》，頁131～133。

[38] 劉順元：〈我在山東省立第七中學從事革命活動的回憶〉，《中共冀魯豫邊區黨史資料選編》第1輯（下），山東大學出版社1985年，頁357。

[39] 南新宙：〈南漢宸的故事〉，《紅旗飄飄》第25集，中國青年出版社1982年，頁73。

[40] 黃華：《親歷與見聞》，世界知識出版社（北京）2007年，頁2。

[41] 沈容：《紅色記憶》，明報出版社（香港）2005年，頁56。

[42] 趙超構：《延安一月》，上海書店1992年，頁6～7。

迅、茅盾、郭沫若、丁玲、蔣光慈等左翼作家走紅，陳望道、李達、艾思奇、鄒韜奮等左士書籍走俏，青年師生深受浸淫，普遍左傾。左翼文藝孕育出「紅色三十年代」，中共奪國所倚恃的意識形態溫床。

（五）誤讀現代

晚清政府的「階級立場」與當今中共一樣，將「推窗西向」圈囿科技，納理工而拒人文。洋務運動（1861-1895）只學西方「堅船利炮」，摒拒現代化核心軟件——民主自由。1840～1898年，吾華坐失對現代化內涵的人文解讀。這一歷史性缺課乃赤潮滲華重大致因，寰內知識界對現代化一直處於淺識期——見木不見林，不知現代化工程的整體性——科技現代化來自並服務於人文現代化。

戊戌後，西潮騰湧，西說雜遝紛至。左翼士林墜入進化論「以新為美」——最新即最優。民眾思維文學化，風氣日趨浮躁，激情壓倒理性，溫和中庸的文學研究會鬥不過褊狹激烈的創造社，現實主義鬥不過浪漫主義。

五四士林囫圇吞嚥現代化，未讀懂三個關鍵詞——自由、民主、個權，不知自由必須落實於個人權利、民主的價值在於保障自由、個權乃國權之地基，更不清楚人文現代化乃國家現代化不可或缺之一翼。基礎理念的混沌（或曰人權觀念缺失），束縛數代國人對現代化的解讀，無法捋順擺正各種價值關係。「個人擁有權利」[43]、自由即自主，這一現代人文柱石理念，因中共故意格擋，大陸國人至今普遍含混不清，人文界亦不甚了了。

1923年國共合作，孫中山以民生主義包含共產主義撮合兩黨宗旨，中共黨員執掌國民黨三大部——組織部、宣傳部、農民部，標誌性說明國民黨的「前列寧主義」性質。1930-4-18立法院長胡漢民（1879-1936）邀請全體立委餐敘，蔡元培、李石曾、吳稚暉、蔣夢麟、楊杏佛等數百人出席，討論「姓、婚姻、家族的存廢」[44]，公有化傾向強烈。

---

[43] （美）羅伯特・諾奇克（Robert Nozick）：《無政府、國家和烏托邦》，姚大志譯，中國社會科學出版社（北京）2008年，前言，頁1。

[44] 〈立法院之盛宴〉，《申報》（上海）1930-4-19。《新月》（上海）第2卷第11期

1931年湘鄂贛赤患甚烈，羅隆基（1896-1965）撰〈論中國的共產〉：

> 「民生主義即共產主義」，依然是今日神聖不可侵犯的黨
> 義，依然是考試必需、學校必讀的課本，共產主義的發展，共產
> 勢力的蔓延，誰為為之，孰令致之？
>
> 國民黨對如今中國的共禍，所負的責任最少有這幾點：第
> 一，國民黨宣傳共產黨的主義。共產黨在目前有今日的地位，共
> 產主義在一般青年的頭腦裡這樣的時髦新鮮，誰亦不能否認這是
> 孫中山先生、汪精衛先生以及許多國民黨領袖們幫助的功勞。
>
> 湘鄂贛的紅軍不過潰癬決堤的表現，毒的癥結、水的根
> 源，另有所在……，青年思想的左傾、紅色刊物的增加，學校做
> 共產領袖的訓練所，書店做共產思想的媒介物，這是政府的飛
> 機、炸彈、手槍、快炮所不能搖動其毫末的。[45]

1932年4月洛陽國難會議，通過〈內政改革案〉（結束訓政，實行憲政），決定遴選三百名「國大」代表，10月10日前召開國民代表大會。憲政之輪剛啟動，便有人懷疑民主功能。《中央日報》社長何浩若（1899-1971）：

> 民主政治便是資產階級的政治，便是保護有產階級而壓迫貧苦民
> 眾的政治……，建國首要在民生；捨民生而談民主，便是捨本
> 求末。

季廉〈憲政能救中國？〉——

> 議會政治是資本主義的產物，現在資本主義早踏上沒落的階段，
> 議會政治更破綻畢露了。英美的民主政治並不足取法。我們不應
> 拾資本主義的唾餘，我們應該採用「社會主義的政治制度」。[46]

階級論、社會主義優越論已成前提性價值，理直氣壯質疑民主憲政。可跳過民主，如何保障民生？如何實施公平濟貧？如何遏制官員特權？

轉載，頁1～22。《蔡孑民自述》，江蘇人民出版社1999年，頁196。

[45]　羅隆基：《政治論文》，新月書店（上海）1931年，頁259、256～257、262。

[46]　胡適：〈憲政問題〉（1932-5-16），《獨立評論》（北平）第1號（1932-5）。《胡適選集‧政論》，文星書店（臺北）1966年，頁5～8。

仇富意識甚至滲至小學生。1943年，九歲王蒙（1934-）：

> 假使我是一隻老虎，我要把富人吃掉……

六十多年後，七旬王蒙仍豪稱：「擁抱革命和共產主義是我自己的選擇。我這一代人是這樣的——我們相信！」[47] 壞就壞在這一「相信」上，僅憑信仰從事「天翻地覆」，以未知摧毀已知。

更隱蔽的是用自由引誘青年，刺激青年想像。

> 對更多自由的允諾使愈來愈多的自由主義者受到引誘走上社會主義道路，使他們受到蒙蔽不能看到社會主義與自由主義基本原則之間存在著的衝突。[48]

1930～1940年代，許多知識分子「吃國民黨的飯，唱共產黨的歌」，青年們接受赤說——只識馬列，僅知一說，思想倉庫無有別色光譜，思維單軌，邏輯單一，終身局限馬列「廬山」。1957-4-14，清華女生、延安幹部韋君宜（1917-2002）：

> 自己從小參加革命，所受的全部文學教育都是黨給予的，除了黨的文藝思想之外不知有其他。[49]

1990年代，高齡韋君宜仍無力總結一生：

> 十多年來，我一直在痛苦地回憶，反思、思索我們這一整代人所做出的一切……更多的理性分析還是留給後人去做吧！至於我本人，至今還不可能完全說透，我的思維方法也缺少討論這些問題的理論根據和條理性。[50]

2002-9-15北師大「極右生」俞安國（1935-2021）：

> （改革開放後）西方的思想吹了進來，我們才真正明白民主是什麼、人權是怎麼回事兒，我們才看到了所謂社會主義制度之弊端、一黨專政之違反民主精神。我們才由此理解上個世紀五十年代後期發生之種種悲劇，其源蓋在此。[51]

---

[47]　查建英：《弄潮兒》，牛津大學出版社（香港）2014年，頁50、84。

[48]　（英）哈耶克：《通往奴役之路》，頁31。

[49]　韋君宜：〈珍惜我們的階級感情〉，《文藝報》（北京）1957-4-14，頁10。

[50]　韋君宜：《思痛錄》，人民文學出版社2013年，頁6。

[51]　《「陽謀」下的北師大之難》下冊，頁181。

（六）青年風從

　　1917～1921年北洋大學工科生陳立夫（1900-2001），亦嚮往「人類最壯麗的事業」：

> 我倒很嚮往於共產主義所說的一套，共產主義一向很容易煽惑青年人，所以同學之間，經常在傳閱著馬克思主義的書籍。有些同學還贊成了共產主義……[52]

　　1929年，國府湖北省稅務局長吳國楨（1903-1984）：

> 有一度我竟認為不管共產黨有什麼毛病，看來他們總願意更多地為國家的福祉而奉獻，因此我打算暫時放棄在中國的事業，到蘇聯去實地研究共產主義的運作。只是由於意外的天命，我在最後一分鐘未能成行。[53]（按：赴俄船隻被軍方臨時徵用）

　　「軍統」要角谷正文（1910-2007），「九·一八」後一度入赤營：

> 我年輕時代，確然曾為共產主義的偉大理想而狂熱振奮，我也不便批評我們的總統李登輝先生才情多寡，只是他年輕的時候，也曾經是忠實的共產黨員，並且被我跟我的調查局同僚以共謀罪名逮捕下獄。[54]

　　1935年「一二·九」後，1200餘名清華生，左派集會800人，右派集會200人，另200人不參加涉政活動。清華生大都來自中上層家庭，這一左中右態勢頗能標示青年學生的政治分野。[55]

　　1935-12-10北大文學院長胡適（1891-1962）接學生信函：

> 你的人格連一個無知的工友都不如！只有用粗野的手段對付你你才合適！你媽的！……現在警告你：向後你若再撕毀關於愛國的通告，準打斷你的腿，叫你成個拐狗！勿謂言之不豫也！
>
> 　　　　　　　　　　　　　將來殺你的人啟　十二月十日

---

[52]　《成敗之鑑——陳立夫回憶錄》，正中書局（臺北）1994年，頁29。

[53]　吳國楨：《夜來臨》，吳修垣譯，香港中文大學出版社2009年，頁110。

[54]　谷正文：《白色恐怖秘密檔案》，獨家出版社（臺北）1995年，頁241。

[55]　熊向暉：〈地下十二年與周恩來〉，《中共地下黨現形記》，傳記文學出版社（臺北）1991年，頁8。

1935-12-20，僅一名北大生上胡適的課。[56]

七七事變後，協和醫院青年女護士阮雪華赴延安，因讀了鄒韜奮《萍蹤寄語》，「書中寫到社會主義蘇聯，人人都有職業，男女平等，心想我們中國將來也建成蘇聯那樣的社會主義有多好！」[57]

1936年秋，前孫中山祕書任鴻雋（1886-1961）出長四川大學，政經系教師可講馬克思經濟學、唯物史觀。1938年，國民黨四川省黨部委員胡素民（1872-1947），客廳懸掛四像——馬克思、恩格斯、克魯泡特金、托爾斯泰。[58]

1937年10月西安行營會議，國民黨中執委谷正鼎（1903-1974）：

> 我們自己的兒女都不保了，都要跟著共產黨跑了。[59]

陳布雷之女陳璉（1919-1967）、傅作義之女傅冬菊（1924-2007）均為中共祕密黨員。陳誠侄女陳慕華（1921-2011）、居正女婿祁式潛（1915-1966）、國軍兵團司令羅廣文胞弟羅廣斌（1924-1967），先後加入共黨。川軍將領楊森侄女楊漢秀（1913-1949），1941年在延安入共黨，回鄉變賣田產搞暴動。留法彈道專家沈毅（1894-1969），國民黨特種兵少將團長，入延安投共。[60]1948年，陳立夫侄子、中央大學校長顧毓琇之子加入共黨。[61]

韓練成（1908-1984），中原大戰救過蔣介石，蔣絕對信任的中將軍長（特賜「黃埔三期」），中共深潛「第五縱隊」。張治中問周恩來：「這樣的人為什麼也會跟著共產黨走？」周恩來：「這正是信仰的力量。」[62]

1944年7月，鄒韜奮（1895-1944）辭世於滬，遺囑骨灰帶往延安，請求追認中共黨員。1945年1月重慶，同盟會元老柳亞子（1887-1958）：

[56]　《胡適日記全集》第7冊，聯經出版公司（臺北）2004年，頁278、282。

[57]　阮雪華：〈結婚曾經是可怕的〉，《當我年輕的時候》，天津人民出版社1982年，頁118。

[58]　《青春歲月——胡績偉自述》，河南人民出版社1999年，頁52～54、102。

[59]　張嚴佛：〈抗戰前後軍統特務在西北的活動〉，《文史資料選輯》第64輯，頁96。

[60]　何立波、任品：〈「三反」：建國後反腐第一仗〉，《檢察風雲》（上海）2009年第7期，頁68。

[61]　《戚本禹回憶錄》上冊，頁29。

[62]　盧荻：〈潛伏：「隱形將軍」韓練成〉，《同舟共進》2011年第6期，頁56。

「世界的光明在莫斯科，中國的光明在延安。」[63]

　　1945-10-1國府取消戰時新聞檢查，赤色書店應聲開張滬上。1946年，《中央日報》刊出《資本論》廣告：「人類思想的光輝結晶」。[64]1947～1948年國共內戰正酣，上海霞飛路（今淮海路）仍有專售赤籍書店。高中生戚本禹（1931-2016）就在這家書店蹭閱《國家與革命》、《聯共（布）黨史》、《資本論》和毛澤東的《論聯合政府》。[65]清華園內有三四個相互獨立的中共地下組織。[66]

（七）名士亦惑

　　1926-7-23～8-1，胡適訪歐路經赤俄，也被忽悠，致函友人：

> 此間的人正是我前日信中所說有理想和理想主義的政治家，他們的理想也許有我們愛自由的人不能完全贊同的，但他們的意志的專篤（Seriousness of purpose），卻是我們不能不十分頂禮佩服的。他們在此做一個空前的偉大政治新試驗；他們有理想、有計畫、有絕對的信心，只此三項已足使我們愧死。

> 我們這個醉生夢死的民族怎麼配批評蘇俄！……蘇俄雖是狄克推多（Dictator，獨裁者），但他們卻真是用力辦新教育，努力想造成一個社會主義的新時代。依此趨勢認真做去，將來可以由狄克推多過渡到社會主義的民治制度。……對於蘇俄之大規模的政治試驗，不能不表示佩服。……在世界政治史上，從不曾有過這樣大規模的「烏托邦」計畫居然有實地試驗的機會。……去年許多朋友要我加入「反赤化」的討論，我所以遲疑甚久，始終不加入者，根本上只因我的實驗主義不容我否認這種政治試驗的正當。更不容我以耳為目，附和傳統的見解與狹窄的成見。我這回不能久住俄國，不能細緻觀察調查，甚是恨事。但是所見已足使我心悅誠服地承認這是一個有理想、有計畫、有方法的大政治試

---

[63]　陳微主編：《毛澤東與文化界名流》，人民出版社2003年，頁211～212。

[64]　錢鋼：《舊聞記者》，上海書店出版社2008年，頁173、183。

[65]　《戚本禹回憶錄》上冊，頁15。

[66]　張孝純：〈往事只堪哀，對景難排〉，《抹不去的歷史記憶》，頁52。

驗。……至少應該承認蘇俄有做這種政治試驗的權利。……這個
大試驗的成績如何，這個問題須有事實上的答案，絕不可隨便信
任感情與成見。[67]

1934年，胡適有一篇未發表政論：主張東北交給中共搞共產試驗，
成功了可推廣。[68]1949年後，胡適意識到中共倚仗赤說奪國，自責太注
重學術忽視思想鬥爭，未奮力駁赤，反以「言論自由」優容，以鼓勵實
驗之態看待赤俄「社會主義實驗」，助長赤潮騰漲。[69]

（八）寄望赤共

1930～1950年代，「蘇聯的今天就是我們的明天」，中共很有力的
鼓動語。1938年秋，長沙廣雅高中生李普（1918-2010）：

現在全世界最幸福的人是蘇聯老百姓……。那時，蘇聯在中國的
青年知識分子心目中威信已經高極了，不用等到新中國成立以後
「一邊倒」。而我，確實把蘇聯看成人間天堂。蘇聯的今天就是
我們的明天，我是懷著這樣強烈的信念冒著掉腦袋的危險參加共
產黨的。[70]

1945年10月中國民主同盟首屆全國代表大會，舉旗「第三條路線」：

英美的政治民主，蘇聯的經濟民主。[71]

欲兼美蘇之長，以合國共宗旨。「民盟」對赤俄的認識尚停留
1920年瞿秋白的「隔著紗窗看曉霧」。[72]蘇聯哪有「經濟民主」？政治
上，1937至1938年，列寧政府15名成員，6名處決，2名瘐斃，1名被追
殺。[73]1934年俄共十七屆139名中委，83人處決；「十七大」1,966名代

---

67 胡適：〈歐遊道中寄書〉，《胡適全集》第3卷，安徽教育出版社2003年，頁
    50～52。
68 羅爾綱：《師門五年記‧胡適瑣記》，三聯書店（北京）2006年，頁120。
69 司徒雷登向美國國務卿的報告。（美）J. B. 格里德（Jerome B. Grieder）：《胡適與
    中國的文藝復興》，魯奇譯，江蘇人民出版社1996年，頁336。
70 李普：《光榮歸於民主》，柯捷出版社（紐約）2010年，頁106。
71 羅隆基：〈從參加舊政協到參加南京和談的一些回憶〉，《文史資料選輯》第20
    輯，頁206。
72 《瞿秋白文集‧文學編》第1卷，人民文學出版社1985年，頁26。
73 （美）伯里斯‧列維茨基編：《三十年代史達林主義的恐怖》，克雄等合譯，人

表，1,108人逮捕（反革命），[74]其中848人槍斃。[75]俄共「十七大」選舉，當場宣佈史達林有幾張反對票，實為160張（一說260張），史達林很清楚「列寧時期的幹部才會投票反對他」，[76]此為史達林搞大肅反的底牌。1929～1953年間，1,950萬～2,200萬俄人成為赤政犧牲品（不包括二戰時期），其中至少1/3處死或死於勞改營、流放地。[77]

中共並不知蘇聯真相。1944年入共黨的劉賓雁（1925-2005）：

> 1948年冬，……我在瀋陽車站上看到蓬頭垢面、擁擠不堪並且肩扛手提著過重負荷的群眾時，曾猜想過：只要全國一解放，這一切很快就會改變……。中國土地上的一切污垢和傷痕，似乎都是國民黨製造的；中國共產黨則一塵不染，兩袖清風，是正義真理和光明的化身。[78]

1948年底，章乃器（1897-1977，後「極右」）接到毛澤東邀請，拋下香港蒸蒸日上的地產業，祕密北上，撰文〈人民的東北〉：

> 我近來時常感到散文無用，而必須用詩歌來表達。因此，一向不喜歡詩歌的我，現在卻想學寫詩歌，以發洩胸中磅礡的詩意。[79]

1949年8月，前國府行政院長、中研院士翁文灝（1889-1971）通電擁共，1951年放棄美法高薪回大陸。[80]同年11月，此前發表「反共言論」的儲安平（1909-1966，後「極右」），都對中共抱有濃濃幻想：

> 西方資產階級的民主主義的文化救不了我們國家，資產階級的民主主義必須讓位給工人階級領導的人民民主主義，資產階級共和國必須讓位給工人階級共和國，只有這樣，才能經過人民共和

民出版社1981年，頁614。

[74] 〈秘密報告〉，《赫魯雪夫回憶錄》，東方出版社（北京）1988年，頁763～764。

[75] 沈志華：《思考與選擇——從知識分子會議到反右派運動》，頁101。

[76] （美）威廉・陶伯曼：《赫魯雪夫全傳》，王躍進譯，中國社會科學出版社（北京）2009年，頁80。

[77] （俄）德・安・沃爾科戈諾夫：《史達林：勝利與悲劇》下冊，張慕良等譯，世界知識出版社（北京）2001年，頁1246。

[78] 《劉賓雁自傳》，頁37。

[79] 章立凡：《君子之交》，明報出版社（香港）2005年，頁129～130。

[80] 錢鋼：《舊聞記者》，上海書店2008年，頁148。

國到達社會主義和共產主義、到達階級的消滅和世界大同的境界。而領導我們向這樣一條正確的道路前進的，就是工人階級、工人階級的先鋒隊中國共產黨。……無論是哪一個黨的黨員，或者是沒有黨派的人士……，必須接受工人階級的先鋒隊中國共產黨的領導，接受我們偉大的人民領袖毛澤東主席的領導的。[81]

中間派因厭「國」而望「共」。香港《大公報》記者周楡瑞（1917-1980）：

因對當時政府不滿，我的同情心便自然轉而向著共黨。……雖然我們對於中國共產黨的性質一無所知。……我支持了共黨，同時對於彼等過去和彼時的行徑，卻絕不滿意。當他們派軍進入韓國時，我並不感到那是正當的。……我在政治上的愚昧和對中共瞭解的不切實，使我幻想北平政權遲早會重新考慮新聞自由與獨立思想的可能性。[82]

章伯鈞（1895-1969），1922年在德國曾入中共（早於朱德）[83]，老資格政治家，同樣毫無警覺，一直是中共「同路人」。

二、暴力囂囂

吾華赤難，壞就壞在馬克思＋秦始皇，血腥暴虐披上現代新衣，主義藉「科學」而神聖，暴力倚「正義」而囂張。馬克思、恩格斯名言：

暴力是每一個孕育著新社會的舊社會的助產婆，暴力本身就是一種經濟力。[84]

暴力在歷史中還起著另一種作用，革命的作用；……它是社會運動藉以為自己開闢道路並摧毀僵化的垂死的政治形式的

---

[81]　儲安平：〈中央人民政府開始工作〉，《觀察》（上海）第6卷第2期（1949-11-16）。《儲安平文集》（下），東方出版中心（上海）1998年，頁294～295。

[82]　周楡瑞：《彷徨與抉擇》，開放出版社（香港）2015年，頁16、前言VI～VII。

[83]　張申府：〈留法前後我同周恩來同志的一些接觸和交往〉，《懷念周恩來》，人民出版社1986年，頁235～236。

[84]　《資本論》第1卷第24章，《馬克思恩格斯選集》第2卷，頁256。

工具。[85]

英國諾貝爾獎得主馮‧哈耶克（F. A. Von Hayek, 1899-1992）：

> 社會主義從一開始便直截了當地具有獨裁主義性質。奠定現代社
> 會主義基礎的法國作家們毫不懷疑，他們的種種思想只有通過強
> 有力的獨裁政府才能付諸實行。……自由思想，在他們看來是十
> 九世紀社會的罪惡之源，而現代計畫者中第一人聖西門甚至預
> 告，對那些不服從他所擬議的計畫委員會的人，要「像牲畜一樣
> 來對待」。[86]

1918-8-30列寧遇刺。同日，17日遇刺的彼得堡契卡主席烏里茨基身
亡。赤俄報復槍斃500名「資產階級」，9月5日發出〈紅色恐怖令〉：

> 更高地舉起階級鬥爭的旗幟，讓敵人血流成河，讓我們踏著他們
> 堆積如山的屍體走向共產主義！

1919-1-24赤俄主席斯維爾德洛夫（1885-1919）簽署法令，處決25萬
名哥薩克。1920年捷爾任斯基頒令：無限期延長大恐怖。[87]200萬～250
萬俄國知識分子及「資產階級」被迫流亡。[88]

希特勒敏銳發現赤黨與納粹的相同點，視共產黨員為潛在納粹黨員：

> 小資產階級的社會民主黨員和工會領袖絕不會成為納粹黨員，但
> 共產黨員卻常常會。[89]

（一）早期血腥

1921年7月中共「一大」，張國燾（1897-1979）：

> 怎樣使工人和農民階級對政治感興趣，怎樣用暴動精神教育他
> 們、組織他們，並使群眾從事革命工作。……只要無產階級勢
> 力，這種政權就很容易被推翻。……使階級鬥爭激化……，我們

---

[85] 恩格斯：〈反杜林論〉，《馬克思恩格斯選集》第3卷，頁223。

[86] （英）哈耶克：《通往奴役之路》，頁29。

[87] 孫越：〈列寧遇刺還是自殘〉（下），《揭露》（香港）2013年9月號，頁95、92。

[88] （俄）德‧沃爾科戈諾夫：《史達林：勝利與悲劇》，張慕良等譯，世界知識出版社2001年，上冊，頁267。

[89] 轉引自（美）埃里克‧霍弗（Eric Hoffer）：《狂熱分子》，頁46。

必須利用每一個機會，推動群眾舉行遊行示威和罷工。[90]

赤黨竭力濃描「階級壓迫」，挺持暴動必要論：「革命無道德，以成功為道德。」[91]1927年「四‧一二」後，中共鼓動赤徒「帶鐐長街行」：迎著刺刀搞暴動。中共宣傳部〈關於反對叛徒鬥爭的提綱〉：

> 要革命達到成功沒有許多戰士的英勇犧牲，即馬克思所稱為「革命的成本費」，那只是空談革命家的幻想。階級的矛盾必在你死我活的鬥爭中來求解決。[92]

北伐時期，中共掀動的兩湖農運血光四濺。「八七會議」高張武裝鬥爭大旗，中共〈湘鄂粵贛四省農民秋收暴動大綱〉（1927-8-3）：

> 盡量殺戮土豪劣紳與反革命派。

1927-8-29中共政治局常委會通過〈兩湖暴動計畫決議案〉：

> 殺盡土豪劣紳及一切反動派與沒收其財產……，暴動殺盡土豪劣紳反革命的大地主及一切反動派……，屠殺政府的官吏……
>
> 秋收暴動口號：暴動，殺盡土豪劣紳！[93]

1927-10-15中共南方局、廣東省委聯席會議，政治局候委兼廣東省委書記張太雷（1898-1927），總結「南昌暴動」失敗原因：

> 我們現在要放膽去幹，不應像以前太規矩，要平民式地幹，不要有仁慈，打破好人的觀念，對土豪應該亂殺，絕對不要恐怕冤枉了。[94]

同日，中共中央函示福建省委：

> 毫不顧惜的……殺土豪劣紳，殺政府官吏，殺一切反革命派……，盡量施行紅色恐怖。[95]

1927-11-13湖北黃麻暴動，「四處殺土劣、燒土劣的房屋，甚至不

[90] 張國燾：〈北京共產主義組織的報告〉，《「一大」前後》（三），頁3～4、6。
[91] 胡漢民：〈三民與CP〉，革新書店（上海）1927年8月，頁37。
[92] 《鬥爭》（上海）第36期（1933-3-13）。《中共中央文件選集（1921～1949）》第9冊，頁118。
[93] 《建黨以來重要文獻選編（1921～1949）》第4冊，頁384、490～491、545。
[94] 《中共中央文件選集（1921～1949）》第3冊，頁425。
[95] 〈中央致福建省（委）信〉，《中央通訊》（上海）第7、8期。轉引自趙效民主編：《中國革命根據地經濟史》（1927～1937），廣東人民出版社1983年，頁87。

論老少男女。」[96]

1927-11-21廣東海豐縣工農兵代表大會閉幕式，中共政治局委員彭湃（1896-1929）：

> 各位代表回去後，每人至少要殺十個反動派，每個代表必要領導農人工人去殺多十個反動派，就是每代表負責去殺20人，300個代表共要殺六千人。但是還不夠，還剩多多……，必要殺！殺！殺！殺到汕尾港、馬宮港的水都成赤色，各兄弟的衫褲都給反動派的血濺得通紅。我們最後一句口號，赤色萬歲！[97]

1927年11月，第一塊赤區廣東海陸豐——

> 鎮壓反革命開始的時候，蘇維埃政府要撥給兩塊大洋賞給施刑的赤衛隊員；半個月後，不需要賞金，赤衛隊員要殺一兩個反革命分子來雪恨。

> 在海豐城開歡迎紅軍大會的時候，紅坑婦女組成的「粉槍團」，英勇的團員緊握著紅纓尖串刺進宣佈了死刑的反革命分子的咽喉、胸膛，鮮血四濺。團員吳大妹，習慣了左手操刀，一刀一個更殺得爽利……攻陷了封建堡壘的紅勝城，抓回來37個罪大惡極的反動頭子，在龍舌埔上開「鎮壓反革命大會」，在數千群眾圍繞著觀刑的時候，有一個英勇的紅軍陳彪，揮舞著鋼刀，一刀一個，排頭砍去，很爽利的頭顱滾地，血不占身。觀刑的群眾喊「好」的聲浪直徹雲霄。[98]

1928年1～3月朱德、陳毅領導的湘南暴動，中共湘南特委領導人：

> 站在高山上看，哪裡的火焰冒得多，房子燒得多，哪裡的革命就搞得好。

> 燒！燒！燒！燒盡一切反動派的屋！殺！殺！殺！殺盡一切反動派的人！[99]

---

[96] 中共鄂東北特委：〈黃安工作報告——關於「黃麻暴動」的經過〉（1927-12-14），《鄂豫皖革命根據地》第3冊，河南人民出版社1989年，頁11。

[97] 中共廣東省委宣傳部、廣東省檔案館編：《彭湃文集》，人民出版社1981年，頁293。

[98] 鍾貽謀：《海陸豐農民運動》，廣東人民出版社1957年，頁102。

[99] 江西省婦聯編：《女英自述》，江西人民出版社1988年，頁35。

1928-4-28井岡山朱毛會師親歷者、中共上將陳士榘（1909-1995）：

> ……沿途寫的標語都是：「燒！燒！燒！燒淨一切土豪劣紳的房子！」「殺！殺！殺淨一切土豪劣紳！」真是一片燒殺的氣氛。當時我們都疑慮重重，覺得中國的革命這樣燒殺下去能夠成功嗎？但誰也不敢流露真言，否則就有被梭標殺死的可能。當時子彈奇缺，爲節省子彈平常殺人時多用梭標執行。[100]

1928年9月，中共湖南省委巡視員夏尺冰（1904-1931）批評平江、銅鼓兩縣共黨：

> ……說出大燒（如負責人說同志及群眾的房屋燒了，沒有屋住了，便會出來革命）、大殺（如負責人說平江有70萬口人，至少要殺去一半）、大劫是布爾雪維克的精神。因此，平銅的黨及一部群眾無目的無意義的亂燒亂殺亂劫……[101]

1938-11-6中共六屆六中全會，毛澤東：

> 戰爭革命的中心任務和最高形式是武裝奪取政權，是戰爭解決問題。……有人笑我們是「戰爭萬能論」，對，我們是革命戰爭萬能論者，……整個世界只有用槍桿子才可能改造。……只能經過戰爭去消滅戰爭，不要槍桿子必須拿起槍桿子。[102]

1944-11-4延安，任弼時囑咐即將開拔的南下支隊：

> 過去在湖南老區給了老百姓的一個印象，……就是殺人殺得厲害。如在湖南暴動時燒了很多房子，殺了很多人；在蘇區內也殺了很多人，老百姓對我們有恐懼心理。……我們應該檢討過去在蘇維埃時代殺人殺得太多。[103]

紅色暴力也對內。1930～1935年，蘇區所殺「自己人」至少10萬──

> 短短幾年間，處決了七萬多「AB團」、二萬多「改組派」、六

---

[100] 陳士榘：〈朱毛井岡山會師親歷記〉，中共中央文獻研究室、中央檔案館《黨的文獻》編輯部編：《中共黨史重大事件述實》，人民出版社1993年，頁2。

[101] 夏尺冰：〈關於平銅農村黨的概況的報告〉（1928-9-5），《湘鄂贛革命根據地文獻資料》第1輯，人民出版社1985年，頁31～32。

[102] 毛澤東：〈戰爭和戰略問題〉。《毛澤東選集》第2卷，頁506、512。

[103] 廖蓋隆：〈趙健民冤案的教訓〉，《炎黃春秋》1999年第8期，頁40。

千二百多「社會民主黨」，這還只是有名有姓的受害者。而後來的歷史證明，共產黨內從來沒有過「AB團」這一類的組織。[104]

1932年5月～1934年7月，湘鄂西蘇區四次大肅反，連續殺了幾個月，有的連隊殺十幾個連長，一次肅反就殺了萬餘人，洪湖赤區縣區幹部都殺光了。紅三軍兩萬人減至三千餘人，各獨立團、赤衛隊亦損失殆盡。[105]1959年廬山，中共元帥賀龍（1896-1969）：

> 整個湘鄂西蘇區，被承認為黨員的只有關向應、盧冬生、夏曦和我。提起這些事，我真痛心。[106]

文革後，湖北省覆查平反，證實至少錯殺20,130人。[107]「鄂豫皖蘇區的創始人和四方面軍裡的知識分子黨員幾乎被殺光了。」[108]1948年4月武夷山，中共福建省委審幹，滅殺127名原地下黨員，1956年6月平反。[109]

1948-5-23～10-19，長春圍城戰，為加劇城內缺糧，共軍硬堵城內饑民，不讓出城逃命，至少餓死12萬～15萬人。[110]

（二）殘酷土改

晚年叛出赤營的王若望（1918-2001，1933年入團，1937年入共黨）：

> 據一份內部統計材料，在1947年第三季度三個月中，在土改覆查的鬥爭高潮中，被群眾活活打死的地主和地主婆，為數二十餘萬人。另一點要說明的，上述統計的所謂地主和地主婆，其中的受害者約有1/3是富農、上中農或小商販，他們是扣上地主帽子丟了性命。……有一些貧雇農同樣被揪出來被打殺，他們被鬥是扣的「地主狗腿子」的帽子。總而言之，由於土改覆查掀起的殺人比賽，簡直殺紅了眼，表現了原始野性的瘋狂的殘酷。……山東

---

[104] 景玉川：〈富田事變平反的前前後後〉，《百年潮》2000年第1期，頁41。

[105] 賀龍：〈回憶紅二方面軍〉，《近代史研究》（北京）1981年第1期，頁23～25。

[106] 李銳：《廬山會議實錄》，《李銳文集》第5冊，香港社會科學教育出版公司2009年，卷6，頁117。

[107] 《當代中國的湖北》（上），當代中國出版社（北京）1991年，頁131。

[108] 陸定一：〈悼廖承志同志〉，《人民日報》1983-6-19，版6。

[109] 胡顯中：《陽謀下的人生》，頁11～16。

[110] https://zh.wikipedia.org/wiki/長春圍困戰。https://zh.wikipedia.org/wiki/長春市。

地區的地主幾乎斬盡殺絕了。只有工作隊未到之處的小地主倖免於難。[111]

1947年康生主持晉綏土改，「錯劃了不少地主富農，有的村20-30%是地主富農，打擊的人太多」。[112]1947年6月，黑龍江賓縣土改「砍挖運動」（砍大樹，挖底產），鬥爭12,221戶，其中2,092戶地富、8,294戶中農（拔為富農）、1,362戶貧農，其他（壞根、兵痞、二流子、狗腿子）262戶，全縣被鬥106,050人（全縣人口36%）。《賓縣志》：

> 「砍挖」運動中，打、殺人不分成分高低、罪惡大小。……11個區（全縣共19個區）統計，死亡627人。其中，打殺死493人，打後自殺50人，打後凍、餓84人（婦女60人，青少年24人）。[113]

1947年9月，冀東土改──

> 一位曾為共產黨效力但人緣很差的老村長，五花大綁懸吊在木桿上，他亂蹬亂蹦，口嚼血沫，高喊：「冤枉啊冤枉啊！」鄉親們毫不動容。他們依照古老家族的遺風，將黃豆粒扔進土臺上的大瓷碗。當唱票人用異樣的嗓音宣布「票」數超過一半時，行刑手舉起裝滿火藥的銃槍。老村長在淒嚎中流出五顏六色的腸子。另一個捆綁在木椿上的壯漢沒有立即死去，一幫投身革命的小學生跑來圍觀，革命的神祕神聖煥發出童心的破壞欲望，他們被大人們慫恿著鼓勵著，用錐子、剪子、小刀、鐵釘一下下地在壯漢身上戳眼、掏洞、割肉，再往傷口上糊泥巴。一個男孩子手舞足蹈，像剪樹葉一樣剪掉了罪犯的兩朵耳廓。據說，那個壯漢的全部罪惡是查出了祖父那輩曾經雇過一個長工，依照政策精神，這位片瓦皆無的貧農改劃為地主，一夜之間變成敵人。[114]

1947年，山東招遠縣蠶莊區柳行村訴苦大會，當場鍘死七人。大會升旗手、貧農、共黨楊楓（1928-2013）暗叫：「這太過分了！……並非

---

[111] 《王若望自傳》第2卷，明報出版社（香港）1992年，頁389。

[112] 胡國華等：《告別飢餓：一部塵封十八年的書稿》，廣東教育出版社2008年，頁77。

[113] 《賓縣志》，黑龍江人民出版社1991年，頁162。

[114] 中凤：〈大勢〉，《新華文摘》（北京）1990年第1期，頁82。

人人都有血案，其中一個還是游擊隊員的貧苦農民也被殺了。」[115]

參加東北土改的中共女幹部鄧壽雨（1921-）：

> 東北窮苦百姓鬥起地主來特別激烈。吊起來打的，點天燈燒死的，逼得一些地主富農，甚至還有中農，跳河、跳井、上吊自殺了……。農會不講政策，又打又鬥，還把貓塞進他的褲襠裡抓咬。[116]

河南安陽初中生魏紫丹（1933-，極右）：

> 能跑出來逃活命的地主都跑到城裡來了，這些流亡地主，家家都是共匪流血鬥爭的受害人和見證人。滿城瀰漫著咬牙切齒對共產黨的憤恨。那時我十三四歲，正在上初中，課上課下言談話語，三句話離不開揭露土改中血淋淋地套著牲口拖死地主、上「望蔣臺」摔死地主、燒紅的鐵環套在地主頭上等等慘絕人寰的話題。[117]

死於土改的人數，毛澤東：「我估計全國合共大約六十幾萬人吧！」[118]

「階級鬥爭」完全是中共的挑唆煽動。1992年，安徽潛山縣官莊鄉人余英時（1930～2021）：「黃世仁是個別的，一般地主不是這樣。我們家是小地主，我在家住過八年，收成不好還不夠吃，佃戶不送租來，我們也不敢催，哪有欺壓的事？鄉下人沒那麼大的仇恨，地主佃戶很多是連親帶故的，常常都以親謂相稱。」土改工作隊員劉賓雁：「土改時，農民恨不起來，煽動他們訴苦，串連鬥爭，但農民不願意。小地主，大家都看到是白手起家，勤勞致富的。」[119]

（三）血腥「鎮反」

1950-10-10中共中央下達〈鎮壓反革命活動的指示〉：

> 「寬大無邊」、「有天無法」，這種右的傾向，必須採取步驟加

---

[115] 楊楓：〈我為什麼成為共產黨的「死敵」〉，《往事微痕》第20期，頁83。
[116] 蔣巍、雪揚：《中國女子大學風雲錄》，解放軍出版社（北京）2007年，頁329。
[117] 魏紫丹：《還原1957》，五七學社出版公司（香港）2013年，頁574。
[118] 梁漱溟：〈毛主席談話補遺〉，《梁漱溟自傳》，江蘇文藝出版社1998年，頁296。
[119] 金鐘：〈普林斯頓論「變」〉，《開放》（香港）1992年8月號，頁46。

以克服。[120]

1951年初，毛澤東多次下令「大殺幾批」、「放手殺幾批」。同年3月18日，毛澤東指示：

> 各大中城市的鎮反工作，過去幾個月一般勁頭很小。……必須用很大的力量去對付，必須認真研究，周密布置，大殺幾批，才能初步地解決問題。……我希望上海、南京、青島、廣州、武漢及其他大城市、中等城市，都有一個幾個月至今年年底的切實的鎮反計畫。人民說，殺反革命比下一場透雨還痛快。我希望各大城市、中等城市，都能大殺幾批反革命。[121]

1950年1月，重慶一天就逮捕千餘人。[122]1951年徐州北郊一條山溝，一次槍斃五百餘人。[123]1951年4月以前，縣級有捕人權，一度也有殺人權。[124]

1951-9-17〈第四次全國公安會議決議〉：

> 有些縣區鄉……發生了鎮壓不徹底的現象，或亂捕亂殺的錯誤。[125]

濰坊一中兩名優秀教師被鎮壓，一名教師上吊，兩名教師判刑。[126]江蘇泰州中學高一生蔡守禮與同學結「五兄弟會」，評議幾句教師與及路上問賣糧農民：「你把糧食賣了，吃什麼呢？」，逮捕公審，綁縛封嘴，立即槍斃。[127]

公安部常務副部長徐子榮（1907-1969，瘐斃）：1950～1952年「鎮反」逮捕262萬人，其中處死71.2萬餘（1946～1949年國共內戰雙方陣亡70萬）、關押129萬餘，先後管制120萬餘。貴州81名國府縣長，或「起義」或「投誠」，「鎮反」全部殺掉。安徽桐城縣擬處決16名「反革命」，報安慶地委審批，地委無一同意，縣公安局接到批文，未拆看便

---

[120] 《建國以來重要文獻選編》第1冊，頁420～423。

[121] 《建國以來毛澤東文稿》第2冊，頁168～169。

[122] 董時進：《我認識了共產黨》，自由出版社（香港）1951年，頁61。

[123] 陳奉孝：《夢斷未名湖》，頁91。

[124] 《建國以來毛澤東文稿》第2冊，頁217～219。

[125] 國防大學黨史研究室編：《中共黨史教學參考資料》第19冊，1986年，頁339。

[126] 陳奉孝：《夢斷未名湖》，頁305。

[127] 紀增善：〈長夜過春時〉，《往事微痕》第21期，頁55。

將16人全部槍決；經覆查，其中11人連逮捕都不夠條件。阜陽專區槍斃幾名惡霸地主，一起斃了與他們睡過覺的幾名「破鞋」，罪名「不爭氣」、「給勞動人民丟臉」。[128]安徽逮捕110,164人，處死32,876人，死緩2,328人，判刑49,332人，其餘管制、監督改造。[129]

1959-8-11中共八屆八中廬山會議，毛澤東：

> 反革命殺了一百多萬。匈牙利沒有殺反革命。六億幾千萬人，消滅那個一百多萬，這個東西我看要喊萬歲。[130]

1987年，廣東連平縣為1951年枉殺九人「反革命集團」平反，賠償死難者曾治平、廖習成等親屬每戶人民幣700元。[131]

三、警號聲聲

1917年5月，陳獨秀執持暴力邏輯為白話文開道：

> 必不容反對者有討論之餘地，必以吾輩所主張者為絕對之是，而不容他人之匡正也。[132]

五四左翼士林哲學層次甚低，器小識淺。兩千餘年封建文化積厚，暴力成習，中國現代化車輪拐入赤色共運軌轍。中共執持馬克思主義以「反剝削」為據，號召暴力劫富。1920-12-23《共產黨》第三號〈告中國的農民〉：

> 共產主義就能使你們脫出一切的痛苦，使你們享沒有享過的福。可憐的窮苦農民呀！你們快起來搶回你們被搶的田地呵！[133]

北伐時期，中共口號：「反共產就是反革命。」[134]

---

[128] 尹曙生：〈毛澤東與第三次全國公安會議〉，《炎黃春秋》2014年第5期，頁2、5。

[129] 尹曙生：〈「大躍進」前後的社會控制〉，《炎黃春秋》2011年第4期，頁8。

[130] 李銳：《廬山會議實錄》，《李銳文集》第5冊，卷八，頁319。

[131] 曾石榮：《赤海漂零記》，頁201。

[132] 陳獨秀：〈答胡適之信〉，《新青年》（北京）卷三，第三號（1917-5）。《獨秀文存》，安徽人民出版社1987年，頁689。

[133] 《「一大」前後》（一），頁213～214。

[134] 周佛海：〈我逃出了赤都武漢〉（1927），《陳公博、周佛海回憶錄合編》，春秋出版社（香港）1967年，頁165。

　　暴力高漲，文化貶值，社會風氣大幅移變，士林毫無警覺，甚至未瀲驚訝。接著，價值倒置，黨性高於一切。劉少奇〈論共產黨員的修養〉（1939）：

> 爲了黨的、無產階級的、民族解放和人類解放的事業，能夠毫不猶豫地犧牲個人利益，甚至犧牲自己的生命，這就是我們常說的「黨性」或「黨的觀念」、「組織觀念」的一種表現。這就是共產主義道德的最高表現，就是無產階級政黨原則性的最高表現，就是無產階級意識純潔的最高表現。[135]

　　沿著〈修養〉的「徹底奉獻個人」，能通往自由民主嗎？個人權利失去合理性，抽去現代人文地基的人權，如何碼放現代價值序列？1942～1944年延安整風，中共藉抗戰之名沒收自由民主、個性解放，移變「主義至上」、「組織至上」，黨權壓倒人權，摧毀舊名教（儒學），扶立新名教（馬列）。1958年5月《北京日報》社論〈共產黨員必須是黨的馴服工具〉，市委第一書記兼市長彭真（1902-1997）：

> 做黨的馴服工具是共產黨員的最大志願。[136]

　　「主義」服務對象的人，被論證成實現「主義」的手段（以「高尚」的名義），黨性就是爲黨奉獻一切，「打你不許哭」，冤死都光榮。1934年蘇聯配合肅反小說《巧克力》（又名《佐丁之死》）風行一時，爲了黨的利益，被冤赤幹佐丁含笑「光榮」走向刑場，不少蒙冤「右派」從中找到自己淪「右」的價值。[137]

　　1965年11月胡風案開庭（已關押十年），判刑14年。宣判前，胡風：「爲了黨的威信，在這方面我是犯了罪。判我刑吧，就是殺我頭，殺一儆百，我都死而無怨！」[138]

　　吾華一向缺乏人權意識。朱熹名言：「革盡人欲，復盡天理。」（《朱子語類》卷十三）北大學子都不知道已被剝奪自由，反替中共「數錢」：積極自我改造。北大「右」生沈志庸（1934-）：

[135] 《劉少奇選集》上卷，人民出版社1981年，頁131。
[136] 邵燕祥：〈從1957到2007〉，《五十年後重評「反右」》，頁9。
[137] 王道芳：〈心痕〉；《命運的祭壇》上卷，頁37。
[138] 梅志：《胡風傳》，北京十月文藝出版社1998年，頁658。

侵犯了我的人權我不知抗議，反而覺得自己要努力改造世界觀；在我摘帽時竟然大呼「毛主席萬歲」，對於一個加害於我二十餘年的罪魁禍首，我竟然如此黑白不分。[139]

（一）正聲幽幽

1931年，羅隆基的反共言論（〈論中國的共產〉）：

在今日中國的狀況下，為中國人民求生路計，自然只有希望國民黨剿共及早成功。諺所謂「兩害相權取其輕」即此意耳。[140]

1947-3-8儲安平名篇〈中國的政局〉：

共產黨最可怕的一點是統制思想。……今日共產黨大唱其「民主」，要知共產黨在基本精神上，實在是一個反民主的政黨。就統治精神上說，共產黨和法西斯黨本無任何區別，兩者都企圖透過嚴厲的組織以強制人民的意志。在今日中國的政爭中，共產黨高喊「民主」，無非是鼓勵大家起來反對國民黨的「黨主」，但就共產黨的真精神言，共產黨所主張的也是「黨主」而絕非「民主」。……我們從來沒有聽見共產黨批評史達林或蘇聯，從來沒有看到左派的報紙批評毛澤東或延安，難道史達林和毛澤東都是聖中之聖，竟無可以批評之處？難道莫斯科和延安都是天堂上的天堂，一切都圓滿得一無可以評論的地方？……共產黨的對人，只有「敵」「我」……，一切都以實際利害為出發……。我們現在爭取自由，在國民黨統治下，這個「自由」還是一個「多」「少」的問題，假如共產黨執政了，這個「自由」就變成了一個「有」「無」的問題了。[141]

1948年1月，三聯書店編輯董秋水（191?-2009，右派）：

中共並沒有放棄馬列主義，也沒有放棄任何東西，這只是一種計策。因此，不管中共提倡什麼民主，它永遠也不會成為一個民主

---

[139] 沈志庸：〈回憶片斷〉，《往事微痕》第21期，頁81。
[140] 羅隆基：《政治論文》，新月書店（上海）1931年，頁256。
[141] 《觀察》週刊（上海）第2卷第2期（1947-3-8），頁5～6。

的黨派。[142]

　　自由知識分子的立場很明確：「絕不會同意一黨或一個階級的專政。」[143]與中共不同立場、不同路向，不是一條心，存在根本分歧。羅隆基、儲安平、董秋水等對中共認識如此清晰，1949年仍滯留大陸。除故土難離，亦惑於中共統戰煙幕抱存幻想。至於大批左翼小知，則沉浸在天翻地覆的狂熱中。後為「著名叛徒」的舒蕪（1922-2009，右派）：

> 中國共產黨的勝利並不是單純軍事上的勝利，百年來中國人民所追求的民族獨立、國家統一、社會安寧、政治清廉、教育普及、婚姻自主……等等理想目標，都有了一個初步實現，整個社會大有希望，個人生活也大有希望。我不能不承認這是馬列主義毛澤東思想的勝利，首先是政治上的勝利所決定的。[144]

赤色狂熱持續至文革。1947年入共黨的許良英（1920-2013，極右）：

> 我1949年以前……以為只要共產黨掌了權，自然就民主了，因為共產黨是全體人民利益的代表。到了1974年我才發現事實並非如此，自己實際上也根本不懂民主的真正意義。我們這一代知識分子大都如此，以後幾代在封閉環境下長大的更不用說了。[145]

（二）歧視士林

　　士林乃歷史經驗承傳者，最寶貴的智力資源（明既往以測方來）。如何待士，歷朝歷代文明層次一大刻度。三大治世（文景、貞觀、康乾），「禮賢下士」重大標配。宋太祖立誓碑「不殺大臣及言事官」。[146]洋務運動以來，士林一直引領思潮、啟蒙民眾，社會轉型火車頭。國際共運則整體否定知識分子價值，歸為資產階級雇傭者。〈共產黨宣言〉：

> 資產階級抹去了一切向來受人尊崇和令人敬畏的職業的靈魂。
> 他把醫生、律師、教士、詩人和學者變成了他出錢招雇的雇傭

---

[142] 董秋水：〈論新民主主義及其爭論〉，《時代批評》（香港）1947-10-1，頁16。

[143] （美）胡素珊：《中國的內戰——1945～1949年的政治鬥爭》，中國青年出版社（北京）1997年，頁267。

[144] 《舒蕪口述自傳》，中國社會科學出版社（北京）2002年，頁281。

[145] 燕凌、穆廣仁等編：《一生都在波濤中》（上），頁242。

[146] 《宋史》第17冊（卷379・曹勳傳），中華書局1977年，頁11700。

勞動者。[147]

列寧將知識分子明確定位資產階級（中共知識分子政策理論依據）：

> 作為現代資本主義社會中特殊階層的知識分子，他們的特點，一
> 般和整個說來，正是個人主義和不能接受紀律性和組織性（參看
> 考茨基論知識分子的著名論文），這也就是這個社會階層不如無
> 產階級的地方，這就是使無產階級常常感覺到的知識分子意志萎
> 靡、動搖不定的一個原因。[148]

馬克思主義無非藉無產階級立說，營造無產者天然優越的階級神
話，指知識分子被「資產階級集體收買」，最多「後來紅」，工農則
「自來紅」。赤俄知識界一直受打壓。1934年（蘇聯作協成立）～1953年
（史達林死），兩千餘作家被判刑、流放、勞改、處決。[149]北越知識分子
自比小老婆：無論怎樣忠心耿耿，越共永遠不會明媒正娶，不會改變資
產階級身分。1940年代末～1950年代初，北越知識分子時有逃往南越的
「脫北者」。[150]

中共建黨後拿捏知識分子政策長期兩難，一方面自詡「工人階級先
鋒隊」，但文化甚低的工人階級毫無從政能力；另一方面中共創始人皆
出身官紳，各級骨幹均為「知識分子」。一邊自抬一邊自貶，理論與實
際一直脫節。

1927年「四·一二」、「寧漢合流」，莫斯科將「大革命」失敗歸
因中共領導層的「資產階級右傾」。共產國際文件（1928-9-1）：

> 史達林同志曾經指出，中國的落後在革命中將有更多的困難和更
> 多的叛徒與變節。而變節中的大多數正是那些混在我們隊伍中的
> 小資產階級知識分子……[151]

1928年6～7月莫斯科中共「六大」，向忠發（1880-1931）憑船工出

---

[147] 《馬克思恩格斯選集》第1卷，頁263。

[148] 列寧：〈進一步，退兩步〉（1904），《列寧選集》第1卷，頁466。

[149] 丁磐石：〈從「保爾」說到法捷耶夫〉，《同舟共進》2009年第9期，頁37。

[150] 程映虹：〈毛主義和中國模式在東歐和北越的影響〉，《當代中國研究》（美·
普林斯頓）2007年秋季號，頁40。

[151] 《共產國際有關中國革命的文獻資料》（1919～1928）第1輯，中國社會科學出版
社1981年，頁595。《中共中央文件選集（1921～1949）》第9冊，頁121。

身當上中央主席，以合「工人階級領導」。南方蘇區、延安邊區歷次肅
奸，均以知識分子爲目標。1942-2-1延安中央黨校開學典禮，毛澤東：

> 許多所謂知識分子，其實是比較地最無知識的，工農分子的知識
> 有時倒比他們多一點。

1942年5月，毛澤東〈在延安文藝座談會上的講話〉11次使用「小
資產階級知識分子」，得長期思想改造：

> 這些同志的立足點還是在小資產階級知識分子方面，或者換句文
> 雅的話說，他們的靈魂深處還是一個小資產階級知識分子的王
> 國。……要徹底地解決這個問題，非有十年八年的長時間不可。[152]

1947年內戰正酣，民主黨派起勁鼓吹「第三條道路」，毛澤東已
在謀畫勝利後的一黨專政，劍指民主黨派。1947-11-30毛澤東密電史
達林：

> 在中國革命取得徹底勝利的時期，要像蘇聯和南斯拉夫那樣，所
> 有政黨，除中共之外，都應該離開政治舞臺，這樣做會大大鞏固
> 中國革命（史達林覆電：「我們不同意這種看法」）。[153]

1950-3-14文化部大禮堂，周揚向京津文藝界做報告，指著臺上四把
椅子：

> 有你小資產階級一把坐的，如果亂說亂動，就要打！狠狠打！[154]

中共知識分子政策最後定型「八字方針」：爭取、團結、教育、改
造。[155]毛澤東判認知識分子最多只有10%「左派」。[156]1957-4-10毛會見
新聞界人士：

> 現在的知識分子是「身在曹營心在漢」。他們的靈魂依舊在資產
> 階級那方面。[157]

1957-9-23中共八屆三中全會，鄧小平〈關於整風運動的報告〉：

---

[152] 《毛澤東選集》第3卷，頁773、814。

[153] （俄）A・列多夫斯基編：〈毛澤東同史達林往來書信中的兩份電報〉，馬貴凡
譯，《中共黨史研究》（北京）2001年第2期，頁88。

[154] 《胡風三十萬言書》，湖北人民出版社2003年，頁56。

[155] 《龔育之回憶：「閻王殿」舊事》，江西人民出版社2008年，頁291。

[156] 《戚本禹回憶錄》下冊，頁646。

[157] 王若水：《智慧的痛苦》，三聯書店（香港）1989年，頁323。

資產階級，特別是它的知識分子，是現在可以同無產階級較量的主要力量。[158]

小結

洋務運動推窗西望別求新聲，西說紛至遝來，「全盤西化論」折射無力剔識西學，五四迎入赤色鹹水妹。之所以選錯主義娶錯妹，歸根究柢，文化老舊，辨識能力太弱。赤說迅速滲漫，赤黨倚北伐擴張，藉抗戰坐大。

文化層次決定解讀與選擇能力，哲學層次決定思維精度。赤說起於西方而著床東方，致因還是東方整體落後，文化藩籬太低，赤說輕鬆越入，迅速滲脹。國府敗臺後，胡適、蔣夢麟等認識到文化方面的原因，有所自責。1960年臺北，蔣夢麟（1886-1964）謂費正清：

假如我們在大陸時就能達到我們現在這樣的認識水準，我們本來是能夠打敗毛澤東的。[159]

社會成員的思想認識難以齊一、利益訴求各異，歷史形成的人文生態大致維持社會平衡，「約定俗成謂之宜」（《荀子‧正名》）。共產主義單極滿足無產階級訴求，徹底打破平衡，摧毀經濟第一動能的生產積極性。

制度變革牽一髮動全身，只能循序漸進，摸著石子過河，實踐驗效，逐漸校正。共產主義徹底否定現實制度合理性，未來式論證，倒置邏輯，重碼價值序列，違逆陰陽，大亂甲乙，違悖前人基本經驗：「物有本末，事有終始，知所先後，則近道矣。」（《大學》第一章）

中共以馬列主義為「必是」，歪說歷史，規定未來，暴力行赤。是非倒，神州陷。

---

[158] 《人民日報》1957-10-19，版1。
[159] 《費正清對華回憶錄》，陸惠勤等譯，知識出版社（滬版）1991年，頁466。

第二章　紅朝之初

　　1949年中共得國，共軍一時如天兵天將，馬列主義挾威而聖。毛澤東成了馬列主義中國區「紅衣大主教」，威望權勢遠超秦皇漢武唐宗宋祖，教杖＋權柄，自炫「馬克思＋秦始皇」。[1]

　　中共一腳踢走「舊社會」，隻手欲闢「新世界」。農村土改，城市改造，禁毒禁賭禁娼，槍斃貪吏劉青山、張子善，1951年罷免武漢市府祕書長易吉光（報復批評者），市委書記張平化、市長吳德峰檢討；邀請民主人士參加反革命案件卷宗審閱……，[2]似乎與民更始，一時氣象。

　　1951年7月，芝加哥大學攻博的巫寧坤（1920-2019，極右），應燕京校長陸志韋邀請歸國任教──

> 國內親友不斷來信，對新中國的新生事物讚不絕口……。一個新時代、一個嶄新的社會，似乎隨著一個新政權的建立已經來到了。雖然我對國共鬥爭知之甚少，對共產主義或馬克思主義更是一竅不通……，投身於一個嶄新的世界，去過一種富有意義的生活，這個誘惑力遠勝過博士學位和在異國做學問的吸引力。……無數志士仁人為之前仆後繼的自由民主的中國彷彿已經出現在地平線上了。[3]

一、激情燃燒

　　歷史確實給了中共建功立業的大好機會。1938-7-2延安，毛澤東向世界學聯代表團勾勒抗戰勝利後中共任務：

> 建立一個自由平等的民主國家。在這個國家內，有一個獨立的民

---

[1]　李銳：〈關於防「左」的感想與意見〉，《李銳論說文選》，中國社會科學出版社（北京）1998年，頁63。

[2]　《建國以來毛澤東文稿》第2冊，頁633、277、315。

[3]　巫寧坤：《一滴淚》，頁10～11、16。

主的政府，有一個代表人民的國會，有一個適合人民要求的憲法。……人民有言論、出版、集會、結社、信仰的完全自由，各種優秀人物的天才都能發展，科學與一般文化都能提高，全國沒有文盲。……實行徹底的民主制度與不破壞私有財產原則下的國家與政府。這就是中國的現代化國家，中國很需要這樣一個國家。[4]

延安時期，中共高懸民主自由旗幟：

〈結束一黨治國才有民主可言〉（《解放日報》1941-10-28）

〈沒有民主，一切只是粉飾〉（《新華日報》1945-2-12）

〈民主的才是合法的〉（《新華日報》1945-2-17社論）

〈一黨獨裁，遍地是災！〉（《解放日報》1946-3-30社論）

1941-5-26延安《解放日報》社論〈天賦人權，不可侵犯〉：

革命與反革命的分野，只在於要不要民眾，給不給民眾以民主自由。

1945年1月，中共在昆明成立外圍組織「民主青年同盟」。9月世界工人聯合會成立大會（巴黎），中共代表鄧發（1906-1946）：「中國人民僅僅要求如英、法、美及其他民族的人民享有已久的那種權利。」（《新華日報》1946-5-1）[5]

1949年前，中共震天吶喊「民主自由」，向國民黨討要生存空間。追隨中共的民主黨派、知識分子，當然追隨的是民主自由，而非「馬克思＋秦始皇」。文革後，士林集體跌足痛悔，歸赤難於毛氏劣德，未識赤難底裡：秦始皇藉馬克思還魂，馬克思依秦始皇施虐。馬克思主義本身就是邪教謬說，南湖紅船不可能運載民主，更不可能駛抵自由之岸。左翼士林誤識「紅船」，以為民主在望，正在駛往「大同」。

1949-5-25共軍入滬，文藝編輯梅林（1908-1986）激動街迎，欲呼「自由萬歲」。[6]1949-9-2《人民日報》，清華教授費孝通（1910-2005）：

4　《解放》（延安）第45期（1938-7-15）。《毛澤東文集》第2卷，頁134。

5　笑蜀編：《歷史的先聲——中共半個世紀前對人民的莊嚴承諾》，博思出版集團（香港）2002年，頁40、101、356～359、326、36。

6　梅林：〈照明自己〉，《文匯報》（上海）1949-6-25，版6。

　　北平各界代表會議一共開了六天會，對我說是上了六天課，這六
天課裡學到的抵過了過去六年，甚至三十多年。三十多年來我所
追求的、夢想的，在這六天裡得到了。這是什麼呢？是民主。[7]
　　赤青作家白樺（1930-2019，右派）：
　　對楊沫那一代人經歷過的戰鬥生活豔羨不已，個個都後悔沒有在
　　那個時代投身革命。林道靜成了中國女青年的偶像。[8]
　　1953年南開中學畢業生范亦豪（1936-，極右），校方動員他報考
「北外」（缺乏外交人才），他第一志願填報西班牙語──解放南美洲，
推進世界革命！[9]
　　「階級鬥爭」甚至得到受難者子女擁戴。赤青張先癡（1934-2019，
極右），其父國民黨中委張家駒（1908-1951），1951年底「鎮反」被斃，
張先癡目睹遊街刑車上的父親，「一點也沒有傷心」，當天向團小組長
彙報思想：「絕不會因此而動搖我的革命意志。」[10]
　　詩人流沙河（1931-2019，極右），其父國府縣兵役科長（1951年鎮壓）：
　　我是真心信任這個黨的……我認為中國共產主義前途是光明
　　的……工作是如何之賣力、如何之認真，而且還如何之愉快，覺
　　得我們做這個工作很有意義，我們正在改變中國……我的父親
　　和許多舊政權的人員一樣，死於1951年，被這個政權殺了的。
　　我絲毫沒有為這個事情去仇視這個政權，……好像革命就是這
　　樣，一定要經過血的洗禮……從1951年的三反運動起，我也當
　　過積極分子打手，也兇狠地批判別人，也裝腔作勢作左派洋洋
　　得意之狀。[11]
　　革命乃激情發電機，1950年代「激情燃燒的歲月」，宗教式狂熱
耳，以為握有天堂鑰匙。這一時期中青年赤徒特徵──
　　他們身上充滿著那個時代最富有代表性的極端狂熱，憎恨一切帶

[7]　費孝通：〈我參加了北平各界代表會議〉，《人民日報》1949-9-2，版4。
[8]　白樺：〈暴風中的蘆葦〉，《作家人生檔案》上冊，頁123。
[9]　2016-7-19，范亦豪先生電話告知筆者。
[10]　張先癡：《格拉古軼事》，溪流出版社（美國）2007年，頁119。
[11]　流沙河：〈曾經滄海身猶在〉，《五十年後重評「反右」》，頁484、492。

有自由色彩的思想和行為。[12]

燕京尖子生李慎之（1923-2003，極右）：「我們這樣三十多歲的青年人都在等待及身親見共產主義在中國的實現了。」[13]

1953-6-16，青年邵燕祥（1933-2020，右派）入共黨：

從現在起／我成為中國共產黨的黨員／好像突然有一千萬隻手／緊緊地挽起我的臂膀／在這些堅強有力的手裡／掌握著祖國的今天和明天。[14]

《中國青年報》編委兼工商部主任劉賓雁（13級高幹，右派）：

各種會議上，並沒有幾個人說出與中國共產黨不同的意見，但那多半並非由於恐懼，而是認為黨不會錯，因而主動放棄了異議。這種狀態一直繼續到1956年。[15]

中共自我感覺超好，近悅遠來，無所不能。中南海不時一竿子插到底——直接管生豬收購、棉花統購、木材庫存、鋼材調用、銀行合併、學生升學、夏收分配……[16]「主席凡事總要一竿子插到底，不願轉彎或回頭。」[17]《人民日報》重要文章須送審周恩來。[18]

（一）士林寄望

1949-3-25，毛澤東進北平，柳亞子（1887-1958）參加歡迎，賦詩：「民眾翻身從此始，工農出路更無疑；佇看荼火軍容盛，正是東征西怨時。」典出《尚書・商書》，商湯征桀，四鄰盼救，東征西怨，南征北怨：「奚獨後予？」

1949年4月，國府談判團長張治中（1890-1969）謂毛澤東：「國民黨的失敗是應該的，共產黨的成功並非偶然。」[19]6月27日《人民日報》

---

[12] 杜高：《我不再是「我」——一個右派分子的精神死亡檔案》，頁102。

[13] 李慎之：〈毛主席是什麼時候決定引蛇出洞的〉，《六月雪》，頁132。

[14] 邵燕祥：《找靈魂——邵燕祥私人卷宗：1945～1976》，頁156。

[15] 《劉賓雁自傳》，頁37。

[16] 《中共中央文件選集（1949-10～1966-5）》第25冊，頁13、43、48、109、395。

[17] 李銳：〈關於毛澤東功過是非的一些看法〉，《李銳論說文選》，頁124。

[18] 汪子嵩：〈歲寒知松柏——悼念一代傑出報人胡績偉同志〉，蜀聲、金臺人主編：《一生追求老時醒》，卓越文化出版社（香港）2013年，頁2。

[19] 李維漢：《回憶與研究》下冊，頁667。

（版1），〈張治中將軍聲明〉（影響甚大）：

> 我居留北平已八十多天了，以我所見所聞的，覺得處處顯露出一
> 種新的轉變、新的趨向，象徵著我們國家民族的前途已顯露出新
> 的希望。就是中共以二十多年的奮鬥經驗，深得服務人民、建設
> 國家的要領，並且具有嚴格的批評制度、學習精神，和切實、刻
> 苦、穩健的作風。這些優點反映到政府設施的，是有效率的、
> 沒有貪污的政府。反映到黨員行為的，是儉樸、肯幹、實事求
> 是的軍政幹部……。我多年來內心所累積的苦悶，為之一掃而
> 空，真是精神上獲得了解放，怎能不令人欣慰不已呢？……我
> 們自己既然無能，就應該讓給有能的；自己既然無成，就應該
> 讓給有成的。[20]

「清流」黃炎培（1878-1965）：

> 我決心遵循黨的教導，接受改造，改造到底。我願和全國人民一
> 道，死心塌地地聽毛主席話，跟共產黨走，走社會主義道路……[21]

胡風長詩〈時間，開始了〉（《人民日報》1949-11-20，版7）。

1951-7-1留德博士、北大教授季羨林（1911-2009）：

> 一片新氣象，一片生機，連最悲觀的人眼前也洋溢著無量光明，
> 連最沒有勇氣的人也充滿了信心。……只要跟著共產黨走，一定
> 沒有錯。……讓我們高呼：中國共產黨萬歲！毛主席萬歲！[22]

中共得到納粹式山呼海嘯的歡護。1950年，清華生90%報名參加共
軍。[23]校園流諺：「考試不必要，教授都不行；學習沒意思，乾脆去革
命。」[24]1952-8-27，潘漢年動員上海金融界支援內地，當場報名896人
（赴陝隴青疆），幾天後報名達全市金融系統員工70%，很快組織起兩千
人「支內」隊伍，9月出發。[25]

　　此前不相信「土八路」能成事的知識分子，固然攻訐國民黨，對共

20　《張治中回憶錄》，華文出版社（北京）2007年，頁525～526。
21　黃炎培：〈八十年來〉，《文史資料選輯》第73輯，頁73。
22　季羨林：〈共產黨的成就是驚人的〉，《北大校刊》第6期（1951-7-5），版3。
23　資中筠：〈我與宗璞〉，《各界》（西安）2016年第7期（上），頁38。
24　韋君宜：《思痛錄》，頁251。
25　邢同義：《恍若隔世──回眸夾邊溝》，蘭州大學出版社2004年，頁355～361。

產黨亦冷嘲熱諷或不置一詞，如今人家得了江山，在勝利者面前不免赧顏。知識界、實業界的「科技救國」、「實業救國」、「教育救國」、「文學救國」……，默然隱退，硬不如人家的「主義救國」嘛！赤色意識形態的大一統清晰體現於衣著：老區幹部灰軍裝，地方幹部中山裝，青年學生列寧裝。西裝領帶、旗袍長衫、花裙時裝……，悄然隱退。

1956-1-25最高國務會議，毛澤東對公有制、集體所有制信心滿滿：

> 社會主義革命的目的是為了解放生產力。農業和手工業由個體所有制變為社會主義的集體所有制，私營工商業由資本主義所有制變為社會主義所有制，必然使生產力大大地獲得解放。這樣就為大大地發展工業和農業的生產創造了社會條件。[26]

中共堅信紅旗即將插遍全球。1957-1-29，公安部釋放關押四年的《侍衛官雜記》作者、香港《大公報》記者周榆瑞，臨行警告：

> 你若到香港以後竟一變而反對我們，我們能立即對付你，……即使你逃到非洲、歐洲或美洲，我們也能抓到你，因為全世界很快都變成社會主義化。[27]

中共幹警稱海外民主國家：我黨還未來得及解放的某個外國。[28]

1956年，中研院士、北大哲學教授馮友蘭（1895-1990）：

> 我敢說：絕大多數知識分子都以接受黨的領導為莫大的光榮。我完全相信，一切妨礙知識分子發揮潛力的阻礙，無論是主觀的還是客觀的，都會在黨的領導下，逐漸地消失。[29]

1956年，南開大學中文系1955級學生汪正章（1936-）：

> 社會主義社會在人們心目中，尤其在青年學生的心目中，真是無比美好。……組織學生們觀看蘇聯電影《幸福生活》、《頓巴斯礦工》，告知在社會主義社會中，無論是集體農莊還是工礦企業，所有人都過上了無限幸福美好的生活，只有歡笑和歌舞，沒有困苦和憂傷；只有魚肉和美酒，沒有飢餓和貧窮；只有繁

26　《人民日報》1956-1-26，版1。
27　周榆瑞：《彷徨與抉擇》，開放出版社（香港）2015年，頁234。
28　張先癡：《格拉古實錄——勞改回憶錄之二》，秀威（臺北）2014年，頁136。
29　馮友蘭：〈發揮知識分子的潛在力〉，《人民日報》1956-1-15，版3。

榮和富強，沒有天災和人禍。……我們正是懷著這種無限美好
的理想和憧憬而歡呼中國進入社會主義，還敲鑼打鼓地湧向街
頭興高采烈地慶祝遊行，滿以為從此定能過上無比幸福的社會
主義生活了。[30]

青年中共黨員石天河（1924-，極右）：

解放這個詞在知識分子和民主人士的心目中，通常意味著一個有
廣泛民主自由的社會。[31]

歡欣鼓舞，躬逢盛時，「一天等於二十年」的好時代。南京江南水
泥廠工程師張晹谷（1923-），一週參加29個大小會。[32]

北大女生樂黛雲（1931-，1949年入共黨，極右）：

那些描寫解放區新生活、論述革命知識分子道路的激昂文字常常
使我激動得徹夜難眠。……我們只看到一片金色的未來。[33]

1954年，吳祖光動員父親吳瀛捐出全部珍貴文物：

……看到了近百年來真正愛國、真正廉潔、人民的政府，你辛苦
一生歷經劫難收集到的一批珍貴文物……不應該留給孩子們繼
承，我想最好是獻給國家。……241件文物拉了幾車到故宮博物
院。[34]

1956年，中央廣播電臺編記邵燕祥：

有這樣的黨中央掌舵，我們會順利地繞開一切暗礁，通過
一切風浪。這樣的黨中央是我們的司令部、我們的頭腦，一切我
們沒有看到的都替我們高瞻遠矚地看到了，一切我們沒有想到的
都替我們深謀遠慮地想到了。看到毛澤東主席的笑臉，我們就如
坐春風，勝利在望。

我相信黨中央書記處、毛澤東同志和監察委員會能夠保護

---

[30] 汪正章：〈被「陽謀」鍛造的抗爭鬥士〉，《抹不去的歷史記憶》，頁110～
111。
[31] 石天河：《逝川憶語──《星星》詩禍親歷記》，頁103。
[32] 《內部參考》1956年第3期（1956-1-11），頁39。
[33] 樂黛雲：《六十年北大生涯》，北京大學出版社2008年，頁2。
[34] 吳祖光：〈從「1957年」說起〉，《荊棘路》，頁84～85。

每一個公民的政治權利、人身安全和自由不受侵犯。[35]

1957年5月，北大校團委《紅樓》第2期封底，中文系女生林昭（1932-1968，右派）配詩——

世界是這麼廣大／友誼是這麼真誠／生活是這麼美好啊／我們又這樣年青[36]

「反右」甫始，張治中（1890-1967）：

現在共產黨在人民群眾中威信這樣高，社會主義革命和建設的成就又那樣巨大，誰還敢出來反對共產黨、反對社會主義呢？[37]

夢幻乃最佳鴉片，正是在無限幸福的依偎中，赤難悄然逼近。

（二）政初懷柔

1937年後中共對士紳有所收斂。1947-12-29政治局會議，毛澤東：

對學生、教員、教授及一般知識分子必須避免任何冒險政策。對封建階級中的開明紳士應有適當照顧。[38]

1948-6-20中共中央宣傳部〈關於對中原新解放區知識分子方針的指示〉，要求「採取嚴格的保護政策」，除個別反動分子和破壞分子，要留住其餘全部教職員，逃走的也要爭取他們回來。[39]1951-6-4中共中央頒布〈在土改和鎮反中對高級民主人士家屬照顧和寬大處理的決定〉：

……已經與我們合作的民主人士特別是高級民主人士，對於真正起義的軍官在土改和鎮反中，必須有意地予以特殊的照顧或寬大處理……。今後凡正副省主席和正副市長級以上的政府工作人員中的民主人士及各民主黨派的中央委員和起義將領的家屬，如果在土改和鎮反中，依法必須逮捕治罪時，應由各中央局批准並報中央備案。如判處死刑的，必須先報中央批准後方得執行。[40]

---

[35] 邵燕祥：《沉船》，上海遠東出版社1996年，頁72、97。

[36] 張元勳：《北大一九五七》，頁24。

[37] 余湛邦：《張治中與中國共產黨——張治中機要祕書回憶錄》，中共中央黨校出版社1991年，頁189。

[38] 顧龍生編著：《毛澤東經濟年譜》，中共中央黨校出版社1993年，頁224。

[39] 《中共中央文件選集（1921～1949）》第17冊，頁219～220。

[40] 國防大學黨史研究室編：《中共黨史教學參考資料》第19冊，1986年，頁319。

　　1950年初，中共幹部72萬，人員缺口近2/3（國府200萬官吏）。[41]各地喊要幹部，尤缺財經人才。1949年12月中共財政供給人員750萬，1950年增至900萬。財政當家人陳雲：「寧缺一個縣委組織部長，也不能缺一個稅務局長。」[42]必須使用舊知識分子補缺，不能馬上「修理」。對民主黨派、社會賢達，也不好意思剛過河就拆橋，人大政協、社會團體盡量安排，點綴門面。全國人大常委，五級高幹待遇，名流高知受寵若驚，恭恭敬敬接受馬列主義。[43]

　　1949-9-3毛澤東電示華東局第一書記饒漱石（1903-1975）：

　　　　不輕易裁員……，三個人的飯五個人勻吃。[44]

　　國府舊員、中小知識分子，盡量給飯碗「包下來」。[45]一些中下層知識分子，感覺比「舊社會」穩定。[46]不過，坐上主席臺的民主人士、知識分子虛位無權，「見面握握手，開會拍拍手，選舉舉舉手」。章伯鈞私下抱怨：「我這個部長就是守靈牌。」[47]

　　「民盟」華中師院主委、副教授艾瑋生（1909-1983，右派）：

　　　　民主黨派只能在共產黨提出的成品上提意見，比如共產黨提出一
　　　　個文件，民主黨派便在這個文件上改幾個字，像「之」字改成
　　　　「的」字，「我們」改成「大家」等。民主黨派只能施工不能設
　　　　計，擬定計畫民主黨派是不參加的。[48]

（三）積極合作

　　士林整體左傾，真誠接受「改天換地」，盡量理解陌生的紅色意識

---

[41]　（美）麥克法誇爾、費正清：《劍橋中華人民共和國史（1949～1965）》（上），謝亮生等譯，中國社會科學出版社1990年，頁65。

[42]　中共中央文獻研究室編：《陳雲年譜》，中央文獻出版社2000年，中卷，頁12～13。

[43]　滄海：〈上海財經學院老教師縱火燒暮氣〉，北京師範大學校刊編輯室：《師大教學》第239期（1958-3-8），版4。

[44]　《建黨以來重要文獻選編（1921～1949）》第26冊（1949），頁689。

[45]　葉篤義：《雖九死其猶未悔》，北京十月文藝出版社1999年，頁108。

[46]　陳奉孝：《夢斷未名湖》，頁304。

[47]　朱正：《反右派鬥爭全史》上冊，頁28。

[48]　《人民日報》1957-6-28，版3，「什麼話」。轉引《湖北日報》1957-6-23。

形態，放下疑慮跟著走。1950年，哈佛文學碩士吳宓（1894-1978）：

> 可以相信，我們的祖國在共產黨手裡會富強，會屹立在世界的東方。……喊毛澤東萬歲也沒什麼，只要能致中國於富強，登斯民於康樂，我也歡迎。我認為什麼政體能都造福民眾。美國競選總統、英國君主立憲，不是一樣都國富民康嗎？……史實歷歷可考，任何一個朝代奠定之初，總得殺一些人，自不待言。……讀了毛澤東的〈論人民民主專政〉，「快哉此文！」……詞藻有太史公之風格，氣勢滔滔，淋漓盡致。……此文實為定正朔定國策之詔書。[49]

張奚若（1889-1973），美國哥倫比亞大學政治學碩士，費正清譽為昆明最堅定的自由人士（無黨派），1952年出任中共教育部長，「充當集權主義的官僚」。[50]72歲的黃炎培（1878-1965），兩辭北洋教育總長，此時接受周恩來「不是做官是做事」，出任副總理兼輕工業部長。同樣拒絕國府高官的梁希（1883-1958），欣然出任林墾部長。[51]

1950-10-1《光明日報》，士林高分貝歡呼。徐悲鴻（1895-1953）：

> 一年之中，真所謂百廢俱興，一切應該做的工作，政府都在盡量去做，一切不合理的現象都在努力革除。使我感到我們的人民政府是真正為人民服務，為人民謀福利的政府。[52]

1950-10-2《人民日報》，梁漱溟（1893-1988）：

> 從四月初間到最近九月半，我參觀訪問了山東、平原、河南各省和東北各省地方，親眼看見許多新氣象，使不由得暗自點頭承認：這確是一新中國的開始。……今天的國慶日，我的確心中感到起勁，因為我體認到中國民族一新生命確在開始了。……可喜的新氣象到處可見，具體事例數說不完。[53]

1950-10-1《人民日報》（版2～4）——宋慶齡〈第一年的新中

[49] 張紫葛：《心香淚酒祭吳宓》，頁97、100～101。
[50] 《費正清對華回憶錄》，陸惠勤等譯，知識出版社（滬版）1991年，頁506。
[51] 楊先材主編：《共和國重大事件紀實》上卷，中共中央黨校出版社1998年，頁15。
[52] 徐悲鴻：〈一年來的感想〉，《光明日報》1950-10-1，特刊，版9。
[53] 梁漱溟：〈國慶日的一篇老實話〉，《人民日報》1950-10-2，版2

國〉、張瀾〈慶祝國慶〉、李濟深〈慶祝新中國誕生的一週年〉、黃炎培〈中華人民共和國第一週年〉、馬敘倫〈深值慶祝的國慶〉、章伯鈞〈慶祝中華人民共和國一年來的偉大成就〉、許德珩〈光輝燦爛艱苦奮戰的一年〉。

茅盾、巴金、胡風、曹禺、沈從文、冰心、蕭乾……，一個個掛銜文聯、作協，領俸開會，知趣識相。中共也只要他們天天感謝共產黨、年年歌頌毛主席。

1957年「鳴放」，相當一批右派仍在「激情燃燒」。1957-5-9中央統戰部座談會，國府第二任行政院長、「中國國民黨革命委員會」（民革）中常委陳銘樞（1889-1965，右派）：

> 非黨人士只要飲水思源，都應當不忘本。人人都應記著，如果沒有出生入死、打江山的人民解放軍，哪裡有我們今天的政權呢？如果沒有黨中央和毛主席的英明決策，正確領導了──土地改革、抗美援朝、鎮壓反革命、三反、五反、肅反──一系列的社會政治改革運動，以及廣泛的馬克思列寧主義思想教育，哪裡有我們今天的最廣泛的社會主義的民主生活呢？[54]

（四）海外投歸

資訊決定判斷，中共遮蔽所有負面資訊，營造「與民更始」氣象。大批留學生、僑胞熱情投歸。1949年10月中旬，舊金山開往香港的船上22名中國留學生，「每天舉行討論會，討論回到祖國應如何服務」。[55]1952年香港甫歸的黃永玉（1924-），「充滿了簡單的童稚的高興。見到民警也務必上前問一聲好，熱烈地握手。」[56]

1949年，81名中央研究院士，59人選擇留下，14人飛美，8人赴臺。[57]1949年8月～1955年11月，歐美返歸大陸高知1,536人，其中美

---

[54] 陳銘樞：〈向黨外人士求師求友〉，《人民日報》1957-5-12，版2。

[55] 老舍：〈從三藩市到天津〉，《老舍全集》第14卷，人民文學出版社2008年，頁411。

[56] 黃永玉：《太陽下的風景》，三聯書店（北京）1998年，頁136。

[57] 赴美院士：胡適、趙元任、朱家驊、陳省身、汪敬熙、蕭公權、李濟、吳大猷、薩本棟、陳克恢、吳憲、李書華、李方桂、林可勝。

國1,041人：李四光、華羅庚、錢學森、郭永懷、鄧稼先、傅鷹、吳階平、老舍……[58]

　　1950～1953年，約兩千留學生歸國。[59]留美出身的余上沅（1897-1970），1949年初從英國辭聘回國，5月退還國府送來的飛臺機票，一心迎共；1955年，余上沅（復旦教授）因「潘楊案」入獄。[60]殼牌石油香港總代理之子袁植芬（1933-1962），1953年考入北大，1955年「肅反」挨鬥，1957年在別人大字報簽名，劃「右」；屢次申請赴香港探親被拒，起意偷渡，判「死緩」，1962年瘐斃北京看守所。[61]文革後港臺「反共急先鋒」林保華（1938- ），1955年印尼高中生，受中共大使王任叔（1901-1972）忽悠，認定廈門祖父（地主）管制三年「罪有應得，人民政府不會整錯人」，「進步報紙介紹大陸情況十全十美，沒有蒼蠅，沒有蚊子」，堅決回國，報考最紅的中國人民大學（中共黨史專業）。[62]

　　一新遮百醜，中共得到最大寬諒，人們將「新社會」種種陰暗面理解為「前進中難以避免的偏差」。中央外事幹校（國際關係學院前身）副教授巫寧坤，見大家都穿灰毛裝、喊同樣口號、重複同樣套話、絕對服從組織，「這和自由民主有什麼相似之處呢？我開始感到惶惑不安了」。不過，即便經歷「思想改造」、「肅反」批鬥、劃了「極右」，巫寧坤仍相信都是一時烏雲：

> （經歷）近年來歷次運動中的政治迫害，我還認為是一個新政權一時的偏差，這個政權還是能夠領導全國人民走出千百年的黑暗的。[63]

　　投歸僑生、僑胞吃足「愛國苦」，文革「海外關係」更成天然罪名，這批投歸者尷尬自嘲：天堂有路你不去，地獄無門偏進來。

　　赴臺院士：王世傑、王寵惠、董作賓、吳雅暉、傅斯年、李先聞、凌鴻勳、袁貽瑾。

[58]　金沖及主編：《周恩來傳（1949-1976）》（3），中央文獻出版社1998年，頁1192～1193。
[59]　于風政：《改造》，河南人民出版社2001年，頁11。
[60]　吳中傑：《海上學人》，廣西師大出版社（桂林）2005年，頁91。
[61]　張強華：《煉獄人生》，頁43、150～151。
[62]　凌鋒：《中共風雨八十年》，聯經出版公司（臺北）2001年，頁3，43、37。
[63]　巫寧坤：《一滴淚》，頁16、65。

（五）紅色特權

　　中共理論上官兵一致，實則早就「衣分三色，食分五等」。[64]1949年進城後，伙食分大灶（12元／月）、中灶（18元／月、營級以上）、小灶（20元／月、師級以上）、特灶（兵團級以上）。[65]上海財稅局長顧準（1915-1974），六名侍員（兩名警衛，兩名保姆，一名司機，一名門房）。[66]

　　1949年450萬中共黨員，文盲、半文盲69%，小學文化27.66%，中學3.02%，大學以上0.32%。[67]普羅化低素質，怎麼可能避免「闖王進京」？革命勝利了，當然得有一點優越性，否則如何體現「參加革命」？1951年底掀起「三反」運動（反貪污、反浪費、反官僚主義），各地報紙天天通緝逃亡共吏，中共中央下令幹部不得流動，嚴禁出境。[68]

　　國家僑委主任廖承志（1908-1983）主持機關「三反」大會，非黨員貪污犯當場逮捕，黨員貪污犯只做檢討。[69]重慶商業部門，黨員出差補助五角／天，非黨員三角／天。[70]

　　1952年實行薪階制（1-25級），17級以上未經上級同意，不得偵訊、拘捕。[71]小幹部犯男女錯誤，動輒開除黨籍公職。1955年哈爾濱「搞破鞋」、「賣淫」甚至處死刑。[72]但中高級幹部的男女問題則屬「生活小節」。二機部副局長張召（外號「西門慶」）亂搞男女關係二三十人，僅得「勸告」。[73]

　　各地都有特供商店、幹部醫院、高幹舞會、特殊泳池。[74]祕密中共黨員、北大歷史系主任翦伯贊（1898-1968），周恩來特批高幹待遇：一

[64]　王實味：〈野百合花〉，《解放日報》（延安）1942-3-23，版4。

[65]　邢小群：《丁玲與文學研究所的興衰》，山東畫報出版社2003年，頁23、158。

[66]　《顧準自述》，中國青年出版社（北京）2002年，頁201。

[67]　安子文：〈關於中國共產黨的組織情況及發展和鞏固黨的組織〉（1950-6-7），中共七屆三中全會發言。http://www.cnleaders.net/20190723/5955.html

[68]　華明：《三反五反的剖視》，友聯出版社（香港）1952年，頁113。

[69]　馮國將：〈中國「巴比龍」九死一生〉，《三十年備忘錄》，頁248。

[70]　《情況簡報（整風專輯）彙編》（7）1957-7-20。《反右絕密文件》第2卷，頁45。

[71]　丁抒：《陽謀——反右派運動始末》，頁238。

[72]　《內部參考》第130期（1955-6-7），頁76。

[73]　趙文滔：《傷害》，頁36～37。

[74]　戴煌：《九死一生——我的「右派」歷程》，頁22～23。

幢小樓、一輛專車、祕書、炊事員、保姆。[75]

> （甘肅）省委園子裡的蘋果，摘下來部長12個，處長6個，幹事2
> 個。福利費的評補盡量滿足部長、處長，領導星期天可以帶上老
> 婆、娃娃坐公家的小臥車去郊遊，一般幹部出差上車站去要個車
> 就難上難。[76]

林業部一名新幹部申請住房，房管科：「哪一級？」「20級」「過
五年再來。」[77]時諺：「人分三六九等，飯做大中小灶，房有高中低
檔，墓劃二四八區。」北京航空學院、北京工業學院，教授住房很緊
張，行政幹部只要帶「長」（哪怕副科），都可分到寬敞住房，困難補
助也是行政幹部拿得多，教學人員極難領到。薄一波之女、譚政之子、
胡仁奎（外貿部辦公廳主任）之女、彭萃華（軍委訓練總監）之子，高考
分數不夠，憑條「保送」北京工學院。[78]

1957-5-30中央統戰部「鳴放」會，前國府雲南省主席龍雲（1884-
1962，右派）：

> 北京師範大學有個附中，現在改為101中學，學生完全是高級幹
> 部的子弟，其他的學生就不收。這樣是不公道的，……為什麼我
> 們社會主義的國家，也要設這種類似的貴族學校呢？[79]

北京鐵路局實驗小學，只收科長以上或12年紅色資歷者子弟，每月
膳宿僅13元。[80]團中央〈關於幹部子弟學生情況的報告〉（1955-6-28）：

> 不少幹部子弟自以為高人一等，經常吹噓父母地位，互比高
> 低，處處表現「特殊」，……有的輕侮老師說：「你不過是個排
> 級幹部，還沒有我爸爸的警衛員大呢！」「你不好好幹，馬上
> 告訴我爸爸把你調走！」……許多幹部子弟小學的伙食頓頓有
> 肉，……有的每月零用竟達二三十元。鄙視貧苦家庭的子弟，認

---

[75] 陳斯駿：〈從北大一角看「反右」〉，《五十年後重評「反右」》，頁359。

[76] 邢同義：《恍若隔世——回眸夾邊溝》，蘭州大學出版社2004年，頁225。

[77] 〈把心裡的話說出來〉，《人民日報》1957-5-25，版4。

[78] 趙文滔：《傷害》，頁28～29、33～35。

[79] 〈中央統戰部繼續邀民主人士座談……〉，《人民日報》1957-5-31，版2。

[80] 《情況簡報（整風專輯）彙編》（15）1957-8-22。《反右絕密文件》第3卷，頁
184。

為他們「又髒又笨」，有的甚至罵他們是「窮光蛋」。……某學生任意不上課，打罵同學，把尿撒在別人飯碗裡，發起脾氣把飯桌整個打翻。[81]

1957年，中央宣傳部幹部俞康金、馬家駒「鳴放」：

上級欺壓，下級吹捧，得利在先，吃苦在後；置人民痛苦於不顧的維護私利的封建剝削集團；建立封建等級制度。

老幹部是一群自私、虛偽、專橫、愚蠢的人。[82]

北師大總務處長「每次學校演戲、放電影，總讓自己的妻子坐在好位置上，引起大家強烈的不滿。」[83]看戲前排、理髮優先、專人送飯、專人看守宿舍……一位將軍新妻要警衛員洗月經帶。[84]

1957-6-1內務部副部長、「民革」中常委陳其瑗（1887-1968）：

有些人從前不是黨員，今天入了黨就覺得自己與眾不同了，「一登龍門，身價十倍」，……有些機關領導幹部當了首長以後，他的愛人一定是人事科長……東北某廠的黨、團、工會、行政幹部都是親戚。[85]

1957-5-13南京，《光明日報》邀請民主黨派座談會——

南京體育學校校長陳陵（「民進」）：我這個校長是泥菩薩。學校裡好多事情我不知道。黨支書是辦公室主任，他決定了就算了，只是出布告用我的名義。責任要負，權卻不多。管理學校福利費的人事幹事是黨員。福利費只補助黨團員，非黨非團的教職員得不到補助。校長批准了也無效。他可以批個「福利費無多，不予補助」。而他自己申請補助，自己批准，群眾意見很多，卻說校長官僚主義。[86]

還有性特權。一面控訴封建包辦婚姻，熱演《小二黑結婚》、《劉巧兒》，一面強迫城鎮女生「無私忘我」、「服從組織」，逼嫁老區農

---

[81]　《中共中央文件選集（1949-10～1966-5）》第19冊，頁463～464。
[82]　〈中宣部一撮右派分子醜態畢露〉，《人民日報》1957-9-23，版3。
[83]　羅宗義：〈在那個「不平常的春天」裡〉，《不肯沉睡的記憶》，頁4。
[84]　李南央：《我有這樣一個母親》，開放雜誌（香港）2003年，頁109。
[85]　〈統戰部召開的民主人士座談會，昨天繼續舉行〉，《人民日報》1957-6-2，版2。
[86]　〈轟開局面，還看領導〉，《光明日報》1957-5-15，版1。

村幹部。1949年剛進城，部隊首長約談19歲小劉（女宣傳隊員），要她從三位四十開外功臣中擇夫。小劉泣問：「不選行不行？」首長很嚴厲：「這是組織決定，不選不行！其他人只能一選一，考慮到你的條件比她們優越，讓你三選一，已經夠照顧你了。」小劉只好挑定老周（主力師長），雖然矮些，有一股正氣。不料，老周不幹：「我家裡有老婆孩子，不能休妻再娶。」首長勸解：「打了一輩子仗，落了一身傷，勞苦功高，給你娶個小姑娘也好照顧你，這是領導對你的獎勵。」老周一擰脖：「日本鬼子才需要獎勵花姑娘，我不需要。」首長火了：「家裡的老娘兒們，組織上早派人給你打了離婚啦，今天晚上就給你辦喜事，別他娘的狗舔磨臺不識抬舉！」每次說到這裡，小劉總是無奈歎氣：

> 唉，當時國家窮，拿什麼獎勵他們功臣呢，也只能拿咱們女人了。[87]

（六）暗疾四伏

　　文革後，垂暮赤士不停唸叨1957年以前：「如果不發生一年以後的反右運動，中國就會完全是另一個樣子了。」[88]羅瑞卿妻郝治平（1922-）：「再也找不到五十年代那麼好的工作人員，實際上就是肯幹而不計較得失的工作人員。」[89]典型的視歪為正，以落後為先進、倚敗筆為榮耀。怎麼可能幾十年「不計較得失」？一時「不計較」尚可忍耐，長期斷難持續。趨利避害，人性「價值規律」呵！為什麼視個人權益為醜陋？郝治平自享特權，無視他人正當權益訴求。

　　烏雲早已爬出。1950年9月頒布〈肅清資本主義反動思想及封建思想的出版物決定〉。商務印書館1.5萬餘種出版書籍僅留1,354種，中華書局萬餘種留400種。1951～1952年上海焚書230噸。全國城鄉收書、焚書，廣州新華書店中南總分店焚書數十萬斤，經史子集、明版殿版、

[87] 趙文滔：《木人的話》，香港五七學社出版公司2010年，頁106～107。
[88] 《劉賓雁自傳》，頁74。
[89] 羅點點：《紅色家族檔案》，南海出版公司（海口）1999年，頁21。

珍版抄本、縣志族譜……。[90]中外歷史證明：哪兒開始焚書，哪兒即將「坑儒」。

1950年代前期所謂的「激情燃燒」，紅色幻覺矣，與真實國情大大脫節。土改鎮反、抗美援朝、三反五反、思想改造、暴虐肅反、三大改造，雞飛狗跳，四海煮沸，只是中共一手遮天，遮罩負訊。

遼寧土改，安東市鎮興區小學教師孫秀榮，全家19人被殺，僅他與叔叔逃出。[91]國民黨兵工廠某處長，長期通共，1951年「鎮反」誣為軍統被殺（1986年平反）。[92]1952-3-21，北大圖書館員趙竹君與丈夫家中自殺。同年5月上旬，另一對北大職員王利民夫婦投什剎海，工學院兩名職員自殺。[93]

「三反」口號：「在運動中要大膽地捕風捉影！」[94]三反五反查處大小「老虎」一百二十多萬，[95]逮捕184,270人，開除黨籍、撤銷公職119,355人，非正常死亡或傷殘133,760餘人。[96]《內部參考》：「西北區級機關三反中，科、處長普遍下不了臺，情緒消極。」[97]「民盟」中央財務委員會主委周鯨文估算三反五反中逮捕或勞動改造者約30萬，自殺者不下二三十萬。[98]

1957年5月，北師大副教務長董渭川（1901-1968，極右）：

> 我是在「三反」中排隊洗澡被燙得皮開肉爛者之一。創傷隱藏在心底，恐怕到死不能磨滅。幾年來每逢碰到給我「搓背」的幾位青年同志，還是有些毛骨悚然。[99]

劍橋生、前《大公報》記者蕭乾（1910-1999，極右）：

[90] 中華民國教育部文化局編：《共匪如何破壞中華文化》（1971），頁154～155。
[91] 《情況簡報（整風專輯）彙編》（31）1957-10-25。《反右絕密文件》第6卷，頁126。
[92] 李泥：《歷史傷口──二十年右派尋訪記》，頁295。
[93] 《北京大學紀事（1898～1997）》，北京大學出版社2008年，頁536、538。
[94] 張瑞月：《風雨人生錄》，時代文化出版社（北京）2010年，頁126。
[95] 馬畏安：《高崗、饒漱石事件始末》，當代中國出版社（北京）2006年，頁55。
[96] 羅冰：〈早年政治運動檔案解密〉，《爭鳴》（香港）2005年12月號，頁11。
[97] 《內部參考》第14期（1952-1-18），頁98。
[98] 周鯨文：《風暴十年：中國紅色政權的真面貌》，頁224～225。
[99] 董渭川：〈我的處境〉，《「陽謀」下的北師大之難》上冊，頁130。

1949年到北京之後，開頭挺順眼：提倡衛生，改造妓女，我還僕僕風塵去湖南岳陽參加土改。可很快我就感到不那麼自在了，藉《武訓傳》抓辮子，我們幾個喝過洋墨水的就成天自己摑自己的嘴巴，把改良主義罵成毒蛇猛獸。待到胡風為文藝問題上書給抓進牢裡——而且隨著又抓了上千名分子之後，我已明白這裡講的是另一種民主了。[100]

1952年「五反」，工人修理老闆：「今天才真翻了身，出世到現在，沒有這樣痛快過。」「往日見了老闆心裡發慌，今天老闆見了我們發抖。」[101]上海聚興誠銀行吳副理，拘押辦公室月餘，逼他交代。銀行楊老闆判刑五年，蘇北勞改。[102]

有產者淪為弱勢群體，精神崩潰，自殺連連。「僅上海一處，自殺、中風與發神經者，即不下萬人。……法國公園、兆豐花園樹叢中，經常懸屍三五人不等。」[103]1952-4-2～8上海自殺67人，很多夫婦一起自殺，上海至少222位資本家自殺。[104]上海市長陳毅每晚問：「今天又有多少空降部隊？」滬民不敢走臨樓馬路，生怕「空中飛人」。自殺者之所以跳樓而非跳江，跳江屍體難覓，會指逃亡香港，家屬更吃罪。[105]

1952年3月底，上海棋盤街桂圓店鼎豐號，張老闆坦白三次，十餘店員（有的沾親帶故）仍逼他「徹底坦白」。恰張老闆生日臨近，備席兩桌，除全家與十餘名員工，邀來本片「五反」主管幹部。幹部避嫌欲走，全體員工挽留，張老闆聲明「明天一定徹底坦白」或宴畢連夜坦白，幹部這才落座。美酒佳餚，觥籌交錯，張老闆閂上店門。不久，聲息漸微，竟至寂然。翌日，鼎豐號10點尚未開門，鄰店報警而入，全體歸西，張老闆下了劇毒。是案轟動上海灘。

[100] 蕭乾：〈唉，我這意識流〉，《收獲》（上海）1996年第1期，頁102。

[101] 中共浙江省委黨史研究室、省委統戰部編：《中國資本主義工商業的社會主義改造·浙江篇》上冊，中共黨史出版社（北京）1991年，頁61。

[102] 吳弘達：《昨夜雨驟風狂》，頁35。

[103] 華明：《三反五反的剖視》，友聯出版社（香港）1952年，頁66。

[104] 楊奎松：〈1952年上海「五反」運動始末〉，《社會科學》（上海）2006年第4期，頁21～22。

[105] 岳騫：〈我親見的土改鎮反殺人〉，《共產中國五十年》，頁17。

　　廣州「五反」比上海慢半拍。永漢南路汽車修理廠生意日淡，入不敷出，老闆邵達祥（38歲）欲關歇，政府不准；積欠員工三月薪水，員工（叔侄親戚）大噪，藉「五反」不實揭發邵老闆逃稅漏稅，定於5月23日晚開鬥爭會。邵老闆一直聘用照拂親戚，想不通呵！22日深夜提五磅重錘連砸五名熟睡員工，個個一錘完活，最後自砸，一案六命，上了香港《星島日報》（1952-5-26）。[106]

　　1953-4-14顧頡剛日記：「生於今日，工商界苦痛不堪言矣。」[107]

　　北京工商界80%為中小戶，公私合營後工資很低，福利也不能解決，「許多人的生活都很困難」。[108]湖南一些小商販生計窘迫，公私合營高潮中自殺。[109]滬人卻磐石上太原跑採購，山西工業廳逼他承認與廳長勾結偷煤兩萬噸，釘上15斤腳鐐，20分鐘提審一次，卻磐石被迫認誣（告知只判15年）。法庭上，法官要他吐實，卻磐石怕判死刑不敢，後叫冤不認識廳長、沒偷煤。法院判了一年，不久放出。祖母、外祖母均已上吊，上海原單位也不要他。[110]

　　1957年「鳴放」，長春「民建」副主委張澤多（1909-2008，右派）：

> 一恨土改對地主鬥爭太殘忍，二恨鎮反中對反革命分子太狠毒，三恨肅反無中生有。現在的人事制度比商鞅變法連坐還屬害。黨是披羊皮的狼。工商業者是「豬」，改造就是把「豬」餵肥了，最後挨一刀。[111]

　　1957年5月下旬，「民革」中央副主席龍雲「鳴放」：

> 現在農村破產，統購統銷搞壞了，農民發出不滿的呼聲。人民生活困難，不滿現狀。而政府卻說是反革命分子和地主作祟……[112]

[106] 華明：《三反五反的剖視》，友聯出版社（香港）1952年，頁69～70。
[107] 《顧頡剛日記》第7卷，聯經出版事業公司（臺北）2007年，頁374。
[108] 《「脫胎換骨」的公私合營》（「鳴放」輯錄之四），頁25。
[109] 〈資產階級有沒有消極性？〉，《人民日報》1957-5-19，版3。
[110] 《內部參考》第2223期（1957-6-6），頁38。
[111] 〈張澤多只有反動的一面性〉，《人民日報》1957-8-3，版3。
[112] 《「老子天下第一」》（「鳴放」輯錄之二），頁22。

（七）各種造假

歪說總是從歪曲事實開始。1943年，陸定一提出無產階級新聞學口號：「把尊重事實與革命立場結合起來。」[113]否定事實的客觀唯一性。

1949年4月，重慶沙坪壩國府公立大學生何堅（1927-）：「我們竟然把碗裡的回鍋肉倒進潲水桶，然後上街去遊行『反飢餓』……」（地下共黨組織的煽顛活動）[114]

1950-10-25志願軍過鴨綠江，新華社隨軍記者接令「三不報」：

> (1)不報任何戰敗消息；(2)不報志願軍傷亡；(3)不報志願軍的「痛苦」。
>
> 大家為了表示無產階級新聞觀點強，許多記者把戰場上的悲慘死亡描寫成為了保衛祖國「英勇」、「忘我」、「光榮」、「偉大」的犧牲，把陣地的失守改寫成陣地的轉移等等。

志願軍的家信也是假的。新華社隨軍電訊員姜桂林（1933-，1959-12-27開羅叛逃），吉林老家新建大屋被區長霸占，雙親趕入破敗陋室：

> 父親（按：原開養豬場）早已經變成了一個以拾柴為生的乞丐了。母親早年所積存的衣服已經被迫捐獻了，穿在身上的衣服破爛到不能蔽體的程度。從家人的敘述中才使我明白，我在韓國戰場上所收到的那些家信，其中描寫家庭生活如何這般的優越，都是出自共匪寫信隊的傑作。……自己身為中共的一個宣傳幹部，不但自己是一個自欺欺人的騙子，而且騙局還臨到了自己的家庭，自己這個騙子也被大騙子所愚弄了。[115]

小學生被告知蒸汽機、電燈、電話都是俄國發明。[116]摩爾根基因論被指偽科學。[117]跟著蘇聯批判愛因斯坦的相對論和不可知論。[118]

[113] 陸定一：〈我們對於新聞學的基本觀點〉，《解放日報》（延安）1943-9-1。
[114] 張先癡：《格拉古實錄》，秀威（臺北）2014年，頁132。
[115] 姜桂林：《「新華社」十二年》，頁79、97～98。
[116] 侯鳳菁：〈裴多菲俱樂部真相〉，《炎黃春秋》2008年第5期，頁75。
[117] 吳中傑：《復旦往事》，廣西師大出版社（桂林）2005年，頁23、35。
[118] 江菲：〈一場批判相對論的鬧劇〉，《中國青年報》2005-6-8，《文摘報》2005-6-19。

1956年，南開生汪正章（右派）：

> 一個星期日，我走出校門上街購物，走在天津市最繁華的勸業場和百貨公司一帶，竟然一再遇見有沿街行乞要飯的，還有一位貧婦懷抱骨瘦如柴的嬰兒，跪在地上伸手乞憐。當時我就懵了，心想：「不是已進入社會主義了嗎？怎麼還有乞丐要飯的？怎麼還有窮苦和眼淚？」……覺得宣傳內容很不真實。不久學校各系組織大學生下鄉短期勞動，我見不到蘇聯集體農莊那樣的拖拉機，倒見到無數的土坯房和衣衫襤褸的莊稼人，以及面黃肌瘦的婦女兒童。我又覺得現實的社會主義並非想像中那般美好，更覺得自己被所宣傳的內容所欺騙，而且還以此欺騙著別人。我為此感到懵懂、感到內疚。[119]

二、國事日歪

　　現代政治基本原則：國家應保護全體國民人權，政府行政權來自國民直接或間接授權，法律應根據人權產生。所有共產赤國均恃暴力執政，並以剝奪國民人權為「神聖的社會主義革命」。歪理行歪政，歪政當然只能得歪果。

　　所有赤禍均源自赤色圖紙──公有制，以為赤圖一展山河盡綠直入天堂，實則赤圖稍展，亂象紛至。如統購統銷，關閉糧市（堵死農民賣糧渠道），立遭報復──農民普遍懈怠，糧產下降。再如城鎮計畫供糧、壓減流動人口，固定城鄉二元身分，1955年6月實施戶口登記，1956～1957年四份文件限制農民入城，1958年1月頒布〈戶口登記條例〉；[120]公然違反1954年《憲法》的「遷徙自由」。法院判案長達三十年無法條依據，僅憑綱領性政策，法官「靈活」掌握。[121]1955年，湖北隨縣貧農陳平洲未完成徵糧指標51斤，縣法院以「反革命現行破壞罪」判刑15年。江蘇常熟皮匠田小福一句「（統購統銷）這個辦法毛主席是想不出

---

[119] 《抹不去的歷史記憶──南開大學「五七」回憶》，頁111。
[120] 《建國以來重要文獻選編》第11冊，頁16～21。
[121] 《內部參考》第2326期（1957-10-7），頁6。

來的，啥人想出這個辦法也是絕子絕孫」，縣法院以「反革命造謠破壞罪」判刑15年。上級法院改判兩案——「教育釋放」。[122]

1979年，中共政府才頒布《刑法》，1986年頒布《民法》。

(一) 紅朝財政

1952-6-11全國統戰會議，陳雲（1905-1995）：

> 現在我們一年的稅收，大約合23億元光洋。國民黨在「九‧一八」事變以前，包括東北在內，也不過收8億到9億元光洋，……他們比我們收的少。[123]

1952年農民收入不足1949年的2/3，1953年職工人均收入降低20%以上。[124]1949年西方在華投資：英國£2億（英鎊）、美國$2億（美元）、法國$0.5億（美元）。中共對外企不沒收、不徵用、不許關門、不許解雇工人，既徵稅又控制原材料；外企虧損嚴重，叫苦連天，1954年只好無償奉送中共（如英美煙草公司）。[125]外貿部幾次提出和西方做生意，毛澤東大怒，有違他的「一邊倒」。[126]

1956年「三大改造」（農業、手工業、工商業社會主義改造），「工商聯」中常委榮子正（右派）：「全國私營企業財產由45億元變成為合營後的股金22億元。」[127]劉賓雁：「國家處處想從群眾身上揩點油水。一個同志回家時，從縣到鄉一路聽到都是罵共產黨。」[128]北京買不到平價肉蛋，遊蕩農村乞丐。[129]寒冬臘月，夜風刺骨，大雪紛飛，北京大街旁到處躺著攜家帶眷的逃荒者，不時響起慘叫與啼哭。[130]

---

[122] 《審判反革命案件和其他重要刑事犯罪案件中的若干政策界限問題的參考資料》，第三屆全國司法工作會議秘書處（1956年），頁5～7。轉引自丁抒：《陽謀》，頁255。

[123] 《陳雲文稿選編》，人民出版社1982年，頁167。

[124] 侯鳳菁：〈裴多菲俱樂部真相〉，《炎黃春秋》2008年第5期，頁74～75。

[125] 金鐘：〈千家駒看破紅塵痛心疾首〉，《三十年備忘錄》，頁213。

[126] 趙文滔：《傷害》，頁9。

[127] 《天津日報》1957-5-31。朱正：《反右派鬥爭全史》上冊，頁373

[128] 《中國青年報》1956-11-8。《人民日報》1957-7-20，版2。

[129] 劉賓雁：〈難忘的1956～1957年〉，《共產中國五十年》，頁92。

[130] 姜桂林：《「新華社」十二年》，頁105。

1956年中共政府財政決算

項目	金額	財政比例	備註
軍費	61.16569億	19.48%	1955年65億，占比22.1%
行政經費	26.59641億	8.5%	
文教科衛	45.95904億	14.64%	含撫恤、救濟
經濟建設	159.13132億	50.68%	
債務	7.2189億	2.30%	
外援	4.04002億	1.29%	
其他	1.6100億	0.51%	
赤字	8.1900億	2.6%	扣除1955年10億財政結餘

　　經濟萎靡，軍政開支占財政32％。1957年1月裁軍1/3（至少百萬人）。[131]那麼窮，還支援世界革命。1960-10-16「中辦」主任楊尚昆（1907-1998）：

> 我國對外援助：11年來52.1億元，對社會主義陣營45.23億元，對拉亞非6.86億元。這個數字相當於蘇貸56.76億盧布的91.7％。[132]

中共史家：

> 到1956年4月，各條戰線各個行業盲目發展，造成基本建設規模過大、職工總數增長過快、生產秩序混亂、資金供應緊缺、貨幣發行量劇增，從而使整個國民經濟出現全面緊張的局面，……負責經濟的周恩來、陳雲等提出「反冒進」。6月10日，劉少奇主持政治局會議，確定「反冒進」方針，6月20日《人民日報》社論傳達全國，成為中共「八大」重要指導思想。[133]

　　但毛澤東要「急進」，很不滿「反冒進」。[134]《人民日報》社論〈要反對保守主義，也要反對急躁情緒〉（1956-6-20）送審，毛批：「不看了！」[135]1956-11-10～15，中共八屆二中全會，共黨大佬普遍擔

---

[131] 《建國以來重要文獻選編》第10冊，頁361～368，12～13。

[132] 《楊尚昆日記》（上），頁567。

[133] 石仲泉等主編：《中共八大史》，人民出版社1998年，頁4～5。

[134] 鄧力群：〈我所知道的黨的八大的一些歷史事實〉，楊勝群、陳晉主編：《五十年的回望：中共八大紀實》，三聯書店（北京）2006年，頁23。

[135] 薄一波：《若干重大決策與事件的回顧》上卷，頁538。

心局勢，朱德認為重輕工業的關係「現在看起來問題很大」。董必武：冒進思想不解決，「二五」計畫還會發生問題。西北組反映：市場供應短缺，蘭州衣食供應都緊張，如此下去，難免發生波茲南事件。[136]

高教界也一片亂象。1952年6～9月，為改造「資產階級思想堡壘」的高校，全國院系大調整，推倒英美通才體系，改換蘇聯專才體系，蘇聯大學沒有的學科、課程，一律不能有。裁撤社會學、人類學（資產階級反動學科）、心理學、行政學、政治學、遺傳學、比較研究，遣散師資。[137]

1954年全國高中畢業生5萬餘，高校招生9.228萬；下文件規定應屆高中畢業生必須全部報考大學。[138]1955年高校招生97,797名，1956年蹦至184,632名，1957年退回105,581名，1958年再蹦至265,553名，1959年274,143名。[139]高層傳聲：「15年內所有的人都能進大學。」[140]

（二）武大郎開店

人才配置亦棄市場天然調節而就笨拙人工計畫，加之政治歧視，堵死自由流動，調動工作成了「天下第一難」。人才浪費極其嚴重，學航空工程的分配公交售票員，學英國文學的分配圖書館員。[141]

1953年夏，撤銷「掃盲委員會」，理由：全國人口90%以上文盲，全部掃盲，五億多人都要看書，即便每人一冊，無力提供紙張，無書看會復盲，大大浪費，「全國掃盲」乃盲目冒進，停車。[142]

中國人民大學社會學教授李景漢（1895-1986，右派），留美碩士，1924年回國後一直執教燕京、清華、北大，聯合國糧食統計專家，1952年「失業」，給各系當助手打零工，直至沒工作。1957年，李景漢「鳴放」：

> 黨不僅要洗臉上的灰塵，更應該把肥皂吞到肚裡去洗一洗。[143]

---

[136] 中共八屆二中全會簡報和小組發言記錄。沈志華：《思考與選擇》，頁429。
[137] 于風政：《改造》，頁535。吳中傑：《復旦往事》，頁43。
[138] 楊建民：〈劉紹棠緣何從北大退學〉，《團結報》（北京）2004-11-4。
[139] 《中國教育年鑒》（1949～1981），中國大百科全書出版社（北京）1984年，頁969。
[140] 聶紺弩：〈往事漫憶〉，《往事如煙》，北京師範大學出版社1997年，頁42。
[141] 〈民主黨派負責人繼續提出意見〉，《人民日報》1957-5-14，版2。
[142] 施平：《六十春秋風和雨》，上海人民出版社1991年，頁173～174。
[143] 汪浩、寇恩田：〈請看李景漢的反動面目〉，《人民日報》1957-8-16，版7。

低層次中共只能武大郎開店。廣西醫學院長高中生，縣委書記初
中生。[144]時代出版社編輯郭景天（右派）：「黨太無人才，不是膿包就
是飯桶。」[145]

劉賓雁：「黨內民主少、批評少，黨內選舉是形式。幾年來，黨愈
來愈脫離群眾，黨吸收的多是逢迎拍馬、唯唯諾諾的人。」[146]

外貿部歐美研究室主任嚴文傑（中共黨員）：

　　相當多的中下層黨員幹部不稱職，他們是靠黨籍吃飯的，
　　無知的庸才。職位在人之上的人，論起工作，瞠目結舌，甚至胡
　　亂來一場。這些人最好的是不起作用，而一般的是起反作用。

　　管人的根本不知道什麼是人，不承認別人的知識和才能。人
　　事部門兒戲別人的前途和名譽。結果很可能弄到個天怒人怨的地
　　步。親身經歷過三反、五反、肅反這些運動的人，想起來就感到
　　心驚肉縮、毛骨悚然。一到此時，真是人人自危，社會大恐怖。[147]

1955年，西安、寶雞、咸陽、渭南、漢中等地百名高知失業；廣
西一共兩千高知，約百名失業。[148]京津穗等全國128個城市，失業高知
3,005人。[149]1955年廣東佛山共24名大學文化者，14人失業；海豐縣九名
大學生當售貨員；海南分配大學生記帳、收發、掛號。[150]1956年廣東梅
縣大專以上知識分子258名，僅54人安排工作，餘皆推車、販賣雞鴨或
拾糞爲生，其中有前清秀才、廩生、舉人。1957年2月，上海至少4,202
名知識分子失業。[151]

南開大學外語系一位畢業生，1955～1959年在北京蹬三輪。「1952
年以前的大學畢業生踩三輪車有什麼稀奇，如果需要，在北京可以把他

[144]　《廣西日報》1957-7-5。轉引自朱正：《反右派鬥爭全史》上冊，頁429。
[145]　〈在反右派戰線上〉，《人民日報》1957-9-24，版3。
[146]　〈劉賓雁是資產階級右派在黨內的代言人〉，《人民日報》1957-7-20，版2。
[147]　〈對外貿易部揭露叛黨分子嚴文傑〉，《人民日報》1957-7-23，版3。
[148]　〈陝西高級知識分子的問題〉、〈廣西省高級知識分子的主要問題〉，《內部參
　　　考》1956年第3期（1956-1-11），頁43、47。
[149]　薄一波：《若干重大決策與事件的回顧》上卷，頁502。
[150]　《內部參考》1956年第6期（1956-1-16），頁91。
[151]　《內部參考》第2085期（1956-12-22），頁486；第2133期（1957-2-20），頁286。

們編成一兩個營。他們都是『臭知識分子』。」[152]

1952年司法改革——

> 大批司法工作者和法學教授被調離原崗位。有的被派到醫院X光掛號登記處工作，有的被派到房管處工作，有的去當了小學教員。南開大學王明輝教授被迫改行教美術；原南大法學系趙之遠主任、吳學義教授，被調去學校圖書館當館員。上海英士大學的俞啟人教授竟被派到市交通局管售票工作。華東法院分院外事審判組組長沈鈞甚至被派到火葬場做雜務。據統計，在司法改革運動中，總共清洗掉六千多名「舊法人員」，卻把大批從農村和部隊進城的、文化低、毫無法律知識的「法盲」調入法律部門，充任有生殺予奪權力的審判員。……強調要以「民憤」大小來定罪，甚至具體提出一些比例數……。僅據建國頭三年比較粗略的統計，在當時受理的六百多萬案件中，錯判的就達10%。如果以今天的法制標準來衡量，錯判的比例肯定還遠高於此。[153]

1951年全國法律院校36所，1952年減至22所，1956年剩8所。[154]前北大中文教授馬祖銘，徐州地委分配工農幹校教初小語文，程度很低的學員聽不懂，領導批評「大學教授連初小都教不好」。蘇州社會教育學院教授沈維鈞（1902-1971）分配蘇州園林處辦事員。[155]中山大學法律系宋講師開旅店謀生，公私合營後成侍役，天天收拾床鋪、倒痰盂。[156]

「民盟」中委、美國哥倫比亞大學政治學碩士彭文應（1904-1962）：

> 大材小用，小材大用；優材劣用，劣材優用；用非所學，學非所用；用非所長，用非所願；有才無德，有德無才，德才俱無；有職無權，無權有職，有職無業，有業無職；有賞無罰，有罰無賞，賞罰顛倒。[157]

[152] 吳樹仁：〈北京閒話〉，《從大陸看大陸》第1輯，頁174。
[153] 郭道暉：〈從人治走向法治〉，《百年潮》1999年第7期，頁19～20。
[154] 熊先覺：〈中國現代法學教育的曲折與艱辛〉，《炎黃春秋》1999年第8期，頁67。
[155] 《內部參考》1956年第3期（1956-1-11），頁41。
[156] 伊凡：〈廣州工商界萬人爭鳴記〉，《鳴放回憶》，頁35。
[157] 〈上海人民代表舌戰彭文應〉，《人民日報》1957-8-25，版2。

1957-3-19全國政協二屆三次會議，羅隆基：

> 學哲學的人在圖書館編書目，學法律的人在機關裡做會計，學染料化學的人在中學教語文，學機械工程的人在中學教歷史，學社會科學、特別是學政法財經的高級知識分子，在學校掛名領薪而沒有開課的人還是不少，甚至散居在社會上的高級知識分子中，還有英國留學生拉板車，美國留學生擺煙攤的。[158]

1957-6-8中研院士、中國科學院副院長陶孟和（1887-1960，一度內定「右派」）：

> 過去的幹部包括知識分子被毀掉的相當多。高等院校不講課的有四千人，院系調整時廢除課目的一些人毀了。資產階級政治學、社會學、法律學廢除了，為什麼不可教？這些人都有幾十年的經驗，完全都放棄了。我有些過火地說，這是知識分子的浩劫。[159]

惡弊立呈：1955年1～5月，鞍鋼因停工損失工資127.6萬餘元，停工再趕工損失工資27.68萬元，返工損失十萬元，行政費超支5.5萬元，其他間接超支61.8萬元。[160]1955年上半年，遼寧農業廳因各種物資積壓、浪費而損失至少九百多萬元。[161]截至1955年7月，大同礦務局第一礦改建五年仍未投產，返工、窩工、報廢嚴重，造成損失約兩千萬元。[162]

1954～1955年第一季度，雲南基本建設至少浪費四百一十餘萬元。[163]1956年僅七個部及十幾省市監察部門極不完全統計，基建浪費損失至少321萬餘元（設計錯誤、材料浪費、返工等）。[164]毛澤東：「第一個五年計畫（按：1953至1957年）建設基金是××億，由於沒有經驗，加上

[158] 羅隆基：〈加強黨與非黨知識分子的團結〉，《人民日報》1957-3-23，版16。
[159] 〈請看陶孟和說了些什麼話？〉，《光明日報》1957-7-23，版2。
[160] 〈鞍鋼建設公司上半年浪費現象嚴重〉，《內部參考》第177期（1955-8-1），頁3～4。
[161] 〈遼寧省國營農場等單位損失浪費現象〉，《內部參考》第186期（1955-8-13），頁112～114。
[162] 〈大同一礦改建工程浪費情況嚴重〉，《內部參考》第154期（1955-7-5），頁51～52。
[163] 〈雲南省基本建設中浪費情況嚴重〉，《內部參考》第158期（1955-7-9），頁138。
[164] 《內部參考》第2124期（1957-2-9），頁111。

教條主義地照搬，浪費了一半。」[165]

（三）媒體官營

抗戰前，全國報館1,031家；1941年大後方仍有273家。[166]1951年全國報紙475種，1954年10月248種。[167]1949年後，中共逐一接管全部媒體、出版社。《人民日報》社論得中宣部長陸定一簽字。[168]

1950年8月廣西民主人士：「統戰部是思想檢查所。」[169]1953年明文規定「不得妄議」、「黨報不得批評同級黨委」。1953-3-4廣西《宜山農民報》批評宜山地委，引發激爭，省委宣傳部請示中宣部，19日中宣部批示：

> 不經請示不能擅自在報紙上批評黨委會，或利用報紙來進行自己與黨委會的爭論。[170]

1953年，復旦教授、莎學專家孫大雨（1905-1997，極右，判刑6年）：

> 現在社會變得相當庸俗，連文字也穿上制服。[171]

各級媒體只能為同級政府「歌德」，報喜不報憂，只諛不貶。歐美媒體全部私營，公營媒體（VOA、BBC）僅限外宣。《新湖南報》總編官健平（1912-1999），對辦報一竅不通，1957年春蹦出「警句」：省委的意圖就是報紙的特點。[172]

1954年，達賴喇嘛（丹增嘉措，1935-）入京：

> 中國人民好像完全失去個人意識，人們穿著一樣的衣服，做著規範的行為，擁有外國報紙和短波收音機都被認為是犯法，所知道

[165] 《毛澤東思想萬歲》第3冊（1958～1960），頁95。
[166] 〈反對反動的新聞政策〉（社論），《解放日報》（延安）1943-9-1。笑蜀編：《歷史的先聲——中共半個世紀前對人民的莊嚴承諾》，博思出版集團（香港）2002年，頁215。
[167] 丁淦林主編：《中國新聞事業史》，高等教育出版社（北京）2002年，頁389。
[168] 陸德：〈再說我的父親陸定一〉，《炎黃春秋》2009年第9期，頁9。
[169] 《內部參考》第192期（1950-8-2），頁5。
[170] 靖鳴：〈「黨報不得批評同級黨委」指示的來歷〉，《炎黃春秋》2008年第7期，頁32。
[171] 〈孫大雨的醜惡嘴臉〉，《解放日報》（1957-7-5）。《中共重要歷史文獻資料彙編》第22輯第45分冊，頁40。
[172] 朱正：〈丁酉年紀事〉，《荊棘路》，頁354。

的一切資訊均來自中共政府的電臺報紙。[173]

1956年，新華社社長吳冷西（1919-2002）私謂李慎之：

> 毛主席說我們現在實行的是愚民政策。[174]

1957年5月廣西宣傳工作會議，14家小型黨報負責人要求中央修改「不得批評同級黨委的決定」──

> 這條來自蘇聯經驗的教條主義規定，實際上取消了自下而上的批評，使報紙變得軟弱無力，得不到群眾的支持。如果來自群眾的批評難以見報，還說什麼擴大民主和群眾監督呢？[175]

老報人張友鸞（1904-1990，右派）：

> 今天大大小小的報紙，所有社論好像都是「社訓」，只許讀者接受、服從，不許讀者吭氣。[176]

上海市政協常委、上海江西中學校長彭文應（極右）：

> 新中國沒有新聞自由，報紙上全是枯燥和教條的東西，因此現在中國一個大學教授的政治知識還不如美國的一個房東太太。[177]

「民盟」盟員、山西安邑縣運城中學教師薛秋若（右派）：

> 看起來太平盛世，統一步調的，實際是一條毀滅的絕路。[178]

外貿部法律室顧問董士濂（右派）：

> 共產黨的錯誤主要在上邊，而不在下邊，要追究責任，應首先追到中央。《人民日報》是世界上最壞的報紙。[179]

資訊決定判斷。全國一種聲音，中共按一黨之需放送資訊、捏塑國人思維，民眾因資訊單一而弱智化。哈耶克：「連最明智的和最獨立的人民也不能完全逃脫這種影響，如果他們被長期地和其他一切資訊來源隔絕的話。」[180]

---

[173] （藏）阿媽阿德：《記憶的聲音》，黑色文庫編委會（華盛頓）2006年，頁81。

[174] 李慎之：〈「大民主」與「小民主」一段公案〉，《百年潮》1997年第5期，頁48。

[175] 《內部參考》第2222期（1957-6-5），頁27。

[176] 張友鸞：〈是蜜蜂，不是蒼蠅〉，《光明日報》1957-5-28，版3。

[177] 〈上海人民代表舌戰彭文應〉，《人民日報》1957-8-25，版2。

[178] 薛秋若：〈談顧慮〉，《人民日報》1957-7-27，版1。

[179] 〈滿口賣國理論的「法律顧問」──董士濂〉，《人民日報》1957-7-31，版4。

[180] 哈耶克：《通往奴役之路》，頁147。

1958年底，宋子文（1894-1971）也被忽悠，發聲香港——

　　1.對毛周極為佩服，中國空前強大，因而有了民族自豪感。

　　2.世界終須走向社會主義，因而不反對思想改造與人民公社，只
　　　是搞得操之過急。

　　3.從經濟上看，中共政府絕不會失敗……[181]

1976年，一路緊跟的邵燕祥：

　　毛澤東逝世時，（我）已經習於以毛澤東的是非為是非。[182]

三、思想改造

　　思想改造運動（1951年秋～1952年秋），中共收剿思想自由。哈
佛生、復旦物理教授王恆守（1902-1981）：「思想改造是鎮壓知識分
子。」[183]低頭認罪成為士林主旋律。情理皆悖、自辱自貶的「檢討」，
毛時代標誌性文體。

　　中共以意識形態起家，建黨之初即以「思想建設」為首務，赤徒
「三觀」（世界觀、價值觀、人生觀）必須運行馬列主義，必先自我改造
思想，才能「正確」改造社會。既然思維只運行馬列主義，勢必形成強
烈排異的一元化。1942～1944年延安整風沒收「個性解放」，階級性名
正言順壓倒人性、馬列主義壓倒自由民主。延安整風實為思想專政，全
國意識形態專政之前兆。

　　1950年6月中共七屆三中全會，毛澤東：

　　知識分子中的一個相當多數，與國民黨、蔣介石反動政權有著千
　　絲萬縷的聯繫，他們崇洋媚外媚美，與我們格格不入，必須進行
　　思想改造。[184]

　　所謂「思想改造」，即顛倒是非：知識＝原罪，文化＝髒污，傳統

---

[181]《內部參考》第2671期（1958-12-29），頁12～13。

[182] 邵燕祥：《找靈魂——邵燕祥私人卷宗：1945～1976》，引言，頁2。

[183] 〈王恒守如此仗義執言〉，《新聞日報》1957-6-29。《中共重要歷史文獻資料彙
　　編》第22輯第45分冊，頁65。

[184] 李銳：〈毛澤東與反右派鬥爭〉，《炎黃春秋》2008年第7期，頁27。

皆糟粕，非馬列皆賍貨，自由民主博愛都是資產階級反動貨色。[185]「改造世界觀」，以赤化標準重新臧否歷史，以中共是非爲是非。

1949年初，江蘇泰州「解放」，城東小學開學，五年級學生紀增善（1937-）：「原來的許多好人成了壞人，許多壞人又成了好人，把我們搞糊塗了。」一位青年教師給全校師生做報告〈什麽是好人，什麽是壞人〉：「勞動人民和爲勞動人民服務的人是好人；地主、資本家和爲地主、資本家服務的人是壞人。」最後提出三問：蔣介石、孔子、孫中山，好人還是壞人？蔣介石當然「壞人」，孔子勉強「壞人」，孫中山則無論王老師如何講解，學生齊聲吶喊：「好人好人！好人好人！」[186]

1951-9-29中南海懷仁堂，周恩來向京津20所高校三千餘教師做七小時大報告——〈關於知識分子的改造問題〉，現身說法，論證「舊知識分子」必然攜帶資產階級思想，必須思想改造，才能確立無產階級立場觀點，才能爲人民服務，改造過程艱巨痛苦。[187]即便出身無產階級，只要讀了書，受了教育，就帶上封建階級資產階級毒素（教師教材均含毒）——「難免有股『帶坑臭』」。[188]

1951-10-23全國政協一屆三次會議，毛澤東〈開幕詞〉：

> 思想改造，首先是各種知識分子的思想改造，是我國在各方面徹底實現民主改革和逐步實行工業化的重要條件之一。[189]

思想改造運動藉開國之威，連誘帶迫推銷赤說：私有制乃萬惡之源，公有制爲天堂之路；革命暴力不可避免；統一思想是共同努力的基礎……

思想改造謔稱「洗澡」，語出抗戰山東赤區：「叫你洗澡，請入黨校。」[190]「洗澡」仿習延安整風流程：閱讀文件→首長報告→自我批評→撰寫自傳→自刮塵垢→自立罪名。自傳詳述三代宗教信仰、政治派

---

[185] 《中共重要歷史文獻資料彙編》第22輯第9分冊，頁41。

[186] 紀增善：〈小學生的吶喊〉，《往事微痕》第1期，頁70～72。

[187] 《周恩來選集》下卷，人民出版社1984年，頁59～71。巫寧坤：《一滴淚》，頁16。

[188] 徐仲年：〈烏「畫」啼〉，《文匯報》（上海）1957-6-18，版2。

[189] 《毛澤東文集》第6卷，頁184。

[190] 《王若望自傳》，卷三‧進黨校受洗。http://www.wangruowang.com/

別、職業履歷、社會活動，詳列本人「七歲到現在」所上學校、職業、經歷、所閱書刊（從思想學說、政治觀點到文學藝術）對個人發生什麼影響……。[191]全國所有學校教職員、高中生一律「洗澡」，人人「向黨交心」，重點交代歷史污點（附帶釣出「反動分子」）。

中研院士、北方交大校長茅以昇〈我的檢討〉：「過去30年為反動統治階級服務，有小資知識分子兩大特性：自高自大、自私自利。」茅自扣13頂大帽：英雄主義、技術主義、自由主義、個人主義、保守主義、妥協主義、適應主義、宗派主義、官僚主義、本位主義、改良主義、溫情主義、雇傭觀點。[192]

「洗澡」，赤政初露崢嶸，知識分子一個個低首沉默，口不言而心知故。也有個別大膽的，1952年10月華西大學教授陳欽材（1912-1993）：「國民黨腐敗，共產黨野蠻，乾脆把中國租給美國三十年就搞好了。」[193]

「洗澡」即「洗腦」（植入馬列主義），建立「組織觀念」：消融個性看齊共性，棄獨立為盲從。1950年6月北大紅樓，馬列學院教授艾思奇（1910-1966）向北京高校師生做思想改造報告（五個多小時），名喻「牆與磚」：個人砌入集體之牆，巋然難撼；路邊孤磚，一腳可踢。[194]可都成了規格整一的「磚」，不容有歧，如何創新？創新必須求異呵！士林從五四以來的「覺民」倒轉為「覺己」，批判者成檢討者，張頭探腦，提心吊膽，只能「識時務」隨大溜。

王若望（右派）：

幾乎所有接受思想改造的人都變得自輕自賤、卑躬屈節、膽小怕事了。[195]

辛亥以來好不容易形成的現代知識分子盡失自信，打掉他們執持的歐美羅盤，留蘇小知壓倒留歐留美高知，國家航向指針偏歪。

[191] 丁抒：《陽謀——反右派運動始末》，開放雜志社（香港）2006年，頁36。
[192] 茅以昇：〈我的檢討〉，《光明日報》（北京）1952-2-21，版3。
[193] 《內部參考》第236期（1952-10-16），頁189。
[194] 陳斯駿：〈從北大一角看「反右」〉，《五十年後重評「反右」》，頁349。
[195] 《王若望自傳》第1卷，明報出版社（香港）1991年，頁94。

（一）漫漫難熬

　　「思想改造」漫漫無期，達標及格全憑中共支部驗收，士林日子難熬。「生活中最頭痛的事是硬性規定的政治學習，每週兩三個下午。」[196]人人過關，人人自挖劣根，上溯父、母、妻三族祖宗，下述童、少、青三時經歷，旁涉同學、同事、師友三支關係，深挖思想根源，自誣自詆：暗發牢騷是自由主義、業餘投稿是個人主義、不滿情緒是階級立場……。[197]1949年秋，著名作家沈從文（1902-1988）難捱痛苦割腕求死，被救後入中央革命大學，數月後愁眉苦臉找軍代表：「請你去上面問一下，改造改造，要到什麼時候為止？」[198]

　　西南師院教授吳宓三次檢討，從半小時抻到兩小時，仍未過關。張勁公教授（1902-1983）娶有二妻，學生訓斥：「品行不端──討兩個老婆……建議送你到革大學習，我們不要這號教師！」張勁公面紅耳赤：「同學們，這太過分了。討兩個老婆是舊社會的事，現在均已老夫老妻……」[199]「武漢大學許多教授被罰跪。」[200]燕京大學一位講師曾出作文題〈從猿到人，從人到？〉，學生質問「是何居心？」講師嚇得面無人色，撲通跪地，磕頭求饒。主持會議的中共黨員訓斥：「斯文掃地，不配為人師表。」[201]

　　留美博士、清華化工系主任高崇熙（1901-1952），留大陸為「新中國」服務，想不通，自殺。[202]華東師大史學教授李平心（1907-1966）難熬批判，斧劈頭顱（搶救未死）。[203]復旦文學教授劉大傑（1904-1977）跳黃浦江（撈起），復旦有人上吊，有人從此不上課，「許多教師的心裡

---

[196] 巫寧坤：《一滴淚》，頁30。
[197] 邵燕祥：《找靈魂──邵燕祥私人卷宗：1945～1976》，頁130。
[198] 凌宇：《沈從文傳》，北京十月文藝出版社1988年，頁470、475。
[199] 張紫葛：《心香淚酒祭吳宓》，頁200～206、111。
[200] 龔定國：〈我的右派生涯〉，《五十年後重評「反右」》，頁496。
[201] 巫寧坤：〈燕京末日〉，《開放》（香港）1996年12月號。《三十年備忘錄》，頁118。
[202] 于風政：《改造》，河南人民出版社2001年，頁214。
[203] 王友琴：《文革受難者》，開放雜誌出版社（香港）2004年，頁216。

都留下了一道道傷痕。」[204]《大公報》總編王芸生（1901-1980），每每鐵著臉回家——不用問，又挨批了。[205]

1952-8-25～26，上海學院教授顧頡剛前後交代八個半小時，「喉嚨已啞」。還有「睡在身邊的革命派」，中共發動家屬督促死不開竅的「老頭子」，顧頡剛妻張靜秋「幫助」丈夫二十餘年。1966-9-11，顧妻與三子女在家中鬥顧，顧頡剛日記：「靜秋打予至五次。」[206]

團中央幼兒園一位女幹部，丈夫週六回家，「首先要他彙報這一週的思想，然後再過夫婦生活……在我們中間傳為笑談，但其實我們不過是以五十步笑百步罷了。」[207]

「留用人員」最積極。新華社兩千餘人，1/5「舊新聞工作者」——每次開鬥爭會、思想改造會，他們都起帶頭作用，要爭取第一個登臺，檢討自己的「罪狀」：出身在「舊」社會或「資產階級」家庭，然後去虛心聽取其他人批評和鬥爭……。被批評者聽到領導者做結論時，忙得滿頭大汗地做紀錄，盡力想從其中找到共黨對他們的看法和態度。[208]

「思想改造」還附帶挖找美蔣特務。翦伯贊找「海歸」巫寧坤：

黨組織委託我找你談一談你的自傳，……你要補充還來得及，特別是重大的遺漏，這是對你利害攸關的……。你從美國回來，這本身當然是件好事，但是到底為什麼回國？又是怎麼回來的呢？還有真正的動機呢？

中研院士華羅庚（1910-1985）從美國回來，也遭懷疑：

被中共追查原因，幾次檢查通不過，最後抄了別人的一份檢查，把自己臭罵一通，才過了關。[209]

---

[204] 吳中傑：《海上學人》，廣西師大出版社（桂林）2005年，頁208。

[205] 王芝琛：〈一代報人王芸生〉，《新民晚報》（上海）2004-12-19，「夜光杯」。

[206] 《顧頡剛日記》，聯經出版事業公司（臺北）2007年，第7卷，頁260～261、224、249；第10卷，頁529。

[207] 《劉賓雁自傳》，頁43。

[208] 姜桂林：《「新華社」十二年》，頁100。

[209] 巫寧坤：〈燕京末日〉；金鐘：〈千家駒看破紅塵痛心疾首〉；《三十年備忘錄》，頁120、214。

　　國民黨監委、留歐博士、北大教授朱光潛（1897-1986），拒絕國府南飛機票，仍因歷史問題「管制」八個月，還辦了一個醜化他的漫畫展，朱不得不於《人民日報》發表〈自我檢討〉（1949-11-27，版3），一直是重點批判對象。這次，全校「大盆」三次，「朱檢討後，與會者一致表示不滿，有五位西語系教師和學生在會上發言，對朱的資產階級思想進行揭發和分析批判。」[210]

　　老一代被剝奪學術優勢，紅色意識形態的「外行」，失去判別是非資格，青年擁有傲視師長的年齡資本。《復旦大學誌》──

　　　　思想改造以後，由於教師在學生中的威信下降，……學生曠課
　　　　現象嚴重，課堂秩序比較混亂。當時全校學生總數為2,301人，
　　　　每週曠課人數達444人次，占總人數的20-25%，有的學生背後亂
　　　　罵教師，許多教師被扣上綽號，文科尤為嚴重。在上課時，有
　　　　些學生未經許可自由出入教室，有些在做其他作業或看小說，
　　　　有些在談話，個別的甚至在上課時睡覺。晚自修時，有相當數
　　　　量的學生在宿舍打橋牌、唱京戲、談天等等，也有少數學生去
　　　　上海市區跳舞、看電影、賭博。考試時，作弊現象亦相當嚴
　　　　重。[211]

　　青年學生也互掃靈魂「骯髒一角」。北師大學生王得後（1934-）：

　　　　那時趕不上學校開飯，到小飯館吃一碗陽春麵，也要在團小組會
　　　　上挨批評，檢討「小資產階級作風」。在思想、學習、生活等各
　　　　個方面，無時無刻不在警惕地、謹小慎微地、誠心誠意地、竭盡
　　　　全力地「改造思想」。[212]

（二）「改造」效果

　　1949年10月老舍（1899-1966）離美回國，甚得中共追捧，旋任北京市文聯主席、市府委員，27個社會團體兼職30項。[213]1951年，老舍提前

---

[210]　《北京大學紀事（1898～1997）》，頁535。
[211]　《復旦大學志》第2卷，復旦大學出版社1995年，頁16。
[212]　王得後：《垂死掙扎集》，中國文聯出版社（北京）2006年，頁138。
[213]　《老舍自傳》，江蘇文藝出版社1995年，頁283，注①。

蹦出「改造」代表語：

> 解放以前我寫東西最注意寫得好不好，……（現在）我最注意寫
> 得對不對。[214]

1954年9月全國一屆「人大」，老舍：

> 我本是個無黨派的人，可是，我今天有了派，什麼派呢？「歌德
> 派」。[215]

批胡適、批胡風、批丁陳、反右、反右傾，老舍一路緊跟，一挺
紅色「機關槍」。但像老舍這樣好感覺的畢竟少數，絕多數知識分子不
敢發聲。1952-7-15，全國電影廠廠長會議，周揚：「教書的人不敢教書
了，寫文章的人不敢寫文章了，而最大問題是一年多沒有本子，電影廠
的生產幾乎停頓了一年。」[216]

全國士林萎靡，中共只得稍稍緩和身姿。1953-12-22《人民日報》
社論：〈進一步貫徹黨的知識分子政策〉。

從知識分子角度，思想改造與傳統的「修身」、「內省」有所疊
合，很容易接受，視為值得自豪的道德勇氣。第一「大右派」章伯鈞：
「只要對國家對大局有好處，你們要借我的頭，我也很願意。」[217]

研家劉青峰（1947～）：

> 中國知識分子的道德勇氣變為一種畸型的政治參與熱情，……這
> 正是文革掀起一次又一次整人和大批判高潮的重要文化基礎。[218]

士林精英一個個認非為是，以思想去勢為去污、以自虐為自新，一
些高知居然很享受「改造」。宗璞記述其父馮友蘭：「有時他還檢討得
很得意，自覺有了進步。」[219]吳宓「洗澡」後：「我皈依毛公陛下之心

---

[214] 老舍：〈為人民寫作最光榮〉，《人民日報》1951-9-21，版3。

[215] 胡絜青：〈《老舍劇作選》再版後記〉，《老舍劇作選》，人民文學出版社1987年，頁375。

[216] 周巍峙：〈新中國文化藝術事業的一位創始人〉，《憶周揚》，頁116。

[217] 寓真：〈聶紺弩刑事檔案〉，《中國作家》（北京）2009年第2期（紀實版），頁16。

[218] 劉青峰：〈試論文革前中國知識分子道德勇氣的淪喪〉，《知識分子》（紐約）1990年冬季號，頁42～43。

[219] 宗璞、蔡仲德編：《解讀馮友蘭·親人回憶卷》，海天出版社（深圳）1998年，頁15。

將進而虔誠寅敬矣！」[220]

1982年，巴金（1904-2005）憶述「思想改造」：

> 起初我聽見別人說假話，自己還不滿意，不肯發言表態。但是一個會接一個會地開下去，我終於感覺到必須摔掉「獨立思考」這個包袱，才能「輕裝前進」，因為我已經在不知不覺中改造過來了。[221]

思想改造名曰「告別舊我」，實則拋棄現代文明基石──個體獨立價值，越「度」易「質」──適度抑私成了徹底滅私，現代人文價值盡失依憑，「組織」可任意剝奪個人權利，「個人主義」成為罪源。鄧小平：「個人主義知識分子，名愈大離黨愈遠。」[222]

（三）蕭瑟文藝

1949-5-30胡風（1902-1985）致函路翎：

> 文藝領域籠罩著絕大的苦悶，許多人等於帶上了枷，……小媳婦一樣，經常怕挨打地存在著。[223]

1950～1952年《人民日報》、《文藝報》點名批評大批文藝作品，一篇文章就否定十二個劇本。《文匯報》幾乎天天刊載批判、檢討，罪名「污蔑工人階級」、「污蔑歷史」、「污蔑解放軍」、「抹殺黨的領導」，要求「寫政策」、「為現實政治服務」……[224]口徑愈來愈窄，怎麼都有毛病，都不符合革命文藝標準，動輒上綱「階級鬥爭」。如批判俞平伯的《紅樓夢研究》：「按其思想實質來說，是工人階級對資產階級在思想戰線上的又一次嚴重的鬥爭。」[225]

1950年進入《文藝報》的青年編輯唐達成（1928-1999，右派）：

> 我一到那裡，雜誌幾乎成天都在批評作家。批蕭也牧的〈我們夫

---

[220] 張紫葛：《心香淚酒祭吳宓》，頁232。
[221] 巴金：《隨想錄》，三聯書店（北京）1987年，頁438。
[222] 《中共重要歷史文獻資料彙編》第22輯第4分冊（2002），頁102。
[223] 《關於胡風反革命集團的材料》，人民出版社1955年，頁48。
[224] 于風政：《改造》，河南人民出版社2001年，頁261。
[225] 鍾洛：〈應該重視對《紅樓夢》研究中的錯誤觀點的批判〉，《人民日報》1954-10-23，版3。

婦之間〉、楊朔的〈三千里江山〉、碧野的〈我們的力量是無敵的〉，甚至孫犁的〈風雲初記〉也被批評……對國統區來的作家都有個思想改造和轉彎的需要，否則作品是寫不好的。……文學的任務就是歌頌新社會，革命感情高於一切，像茅盾、老舍、巴金、曹禺這種類型的國統區作家都不行，都需要改造。[226]

1951年，中共成立電影指導委員會，「領導力量比任何時候都強大，但結果卻是全年沒有一部故事影片！」電影觀眾最多的上海，《一件提案》上座率9%，《土地》20%，《春風吹到諾敏河》、《閩江橘子紅》23%──

從1953年到今年6月，國產片共發行了一百多部，其中有70%以上沒有收回成本，有的只收回成本的10%。紀錄片《幸福的兒童》竟連廣告費也沒收回！[227]

中宣部文藝處長丁玲（1904-1986，右派），1952年主持文藝整風，批判中央戲劇學院教育長張光年（1913-2002），這位〈黃河大合唱〉詞作者，1927年入團、1929年轉黨，主張學政治學革命文藝也學點莎士比亞、貝多芬、芭蕾舞，「右」了，「小資情調」，文聯黨組擴大會上「批得很厲害」。[228]

批判蕭也牧（1951），批判梁漱溟（1953），批判俞平伯（1954），批判胡適（1954），批胡風（1955），批丁陳（1955），霜寒日濃，學者、作家一個個知趣退縮。至1956年，僅拍攝影片155部（約1949年前產量較多的一年之量）。公式化、概念化的片子不受觀眾歡迎，編劇、導演、演員普遍苦惱不滿。

《文藝報》1956年8月第15號〈行行有禁忌，事事得罪人〉，抱怨漫畫也動輒得咎。一幅美國資本家當鐵匠鍛造「冷戰」武器，被指「資本家還勞動嗎？你把階級敵人比作鐵匠，這不是污蔑勞動人民、污蔑工人階級嗎？」一幅白宮醫生給蔣介石治病，被批「把反動人物比作醫生是污辱了人道主義、治病救人的醫務工作者……」一幅將美國好戰分子

---

[226] 唐達成：〈四十年來的印象和認識〉，《憶周揚》，頁262～263。
[227] 鍾惦棐：〈電影的鑼鼓〉，《文藝報》1956年第23號（1956-12-15），頁3～4。
[228] 張光年：《江海日記》，群眾出版社（北京）1996年，頁208～209。

畫成保姆，照看小孩西德、日本，批評污辱人類花朵──天真兒童。再一幅資本主義國家在「軍備運動場」競賽，則指污辱運動員，諷刺「三好」中的身體好。一幅杜勒斯頂著氫彈表演，批評污辱雜技藝員，中國雜技團最近在國外得到好評……[229]

1957年春，劉賓雁採訪上海文藝界──

> 痛陳八年來錯誤的文藝政策把三十年代中國文藝的中心變為死水一潭。[230]

南開大學物理系一年級生龔恢先（右派）「鳴放」：

> 黨領導了文藝，結果解放後我國文藝事業基本失敗。黨不應在領導地位學習，而應學習後領導。[231]

（四）大義滅親

階級性高於人性，大義滅親成了「站穩階級立場」。一齣齣子女揭發父母、學生揭發師長、下屬揭發上司……。蘇聯將揭發父母的兒童帕維爾・莫洛佐夫立為楷模，「個人的親密關係都要由其他人來為他選擇並要報國家批准。」[232]

1947年9月晉綏赤區土改，批鬥邊區參議員、紅色紳士牛友蘭（1885-1947），鐵絲穿鼻，令其子牛蔭冠（行署黨組書記）牽行遊街。[233]牛蔭冠（1912-1992），清華生，1935年入共黨，關鍵時刻「表現出色」，官至商業部副部長，但再未回鄉。牛友蘭乃興縣首富，興教辦學，送十餘子侄入赤營，傾力助共（捐3.5萬銀洋、2萬公斤糧食、大量棉花布匹、肥皂毛巾等），不堪忍受其子牽鼻遊街，絕食三日而亡（1947-9-27）。1989年平反。[234]

1950年秋，成都市委青訓班，學員費麗麗（華美女中生）淚訴：

> 我爸爸比周扒皮還狠，媽媽比黃世仁還毒，他們只管自己賺錢，成天逼著工人沒日沒夜地幹活，可笑的是她還吃齋信佛

[229] 于風政：《改造》，河南人民出版社2001年，頁484、497。

[230] 劉賓雁：〈毛澤東發動反右運動的前後〉，《共產中國五十年》，頁92。

[231] 《南開大學反右資料》（一），頁33。

[232] 米海爾・黑勒：《齒輪：蘇維埃人的組成》，紐約Knopf出版社1988年，頁30。

[233] 《政治滄桑六十年：吳江回憶錄》，頁39。

[234] 百度百科・牛友蘭：https://baike.baidu.com/item/牛友蘭

呢！我現在才知道，家裡每個銅板都沾滿勞動人民的血汗，我的
每個毛孔都烙下了「剝削」二字，感謝黨使我明白了做人的真
理，感謝毛主席給了我們金色的前程。

學員「陳聾子」（四川大學肄業生）：

我出生在一個反動軍官家庭，父親先後娶了三個老婆，他仍不滿
足，後來又去霸占一個良家婦女，還不准人家生小孩。他參加過
進攻革命聖地延安，犯有滔天罪惡。現在他隨蔣介石跑到臺灣去
了。我一定追隨毛主席打到臺灣去，把他捉拿歸案，交給人民公
審。如果黨同意，我一定親手斃了他。[235]

昆明公安局幹部李述祖，父親（地主）逃土改到昆明，兒子檢舉，
押回槍決。[236]

1951年「鎮反」高潮，報刊不斷出現下列「大義滅親」事蹟：「我
檢舉了我爺爺！」「我不承認他是我父親，我要控訴他！」「我的丈夫
是特務，現在人民政府槍決他，我很歡喜！」1951-4-25廣州三萬人「各
界人民控訴反革命罪行大會」，判決198名「反革命」死刑。會後三
天，政府收到擁護信、檢舉信三萬餘封。[237]

1951-5-31《北大校刊》地質系學生趙經中〈我怎樣對待父親的被處
決〉、法律系學生劉來禔〈我檢舉了人民兇惡的敵人——我的父親〉——

我是一個青年團員，應該堅決地站在人民立場，為懲治這些反革
命分子而歡呼，而絕不能站在特務父親的立場，為他難過為他
掉淚。這是考驗我的關頭，革命還是反革命，我必須二者擇其
一……奧斯特洛夫斯基這幾句話刺激著我：「……家庭——這是
幾個人，愛——這是一個人，然而黨卻是560萬，只為家庭而生
活——這是動物的自私……」於是我決定……寫信給我家鄉當地
政府，告訴他們我父親及其同伙的住址。[238]

---

[235] 鐵流：《走錯房間的右派精英》，頁35。
[236] 王華彩：〈不該忘卻的歲月〉，《命運的祭壇》下卷，頁1065。
[237] 楊繼繩：《墓碑》（下），天地圖書公司（香港）2008年11月，頁945。
[238] 趙經中：〈我怎樣對待父親的被處決〉；劉來禔：〈我檢舉了人民兇惡的敵人——
我的父親〉；《北大校刊》第4期，1951-5-31，版1。

1952年燕京大學批鬥校長陸志韋（1894-1970），其愛女、燕京生物系研究生陸瑤華怒叫：「把他槍斃！」[239]上臺面斥其父，撰文〈譴責我的父親陸志韋〉，得賜市政協委員。[240]其兄陸卓明，1950年2月入團，不願批父，保持沉默，1953年開除出團，1980年北大團委更正。[241]

陸志韋最器重的學生、燕京副教授吳興華（1921-1966），上臺控訴「美帝化身」陸校長，31歲當上北大西語系英語教研室主任，領導朱光潛、楊周翰、趙蘿蕤等資深教授。陸家五旬女傭，逼她揭發陸「長年殘酷剝削」，女傭衝進廚房操菜刀要抹脖。[242]1957年吳興華淪「右」，1966-8-3慘死。[243]

中研院士陳寅恪高足金應熙（1919-1991），拋出分量很重的批師文章；梁思成批判父親梁啟超；胡思杜登報與父胡適決裂（〈對我父親——胡適的批判〉，香港《大公報》1950-9-22）……背親叛師成了「新社會新風尚」，一批團幹部專門動員學生揭發「有問題」家長。[244]

南京師院教授施肖丞「洗澡」15次仍未通過，為求過關，除了自誣「流氓、地痞、光棍、學閥」，再按領導示意搭上業師章太炎：

> 領導上要我批判章太炎不學無術、封建頭子，在那種情況下，只得奉命罵一通，事後想起來，真對不起自己的老師。[245]

北師大一級教授武兆發（1904～1957）：

> 過去我有一個學生，我對待他像自己的孩子一樣，三反時他在文化部高級幹部四千人的大會上控訴我，說我派了四個貪污犯打進國家機關，這簡直是血口噴人，我幾次尋死未遂。原來他被關了

[239] 彭聲漢：〈共產黨的悲劇面愈來愈廣了〉，中共旅大市委宣傳會議小組發言（1957-6-5）。《中共重要歷史文獻資料彙編》第22輯第55分冊（2010），頁347。

[240] 巫寧坤：《一滴淚》，頁19、26。

[241] 王英：〈陸志韋：湖光塔影之間的政治鬥爭——建國初期的「清除美帝國主義文化侵略」運動〉，《二十一世紀國際評論》。https://www.sohu.com/a/154703129_288093

[242] 巫寧坤：《一滴淚》，頁19、26。

[243] 王友琴：《文革死難者》，開放雜誌出版社（香港）2004年，頁430～433。

[244] 吳中傑：《復旦往事》，廣西師大出版社（桂林）2005年，頁12。

[245] 〈南京部分教授在政協座談會發言：要求解決歷次運動遺留問題〉，《文匯報》（上海）1957-6-2，版2。

三個月，尋死過三次，被逼迫出來對我控訴，並且事先在文化部還進行過排演和錄音，一得自由就翻了案，為這個他又被關了六個月。[246]

1955年，北外女生章含之（1935-2008）響應組織號召揭發大哥章可（1910-1986，私立京華美術學院院長）平日言談：

其結果是大哥被隔離審查了一些日子，……最後大哥被放回家，卻丟了院長的職務。……從此，大哥章可將近十年在家裡不同我講話。餐桌上只要有我在，大哥竟十年如一日一言不發，埋頭吃飯。[247]

（五）恐怖「肅反」

「肅反」起於1954年青島市委書記王少庸內奸案（1962年平反），全面清洗「血仇分子」（親屬被「鎮壓」）。1949年10月前，中共信誓旦旦：不追究個人歷史、家庭出身。[248]

1955年7～9月「肅清反革命」運動，毛澤東制定審查比例5%。[249]1956年1月各省彙報審查比例：山西5.5%、河北6.4%、貴州7.5%、雲南9.6%、廣西14.1%。福建龍溪專區內定鬥爭對象30.9%。高知為重點審查對象：河北20.9%教授、20.97%工程師；貴州工業廳58%工程師。[250]青島中學教師「集中學習」，不准出入，母子、夫妻都不能見面，一兩歲的孩子幾個月不能見母親。[251]

1955年7月中山大學「肅反」大會，校黨委書記龍潛（1910-1979）：

你不坦白，就槍斃你！

[246] 武兆發在動物教研組第一次發言（1957-5-22），北師大社教辦：〈北師大右派言論彙編〉第一冊（1957-9）。《中共重要歷史文獻資料彙編》第22輯第61分冊，頁163。
[247] 章含之：〈我與父親章士釗〉，《文匯月刊》（上海）1988年第3期，頁8。
[248] 張先癡：《格拉古實錄》，秀威（臺北）2014年，頁188、274。
[249] 羅瑞卿在各省市委五人小組負責人會議的發言（1956-7-5）。陝西省檔案館123-40-15，頁78～87。《內部參考》第2212期（1957-5-24），頁25。
[250] 陝西省檔案館123-40-43，頁19～21。沈志華：《思考與選擇》，頁45。
[251] 《山東大學右派言論集》，引自魏紫丹：《還原1957》，五七學社出版公司（香港）2013年，頁251。

有人企圖使嶺南大學復辟，如有風吹草動，我在國民黨回來之前先把你們殺光還來得及。[252]

上海高知9%遭批判，6%政審。[253]1955年10月上海高校高知（副教授以上）26.4%、全市工程師23.8%，被排定「反革命」、「壞分子」，12月全市主治醫生以上9.4%排為「反革命」；高校高知被鬥102名（10.5%）；上海工業試驗所32名研究員，11名被鬥。[254]上海稅務局六千餘員工，被鬥二千三百餘人（接近40%），處理（刑事或行政處分）431人，16人自殺，28人自殺未遂。[255]

北師大鬥爭129人，批判審查168人，追查社會關係146人，接近全校師生總數10%（涉案學生甚少）。[256]全校師生員工「互相猜疑，隻身不敢出門，夜間不敢入廁（校內出現反動標語）。」[257]武漢大學二名學生跳樓（一死一傷），[258]許多教授罰跪。[259]華南師院五屍六命（一名孕婦）。[260]

1957-7-18《人民日報》社論（胡喬木撰）：「肅反」立案審查一百三十多萬人，查實「反革命」八萬一千餘名。其中「現行犯有三千八百餘名」，即八萬一千餘名「反革命」絕大多數為「歷史反革命」，現行犯不足立案審查130餘萬的0.3%。[261]全國肅反專職幹部75萬餘人，參加外調人員328萬。[262]1956年底「肅反」結束時，逮捕214,470人，死刑21,715人，非正常死亡53,230人。[263]

胡風一案就牽連十餘萬人（清查、揪鬥），萬餘入獄，有的僅讀過

---

[252] 陸鍵東：《陳寅恪的最後二十年》，三聯書店（北京）1995年，頁145～146。

[253] 張敬文：《大陸知識分子問題論集》，中華民國國際關係研究所（臺灣）1973年，頁5。

[254] 陳祖恩等：《上海通史》第11卷，上海人民出版社1999年，頁110。

[255] 《內部參考》第2218期（1957-5-31），頁17。

[256] 于風政：《改造》，河南人民出版社2001年，頁421。

[257] 《「陽謀」下的北師大之難》上冊，頁243。

[258] 葉國榮：〈一個歸國華僑的右派經歷〉，《五十年後重評「反右」》，頁464。

[259] 龔定國：〈我的右派生涯〉，《五十年後重評「反右」》，頁496。

[260] 楊時展致毛澤東萬言書，《長江日報》1957-7-3。

[261] 〈在肅反問題上駁斥右派〉（社論），《人民日報》1957-7-18，版1。

[262] 馬宇平、黃裕沖編：《中國昨天與今天》，解放軍出版社1989年，頁740。

[263] 羅冰：〈早年政治運動檔案解密〉，《爭鳴》（香港）2005年12月號，頁12。

胡風一篇文章、聽過一次報告。[264]1954年，一名初中生買了一本《魯藜詩選》，1955年畢業分配工作，同事告密「私藏胡風分子魯藜的詩選」，當晚進縣大獄，「整整被折磨了一個春天」，25年後才平反。[265]上海復興中學一畢業生，發表批判胡風文章，居然也抓起來，理由：早不寫晚不寫，偏偏這個時候寫批判文章，肯定是潛伏的胡風分子，故作姿態！[266]一位已參軍的合江師範生因讀「胡風分子」阿壟的《詩與現實》，遭批判，牽連到向他介紹此書的石天河。[267]

　　當時幾乎無人意識到私信為證乃「政府犯罪」。1957年「反右」仍抄檢私信日記，執為「右」證。[268]北師大散發擬「右」學生日記，「這就是材料，任你斷章取義，任你漫天扣大帽子……」[269]

　　1980年代後期，劉賓雁在美國才意識到：

> 毛澤東親自對那些「反革命分子」的私人信件做許多批註，公開大量刊載、出版，作為這個「反革命集團」的罪證……。很多人大約都像我一樣，根本沒有想到毛澤東這樣做是犯了違憲罪——他侵犯了人家的通信自由！[270]（按：《憲法》第90條「通信祕密受法律保護」。）

　　1954-9-20頒布《憲法》，中共根本不遵守，不經司法程序便扣押公民，剝奪人身自由。[271]留美女歌唱家張權的東德專家來函，劇院頭頭擅自拆閱。[272]

　　最高法院顧問俞鍾駱（「民盟」支部負責人，右派）：

> 審判人員判案可以隨心所欲。

[264] 古華：〈一代革命作家的悲劇——憶康濯先生〉（上），《爭鳴》（香港）1991年5月號，頁72。
[265] 李輝：《胡風集團冤案始末》，湖北人民出版社2003年，頁337。
[266] 吳中傑：《海上學人》，廣西師大出版社（桂林）2005年，頁184。
[267] 石天河：《逝川憶語——《星星》詩禍親歷記》，頁540〜541。
[268] 武漢大學社教辦編：《武漢大學右派言論彙編（二）》，1957年12月，目錄。
[269] 《「陽謀」下的北師大之難》上冊，頁256。
[270] 《劉賓雁自傳》，頁59。
[271] 《中共重要歷史文獻資料彙編》第22輯第27分冊（2007），頁26。
[272] 張權：〈關於我〉，《文藝報》1957-5-19（第7期）。莫紀綱等編：《張權紀念文集》，上海音樂出版社1995年，頁373。

現在政府不保護公民權利的狀況還不如封建王朝和蔣介石。[273]

1955年北大校園一片恐怖，全校被鬥二百多人。24齋（學生宿舍）成了臨時監獄，「個個房間，由積極分子看管／走道兩頭，有校衛隊把守／夜裡捆著睡，白天一步也不准走」。[274]歷史系青年教師王承焐曾入三青團，被疑「分隊長」，找他談話，當天自殺。[275]季羨林：「自殺的人時有所聞。北大一位汽車司機告訴我，到了這樣的時候，晚上開車要十分警惕，怕冷不防有人從黑暗中一下子跳出來，甘願做輪下之鬼。」[276]清華大學鬥爭六百餘人，沒搞出一個「反革命」。[277]

1957-5-20北大食堂大字報：「（肅反）是對人性的摧殘」、「人的尊嚴隨時可被侮辱」、「慘狀目不忍睹」、「新的階級壓迫開始形成」、「這算什麼美好幸福的社會呀！」[278]

1957年5月底，包頭有人「鳴放」：

> 領導肅反的人是無理、無知、無情、無能，有的還無恥。
>
> 肅反搞得人人自危，是社會大恐怖！是對人類道德的進攻，對人類心靈的摧殘。[279]

1956-7-5省市委政法負責人會議，公安部長羅瑞卿（1906-1978）：

> 我們的勞改隊、監獄……有的不給水喝、不讓睡覺，有的勞改隊使犯人每天勞動到20小時，死後解剖，腸子和紙一樣薄，這簡直是慘無人道。

7月23日，全國「三長」會議（檢察長、法院院長、公安廳局長），羅瑞卿：

> 我想黃紹竑等人所列舉的不人道的事例，事實上是遠遠不能代表我們現在真實存在著的嚴重事實的。我們有少數勞改隊的一些幹

[273] 〈首都法學界披荊斬棘搜索右派〉，《人民日報》1957-8-22，版2。

[274] 劉奇弟：〈白毛女申冤〉。北大經濟系政經教研室：《校內外右派言論彙編（內部參考）》1957-8，《中共重要歷史文獻資料彙編》第22輯第14分冊，頁48。

[275] 陳斯駿：〈從北大一角看「反右」〉，《五十年後重評「反右」》，頁350。

[276] 季羨林：《牛棚雜憶》，頁205。

[277] 馮國將：〈中國「巴比龍」九死一生〉，《三十年備忘錄》，頁250。

[278] 《北京大學紀事（1898～1997）》，頁618。

[279] 劉衡：〈只因我對黨說了老實話〉，《荊棘路》，頁149。

部對待犯人比奴隸主對奴隸還要殘忍，……不僅是違法，簡直是慘無人道。

11月27日全國政法會議，羅瑞卿：

> 我們（肅反）的缺點錯誤是很多的，我們絕不能隱諱。鬥了、捕了、搜了一些好人，有些好人自殺了。有人說，「鎮反、肅反不知冤枉了多少好人」，這種說法……是有一些根據的。[280]

如此無法無天的「肅反」，中共仍能找到「閃光點」：

> 說肅反的成績是主要的，是指就全國、全省、全市、全區來說的。至於某些單位，錯鬥了一些人，而並沒有搞出一個反革命分子，或者根本那裡就沒有反革命分子……，即使在這樣的單位，也不能抹煞肅反的成績。把一個單位的全體人員的政治面目弄得清清楚楚，為什麼不是成績呢？[281]

「肅反」凸顯中共毫無人權法治觀念，以疑為敵，滿世界尋找反對者。「肅反」雖然沸反盈天，但在「鞏固新政權」的外袍下，仍得到大部分赤徒支持。

四、民怨漸沸

1949-10-1紅朝開張，各地遊行慶祝，上海有人指「大出喪」。一名中學生改歌詞〈解放區的天〉——解放區的天是陰死天，解放區的人民不喜歡，人民政府害人民，共產黨的壞處說不完……[282]

人民很快發現「人民共和國」不是人民的，公有制成黨有制，國產成黨產，黨產成吏產。正如托克維爾指法國大革命時期的「共和國」——

> 人民，雖然被視為唯一合法的主權者，但卻被完全剝奪了親自領導甚至監督其政府的一切權力。在人民之上，存在一個獨一無二的代理人：這個代理人有權以人民的名義處理一切事務，而不必

---

[280] 轉引自丁抒：《陽謀——反右派運動始末》，頁125。

[281] 〈在肅反問題上駁斥右派〉，《人民日報》1957-7-18，版1。

[282] 陳文立：《滄桑歲月》，頁27～28。

徵求人民的意見。[283]

城鎮三反五反（1951-1952）、農村合作化（1952）、統購統銷（1953）、三大改造（1953-1956），奪人錢財，沒收農民自主處置收成權，自然遭遇阻抗，城鄉鼎沸。不僅被奪產者「不平則鳴」，工農也戴上粗重鎖鏈，失去富裕可能──必須永葆「無產階級本色」。

北洋交通總長、廣州國民政府財長、交通大學校長、國府鐵道部長、全國政協常委、中央文史館副館長葉恭綽（1881-1968，極右）：「從滿清政府做事起，沒有一個時代這樣亂、這樣難辦事。」[284]

（一）中軸歪傾

中共執馬列主義領導一切，遇到問題，不是調查分析以事實為據，而是撲向馬恩列斯，從「經典著作」中尋找答案。流風所及，士林深受影響。[285]

中共顛倒常識性認知，如貨幣方便人們交換勞動價值，互通有無，中共卻指貨幣為卑污之物，金錢＝罪惡。哈耶克：「錢是人們所發明的最偉大的自由工具之一。」[286]短缺經濟說成「避免資本主義生產過剩」，供不應求乃「社會主義經濟規律」……[287]統購統銷明明破壞農業生態，農民失去養豬積極性（也因無飼料），肉食供應銳降，城市肉鋪開門十分鐘便關門，掛牌：「響應建設社會主義號召，大家少吃肉。」報刊電臺配合宣傳：多吃肉不愛國，營養學家證明吃肉不利健康，還上綱至「社會主義優越性」──

> 肉食缺乏是社會主義的優越性體現，因為廣大人民生活水準大大提高，過去在舊社會吃不到肉，現在大家都能吃到肉，其中特別農民吃得多，故城市肉類缺乏。

[283]（法）亞力克西・德・托克維爾：《舊制度與大革命》，鍾書峰譯，中國長安出版社（北京）2013年，頁180。

[284]〈中央統戰部關於對民主人士中的右派分子處理意見〉（1957-12），《千名中國右派處理結論和個人檔案》第5冊，頁330。

[285]房文齋：《昨夜西風凋碧樹──中國人民大學反右運動親歷記》，頁67。

[286]哈耶克：《通往奴役之路》，頁88。

[287]薛暮橋：《我國國民經濟的調整和改革》，人民出版社1982年，頁155。

解放後廣大農村生活水準普遍提高，農村豬肉銷售量大增，所以城市肉類目前表現出一時供不應求，這種情況是人民平等、消滅市鄉差別的好現象。[288]

個人欲望乃人類幸福之源，中共指為罪惡源頭，無欲無念才是「崇高的共產主義境界」。最重要的現代人文地基──個人權利，成了臭烘烘的「資產階級個人主義」，社會第一「能源」的個人奮鬥非法化。可無欲無念怎麼活？還有必要活嗎？這一原點歪斜，至今尚未回正。

但就是按馬克思主義，中共的邏輯也顛倒了。中共「八大」決議：「國內的主要矛盾……是先進的社會主義制度同落後的社會生產力之間的矛盾。」[289]認為社會主義三大改造完成，生產關係基本公有化，社會制度很先進，落後的只是生產力、經濟基礎。可是，馬克思主義原理乃是生產力決定生產關係、經濟基礎決定上層建築，生產關係、上層建築只能反映並適應生產力、經濟基礎，怎能超越生產力、經濟基礎走到前面去呢？「三大改造」後，生產關係、上層建築超越生產力、經濟基礎，「八大」決議豈非舉謬為正？

馬列主義本就歪斜，中共歪上加歪。1951年5月封禁影片《清宮祕史》，延安老幹部韋君宜：「馬列主義總不能違反歷史吧？……罵戊戌變法是賣國主義，當時我實在無法想通。」[290]

1956-4-18《光明日報》載〈真理有沒有階級性？〉。1966年中共中央〈五‧一六通知〉：「『在真理面前人人平等』，這個口號是資產階級的口號。他們用這個口號保護資產階級……，根本否認真理的階級性。」[291]真理都有階級性，只有中共認定的真理才是「無產階級真理」，不承認其他公理。歪歪理斜斜說叫得那麼響，載於文件，當然旁邊得有端著刺刀的衛兵。

是非倒，甲乙亂；中軸傾，災禍來。1978-9-16鄧小平：「理論要通過實踐來檢驗，……現在對這樣的問題還要引起爭論，可見思想僵

[288] 姜桂林：《「新華社」十二年》，頁106、127。
[289] 〈中共「八大」關於政治報告的決議〉，《人民日報》1956-9-28，版1。
[290] 韋君宜：《思痛錄》，頁28。
[291] 中共中央委員會：〈通知〉，《人民日報》1967-5-17，版1。

化。」[292]

（二）畢業難就業

　　經濟萎縮，百業凋零，無力興教擴學，大批中小學畢業生不能升學。1955年，四川93萬初中、高小、初小畢業生無法升學，其中初小畢業生66萬。遼寧也有4萬初中畢業生、25萬高小畢業生無法升學，且無法安插。[293]1957年四川至少46.4萬中小學畢業生無法升學。天津約五萬人失業，其中兩萬餘中學畢業生。江蘇六千高中畢業生、六萬初中畢業生、三十萬高小畢業生無法升學。[294]

　　1957年「五一」遊行，北京各校普遍消極，「老一套」、「勞民傷財」、「沒啥意思」。分配北京醫學院400名女生儀仗隊，校黨委幹部很惱火，幾次摔電話。要求女十二中800人參加，僅100人報名。中學畢業生升學受限，不願參加：「國家對不起我們，我們要上山打游擊去，要到處流浪了。」[295]

　　升學受限，就業無門，但「新社會」怎會有失業？豈能再現舊社會「畢業即失業」？中共一直高調宣稱：「全國沒有失業的人，只有還沒就業的人。」[296]莫奈何，只能政治解決──以「思想改造」、「鍛鍊紅心」將知青逐入農村，包袱甩給農村，擠占農民本就微薄的收成。是為「上山下鄉」之始。

　　中共中央〈關於安排不能升學的中小學畢業生的指示〉（1957-6-5）：

> 今年暑期應屆畢業不能升學的學生，高中約有8.4萬餘人，初中約77.9萬餘人，高小約356萬餘人，……基本的方法是動員說服（絕不能強制）他們到農村從事農業生產和在家自學等待就業或升

---

[292] 《鄧小平文選》第2卷（1975～1982），人民出版社1983年，頁123。

[293] 《內部參考》第145期（1955-6-24），頁407。《內部參考》第148期（1955-6-28），頁469～470。

[294] 《內部參考》第2170期（1957-4-4），頁14；第2158期（1957-3-21），頁392；第2228期（1957-6-12），頁3。

[295] 《內部參考》第2191期（1957-4-28），頁16～17。

[296] 《中共重要歷史文獻資料彙編》第22輯第31分冊，頁20。

學。這是在今後相當長時期內所必須採取的方針。[297]

1956年全國在校生：高校40.3萬，中專81.2萬，中學516.5萬，小學生6,346萬。[298]對應龐大6億人口，中學以上在校生人數很可憐。1957-1-25楊尚昆日記：「今後初中、小學升學的只是小部分，高中畢業的也不能全部升學。」[299]甚至40%學齡兒童無法入學。毛澤東：「沒有地方，沒有經費。」[300]1957年，「民盟」副主席、司法部長史良（1900-1985）：

> 今年下半年全國將有很大數量學齡兒童不能升學。……最近幾年來，少年兒童犯罪的案件太多了，原因當然很多，但失學也是主要原因之一。[301]

（三）惡弊四綻

效率低下，冗員日增，機構日益臃腫。東北一部長先後錄用親友16名，一副局長安排6名親友。[302]1956年，劉賓雁回哈爾濱——

> 16年前我離開這裡時，市政府的全部機構只占據一幢不大的二層樓，官員人數我想不會超過200人。現在，人口增長為那時的四倍，政府人員卻增加到三千七百餘人。加上黨團、工會等機構，則達五千餘人。如果把各基層組織中的專職幹部也計算在內，數字就會更加驚人。這裡還未把公安部門的四千餘名幹警包括在內。[303]

上海商業職工學校（局級），近千教職員工，教師僅七十餘，科級以上幹部百餘，校、處、科三級。因人設事，官多兵少。[304]

---

[297] 《中共中央文件選集（1949-10～1966-5）》第25冊，頁383～384。

[298] 柳隨年、吳群敢主編：《中國社會主義經濟簡史（1949～1983）》，黑龍江人民出版社1985年，頁157。

[299] 《楊尚昆日記》（上），頁274。

[300] 毛澤東：〈關於正確處理人民內部矛盾的問題〉（1957-2-27最高國務會議講話）。《中共重要歷史文獻資料彙編》第22輯第1分冊，頁10。

[301] 〈民主黨派婦女工作負責人等對中共提出意見〉，《光明日報》1957-6-1，版1。

[302] 高崗：〈反對貪污蛻化、反對官僚主義〉，《三反五反運動文件彙編》，人民出版社1953年，頁43。

[303] 《劉賓雁自傳》，頁77。

[304] 朱正：《反右派鬥爭全史》上冊，頁159。

　　1956年底，河北編制人員612,084名（包括中小學154,738名），其中行政108,469名；1957年計畫精簡43,394名（其中行政22,104名）。[305]1957年河南5,607個鄉，「鄉級幹部共有6.2萬人」。[306]

　　1957年12月，中央17部委計畫精簡20,231人（原額30-50%）。[307]中國京劇院三個團170名演員，行政人員數百，多出演員兩倍，「這樣就是把演員累死了，也企業化不了」。[308]人多矛盾雜，效率低，北師大物理系「實驗室想搞個暗室，掛個黑簾子，一年也沒弄成」。[309]

　　1953年1月，山東省府積壓人民來信七萬多件；縣級普遍積壓三百多件，陝西長安縣積壓一千一百多件；福州17部門積壓3,285件，新店區110件乃三任區長所積。上海31家機關不完全統計，積壓2.2萬餘件，「很多的檢舉箱塞滿了群眾來信，因積年不開，任日曬雨淋，很多已字跡難辨。」[310]

　　新華社國際部副主任李慎之：

> 幾乎天天都有人到我的辦公室，甚至到我家裡來訴苦的，……來的人無例外都是說自己什麼什麼時候參加工作，現在的級別多少多少，別的什麼什麼人跟他同時或者比他還晚參加工作，而現在的級別又是多少多少。……幾乎人人都覺得自己受了委屈。一次調整，半年不得太平。此外，如分房子、調工作……，一概都是如此。[311]

　　1955年，鄭州國棉三廠從上海、濟南、江蘇調來兩千餘紡織女工（不顧夫妻分居），宿舍混亂，月經紙得領，……女工們怨氣沖天。[312]上海麗華墨水廠強遷蘭州，除了當地的水，其他都得從上海運去，成本比

---

[305] 中央組織部〈簡報〉1957-12-10，《情況簡報（整風專輯）彙編》（42）1957-12-20。《反右絕密文件》第8卷，頁178。

[306] 《中共中央文件選集（1949-10～1966-5）》第27冊，頁53。

[307] 中央辦公廳：〈根據各部門向中央工業部匯報材料整理〉，《情況簡報（整風專輯）彙編》（40）1957-12-14。《反右絕密文件》第8卷，頁125。

[308] 章詒和：《伶人往事》，湖南文藝出版社2006年，頁255。

[309] 《「陽謀」下的北師大之難》上冊，頁230。

[310] 韓勁草主編：《安子文組織工作文選》，中央黨校出版社1988年，頁72。

[311] 李慎之：〈大民主和小民主〉，《荊棘路》，頁118。

[312] 朱布生：〈女工們的要求〉，《新觀察》1957年第1期，頁6～9。

上海運去的墨水還高。[313]

（四）知識分子

　　1932年國民政府設立教師節（6月6日），1951年中共政府取消。1950年代初，中央統戰部召開高知會議，首長做「思想改造」報告：

> 毛主席教導你們這些人，每天起碼要看三次自己的屁股，看尾巴是不是翹起來了，如果翹起來了，就趕快打下去。[314]

　　1957年6月下旬，「毛主席的好學生」柯慶施演繹出名言——

> 中國的知識分子，有兩個字可以概括。一是懶，平時不肯自我檢查，還常常會翹尾巴。二是賤，三天不打屁股，就以為了不起了。[315]

　　1955-12-23～30山西省委知識分子會議，有人發言：

> 知識分子不一定很重要，可有可無。有人說：全國需要，我們那裡不需要；城市需要，農村不需要；或者說整個工廠需要，我們車間不需要。還有的認為只要小的，不要大的；只要技術員，不要工程師。另外還有一種說法：我們並非不重視科學、文化和知識分子，而是現在的舊知識分子是沒用的，我們所需要的是從革命中培養出來的知識分子。……有些人還把高級知識分子列了一個簡單的公式，說「高級知識分子等於地主、資產階級和頑偽人員」。

　　陝西官員譏評高知：「看起來不順眼，用起來不順手。」陝西八所高校308名教授、副教授，幾年未發展一名中共黨員；344名工程師只發展一名黨員。西安人民醫院1949年吸收一名高工入黨，因一直未抓緊查清歷史問題，六年多未轉正。有的單位根本不考慮中老年高知入黨。[316]

　　八機部直屬開封機械廠黨委書記（轉業軍幹）訓斥技術人員：「我

---

[313] 〈談邊往內地工廠商店的問題〉，《人民日報》1957-6-5，版3。

[314] 許水濤：〈一位民辦報人五味俱全的生命歷程——王芸生之子王芝琛訪談錄〉（一），《文史精華》（石家莊）2005年第9期，頁40。

[315] 徐鑄成：〈「陽謀」親歷記〉，《徐鑄成回憶錄》，頁410。

[316] 《內部參考》1956年第3期（1956-1-11），頁41～44。

一見到你們這些念書人就惱火。」[317]北京政法學院教務長劉昂（中共黨員）聽說老教師情緒不好：「他們的情緒是不會好的，如果他們的情緒好了，那我們的立場就有了問題。」劉教務長認為到政法學院就像到了「白區」，許多老教授聽了非常痛心。[318]「民盟」湖北主委、中南財經學院院長馬哲民（1899-1980）：「他們（按：知識分子）做人的起碼的自尊心都被毀滅了，……有的高級知識分子對自己的生存意義都發生了懷疑。」[319]

范長江（1909-1970，跳井），沈鈞儒女婿，著名記者，1939年周恩來介紹入共黨，1950年1月出任《人民日報》社長，1952年被排擠出來，因為他是「老《大公報》的」。[320]

1956-1-14，全國知識分子問題大會，周恩來報告：高知中40%「政治上不夠積極」，百分之十幾「缺乏政治覺悟或者在思想上反對社會主義」，百分之幾「反革命分子和其他壞分子」。[321]高知入共黨最多的北京，一萬五千餘名高知僅四百餘中共黨員，因高知再三申請而不納，北大僅發展極少數教授（含四五年不予轉正）。許多高知反映與黨員「可以握手，不可以談心」。天津2,786名高知，黨員196名，大部分來自老區、地下黨或中級職稱入黨後晉升高職，「原有高級知識分子中入黨的很少」。河南五所高校，六年只吸納一名教授入黨。[322]

湖南未吸收一名教授入共黨。武漢高校副教授以上高知645名，黨員30名；全市1,021名技術人員，黨員46名。重慶八所高校259名教授，僅一名黨員；重慶西南師院、西南農學院16名教授申請入黨，始終未納；21家大廠礦12家醫院，未發展一名工程師、醫生入黨。1949年後，哈爾濱市人委未接納一名高知入黨，醫務界文藝界也如此，高知們抱怨：「捧著豬頭進不了廟。」[323]

---

[317] 陳華東：〈「五七」情緒幾時休〉，《五七精神・薪盡火傳》，頁326。

[318] 〈北京政法學院教師談宗派主義〉，《光明日報》1957-6-7，版3。

[319] 〈馬哲民教授談武漢為什麼「鳴」不起來？〉，《光明日報》1957-5-8，版2。

[320] 藍翎：《龍捲風》，上海遠東出版社1998年，頁149～150。https://zh.wikipedia.org/wiki/范長江。

[321] 《周恩來選集》下卷，人民出版社（北京）1984年，頁163。

[322] 《內部參考》1956-1-21，頁131、134、136。

[323] 《內部參考》1956年第2期（1956-1-10），頁19、27、29、34。

南京九所高校，六年未發展一名教授，省委工業部轄屬258名工程師，僅7名黨員；許多中小學無一黨員教師。雲南大學講師以上高知227人，1949年後未發展一名黨員。[324]最極端的：某大學一個系24年未發展一名黨員、某教授41次寫入黨申請無人過問；某歌舞團43人寫入黨申請，23年只發展一名，一位作曲家在廢紙堆裏撿到自己的入黨申請書。[325]

1936年入共黨的黃秋耘（1918-2001）：

> 當時知識分子裡邊，對現實的不滿、怨氣已相當嚴重。[326]

清華大學教授李鶴雲：

> 本來是我的學生，現在當了黨員也不理我了，真是六親不認。[327]

重政治，輕才能，大量人才無法發揮專長。青島紡織管理局總工程師、「民盟」市委委員黃建章（1895-1978，右派）：

> 我擔任總工程師，一點實權也沒有，許多工程技術人員的調動、許多重大制度的改變等，事先都不知道……。人事處長掌握大權，因此人事調動升降全憑這位處長主觀見解去處理。他對人事的調動從來不和各業務部門負責人預先商量，因此常鬧笑話。……所謂「德」也僅僅是以黨團員來代表，至於其他人士有熱情工作、熱愛社會主義事業、有一定工作能力等那就不能算為「德」了。……他們把許多有一二十年工作經驗老技術工人拉下來，叫他們做打雜、修水車、做清潔等工作；而把只經過幾個月短期訓練的所謂有「德」分子馬上提升為技術管理的崗位，造成工廠混亂、成績下降、次品上升和物料消耗增多等後果，給國家帶來巨大的損失。[328]

交通部公路總局工程師左元華：

> 因為非黨技術人員多數是從舊社會來的，他們的技術也就變成反動的了……。我們局裡曾做一個山洞工程，設計這個工程僅僅憑

---

[324] 《內部參考》1956年第3期（1956-1-11），頁39；第1897期（1956-4-6），頁135。

[325] 何載：〈解決優秀知識分子入黨難問題的三個重要環節〉，《人民日報》1984-7-24，版5。

[326] 黃秋耘：《風雨年華》，頁367。

[327] 《「老子天下第一」》（「鳴放」輯錄之二），頁19。

[328] 〈本報編輯部在青島邀請民主黨派成員座談〉，《光明日報》1957-6-5，版3。

一位黨員科長的批准就施工，結果損失了13萬元。事先非黨幹部提過意見，但不蒙重視。更妙的是因為這個損失是黨員幹部造成，居然由13萬的數字減為5萬報銷了。[329]

1955年底，中央統戰部及「中央研究知識分子問題十人小組」，調查全國知識分子現狀：

　　1.全國高知只有十萬多一點，其中高校三萬多。

　　2.高知絕大多數生活較艱苦。和抗戰前相比，絕大部分高知工資低得多。以大學教授為例，1955年最高工資252.6元，抗戰前可達當時600元，折合人民幣1,500元（以戰前1元法幣折人民幣2.5元）；若用百分比，當今高知為抗戰前16.8%，不足抗戰前1/5。[330]

揚州江都縣灣頭區58名小學教師，僅一名中心小學校長月薪36.3元（低於24級幹部），三名32元（相當25級），22名26元（相當26級勤雜工），21名約20元（只能供養一人），有的僅能自養，甚至借高利貸度日；自嘲「光榮愉快偉大的嘴，悲觀失望痛苦的心」。一些基層赤吏打罵關押小學教師，斥為「三小」──小知識分子、小資產階級、小學教師，「五主義」──主觀主義、個人主義、自由主義、宗派主義、溫情主義。小學教師有「四怕」：怕懷疑，怕批評，怕報復，怕失業。[331]

江蘇阜寧地區1949年前「舊教師」一律降薪80%，邳縣二百多小學教師無選舉權，六合縣某區委書記不准教師進區府大門，有些縣委組織部規定「教師中不建黨」，有些縣上千小學教師僅個別黨員或無黨員。溧水縣已開除四十多名教師，還準備再開除十名有歷史問題的教師，一名挨鬥教師被釘腳鐐。揚州中學教師均薪30元／月，溧水縣有的教師三餐食粥。阜寧地區有的教師每月僅幾元工資。徐州、鹽城的南方籍教師，因薪水太低，幾年無路費回家，抱怨「不如到政府機關當炊事

[329]〈農工民主黨舉行一系列座談會〉，《光明日報》1957-5-19，版2。
[330]〈關於全國高級知識分子人數的調查報告〉，陸鍵東：《陳寅恪的最後20年》，三聯書店（北京）1995年，頁160。
[331]《內部參考》1956年第3期（1956-1-11），頁40。

員」。[332]青海有些小學教員薪資低於校工。[333]

安徽某單位科長住單間，工程師住集體宿舍。[334]哈爾濱研究所，科長人均住房四平米，研究員兩平米。[335]

（五）人浮於事

交通部員工三千餘。[336]天津工業系統幹部與工人1：3；畜產公司五百多人，8個經理74個科長；每科少則四五名正副科長，多則七名。天津鋼廠買了萬餘元焦炭，賣貨單位錯找新興鋼廠結帳，新興鋼廠居然照付。[337]湖北黃梅縣糧食局五個局長。[338]江蘇震澤縣統戰部的統戰對象為三個和尚、幾位醫生教師。[339]

1955年，一大學生分配國家建委計畫局，1956年10月日記——

4-5日：上午無事，下午依然如故。

7-15日：無事可做，除了看報就是讀書。

17-18日：如此而已——空著。

19日：終日坐立不安，硬著頭皮又去找了一次處長要工作，處長安慰我說：「耐心等著麼，沒有事做，就看看書、學學習麼……」天哪，有什麼辦法呢？

20-25日：《人民日報》八個版不夠看，看來尚須為我們這類人再多加幾版才行啊！

27日：工作了一小時，快活。

29日：空閒成了我的正常生活——悲哀。

30日：上午無事，下午去建築工程局取規劃項目草稿。

31日：午前無事，午後學習。

---

[332] 《內部參考》1955年第253期（1955-12-29），頁286～287。

[333] 《內部參考》1956年第3期（1956-1-11），頁50。

[334] 《內部參考》1956-1-21，頁138。

[335] 《內部參考》1956年第2期（1956-1-10），頁34。

[336] 《中共重要歷史文獻資料彙編》第22輯第7分冊，頁395。

[337] 《情況簡報（整風專輯）彙編》（37）1957-11-30。《反右絕密文件》第7卷，頁241。

[338] 《內部參考》第2152期（1957-3-14），頁252。

[339] 《內部參考》第2111期（1957-1-22），頁425。

本月工作小結：不堪回首，本月工作加起來不足兩天。

附記：

　　算起來，我這一年只做了三十多天的工作，大好光陰都付諸東流，實在是愧對祖國。……（像我這樣空閒的人）在我們規劃處裡，卻不乏其人，史福濤從5月到現在一點工作也沒有，彭耀南也閒得發慌……。我們處一共八個人，沒有一個人有足夠的工作做。過這樣的生活並非己願呵！[340]

1957-4-30《中國青年報》「辣椒專欄」諷刺詩：

　　廠裡不過幾百人，廠長就有八九個；這些廠長還說忙，光找助理一方桌。……有事你去找廠長，廠長互相來推拖；一推就是半月多，甚至推得沒下落。……一天能開完的會，他們一吵一月多；爭到月底一總結，計畫還是未訂妥。婆婆多，小姑多，增產沒有浪費多；一年增產十萬多，不夠廠長買汽車；一個廠長一輛車，來往臥車似穿梭。[341]

　　工廠均設八大科，車間再設八大員，嚴重人浮於事。私方提意見，斥為「小家子氣」、「作坊作風」、「不懂社會主義建設」。[342]

　　華東師大教授徐中玉（1915-2019，極右）：

　　任何機關學校團體裡各種官職愈設愈多了。在不少基層單位裡已出現了「官多於民」的現象。譬如說，科長多於科員。[343]

　　同盟會員、國務院參事余遂辛（1885-1969）：

　　國家機關的層次太多，國務院指示傳達到基層比十八層寶塔還要多，……工廠企業非生產人員也太多，有一個600人的工廠，管理人員就有近170人。[344]

1957-7-17青島會議，毛澤東：

　　浙江新登縣七萬人有三千五百多官，真是太多了。……工廠非生

[340] 侯伯年：〈可以不記的日記〉，《中國青年報》1956-12-16，版3。
[341] 劉：〈婆婆多〉，《中國青年報》1957-4-30，版3。
[342] 〈工商界代表揭發合營企業內部公私矛盾〉，《人民日報》1957-5-16，版4。
[343] 徐中玉：〈三個問題〉，《六月雪》，頁473。
[344] 〈國務院黨外人士繼續座談〉，《人民日報》1957-6-5，版2。

產人員也太多，占30%，蘇聯25%，美國只3-5%。[345]

　　書商只要百號人就能辦起來的國際書店，用了五百多人，效率還大大低於書商。陶孟和指國際書店領導實在是「外行的外行」。[346]

　　1963年中央機關司局長以上至少2,800餘。[347]1978年全國脫產幹部1,700萬（年底可能達1,900萬，相當羅馬尼亞人口）。[348]清朝道咸年間文武官員2.7萬（文官2萬、武官0.7萬），文官一半在京，一半地方。[349]

　　中國人民大學千餘教師，行政人員與教師1：1，教職員工與學生的「師生比」1：6，辦事效率極低。[350]西北工業大學的「師生比」1：2。西安交大衛生科三名工人看守一臺鍋爐。西北大學四個處14科室，學生放假回家要辦九道手續。[351]安徽師院學生二千六百餘名，教職員工五百餘。[352]

　　蘇聯援建的哈爾濱電機廠，二百餘名技校畢業生，兩年無正式工作，只能打雜或充清潔工。他們向《中國青年報》記者抱怨：

> 我們去找幹部，工廠明明不需要這麼多人，讓我們到遼寧去行不行？那邊工廠缺很多人。不行，寧願讓我們閒得發慌。理由是：把你們放走了，萬一明年工廠的生產任務擴大了，我們到哪兒去找人？可若是不擴大呢？我們這些活人成了貨物了，長期儲備在倉庫裡，沒有固定工作，提級就沒有我們的份兒，什麼都耽誤了，比如結婚……[353]

　　1999年，中國經濟體制改革研究會副主任楊啟先（1927- ）：

> 國有經濟占用著國家和社會的大部分資源，包括全國固定資產和流動資金的70%左右，而它能夠為國家創造的財富，按國內

[345] 《毛澤東思想萬歲》第2冊（1949-10～1957），頁233。
[346] 〈請看陶孟和說了些什麼話？〉，《光明日報》1957-7-23，版2。
[347] 《楊尚昆日記》（下），頁263。
[348] 胡耀邦：〈理論工作務虛會引言〉（1979-1-18），中共中央文獻研究室編：《三中全會以來重要文獻選編》（上），人民出版社1982年，頁54。
[349] 張仲禮：《中國紳士》，上海社會科學院出版社1991年，頁114～115。
[350] 房文齋：《昨夜西風凋碧樹——中國人民大學右運動親歷記》，頁74、67。
[351] 〈陝西省委整風領導小組辦公室書面彙報〉1958-1-13，《情況簡報（整風專輯）彙編》（56）1958-2-27，《反右絕密文件》第11卷，頁105～106。
[352] 《內部參考》第2235期（1957-6-20），頁9。
[353] 《劉賓雁自傳》，頁79。

生產總值計算，只有1/3左右，按當年新增部分計算，只有不到20%。其效益之低、損失浪費之大，可以說已經到了十分驚人的地步。⋯⋯實際上，我們是在用幾十人、甚至上百人來幹人家（按：西方企業）兩三個人的事情。[354]

（六）腐敗・特權

《新觀察》1957年第1期雜文〈請客之風〉──

請客！請客！所有國家大機關都請客！誰不信，請到北京的全聚德、東來順、萃華樓等飯店去看看，那裡真像是某些中央機關的食堂一樣。東來順的總營業額中，30%以上是公家請客的，全聚德有70%，而萃華樓幾乎全部的收入都是公家人從公家的腰包裡掏出來的。

翻翻帳本，你就會知道請客的都是些什麼機關：地質部、農業部、煤炭工業部、商業部、食品工業部、高等教育部⋯⋯。有些部長請完局長請，局長請完處長請，並且總有幾倍或幾十倍於客人的主人做陪⋯⋯。大宴一次，五六百塊錢，同財務科打個招呼就是了⋯⋯。全聚德烤鴨店今年的營業額要比去年增長70%，這不是我國人民物質生活提高的正確反映，我國還有吃糠嚥菜的人家。[355]

1956-11-10中共八屆二中全會，劉少奇：

陳雲同志講，群眾反映⋯⋯他們沒有豬肉吃。有個合作社主任他自己是養豬的，半年只吃了兩頓豬肉。我們在座的同志這半年吃了幾頓豬肉？北京和其他城市的豬肉鋪，一早就排隊，到天亮的時候豬肉就賣完了。我們的機關不用排隊，就可以買到豬肉，⋯⋯再如油不夠吃，⋯⋯花生米是買不到的，而我們是買得到的。[356]

---

[354] 邱路：〈國企改革為何如此艱難──楊啟先訪談錄〉，《百年潮》1999年第2期，頁5。

[355] 孫秉富：〈請客之風〉，《新觀察》1957年第1期，頁18。

[356] 劉少奇：〈要防止領導人員特殊化〉，《黨的文獻》1988年第5期，頁3。

南京市委長征老幹部邱大姐上京開會，得知許多領導人搞腐化，多數有情婦（不少是女演員），回來直哭。[357]

清華大學教授抱怨：

> 黨員吃飯在一個桌子，非黨員在一個桌子，好像連吃飯都有階級性似的。[358]

1957年7月前，江西省委機關食堂設處長以上專席，省人委分設三等食堂（廳局級、科處級、一般幹部），群眾反應很大，要求公布機關福利費帳目。[359]

「民革」河北省委常委兼副祕書長、省政協委員李同偉（右派）：

> 人民對黨是「側目而視，敬鬼神而遠之」。不少黨員成了特殊階級，只有他們敢於胡作非為、敢於違法亂紀。黨員特權：
>
> 1.可以閉著眼睛做結論，隨便給人戴帽子；
>
> 2.可以隨便打人罵人，決定人的生死榮辱；
>
> 3.可以尸位素餐當領導，無功受祿升三級；
>
> 4.可以包辦一切，說什麼算什麼；
>
> 5.可以多拿福利補助費，連年養病為職業；
>
> 6.可以享受特診吃貴重藥；看戲坐前排要紅票；
>
> 7.可以不聽警察指揮，用公共汽車接兒送女；
>
> 8.可以調戲婦女亂搞戀愛，貪污公款假公濟私；
>
> 9.可以打官司占便宜，將舊社會裙帶風帶入革命陣營裡。[360]

1957-12-9中央農工部〈農村整風整社簡報〉：

> 山東壽張縣七個鄉347個生產隊長以上幹部的統計，有貪污行為的占52.2%。[361]

交通部航運局選送黨團員出國學習，選拔考試平均僅35分，因政

[357] 王覺非：《逝者如斯》，中國青年出版社2001年，頁325。
[358] 〈清華園裡百餘教授開懷暢談〉，《人民日報》1957-5-15，版2。
[359] 《情況簡報（整風專輯）彙編》（7）1957-7-20。《反右絕密文件》第2卷，頁39。
[360] 〈兩面三刀，惡毒反黨的李同偉〉，《光明日報》1957-7-29，版2。
[361] 《情況簡報（整風專輯）彙編》（43）1957-12-31。《反右絕密文件》第8卷，頁191。

治條件好，硬給提至60分。[362]每名留蘇生700盧布／月（￥350，一級教授月薪）。[363]

　　1957年5月下旬，北大一張大字報：

> 先要堅持做幾年積極分子、吃點苦，黨的話句句奉爲金科玉律，向黨報告群衆的落後思想，……這樣就可以入黨。入黨以後，就可以步步高升，平步青雲，享有一切特權……[364]

（七）農村・農民

　　國共內戰，負擔壓向人民。1948年4月東北局軍需會議。黃克誠：

> 目前東北的財政和經濟是很困難的。因爲，現在生產力還很低下，財政的主要來源靠稅收和公糧，人民的負擔已經約占其全部收入的25～30%。[365]

　　土改雖按人頭平均分配土地，但因勞力、勤惰、智能等等差異，不可能保持齊頭並進，很快兩極分化，出現雇工、土地兼併。農民當然思富求富，但害怕冒尖（土改以富爲罪），不敢擴大再生產，怕被指罪「剝削」。[366]「均產」、「共富」從源頭掐住農村生產發展。共富成仇富，怕窮變怕富。

　　1949-9-29全國政協頒布《共同綱領》（臨時憲法），第三條：「保護工人、農民、小資產階級和民族資產階級的經濟利益及其私有財產。」第27條：「必須保護農民已得土地的所有權。」[367]劉少奇稱《共同綱領》有效期至少50年。[368]1949-4-25劉少奇「天津講話」：「搞社會主義……將是幾十年以後的事情。」[369]毛澤東指示接管上海的夏衍、許滌新：要讓上海的資本主義有一段發展時期，一定要把榮毅仁、劉鴻生

---

[362]〈農工民主黨舉行一系列座談〉，《光明日報》1957-5-19，版2。
[363]〈請高等教育部聽聽我們的聲音〉，《光明日報》1957-5-19，版3。
[364]甘粹：《北大魂——林昭與「六四」》，秀威（臺北）2010年，頁37。
[365]《黃克誠自述》，人民出版社1994年，頁210。
[366]《李銳文集》第5冊，卷九，頁114～115。
[367]《人民日報》1949-9-30，版2。《建黨以來重要文獻選編》第26冊，頁759、763。
[368]《李銳文集》第5冊，卷九，頁113。
[369]《中共黨史教學參考資料》第11冊，中國人民大學中共黨史系資料室1980年，頁378。

留下來,「因為他們比我們懂得管工廠」。[370]

1951年9月全國第一次農業互助合作會議,農民作家趙樹理(1906-1970)如實反映農民不願參加合作社,互助組(自願換工)也不願意。陳伯達訓斥:「你這純粹是資本主義思想嘛!」[371]中共要「主義」要集體,農民要自由要單幹,最初就擰上了。1955-5-9毛澤東召集李先念、鄧子恢、廖魯言等討論合作化:

> 農民對社會主義改造是有矛盾的,農民是要「自由」的,我們要社會主義。在縣、區、鄉幹部中,有一批是反映農民這種情緒的。[372]

山西平順縣西溝、羊井底兩社47戶社員,其中26戶1953年收入低於1952年,1954年又有27戶低於1953年。黎城縣下桂花社21戶社員,1954年收入平均低於1953年36元,「因而有些老社員不積極勞動」。[373]

安徽公安廳常務副廳長尹曙生(1937-):

> ……搞互助合作,他們(按:農民)是心不甘情不願的,於是反抗、鬥爭不斷出現,治安案件、刑事案件大幅度上升,群體性事件時有發生,農村幹群關係也突然緊張起來。1956年安徽省刑事案件比1954年增加兩倍。[374]

1954年初夏,一些地方已出現餓殍,四川崇慶縣羊馬鄉白廟村71人浮腫,6月15日～7月31日餓死18人,其中地主最多(14戶死5人),中農次之(55戶死8人),貧農最低(78戶死5人)。[375]1955年廣西欽州專區五縣農民每天只有二兩米;橫縣等地農民吃野菜樹葉,靈山縣、欽縣浮腫者七千餘,餓死32人。截至1955年7月2日,廣西臨桂縣餓死531人,浮腫六千人。[376]

---

[370] 郭道暉:〈四千老幹部對黨史的一次民主評議〉,《炎黃春秋》2010年第4期,頁4。

[371] 杜潤生:《中國農村體制變革重大決策紀實》,人民出版社2005年,頁28～29。

[372] 《毛澤東年譜(1949～1976)》第2卷,頁370。

[373] 《內部參考》第185期(1955-8-12),頁107。

[374] 尹曙生:〈「大躍進」前後的社會控制〉,《炎黃春秋》2011年第4期,頁8。

[375] 溫江地委工作組:〈崇慶羊馬鄉白廟村目前病疫情況及此次解決口糧中存在的問題〉(1954-8)。東夫:《麥苗青菜花黃——大饑荒川西紀事》,頁37～38。

[376] 《內部參考》第128期(1955-6-4),頁45。《內部參考》第168期(1955-7-21),頁

1955年新任山東省長趙健民（1912-2012），很快發現：

> 全省每月非正常死亡約八九百人，多數是自殺。死亡原因：生
> 活困難、年老患病折磨而死者占40%左右；幹部強迫命令致死人
> 命者，每月有的十幾人，多則四十餘人，此項合計一年二百多
> 人。[377]

1955年，有農民寫信給香港親戚倒苦水：政府強行徵走收成的
75%，從而引起饑荒。[378]

1956年，翦伯贊參加全國人大考察團前往湖南：

> 我到老家桃源楓樹鄉去了，我去時，農民包圍了我，我只接見
> 了解放前後都是貧農的人。我一問生活，大家就哭，說沒有飯
> 吃，吃樹皮、野菜、菜餅、糠，原因是去年定產太高，徵收公糧
> 後就缺糧。貧農連糠也買不到，因為幹部說：「糠不賣，要餵
> 豬。」全鄉有三分之一的人沒有飯吃……農民說：「共產黨、毛
> 主席好是好，就是吃不飽。」我看到的人，都是哭臉，鄉裡的房
> 子愈來愈少，雞犬無聲，過去是雞犬之聲相聞，現在一切副業都
> 取消了。[379]

1956年底，山東文登縣文城鎮委劉松章（中共黨員），致函縣委、
地委、省委及中央：「農民生活太苦了」──

> 晝見官家脘飯飽，夜聞農民飢寒聲。[380]

1956年遼寧昌圖縣農村流諺：──

> 社會好社會，農民遭點罪；穿不上褲子蓋不上被，吃點豬肉還要
> 上稅。（按：殺豬要繳屠宰稅）[381]

1957年浙南泰順山區小村，六戶28名畬民，僅一條破被、一條單
被，兩戶即將斷糧；雷必威一家五口1956年收入僅30元，九歲女兒一直
光屁股。左溪村鍾繼淮（29歲）沒蓋過被子。平陽縣庵基村李姓畬民，

284。

[377] 席星嘉：〈省委書記趙健民三寫血書〉，《炎黃春秋》1998年第4期，頁33。

[378] 《內部參考》第142期（1955-6-21），頁344～345。

[379] 靳樹鵬：〈翦伯贊現象〉，《同舟共進》2013年第4期，頁73。

[380] 《內部參考》第2100期（1957-1-9），頁179、183。

[381] 《內部參考》第2110期（1957-1-21），頁403。

因貧溺死新生兒。[382]

1957年春，上海《文藝月報》主編王若望：

> 現在鄉下普遍鬧饑荒，農民包圍著政府，把鄉長的耳朵都咬掉了。這是「統購統銷」政策造出來的苦果。[383]

1957年5月，四川某縣委宣傳部青年朱幹事（根正苗紅）：

> 統購統銷過頭了，直接傷害了農民的利益。農產品價格過低，解放後農民生活沒有得到根本改善，解大便還是和解放前一樣用篾片刮屁眼。[384]

1957-1-18省市第一書記會議，毛澤東：

> 1955年上半年，黨內有相當多的人替農民叫苦……。江蘇做了一個調查，有的地區，縣區鄉三級幹部中間，有30%的人替農民叫苦。[385]

一組數據很直觀反映城鄉貧富差距：

> 1957年上海市居民儲蓄存款5.49億人民幣，其中城鎮儲蓄5.37億。1958年上海市居民儲蓄存款5.76億人民幣，其中城鎮儲蓄5.6億。[386]
>
> 1959年上海市區與郊縣總人口1,028.39萬，城鎮67.32%、農村32.68%。[387]

1957年1～3月，新華社《內參》十次報導各地鬧社退社。[388]1957年「反右」，農村的「反社會主義分子」即反統購統銷、反合作化。《灌縣志》：「反對黨的領導、否定合作化和統購統銷……，劃出反社會主

---

[382] 《內部參考》第2150期（1957-3-12），頁211。

[383] 《「老子天下第一」》（「鳴放」輯錄之二），頁28。

[384] 張先癡：《格拉古軼事——勞改回憶錄之一》，秀威（臺北）2013年，頁417。

[385] 《毛澤東選集》第5卷，頁336。

[386] 《當代上海大事記》，上海辭書出版社2007年，頁216、246。

[387] 《上海通志》（幹部讀本），上海人民出版社2014年，頁50～51。

[388] 《內部參考》第2116期（1957-1-28），頁543；第2117期（1957-1-29），頁553；第2118期（1957-1-30），頁581；第2140期（1957-2-28），頁428～429；第2143期（1957-3-4），頁69～70；第2149期（1957-3-11），頁186～187；第2152期（1957-3-14），頁255；第2155期（1957-3-18），頁321；第2161期（1957-3-25），頁450～462；第2164期（1957-3-28），頁540～541。

義分子1,478人。」[389]

1981年10月國務院會議，副總理薄一波（1908-2007）：

> 農民要搞包產到戶，我們要集體化，這個矛盾反反覆覆多少
> 年。許多幹部，包括鄧子恢、潤生同志，都在這個問題上付出了
> 很大的代價，受了多年的冤枉。[390]

共產乃共運核心。馬克思設計：奪取政權後實行無產階級專政，
建立公有制：「一個集體的、以共同占有生產資料爲基礎的社會，……
除了個人的消費資料，沒有任何東西可以成爲個人的財產。」[391]1953-
6-15中共政治局會議，毛澤東等不及了，批判劉少奇的「堅持新民主主
義」，力推合作化：

> 社會主義道路是我國農業唯一的道路。發展互助合作運動，不斷
> 地提高農業生產力，這是黨在農村中工作的中心。……「確立新
> 民主主義社會秩序」，這種提法是有害的，……我們現在的革命
> 鬥爭，甚至比過去的武裝革命鬥爭還要深刻，這是要把資本主義
> 制度和一切剝削制度徹底埋葬的一場革命。[392]

毛澤東之所以急著推進合作化，當然在於「政治意識強烈」——
不搞合作化、不搞共產，如何體現「天翻地覆」？如何證明「革命價
值」？

1956年「八大」預備會議，毛澤東：

> 如果沒有一個生產的大發展，又怎麼叫社會主義優越性呢？[393]

1956-1-25最高國務會議，毛澤東：

> 社會主義革命的目的是爲了解放生產力。農業和手工業由個體所
> 有制變爲社會主義的集體所有制，私營工商業由資本主義所有制
> 變爲社會主義所有制，必然使生產力大大地獲得解放。這樣就爲
> 大大地發展工業和農業的生產創造了社會條件。[394]

---

[389] 《灌縣志》，四川人民出版社1991年，頁73～74。

[390] 杜潤生：《中國農村體制變革重大決策紀實》，人民出版社2005年，頁134。

[391] 馬克思：〈哥達綱領批判〉，《馬克思恩格斯選集》第3卷，頁21、10～11。

[392] 毛澤東：〈批判離開總路線的右傾觀點〉，《毛澤東選集》第5卷，頁81～82。

[393] 杜潤生：《中國農村體制變革重大決策紀實》，人民出版社2005年，頁77。

[394] 《人民日報》1956-1-26，版1。《毛澤東文集》第7卷，頁1。

　　但各項農產量不增反減。四川郫縣糧產量前幾年增速迅猛，合作化後連續三年停滯。[395]1953年3月《華北建設》報導合作化後的農村——

> 長治專區新建的千餘個農業生產合作社，……不少地方一冬無人拾糞，副業生產無人搞，場裡、地裡莊稼無人收拾，牲口無人餵（甚至有瘦死、餓死），有的地方已發生賣牲口、砍樹、殺豬、大吃大喝等現象。[396]

　　1955-4-18陳雲向政治局彙報：1954年農業減產，棉紗、煙草也減產。李先念說：「財政基礎在農業上，去年歉收會反映到今年。」[397]

　　中央農工部祕書長杜潤生（2013-2015）：

> 合作化以後，農村並沒有發生那種預期的變化，1956年糧食反而減產了，這是新中國成立以來的第一次減產。相應的，第一個「五年計畫」執行的結果也不盡如人意，「工農差別」有所擴大。[398]

　　河北滄州十個大隊（自然條件兼顧上中下）：1953～1957年，平均年產476.15萬斤，比1950～1952年下降17.2%。1955年為五年中收成最好一年，人均擁糧仍僅609斤（1952年683斤）。[399]

　　山西省1953年平均畝產糧食134斤，1954年126斤，1955年118斤，1956年137斤，1957年「又跌到歷年水平線下」。[400]

　　1956-1957糧食年度，江蘇徵購糧食61.9億斤，統銷67.5億斤，購銷逆差倒掛。農民喊叫「口糧標準太低」、「辦高級社餓肚皮」、「共產黨樣樣好，就是不給農民吃飽肚皮不好」。但江蘇省委認為：「前一時期糧食問題緊張，是思想問題，而不是實際問題。」[401]

---

[395] 東夫：《麥苗青菜花黃——大饑荒川西紀事》，田園書屋（香港）2008年，頁45。
[396] 《建國以來農業合作化史料彙編》，頁127。
[397] 《楊尚昆日記》（上），頁194、196。
[398] 杜潤生：《中國農村體制變革重大決策紀實》，人民出版社2005年，頁77。
[399] 河北省農業廳工作組：〈滄州地區十個生產大隊農業現狀調查的綜合情況〉（1962-7-1），楊繼繩：《墓碑》（上），天地圖書公司（香港）2008年11月，頁481。
[400] 《內部參考》第2256期（1957-7-13），頁31。
[401] 〈糧食問題與思想問題〉（江蘇省對糧食問題的調查材料）。《內部參考》第2317期（1957-9-23），頁3～5。

　　合作化過程中，爲加強計畫性與垂直管理，1953年10月關閉農貿市場，糧油棉「統購統銷」。[402]統購統銷沒收農民處置收成的自主權，被迫低價賣給政府。農村不滿聲浪盈衢塞巷，很快收購少於銷售，無法維持城鎮供糧。1955年8月，被迫出臺「糧票」，全國城鎮定量供糧。[403]

　　農民愈失去自由，生活愈窘迫，自然反聲愈大：

> 過去給地主做長工，吃飯還要愁嗎？共產黨領導辦合作社，到社會主義弄得人沒有飯吃、牛沒草吃、豬沒糠吃。這樣下去，寧可蔣介石回來了，寧可給美國人一個原子彈炸死。

> 農民一年平均收入40元，……21級幹部一年收入708元，相差17.7倍。農民連飯都吃不飽，更談不到提高生活，過去還可以借，現在借也無處借。

> 農民的生活一代不如一代，清朝時農民生活最好，辛亥革命前比辛亥革命後好，辛亥革命後比蔣介石叛變革命時好，抗戰前比抗戰後好，現在的農民更不如過去，生活很苦。[404]

　　湖北孝感縣朋興鄉和平社農民：政府收購糧食比地主收租還厲害。[405]

　　1957-1-3《內部參考》：《人民日報》收到冀豫江浙魯皖一批來信，反映農村留糧太少，農民吃不飽，生活太苦。河北蛟河徐官屯雙廟東一農戶備下砒礵，想包頓餃子全家一起死，孩子哭鬧，慘事才沒發生。徐官屯四百餘農民進城要飯。一農民說：「現在還不如舊社會好，民國六年鬧災荒，每家還救濟到六塊大洋，我也沒苦到這樣。」2740部隊郭興文信中：「有的老百姓說，還不如叫我『老敗興』好。甚至有人講，毛主席的江山坐不長。」[406]

　　1957年第一季度，浙江溫州專區六縣148起「鬧社」（不完全統計），打幹部、鬧糧食，參與農民約五萬（不少復員軍人，「地富反」很

[402]《建國以來重要文獻選編》第4冊，頁477～488；561～567。

[403]〈中共中央關於建立制度、控制購銷、改進糧食工作的指示〉（1955-8-3）。《中共中央文件選集（1949-10～1966-5）》第20冊，頁25～30。

[404]中共浙江省委整風辦：《右派言論彙編》（1958-5），頁144、148～149。轉引王海光：〈1957年的民眾右派言論〉，《炎黃春秋》2011年第3期，頁21～23。

[405]《情況簡報（整風專輯）彙編》（20）1957-9-6。《反右絕密文件》第4卷，頁121。

[406]〈農村來信摘要〉，《內部參考》第2094期（1957-1-3），頁39～40、42。

少）：

> 各地哄鬧事件，很多是由於糧食不夠吃而引起的。溫州專區目
> 前有64個鄉又118個社糧食緊張。這些鄉村不斷發生農民特別是
> 婦女抱了小孩到區、鄉和縣政府要飯吃、搶東西、打幹部的事
> 件。龍泉縣小梅鄉四個幹部家中的糧食財物被兩百多人搶光。有
> 的人還提出「要飯吃就要革命」。[407]

江蘇泰縣一農民被逼口糧當餘糧交售，上吊自殺。[408]

1958年長春地質學院學生：

> 合作化好嗎？農民吃的糧食不如過去豬吃的好。

> 右派分子說合作冒進了，我看不錯。入社前家中有燒的，
> 入社後連燒的也沒有了。農民生活一年不如一年。[409]

1957年9月，江蘇寶應縣尚有1,238戶不願入社的單幹戶。[410]

山東農學院馬列研究室代主任周次溫（1919-1989，右派）：

> ［三反、肅反］留下來的印象是暗無天日、血跡斑斑。統購統銷不
> 知死了多少好人。黨中央應負全責。我是戰時入黨的（按：1936
> 年），假若是在解放後的現在，這樣的共產黨，我根本就不會參
> 加。[411]

1957年4月，章伯鈞視察天津新港回京，在京郊武清發現：

> 那裡離北京僅40里，老百姓得從先一天起，帶著鋪蓋捲露夜排
> 隊，等候第二天的只供三天充饑的混合糧、蘿蔔乾或一塊豆
> 餅。有時還得吃樹葉。而這邊呢，高樓大廈、黃油麵包。……我
> 到處刺目驚心的是：共產黨黨部都是最好的洋房，負責人出入是
> 小汽車。我看這樣下去，老百姓是會造反的。[412]

[407] 〈溫州專區不斷發生群眾哄鬧事件〉，《內部參考》第2174期（1957-4-9），頁11。
[408] 紀增善：〈長夜過春時〉，《往事微痕》第21期（2009-2），頁55。
[409] 長春地質學院整風辦：《「紅專辯論」中學生暴露的問題選輯》（1958-12-30）。
　　《中共重要歷史文獻資料彙編》第22輯，第49分冊（2008），頁25。
[410] 〈江蘇省委通報〉1957-9-8，《情況簡報（整風專輯）彙編》（25）1957-9-23。
　　《反右絕密文件》第5卷，頁60。
[411] 〈山東農學院揭露周次溫〉，《人民日報》1957-8-13，版3。
[412] 嚴信民：〈章伯鈞決心要造反〉，《人民日報》1957-8-4，版3。

武漢水利學院「鳴放」——

　　今天的社會太黑暗了，農民過著悲慘的生活。火車站有大批難民流離失所，真是飢寒交迫目不忍睹。我要大聲疾呼：如果這樣下去定會亡黨亡國。

　　合作化搞糟了，統購統銷搞糟了，農民生活比解放前更差了。1954年家鄉餓死了兩個人。合作化存在很多問題，並不像報紙所報導的天花亂墜，合作社並沒有提高農民生產的積極性，反而降低了。[413]

國務院外國專家局宣教科員、中共黨員吳宗璜「鳴放」——

　　農村現在糟透了，一切壞事都讓幹部做盡了。農民對「毛主席」很不滿意。他們反映「毛主席」是秦始皇。[414]

1957年10月，河北武清縣李各莊支書李保華、石各莊黨員社長郭鳳祥、大朱村社長曾硯文：

　　合作化不光使我這一輩子受窮，給五輩子子孫孫都拉下了帳。

　　糧食政策好比定時炸彈，非爆發不可。

　　中國農民非造反不可。[415]

歸國港商、廣州人大代表潘以和（1929-，右派）：

　　南海民樂鄉（潘家鄉）人民生活十分困苦，生活比國民黨時代都不如。[416]

江蘇射陽縣開洋四社貧農苗超：

　　現在糧食吃不飽，過去跟著媽媽討飯還能吃飽肚子。[417]

湖南農民：農民的生活沒有改善，農業稅占農民全年收入的一半。[418]

安徽某農機廠技術員汪朝元：農村有四死：賣糧逼死，買糧等死，

---

[413] 《中共重要歷史文獻資料彙編》第22輯第27分冊，〈毒草集〉（1957-8），頁13～14。

[414] 《大和尚與小和尚》（「鳴放」輯錄之一），頁44。

[415] 《情況簡報（整風專輯）彙編》（34）1957-11-13。《反右絕密文件》第7卷，頁116。

[416] 伊凡：〈廣州工商界萬人爭鳴記〉，《鳴放回憶》，頁29。

[417] 《情況簡報（整風專輯）彙編》（33）1957-11-4。《反右絕密文件》第7卷，頁55。

[418] 《情況簡報（整風專輯）彙編》（8）1957-7-26。《反右絕密文件》第2卷，頁64。

買不到糧餓死，賣糧再買糧虧死。[419]

（八）暴力反抗

1955-4-6～9，皖北蕭縣五起大規模搶糧，打砸四個區鄉政府、糧站，哄搶糧食24萬斤，39名幹部被毆（重傷14名）。1956年安徽逮捕2.5萬「反革命」，「大多數是反對農業合作化和工商業社會主義改造的人」。1955～1957年，安徽不斷發生大規模群體事件，暗殺鄉吏百餘起（114人遇害），「作案者大多數是普通農民」。1957-2-22肥西、舒城兩縣結合部暴亂，四百餘人參與（99%農民），打死二名警察，搶走三支手槍。兩縣公安、省公安廳派武警包圍，當場打死49人，抓獲34人，自首十人，為首農民程千發自殺。

1957年1～2月，安徽無為、宿縣、蒙城、樅陽等縣鬧事89起，搶糧271起，4.5萬人參與，搶糧599,654斤、柴草39.2萬斤、毆打幹部169人。1955～1961年，安徽20人以上搶糧一千三百多起。1960-12-27淮南三市13縣搶糧28起，殺死幹部、倉管員26人，「作案者全是農民」。1958～1960年，安徽拘捕17萬餘人，勞教、集訓二十多萬，比1950～1953年「鎮反」抓的人還多。[420]

浙南《青田縣志》——

> 1957年3月，農村鬧糧荒、鬧退社相繼發生，部分區鄉社幹部遭毆打。7月6日，中共湖邊鄉支部副書記朱宗華被打致死。[421]

薄一波記述1956年9月～1957年3月的農村：

> 農村也連續發生了鬧社的風潮，如浙江省農村發生請願、毆打、哄鬧等事件一千一百多起，廣東省農村先後退社的有十一二萬戶，等等。[422]

1957-3-25〈中共中央關於處理罷工罷課問題的指示〉——

---

[419] 中共安徽省委宣傳部：《右派分子的反動言論資料》，頁44。轉引自王海光：〈1957年的民眾「右派」言論〉，《炎黃春秋》2011年第3期，頁18。
[420] 尹曙生：〈「大躍進」前後的社會控制〉，《炎黃春秋》2011年第4期，頁9～11。
[421] 《青田縣志》，浙江人民出版社1990年，頁51。
[422] 薄一波：《若干重大決策與事件的回顧》下卷，頁569。

在最近半年內，工人罷工、學生罷課、群眾性的遊行請願和其他
類似事件，比以前有了顯著的增加。全國各地大大小小大約共有
一萬多工人罷工，一萬多學生罷課。[423]

1957-5-10～13山東利津縣鹽窩區八個村564戶千餘人，搶糧5.8萬
斤，其中貧農195戶，6名黨員，13名團員。副省長張竹生、惠民地委書
記李峰趕到現場，調撥1,000噸糧食安撫，農民退糧7,500斤。是年麥收
前，山東昌樂縣111個高級社901戶要求退社單幹，其中貧農480戶，中
農421戶，已在嚴重「鬧事」。5月14日晚，昌樂朱劉區大石橋合作社五
六十名農民圍聚鄉政府要糧，高喊：「寧願殺死，不願餓死！」區長譚
金官趕來，亦遭圍攻；金鄉縣1957年鬧社糾紛1,685起，打幹部123起，
罵幹部924起，拉牛241起，鬧決分280起，鬧分社117起，「許多農業社
處於混亂狀態」。[424]

江西臨川商業局長吳仁華：

> 目前農民生活仍很苦，群眾反應很大。有一個農民對我說：「農
> 民一擔穀僅賣得七元多，而一擔穀釀成酒則要賣我們幾倍的價，
> 政府比土匪還惡。如果我們有槍桿子，一定要和政府幹一場。」[425]

1957年春，安徽各地湧現「反動組織」。銅陵縣中學幾個學生祕密
組織「中國民生黨」，連續發傳單：「打倒共產黨！打倒毛主席！」
「殺了共匪是天下人民的大喜事，因為共產黨對人太惡了！」安慶出現
「中國大陸忠勇反共救國軍」，休寧、祁門、黟縣、屯溪則出現「聖
朝」，六安、壽縣有「中國佛民同盟軍」、「三佛道」，金寨縣「民生
自救委員會」。[426]

1957年5月下旬，武漢醫學院出現標語：「打倒共匪！」「反對一
黨獨裁專政！」上海滾珠軸承廠出現：「打倒共產黨！擁護國民黨！
我們隊伍快要進攻大陸！」昆明師院出現16張「反標」。山東農學院男

[423] 《中共中央文件選集（1949-10～1966-5）》第25冊，頁229。
[424] 《山東省農業合作化史料集》，山東人民出版社1990年，下冊，頁105～109。
[425] 中共江西省委宣傳部：《毒草彙編》第2集，頁47。轉引自王海光：〈1957年的
民眾「右派」言論〉，《炎黃春秋》2011年第3期，頁19。
[426] 《情況簡報（整風專輯）彙編》（19）1957-9-2。《反右絕密文件》第4卷，頁
60～63。

生廁所出現「反蘇反共」。中央廣播事業局飯堂出現「油炸狗黨！」「油炸毛黨！」南京、西安高校也出現標語：「打倒共產黨，活捉毛澤東！」「把黨員都殺掉！」[427]

1957年6月廣東興寧縣篤陂鄉標語：打倒共匪！農民已到餓死邊緣，行動起來打倒共匪的時機成熟了！[428]

（九）民族・宗教

1957年春，蒙人向烏蘭夫（1906-1988）「鳴放」：

> 解放以前的我們生活，牛羊肉、牛羊酪，吃到不愛吃，稍微好一點的人家，個個有緞子衣服過冬。解放以後，吃的連牛羊屎已找不到，都給共產黨刮盡了，穿的披草套禦寒。沒有解放以前的綏遠省時代，人人自由，事事平等，什麼話都可以講，政府不問，政府不輕易辦個人。解放以後，廢除綏遠省，改為內蒙自治區，老百姓隨便講句話就有罪，家家戶戶被管制，沒有老百姓說話，只有共產黨為主，這樣的事情解放有什麼好處？只見天天講共產黨領導，將來社會主義如何的好，要我們蒙古人馬牛羊餵好，養肥一些，好給共產黨吃。蒙古人沒有共產黨領導，沒有社會主義，幾千年來有吃有穿，有了你們共產黨來到綏遠，社會主義，老百姓餓死了。我們蒙古人不要這種欺人的自治，我們也不要什麼社會主義，我們要恢復我們綏遠省的有吃有穿，人人自由，事事平等。[429]

南開大學物理系蒙族生索恩正（1928-，極右）：

> [內蒙]應與外蒙合併，應以外蒙為核心。
>
> 烏蘭夫不代表蒙族的利益，烏蘭夫是叛徒。[430]

1957年4月，海南島行署副主任、黎族自治州長王國興（1894-1975）

---

[427] 《內部參考》第2213期（1957-5-25），頁11；第2214期（1957-5-27），頁24、39；第2223期（1957-6-6），頁17、29；第2230期（1957-6-14），頁16～17。

[428] 〈羅翼群下鄉煽動群眾反對共產黨〉，《人民日報》1957-7-3，版5。

[429] 《鳴放──反共革命實錄史》，頁116。

[430] 《南開大學反右資料》（一），頁1～2。

離職不幹了，撂挑回家。王國興乃1943年7月黎族暴動總指揮，年底率隊投奔中共瓊崖縱隊，任團長；1953年入共黨。撂挑原因：有職無權，管事的是漢人副州長，副州長外出，祕書長負責，他什麼也管不了。[431]

《人民日報》駐內蒙記者欽達木尼（中共黨員，右派）：

> 大漢族主義像流行性感冒一樣。現在到了民族幹部起來維護我們民族的時候了。十二級以上民族幹部都是民族叛徒。實現自治區的權利問題。[432]

宗教方面，香港《時報》據大陸156種報紙統計，1950～1953年，六萬基督徒被監禁，其中10,690人被處決。[433]廈門鼓浪嶼福音堂牧師周清澤（右派）：

> 今天人民內部的主要矛盾是人民要生活下去卻活不下去，人民要求自由一些卻得不到自由，全國80%的農民都在埋怨。「三自」愛國運動極有損於教會的宗教生活。[434]

（十）城鎮・工廠

1953年3月史達林死，毛澤東覬覦國際共運領袖席位，急於推進公有化以增紅色資本，6月提出「過渡時期總路線」──10～15年完成國家工業化和對農業、手工業、資本主義工商業的社會主義改造。[435]1956-1-20全國知識分子會議，毛澤東：「一二十年內趕上國際先進水準」，「最多100年……應該成為世界上第一個文化、科學、技術、工業發達的國家。」[436]此時，中國人均GDP僅蘇聯1928年的1/5，工業、科技更落後蘇聯三四十年。[437]

1955年全面鋪開「三大改造」，以公私合營名義逼迫資產階級交出財產。奪人錢財，要人性命，誰心甘情願一陣敲鑼打鼓敲走自家的企

---

[431] 《內部參考》第2197期（1957-5-7），頁11～12。

[432] 《內部參考》第2347期（1957-10-31），頁3～4。

[433] 謝選駿：〈五七右派的歷史定位〉，《「反右」與當代中國命運》，頁17。

[434] 基督教《田家》（半月刊）。轉引自朱正：《反右派鬥爭全史》下冊，頁319。

[435] 《毛澤東選集》第5卷，頁81。

[436] 李慎之：〈毛主席是什麼時候決定引蛇出洞的〉，《六月雪》，頁118。

[437] 李銳：〈「大躍進」失敗的教訓何在〉，《李銳論說文選》，頁223。

業、店鋪？毛澤東很清楚：「資本家怨天尤人，非常不滿。」[438]1955-10-11中共七屆六中全會，毛澤東承認奪人財產「很沒有良心」：

> 在這件事情上，我們是很沒有良心哩！馬克思主義是有那麼兇哩，良心是不多哩，就是要使帝國主義絕種，封建主義絕種，資本主義絕種，小生產也絕種。在這方面，良心少一點好。我們有些同志太仁慈，不厲害，就是說，不那麼馬克思主義。[439]

中共公然違反自己頒布的《憲法》第8～12條：

> 國家依照法律（下略）保護農民的土地所有權和其他生產資料所有權。
>
> 保護手工業者和其他非農業個體勞動者的生產資料所有權。
>
> 保護資本家的生產資料所有權和其他資本所有權。
>
> 保護公民的的合法收入、儲蓄、房屋和各種生活資料的所有權。
>
> 保護公民的私有財產的繼承權。[440]

共產主義的地基並不存在——人性本私亦須私，不可能也不必長期無私奉獻。公有制不可能帶來中共期望的「躍進」，很快出現「短板效應」——向最懶者看齊，既然幹多幹少獲酬同一，懶漢效率最高呵！天津車輛彈簧廠出勤率長期只能達到81-83%，紡織機械廠平均每天六百多人看病。[441]天津國營第二棉紡廠七千二百餘職工，1950年長期病號15人，一路攀升，1957年480人。[442]

公私合營後，上海永大紗廠（二百多人）大多數工人罷工，軟禁幹部：

> 生產下降，由盈利轉為虧損了。工人們對於自己公有制的工廠所享有的管理權利，反倒不如它為資本家所有的時期了。任命的是不能稱職的、工人們不喜歡的幹部；選舉的是他們不信任的工會主席。黨團、工會擰成一股繩，一心抓生產，不管工人

---

[438] 《建國以來毛澤東文稿》第4冊，頁396～397。

[439] 《毛澤東選集》第5卷，頁198。

[440] 《中華人民共和國憲法》（1954），《人民日報》1954-9-21，版2。

[441] 《情況簡報（整風專輯）彙編》（30）1957-10-23。《反右絕密文件》第6卷，頁71。

[442] 《內部參考》第2353期（1957-11-8），頁3。

死活。……甚至有的工人被生活困難所迫要自殺了，工會仍然不管。[443]

1955年，哈爾濱市工業局下屬七廠800戶職工家庭，人均生活費僅6元／月，而哈爾濱最低生活費每人10元／月。[444]

薄一波調查北京石景山鋼鐵廠：

> 據1956年初調查，全廠約有13%的職工家庭人均月收入不足8元，29%的職工人均在8～10元之間。不少家庭粗糧、鹹菜都不能吃飽。住房更是困難。工人批評領導「只關心爐況，不關心人況」。[445]

1957年，城鎮男性失業1,000萬～1,600萬，上海67萬（失業率22%）。[446]1957年上半年，黑龍江工人請願罷工六十餘起，人數七千餘，「由於工資、生活及工作分配等問題引起」。[447]1957年5月～7月6日上海607家工廠「鬧事」，參與工人約2.2萬。[448]

1957年3月全國物價上漲，京滬漢等地報社及政府部門不斷接到質詢信，商店裡諮詢、吵嚷、發牢騷的更多。一位紐約回來的工程師：「今天這個年頭，比歷史上任何一個朝代都要專制，都要獨裁，比任何一個朝代都要欺騙人民群眾，人們不敢怒也不敢言……」[449]

中國人民大學工業經濟系講師王德周「鳴放」：

> 豬肉買不到，說人民生活提高，怎能服人？而蔬菜也比去年漲了600%，叫人民怎麼活下去？[450]

工人黨員也抱怨：

> 現實社會不及資本主義社會，不及舊社會，在舊社會裡雖然受人

---

[443] 《劉賓雁自傳》，頁92～93。

[444] 〈黑龍江省許多單位的職工生活困難〉，《內部參考》第161期（1955-7-13），頁197。

[445] 薄一波：《若干重大決策與事件的回顧》上卷，頁479。

[446] （美）麥克法誇爾、費正清編：《劍橋中華人民共和國史（1949～1965）》上卷，中國社會科學出版社（北京）1990年，頁167。

[447] 張向凌主編：《黑龍江歷史編年》，黑龍江人民出版社1989年，頁803。

[448] 《情況簡報（整風專輯）彙編》（5）1957-7-15。《反右絕密文件》第1卷，頁225。

[449] 《內部參考》第2191期（1957-4-28），頁17。第2192期（1957-4-29），頁5～8。

[450] 《「老和尚」與「小和尚」》（「鳴放」輯錄之一），頁10。

剝削，但是還有言論自由。現在入了黨，鼻子牽在黨的手裡，不
能說自己想說的話，黨叫怎樣說就怎樣說，哪裡有自由？！[451]

（十一）高等院校

歐美留學生為主體的高校教師一路受排擠，誹議漸騰。1954年9月
下旬，華東局統戰部召集上海近百名教授座談，「個別教授對學校負責
人大聲責罵」，復旦史學教授譚其驤（1911-1992）：

> 開會只是把大家當猴子耍一下，有意見提了也沒用。現在教師們
> 已分成幾派，一派是點頭派（隨聲應和），一種是八股派（歌功頌
> 德）。這叫什麼民主？這是強姦民意。[452]

武漢大學中文系教授程千帆（1913-2000，極右）：

> [副]校長徐懋庸，滿腦子征服者的特權味道，在學校裡很有影
> 響。……魯迅罵他是「奴隸總管」，這個判斷實在非常準確。[453]

「民盟」瀋陽主委、瀋陽副市長陳彥之（1907-2001，右派）：

> 在舊社會的大學裡，校長對教授都是十分恭敬，羅致教授，或是
> 重金禮聘，或是登門邀請。今天有些大學裡，甚至總務科員也可
> 以申斥教授。知識分子就不免有今昔之感。[454]

1957年春「鳴放」，東北師大教育系主任楊清（1915-1983，右派）：

> 黨員成為「政治貴族」，高不可攀，所以在我們非黨人士中間
> 是「談笑皆群眾，往來無黨員。」有些人水準很低，但一入黨
> 就身價百倍，自認為高人一等。在提拔、使用和職權方面，黨
> 員也顯然是「政治貴族」。各單位對黨員總是大力提拔，好像
> 一個人一入黨就什麼都懂得了，把他安置到任何部門去都可以
> 做領導。……許多黨員幹部，既無大學教學資歷，又無科學研
> 究成果，平地一聲雷，就成教授或副教授，以至院長或系主
> 任。……黨員可以越權辦事，而黨外人士卻是有職無權。甚至對

---

[451] 《內部參考》第2252期（1957-7-9），頁12。
[452] 《內部參考》第235期（1954-10-16），頁212～214。
[453] 程千帆：《桑榆憶往》，上海古籍出版社2000年，頁35。
[454] 〈貫徹「鳴」和「放」的方針〉，《光明日報》1957-5-14，版3。

老教師評級，也由系內的年青黨員包辦。例如去年中文系為教師評級時，系內二三年青黨員把他們私自評定的教師名單交給副系主任何善周同志簽字。欺人之甚，一至於此！[455]

「民盟」天津常委王大川（右派）：

南開大學是黑暗統治，共產黨員是毒蛇。[456]

1957-6-5南開大學教授邢公畹（1914-2004，右派），當眾撤回入黨申請：

（中共）1953年以後威信日降，許多黨組織和黨員的行為，令人血管爆裂，不想藉入黨騎在人民頭上取得高官厚祿。[457]

北大數力系學生陳奉孝（1936-，極右）：

黨員總好像高人一等，老師都不敢批評黨員學生，黨群關係一點也不好，往往是大家在一起聊天，見到一個黨員來了，大家都不說話了。[458]

中南財經學院院長馬哲民（右派）：

現在大專學校中，青年學生、工友和黨的矛盾已經超過了高級知識分子和黨的矛盾，成了學校裡黨群關係最主要的最尖銳的矛盾。這個矛盾很難解決。

中共不少領導同志……認為自己就是真理的化身，他們儼然是「天生的聖人」。這就等於基督教徒說「我代表上帝」了。

黨員就是政治，黨員就是德，好像老話說的，黨員之德是封建社會的無才便是德。共產黨員是木頭人，沒有腦筋。連工人、農民對黨都不滿，共產黨的地位很危險。今天共產黨員很驕傲，要我入黨，我也得考慮。過去有的共產黨員退黨，責任不在黨員，同時也不是偶然的，與黨內一團糟有關。

高等學校因為有了黨委制，才產生了許多問題。在學校、

---

[455]　〈本報編輯部在長春邀請民主黨派和無黨派人士座談〉，《光明日報》1957-6-3，版3。

[456]　〈民盟天津市委不應再軟弱無力了〉，《人民日報》1957-7-25，版2。

[457]　《內部參考》第2226期（1957-6-10），頁4。

[458]　陳奉孝：《夢斷未名湖》，頁28。

工廠要取消黨委制，老幹部要退出學校。[459]

北京鐵道學院教授葉子剛：

> 我是研究員，我的助手是一位留蘇副博士，中共黨員。實際上是他領導我。他出差了，工作才叫我代理。……就是總務科也是照顧他不照顧我。在這種情況下，黨群關係可想而知。[460]

（十二）系祕書專政

1954-10-16《內部參考》——

> 各校在一般行政系統以外，同時還存在著由黨員校長、黨委書記和系祕書組成的另一系統。學校行政經常通過系祕書向系布置工作，系主任非常不滿意這種情況。上海交大系主任程孝剛有次聽到系祕書神氣活現地向他布置工作，當即他就向祕書反問：「究竟你是我的祕書，還是我是你的祕書？」[461]

1955-1-7～13，華東局統戰部召集民主人士座談會：

> 民盟、九三的代表提出大學中有「青年路線」，人事調動系主任不知道，由系祕書縱攬大權，成了系祕書專政。開起會來，系主任做「司儀」，系祕書做報告。[462]

1955-4-14北師大俄語系主任胡明（1908-1966，1966-9-5跳樓）：

> 系祕書不是系主任的助手，而是他的監護人。
>
> 一年後，系祕書楊邁由民主同盟盟員變成了黨員。他為了表現黨員的「特殊性」，便發號施令起來了。這樣，他就從原來我的助手變成了我的監護人。風和日麗他認為要做的事才去做。任何事沒有經過他的批准是不行的。他自己沒有能力搞好的事是不讓別人去搞的。一件事辦好了，他就引為己功，而搞糟了就認為是系主任的責任。……為了編寫教學大綱總綱，在一次系務會議上進行討論，同志們推舉我起草。他一個人不同意，居然

---

[459] 〈民盟湖北省委主任委員馬哲民言論摘要〉，《人民日報》1957-6-25，版3。

[460] 《光明日報》1957-5-27，版2。

[461] 《內部參考》1954年第235期（1954-10-16），頁213。

[462] 《內部參考》1955年第21期（1955-1-30），頁374。

命令我停止進行。……祕書專政的事在其他各系也存在。

1957年春，胡明（極右）再「鳴放」：

> 黨小組的決定高於一切，操生殺予奪的大權。系主任不過是一個偶像而已。[463]

1956年，陝西高校教授：「系祕書是系主任的主任。」[464]

北大西語系講師黃繼忠（1923-2001，極右）：

> 我們學校……真正的領導人是江副校長，而不是馬校長。教務處、總務處也是如此。各系的總指揮也不是各該系的系主任，而是年輕的黨員系祕書。昨天我系系主任馮至先生的發言中提到他以前在西語系是應聲蟲，其實這是很普遍的事，大家也都心中有數。[465]

北師大中文系主任黃藥眠（1903-1987，極右）：

> 黨總支書記常常是兼系祕書，……系祕書實際上領導系主任，如在教師中占相當大比重的民主黨派，直到現在還沒有一定的地位等等。[466]

> 留助教……到時候給系主任一張名單，就算了事。當然留的大部分是黨團員，光顧政治，不管業務。

> 不滿的就是叫我當了系主任，有職無權而拿人當玩具玩一玩。[467]

（十三）民主黨派

民主黨派，擺設花瓶，自嘲「民主櫥窗裡的木偶」。彭文應：「民

---

[463] 胡明：〈從俄語系事例看祕書專政和民主辦校〉，〈北師大右派言論彙編〉第一冊（1957-9）。《中共重要歷史文獻資料彙編》第22輯第61分冊，頁98～100。

[464] 《內部參考》1956年第3期（1956-1-11），頁44。

[465] 黃繼忠：〈大膽向黨和黨員提意見〉，《北京日報》1957-5-29。《原上草》，頁278。

[466] 黃藥眠起草：〈我們對高等學校領導制度的建議〉，《師大教學》第161期（1957-7-18）。《首都高等學校反右派鬥爭的巨大勝利……》，頁368。

[467] 《師大教學》1957年第6期。《北師大右派言論彙編》第1冊（1957-9），《中共重要歷史文獻資料彙編》第22輯第61分冊，頁11～12。

主黨派是電話總機、客人、眉毛、尾巴。」[468]

「民盟」中委、河南副省長王毅齋（1896-1972，右派）：

> 我是有職無權，這是我莫大恥辱，是對民主人士的侮辱，我懷疑黨對我的誠意究竟如何？[469]

河南副省長張軫（1894-1981，右派），前國府河南省長、華中「剿總」副司令長官（中將），1949年夏「起義」於賀勝橋，劃「右」言論：

> 我是……掛名的副省長裡面的一個，……無說話的餘地，遇著黨員要低頭，開起會來是湊數的木偶；所發表的說話，是黨擬好的文章，照章一讀，或不須經過照讀的麻煩，黨就在報上替代發表了。……實在我這個官，也是和人民一般在痛苦和流淚的。人生也是難言的，盼望這次整風給人民一種平等喜信。[470]

呼和浩特副市長兼文史館長、市政協副主席榮祥（1894-1978，右派）：

> 共產黨員有兩個來源——主觀主義和官僚主義；一個組成部分——宗派主義。共產黨愛的是脅肩諂笑的人，……現在還不如清朝哩！清朝蒙漢人民還是相安無事的，可是現在呢？互相整得七死八活！國民黨做不出來的事，共產黨做出來了。[471]

「民盟」山西省籌委副主委、太原市文教局長王文光（1897-1963，右派）：

> 我們（按：民主黨派）實在有些難過，連「平起平坐」的資格都沒有。如何能平等，似乎我們應該坐在草墩上做丫頭，專候主人的支使！……民主黨派必須有組織上的獨立、政治上的自由、地位上的平等，否則就不好實行監督。……經過各種運動，已經把知識分子的氣節打垮了，很難鼓起積極性。[472]

前清翰林、「工商聯」主委陳叔通（1876-1966）：

> 有些黨員總以為天下是自己打下來的，非黨人士在革命勝利以

---

[468] 《千名中國右派處理結論和個人檔案》第4冊，頁137。

[469] 張健虹：〈終於露出了狐狸尾巴〉，《人民日報》1957-8-12，版3。

[470] 《鳴放——反共革命實錄史》，頁64～65。

[471] 〈蒙古族的敗類——榮祥〉，《人民日報》1957-7-28，版2。

[472] 《內部參考》第2244期（1957-7-1），頁9。

後，吃現成飯，享現成福，而且高高在上，當然氣不過。黨員還認為非黨人士不懂政治，即使有其他長處，不懂政治，也沒有用處，並且在這些長處之中，都含有毒素。因之，看不起非黨人士。[473]

「民革」女中委，郵電部工資處長周穎（1909-1991，右派）：

民主黨派這幾年幹的工作主要是：歌功頌德、錦上添花、火上加油。[474]

（十四）反共幽聲

1954年底，南開大學物理系大樓廁所出現「反動標語」。[475]1957年南開大學物理系學生龔恢先「鳴放」：「90%的黨員是教條主義者，解放後入黨入團的都是為了升官發財，不想升官發財的就不入黨入團。」[476]

1954～1956年，廣東仲愷農校出現12張「反標」──打倒共產黨！臺灣不能解放！反對新的帝國主義！[477]

1955年，武漢地質學校團員生蔣仁德（1934-，極右）日記：

明天是「黨」的生日，我恨這個生日，因為它給中國帶來了枷鎖。整個共產黨中國到處有黑暗，不平等。我恨共黨，我恨中國制度，我要推翻這制度。（1955-6-30）

我知道，我現在在長夜中，……衝破這黑暗，哪怕我的頭埋葬在長夜的茅草中。奴隸中國一定會解體！紅黨中國一定會消滅！（1955-7-10）

接家信，淚如淋。家裡困難，……連飯都吃不到了。但我也能知道誰使人民痛苦的，我要推翻這個不合理的制度。（1955-7-23）

流沙河說得好，寧做資本主義貧困兒，不做社會主義自由

---

[473] 〈陳叔通希望黨在整風中檢查一下……〉，《人民日報》1957-5-17，版2。
[474] 〈民革中央小組繼續舉行擴大會議〉，《人民日報》1957-6-6，版2。
[475] 周爾鎏：《我的七爸周恩來》，知書房（臺北）2014年，頁105。
[476] 《南開大學反右資料》（一），頁33。
[477] 《內部參考》2122期（1957-2-7），頁70。

民。……(1)黨員（包括一部分團員），有自由，真正的自由；有橫行、強姦的自由；有叫飯拿薪的自由；有訓人的自由。(2)團員（包括積極分子），有奉承之餘的自由。(3)平民，沒有自由。(4)落後分子，有監視軟禁下的自由。

　　搞毛了，老子就要殺人！就要造反！就要放火！[478]

1956年7月海南島，「農工」廣東副主委、監察廳副廳長雲應霖（1896-1975，右派）：

人民政府沒有民主，人民群眾有話不敢說，各級黨政的報告都是講假話。[479]

「民盟」四川西充縣支部主委、西充中學校長陽承一（右派）：
一切亂子發源於北京。[480]

撫順市工會俱樂部副主任劉流（抗戰前18歲入共黨，右派）：

黨包辦工會的時代應該結束了，工會應該是民辦！工會一個由黨員領導，一個由非黨員領導，肯定是非黨員幹得好。共產黨連第三黨的進步性都不如。黨中央有根深蒂固的思想問題，主觀主義、宗派主義的發源地也是中央。共產黨是專制、黑暗，黨員和領導幹部都沒有了黨性，靠政治吃飯、欺侮人的人。[481]

水利部農田水利局李域（右派）：

毛主席不一定完全正確，馬列主義不一定放之四海而皆準，如果沒有馬列主義，可能還有更好的主義。我沒參加黨團是幸福。目前鄉下老百姓的生活比國民黨時還苦，取消縣委會。共產黨是假民主，只喜歡拍馬屁的人。郭沫若所以紅，就是因為會拍馬。[482]

上海外語學院教授董任堅（留美碩士，極右）：
世界正在按照艾森豪威爾的計畫改造人，資本主義一定會在中國

[478] 〈一本秘密日記〉，《人民日報》1957-8-9，版3。重慶市委宣傳部辦公室：〈重慶市右派言論選輯〉（1957-8）。《中共重要歷史文獻資料彙編》第22輯第3分冊，頁8、25。

[479] 〈雲應霖的醜惡活動是掩飾不住的〉，《人民日報》1957-8-25，版3。

[480] 〈中小城市也有右派分子〉，《人民日報》1957-8-1，版4。

[481] 〈劉流竟企圖取消黨對工會的領導〉，《人民日報》1957-8-21，版3。

[482] 慧之（記者）：〈群醜哄鬧水利部〉，《人民日報》1957-8-13，版3。

復辟。蘇聯為首的社會主義陣營已經垮臺。[483]

最直接的「反動」口號──

共產黨下臺，讓國民黨回來！[484]

小結

毛澤東急於建功立業──進入共產主義，1950年7月頒布〈合作社法〉，1951年12月〈農業生產互助合作的決議〉，1952年5月〈推行農業合作化的決議〉，1953年12月〈發展農業生產合作社的決議〉。[485]1952年11月成立農村工作部，專力推進合作化。劉少奇、周恩來、陳雲等雖認為走得太急，但認同共產方向，未著力攔阻。「積不善之家必有餘殃。」（《易‧坤卦》）

治國貴守，循俗立政；治民尚簡，恤民為治。廢私立公，盡棄成例，硬鋪新制，賭博性大試驗。中共愈急於兌現赤色支票，國務自然愈糟，反對聲浪也愈大。而非議愈大，中共愈認為「階級敵人反撲」、「社會主義前進道路上的必然阻力」，不斷擴大打擊面，強力撲滅警號異聲。

1956年1月，全國知識分子大會，毛澤東批評不同意激進的吳玉章等：

> 黨中央和各部的任務，都是要促進社會主義，不能是妨礙社會主義，所以應該是「促進部」，而不是應該是「妨礙部」。……照常規辦事，結果是妨礙了事業的前進。……六億人口的中國人，應當有那樣的志氣，在短期內變為有高度科學水準的國家！[486]

壞就壞在毛皇帝有紅色理想，國計民生政治化，得為赤色目標服務。1957年前一路「激情燃燒」，集體狂熱共振，形成全控型社會。中

---

[483]　《大公報》1957-8-25。《「鳴放」選萃》第2冊，頁244。

[484]　程光煒：〈艾青在1956年前後〉，《荊棘路》，頁13。

[485]　《建國以來農業合作化史料彙編》，頁20～23、50～54、80～83、171～176。

[486]　《楊尚昆日記》（上），頁231。

共不僅規範全民行為，也捏塑全民思維邏輯、價值觀念，築就「反右」社會態勢。1,500萬中共黨員奉邪說為聖教，持暴力為正義，組織嚴密（四大服從），執行力極強。全國一種聲音，1954年「從中央到地方的報紙上，早已很少出現雜文了」。[487]各種糾偏制衡力量悄然而隱。歪勢已成，歪聲塵上，赤色列車隆隆急馳。

---

[487] 袁鷹：《風雲側記——我在〈人民日報〉副刊的歲月》，中國檔案出版社（北京）2006年，頁17。

第三章　釣魚‧鳴放

　　1956年4月毛澤東升幌「雙百方針」：百家爭鳴，百花齊放；「鳴放」為「雙百」別稱。從再三邀勸「進言」到突然變臉問罪，陰謀「釣魚」兮？中途突轉兮？事關毛共政治道德，一齣帷幕森森「羅生門」。[1]據現有資料，1957-5-15之後，「釣魚」清晰確鑿，證據甚多。晚年陳伯達（1904-1989）：

> 我參加過鄧小平同志主持的一次省市書記會議。他在那次會上對各地的領導人說：現在時間比金子還寶貴，你們要趕快回去收集右派們的言論，否則時間晚了，就收集不到了。我當時很驚訝，……這樣抓緊時間去專門收集言論，牽涉的人就多了。所以，反右後來搞得那樣擴大化，鄧小平同志是有很大責任的。[2]

　　聳引爭議的是「釣魚」起意於1956年4月還是1957年5月中旬？以單因說揣摩毛氏「反右」動機，誤置前提。政治人物心理複雜，重大決策多因交匯。筆者持「多因說」、「過程說」。

　　1957-2-27最高國務會議，毛澤東宣佈「大規模的急風暴雨式的群眾階級鬥爭已經基本結束」，[3]三個半月後發動規模更大、更急風暴雨的「反右」，不合常理，必有其玄，有悖常情，必伏其隱。

一、再三邀勸

　　1956-4-28政治局擴大會議，5月2日最高國務會議，毛澤東高唱「雙百方針」。5月26日中南海懷仁堂兩千人大會，陸定一向知識界正式傳

---

[1]　《羅生門》，日本影片（1950），據芥川龍之介小說〈竹藪中〉改編，對同一事件，當事人的表述分別有利於己，真相撲朔迷離，後借指真像與假像錯綜交雜。

[2]　《陳伯達晚年口述回憶》，陽光環球出版公司（香港）2005年6月修訂版，頁149～150。

[3]　《毛澤東選集》第5卷，頁389。

達「雙百」（毛審定講稿）；6月13日《人民日報》發表陸定一講話：

> 要使文學藝術和科學工作得到繁榮的發展，必須採取「百花齊放，百家爭鳴」的政策。文藝工作，如果「一花獨放」，無論那朵花怎麼好，也是不會繁榮的。……我國的歷史證明，如果沒有對獨立思考的鼓勵，沒有自由討論，那末，學術的發展就會停滯。反過來說，有了對獨立思考的鼓勵，有了自由討論，學術就能迅速發展。[4]

1956-6-17中共中央下達學習五篇文章為主的整風運動文件：「這個工作……分期分批進行，到1957年7月結束。」[5]

9月中共「八大」政治報告宣布階級鬥爭不再是國內主要矛盾：

> 我們國內的主要矛盾，……就是先進的社會主義制度同落後的社會生產力之間的矛盾。[6]

毛共起勁鼓吹「鳴放」，平緩「肅反」以來緊張氣氛，知識界、民主黨派反應平平。1949年以來，中共自封「偉光正」，從不准揭露陰暗面，士林一路領教「無產階級專政」，突然陪笑臉遞小話，賭咒發誓，邀勸進諫，民主黨派、知識分子接受不了偌大反差，慄慄危懼。

中央民族學院副院長兼國務院專家局副局長費孝通（右派）：

> 從知識分子方面來說：他們對百家爭鳴是熱心的；心裡熱，嘴卻還是很緊……究竟顧慮些什麼呢？對百家爭鳴的方針不明白的人當然還有，怕是個圈套，搜集些思想情況，等又來個運動時可以好好整一整。[7]

青島市政協副主席、市電業局長徐一貫（1903-1981，右派）：

> 1952年之後，一個運動接著一個運動之後，……有話不敢說了，連背後牢騷也不敢發了。現在每人都學會有兩套話，當面一套，肚子裡一套。……肅反副作用使大家有「知不敢言，一言難

---

[4] 　陸定一：〈百花齊放，百家爭鳴〉，《人民日報》1956-6-13，版2。

[5] 　《中共中央文件選集（1949-10～1966-5）》第23冊，頁247。

[6] 　《建國以來重要文獻選編》第9冊，頁341。

[7] 　費孝通：〈知識分子的早春天氣〉，《人民日報》1957-3-24，版7。

盡，言者挨整，聞者記帳」之感。[8]

知識分子私下打聽：「鳴放」是不是圈套？「民革」北京市委幹部孫霖（1918-1996，右派），此時大聲回答：「不是，是共產黨要求大家幫助整風。」[9]

《人民日報》擴爲八版，復活雜文，胡喬木擬出作者名單。[10]效應仍有限，不得已，1956年7月恢復4月底剛停刊的《文匯報》，因《文匯報》素稱知識分子報紙，廣有士林人脈。7月底，《人民日報》總編鄧拓向《文匯報》總編徐鑄成交底，確定復刊方針：

> 我們《人民日報》已千方百計鼓勵知識分子鳴放，但知識分子看來還有顧慮，不能暢所欲言。你們《文匯報》歷來就取得知識分子的信任，你們首先要說服知識分子拋開顧慮，想到什麼說什麼。使廣大知識分子思想上的障礙消除了，他們才能盡其所長，爲社會主義建設盡其力量。我看這應是《文匯報》復刊後主要的編輯方針。[11]

1956年冬，毛澤東在公開場合說：

> 我們這幾年運動，把群眾幹部搞得很苦了，我們應該給他們一個喘氣的機會。讓大家說話，對於政府和黨的行爲聽聽群眾的意見是有好處的，可以幫助我們改錯。[12]

1957-2-27（15-19時）最高國務會議，一千八百餘高幹、名流出席，毛澤東發表長篇講話，宣布大規模階級鬥爭基本結束，鄭重推出「雙百方針」，盛邀各界「鳴放」（向中共提意見）。[13]章伯鈞：「老毛1949年以後最好的講話」。[14]

1957-3-6～13全國宣傳工作會議（八百餘人出席）[15]，毛澤東：

8　　《光明日報》1957-6-5，版3。

9　　李泥：《歷史傷口——二十年右派尋訪記》，頁115。

10　李銳：〈《烏「畫」啼》序〉，《烏「畫」啼》，頁1。

11　徐鑄成：〈「陽謀」親歷記〉，《徐鑄成回憶錄》，頁391。

12　周鯨文：《風暴十年——中國紅色政權的真面貌》，頁276。

13　《人民日報》1957-6-19，版1。刪盡原稿邀勸「鳴放」盛詞。

14　章詒和：〈章伯鈞在1957年〉，《反右研究文集》，頁29。

15　胡繩主編：《中國共產黨的七十年》，中共黨史出版社（北京）1991年，頁354。

百花齊放，百家爭鳴，這是一個基本性的同時也是長期性的方針，不是一個暫時性的方針。……黨中央的意見就是不能收，只能放。……不要怕放，不要怕批評，也不要怕毒草。[16]

是會邀請一百六十餘黨外人士出席。會議期間，毛澤東分別與宣傳、普教、文藝、新聞出版、高教、科學界黨內外人士六次座談，力推「雙百方針」。[17]

1957-3-16中共中央〈全國宣傳工作會議的指示〉：

黨中央提出了「百花齊放、百家爭鳴」的政策，這個政策的目的是用說服的方法，用自由辯論的方法，而不是用粗暴的方法，向知識分子進行長期的耐心的細緻的馬克思主義的宣傳，促進我國的科學文藝在馬克思主義的指導下迅速地繁榮起來。[18]

1957-3-17～4月上旬，毛澤東南下——天津、濟南、南京、上海、杭州，走一路，講一路，鼓動「鳴放」，自嘲「成了一個遊說先生」。[19]

1957-4-4～6杭州南屏賓館，毛聽取華東四省一市思想動態彙報：「現在知識分子像驚弓之鳥，怕得厲害。」[20]4月11日，毛澤東在中南海家中宴請馮友蘭、周谷城、賀麟、金岳霖等十餘名教授：

我感覺你們這些當教授的被搞苦了，……我們現在要整風，我們黨對整教條主義是有經驗的，你們有什麼意見儘管說出來，不會對你們怎麼樣的。[21]

4月19日，《光明日報》交給民主黨派自辦，撤銷社內中共黨組。[22]4月1日出任總編的儲安平真正掌握全社業務。

---

[16]　《毛澤東選集》第5卷，頁414～416。

[17]　《毛澤東年譜（1949～1976）》第3卷，頁91～92。

[18]　《建國以來重要文獻選編》第10冊，頁132。

[19]　毛澤東在南京部隊、蘇皖黨員幹部會議上的講話（1957-3-20）。沈志華：《思考與選擇》，頁502。

[20]　《毛澤東年譜（1949～1976）》第3卷，頁126～127。

[21]　張祥平、張祥龍：〈記翻譯家、哲人賀麟〉，《人物》（北京）1987年第5期，頁91～92。

[22]　全國「新協」研究部、中國人民大學新聞系合編：〈批判光明日報參考資料〉（1957-9）。《中共重要歷史文獻資料彙編》第22輯第13分冊，頁1。

4月27日，下達〈整風運動的指示〉，號召各界向中共提意見：

> ……在全黨重新進行一次普遍的深入的反官僚主義、反宗派主義、反主觀主義的整風運動，……不要開批評大會或者鬥爭大會。……應該放手鼓勵批評，堅決實行「知無不言，言無不盡；言者無罪，聞者足戒；有的改之，無則加勉」的原則，……必須容許保留不同的意見。對於在整風運動中檢查出來犯了錯誤的人，不論錯誤大小，除嚴重違法亂紀者外，一概不給以組織上的處分，並且要給予積極的、耐心的幫助，這樣來達到「懲前毖後、治病救人」的目的。[23]

4月30日天安門城樓，毛澤東邀請民主人士座談，懇切動員「鳴放」，主動提出可考慮撤銷高校黨委，著鄧小平約「民盟」、「九三」研究貫徹教授治校。[24]同時，毛澤東還溫語安慰：

> 社會大變動時期使知識分子吃了苦頭，主要是社會科學方面的。[25]

5月1日，《人民日報》全文刊載〈中共中央關於整風運動的指示〉：「一次既嚴肅認真又和風細雨的思想教育運動」，第4版配載上海中小學教職員要求領導「拆牆」。同日，五一大遊行，彭真在天安門宣布進行整風運動。[26]

5月2日《人民日報》社論〈為什麼要整風？〉；3日〈一面進行整風一面改進工作〉；5日，轉載《解放日報》社論〈只能「放」不能「收」〉；6日〈大膽暴露思想展開爭論〉；7日〈為什麼要用和風細雨的方法來整風〉；11日〈教授治校好還是黨委制好？〉；13日〈讓人民把心裡的話都講出來〉……

5月4日，中共中央向省部級黨組下達〈繼續組織黨外人士對黨政所犯錯誤缺點展開批評的指示〉（毛澤東起草）：「請他們暢所欲言……只要我黨整風成功，我黨就會取得完全的主動，那時就可以推動社會各

---

[23]　《中共中央文件選集（1949-10～1966-5）》第25冊（1957-1～6），頁291～294。

[24]　葉篤義：《雖九死其猶未悔》，北京十月文藝出版社1999年，頁87。

[25]　《毛澤東年譜（1949～1976）》第3卷，頁142。

[26]　〈彭真在遊行大會上的講話〉，《人民日報》1957-5-2，版1。

界整風了（這裡首先指知識界）。此點請你們注意。」[27]已可窺見毛欲將「整風」擴大至知識界的戰略部署。

5月8日～6月3日，中央統戰部邀請黨外人士舉行13次座談會，七十餘人發言；5月15日～6月8日，中央統戰部、國務院「八辦」邀請工商界人士25次座談會，108人發言。[28]兩處座談會乃北京「鳴放」主陣地。

5月上旬，《文匯報》有一陣天天接到市委第一書記柯慶施指示：敦促「鳴放」加溫再加溫。[29]6月7日，《人民日報》長篇刊載山東宣傳會議舒同發言摘要——

> 「齊放」、「爭鳴」是黨的長遠的根本的方針，不會有收。今天放，明天放，後天還是放，永遠是放。更不會被整……[30]

（一）「早春天氣」

「早春天氣」起於1955年底。因「思想改造」、「肅反」嚴重挫傷士林，1955-11-23毛澤東召集高層會議，研究如何調動知識分子積極性。1956年1月14～20日，全國知識分子大會，千餘各部門負責人出席。周恩來報告：

> 他們（按：知識分子）中間的絕大部分已經成為國家工作人員，已經為社會主義服務，已經是工人階級的一部分。[31]

1956-2-14中共中央〈關於知識分子問題的指示〉：

> 知識分子的基本隊伍已經成了勞動人民的一部分。[32]

知識分子大會後工資改革，知識分子收入有所提高。上海（八類地區）一級教授月薪360元，副教授（六級）156.5元，講師92元，助教65元；上海高校學生伙食標準12.5元。[33]

---

[27] 《建國以來重要文獻選編》第10冊，頁246～247。

[28] 李維漢：《回憶與研究》下冊，頁831。

[29] 徐鑄成：〈「陽謀」親歷記〉，《徐鑄成回憶錄》，頁407。

[30] 〈消除顧應‧揭露矛盾‧解決矛盾——中共山東省委第一書記舒同在省委宣傳會議上的總結發言摘要〉，《人民日報》1957-6-7，版2。

[31] 《周恩來選集》（下），人民出版社1984年，頁162。

[32] 《建國以來重要文獻選編》第8冊，頁133～134。

[33] 吳中傑：《復旦往事》，廣西師大出版社（桂林）2005年，頁38。

1956年，《成都日報》青年編輯鐵流（1933-），安慰對時局懷懼的女同事楊蓓（1926-1982，中右）：

> 楊姐，你這些顧慮是不必要的。……社會主義的國家是人民當家作主的國家，是最民主最自由的國家，怎麼會有文字獄呢？出現文字獄的時代早已被共產黨和毛主席埋葬掉了。[34]

敏感的文學界出現批評現實的「干預文學」：劉賓雁的報告文學〈在橋樑工地上〉、〈本報内部消息〉（《人民文學》1956年4期、10期），王蒙的短篇小説〈組織部新來的年輕人〉（《人民文學》1956年9期），反響强烈。1957年1月，中國作協取消全國文學期刊「機關刊物」之銜，鼓勵形成獨特風格的同人刊物。[35]

北大哲學系主任鄭昕（1905-1974）發表〈開放唯心主義〉（《人民日報》1956-10-18），哲學系教授金岳霖、賀麟開設羅素哲學、黑格爾哲學，其他系也開設西學課程，國史研究突破「五朵金花」（限五大專題：古代史分期、封建土地所有制、農民起義、資本主義萌芽、漢民族形成）。報刊不斷報導高知加入共黨，北大放電影，最佳位置留給老教授……[36]《馬路天使》、《十字街頭》、《夜半歌聲》等1930年代老片子開禁。[37]

1957年3月全國宣傳工作會議，聽了毛澤東講話，吳祖光很振奮：

> 毛表現得太虛心、太民主了，聽講的人一個個心情舒暢，動員大家給黨提意見是如此謙恭爽朗，胸襟開闊。開完會後大家都非常高興，出門時遇見艾青，我們三人加上石揮在一家小飯館興致勃勃地一起晚餐，都認爲未來的中國一片光明，前途不可限量。[38]
>
> （按：後三人均「右」）

3月24日，《人民日報》發表費孝通〈知識分子的早春天氣〉，傳遞出部分知識分子的寬鬆心態：

> 這些老知識分子當他們搞清楚了社會主義是什麼的時候，他們是

---

[34] 鐵流：《走錯房間的右派精英》，頁317。

[35] 于風政：《改造》，河南人民出版社2001年，頁483。

[36] 郭羅基：《歷史的漩渦——1957年》，明報出版社（香港）2007年，頁167～168。

[37] 《抹不去的歷史記憶——南開大學「五七」回憶》，頁223。

[38] 轉引自牧惠：〈良心〉，《隨筆》（廣州）1999年第4期，頁17。

傾心嚮往的。但是未免發覺得遲了一步，似乎前進的隊伍裡已沒
有他們的地位，心上怎能不浮起了牆外行人的「笑漸不聞聲漸
悄，多情卻被無情惱」的感歎。[39]

4月26日《光明日報》報導〈激動中的上海知識界〉，一位教授：

到黨召開的會上來告狀，這正如受了委屈的孩子在媽媽面前所做
的那樣。

4月27日，《光明日報》刊載「農工」中委張申府的〈發揚五四精
神，放！〉。

5月14日，文化部解禁28齣劇碼，如京劇《殺子報》、《關公顯
聖》；評劇《黃氏女遊陰》、《僵屍復仇記》、《陰魂奇案》；川劇
《蘭英思凡》、《鍾馗嫁妹》；還有《八月十五殺韃子》（此前少數民族
地區禁演）。[40]

5月16日，作家姚雪垠（1910-1999，極右）發表〈樂觀與信心〉：

我從來沒有像近來這樣地感到鼓舞。……過去人們夢想不到的事
物，今天天天都在我們的面前出現，連夢想和神話都變成了現
實。所以一個作家只要決心深入到生活中去，真實地反映了現
實，一般說，他就能開出鮮花來。從四十年的新文學運動史來
看，我們從來不曾獲得過像今天這樣的創作自由。[41]

〈共產黨宣言〉全文首譯、復旦大學校長陳望道（1891-1977）：

（雙百方針）現在已經成為言論自由的同義語，一切方面都在大
放大鳴。[42]

「民盟」上海主委、學部委員沈志遠（1902-1965，極右）：

全面開放，就向各種各樣的唯心主義開放，向「牛鬼蛇神」開
放，向所謂閒花野草開放，向帝國主義的新聞報導開放，向社會
內部的陰暗面開放……。要大膽放手讓客觀存在著的一切形形
色色美的、醜的、好的、壞的……，都盡量揭露出來，以便大

39　費孝通：〈知識分子的早春天氣〉，《人民日報》1957-3-24，版7。
40　〈文化部發出通令：禁戲全部解禁〉，《光明日報》1957-5-17，版2。
41　姚雪垠：〈樂觀與信心〉，《文匯報》（上海）1957-5-16，版3。
42　陳望道：〈略談文化科學和黨群關係〉，《文匯報》1957-5-14，版1。

家來正視這些矛盾，進行分析研究，通過爭論來明辨是非，解
決矛盾，從而使人們學會選擇。……並不是如有些同志所說，
「百家爭鳴」的目的是讓別人的資產階級、小資產階級思想暴
露出來，以便我們痛加駁斥，從而壯大馬列主義。這種把「百家
爭鳴」的方針解釋在「誘敵深入，包圍聚殲」的策略是不很恰當
的。因為這樣的解釋會給人以印象，彷彿馬列主義是一種狡猾的
東西，一種不光榮的「權術」。[43]

5月18日「民盟」上海提籃區盟員大會，市副主委彭文應：

我認為共產黨員在今天已成為一切人類的模範，因為世界上沒有
任何其他集團集合了這許多的優秀人物。每一個人今天應該以這
些對人民事業忠心耿耿的共產黨員作為自己的最高榜樣，並且向
他們致以最崇高的敬意。[44]

大批士林陶醉於中共官媒營造的「鶯歌燕舞」，硬不知國情實況，
真以為生逢盛世，天堂已近。

（二）蘇聯反對

中蘇赤黨約定「重大決定事先通報」，1956年5月底陸定一前往蘇
聯使館，說明何以推出「雙百方針」。蘇聯大使尤金（1899-1968）找出
列寧一篇禁止言論自由的文章，不同意中共釋放異聲。回程車中，陸定
一謂隨員于光遠：「你看他們的教條主義多麼嚴重！」[45]全球赤黨均捏
著馬列搞革命，非「馬」勿視勿聽勿言勿動，一位中共黨員連如何喝茶
都要看《人民日報》怎麼說的。[46]

毛澤東懸幌「雙百方針」含炫耀成分，以示比蘇共開明。東歐赤國
改革派視北京為國際共運第二「麥加」。[47]

[43] 沈志遠：〈如何開展學術界的「百家爭鳴」問題〉，《爭鳴》（北京）1957年4月號。頁5。

[44] 《彭文應先生百年誕辰紀念冊》，2004年自印本，頁127。

[45] 于光遠：《我眼中的他們》，時代國際出版公司（香港）2005年，頁88。

[46] 張學正：〈不屈的靈魂〉，《抹不去的歷史記憶》，頁207。

[47] 程映虹：《毛主義革命：二十世紀的中國與世界》，田園書屋（香港）2008年，頁14。

1957-4-15～5-6，蘇聯國家元首伏羅希洛夫（1881-1969）訪華，至少兩次向毛表示不同意雙百方針：「社會主義不應該允許這些右派言論；會出亂子，對黨不會有利，匈牙利就是這樣鬧出亂子的；有些並不是意見，而是要推翻共產黨，否定社會主義制度。」毛澤東回答：

> 放出來我們才好駁斥。中國不是匈牙利，不能做溫室裡的花草。暴露出來好麼，群眾是站在我們一邊的，暴露出來他們就該完蛋了。[48]（按：豁露「釣」意）

赫魯雪夫指雙百方針為「自由化」。[49]因為蘇聯人民一直未接受共產主義，短缺經濟使「俄國街頭市民、公務員等，整日有興趣而不絕於口的事，便是如何多找得幾張購物券。他們對個人及其家庭生活改善要求之迫切，重於一切。……四十年的洗腦工作是白費了。」[50]赫魯雪夫明白蘇共政權的基礎是「一元化領導」。毛澤東則大不以為然，指斥「自由化」詞意失確，定性甚謬，不予引入。[51]1979年12月，鄧小平關閉西單民主牆，借用此詞。

反右開始後，毛澤東多次訓諭：

> 反右派就是肅反，新式肅反。清黨、清團的好機會，也包括各民主黨派。[52]

> 這次整風在黨內就是清黨，但對下面不說。[53]

1958-4-8武漢會議，毛澤東：

> 大鳴大放，是全世界社會主義國家都不敢做的事，只有我國才敢實行。不怕發動群眾是真正的列寧主義態度。[54]

---

[48] 李越然：《國際舞臺上的新中國領袖》，外語教學與研究出版社（北京）1994年，頁115～116。

[49] 《李銳近作——世紀之交留言》，頁60。

[50] 唐德剛：《五十年代底塵埃》，傳記文學出版社（臺北）1992年，頁133、135。

[51] 杜潤生：《中國農村體制變革重大決策紀實》，人民出版社2005年，頁338。

[52] 薄一波：《若干重大決策與事件的回顧》下卷，頁622。

[53] 沙文漢筆記。沙尚之：〈從反右運動看被「中國特色」的政治鬥爭〉，《五七精神‧薪盡火傳》，頁39。

[54] 《毛澤東年譜（1949～1976）》第3卷，頁335。

（三）顧慮・誤讀

1957-4-25中央「毛辦」收到一封匿名函（來自南京）：

知識分子聞放則喜，但是許多領導（或者說不少「太守」）還聞放則憂。因此，南京的情況目前在報紙似乎很熱鬧，實質上在人民內部，一部分人是殷殷期待認真學習，但事實上卻是「乍暖還寒」，真是「冷冷清清，淒淒切切」，好像離開春天還遠。[55]

李富春在成都動員放下「五怕」，彭真在北京拍胸擔保，民主人士怯問：

你們要我們幫共產黨整風，會不會轉過來「整」我們民主黨派的「風」？[56]

「救國會」七君子、復旦教授王造時（1903-1971，極右，瘐斃）：

「放」和「鳴」還沒有廣泛深入地展開，顧慮仍然是普遍地存在著。……怕「釣魚」、怕「放長線釣大魚」、怕先「放」後「整」、怕「記一筆帳」、怕「欲擒先縱」等等。還有在思想改造、肅反運動中受了創傷的人，要他一下子消除顧慮也是不可能的。[57]

中央統戰部座談會，有人提出：「要我發言，先要給我一張鐵券。」[58]

1957-5-27北師大副校長傅種孫（1898-1962，極右）：

中共所標榜的知識分子政策與知識分子所感受的幾乎完全相反，……每一運動起來，知識分子就會心驚膽跳。對於統治者衷心奉承而一再受白眼、挨耳光，這是史無前例的。我想不起來有哪一興朝盛世是這般糟蹋知識分子的。我也不曉得這些知識分子究竟造了什麼孽而遭致這麼大的禍殃……。能夠說一個知識分子必然有罪嗎？……這幾年來四海之內有哪一個地方的知識分子

55　《內部參考》第2205期（1957-5-16），頁19。
56　《百家鳴放選》，自聯出版社（香港）1957年9月，頁2。
57　〈上海知識界談貫徹百家爭鳴問題〉，《光明日報》1957-5-1，版2。
58　徐鑄成：〈「陽謀」親歷記〉，《徐鑄成回憶錄》，頁398。

不寒心？……知識分子與中共既無冤又無仇，為什麼不可能利用？……中共會說我現在是用了，沒有一個知識分子失業呀！但打著用、罵著用，叫知識分子成天用眼淚洗臉，這是何苦來？難道這是一種政策嗎？把這班知識分子打服了罵服了，就容易駕馭了嗎？這是不瞭解知識分子。其實解放以後的知識分子對於共產黨不打不罵也是佩服的，一打罵倒是懷疑了。再這樣打罵下去，仇恨就會結深，後果不堪設想。[59]

基層再三邀勸強調：「就看你向黨提多少意見、深刻不深刻，意見提得愈多愈深刻，就是對黨感情愈深，如果站在運動之外，不積極提意見，就是對黨沒感情。」中國人民大學副校長聶真（1908-2005）大會動員：「黨考驗你們的時候到了。」[60]

吳冷西在新華社動員：

> 共產黨沒有私心，不害怕批評，任何別的政黨都做不到這一點。這次運動對黨和對每一個人都是一次考驗。黨從批評中獲益，從而進一步證實她的偉大。每一個人對黨的態度也將受到考驗。如果你真正愛護黨，真的獻身於社會主義事業，你就會毫無保留地發言。發言愈直率，對黨的缺點批評愈尖銳，就愈能表明忠於黨。[61]

高知們很清楚「鳴放」閘門握於毛澤東之手。5月26日，清華副校長錢偉長探問儲安平：「毛主席關於鳴放到底空間如何？」[62]

（四）幾位清醒者

張恨水（1895-1967），著名作家、老報人。新聞界協會座談會，主持人邀請發言，張恨水謙恭起立：「我沒有意見，我真的沒有意見。」笑紋輻射都恰到好處。主持人又點他前排《文匯報》駐京記者謝蔚明

---

[59] 傅種孫：〈中共失策之一〉，《師大教學》第151期（1957-7-6）。《六月雪》，頁443～445。

[60] 房文齋：《昨夜西風凋碧樹——中國人民大學反右運動親歷記》，頁62～63。

[61] 劉乃元：〈「資產階級右派分子」〉，《荊棘路》，頁295。

[62] 《新清華》編委：《批判右派分子錢偉長的反黨反社會主義言行（一）》。《中共重要歷史文獻資料彙編》第22輯第63冊，頁181～182。

（1917-2008），謝清清嗓剛想說，張恨水後面拽衣，遂未發言。稍後，謝蔚明未忍住，寫了一篇〈老報人歸隊〉給鄧拓，抱怨眾多老報人「解放後」被剔出新聞界。謝淪「右」，路遇張恨水，張紅頭脹臉責怪謝不識時務。[63]

吳宓（1894-1978），私謂西南師院同事：

> 古人說過又說，言甘而幣厚，其心叵測。今要開門整風，下一紙文，表一下態就夠了，何用如此盛詞大噪，千呼萬喚？言之懇懇，促之諄諄，而其鼓動對象厥為民主黨派與知識分子，毛公將有事於天下書生矣！[64]

錢鍾書（1910-1998），其妻楊絳：「我們又驚又喜地一處處看大字報，心上大為舒暢。幾年來的不自在，這回得到了安慰，人還是人……」但意識到「政治運動總愛走向極端」而沒有跟著起鬨，躲過「右」劫。[65]

鄧拓（1912-1966，自殺），胡績偉認為他看穿老毛心機：

> （鄧拓）比我們更有遠見，更瞭解這位偉大領袖，他不僅看出毛主席這番講話很快會變，而且還很可能潛伏著一場「引蛇出洞」的災難。因而，他當時用自己的腦子進行了一些獨立思考。

> 他的政治經驗比我們豐富，政治警覺性也高，鄧拓可以稱得上是對「引蛇出洞」的「陽謀」有預見的人物之一。[66]

反右前，鄧拓私下議毛：

> 主席說百家者兩家也，我就更相信他講的雙百方針是假的。《人民日報》不能學《光明日報》、《文匯報》那樣鳴放，學了要出亂子。[67]

[63] 謝蔚明：〈我瞭解的張恨水〉，《文匯報》（上海）2004-9-7，「筆會」副刊。
[64] 張紫葛：《心香淚酒祭吳宓》，頁327。
[65] 楊絳：《我們仨》，三聯書店（北京）2003年，頁134～135。
[66] 胡績偉：〈報紙生涯五十年〉，《世界日報》（紐約）1993-9-30。
[67] 李響：〈鄧拓：在政治的夾縫中走上絕路〉，《書摘》（北京）2012年第6期，頁36。

（五）高幹抵制

中共一向自塑英姿指點江山，突然低身求諫，各級赤吏從「偉光正」轉為挨批對象，渾身不自在。縱然「偉大領袖」一個勁煽乎，高幹們或抵制或觀望。1957-1-7「總政」文化部副部長陳其通（1916-2001）與三位處長聯署撰文，拐彎抹角質疑「雙百方針」：

> 問題就開始在這裡發生了，自從提出「百花齊放」以後……[68]

四位赤吏循延安整風邏輯，視一切對中共的批評為「缺德」。《文藝報》副主編陳笑雨（1917-1966，投河）與張鐵夫、郭小川以筆名「馬鐵丁」撰文，要求限言論於「歌社會主義之功，頌社會主義之德」。[69]

中共高幹袁永熙向左右透露：「現在毛主席收到各地雪片似地飛來的電報，都怕放亂了，想用『亂』的情況來告急，壓毛主席收。」[70]北大一張大字報捅出胡耀邦向學生倒苦：現在很難當家，有人要毛主席下臺，90%以上高幹牴觸「雙百方針」。[71]各級赤吏翹首盼望中南海「多雲轉晴」。

1957年3月，劉賓雁在哈爾濱、長春採訪：

> 一個情況使我驚異：地方黨委對於毛澤東的講話的態度與知識分子迥異，他們抱著等待與觀望態度，並不急於行動。哈爾濱市委還在大力批判資產階級思想……還在繼續壓制報紙上對於黨的幹部特權現象的批評。[72]

1957-3-8全國宣傳工作會議，毛澤東：

> 地委書記、地區專員以上的幹部約一萬多人，其中是否有一千人是贊成百花齊放、百家爭鳴的都很難說，其餘十分之九還是不贊成的，這些都是高級幹部呢！[73]

---

[68] 陳其通等：〈我們對目前文藝工作的幾點意見〉，《人民日報》1957-1-7，版7。
[69] 馬鐵丁：〈論歌德派〉，《文藝報》1957年第14號（1957-7-7），版13。
[70] 郭道暉：〈陽謀背後的權謀——以親身經歷剖析整風反右運動〉，http://m.aisixiang.com/data/36292-5.html；http://www.aisixiang.com/data/36292-5.html
[71] 《內部參考》第2222期（1957-6-5），頁32。
[72] 《劉賓雁自傳》，頁89～90。
[73] 《毛澤東文集》第7卷，人民出版社1999年，頁257。

1957年1～3月，毛澤東多次批評「總政」陳其通等四人文章，指該文錯估形勢，思想方法教條主義、形而上學，無非阻止雙百方針。[74]

「鳴放」高潮的5月下旬～6月初，一些赤吏、黨員遭圍攻：

> 有些群眾逼他們發言，特別是關於肅反問題，他們不發言，有些群眾就把紙條貼在他們背上，有的把紙條硬塞進黨員的口袋裡去，有的寫大字報貼在黨員的宿舍門上。……現在的黨員就像失掉母親的孤兒，像被擊潰了的分散活動的游擊隊員。[75]

章伯鈞：

> 共產黨內部問題也大，計委差不多都是黨員，但撤換李富春的大字報貼在李的門口，這是估計不到的。[76]

輕工業部副部長怒撕大字報，有的則偷偷撕，也有用大字報以牙還牙。有的黨員被迫洩露肅反「機密」。[77]高幹子弟大學生因聽不慣「反動言論」，憂心如焚。[78]北大數力系學生張錦文（1930-1993）致函中央書記處，對《人民日報》發表民主人士意見，表示無法接受。[79]

6月8日，北京工業幹校一黨員幹部買好棺材，遺書毛澤東，反對「鳴放」。有人附和：

> 為什麼艱苦的戰爭歲月裡，共產黨老幹部捨不得自殺，而入城後卻發生這樣可憐的事件呢？難道我們能對此無動於衷嗎？整天談什麼統戰工作，共產黨員還要不要呢？黨外人士放個屁，也萬分重視，黨員哭死哭活的也聽不見。有些機關勒令黨員老幹部退職為民，他們哭著背著行李回家了。……這樣下去，他們會認為共產黨太軟弱可欺了，他們會得寸進尺，就會請你毛主席下臺。[80]

美國漢學家羅德里克・麥克法誇爾（1930-2019），分析毛澤東「八

---

[74]　《建國以來毛澤東文稿》第6冊，頁295。

[75]　《內部參考》第2222期（1957-6-5），頁34～35。

[76]　「民盟」中常委閔剛侯揭發章伯鈞，《人民日報》1957-7-4，版2。

[77]　《內部參考》第2223期（1957-6-6），頁27～28。

[78]　述弢：〈哭泣的青春〉，《不肯沉睡的記憶》，頁78。

[79]　陝西省檔案館，123-45-406，頁58～59。沈志華：《思考與選擇》，頁596。

[80]　《情況簡報（整風專輯）彙編》（1）1957-6-30。《反右絕密文件》第1卷，頁129～130。

大」講話的掌聲：「中國共產黨和常人一樣，寧願聽成績而不願聽錯誤。」京川豫粵晉等九位省委第一書記致電中央，要求限制「鳴放」。[81]

晚年趙紫陽（1919-2005）：

> 原來社會上呀，民主人士呀，都說共產黨的好話，一讓提意見，各種意見鋪天蓋地，有的很尖銳，這大大出乎他（按：毛澤東）的意料。我當時在廣東管農業，座談會上一些人指著鼻子罵，真受不了呀！後來接到中央電報，說要「硬著頭皮頂住」，鄧小平也到廣東來做報告，說放長線釣大魚，那就是打招呼準備反右派了。對當時的大鳴大放，各級幹部有意見；後來反右派，民主人士說是「陰謀」，毛主席就說是「陽謀」，是回擊黨外人士，也是對各級幹部的一種交代。共產黨各級幹部都沒學會聽取不同意見。[82]

5月29日中國新聞社整風座談會，國家僑委副主任、整風小組副組長方方出席，有人提出中新社由僑委領導不合適，要求中宣部領導，方方數次拍桌：「你們不要僑委領導，要我來幹什麼？我滾蛋好了。」會議開不下去。[83]

李維漢回憶錄也留下「1957年痕跡」：

> 什麼「輪流坐莊」、「海德公園」等謬論都出來了，……蔣南翔同志對北大、清華有人主張「海德公園」受不住……[84]

為什麼不能「輪流坐莊」，「海德公園」為什麼不能出來？以這樣的邏輯口徑如何對接「民主自由」？

各級官員對「鳴放」本能抗拒，有的公開抵制，認為「自己討打」。廣州一些官員對提意見的黨外人士施壓，甚至追查、質問、譏諷。《廣西日報》總編「破口怒罵提意見的民主人士是烏龜王八蛋，說他們想拆散省委」。[85]

---

[81] （英）麥克法誇爾：《文化大革命的起源》第1卷，河北人民出版社1989年，頁176、376、395～400。

[82] 王揚生：〈叩訪富強胡同六號〉，《明報》（香港）2005-1-30，版A4。

[83] 《內部參考》第2220期（1957-6-3），頁48。

[84] 李維漢：《回憶與研究》下冊，頁834。

[85] 《內部參考》第2213期（1957-5-25），頁27～28；第2218期（1957-5-31），頁3～7。

　　北京光華木柴廠膠合板車間主任兼支書賈平，追查向他提意見者。北京東四區一名中共黨員貼出大字報（署名「警鐘」）：

　　　　現在給我提意見，相處的日子還長呢，以後走著瞧。[86]

　　1957年11月浙江省委書記李豐平與組織部長赴京，請示如何處理「沙楊彭孫」，總書記鄧小平：「沙楊的性質最壞，還不如民主人士」、「你們的雷峰塔倒了」，指示公開見報。[87]1980-2-29中共十一屆五中全會，鄧小平承認：

　　　　1957年反右派，我們是積極分子，反右派擴大化我就有責任，我是總書記呀。[88]

　　宋任窮（1978年12月～1983年2月中組部長）也在會上承認：

　　　　劃右派時，我是積極分子，劃錯了若干人。[89]

　　1980年，胡耀邦（1915-1989）：

　　　　當時也不是主席一個人，包括鄧小平，都主張反右。……彭德懷在招待會上發表即席講話，提到有人反對社會主義，軍隊不能答應，講話聲音激動，……當時是這樣的，毛提出雙百方針，多數高級幹部不贊成，毛提出反右派，大家都贊成。[90]

　　封建肉身的中共，一路叫嚷民主自由，實則既不理解民主自由的價值內涵，更不知如何操作民主自由，整體缺乏現代政治素質。1938年10月中共六屆六中全會，毛澤東宣喻「四大服從」：個人服從組織、少數服從多數、下級服從上級、全黨服從中央。[91]1942年延安整風打壓王實味、不准「輕騎隊」（壁報）很輕的批評，已裸封建胎盤。1949年後，體制性惡弊四溢，政策性惡果四綻，囿於意識形態，應對

---

[86] 北京市委：〈黨內參考資料〉1957-9-10，《情況簡報（整風專輯）彙編》（24）1957-8-8。《反右絕密文件》第5卷，頁37。

[87] 沙尚之：〈從反右運動看被「中國特色」的政治鬥爭〉，《五七精神‧薪盡火傳》，頁41。省委會議，沙文漢1957.12.9記錄，沙陳文檔J90，沙尚之提供。

[88] 《鄧小平選集》第2卷（1975～1982），人民出版社1983年，頁241。

[89] 宋任窮會議講話（1979-2-23），中央統戰部「摘帽辦」會議簡報，第38期（四-11），1979-2-25。

[90] 阮銘：《歷史轉折點上的胡耀邦》，八方文化公司（美‧新澤西）1991年，頁8。

[91] 毛澤東：〈論新階段〉，《中共中央文件選集（1949-10～1966-5）》第11冊，中共中央黨校出版社（北京）1991年，頁651。《毛澤東選集》第2卷，頁494。

乏術，開放批評「鳴放」，不能承受之重，回身鎮壓，全黨歡呼，勢至必然矣。

二、毛氏思路

　　「反右」雖架構於整體時局態勢，但若毛澤東稍有鄭相子產之識、唐太宗之度，稍安勿躁，雍容養望，和煦「整風」或不至於逆轉肅殺「反右」，至少程度上有所減緩，可不搞成「敵我矛盾」。從信誓旦旦「言者無罪」到變臉問罪，毛澤東乾綱獨斷，公然流氓，再演文字獄，非常之舉得有非常邏輯。

　　行為折射心理，變因伏於過程。鳴放－反右，方向截然悖反，大逆轉必有其因。按常情，思維邏輯很難180度瞬逆，尤其思維方向很難突轉。從恭邀進言到變臉問罪，得有一點自我說服的依據。「陽謀」當然是毛的事後強辯，陰謀軌跡雖蜿蜒隱祕，雪泥鴻爪終留痕跡。但若一開始就定策「釣魚」，不顧失信天下的成本，於毛於共並不划算，這是為什麼？為什麼？問號確實相當大。

　　宋相司馬光（1019-1086）：

> 夫信者，人君之大寶也。國保於民，民保於信。非信無以使民，非民無以守國。是故古之王者不欺四海，霸者不欺四鄰，善為國者不欺其民，善為家者不欺其親。不善者反之，……上不信下，下不信上，上下離心，以至於敗。[92]

　　63歲的毛澤東不會撥拉不清這幾粒算珠，實無必要貼本大折騰，自棄「廟食」爭當暴君。僅為「引蛇出洞」（防止波匈事件）而失信天下，代價太大，違反自己剛剛制定的《憲法》（第87條「公民有言論自由」），何苦？何必？

　　政治人物心理雲譎波詭，且有精心掩飾意圖的本能，毛澤東又是「隱藏自己思想和意圖的大師」（赫魯雪夫語）[93]，很難根據一時一地之

---

[92] 司馬光：《資治通鑒》（卷二‧周紀二‧顯王），中華書局1956年，冊一，頁48。
[93] 《赫魯雪夫回憶錄》，張岱雲等譯，東方出版社（北京）1988年，頁659。

語精準把握，只能綜合各種證據參佐互印，循跡撥辨。1958～1959年毛澤東再三提倡「學海瑞」（直言極諫），毛祕胡喬木1959年4月看透：「實際上還是要求不要出海瑞。」李銳：「當時我和田家英都認為喬木這個看法很深刻，他對毛澤東理解得比較深。」[94]1959-8-16中共八屆八中全會閉幕式，毛澤東：「有人說我這個人又提倡海瑞，又不喜歡海瑞，那也是真的，有一半是真的，右派海瑞說的不聽，我是偏聽偏信，只聽一方面的。」[95]可左派會出海瑞？還叫海瑞嗎？

　　毛澤東慣於借力打力，邊走邊看，邊看邊斷。《人民日報》副總編王若水（1926-2002），認為不能從純粹「認識失誤」分析毛的政治選擇：

　　毛澤東的動機有很大的心理的情緒的因素，有不少非理性的成分。[96]

蘇聯塔斯社駐延安記者彼得・弗拉基米洛夫（1905-1958），日記評毛——

　　他老是害怕群眾的民主本能，……他就要用整風的辦法來教育一般黨員，使他的每句話都成為不可辯駁的真理。……按照毛澤東的意見，盲目服從便是黨內關係的理想境界。……他所全神貫注和熱切希望的只有權力！……他變成了一個毫無人的自然情感的、危險的、專門整人的人。……凡是與鞏固他個人權力不相容的事，也就是與中共不相容的事——這就是毛澤東的終極的政治信條。（1944-12-25）

　　毛的講話（「七大」報告）想以馬克思主義的口號來掩蓋他個人爭權奪利的行為，並為他背離馬克思主義理論的做法辯護，把剛剛過去的整風運動的見不得人的動機和手段遮掩過去。（1945-4-26）

　　毛澤東的主要目的是不惜一切代價要在這個國家奪取政權。

[94]　李銳：〈「大躍進」期間我給毛澤東三次上書〉，《李銳文集》第5冊，卷九，頁273。
[95]　李銳：《盧山會議實錄》。《李銳文集》第5冊，卷八，頁357。
[96]　王若水：〈毛澤東為什麼要發動文革？〉，《明報月刊》（香港）1996年10月號，頁30。

（1945-6-26）[97]

1956年3月～1957年5月，毛澤東頭緒雖多，思路多元交雜，但清晰體現三時段脈絡：(1)1956年4月推出「雙百方針」，既有邀諫整頓吏伍以博開明的陽謀，亦有暗爭國際共運新領袖與反擊「反冒進派」的陰謀（奪回黨內話語主導權）；(2)1956年10～11月波匈事件後，搞上「釣魚」（深挖潛敵）。(3)1957年5月「鳴放」烈度超出預料，5月14日下最後決心「反右」。下決心前後，毛澤東情緒很壞（符合內心糾結波動特徵）。李志綏（1919-1995）：

> [5月中旬]最後毛幾乎一天到晚睡在床上，精神抑鬱，患了感冒，把我叫回來，睡眠更加不規律。……自信心受到極大挫折。[98]

5月中旬，毛澤東問祕書林克：「你看我們的政權能不能穩得住，會不會亂？」[99]

中共「名右」李慎之（1985-1989年中國社科院副院長）：

> 毛主席引蛇出洞的決策，應該是在[1956年]10月份以後開始考慮的。而一旦形成，他就親自執行，全力以赴地做「引」的工作。……我的體會和判斷是：毛主席引蛇出洞的戰略部署起意於八屆二中全會（按：1956-11-10～15）而決策於省市委書記會議（按：1957-1-18～27）。前後過了一個年關，跨度近兩個月。這也符合毛主席歷來做重大決策的習慣，所謂「草鞋沒樣，邊打邊像」。在此以後到6月8日近五個月幹的事就是「安排香餌釣金鰲了」。[100]

「雙百方針」邀譽成分大於求謗，對形勢估計有所不足。開朝七年，中共媒體一面倒大分貝自我表揚，縱有《內部參考》報憂，也大大減弱烈度。毛真以為「東方紅，太陽升」，自我感覺極佳，邀勸「鳴放」料無激謗，既得明君之名，又可示秀蘇聯（無身後〈祕密報告〉之

---

[97] 彼得・弗拉基米洛夫：《延安日記》，呂文鏡等譯，東方出版社（北京）2004年，頁357、451、529。

[98] 李志綏：《毛澤東私人醫生回憶錄》，時報文化出版公司（臺北）1994年，頁188。

[99] 林克、徐濤、吳旭君：《歷史的真實》，中央文獻出版社1998年，頁46。

[100] 李慎之：〈毛主席是什麼時候決定引蛇出洞的〉，《六月雪》，頁116、125。

憂），還可藉民間「社會主義熱情」反制劉周陳「反冒進派」，一箭數雕呵！言閘稍提，原來普遍不滿──「黨天下」、「小知識分子領導大知識分子」、「好大喜功、急功近利」……。川大女生馮元春〈毛澤東是僞馬列主義者，共產黨是三大主義武裝得最巧妙最殘酷的剝削集團〉，……這才領教蘇共何以告誡「言禁不可開」。

毛澤東曾面詢赫魯雪夫如何看待「雙百方針」，赫魯曉夫的觀察：

> 毛非常明白我們不贊同他的這個新政策，我們反對讓所有那些不同的花都開放。……我的提醒毫無疑問地並未起到加強我們相互間關係的作用。毛自認爲是上帝派來執行上帝命令的人。實際上，毛還可能認爲上帝是在執行毛自己的命令。他永遠不會有錯。[101]

1980-9-21省市第一書記會議，胡喬木（1912-1992）：

> 毛主席在很長的時間認爲，他就是中國的史達林（不說中國的列寧了）。二十大（按：蘇共）批判了史達林，這對於毛主席的刺激是非常深的。[102]

避免身後的〈祕密報告〉，毛澤東一大情結，以「雙百方針」博開明之名，符合「雄主」心理。波匈事件後，順勢「釣魚」挖出潛敵，敲掉中國的「裴多菲俱樂部」，亦合毛澤東邊看邊斷的決策習慣。

中共八屆二中全會（1956-11-10～15），毛澤東：

> 匈牙利有那麼多反革命，這一下暴露出來了。……東歐一些國家的基本問題就是階級鬥爭沒有搞好，那麼多反革命沒有搞掉……。現在呢，自食其果，燒到自己頭上來了。[103]

1957年1月省市第一書記會議，毛澤東清晰豁露「釣魚」──

> 現在，黨內的思想動向、社會上的思想動向，出現了很值得注意的問題。……學校裡頭也出了問題，好些地方學生鬧事。……少數反革命分子趁機進行煽動，組織示威遊行，說是要奪取石家莊廣播電臺，宣布來一個「匈牙利」。他們貼出了好多標語……「社會主義沒有優越性！」照他們講來，共產黨是法西

---

[101] 赫魯雪夫：《最後的遺言》，東方出版社（北京）1988年，頁416～417。
[102] 《胡喬木文集》第2卷，人民出版社1994年，頁147。
[103] 《毛澤東選集》第5卷，頁318、323。

斯，我們這些人都要打倒。他們提出的口號那樣反動……。清華大學有個學生公開提出：「總有一天老子要殺幾千幾萬人就是了！」百花齊放、百家爭鳴一來，這一「家」也出來了。……他們老於世故，許多人現在隱藏著。他們的子弟，這些學生娃娃們沒有經驗，把什麼「要殺幾千幾萬人」、什麼「社會主義沒有優越性」這些東西都端出來了。

在一些教授中，也有各種怪議論，不要共產黨呀，共產黨領導不了他呀，社會主義不好呀，如此等等。他們有這麼一些思想，過去沒有講，百家爭鳴，讓他們講，這些話就出來了。……黨內黨外那些捧波匈事件的人捧得好呀！開口波茲南，閉口匈牙利。這一下就露出頭來了，螞蟻出洞了，烏龜王八都出來了。……他們不搞什麼大民主，不到處張貼標語，還不曉得他們想幹什麼。他們一搞大民主，尾巴就被抓住了。匈牙利事件的一個好處，就是把我們中國的這些螞蟻引出了洞。……不要怕大民主。出了亂子，那個膿包就好解決了，這是好事。……如果有人用什麼大民主來反對社會主義制度，推翻共產黨的領導，我們就對他們實行無產階級專政。……我們敢於改造資本家，為什麼對知識分子和民主人士不敢改造呢？……一般說來，反革命的言論當然不讓放。但是，它不用反革命的面貌出現，而用革命的面貌出現，那就只好讓它放，這樣才有利於對它進行鑑別和鬥爭。

社會上的歪風一定要打下去，無論黨內也好，民主人士中間也好，青年學生中間也好，凡是歪風……就一定要打下去。……在我們無產階級專政的國家裡，當然不能讓毒草到處氾濫。……地主富農還有惡霸和反革命，他們是被剝奪的階級，現在我們壓迫他們，他們心懷仇恨，很多人一有機會就要發作。……有些民主人士和教授放的那些怪議論，跟我們也是對立的。……他們說，共產黨不能管科學，社會主義沒有優越性，合作化壞得很；……學生中間跟我們對立的人也不少。現在的大學生大多數是剝削家庭出身的，其中有反對我們的人，毫不奇怪。

對民主人士，我們要讓他們唱對臺戲，放手讓他們批評。……至於梁漱溟、彭一湖、章乃器那一類人，他們有屁就讓他們放，放出來有利，……他們要鬧，就讓他們鬧夠。多行不義必自斃。他們講的話愈錯愈好，犯的錯誤愈大愈好，……要讓他暴露，後發制人，不要先發制人。[104]

《毛選》第五卷收入的這篇講話已大幅刪削。1968年武漢造反派編印的那套《毛澤東思想萬歲》，詳載這次會議毛各次插話，「釣」意更顯。[105]無論對「鳴放」的預測，還是「後發制人」，均意在「擠膿包」，此後數月邀勸「鳴放」，已無可能真誠求諫。

另有資訊：1957年4月蔣介石派代表宋宜山赴北京與周恩來祕密談判，5月中旬無果回臺。中共製造「鳴放」開明氣氛，或與「解決臺灣問題」有一定關係。談判既斷，「開明」大大減少必要性。[106]

1957-5-14晚，毛澤東召集政治局常委擴大會議，分析時局。出席者：劉少奇、周恩來、朱德、陳雲、鄧小平、彭真、陸定一、康生、李維漢。[107]通過〈中共中央關於報導黨外人士對黨政各方面工作的批評的指示〉（毛起草），明示各級「引蛇出洞」：

最近各地黨外人士正在展開對於黨政各方面工作的批評，……可以在群眾中暴露右傾分子的面貌。我們黨員對於黨外人士的錯誤的批評，特別是對於右傾分子的言論，目前不要反駁，以便使他們暢所欲言。我們各地的報紙應該繼續充分報導黨外人士的言論，特別是對於右傾分子、反共分子的言論，必須原樣地、不加粉飾地報導出來，使群眾明瞭他們的面目，這對於教育群眾、教育中間分子，有很大的好處。近來我們許多黨報對於一些反共的言論加以刪節，是不妥當的，這實際上是幫助了右傾分子，並且使人感到是我們懼怕這些言論。這種現象，請你們

---

[104] 《毛澤東選集》第5卷，頁330、332～334、338、350～351、355。

[105] 《毛澤東思想萬歲》第2冊（1949‧10～1957），頁129～141。

[106] 張軼東：〈試探1957年4～6月間中國國際關係與整風轉向之間的關聯〉，《五十年後重評「反右」》，頁262。

[107] 《毛澤東年譜（1949～1976）》第3卷，頁154。

立即加以糾正。[108]

5月14日，毛澤東批示政治局常委：

> 少奇、恩來、陳雲、小平、彭真同志閱。這一整版（按：5月10日
> 《解放日報》第二版，22位中小學教師座談發言）值得過細一看，不整
> 風黨就會毀了。

毛澤東還想「一魚多吃」，利用「鳴放」整肅吏伍，亦向常委證明
去年發動「鳴放」的英明，掩蓋惹引激謗的失算。

5月15日，毛澤東撰就殺氣騰騰的〈事情正在起變化〉，原標題
〈走向反面〉，署名《人民日報》「本報評論員」。排出清樣，毛改
主意，轉批「內部文件，注意保存」，「此文可登黨刊，但不公開發
表」，署名「中央政治研究室」。6月11日毛就此文再批示：「劉、
周、朱、陳、彭真閱。如認為可用，請尚昆印若干份，發給中央一級
和省市一級負責同志。……新疆、西藏不要發。」6月12日毛又批示：
「不登報紙，不讓新聞記者知道，不給黨內不可靠的人。大概要待半年
或一年之後，才考慮在中國報紙上發行。」[109]此文公開發表已是二十年
後的《毛選》第五卷。

6月8日，毛澤東起草「黨內指示」：

> 現在我們主動的整風，將可能的「匈牙利事件」主動引出來，
> 使之分割在各個機關各個學校去演習、去處理，分割為許多
> 個「匈牙利」，……擠出了膿包，利益極大。這是不可避免
> 的，……亂子總有一天要發生。[110]

綜合這一時期毛澤東思路，「釣魚一反右」由來有自，並非突變急
轉。情緒態度有可能瞬息陰陽，思維邏輯則不可能突然逆反，如無前期
斟酌的醞釀，如何寫出需要一定思路與論證的文章？

5月16日毛起草下達〈對待當前黨外人士批評的指示〉：

> 自從展開人民內部矛盾的黨內外公開討論以來，異常迅速地揭露

---

[108] 《中共中央文件選集（1949-10～1966-5）》第25冊，頁342。《建國以來毛澤東文
稿》第6冊，頁478。

[109] 《建國以來毛澤東文稿》第6冊，頁468、475～476。

[110] 《毛澤東選集》第5卷，頁432～433。

了各方面的矛盾。這些矛盾的詳細情況，我們過去幾乎完全不知道。……最近一些天以來，社會上有少數帶有反共情緒的人躍躍欲試，發表一些帶有煽動性的言論，企圖將正確解決人民內部矛盾、鞏固人民民主專政、以利社會主義建設的正確方向，引導到錯誤方向去，此點請你們注意，放手讓他們發表，並且暫時（幾個星期內）不要批駁，使右翼分子在人民面前暴露其反動面目，過一個時期再研究反駁的問題。這一點，5月14日我們已告訴你們了。[111]

李維漢：

[5月中旬]及至聽到座談會的彙報和羅隆基說現在是馬列主義的小知識分子領導小資產階級大知識分子、外行領導內行之後，[毛]就在5月15日寫出了〈事情正在起變化〉的文章，發給黨內高級幹部閱讀，……這篇文章表明毛澤東同志已經下定反擊右派的決心。[112]

可羅隆基「馬列主義小知識分子領導資產階級大知識分子」說於1956年「民盟」會議。[113]最激烈的「右派」言論多在5月15日之後──

陳銘樞上書贊同毛澤東「乘時引退」（5-18）[114]；北大的大字報潮（起於5-19）；章伯鈞提出「政治設計院」（5-21）；羅隆基要求成立「平反委員會」（5-22）；林希翎抨擊「封建社會主義」（5-23）；北師大第一張大字報〈謎〉（5-23）[115]；清華大學第一張大字報（5-24）；南開大學第一張大字報（張貼北大學生刊物《接力棒》）（5-24）[116]；華東師大第一張大字報〈向北大同學學習〉（5-28）；葛佩琦：「群眾可以打倒你們、推翻你們」（5-30）；儲安平「黨天下」（6-1）；「六六六教授

---

[111] 《中共中央文件選集（1949-10～1966-5）》第25冊，頁346～347。《建國以來毛澤東文稿》第6冊，頁477～478。

[112] 李維漢：《回憶與研究》下冊，頁834。

[113] 沈志華：《思考與選擇》，頁551～552。

[114] 《內部參考》第2257期（1957-7-15），頁3～5。

[115] 雷一寧：〈北京師範大學在1957〉，《「陽謀」下的北師大之難》上冊，頁22。

[116] 〈南開大學黨委關於反右鬥爭的總結報告〉，南開大學《學習簡報》（1957-9-5）。《抹不去的歷史記憶》，頁395。

會」（6-6）。

政治局候委、副總理兼國家經委主任薄一波：

> 從5月中旬至6月初，中央接連發出指示，中央政治局和書記處多
> 次開會，制定反擊右派鬥爭的策略，即讓右派任意鳴放，他們
> 「愈囂張愈好」，黨員暫不發言，「按兵不動」，預作準備，後
> 發制人。[117]

黃炎培、胡子嬰外地視察回京，直言工廠內遷弊病，李維漢連忙
保護：

> 我看到如果讓他這樣講下去，將來要劃為右派不好辦，就宣布
> 休息，請孫起孟去做黃炎培的工作，保護了他。工商座談會期
> 間，……不斷擴大規模，找了北京的吳金粹、天津的董少臣、上
> 海的李康年等一些人到會鳴放。後來這些人都劃為右派。這個做
> 法實際上是「引蛇出洞」。[118]

5月18日，黃秋耘記述：

> 1957年5月18日的晚上，我在邵荃麟家裡聊天，……電話鈴聲
> 響了，邵荃麟連忙走過去接電話。不到兩分鐘，他登時臉色蒼
> 白，手腕發抖，神情顯得慌亂而陰沉，只是連聲答應：「嗯！
> 嗯！」最後只說了一句：「明白了，好！我馬上就來。」我看
> 了一下手錶，已經是9：20了，肯定是發生了出人意料之外的重
> 大事件，要召開緊急會議。他放下了電話，沒頭沒腦地說了一
> 句：「周揚來的電話，唔，轉了！」至於究竟怎樣轉法，他沒有
> 說，我自然也不便問。沉默了一會兒，他又叮囑我一句：「咱們
> 今天晚上的談話，你回去千萬不要對別人說！暫時也不要採取任
> 何措施，例如抽掉某些稿子，這樣會引起懷疑的。」[119]

5月25日，毛澤東接見全國團代會代表，漏出一句「信號彈」：

> 一切離開社會主義的言論行動是完全錯誤的。[120]

---

[117] 薄一波：《若干重大決策與事件的回顧》下卷，頁613。
[118] 李維漢：《回憶與研究》下冊，頁834～835。
[119] 黃秋耘：《風雨年華》，頁152～153。
[120] 《毛澤東選集》第5卷，頁430。

毛未解釋何爲「錯誤言行」，絕大多數國人也「沒聽懂」。

6月1日北京人民印刷廠禮堂，一位高級領導向黨內幹部通報：

> 號召大家做好反擊「大人先生們」的準備，因爲這些「大人先生們」在大鳴大放中大放厥詞，已經圖窮匕見了。[121]

「鳴放」轉「反右」，毛澤東前後言論自相矛盾。1957-6-19《人民日報》發表〈關於正確處理人民內部矛盾的問題〉（1957-2-27毛講稿修訂版）。胡喬木：「改動甚大，前後矛盾，爲配合形勢而重大增刪。」[122] 如刪掉大量號召「鳴放」的段落，刪掉對王蒙小說的肯定，刪掉「思想改造運動中傷了一些人，這樣做不好……」[123]，增加深伏機心的「階級鬥爭並沒有結束，無產階級和資產階級之間的階級鬥爭，各派政治力量之間的階級鬥爭，無產階級和資產階級之間在意識形態方面的階級鬥爭，還是長期的、曲折的，有時甚至是很激烈的。」[124] 全文主旨從推助整風轉爲大力反右，力求將鼓勵「鳴放」弄成有言在先的「陽謀」。

風向逆轉後，《人民日報》社論均經毛澤東審定，不少出自親筆。[125]周揚〈文藝戰線上的一場大辯論〉經毛三次修改。[126]1957-7-1《人民日報》社論〈《文匯報》的資產階級方向應當批判〉（毛親撰），高懸「陽謀」：

> 在一個時期內不登或少登正面意見，對錯誤意見不做反批評，是錯了嗎？本報及一切黨報，在5月8日至6月7日這個期間，執行了中共中央的指示，正是這樣做的。其目的是讓魑魅魍魎、牛鬼蛇神「大鳴大放」，讓毒草大長特長，使人民看見，大吃一驚，

[121] 邵燕祥：《沉船》，上海遠東出版社1996年，頁123。

[122] 《胡喬木文集》第2卷，人民出版社1994年，頁145。

[123] 羅宗義：〈在那個「不平常的春天」裡〉，《不肯沉睡的記憶》，頁1。吳中傑：《復旦往事》，廣西師大出版社（桂林）2005年，頁13。

[124] 逄先知、李捷：〈一篇重要的馬克思主義理論著作的誕生——《關於正確處理人民內部矛盾的問題》形成過程〉（下）：《黨的文獻》（北京）2002年第6期，頁27。

[125] 李慎之：〈毛主席是什麼時候決定引蛇出洞的？〉，《六月雪》，頁119、129。

[126] 《人民日報》1958-2-28，版2。謝冕、洪子誠主編：《中國當代文學史料選（1948～1975）》，北京大學出版社1995年，頁406。

原來世界上還有這些東西，以便動手殲滅這些醜類。就是說，
共產黨看出了資產階級與無產階級這一場階級鬥爭是不可避免
的，……對於這種猖狂進攻在一個時期內也一概予回擊，使群
眾看得清清楚楚，什麼人的批評是善意的，什麼人的所謂批評是
惡意的，從而聚集力量，等待時機成熟，實行反擊。有人說，這
是陰謀。我們說，這是陽謀。因為事先告訴了敵人，牛鬼蛇神只
有讓它們出籠，才好殲滅它們，毒草只有讓它們出土，才便於
鋤掉。……這種人不但有言論，而且有行動，他們是有罪的。[127]
「言者無罪」對他們不適用，他們不但是言者，而且是行者。[127]

　　什麼時候「事先告訴了敵人」？一年多來「大地微微暖風吹」，高
分貝「言者無罪」、「向黨進忠」……，否則，何必一再修改〈關於正
確處理人民內部矛盾的問題〉？至於將言者指為行者，還不是「欲加之
罪」？

　　1958-4-6漢口會議，毛澤東：

　　　蛇不讓牠出來怎麼能捉牠？我們要讓那些王八蛋出臺唱戲，在報
　　　紙上放屁，……然後，一鬥一捉。城裡捉，鄉裡鬥，好辦事。[128]

　　1959-8-11廬山，毛澤東承認「釣魚」：

　　　我給他們自由、民主，目的是要把他們的毒素放出來；給自由活
　　　動，就是不要禁止自由活動，要讓毒草長起來，以利拔掉。我向
　　　你們交心呀，你講我陰謀，……我叫你們放，你說我釣大魚。確
　　　實，就是要大魚小魚一起釣，你不釣不得了。[129]

　　于光遠（1915-2013，時為中宣部科學處長），指毛1958年4月漢口會議
宣稱「引蛇出洞」，乃掩蓋料事失準，自詡胸有韜略指揮若定。[130]

　　毛澤東起於草莽，奪權不易，深知失權後果，心狠手辣，崇拜秦始
皇、明太祖。1949年後，一個個打倒功臣，非常人之為也。猜詳考證毛

---

[127] 《毛澤東選集》第5卷，頁436〜438。

[128] 清華大學編印：《學習資料》（續一），1967年，頁115。參見丁抒：〈論「陽
謀」〉，《五十年後重評「反右」》，頁134。

[129] 李銳：《廬山會議實錄》，《李銳文集》第5冊，卷八，頁314。

[130] 李慎之：〈對反右派鬥爭史實的一點補充〉，《李慎之文集》上冊，自印本2002
年，頁196。

澤東「轉向」的時間節點，必要性不大，客觀結果遠遠重於主觀動機，結果才是衡量一切歷史演出的量尺。「反右」巨罪，即便毛澤東初心誠意「整風」（並非「釣魚」），又值幾何？能減輕幾何罪責？

發動「反右」，毛澤東深知得罪士林，愈來愈敵視知識分子。胡喬木：

> 經過反右派鬥爭以後，在毛主席頭腦裡面，知識分子就是資產階級知識分子，沒有什麼不是資產階級的知識分子，一直到最後都沒有改變過，……毛主席對知識分子有很大的敵對的心理。（1980-9-21）[131]

文化決定眼界，學識決定層次。毛澤東文化層次整體不高，幾未接觸西方人文經典，馬列亦很少涉獵（僅知教條），缺乏啃讀理論經典能力，對近代歐美更缺乏立體感知。1943-6-6毛澤東致函太行山彭德懷：

> 現在各根據地的民主、自由對於某部分人是太大、太多、太無限制，而不是太小、太少與過於限制，……政治上提出「己所不欲，勿施於人」的口號是不適當的，現在的任務是用戰爭及其他政治手段打倒敵人，現在的社會基礎是商品經濟，這二者都是所謂「己所不欲，要施於人」。只有在階級消滅後，才能實現「己所不欲，勿施於人」的原則。[132]

「己所不欲，要施於人」，能尊重民主、理解自由嗎？毛澤東終身浸淫專制文化，只知「魚肉刀俎」，根本不知何為民主自由，既不習慣民主的多元共振，更不理解民主價值──採集智慧、調動參與、提高效率、平抑暴力。1956年12月毛澤東在會上：「大家擁護『八大』，不擁護我。」[133]公然要求凌駕「八大」之上。

1957-7-7上海，毛澤東會見滬上名流。市作協書記處書記羅稷南（1898-1971），1933年10月代表十九路軍入瑞金談判，帶去蘇區急需的食鹽布匹、藥品醫械等，「蘇維埃共和國主席」毛澤東宴謝。此時，羅

---

[131] 《胡喬木文集》第2卷，人民出版社1994年，頁145。
[132] 《毛澤東文集》第3卷，頁26～27。
[133] 呂星斗主編：《劉少奇和他的事業──研究選萃》，中共黨史出版社1991年，頁436。

稷南大膽問：「要是魯迅今天還活著，他會怎麼樣？」在場者黃宗英
（1925-2020）記述：

> 「魯迅麼──」毛微微動了動身子，爽朗地答道，「要麼被關
> 在牢裡繼續寫他的，要麼一句話也不說。」呀，不發脾氣的脾
> 氣，真彷彿巨雷就在眼前炸裂。我懵懂中瞥見羅稷南和趙丹對了
> 對默契的眼神，他倆倒坦然理解了，我卻嚇得肚裡娃娃兒險些蹦
> 出來。[134]

毛澤東在延安曾再三褒揚魯迅，代表語──

> 魯迅在中國的價值，據我看要算是中國的第一等聖人。孔夫子是
> 封建社會的聖人，魯迅則是現代中國的聖人。[135]

即席應答來不及斟酌拿捏，本能本色，魯迅都不准多嘴多舌，如此
霸道邏輯，邀勸「鳴放」能有多少誠意？會有幾何容量？陳銘樞上書勸
百諷一，略附小諫，拂然不容。1972-10-2三位民主老人求見（希望進言
「制止文革亂象」），毛賜示：「可以給這些民主人士一點民主。」[136]

從三面紅旗到三個世界，從不斷革命到世界革命，壞就壞在皇帝有
理想。毛澤東的最大「內傷」就是想成為國際共運第三塊里程碑。青年
毛澤東最愛讀《世界英雄豪傑傳》。1942～1945年，延安塔斯社記者對
毛的觀察：

> 他佩服著名的征服者、國王以及所有能在「人類金字塔」
> 頂上得到牢固立足點的人。

> 毛澤東在侵略者面前向後退縮，卻在趁中央政府和日軍衝
> 突之機為自己漁利。在民族遭受災難、人民備嘗艱辛並做出不可
> 估量的犧牲的時刻，在國家受制於法西斯分子的時刻，採取這種
> 策略，豈只是背信棄義而已！什麼國際主義的政策，跟毛澤東哪
> 能談得通，連他自己的人民也只不過是他在權力鬥爭中的工具罷
> 了！千百萬人的流血和痛苦、災難和犧牲，對他說來，只是一種

---

[134] 黃宗英：〈我親聆毛澤東羅稷南對話〉，《炎黃春秋》2002年第12期，頁11。
[135] 毛澤東：〈論魯迅〉（1939-10-19），《毛澤東文集》第2卷，頁43。
[136] 周彥瑜等：〈「文革」中胡愈之等痛切晉言前後〉，《炎黃春秋》1996年第2
期，頁4。

抽象的概念。

　　　幾年來在毛身邊的生活，說得輕點，使我無法尊敬他。當形勢和他的個人利益需要時，這個人會毫不猶豫地毀滅成千上萬甚至幾十萬人的生命。[137]

1945年10月重慶，毛澤東發表〈沁園春·雪〉，豁露雄襟「還看今朝」。1956年，毛澤東指示新華社：「把地球管起來！」[138]

1958年8月，赫魯雪夫發現毛澤東心思：

　　　一個我們已經覺察到想當世界共產主義運動領袖的人。[139]

　　　至少在我認識他的時候，他爆發出了一種急不可待地要統治世界的願望。他的計畫首先是統治中國，然後統治亞洲，然後……[140]

毛澤東按世界觀劃分階級，要從思想上剿滅一切「非馬列主義」。學淺識邪，器小嗜權，自居「東方紅」，以為無所不能，隻手可捏山河。

1980年，中共高幹擲評：

　　　毛澤東有封建帝王思想，喜歡突出個人，當了領袖之後還要當唯一的領袖，甚至很想當世界革命的領袖。搞「大躍進」是想在社會主義建設上搞個奇蹟，提前進入共產主義。[141]

2002年，前「毛粉」李慎之：

　　　[毛]製造了無數的人間悲劇，究其原因，拋開他自己好像洞若觀火的空話大話，其實只是對一個「權」字的迷戀上。[142]

2005年，前新華社副社長李普（1938年入共黨）：

　　　此人品質惡劣，不負責任，好話說盡，壞事做絕；工於權術，極盡縱橫捭闔之能事，慣於借刀殺人，聯甲打乙，聯丁打丙，

137 （蘇）彼得·弗拉基米洛夫：《延安日記》，呂文鏡等譯，東方出版社（北京）2004年，頁64、71～72、443。

138 李慎之：〈毛主席是什麼時候決定引蛇出洞的〉，《六月雪》，頁118。

139 赫魯雪夫：《最後的遺言》，東方出版社（北京）1988年，頁403。

140 《赫魯雪夫回憶錄》，張岱雲等譯，東方出版社1988年，頁673。

141 李銳：〈討論《歷史決議》（草案）的摘記〉，《李銳文集》第5冊，卷九，頁71、64。

142 李慎之：〈「引蛇出洞」考〉，《五十年後重評「反右」》，頁116。

乃「遊民」之雄。這是個絕對的個人主義，或絕對的利己主義者。……他視黨、國大事為其私產，捨得搞個精光，毫無可惜之意。……此種品質，無論公事、私事皆然。對他自己想像中的「政敵」，必死之，且必使其死得極其痛苦。劉少奇是他取得黨內獨裁特權的恩人，也這樣對待而毫不手軟。[143]

毛澤東熟稔權術，且與所有帝王一樣權重疑深。1973年12月八大軍區司令對調，抄襲北宋「帥無常兵」（鑑於唐朝藩鎮作亂）。1945-7-26邱吉爾輸掉大選，正值波茨坦會議，遭史達林嘲笑，邱吉爾回答：「我打仗，就是為了保證人民能夠擁有罷免我的權利。」[144]比一比，差多少？

比嗜權更可怕是：毛澤東被馬克思主義完全帶歪，竟以辯證法看待貧富，認為中國不能富，一富就糟了，不革命了。1959年底，毛澤東：

> 經濟愈落後，從資本主義過渡到社會主義是愈容易，而不是愈困難。人愈窮，才愈要革命。

> 因為窮，就要幹，要革命，要不斷革命。富了，事情就不妙了。中國現在不富，將來富了，也一定會發生問題。在目前的情況下，愈往西愈富，革命也愈困難。

> 我國土地改革以後，土地不值錢，農民不敢「冒尖」。有的同志認為這種情況不好。我們認為，經過階級鬥爭，搞臭了地主富農，農民以窮為榮、以富為醜，這是一個好現象。這說明貧農在政治上已經壓倒富農，而樹立了自己在農村的優勢。[145]

三、「釣魚」故事

1957-5-20中共中央下達〈關於加強對當前運動的領導的指示〉：

> 右翼分子的言論頗為猖狂，但有些人的反動面目還沒有暴露或者暴露得不夠，……在一個短期內，黨員仍以暫不發言為

---

[143] 李普：《光榮歸於民主》，柯捷出版社（紐約）2010年，頁250。
[144] https://kknews.cc/history/52kv2l3.html
[145] 中華人民共和國國史學會編：《毛澤東讀社會主義政治經濟學教科書批註與談話》，1997年7月～1998年1月印，上冊，頁145；下冊，頁686；上冊，頁114。

好。……必須指導宣傳部門和黨報立即著手分類研究右翼的反動言論和其他資產階級觀點，準備在適當時機（中央屆時另做通知）發表一批論文和社論，予以反駁和批判。[146]

接到反擊密令，各級赤吏如獲大赦，抖擻精神，披掛上陣。5月21日清華大學全校大會，校黨委書記兼校長蔣南翔（1913-1988）：「誰不參加鳴放，誰就是對黨不關心不愛護、不愛社會主義……。」此時，各級黨委唯恐「鳴放」不熱烈、批評不激烈、「秋後算帳」材料不充足。

5月29～30日，彭真通知清華黨委團委及各系負責人：

讓他們出大字報，引蛇出洞，將來我們出他們的大字報……[147]

5月27日，一直未動的中國人民大學，大會號召「站到運動前列，積極幫助黨整風，提的意見愈多，愈證明對黨有感情」。[148]30日黨外人士座談會，有人主張「收」，校黨委書記胡錫奎（1896-1970）大聲：「要大放、大鳴的！」[149]

北京市委多次召集高校書記，除聽取各校「鳴放」，著重布置：

你們幾所大學老教師多，反黨反社會主義的、翹尾巴的專家、教授、民主黨派成員多，有影響的人物多，要用各種辦法，製造適當氣氛，「引蛇出洞」，讓他們把毒都吐出來，以便聚而殲之。你們幾所大學「鳴放」得還不夠，因為黨委力量強，黨委書記要示弱，……讓他們敢於盡情「鳴放」，無所顧忌。（最後著重交代）時間不多了，很快就要發動全面反擊，反擊開始後就沒有人「鳴放」了。

北農大黨委書記施平（1911-）回校立即召集緊急會議，傳達「釣魚」，黨委委員再分頭傳達各支部，「但把即將反擊右派的話略去（這是黨委範圍內的祕密），再由黨員去動員師生鳴放，一些主要教師還要由黨委委員親自去拜訪動員。黨委還交代：黨員也要帶頭『鳴放』，之所

[146] 薄一波：《若干重大決策與事件的回顧》下卷，頁614～615。
[147] 丁抒：〈論「陽謀」〉，《五十年後重評「反右」》，頁132。
[148] 房文齋：《昨夜西風凋碧樹——中國人民大學反右運動親歷記》，頁105。
[149] 《人民大學週報》第150期。參見朱正：《反右派鬥爭全史》上冊，頁264。

以特加這一條，是要把黨員中的『右派』也引出來。」[150]

中共盛詞鼓噪「鳴放」，人們棄疑為信。王若望撰寫系列雜文，同事唐弢（1913-1992）悄勸：或藏玄機，當心！王若望：「唐是黨外人士，他不知從哪裡得來的消息？我對毛的迷信非常執著，甚至把唐的美意，當作他緊跟不夠、思想不夠解放的表現。」[151]

〔故事1〕

1957年5月上旬，成都石天河得到北京小道消息：整風反教條主義後，接著要大反修正主義，目前號召向領導提意見，「引蛇出洞」，最好穩起不說話。「我當時覺得這類小道消息是不足為憑信的，很可能是『三大主義』分子放出來的煙幕，目的在於阻止群眾放膽說話。」[152]

〔故事2〕

西南政法學院黨委書記劉佑東，央求教授張紫葛（1919-2006）：

> 你太不夠朋友，鳴放會上一言不發！……如果鳴放搞不起來，我這黨委書記就得垮臺。你哪怕胡亂捏造指著我的鼻子臭罵一頓，也是幫了我的大忙，我也會無限感激你的。

當晚座談會，張紫葛發言十分鐘，全是歌功頌德，次日學院《鳴放每日刊》卻通篇顛倒：「黨群之間沒有鴻溝」改為「大有鴻溝」、「院黨委辦大學很內行」成了「很不在行」……。張紫葛找上門去，劉佑東振振有詞：

> 是我叫改的。叫我動員鳴放，是提批評意見，沒叫我動員表揚我們！

風向轉後，張紫葛淪「右」，再找劉書記，對曰：

> 我有什麼辦法？我是黨的馴服工具。那會兒叫我動員鳴放，我就動員你鳴放；這會兒叫我劃右派，我就劃右派。……你不當右派我當？……我給你交底吧，這右派是有指標的！在市委分配指標時，各校黨委書記爭得面紅耳赤，都訴說我那裡政治條件好，劃

---

[150] 施平：《六十春秋風和雨》，上海人民出版社1991年，頁195～197。

[151] 《王若望自傳》，第三卷‧死亡的陷阱——反右。http://www.wangruowang.com/

[152] 石天河：《逝川憶語——《星星》詩禍親歷記》，頁129。

不到這麼多右派！市委書記惱了，叫：「放下指標，先反掉你們的右傾思想再說！」我差點回不來！……總而言之，你這右派當定了，除非你是毛主席的好朋友，毛主席出來保你。[153]

1958年，張紫葛淪為「右派＋反革命骨幹」，判刑15年。[154]

〔故事3〕

《北京文藝》1957年4月號刊載兩篇配合「鳴放」約稿：青年作家叢維熙（1933-2019）〈對社會主義現實主義的幾點質疑〉、劉紹棠（1936-1997）〈現實主義在社會主義時代的發展〉，對社會主義現實主義稍稍商榷。反右一起，《北京文藝》刊出端木蕻良（1912-1996）駁文，加編前語，說是有意讓兩株毒草出籠，「只有讓毒草出土，才易於辨別」。叢維熙：「對於『引蛇出洞』的陰謀，我非常惱火。稿子是你們來人約的，原來是為了張網捕雀。」[155]更大的可能：《北京文藝》為自保而故稱「釣魚」，4月還不可能有先見之明。

〔故事4〕

1957-5-11《人民日報》駐川記者站接到北京總社電話：「連罵共產黨的話也要寫上。」站長紀希晨（1922-2016，1937年入共黨）：

我大吃一驚，……我把主管宣傳的省委書記杜心源從床上叫醒，讓李策（按：接總社電話者）把電話內容向他講了一遍。他面帶緊張神色：「我馬上向李政委（按：李井泉）彙報。」第二天，5月12日（星期日）一大早，四川省委辦公室打電話給我：「今天，上午八時，省委召開常委緊急擴大會議，要你參加，請你講編輯部電話內容。」

5月15日，《人民日報》刊載〈春風未度劍門關〉（300字），批評四川省委壓制「鳴放」，反響強烈。紀希晨：

省委負責人（按：李井泉）看了報導，認為批評了省委，很不高興。那些在這篇新聞中說過話的人，反「右派」鬥爭一開始，全

---

[153] 張紫葛：《心香淚酒祭吳宓》，頁328～329。

[154] 百度百科・張紫葛，https://baike.baidu.com/item/張紫葛/1051126?fr=aladdin

[155] 《走向混沌：叢維熙回憶錄》，頁12。

都劃為「右派」了。多年來，我內心為這件事感到不安。若不是那些報導，這些善良的人們大概不會受到那麼大的災害吧！[156]

〔故事5〕

5月中旬，北京農業大學黨委書記施平，從市委領命「釣魚」，回程車上，思想鬥爭激烈：

為什麼要故意逼人違心地說對黨不滿的話，以後又反過臉來抓住這些話說是「反黨」，我們的良心何在？臉怎麼翻得過來？是我做報告動員師生、員工幫助黨整風給黨提意見的，以後怎麼向提意見的師生交代呢？我感到惶惑。我將如何對人對事？……能對黨中央下達的重大決策去分辨是非嗎？這就是要我做「兩面人」，既是真人又是假人，真真假假。做「兩面人」是一個真正的共產黨員內心最深層的傷痛。非做「兩面人」不可的條件未解除前，「兩面人」還得做下去，這是自己給自己演悲劇！

當施平再動員老教授「鳴放」，只說「向黨交心，知無不言，言無不盡」，不敢再說下面的「言者無罪」，「說不出口了」。[157]

〔故事6〕

新華社高級記者戴煌（1928-2016），1944年參軍入共黨，「在1957年整風鳴放時，我嚴守黨的紀律，沒有講過一句話。」6月8日後，彭真在全市高校支部委員大會上動員黨內繼續鳴放：

不要受社會上「反擊資產階級右派猖狂進攻」的影響，因為那些人和我們中國共產黨不是一條心。……這些人能和我們今天在座的同志們相提並論嗎？我們都是自家人，……「門外」反右歸反右，「門內」有意見照常提，這叫做「內外有別」，而且黨支部書記和支部委員們要帶頭提，為整個支部的黨員同志做出表率，……黨絕對不會把這些同志與資產階級右派分子混為一談。這一點，我可以代表中央向同志們做保證。

---

[156] 紀希晨：〈在風口上——從反右派到反右傾〉，《人民日報回憶錄》，頁124～126。

[157] 施平：《六十春秋風和雨》，上海人民出版社1991年，頁196～197。

戴煌出席是會，完全相信了「彭老八」（彭真黨內排名），當晚座談會一吐塊壘——防止神化與特權、統購統銷過急過死、精簡高校政治課。7月5日新華社全國電話會議，社長吳冷西：「總社反右派鬥爭取得了重大勝利，戴煌被揪出來了！」戴煌：「後來我才知道，彭真代表黨中央所做的動員報告和保證，不過是忠實地執行了毛澤東的『引蛇出洞』的指示。」[158]

〔故事7〕

《人民日報》號召反右後，《黑龍江日報》記者采訪哈工大數學教授王澤漢（「九三」支部負責人），次日發表訪談錄（未經王過目）。王成為哈工大首「右」，記者平安無事。1979年王澤漢找到記者，對方坦白：上面布置的，就是製造「右派」以推動反右，你既是民主黨派又參加過國民黨，選中。[159]

〔故事8〕

1957年8月上旬，《教師報》記者張邁約談北師大中文系四位「犯錯誤」班幹部，要他們向黨交心：「看看我們的政治思想教育工作中有些什麼缺點，以利於今後改進。」無人開腔，沉默十幾分鐘。張邁：「我向你們保證，請你們放心，我只是為瞭解情況，不會寫成文章登報，即使寫文章，也得上級批准才行。你們年輕學生，不久就要畢業工作，也得保護你們呀！讓你們抬不起頭，左右不是人，也不是我們黨的政策。」四位受屈學生被打動，此前批鬥會根本不讓辯白一句。「我們願意用自己的實際行動來證明我們永遠是黨的好兒女，……根本未意識到這就是審判學上的『誘供』。這下，我們就分別談出了自己的思想、感受。」9月10日《教師報》發表〈他們為什麼會墮落成右派分子〉，張邁違諾「不提我們的真實姓名」（四人皆點名），「肆意編造事實，顛倒黑白，描繪出了一條我們必然墮落成為右派分子的軌跡。」[160]

---

[158] 戴煌：《九死一生——我的「右派」歷程》，頁58～62。

[159] 丁抒：《陽謀——反右派運動始末》，頁218～219。

[160] 《師大教學》第240期（1958-3-11），版2。張邁：〈他們為什麼會墮落成右派分子〉，《教師報》（北京）1957-9-10，版3。《不肯沉睡的記憶》，頁241～242、

〔故事9〕

　　1957-5-28福建師範學院禮堂，三千餘師生員工黑壓壓一片，黨委書記兼院長劉明凡（1911-1986）第三次動員「鳴放」：

> 我們共產黨是為人民服務的黨，是光明磊落的黨，我們偉大領袖保證說言者無罪就是言者無罪。你們都看到現在社會各階層都如火如荼地展開了整風運動，就是我們學校還不行。這次整風運動是黨中央直接領導的一項政治運動，參加不參加是測定每一個人是否熱愛祖國、思想是進步還是落後的具體標準……

　　29日，中文系四年級女生江鳳英（1936-1957），領銜貼出全校第一張大字報〈黨委在幹什麼？〉（22人簽名），痛斥人事科長陳紀祥姦污數十女生、女助教，校黨委明知而「不作為」。「六・八」社論後，江鳳英全校第一「右」，侮辱性批鬥三晝夜，不許一絲辯白，還沒開口就口號陣陣；江鳳英跳樓。[161]

〔故事10〕

　　6月11日《陝西日報》才轉載「六・八」社論（故意壓了兩天），陝西省委向中央彙報：

> 在這兩三天內抓緊時間組織各方面開「鳴放」會議撈了一把。[162]

　　甘肅動作慢，6月5日蘭州第一批65個單位才開始「鳴放」；8月14日第二批一千一百餘單位開始「鳴放」。[163]廣西隆安縣則1958年2月初才開始，9月結束，劃「右」76名。[164]

　　7月下旬，黑龍江還在「釣魚」，省委整風辦向中央彙報：

> 在鳴放不徹底而現在又無右派分子的單位，搞鳴放補課，領導上出題目，舉行座談。對初步發現的右派言論，不要忙於批判，使之盡量暴露。討論到一定程度，即右派分子的言論業已說盡，觀

334～336。

[161] 林學政：〈陽謀〉，《從大陸看大陸》第1輯，頁111～119。

[162] 《情況簡報（整風專輯）彙編》（1）1957-6-30。《反右絕密文件》第1卷，頁29。

[163] 《情況簡報（整風專輯）彙編》（38）1957-12-9。《反右絕密文件》第8卷，頁28。

[164] 《隆安縣志》，廣西人民出版社1993年，頁17。

點已比較完整了，再將其系統地加以整理，然後展開爭論。省的黨、群團體整風口就是這樣做的，特別是團省委就這樣發現了三個右派分子。[165]

〔故事11〕

1957年9月，雲南祿勸縣委才動員「鳴放」：「基層不存在右派問題，現在我們開展的是幫助黨整風，進行大鳴大放是相信黨靠攏黨的表現，只會受到黨的信任，不會有其他問題，儘管放心。」各單位成立「鳴放」領導小組，週刊《祿勸報》改爲日刊《整風小報》，哪個組意見提得多便得表揚，很快形成「大鳴大放」高潮。[166]15天後轉反右，全縣劃「右」95名，嚴重「右傾」16名。[167]

〔故事12〕

1957年秋，北京第一護士學校黨支部兜撈學生反動言論，「以毒攻毒」，出了一些「非常錯誤的討論題」：

國家的主要負責幹部爲什麽都是共產黨員？這有什麽缺點？每一單位是否必須都要有黨組織和黨員領導幹部？

我國政治生活中有哪些地方不夠民主和自由？如何健全民主生活？

肅反運動有什麽缺點和錯誤？[168]

〔故事13〕

1957年秋，皖西阜南縣無法完成「右」額，再三動員「鳴放」，奈何無人再敢言言，都知道「釣魚」，二十天無收穫。於是，休會三天，縣委暗擬「釣魚提綱」（抄襲報刊「右論」），承諾「保證安全」，指定左派帶頭發言以「誘敵」，然後表揚發言者「幫助黨整風的積極分

[165] 《情況簡報（整風專輯）彙編》（10）1957-7-31。《反右絕密文件》第2卷，頁169。

[166] 關建初：〈往事不堪回首──我的右派歲月〉；劉庚遠：〈歷史在沉思──祿勸右派面面觀〉；《命運的祭壇》上卷，頁142～145。

[167] 《祿勸彝族苗族自治縣志》，雲南人民出版社1995年，頁26。

[168] 北京市委：〈黨內參考數據〉1957-12-14。《情況簡報（整風專輯）彙編》（43）1957-12-31。《反右絕密文件》第8卷，頁197。

子」——響噹噹左派。終於，有人爭當左派，踴躍發言。接著，帶頭發言的左派轉身批判跟進者。上鉤者不服：「同樣的言論為什麼不同對待？」組長答曰：「雖是同樣的話，有人出於善意，有人出於歹心，怎能一樣對待？」[169]

〔故事14〕

1957年11月中旬，北師大「右」生潘仲騫與吉林師大四名畢業生分配吉林農安縣第一中學，「農安的整風反右運動剛開始，我們五個都參加過運動，學校黨支書先找我們五人談話，要我們在鳴放時不要批判錯誤言論，讓他們放個夠，等到反右時再批判。我們就親眼看著七八個教師在『陽謀』引誘下一一戴上『右派』帽子。」[170]

〔故事15〕

1957年末，海南行署機關傳達中央指示，要求把埋藏得很深的右派統統挖出來，具體做法：

　　1.全體員工無一例外必須說出自己對歷次運動的看法（優、缺點）；
　　2.每人均須貼若干張大字報（鳴放），其中包括對反黨言論的互相揭發；
　　3.由領導點名指定誰要交代右派言論；
　　4.領導深入某個「知情人」，動員發動他揭發某人的右派言論。[171]

〔故事16〕

1958年大年初四，鄂中孝感縣教育局按縣委要求，集中全縣兩千餘教師於城關鎮，先號召「向黨提意見」，2月轉入「反擊右派向黨進攻」，總結大會宣佈右派名單，劃四百餘人（按20%指標），可能填補全縣缺額。[172]

---

[169] 許春耘：〈我所經歷的反「右派」鬥爭〉，《江淮文史》（合肥）2006年第4期，頁86～88。

[170] 潘仲騫致范亦豪函（1998-2-1），《「陽謀」下的北師大之謎》下冊，頁234。

[171] 雲逢鶴：〈海南島上抓右派〉，《五七精神‧薪盡火傳》，頁412。

[172] 余宗超：〈我從厄運走過來〉，《「反右」與當代中國命運》，頁140。

〔故事17〕

浙江組織75,570名中小學教師寒假「鳴放」。1958-4-1浙江省委「整風辦」報告：

> 差不多80-90%的人基本上放透了。上對中央，下對區鄉政府，都提了意見，……領導上沉住氣，引出了一批牛鬼蛇神，謬論百出，大叫「共產黨和秦始皇一樣專政」、「毛澤東，米桶空」、「工人在三十三天上，農民在十八層地下」，甚至登臺演戲，猖狂一時。[173]

〔故事18〕

江蘇武進縣未滿「右」額，縣委書記宴請全縣中小學班主任、語文教師，每桌一名「特工」，暗暗記下張三李四議論，宴散額齊，百餘教師落網，甚至做紀錄的特工也有數人陷「右」。[174]

〔故事19〕

1958年初，豫北滑縣一中，縣委王書記動員全縣幾千名教師「助黨整風」，保證不打棍子、不扣帽子。幾天沒人出大字報，王書記再動員，將寫不寫大字報提高至「與黨是否一條心」，規定每人必須寫若干張。有所「收穫」後，召開反右大會，臺上還是那些人，但身上都帶了槍，還是王書記講話：

> 別有用心的人，他們出圈了，向我黨發起猖狂進攻，是屬於資產階級右派，我們必須立即向他們實行反擊！……

當夜，十幾人自殺，一位從校內隋代古塔跳下，喊聲很大，直聲直氣，全校都聽見了，毛骨悚然。[175]

〔故事20〕

1958年4～7月，河北徐水集中全縣兩千餘中小學教職工於孤莊營

---

[173] 《情況簡報（整風專輯）彙編》（64）1958-4-22。《反右絕密文件》第12卷，頁148。

[174] 《王若望自傳》（第三部‧連載之四），《黃花崗》（紐約）2004年第4期，頁90。

[175] 魏紫丹：《還原1957》，五七學社出版公司（香港）2013年，頁206～207。

村，先「鳴放」，後辯論，揪「右」150名、「中右」46名。[176]

〔故事21〕

　　滇東北昭通專區兩千餘幹部、教師，以及近千高中生被「引蛇出洞」，不少迫害致死。[177]

〔故事22〕

　　1958年6月，四川灌縣集中全縣94名道士於青城山天師洞「鳴放」（一個半月），劃「右」五名。[178]成都各寺僧尼至少劃「右」15名（1名自殺）。[179]吉林天主教劃「右」19名，基督教14名，佛教2名。[180]

〔故事23〕

　　1961年浙江臨海師校，班主任發給學生一首短詩（無作者）：

　　　　老是把自己當作珍珠／就時時有怕被埋沒的痛苦／把自己當作泥
　　　　土吧／讓眾人把你踩成一條道路

　　班主任問「好詩還是壞詩」，某生答「好詩」。此詩作者魯藜（胡風分子），此生被判「同情右派」，4月10日開除學籍，二十年後「落實政策」。[181]

四川中學生「社教」運動

　　1957-8-27教育部、團中央聯合通知：對全國中學和師範學校在校生開展社會主義思想教育運動。[182]1958-1-25四川李井泉布置「寒假社教運動」：成都2,980名應屆高中畢業生，帶鋪蓋集中於三所中學，集訓三週，不得外出不得洩密，不得攜帶書刊，號召「鳴放」：

---

[176] 《徐水縣志》，新華出版社（北京）1998年，頁491。

[177] 郭道暉：〈還原真相是走向正義的第一步〉，《炎黃春秋》2010年第2期，頁42。

[178] 王純五主編：《青城山志》，四川人民出版社1989年，頁118。

[179] 冉雲飛：〈成都佛教界的反右運動〉（2010-4-14）。胡耀邦資料資訊網：http://www.hybsl.cn/beijingcankao/beijingfenxi/2010-04-13/19719.html

[180] 《情況簡報（整風專輯）彙編》（57）1958-2-27。《反右絕密文件》第11卷，頁128。

[181] 李輝：《胡風集團冤案始末》，湖北人民出版社2003年，頁336。

[182] 沈志華：《思考與選擇》，頁783。

　　這次社會主義教育的性質是人民內部矛盾，不是反右。

　　黨給青年指出了前進的方向，黨從來沒有讓青年去上當！

　　大膽地放，堅決地放，徹底地放！

　　真正向黨交心！

　　鳴放本身就是鑑別你是否與黨一條心！

　　再三聲明「不戴帽子、不打棍子、不抓辮子」。十幾天後，一些學生開始「向黨交心」。稍後劃出四類：第四類（反社會主義）92名，第三類（落後）493名。成都高中生「社教經驗」迅速推廣全省，涼山少數民族地區亦未倖免。「粗略估計，全川被劃為三、四類的學生達到上萬人。……像這樣針對中學生的政治運動，當年在全國各地都搞了，而以四川、山東為最。」三、四類學生一直不知還未高考就已落榜。「1958年全省普通中等學校未被高校錄取的應屆高中畢業生共有三千二百多人（占應屆高中畢業生1/3），大多為被劃三、四類的學生。」

　　「落榜生」大都成績優秀，省委辦公會議上有部門要，也有人提議辦農場集中管理這批「危險學生」。李井泉拍板：「到企業去沒關係，反正當勞動力嘛。」但規定兩條：一不能當幹部，二試用期延長，個別改造好的再吸收為幹部。各地對這批學生：「絕對不能做黨團人事工作」、「不宜選送學校培養培訓當技術人員，不宜作為國家培養工人階級知識分子幹部的對象」、「政治上應隨時對他們提高警惕」、「列為組織上經常『清理的對象』」。這批學生試用期長達三年（常規一年），只有生活費，最低13元，比1957年國務院〈高等院校和中等專業畢業生中反對社會主義及其他壞分子在工作考察期間生活補助費的規定〉還低兩元。

　　　不管他們表現得再好，始終被視為有問題的人，受到歧視、批
　　　判，他們中有被投進監獄的，有被強姦的，有憤而自盡者、沿街
　　　乞討者，還有的至今仍窮困潦倒，繼續著苦難的人生歷程……。
　　　由於沒被「戴帽」，這批未成年人享受了「右派」的種種待遇，
　　　而又無權享受那些戴了帽的「右派」所享受的平反改正。[183]

---

[183] 李臨雅：〈高中生遭遇「模擬反右」〉，《炎黃春秋》2008年第7期，頁53～57。

某縣將「社教」擴大到初中生，受迫害學生永失升學權，不少送勞教或成為「專政對象」。1978年成名的作家周克芹（1936-1990）、雜文家賀星寒（1941-1995），四川農校、成都九中的「壞分子」、「反社會主義分子」。[184]

1957年高考前夕，浙江嵊縣教育局召集應屆高三生座談，要他們就大學招生政策發表看法。嵊縣中學去了七八名高三生，發言者高考均黜落。[185]

杭州鋼鐵廠在技術人員中劃「右」6名，再劃一名「階級敵對分子」。1959年10月，廠黨委傳達廬山會議文件，不置可否地宣讀彭德懷萬言書，動員談看法，許多幹部不知就裡，坦率發表附和意見，38名幹部劃「右傾機會主義分子」，再在工人中樹靶93人。《杭鋼志》——

> 進行層層批鬥，造成人人自危。在這一時期，一些忠心耿耿參加浙江鋼鐵工業建設的科技人員，為了尊重科學，對某些領導追求高指標和瞎指揮作風，提出了一些合理而正確的意見，被視為「右傾」而受到打擊和迫害。[186]

葛佩琦冤案

「釣魚」還包括做手腳以激民憤，葛佩琦那句「殺共產黨」就是中國人民大學黨委與《人民日報》聯合加工之作。1957-5-24中國人民大學座談會，工業經濟系講師葛佩琦在三請四勸下「鳴放」——

> 中國是六億人的中國，不是共產黨的中國。……你們認為「朕即國家」是不容許的。……共產黨不要自高自大，不相信我們知識分子。搞得好，可以；不好，群眾可以打倒你們，推翻你們。這不能說不愛國，因為共產黨人不為人民服務。共產黨亡了，中國不會亡。因為不要共產黨領導，人家也不會賣國。[187]

---

[184] 王建軍主編：〈五八劫：1958年四川省中學生社會主義教育運動記實〉，2007年成都自印，頁384。宋永毅、丁抒編：《大躍進—大饑荒》，上冊，頁132。

[185] 楊維源：〈黨支部書記「成就」的右派夫妻〉，《「反右」與當代中國命運》，頁215。

[186] 《杭鋼志》，浙江人民出版社1985年，頁578。

[187] 《中共重要歷史文獻資料彙編》第22輯第14分冊，頁66。

經校黨委副書記兼副校長聶真（1908-2005，聶元梓兄長）等加工（添加黑體字），葛佩琦發言摘發《北京日報》（1957-5-26，版2）：

> 群眾為什麼對我們起惡感呢？因為我們做的事沒有他們想像的那樣好。老百姓的生活沒有提高，提高的只是共產黨。現在共產黨工作做得好沒話說，做不好，群眾就可能打共產黨、**殺共產黨的頭**，可能推翻他。[188]

1957-5-31《人民日報》再添黑體字：

> 中國是六億人民的中國，**包括反革命在內**，不是共產黨的中國。……搞得好，可以；不好，群眾可以打倒你們，**殺共產黨人**，推翻你們……[189]

《葛佩琦回憶錄》喊冤──

> 我從來沒有說過這段話，《人大週報》（按：5月27日經校黨委加工）刊登的……也沒有這段話。這段報導純屬捏造。

6月9日，葛佩琦寫了更正信，送至《人民日報》（此信1980年代找到），不予刊登，反而連續發表批葛文章。葛「極右」，1957-12-24被捕，「歷反＋現反」無期徒刑，1975年以「國民黨少將」特赦。[190]

葛佩琦（1911-1993），北大生，參加「一二‧九」學運，1938年入共黨，打入國軍，升至少將，1947年10月與組織失聯，黨籍一直不被承認。「鳴放」後，他收到不少來信，少數反對，大多數歡呼致敬，也有替他擔憂。[191]

四、「右論」精選

宋儒張載（1020-1077）「橫渠四句」（張載原籍陝西郿縣橫渠鎮）：

> 為天地立心，為生民立道，為去聖繼絕學，為萬世開太平。[192]

---

[188] 戴煌：〈葛佩琦的「鐵案」是這樣翻過來的〉，《六月雪》，頁304～305。

[189] 〈中國人民大學繼續舉行座談會〉，《人民日報》1957-5-31，版7。

[190] 《葛佩琦回憶錄》，中國人民大學出版社1994年，頁138～170。

[191] 房文齋：《昨夜西風凋碧樹──中國人民大學反右運動親歷記》，頁73。

[192] 《張載集》，中華書局（北京）1978年，〈拾遺〉，頁376。

　　士林以執持價值標準立身，承傳歷史理性，社會敏感度高，首先感覺「赤江水冷」。種種「右」聲，實為共產暴政應激性反應，質疑種種赤政亂象，對共產赤途發出「此路不通」之警號。

　　「盛邀」之下，安全似有保障，士林釋放久壓積憤。報刊銷量驟增。上海《新民晚報》此前限範圍於文化新聞，銷量停留兩三萬份（很難維持），[193]「百家爭鳴」一起，立飆20萬份（絕大部分零售、個人訂閱），因紙張困難壓至13萬份，得排隊買《新民報‧晚刊》（1958年4月更名《新民晚報》）。[194]

> 《文匯報》、《新民晚報》和《新聞日報》的讀者激增，幾年來在人們心中的政治激情被喚醒了。[195]

　　1957-6-8風向逆轉，《中國青年》從6月1,783,991份直降1,071,405份（1958年1月），降幅40%。[196]《文藝報》從18萬份跌至12萬份，省級以下文藝刊物凋零殆盡，小報漫畫「夜來風雨聲，花落知多少」。1954年4月創刊的《文藝學習》，印數近40萬份，1957年10月停刊。[197]1957-8-17瀋陽《芒種》（文學月刊）遭批判，1958年1月定性「反黨刊物」，瀋陽市文聯撤銷。[198]文藝熱情銳減，社會信心度刻線之一。

（一）「右三論」

　　中共列為最反動的標誌性「右論」：政治設計院、平反委員會、黨天下。語出毛澤東（1957-10-13最高國務會議）：

> 帝國主義、蔣介石跟右派也是通氣的。比如臺灣、香港的反動派，對儲安平的「黨天下」、章伯鈞的「政治設計院」、羅隆基的「平反委員會」，是很擁護的。美帝國主義也很同情右派。[199]

---

[193] 趙超構：〈《新民晚報》1953年以來的工作總結〉（1957-5-31），《趙超構文集》第6卷，文匯出版社（上海）1999年，頁499。

[194] 朱正：《反右派鬥爭全史》下冊，頁50。

[195] 《劉賓雁自傳》，頁95。

[196] （英）納拉納拉楊‧達斯：《中國的反右運動》，欣文、唐明譯，華岳文藝出版社（西安）1989年，頁238。

[197] 黃秋耘：《風雨年華》，頁158、142。

[198] 《瀋陽市志》（一），瀋陽出版社1989年，頁135。

[199] 《毛澤東選集》第5卷，頁492。

章伯鈞的**「政治設計院」**（1957-5-21）：

> 政治上的許多設施，就沒有一個設計院。我看政協、人大、民主黨派、人民團體，應該是政治上的四個設計院。應該多發揮這些設計院的作用。一些政治上的基本建設，要事先交他們討論。[200]

學部委員、八級高幹、中央工商行政管理局副局長兼中央社會主義學院副院長千家駒（1909-2002，16歲曾入共黨）：

> 章伯鈞提「政治設計院」，我也在場，這是中共中央統戰部李維漢所主持的座談會上，座談會已經開了很多天，章伯鈞一直沒有發言，為此座談會特地延長一二天，李維漢一定要章伯鈞表態。章伯鈞說：「現在搞什麼工作都要事先設計，經過大家討論，科學論證，然後做出決定、通過，政治上是不是也應該有一個政治設計院，大政方針大家協商再決定呢？」
>
> 章伯鈞的意思很明顯的，他不滿意當時共產黨說了算的獨裁局面，希望做到政治協商，使民主黨派也有發表意見的機會，但這豈是共產黨的一黨專政所能容忍的。於是這一下子被共產黨抓住辮子了，共產黨說章伯鈞的「政治設計院」就是要「輪流坐莊」，共產黨，你下去，我上來，「輪流執政」，這真叫冤哉枉也。[201]

「輪流坐莊」出自天津女三中教師黃心平（1931-?，右派）：

> 既然容許民主黨派存在，各民主黨派的黨綱又都要求走向共產主義，為什麼不可以實行各政黨輪流執政的辦法呢？如果不要共產黨一黨執政，而要共產黨和各黨各派提出不同的政綱來，由群眾自由的選擇，這樣做可以刺激共產黨和民主黨派不得不努力克服缺點來博得選民的選票，為人民服務。這是一個觸及共產黨利益的意見，問題是共產黨肯不肯放棄政權。（1957-5-24）[202]

---

[200]〈統戰部邀請民主黨派和無黨派民主人士繼續座談〉，《人民日報》1957-5-22，版1。
[201]〈千家駒筆下的反右內幕〉，《開放》（香港）2007年6月號，頁43。
[202]〈誰說今天沒有右派言論？〉，《人民日報》1957-6-12，版2。

羅隆基的「**平反委員會**」（1957-5-22）：

> 由人民代表大會和政治協商委員會成立一個委員會，這個委員會
> 不但要檢查過去三反、五反、肅反運動中的偏差，它還將公開聲
> 明，鼓勵大家有什麼委屈都來申訴。[203]

「平反委員會」被指徹底否定三反五反肅反。1957-6-26全國人大，
周恩來〈政治報告〉：

> 現在有些右派分子藉口幫助共產黨整風，發出了許多破壞性的言
> 論，其中有不少是直接向我們國家的基本制度進攻的。……他們
> 企圖在我們最高國家權力機關——全國人民代表大會以外，另外
> 成立某種國家權力機關，例如所謂「政治設計院」、「平反委員
> 會」之類，他們的目的不外是想使我們的國家政權離開工人階級
> 和它的先鋒隊——共產黨的領導。[204]

儲安平的「**黨天下**」（1957-6-1）——

「九三」中委兼宣傳部副部長儲安平一直沒參加統戰部座談會，因
無具體問題要談。5月30日統戰部彭處長盛邀，這才有6月1日的「黨天
下」（1,200字），會場一片喝彩，馬寅初用力拍椅背：「Very good! Very
good!」[205]三字「黨天下」，最重「右」彈，爆炸性當然在於言天下人不
敢言的關鍵性事實——

> 這幾年來黨群關係不好，……關鍵在「黨天下」的這個思想問題
> 上。我認為黨領導國家並不等於這個國家即為黨所有；大家擁
> 護黨，但並沒有忘記了自己也還是國家的主人。……全國範圍
> 內不論大小單位，甚至一個科一個組，都要安排一個黨員做頭
> 兒，事無巨細，都要看黨員的顏色行事，都要黨員點了頭才算
> 數。……很多黨員的才能和他所擔當的職務很不相稱。既沒有做
> 好工作，使國家受到損害，……黨為什麼要把不相稱的黨員安置
> 在各種崗位上。黨這樣做，是不是「莫非王土」那樣的思想，從
> 而形成了現在這樣一個一家天下的清一色局面。我認為，這個

---

[203] 〈在統戰部召開……討論逐步轉向深刻化〉，《人民日報》1957-5-23，版1。
[204] 《人民日報》1957-6-27，版1。
[205] 戴晴：《梁漱溟‧王實味‧儲安平》，江蘇文藝出版社1989年，頁208～209。

　　「黨天下」的思想問題是一切宗派主義現象的最終根源，是黨和
非黨之間矛盾的基本所在，……是一個全國性的現象。[206]

　　1957-4-1儲安平就任《光明日報》總編，乃胡喬木登門敦請，6月8
日辭職。反右前，儲安平在報社放言：

　　　　我們這些人是以批評政府為職業的。報社與黨派和政府存
　　在著根本的矛盾，那就是報紙要登的，黨和政府不許登。

　　　　揭露，揭露，再揭露，我們的目的在於揭露，分析和解決
　　問題是共產黨的事。[207]

　　中共之所以指「黨天下」為絕對反動，邏輯前提乃是「反黨即反
動」。國人自會暗問：「共產黨為什麼反不得？共產黨當年不也反對國
民黨嗎？」

（二）呼應四起

　　1957-5-9統戰部座談會，羅隆基已發表類似意見，只是不如「黨天
下」簡潔明瞭，直擊要害：

　　　　現在，黨決定的很多事情都不通過行政，而從黨的系統向下布
　　置，只能使擔任行政工作的民主黨派成員感到有職無權。[208]

6月中旬，山西一位中共黨員工程師：

　　對呀，現在當然是我們黨的天下。[209]

歸國港商潘以和：

　　　　支持儲安平的「黨天下」，黨組織代替行政職權。人民代表大
　　會只是形式主義，沒有發揚民主。「積極分子」要昧著良心講
　　話，否則就有家破人亡的危險。[210]

　　北大生物系四年級生蔣興仁（極右），貼大字報〈人民天下還是黨
天下〉：

[206] 儲安平：〈向毛主席和周總理提些意見〉，《人民日報》1957-6-2，版2。
[207] 章詒和：《最後的貴族》，牛津大學出版社（香港）2004年，頁50。
[208] 〈民主黨派負責人在統戰部召開……〉，《人民日報》1957-5-11，版2。
[209] 《情況簡報（整風專輯）彙編》（1）1957-6-30。《反右絕密文件》第1卷，頁99。
[210] 伊凡：〈廣州工商界萬人爭鳴記〉，《鳴放回憶》，頁29。

現在國家政策方針、計畫，實質上完全由黨決定，而未充分討論。就算人民決定的政策方針，有人提出異議還會得到反革命的罪行。人民的江山實際上是黨天下的代名。人民民主專政，不是說只專反革命的政，而且也專了革命的政。[211]

東京帝國大學準博士（戰亂末答辯）、金融專家朱紹文（1915-2011，右派）：

天下只是黨員的天下，社會所有制是「黨員所有制」，共產黨員是飯桶，得了黨證，喪失了公民的正義感和責任感。[212]

洛陽文物管理會副主任、「民盟」盟員郭文軒（右派）：

現在大小領導只憑黨員一點，是以黨服人。共產黨真比國民黨還惡。黨員站在九霄以上，把群眾打到十八層地獄之下，黨員不是高人一等，而是高人十等。共產黨員的特點是頭腦簡單，四肢發達。[213]

北大工會劉培之（右派）致函毛澤東：

現在處處有個人事室，……只是選黨與團，黨即賢，團即能。[214]

山西省政協委員趙子華（右派）：

省的黨統戰部叫人民各機關座談鳴放，批評共產黨。誰敢如此呢？我們只可代替人民說一句人民立場的話，就是共產黨的政治制度，一切是人民的，政府是人民的政府、軍隊是人民的軍隊、警察是人民的警察、銀行是人民的銀行，以及法院、醫院、劇院等數不了的一切，無不是人民的。若用實際情況說來，人民對此一切連邊都摸不著，一切是黨的，黨權高於一切，謂之「黨領導一切」，載於憲法。黨有黨富，黨享黨樂，人民飢餓勞動，時談處罪，喘喘生命，朝不保夕，所號稱工人當家，除日夜戴著英雄勞模的光榮帽子拚命加工外，也不見得有多

---

[211] 北京大學社教委：《北京大學右派分子反動言論匯集》，頁117。

[212] 《人民日報》1957-8-9，版3。

[213] 〈什麼話〉，《人民日報》1957-8-2，版4。

[214] 〈劉培之反黨反社會主義的言論〉，《北京大學右派分子反動言論匯集》，頁224。

少隔夜之糧，動輒還要受到批評和檢討。人民對黨的這種一切用「人民」二字而所有皇冠，謂之正合俗語的「掛羊頭、賣狗肉」……[215]

反右開始後，上海政府機關還有中共黨員支持儲安平：

「黨天下」的說法是對的，我們不是要消滅「空白點」嗎，這就是「黨天下」。[216]

「民革」中常委、廣西省副省長李任仁（1886-1968）：

每個黨員並不等於黨。有的機關、學校中有人給黨員提意見，竟被批評為是反黨反組織，這不是比「朕即國家」還有過之嗎？[217]

包頭建築總公司技術員曹九如：

儲安平的「黨天下」論調還要加上一句「一黨專政是真理」。沒有共產黨，民主黨派一樣能領導建設社會主義。我要的就是資本主義！[218]

6月，貴州安順師範學校教員吳超：

普天之下，莫非黨土；率土之濱，莫非黨員。
只有英國海德公園的民主才是真正的民主。[219]

（三）各式「右」論

1956年，新華社國際部副主任李慎之託林克進言：

請毛主席除了經濟建設的五年計畫之外，還要制定一個還政於民的五年計畫。[220]

對中共有大功的中共政府委員、全國政協常委龍雲：

中共人心喪盡，天安門工程如秦始皇修長城。
土地改革實際破壞農村，農業合作社化無異建立新農奴制

---

[215] 《鳴放——反共革命實錄史》，頁67。

[216] 《內部參考》第2253期（1957-7-10），頁46。

[217] 《人民日報》1957-6-6，版2。

[218] 《大公報》1957-8-20。陳權選編：《「鳴放」選萃》第2冊，頁258。

[219] 〈中小城市的右派分子〉，《人民日報》1957-8-27，版2。

[220] 李慎之：〈關於「大民主」和「小民主」一段公案〉，《百年潮》1997年第5期，頁48。收入《我親歷過的政治運動》，頁5。

度，對農民剝皮抽筋，造成餓死人的滿目慘狀。工商業的社會主義改造是整垮整窮整光，市場冷清清，社會死氣沉沉，人民無物可買，人民無錢買物，不見有物，不見有錢，不成社會。鎮壓肅反就是排除異己，冤枉好人，造成一片淒慘景色，哀怨交烈，官壓民反，不加停止，終有民心背離之一日，真正人民革命、農民革命必起。無產階級革命和專政，無產階級更窮更苦，更不自由，吃的粗糧雜粥，言則守口如瓶，一言不謹，就遭勞改。社會主義新社會，失業、貧困、盜偷、乞丐，到處充滿，仍如舊社會無異，只有黨階級豐衣足食過著幸福生活，也只可稱為黨社會。[221]

復旦大學物理教授、「九三」復旦支社主委王恆守（極右）：

世界鬧得不和平，全因蘇聯想要全世界走共產主義的道路，美國人生活那樣好，決不要戰爭。[222]

河南教育廳副廳長、1922年曾入共黨的許凌青（1897-1994，右派）：

這些年來所有制改變了，但還不是社會主義所有制，而是黨的所有制。農業社都由黨員主持。我有「四大不自由」——言論、出版、工作、生活無自由。[223]

復旦大學青年助教李梧齡（1935-2002，右派）：

憲法上規定共產黨的領導，我就反對。中華人民共和國不是中華黨員共和國。共產黨所以能領導，只因為共產黨力量大，其他政黨力量太小，不得不如此，並不是由於國家性質等關係。

我對資產階級民主是很欣賞的。在這種社會裡毫無自由可言，一切都是沒有辦法和迫害，民主自由都是假的。[224]

北大西語系講師黃繼忠：

在這個國家沒有真理。……整風應打掉黨員的特權，否則國家就

---

[221] 《鳴放——反共革命實錄史》，頁6～7。

[222] 〈王恒守發出無數毒箭〉，《新民報》1957-7-1。《中共重要歷史文獻資料彙編》第22輯第45分冊（2007），頁71。

[223] 〈河南人代會駁倒許凌青〉，《人民日報》1957-9-7，版2。

[224] 《中共重要歷史文獻資料彙編》第22輯第45分冊，頁86～87。

沒有希望。……黨員缺乏人性，拿假面目對群眾。……黨要把青
年培養成爲怎樣的人才？要把我們培養成爲騙子，你騙我，我騙
你，互相妒忌，……很多同學沒有個性，黨員都有假面具，不能
都怪黨員，這是黨的一個風氣。[225]

學部委員、一機部總工程師雷天覺（1913-2005，右派）：

今天的思想工作再不能以過時的馬列主義陳詞濫調來教育
人了。今天的思想教育工作，是知識分子先教育黨員，而不是黨
員先教育知識分子。

黨在國家之上，這個問題是一切矛盾的總矛盾。現在社會
是封建社會主義。

共產黨只占全國人數1/60，擔任國家政權機構及生產領導人
員的卻不是1/60，而是幾分之一；高級機關則全部是黨員。

我所要求的社會，是社會主義所有制同時保存資產階級的
個人自由。期待共產黨向右轉。

資本主義經濟，供銷有價值法則自動調節，社會主義經濟
是手動調節。自動比手動好，手動一有毛病就壞了。社會主義生
活好比洗淋浴，不是太熱就是太冷，非常缺乏自動調節。

人都是自私的，毛主席也免不了。毛主席革命三十年，爲
的是今天在天安門上被群眾喊萬歲。

現在強姦案子多了，就是因爲妓女沒有了。[226]

有色冶金設計總院長沙分院工程師蕭豫安（右派）：

1200萬黨員統治6億人民，騎在人民頭上，和過去舊社會少
數人統治多數人沒有什麼不同。黨吸收一個新黨員，就是增加一
個脫離群眾的人。[227]

北師大政教系三級教授石盤（1916-1966，極右，跳樓），1938年延安
入共黨，曾任陸定一祕書，1952年退黨，「鳴放」：

---

[225] 《原上草》，頁282～283。

[226] 〈專門拆社會主義大廈的「工程技術專家」雷天覺〉，《人民日報》1957-8-1，
版4。

[227] 〈在反右派戰線上〉，《人民日報》1957-9-13，版2。

1. 蘇中及其他社會主義國家的共產黨已經變質，不是馬克思、恩格斯、列寧心目中的共產黨和他們所主張的社會主義，而是一種新的特權等級的社會。這個特權等級是指黨和國家幹部，包括民主黨派和民主人士。生產資料公有制的成果並不是首先歸工農群眾所有，而是首先被這個特權階層所占有，政治權利也是掌握在特權等級手中。工農群體並沒有當家作主，黨沒有遵守列寧遺囑，將大批工人提拔到中央委員會和國家領導機關來工作。蘇聯的工農生活在十月革命以後改善得並不大，而特權階層的生活卻提得太高了。1950年我到蘇聯去過一次，看到很多工人生活很苦，農民就更苦了。

2. 我國黨內也存在個人崇拜。中國黨不是集體領導，而是毛主席一個人說了算，我就是對毛主席有意見，今天反冒進，明天又反保守，反正說來說去都是他對。〈矛盾論〉與普通教科書沒有什麼區別，是一篇普普通通的文章。我反對每年那麼多人特別是弄那麼多小孩子在天安門前喊毛主席萬歲。喊黨萬歲是可以的，但喊個人萬歲不應當。

3. 工業化、農業合作化的建設搞得太快了，中國經歷了多年戰爭，人民生活困苦不堪。現在是特權等級的生活提得太高，工農生活改善得太慢。應大力削減國防和行政費用。反對肅反、整風、反右派和幹部下放等政策。

4. 無產階級奪取政權，主要應通過議會鬥爭，不必打破舊的國家機器。[228]

留英博士、西安第四醫院眼科主任張錫華（1914-1964，右派）：

敢直言的人，每經過一次運動就少一批，因而官僚主義者愈來愈氣焰萬丈，……他們常把有些刺痛自己毛病的正確批評和意見，積存起來，藉下一次運動，來一個大報復，像銀行存款一樣，零存整付。不少平時敢於向不合理的事發言的人，被扣上犯了反領導或反革命罪行的帽子。他們的邏輯是：「不同意我的意

---

[228] 《內部參考》第2483期（1958-5-19），頁6～10。

見就是反對我，反對我就是對領導不滿，不滿就是反領導，反領導就是反黨，反黨就是反革命。」這種奇特的邏輯不光是在個別機構中存在，……一個老同志的外甥，因為別的孩子不願同他一起玩，就很不高興地說：「你不跟我玩，就是反對我，反對我就是反對我舅，反對我舅就是反對共產黨，反對共產黨就是反革命。」……應用這種幼稚邏輯的例子並不少見。[229]

《新觀察》編輯黃沙（歸僑，右派）：

現在黨就有點像宗教，不管你信不信，而是非信不可。黨干涉我們的生活到無以復加的地步，連農民吃豬肉也要干涉。連你想什麼也要干涉，像鬼魂附身一樣。這幾年的思想改造沒有用，改來改去仍是原封不動。思想改造是個科學問題，現在動不動就查祖宗三代，從出身歷史上檢查自己，這完全是宗教。[幾年來的政治運動]就是今天搞掉這些人的積極性，明天搞掉那些人的積極性。將來社會的希望全在被鬥的人身上，這些人被鬥了，倒能埋頭研究點東西。現在沒有新聞自由，記者都不是「為民請命」的戰士，而是「儀仗隊」。

……我是想進入黨內，用資產階級思想來改造黨。現在人和人的關係失調，父子不像父子，朋友不像朋友，夫妻不像夫妻，這失調到肅反已登峰造極，人受不了，這時候總爆發了。[整風不解決問題]這不是某個人的作風問題，而是制度問題，必須從制度上根本解決。[230]

（四）高校社團

1949年後，一向活躍的高校社團陷入低潮，1955年「肅反」跌至最低點。1957年「鳴放」激發結社高潮，全國高校幾乎都有奉「自由、民主、人權」為宗旨的社團。稍後，這些社團均淪為「右派小集團」，成了一大「右」源。美國加州大學宋永毅教授整理出二十餘所大學社團簡

---

[229] 張錫華：〈奇特邏輯給人打上烙印〉，《光明日報》1957-5-11，版3。
[230] 〈《新觀察》編輯部連日召開大會〉，《人民日報》1957-7-26，版3。

表一[231]

學校	社團／刊物	代表人物	言論‧主張
北京大學	百花社／《廣場》	陳奉孝、張元勳、譚天榮、王國鄉、龍英華	「反三害、反教條主義的聯盟」、「自由、民主、人權」。
北京師範大學	苦藥社、霹靂社、狂飆社／《底層之聲》、《群眾論壇》	衛之祥、谷星雲、張海琛、楊碧遐、俞安國、閻承堯、鄭景星、汪智、彭浩蕩	「改組黨委會」、「把某些人趕出學校聖地」。
中央戲劇學院	《卡秋莎》報社	仇乃博、謝立瓊、戚恩聆等	「平反人間冤獄」；「殺共產黨人，……推翻共產黨領導，不是不愛國。」
清華大學	庶民社	孫寶琮、張悅鍾、商桂等	「保障人權！人民毫無權力，民主是假的。」
中央民族學院	野草社、蜜蜂社	周康民、李鶴亭、王成良等	廣泛發動群眾，揭露學校矛盾。
武漢大學	《火焰報》／報刊聯絡站	吳開斌、蔣兆鵠、姚中琦等	「爭自由！爭民主！爭人權！」
天津大學	春雷社、風雨社、DDT社、鳴放社	李朝貴、盧田修、陳勇、萬嘉蔚、朱呈祥、王渭	均為學生「鳴放」社團。
南開大學	廣場詩派	李藝林、劉立文、張步明等	北京大學《廣場》南開支部。
山東大學	民主群	張正華等人	「在恐怖中是無法學習知識的、無法建設祖國的。」
上海交通大學	春雷社	李其家、陸友全、宗慕渝等	「校難當頭，行動起來！」「不要政治課！」「罷課！」
華中工學院	《民主刊》、《民主牆》、《民主臺》、《申冤團》。	曾文三、陳律恆、全克里、蔡哲成、李家明、王德化、陸皓長	「爭民主！爭自由！爭人權！」；批評肅反運動，對黨不滿，鼓動罷課罷考。

[231] 宋永毅：〈反右檔案：1957年的結社組黨〉，《中國人權雙週刊》第180期（2016-4-14），http://biweeklyarchive.hrichina.org/article/617.html 2020-8-29，筆者請陳奉孝、范亦豪二先生核對，北大、北師大「核心人物」有所調整。

學校	社團／刊物	代表人物	言論・主張
太原工學院	「化四」鳴放委員會	王育化、李澤麟、李琮、崔琦等	「召開群眾大會！成立鳴放委員會！」
西南師範學院	五人小組	黃太安、王守國、唐永剛、李承林和盧文升	「現在是『黨天下』」、「堅決主張取消檔案制」等等。
西北師範學院	車轟社	葉萌	「奪取陣地，爭取群眾，擴大聲勢，造成輿論」；「壓迫黨改變路線」。
雲南大學	爆竹社	沙毓麟、崔學義、張士林、劉麟先、黃集壽等	支持匈牙利事變、反對個人崇拜、攻擊黨團組織及肅反運動。
西北大學	爭鳴委員會	黃國湘等	「共產黨幾年來專橫獨裁，……無惡不作」；「我們爭鳴委員會是一個獨立的機構，不受黨委和學生會領導。」
西南農學院	真理塔	呂金慶、朱澤舫、趙裕隆等	「黨中央在對待農民的政策上存在問題。」
華東師範大學	楚歌	趙明義、陳剛、戴家祥	政治綱領：「多黨政治」；經濟綱領：「資產階級與小資產階級自由競爭」；文化綱領：「給知識分子充分思想自由」。
中南礦冶學院	解凍社	李鎮亞、黃際春、黃心欽、奚士良、姚如琨等	新社會為奴隸社會，黨是「看賞的主人」、「法西斯」，黨員退出學校。
華中師範學院	《卡秋莎》／聯合宣傳組	鄧文祥、阮戎等	「憲法中明文規定的權利和義務在實際生活中被剝奪了。」

　　1957-6-22昆明師院挖出「反動組織」——中國大同黨（並未成立），籌備者中文系二年級生吳文懿（極右＋反革命，文革槍斃），25日全校大會交代：

　　　　無產階級專政同資產階級專政沒有什麼不同，都是少數人專多數人的政。無產階級在我國人口中占少數，而且無產階級也不能全部參加專政，它只是通過共產黨，……結果，主席一人在專

政。……凡是專政必然引導到個人獨裁。……專政使得人民沒有基本上的民主自由權利。……我國報紙都是機關報，由黨和政府來辦，形成報道不真實，愚弄人民。……為什麼會造成這種情況？因為出版不自由。結社也沒自由。……政府不是致力於改善人民生活，而是擴軍備戰，……少尉每月72元，整個軍費該多麼大。……今天生活不好，人民也會擁護其他人革共產黨的命，……我反對把馬克思列寧主義強加於人，每個人都有選擇自己思想的自由。我反對在學校建立黨團，學生要培養成全面人才，不要成為某個黨派的人才。……改良行不通，只有推翻政府一條路。政府是共產黨領導的，要推翻政府，必須打倒共產黨。[232]

（五）基層烈聲

重慶紡織公司職員、出身貧農的蔣文揚（1934-，右派）：

> 很多問題看法苦悶，有時是恨得要死。我認為共產黨搞不好事，沒有真正為人民服務，那就該打倒，共產黨亡了，中國決不會亡。

> 原來我想離開公司，現在不想了，我要看一看這些可恥的人做些什麼事。

> 領導上相信的人，實質上是便衣警察。

重慶生產聯社董祥太（1916-?，右派）：

> 運動中要大膽懷疑，使人不敢再交朋友了，活潑天真失掉了，六親不認了，造成一個冷冰冰的社會，只談政治，或者只談今天天氣怎樣，而不敢談交情，使人苦惱萬分。……不能提反面話，良心話也不能說。

重慶手工業聯合社易若君（1926-?，右派）日記：

> 為什麼吹牛拍馬的譁眾取寵者之流是這個社會的骨幹？（1953-11-24）

> 必須強作笑顏，點頭稱是，要裝聾作啞地處世，要違背良

---

[232]《內部參考》第2244期（1957-7-1），頁3～6。

心地做人。（1953-11-26）

　　每件事對我都是不愉快的接觸，哈巴狗逐漸地爬在人的頭上，大演狗戲，而且觀眾還得高聲贊好，精心學習，因此我預料這個社會必將變成狗社會。（1955-1-8）

　　今後如何生活下去？自殺嗎？他只會給你以帽子戴，到閻王面前也說不清。不自殺嗎？又實在難於活下去，在這社會裡，令人走投無路。（1955-2-7）

　　哪怕是事實，談了也會與政策牴觸，為了個人前途是一定得昧良心的。……聖旨一下，必五臟投地爬行，可憐的擁護，倒不如公開的奴隸制度來得痛快。（1955-3-30）[233]

「農工」江蘇省委祕書長、省手工業局副局長武思光（1897-1974，右派）：

　　共產黨有驕、專、兇三風。共產黨就是這樣：罵你不准回嘴，打你不准回手，殺你還不許流血。[234]

江西農業廳幹部王名愷（右派）：

　　人民民主專政是黨的獨家天下，是毛氏天下劉家黨的產物；共產黨的領導是囂張、黑暗，沒有民主，沒有科學；共產黨頭重腳輕，不足以治國；國民黨的領導有德有才，共產黨的領導是不懂業務的外行；對文藝界新聞和秦始皇焚書坑儒一樣；區鄉幹部是過去嫖賭逍遙的遊民，共產黨把這些破銅爛鐵作為打手，豈能治平天下？盼望國民黨返回大陸；閣中帝王今何在，看他橫行到幾時？[235]

留美生化博士、農業科學院研究員陸欽范（?-1994，極右）：

　　共產黨可能比國民黨還壞。[236]

　　解放以前是三個人的飯，五個人吃，現在生活改善了，四

[233] 重慶市委宣傳部辦公室：〈重慶市右派言論選輯〉（1957-8）。《中共重要歷史文獻資料彙編》第22輯第3分冊，頁56～57、76～77。
[234] 〈江蘇搜出一個狼窩〉，《人民日報》1957-8-18，版1。
[235] 〈在反右派戰線上〉，《人民日報》1957-8-24，版2。
[236] 〈陸欽范借題發揮向黨進攻〉，《光明日報》1957-8-4，版1。

個人的飯，八個人吃。[237]

「民盟」盟員、天津民用建築設計院工程師栗培英（1911-1998，右派）：

> 共產黨剛進天津時說過這是革命，我們的革命不是改朝換代。但是現在看來，比改朝換代更壞。生活在這個社會裡叫人很傷心。知識分子一天天提心吊膽，比在淪陷時期和國民黨時期還不安寧。[238]

（六）北大「五‧一九」

1957-5-19中午，「歷史系一群團員和青年」貼出北大第一張大字報（42字），質問校團委：出席共青團「三大」代表是誰？如何產生的？接著，哲學系學生龍英華貼出第二張小字報〈一個大膽的建議〉，要求開闢民主牆。[239]傍晚，數力系學生陳奉孝、張景中、楊路、張世林貼出第三張〈《自由論壇》成立宣言〉，提出五項主張（至今熠熠生輝）：

1.取消黨委負責制，成立校務委員會，實行民主辦校；

2.取消祕密檔案制度，實行人事檔案公開；

3.取消政治課必修制，改為政治課選修；

4.取消留學生內部選派制度，實行考試選拔制；

5.開闢自由論壇，確保言論出版、集會結社、遊行示威的自由。[240]

次日下午，大字報潮湧北大校園——107張；至22日達五六百張。[241]23日879張。[242]每天吸引校外數千人入看。[243]「新華社和北大黨

---

[237] 〈堅決鬥爭兇惡猖狂的右派分子〉，《人民日報》1957-9-8，版2。

[238] 〈誰說今天沒有右派言論〉，《人民日報》1957-6-12，版2。

[239] 張元勳：《北大一九五七》，頁26～27。北大第一張大字報執筆者乃歷史系三年級生許南亭，「民建」祕書長許漢三之子、章乃器義子，淪右升「托派」，判刑13年，癡呆了。

[240] 陳奉孝：《夢斷未名湖》，頁337～338。

[241] 《內部參考》第2211期（1957-5-23），頁3～4。

[242] 甘粹：《北大魂——林昭與「六四」》，秀威（臺北）2010年，頁35。

[243] 王書瑤：〈弘揚右派精神，走多黨議會制道路〉，《五七精神‧薪盡火傳》，頁174。

委向中央反映，認為情況嚴重，說是北大已成了海德公園了。」[244]毛澤東派陳伯達、胡喬木、林克連續幾天去北大看大字報，「回來向他彙報」。[245]

6月1日物理系二年級生王書瑤（1936-，極右）貼出〈高度集權是危險的〉：

> 六億人民的生活決不應該掌握在少數人手中（黨員占1.6%，而決定國家大事的人又占1.6%中的極少數）。任何時代，權力的高度集中，不論是集於個人，還是自稱一貫光榮正確偉大的集團，都是極大的危險，而當人民群眾被麻痹、被愚弄，就更加百倍的危險！因為如果這個集團犯有嚴重錯誤或變質，就沒有任何力量足以克服！蘇聯人民已經為此付出了自己最優秀兒子的鮮血的代價（勝利者代表大會70%的中央委員啊！1100多名代表啊！）……。如果不願歷史重演，無數先烈的血不致白流，世界共產主義不受毀滅的威脅，就應該及早起來，結束這種權力高度集中的局面，真正自己當家作主，真正自己決定自己的命運。也只有這樣，社會主義、共產主義才能更快更好地到來！[246]

化學系四年級生張錫錕（1938-1976，極右），〈人性的呼喚〉：

> 由於過分地強調了階級矛盾、仇恨，所以一些滅絕人性的東西無阻地發生了。[在各種運動中]對階級異己加以私刑，如不准休息、吊打……，以及其他肉體摧殘……，這些惡劣現象在社會上未被有效制止，所以社會風氣開始敗壞。兒子可以對父親任意謾罵，甚至將其捆綁、鞭打……，學生開始以無人性的方法，以得到領導對其階級性強的信任。無人性成了得到信任的強有力的工具了！……就迫不及待地千方百計地想將人證明為反革命……[247]

哲學系一年級生葉於泩（1931-，極右），〈幾點建議〉：

---

[244] 《陳伯達最後口述回憶》，陽光環球出版公司（香港）2005年6月修訂版，頁148。

[245] 林克、徐濤、吳旭君：《歷史的真實》，中央文獻出版社1998年，頁46。

[246] 王書瑤：《燕園風雨鑄人生》，頁80。

[247] 《原上草》，頁126。

　　如果群眾不能對領導進行嚴格的監督，那麼領導正確性又用什麼來保證？

　　1.允許私人辦報刊、出版社，取消出版的檢查制度，開放禁書。

　　2.實現集會、結社自由。讓現存的各民主黨派與共產黨有同等的活動機會、同等的競賽機會。

　　3.改造人民代表大會，讓擁護公有制的各種意見在會上充分爭鳴；國家大事的決定，要在公開討論中形成。

　　4.嚴格的、具體地規定共產黨在政權機關中的地位作用。

　　5.改進選舉制度，讓選舉人自己提名、推薦，候選人名額應超過應選名額，讓選舉人有選舉的餘地。[248]

　　5月19日晚，北大全校團員大會，校黨委崔副書記表態：「大字報不是最好的方式，我們不提倡也不反對。」20日晚，校黨委第一書記江隆基（估計經請示）明確表態支持。[249]

　　6月初，一年級生張志武（共黨、出身貧民）貼出〈三害判決書〉：

　　　被告：宗派主義，年36歲，1921年7月1日生。

　　　　　　教條主義，年38歲，1918年5月4日生。

　　　　　　官僚主義，年8歲，1949年10月1日生。

　　　查被告宗派主義自誕生以來，搞不團結，破壞黨與非黨團結、迫害群眾，造成對黨不滿。

　　　查被告教條主義，將馬克思主義當成死的聖經，不問客觀情況，硬按清規戒律行事，不顧中國情況，生搬硬套蘇聯經驗，扼殺新生力量。

　　　查被告官僚主義，平日高高在上，不問下情，主觀臆斷，脫離人民，在這次整風運動中，對來自群眾的批評置之不理，反惡意猜測提意見的動機，加以打擊報復。

　　　以上被告由北京大學全體學生公訴來院，經本院審訊被告

對以上罪行供認不諱。爲了整風，徹底根除三害，理應判處被告死刑，但念宗派主義對加強黨性、維護黨的利益、保持黨的純潔有功。教條主義雖然生搬教條，但對減輕腦力勞動、防止操勞過度、遵守馬列主義準則有功。官僚主義對維護領導威信，防止忙於日常瑣事有功、減輕幹部體力勞動過度有功，故免於判刑宣布無罪釋放，今後再有騷亂滋事之徒控告那三個主義，本院定判其誣告罪，斬首公眾，以敬效尤。

　　　　　　　　　　　　　　　　——北京大學整風法院[250]

　　5月22日《光明日報》（版3）發表北師大教授穆木天的〈我的呼籲〉，揭指北師大一貫壓制批評，「教授們心裡積壓了千頭萬緒的苦惱，……不敢大膽提意見，怕再遭一次無妄之災」，並且點名批評校黨委書記何錫麟「老婆孩子一大堆還違法亂紀亂搞男女關係」。23日，北師大中文系學生貼出校內第一張大字報〈謎〉，直指校黨委書記兼第一副校長何錫麟，當天「全校幾乎所有樓的牆，都貼滿了大字報。其實，不少師生的心中都裝滿了乾柴烈火了，只要有了火種，熊熊大火就燃遍了全校，真像火山爆發。」[251]

　　6月初，北師大中文系教授朱啟賢（1910-1968，右派），1938年、1942年兩赴延安（出席延安文藝座談會），美國哥倫比亞大學哲學博士、1949年因反蔣擁共被驅逐（已獲聘哥大教席），亦有激烈「鳴放」：

把人整成如此半死不活應由共產黨負責。秦始皇時代人們敢怒而不敢言，而現在人民是不敢怒也不敢言。[252]

　　6月初，武漢大學大字報、標語、漫畫「不下五千張」。[253]

　　6月3日，安徽師院（蕪湖）出現第一張大字報，不到一天跟出百張，6月9～19日貼出兩千餘張。[254]

[250]　《北京大學右派分子反動言論匯集》，頁194～195。
[251]　《不肯沉睡的記憶》，頁317～318、2～3。
[252]　《內部參考》第2222期（1957-6-5），頁33。
[253]　武漢大學社教辦編：《武漢大學右派言論彙編（二）》，1957年12月，頁64。
[254]　《內部參考》第2235期（1957-6-20），頁3。

（七）南開大學

天津南開大學的大字報也很熱鬧，「右派言論」11項：

1.「三害」根源乃制度不健全、缺乏群眾監督；

2.憲法規定的公民權利未兌現，選舉走形式，主張自由直選；

3.尊重個人自由，反對自上而下的專斷包辦；

4.教授治校，取消黨委領導；

5.反對人事檔案神祕化，個人檔案應公開；

6.反對以階級分析方法劃人等級，反對留學留校只看出身與黨員，反對黨員特權；

7.肅反過火，為胡風鳴不平；

8.程京教授在思想改造運動中被逼瘋；

9.民主黨派無實權，存在「黨天下」；

10.蘇聯干涉別國內政，史達林錯誤是制度必然產物；

11.主張自由平等的辯論，不許給對方扣帽子打棍子。

南開歷史系一年級調幹生張雲鵬（1932-，右派），出身紅色，1946年兒童團長，1947年入「民主青年同盟」（中共外圍組織），1949年入團，1950年入黨參軍，中共中央機要局幹部，2011年憶述：

> 對於上述言論，當時我除了對第11條予以支持外，其他均表示出強烈的反對。反對並不是我對這些議論的危害有什麼認識，也講不出這些議論錯誤在哪裡的道理，只是覺得這些言論與我過去所接受教育的觀點不一樣。以我當時的思維邏輯，凡是和黨的聲音不一樣，與毛澤東的教導不一樣就是錯的，就是反動言論。我是聽黨和毛澤東的話長大的，黨和毛澤東的話就是判斷是非對錯的唯一標準。直到57年為止，我的政治知識只是從報紙、電臺、開會、文件和黨中央領導的著作和講話中獲得，都是統一的聲音，我沒有其他途徑獲取「異質」聲音供我比較和選擇。所以我已習慣黨說什麼，我就絕對地相信什麼；黨叫我幹什麼，我就會忠誠地去幹什麼，從未懷疑和猶豫。這種無知的愚忠和盲從，是我們那個時代多數人最突出的政治品質。

……

57年南開右派學生在鳴放中的政治訴求，主要是民主和自由。對此，我長時間認爲是錯誤的，直到十多年前我看到公開發行的《歷史的先聲》（按：2002年港版）一書，才恍然大悟，原來民主自由並不是當年右派從西方資產階級那裡兜售來的反動黑貨，而是我們黨早在民主革命時期就高舉的革命大旗上赫赫大字寫出來的。……

他（調幹生張孝純）提出「史達林的錯誤是由制度造成」，「我國憲法規定了許多民主自由，但實際不民主」，「黨的利益不完全代表人民的利益」。此外，還鼓吹有些地方應該向資本主義國家學習，主張恢復社會學等等。依我當時的認識，張孝純的言論是完全錯誤的，竟敢說我們黨不民主？黨不能代表人民利益？簡直信口雌黃，反動透頂。[255]

這就是1950年代相當一批青年學生的認識水準，上了七旬才接觸到異質資訊。這麼一位鐵桿赤徒，僅僅因支持同學去聽譚天榮演講，淪「右」。

南開物理系學生劉克敬（右派）：

在輝煌的馬列主義的外衣之下，封建等級制度不僅以最不文雅的形式存在著，被人視爲生活中的正常現象，甚至是×××（好聽的字眼）的現象。[256]

（八）反蘇

反蘇，一大「右」名。龍雲著名「反蘇」言論：

(1)抗美援朝戰爭經費全部由中國負擔，不合理。(2)蘇聯的借款，十年以內還清，還要付利息。中國爲社會主義而戰，結果如此。(3)蘇聯解放我國東北時，拆走了工廠中的一些機器，有無代價？償還不償還？(4)我們援外預算太大，主張抓緊壓縮對外

---

[255] 張雲鵬：〈壯哉57，悲哉57〉，《抹不去的歷史記憶》，頁31、21～22、26～27。
[256] 《南開大學反右資料》（一），頁19。

援助。[257]

1957年7月全國人大一屆四次全會，文化部黨組書記兼中蘇友協總會祕書長錢俊瑞（1908-1985），為蘇軍東北掠劫提供「合法性」：

> 蘇軍幫助我們解放東北時，美國正幫助蔣介石大舉空運軍隊到東北，要使東北成為美國的軍事基地，那些工業裝備如果不搬走，不是直接地幫助了美蔣，大大地阻礙全國的解放麼？[258]

1945年遼寧金州城外八里村，一位剛畢業的師專女生前往辦學，家住縣城，每天步行到校，路邊有一座蘇軍北山兵營。小男生柯興（1939-）：

> 有一次，早晨，已經上課了，可她沒來。我們去接她，一直接到蘇聯兵營也沒接到。我們正愕愕地朝城裡的方向眺望，突然，看見她披頭散髮、衣服撕破了，半裸著上身，嚎叫著從兵營裡跑了出來，彷彿是瘋了一般。……從那以後，我沒有再見到她。後來聽說蘇聯紅軍在小北山上要槍斃兩個犯律的士兵，正要開槍的時候，她跑到山頂上，苦苦地哀求，才把那兩個士兵從槍口底下救了下來。
>
> 1957年整風的時候，聽說她把這件事的經過談了出來。接著反右，她因為「美化自己」、「誣蔑蘇聯老大哥」、「破壞中蘇友誼」的罪名受到批判。1958年，因為她後來執教的那座學校所定右派名額不夠數，便給她戴上了右派的帽子。……有一年暑假回家，聽媽媽說，那年第一個來到我們八里村辦學的女教師投海了，身後還扔下個小女孩。[259]

1956年清華大學師生大會，薄一波受中央委託解釋〈祕密報告〉，工程物理系職工團支書劉鳳麟（1934-），遞條（後成「右」證）——

> 列寧早已宣布取消沙皇俄國對中國的不平等條約。為什麼蘇聯通過伊犁條約和璦琿條約霸占我國黑龍江以北、伊犁河以西的大面

[257] 龍雲：〈思想檢查〉，《人民日報》1957-7-14，版3。

[258] 錢俊瑞：〈徹底粉碎右派的進攻，繼續發展和鞏固中蘇偉大友誼！〉，《人民日報》1957-7-16，版3。

[259] 柯興：《風流才女——石評梅傳》，華藝出版社（北京）1987年修訂版，頁443～445。

積中國領土不歸還我國？[260]

北大學生紀增善（右派）與同學私議：蘇聯教科書將太多科技發明歸功俄人，大國沙文主義，上綱至「誣蔑蘇聯、反蘇、破壞世界人民大團結」。[261]

國府立委、西北大學經濟學教授劉不同（1905-1969，極右）、王捷三（1898-1966，極右）等16人聯合「鳴放」：

> 數年來的學習馬列文化，考驗了社會主義是蠻幹主義，做不到「平」，也解決不了「窮」。社會主義的革命，愈來愈窮愈不公。國民黨時代雖窮，人民有粗茶淡飯可吃，肉與油不缺，共產黨領導社會主義革命與建設已八年了，人民在飢寒線上掙扎，除了黨幹部外，誰都活不下去。就是高級知識分子的我們，也時時心驚肉跳，奄奄一息地度日。……不合人民需要的政策與革命，硬要人民去實行，自然如此地反映，黨要快點覺醒吧！快點放下蘇聯式的馬列文化、社會政策吧！[262]

中國科學院黑龍江流域自然資源綜合考察組成員顧準（1915-1974），十分不滿好處盡歸蘇聯，壞處則落中國，據理力爭。考察組有人將顧準「反蘇」言論寄往北京，1935年入共黨的顧準淪「右」。[263]

中宣部長陸定一（1906-1996），義正詞嚴駁斥「反蘇」：

> 我們同右派的另一個根本分歧，是對社會主義蘇聯的態度。……聯合蘇聯還是反對蘇聯，這是革命與反革命的分界線。中蘇團結是世界和平的主要支柱，是整個人類的最大利益所在。右派……用反動的民族主義思想來煽動群眾，要挑起中蘇之間的不和，……要把蘇聯說成是「赤色帝國主義」，而不是以平等待我的民族。……右派的反蘇活動，在我國是違反憲法的，是不容許的。反右派鬥爭是關係到國家民族生死存亡的鬥爭，……不要聯合蘇聯，那就只能亡國。右派的主張，就是要我

[260] 劉鳳麟：〈向毛匪幫追討血淚生命債〉，《五七精神‧薪盡火傳》，頁511。

[261] 紀增善：〈長夜過春時〉，《往事微痕》第21期（2009-2），頁58。

[262] 《鳴放——反共革命實錄史》，頁58～59。

[263] 《顧準自述》，中國青年出版社（北京）2002年，頁248～249。

們亡國，就是要我們人頭落地。[264]

可惜1960年中蘇赤黨分歧日豁，公開反目，直至中共叫罵蘇聯「社會帝國主義」。但1957年為證明「社會主義優越性」，《人民日報》報導——

〈蘇聯人吃得愈來愈好——食物消費量增長速度占世界首位〉：「美國許多工農業產品的生產量暫時還占世界第一位，但是人民消費水準占第一位卻不是美國。……銷毀食物量，美國稱第一。」（1957-9-23，版6）

〈英國「言論自由」的透視〉，指英國的言論自由「純粹是為了宣傳」、「進步報紙處境難」。（1957-9-24，版7）

〈美國一般家庭生活富裕嗎？〉（1957-9-26，版7）

〈「自由世界」哪有什麼自由——美國人普遍不敢說話〉（1957-12-25，版5）

《文匯報》文章標題：

〈誰說美國有人身自由？〉（1957-8-31）；〈處境可悲的法國學校教育〉、〈美國工人生活「富裕」嗎？〉（1957-9-6）；〈上課吹吹打打，學生知識貧乏——美國大學猶如大幼兒園〉、〈失業籠罩著資本主義世界〉、〈美國少年兒童憎厭科學工作〉。（1958-3-22）

（九）黨性・人性

北京市勞動保護部指導員李蔚林（中共黨員，右派）：

黨員有黨性就不能兼有人性。[265]

北大西語系講師黃繼忠：

黨員同志壓抑著自己的人性，不讓它跟群眾見面，他們和群眾只有改造者和被改造者的關係，人與人之間的正常關係一點也沒有，更談不上友情。有的人入了黨便跟以前無所不談的朋友疏遠起來，見了面僵得無話可談；有的黨員原先和群眾格格不入，群眾關係惡劣，但因為某種原因取消了黨籍，反而變得很可親，也

[264] 陸定一：〈我們同資產階級右派的根本分歧〉，《人民日報》1957-7-12，版2。
[265] 〈北京市工會揭發一批右派分子〉，《人民日報》1957-8-21，版3。

和大家交起朋友來了。……這是一種陰森可怕的風氣，它扼殺黨員的人性，好像黨員有了黨性，就不能兼有人性似的。[266]

北京師範大學一青年學生：

如果我把什麼話都說出來，那我就不準備入黨。[267]

武漢水利學院「鳴放」──

共產黨只有黨性沒有人性。凡是要想入黨的人首先把良心放在脅下，然後狠狠地打擊別人，馬上就有黨員找你談話，凡是黑著良心就能入黨。黨員入黨是建築在別人的痛苦上。

社會主義制度不如資本主義民主。民主成了幌子，憲法失去了作用。共產黨是專制，而且對工農都專制，解放只是解放了共產黨自己。八年了，人民連基本的民主權利都沒有，黨員和我睡在一起就是監視我。[268]

1957-6-13「民盟」中央會議，史良揭批多年密友章伯鈞（《人民日報》1957-6-14，版2），從此絕交。見報當天，章伯鈞：「我相信，史良發言之前是一夜未眠，因為她在決定開口以前，先要吃掉良心。」[269]

紅色軍旅詩人公劉（1927-2003）劃「右」，女兒小麥1958年出生，未吮一口母乳，左派母親拒絕給右派後代餵奶，拋下未滿百日女嬰，棄夫而去。公婆深受打擊，先後辭世，父女相依為命，苦熬赤歲。[270]

（十）外行領導內行

批評「外行領導內行」，劃「右」一大槓槓──「反對黨的領導」。1957年2月，「民盟」文委會議，錢偉長（1912-2010，極右）：

外行不能領導內行！應給內行以絕對的權力！不要找不學無術的人哇哇叫！高教部對高等學校就無學術領導，連一個學術委員會

---

[266] 黃繼忠：〈大膽向黨和黨員提意見〉，《首都高等學校反右派鬥爭的巨大勝利》，頁215。《原上草》，頁277。

[267] 《師大教學》1957年第156期。《「陽謀」下的北師大之難》上冊，頁78。

[268] 《中共重要歷史文獻資料彙編》第22輯第27分冊，〈毒草集〉，頁9、31。

[269] 章詒和：《最後的貴族》，牛津大學出版社（香港）2004年，頁20。

[270] 百度百科・公劉：https://baike.baidu.com/item/公劉/2610316

都沒有。[271]

瀋陽師院講師、「民盟」盟員徐公振（極右，入獄）：

> 學校在人事安排上表現了嚴重的宗派主義。如過去俄語系主
> 任、不識一個俄文字母，當主任只因為他是黨員。過去歷史系主
> 任沒有學過歷史，只因為她是院長的愛人。[272]

一機部第七設計院翻譯組，「領導也是黨員，英文，法文，德文，
俄文——他啥也不懂，他領導什麼呢」？[273]

中國藥學會座談會，衛生部藥品校驗所解崇璋（延安幹部）：

> 衛生部裡沒有懂行的人做藥政領導工作，具有七年以上工作經驗
> 的藥學幹部可以說沒有。[274]

南京大學氣象系主任朱炳海教授（1908-?）：

> 學校的大政方針決策都由幾個科長決定。……馬列主義不能代替
> 業務。而現在卻是對業務不了解的人，可以決定一切，並硬要別
> 人執行。[275]

高校職稱評級，評議人卻是工會與群眾。美國哥倫比亞大學教育學
博士、北師大教授邰爽秋（1897-1976）：

> 學術水準能憑群眾反映和民主黨派、工會的負責人的意見評定
> 嗎？我們有些教授的學術論文，評薪的人，看都不曾看過，甚至
> 連他的專長都不知道，從何知道他的學術水準，從何評起？[276]

瀋陽化工研究院工程師、留美博士時昭涵（1899-1979，右派）：

> [我們單位]人事科幹部文化水準很低，有的還是半文盲，勉強
> 能閱讀人事材料，對科學技術一竅不通，可是他們做的卻是
> 調配技術人員的工作。……有人諷諭這是「喬太守亂點鴛鴦

---

[271] 《新清華》編委：《批判右派分子錢偉長的反黨反社會主義言行（一）》（1957-12）。《中共重要歷史文獻資料彙編》第22輯第63分冊，頁183～184。

[272] 〈高級知識分子暢談心裡的話〉，《光明日報》1957-5-11，版1。

[273] 王旭：〈紅色外語專家毀掉一生〉，《開放》（香港）2014年6月號，頁76。

[274] 〈藥學工作者提出批評和意見〉，《人民日報》1957-6-14，版7。

[275] 〈黨委治校，還是教授治校？〉，《人民日報》1957-6-4，版7。

[276] 〈專家教授在農工民主黨座談會上提出很多意見〉，《光明日報》1957-5-27，版2。

譜」。……目前有些單位把人事科室當作安置老幹部的愛人、眷屬的場所，恐怕是不恰當的。[277]

毛澤東對「外行領導內行」有一系列回應──

「能否領導科學」，只要能領導階級鬥爭，就能領導向自然的鬥爭。（1957-3-12全國宣傳工作會議）[278]

說共產黨不能領導科學，這話有一半真理。現在我們是外行領導內行，搞的是行政領導，政治領導。至於具體的科學技術，共產黨是不懂的。（1957-3-10同新聞出版界代表談話）[279]

一切正義的、有生命的事，開始都是違法的。許多事外行比內行高明。（1958-3-9成都會議）[280]

外行領導內行，這是一般的規律。差不多可以說，只有外行才能領導內行。（1958-5-20中共「八大」二次會議）[281]

（十一）有職無權

全國人大代表、「民革」中常委譚惕吾（女，1902-1997，右派）：

現在政府有一套機構，黨也有一套機構，如政府有工業部，黨內也有工業部，許多工作指示都是從黨內發下去，黨的工作超越了政治思想工作的範圍。……例如，鄉人民委員會形同虛設，一切都聽黨支部書記的；縣人民委員會也是這樣，縣委代替了一切。黨的領導站在政府機構之外或者站在政府機構之上。這樣怎麼不產生宗派主義、主觀主義、官僚主義呢？[282]

「民進」中常委、北大法學教授嚴景耀（1905-1976）：

有一個學校（按：大專），共產黨員的副校長因事出差，學校出了這樣的布告：「副校長因公出差，校內一切事務均由校長代

---

[277]　〈本報編輯部在瀋陽邀請高級知識分子座談〉，《光明日報》1957-5-14，版3。

[278]　《建國以來毛澤東文稿》第6冊，頁376。

[279]　《毛澤東年譜（1949～1976）》第3卷，頁105。

[280]　李銳：《大躍進親歷記》，《李銳文集》第4冊，卷六，頁152。

[281]　《毛澤東年譜（1949～1976）》第3卷，頁355。《毛澤東思想萬歲》第3冊（1958～1960），頁81。

[282]　〈民革中委繼續座談幫助中共整風〉，《光明日報》1957-6-6，版2。

理。」[283]

廣西師院歷史系教授黃現璠（1899-1982，壯族頭號右派）：

現在一般說非黨人士作負責人的都是傀儡，全國都是如此。[284]

國府立委、北京民政局副局長鄧季惺（1907-1995，右派）：

局內好多事情也往往是報紙上發表了才知道。自己分工主管的工作會議不讓參加，如要我經辦把教養院交給教育局的事，開行政會議不通知我，決定了才告訴我。關於家庭托兒站的問題很多，《北京日報》曾經轉來讀者的意見，我簽發要調查處理，結果馬局長壓起來不讓有關同志去處理，也不和我商量，這叫做尊重嗎？[285]

留美醫學專家、國府立委、衛生部婦幼司長楊崇瑞（1891-1983），不給她看黨員幹部檔案：「他是黨員，你不能看。」衛生部流言「楊司長有職無權」、「擺樣子」。楊崇瑞提倡節制生育，劃「右」。[286]

郵電部長朱學範（1905-1996）批准成立教育科，勞資處副處長（共黨）不同意，就沒成立；「三反」擬開除一名幹部，朱學範不同意，監察室副主任（共黨）堅持開除。郵電部內嘲笑語：「處長領導部長」。部務會議，共黨司局長都不參加，只派祕書參加。[287]

武漢大學副教務長兼法律系主任韓德培（1911-2009，極右）：

有職無權，是最使知識分子難堪的。比如說，前年更換俄文系主任的事，我事先就一點也不知道。按道理，我是副教務長，又負責處理俄文系等系的行政事務，對這事應當預聞。……留助教、系主任和教授都無置喙的餘地，決定權操在人事處，而留的助教又往往業務水準不高，只是因為是黨團員就留下來了。……我是副教務長，但是我指揮不動工友，因為他是黨員。……我有一件事去找黨委書記張希光同志商量，他竟對我說：「這事你去和系

---

[283] 中央統戰部座談會發言（1957-5-22），《人民日報》1957-5-23，版1。

[284] 《廣西日報》1957-7-5。轉引自朱正：《反右派鬥爭全史》上冊，頁429。

[285] 〈北京市非黨局長……要求有職有權〉，《人民日報》1957-5-18，版3。

[286] 〈拆掉黨群之間的牆──衛生部檢查統一戰線〉，《人民日報》1957-5-11，版2。

[287] 〈郵電部幹部揭發黨內宗派主義，非黨幹部有職無權……〉，《人民日報》1957-5-13，版2。

祕書商量吧！」這實在不像話，難道我不是副教務長？不是系主任？我不敢決定的事情，卻要請求系祕書來解決？[288]

「民建」（中國民主建國會）中央主委、副總理兼輕工業部長黃炎培（1878-1965），索要各省工業廳長名單，遭拒絕，理由「保密」。[289] 森工部林業經營司副司長張楚寶（1910-？，右派），遭中共司長嚴斥：「公文你要先看，你是正司長？你是共產黨員嗎？」[290]

徐鑄成：

> 我名義是社長兼總編輯，嚴寶禮同志是副社長兼管理部主任，但是實際上，說好聽一點我們只是可有可無的顧問。坦白說，我是長期以來不看自己的報紙的，不是不關心，而是憑我三十年新聞工作的經驗和良心，我是不忍看這樣滿紙教條八股的報紙的。實際負責編輯工作的是一位黨員副總編輯（按：張樹人），他從來沒有做過新聞工作，文化程度似乎也不那麼高明，但他有一套本事，能夠把通的文章改成不通，把所有的稿件改成教條八股。……另一位名義是祕書實際掌握管理和人事大權的同志，也是氣焰萬丈，善於製造矛盾利用矛盾來樹立自己的權威……。《文匯報》內部不僅黨群有矛盾，黨內也有矛盾，牆內有牆，牆外有溝，一般幹部對報紙前途都沒有信心，過一天算一天。[291]

不僅黨外幹部無權，黨內省長也要聽副省長的。如浙江省長沙文漢（省委常委）就得聽副省長霍士廉（省委書記，分管政府）。1956-7-23浙江二屆一次黨代會，沙文漢發言提綱：

> 我們的人民委員會是很形式的，不但是表決機器，甚至無問題可表決。
>
> 我們人民代表大會常常很形式主義，代表有些像客人。

288　〈武漢知識界談黨群關係問題〉，《光明日報》1957-5-17，版3。

289　《「牆」和「溝」的問題》（「鳴放」輯錄之三），頁16。中國政治法律學會資料室編：《政法界右派分子言論彙集》（內部讀物），法律出版社（北京）1957年9月，頁23。

290　〈把心裡的話說出來〉，《人民日報》1957-5-25，版4。

291　徐鑄成：〈「牆」是能夠拆掉的〉，《文匯報》1957-5-19，版1。

「以黨代政」的總根子來自毛澤東的「黨政一條鞭」。[292]

（十二）文藝界

1957-5-13全國文聯座談會，吳祖光：

我活到40歲了，從沒看到像這幾年這樣亂過。遇見的人都是怨氣沖天，不論意見相同或不相同，也不論是黨員或非黨員、領導或被領導，都是怨氣沖天。……過去從來沒有像這樣「是非不分」、「職責不清」，年輕的領導年老的，外行領導內行，無能領導有能……。過去作家藝術家都是個人奮鬥出來的，依靠組織的很少。馬思聰之成為馬思聰是他個人苦學苦練的結果。現在一切「依靠組織」，結果變成了「依賴組織」。個人努力就成了個人英雄主義，……作家、演員長期不演不寫，不做工作，在舊社會這樣便會餓死，今天的組織制度卻允許照樣拿薪金，受到良好的待遇。做了工作的會被一棍子打死，不做的反而能保平安……。鼓勵不勞而食、鼓勵懶惰，這就是組織制度的惡果。解放後我沒有看到什麼出色的作品。……組織力量把個人的主觀能動性排擠完了。……組織制度是愚蠢的，趁早別領導藝術工作。電影工作搞得這麼壞，……因為一切都是領導決定的，甚至每一個藝術處理、劇本修改……也都是按領導意圖做出來的。一個劇本修改十幾遍，最後反不如初稿，這是常事。

吳祖光還指斥有人靠積極鬥爭別人而入黨；電影局「肅反」鬥爭某女，丈夫離婚別娶，後來證明鬥錯了，人家夫妻已被拆散。[293]

吳祖光還有「右」言：

解放後哪件事做得出色，實在想不出來。社會主義優越性在哪裡？[294]

北京市京劇一團團長李萬春（1911-1985，右派）：

---

[292] 浙江省委會議沙文漢發言（1956-7），沙尚之（沙文漢之女）提供（2021-1-30）。

[293] 《荊棘路》，頁75～76。

[294] 錢俊瑞：〈必須徹底把吳祖光的畫皮剝開〉，《戲劇報》（北京）1957年第17期。《中共重要歷史文獻資料彙編》第22輯第36分冊（2007），頁11。

黨領導幹部根本不明藝術，一律以馬列教條、社會主義的結合，為他高高在上的領導顯威風，嚇唬他人，似乎拉屎撒尿都要結合社會主義才拉撒得正確。[295]

《文藝報》青年編輯閻綱（1932-　）：

1957年鳴放期間，艾青出言不遜：「《文藝報》是公共廁所，誰願意拉屎誰隨便拉。」又聽說《詩刊》派人去看馮雪峰，請教怎樣才能把《詩刊》辦好，雪峰回答說：「要麼辦成十九世紀的《詩刊》，要麼辦成二十一世紀的《詩刊》。」《文藝報》重點聯繫對象是「南姚（姚文元）北李（李希凡）」。我負責聯繫李希凡……[296]

《人民文學》編輯部主任呂劍（1919-2015，右派）：

[《人民文學》]首先是不信任國統區的非黨作家，把範圍局限得非常之小，只有解放區少數幾個作家才有可能發表作品，……大部分作家站在門外我們卻不敢找。老舍的劇本《春花秋實》都不能發表，說是作者未經很好改造。……我接觸了許多黨員作家，他們對茅盾、郭老都瞧不起，認為這些人只能談技巧。這兩位作家都未受到重視，可以設想其他作家的精神狀態。[297]

1956年4月崑曲《十五貫》進京，得毛澤東讚賞，周恩來連看兩場，5月18日《人民日報》社論〈從「一齣戲救活了一個劇種」談起〉（田漢執筆），指該劇為「雙百方針」產物。《十五貫》在京連演46場，各劇種改編，搬上銀幕。但《十五貫》此前差點胎死浙江，省委文教書記林乎加認為清官戲未貫徹「文藝為政治服務」，通知省委書記處不要去看預演。反右一起，力推《十五貫》的省委宣傳部副部長兼省文化局長黃源、省文聯主席宋雲彬、觀看此劇的省長沙文漢、省委宣傳部代部長陳修良皆淪「右」，扶持《十五貫》成了「支持修正主義文藝路線」。參與《十五貫》改編的省文聯祕書長鄭伯永、編劇陳靜也淪

[295]　《鳴放——反共革命實錄史》，頁48。

[296]　閻綱：〈舊時《文藝報》，曾是雨打風吹處〉，《北京青年報》2015-12-3。
　　　https://cul.sohu.com/20151203/n429519781.shtml

[297]　〈加強團結，克服宗派主義〉，《文藝報》1957年第11號，頁3。

「右」。[298]

北京文學界「四隻小天鵝」──劉紹棠、王蒙、鄧友梅、叢維熙（前三名中共黨員），剛剛展翅即折羽。[299]青年作家「右派」：高曉聲（被捕）、張賢亮、李國文、白樺、徐光耀、張弦、孫靜軒、梅汝愷、陳椿年，⋯⋯江蘇「探求者」文學社，幾個文學青年活動18天，遭罪22年。[300]1956年11月四川文學創作會議，95%出席者淪「右」。[301]

五、民間真聲

「鳴放」期間，上海同濟大學千人大會，市人大代表、校團委組織部長、衛生工程系助教汪長風（1932-，極右）：

> 肅反是對人類道德的進攻，對人類心靈的摧殘。⋯⋯我當時也是一個肅反積極分子，我也曾搜查過別人的信件，做過違背自己良心的事，破壞自己的人格，這是多麼卑鄙啊！⋯⋯可是在當時的氣氛下認為這樣做是對的。但是我不願道歉，這是要由黨來負責的。⋯⋯肅反是方針政策的錯誤，不單是方式、方法上的錯誤。⋯⋯黨的基層組織是完全被教條主義所扼殺。黨組織往往只吸收一些唯唯諾諾、謹小慎微、沒有能力的人為黨員，做他們的狗腿子、應聲蟲⋯⋯

全場鴉雀無聲，旋掌聲經久（伴隨歡呼聲）。[302]

廣州水力發電設計院，「一群社會主義的革命技術幹部」貼出第一張大字報〈電是紅的？〉：

> 為什麼本院每一個科室都要派不懂科學、文化有限的轉業幹部（指軍佬）來負責領導呢？事實一再多方面證明，他們那種用行

[298] 陳修良：〈西湖紀事〉（1993），沙尚之提供（2021-1-30）。陳修良：《生活的考驗──對二十二年經歷的回顧》，上海社會科學院自印本（1987），頁6～7。
[299] 《走向混沌──叢維熙回憶錄》，頁339。
[300] 朱正：《反右派鬥爭全史》下冊，頁118。
[301] 張先癡：《格拉古實錄》，秀威（臺北）2014年，頁120。
[302] 〈肅反是對人類道德的進攻〉，《人民日報》1957-6-25，版3。原載《解放日報》（上海）1957-6-17。參見《鳴放回憶》，頁112。

政命令代替科學研究的官僚作風的做法，已使我們的工作受到了
難於估計和不可補償的損失，……尤其動不動用「反對我的意
見便是反對黨的領導」的指揮棒，壓制了多少同志們的正確意
見！打擊了多少同志們的積極性！如以文銳副院長（兼設計處處
長）為首的老幹部，動輒訓人鬧人，甚至對人人尊敬的李卓總工
程師等也任意當眾斥罵，更令人不能容忍的是不少的處長科長亂
改業務報告書和擅加任務數字，更把科學與政治混為一談……

一小時後，該院貼出四百多張呼冤喊屈的大字報。[303]

5月30日中國人民大學禮堂，林希翎（1935-2009，極右）演講：

胡風的意見書和三批材料都不是確切的根據，……胡風的建設性
意見是正確的，文藝競賽是對的。如果沒有新的材料，應該趕快
給胡風平反。我向主席進一言，在這方面主席是有錯誤。我們國
家《十五貫》的現象太多。現在對領導有意見就是反領導，反領
導就是反組織，反組織就是反黨，反黨就是反人民，反人民就是
反革命。完全是史達林的公式。[304]

華東師大「爭鳴」黑板報，〈請結束恐怖政策吧！〉──

我們精神仍然被踐踏著，自尊心受到了破壞，彷彿非黨團都是落
後分子，我們一言一語都會受到黨團像無線電那樣快地傳到組
織耳朵中去，並且隨時都可能被扣上帽子，使我們在社會上都
被鄙視，各種社會權利（精神和物質）因而也受到影響，低於黨
員。反之，一些見風使舵的人能替黨充當「密諜」的人都大有作
為，這種現象氾濫於全社會，簡直不能枚舉。……起來吧！把許
多特務式的黨團員改造過來。……為什麼黨團員處處監視我們
呢？……清除恐怖氣氛吧！讓我們從精神苦海中解放出來吧！尊
重我們吧！[305]

雲南大學的聲音：

我們現在的社會主義不是真正的社會主義，是不民主的，

---

[303] 小鍊：〈廣州水力發電設計院鳴放記〉，《鳴放回憶》，頁50～51。

[304] 房文齋：《昨夜西風凋碧樹──中國人民大學反右運動親歷記》，頁78。

[305] 《提高警惕・粉碎右派陰謀》，1957年7月編印，頁102～103。

沒有資產階級的民主傳統，是在封建基礎上產生的非典型的社會主義。

　　　現在比歐洲中古時代還要黑暗。[306]

合肥市民建、工商聯主委，副市長張東野（1889-1974，右派）：

全國除一千二百萬共產黨員，五億多人民都對共產黨有意見，如骨鯁在喉。[307]

留美理工博士、清華教授徐璋本（1911-1988，極右，入獄18年[308]）：

以馬克思主義作為指導思想，一定要產生教條主義。……任何一個學說都不能包括全部的真理。經濟與生產是人們自己組成的，因此說經濟環境決定人的思想就是教條主義。……一切都以此為根據，就會限制了自己。……要廢除以一種學說來指導一切的限制。……建議取消用馬列主義作為我們的指導思想。[309]

1957-5-25劉賓雁急函毛澤東（請「中辦」轉呈）：

　　共產黨的幹部利用特權剝削人民，是剝削集團。這種剝削很巧妙，不必占用生產資料，直接利用特權而無償地占用勞動人民的剩餘勞動。

　　共產黨在中國的實踐結果是觸目驚心的獨裁政府，集中地表現在政治特權和經濟特權上。[310]

致公黨中央辦公廳主任祕書、歸僑謝白寒（1919-2011，右派）：

基層幹部比國民黨保甲長還壞。

共產黨要的是奴才而不是人才。[311]

1957-6-1「九三」學社太原分社籌委座談會，山西大學中文系教授姚奠中（1913-2013，右派）：

有些人好說「體會領導意圖」這句話，這只能訓練奴才。也有人

---

[306] 《中國往何處去》，成文出版社（香港）1979年，頁12～14。

[307] 《情況簡報（整風專輯）彙編》（1）1957-6-30。《反右絕密文件》第1卷，頁25。

[308] https://laogairesearch.org/prisoner_stories/徐璋本/?lang=zh-hant

[309] 〈清華大學教授繼續座談〉，《人民日報》1957-5-25，版4。

[310] 《劉賓雁自傳》，頁98。

[311] 〈致公黨揭發了到處放火的謝白寒〉，《人民日報》1957-8-30，版2。

說「幹部無才便是德」。總之是不許人獨立思考。[312]

國務院參事、前國府司法部政務次長、國立政治大學教授楊玉清
（1906-1995，右派）：

八年來培養的是什麼人？培養的是抬轎子的人。至今還有人不願
下轎子，那些抬轎的人也還不願放轎桿。一切發源於北京，亂搞
就從北京亂搞起。[313]

批評毛澤東

1957-5-15教育部長張奚若（1889-1973）直擊中共要害：

好大喜功，急功近利；鄙視既往，迷信將來。[314]

5月18日，陳銘樞致函毛澤東：

最敬愛的毛主席……[您]自不免於個人修養上熱而不淡，疾而不
舒，躁而難寧，察而難周之失，也難免於影響到察人聽言、決策
定計的睿斷，以及在政策措施上的畸輕畸重、失緩失急……。您
樂於與非黨人士接觸，這是難能可貴的，但我從旁觀察，所常接
觸者仍多趨附之輩，耿介[不]苟者，實屬寥寥，至於能犯顏敢諫
者，我尚未見其人。……爭名獵位、祿蠹充斥，以至黨內有不平
之氣，黨外亦嘖有煩言。尤其甚者新社會風貌受其玷污……，此
種世俗之見雖由悉已久，但以革命為幌子，包藏卑媚，相習成
風……。我感到您有時尚不免為喜怒所乘，在一個浪潮之下，輕
於挫傷高級幹部的自尊心和他們的固有地位。……您有時尚不免
輕信幹部的虛假彙報與教條主義的分析方法，未經鄭重細緻的研
究，即做過激的決定。……您對古典文學尚有不尊重之處……[315]

5月23日北京大學「三角地」，林希翎首次演講：

胡風是不是反革命？……現在看來加給他反革命罪名的根據是很

---

[312] 《山西日報》1957-6-5。參見朱正：《反右派鬥爭全史》上冊，頁265。
[313] 〈法學界人士批評立法工作緩慢〉，《人民日報》1957-6-5，版2。
[314] 〈各民主黨派負責人……提出尖銳批評……〉，《人民日報》1957-5-16，版4。
[315] 《內部參考》第2257期（1957-7-15），頁3～7。《人民日報》1957-7-15，版2（摘要）。

荒謬的。……為什麼向黨中央提意見就是反革命呢？這是史達林主義的方法，……現在的生活是公式化概念化的、機械的單調的。他反對毛主席〈在延安文藝座談會上的講話〉，毛主席說文藝要為工農兵服務，這個講話是抗日時期發表的，現在情況變了，知識分子也成了工農兵了，不適用了。毛主席的話又不是金科玉律，為什麼不能反對呢？[316]

1943年入共黨的廈門市委宣傳部副部長陳中（1926-，極右）：

黨外沒有民主、自由，黨內更沒有民主、自由。美國可以批評艾森豪‧威爾，中國誰敢批評毛澤東？[317]

陝西師院講師王尊一〈「三害」應向黨中央和毛主席那裡挖〉：

共產黨驕傲起來了，以為天下是我們打下的，政權應由我們掌握，好官我自為之，人民只能聽從共產黨的命令、指揮和擺布，人民哪有憲法上賦予的思想、言論的自由。現在我們國家的主席只有兩個，國務院總理有十餘人，但都沒有一個黨外人士，這算不算是中央的宗派主義的表現呢？在政治體制上說，這算不算是一個「人民民主制」的國家呢？元朝時候，把全國人民分為四等，……今天，全國人民也可分為四等，第一等最高貴的人是共產黨員，第二等是共青團員，第三等是民主黨派，第四等是群眾。……和元朝、清朝又有什麼區別呢？……我要向中國共產黨和毛主席呼籲：一、開放政權，建立一個真正的人民民主國家；二、真正給人民以思想言論的自由，解放人類個性；三、把民主的尺度放寬些，給人民以真實的民主生活；四、我要求毛主席，我要求你走下你的寶座，深入農村，看看農民的生活情況。[318]

1957年8月，湖北廣濟縣風水港鄉社主任（共黨）：

毛主席是李闖王，進了北京忘了農民。現在合作社，如有一百人，就有九十人反對共產黨，共產黨已到危險階段。滿清、日本

---

[316] 《原上草》，頁151～152。

[317] 〈福建省文聯集會揭發陳中和楊夢周的謬論〉，《人民日報》1957-8-12，版2。

[318] 《陝西日報》1957-6-12。《人民日報》1957-6-15摘轉，版3（「什麼話」）。

鬼子、國民黨都完蛋了，共產黨也要完蛋的。[319]

1957-4-6上海文化局幹部孫力行（13年中共黨齡），致函毛澤東：

> 你的官僚主義也很嚴重。你的膽子很小，甚至連在報紙上公布我的意見的勇氣也沒有。所以我寫了這封報導共產黨員惡劣行為的信給你，隨你看也好，不看也好，反正這是我最後一次向你報告了，也是最後一次尊重你及你的黨吧。……人民現在慢慢覺得國民黨回來倒好。[320]

烈女馮元春

1957-6-12四川大學大禮堂，生物系四年級女生馮元春專場「辯論會」，兩千餘人到場（二十餘名記者）。灌縣農家女馮元春（1935-1970），講題〈毛澤東是偽馬列主義者，共產黨是三大主義武裝的最巧妙最殘酷的剝削集團〉，陣陣驚嘩——

> 高饒被捕的罪名是反黨中央、反毛主席。黨中央與毛主席有缺點，難道就不能反嗎？高饒沒有反人民，他們也沒有和暴力集團聯繫，而毛主席卻以暴力逮捕他們。這是違反憲法的。報上公布高饒另一罪名是生活腐化、污辱婦女，但為什麼被污辱的婦女卻沒有提出控訴呢？因此，毛主席是犯了錯誤的，是史達林思想在作祟。
>
> 毛主席經常說「言者無罪，聞者足戒」，為什麼胡風上書二十萬言就成了罪人？這不是毛主席自己打了自己嘴巴了嗎？從高饒、胡風事件就可以看出毛主席是一個偽馬列主義者！毛主席是中國再次出現的劉邦。
>
> 1954年農村鬧糧荒，這個集團壓制了農民的呼聲，在報刊上說是地主富農的叫囂，實際上許多農民沒糧食吃，到城鎮上去搶購飯來充饑。當時，政府糧倉卻滿滿的。1955年砂糖收購，政府規定的價格很低，但又必須賣給政府，這就叫「強迫賣糖」，

---

[319] 〈湖北省委關於農村整頓的部署和當前執行情況的報告〉（1957-8-24），《農業集體化重要文件彙編（1949～1957）》上冊，中共中央黨校出版社1981年，頁716。

[320] 本報訊：〈孫力行是右派潑皮〉，《文匯報》1957-7-21，版2。

這也是剝削。1956年工資改革，實際改革得利的是那些大幹部，是那些共產黨員。共產黨這個剝削集團是最巧妙的，殘酷是空前的。

　　目前國家的生產、文化、教育機構中的行政人員非常臃腫，特別是那些不務正業、專門監視別人言論行動和思想的政治工作人員，他們美其名曰改造別人思想，實際上是狗屁不通，只會扣帽子……，他們就這樣靠吸取別人腦汁而生活，他們對待老教授那樣橫蠻無理，是最卑鄙的一種人。[321]

全場不斷爆出掌聲、噓聲，掌聲大於噓聲，辯論會在各種遞條及激烈反駁中匆匆收場。馮元春成績很好，每年拿到助學金，劃「極右」，再以「現反」逮捕，判刑20年，文革在獄中高呼「打倒獨裁暴君毛澤東」，1970-7-1成都公審，遊街槍斃。[322]

1979年四川省21名「右派」未予改正，馮元春為其一。[323]

民主成「黨主」

1957-5-15昆明師院，中文系一年級學生蔣正富16張「反動標語」——

　　打倒專制獨裁！廢除共產黨的一黨專政！不要在學校建立黨團制度！反對共產黨製造人為的矛盾，把人分為黨團群！共產黨若再不取消一黨專政，我們就要反對到底！[324]

5月29日，黨團員最多的中國人民大學，署名「哭聲」的大字報——
　　取消政府機關及工廠企業中黨的領導；共產黨經費不能從國家經費中開支；邀請資產階級學者來華講學、允許出版禁書。[325]

6月6日北師大中文系三位畢業班學生的〈民主乎？黨主乎？〉——
　　　　1949年至今已八年，保障人民主權的憲法也頒布了。有腦

---

[321] 《內部參考》第2233期（1957-6-18），頁8～17。

[322] 鐵流：《走錯房間的右派精英》，頁306～313。

[323] 《四川省志‧大事紀述》上冊，四川科技出版社1999年，頁194。
　　維基百科：未獲改正的右派。https://zh.wikipedia.org/wiki/未獲改正的右派。

[324] 《雲南日報》1957-7-11。《中共重要歷史文獻資料彙編》第22輯第46分冊，頁71。

[325] 《內部參考》第2217期（1957-5-30），頁3。

筋的人想一想，民主生活是否充分？答案是否定的。所謂「民主」者空有其名……，一切民主權利概無保證，黨獨攬一切、專斷一切，黨即人民全體，黨即國家，黨即法律。所謂「民主」者實際上已被黨主所代替。略舉一二事例：

憲法規定人民有選舉權，然而人民代表已由黨內定。人民不認識代表，代表不認識人民。

憲法規定人民有言論自由，然而報刊、廣播、電臺均為黨所壟斷，凡發表有與黨的調子不諧和的言論，概以反革命論罪。

憲法規定人民有集會、結社自由，然而凡結社、集會不經黨批准，並接受其指定的領導人，均有可能冠以反革命罪。

憲法規定人民有人身自由，然而「肅反」表明：各級黨組織負責人都有權以黨的名義，限制任何一個正直的公民的自由。

毛主席說現階段我國政權性質是人民民主專政，然而黨包辦專斷一切，民主黨派只是充當傀儡，人民民主其名，一黨專政其實。

黨的中央委員會是一千二百萬黨員的代表大會選舉的，然而黨中央向全國六億人民發號施令，人人均得服從。

憲法規定政府向民主機構人民代表大會負責，然而實際上政府的一切政策均由黨來決定，政府只對黨負責，人民代表大會空有其名。……反對以「黨主」代「民主」。把民主權給予人民，讓人民有享受憲法所賦予的民主權利的充分保障。[326]

6月2日，北大歷史系學生龐卓恆（1935-，右派）公開退黨：

北大黨委會並轉中共中央：

四年前的今天是我加入中國共產黨的日子，四年後的今天是我退出中國共產黨的日子。……馬克思列寧主義被宣布為黨的靈魂，由於我對馬克思列寧主義社會學說的否定，導致我思想上對黨綱黨章的許多條文和黨在管理國家方面許多重大政策不能接受，只好決定退黨。

---

[326]　《不肯沉睡的記憶》，頁318～319。

6月28日，北大地質地理系學生鄭瑞超（極右）大字報：

> 為什麼我們的領導先生只允許我們學習馬列主義？這還不是要把我們裝在封閉的容器裡？[327]

中國人民大學新聞系中共調幹生李之傑（1932-，右派）：

> 我嚮往資本主義自由。現在搞壁報還得黨委批准。普選時，我沒有感到興奮和激動，提名選舉實際就是圈定。
>
> 黨干涉我的自由和創造性。黨首先是為自己的黨員，特別是為高幹謀福利的，這些黨員「先天下之樂而樂」。黨已經成了一個自私自利的政治集團。我懷疑黨的光榮、偉大、正確。蘇共犯了錯誤，為什麼中共就沒有錯誤呢？難道中共沒有個人崇拜嗎？中共就是毛主席說了算數。……黨員地位高，到處受歡迎。團員就不如黨員的社會地位高，民主人士就更不用說了，不入黨甚至連對象都找不到。[328]

1957-6-10《瀋陽日報》刊載「鳴放」：

> [中共]自吹自擂地宣傳自己偉大、光榮、正確，把自己擺在國家之上、人民之上，大有「黨即國家、國家即黨」的氣派。
>
> 這幾年來是沒有真正的社會主義的民主的，連資本主義國家的假民主也沒有。憲法成了一紙空文，黨可以不遵守它。[329]

「反動」言論

上海華東師範學院——

> 歷史系黑板報登出署名「楚歌」的〈告全體同學書〉，聲稱：「三大主義是一母所生的難兄難弟，這個母體即是共產黨人的專制集權，因此造成人民沒有自由，沒有民主，人與人之間不平等，人身的生存沒有保障。」「我們要向共產黨呼籲，我們要民主，要自由，要平等，要有人身神聖不可侵犯的權利，我們反對共產黨人專制集權，我們要求祖國文化獨立自主，我們要反對他

---

[327] 北京大學社教委：《北京大學右派分子反動言論匯集》，頁131、128。

[328] 房文齋：《昨夜西風凋碧樹——中國人民大學反右運動親歷記》，頁86～87。

[329] 《沈陽日報》1957-6-10。轉引自丁抒：《陽謀——反右派運動始末》，頁162。

民族的文化奴役。」

包頭建築總公司工程師翁經漁：

推翻共產黨領導的時機已到。（手敲工程處黨委的牌子）你當心，
這牌子能掛得牢嗎？[330]

包頭道路公司工程師、「民革」成員丁樹堯（右派）：

全國都一樣，大部分黨員都是壞的，包頭有2/3的黨員不好，好
的是個別。[331]

廣東話劇團演員許權偉（右派）：

中國將來一定會來一次匈牙利事件，我一定參加進去。如果再搞
兩次像肅反這樣的運動，我便參加國民黨，到香港當特務，拿機
關槍回來掃死你們。[332]

廣州第19中學語文教師謝抱真（右派）：

如果共產黨不好好解決矛盾，人民反起來就會像蒙古人統治時期
殺色目人一樣，統統殺光。歷史上幾千年沒有共產黨，中國也沒
有亡。土改冤枉了多少好人，要翻案。[333]

太原鐵路局設計所助理技術員、團員王少英（右派）：

中國應分成兩半，以長江爲界，長江以南歸蔣介石領導，以北歸
共產黨領導，讓任何一國援助共產黨，讓美國援助蔣介石，雙方
競爭。中國如果也像匈牙利一樣鬧大民主，我是一個積極擁護
者。在鎮壓反革命運動中，殺了「好人」，不能白白算了，應該
以命抵命。社會主義國家的道德不昌盛。封建社會的人，非常講
信義非常老實。現在的人很多不誠實、虛僞，是僞君子。[334]

原青島隆生號山貨店主于鳴滋「鳴放」——

毛澤東不如蔣總統好。現在的青島市長李慕，趕不上淪陷前的沈
鴻烈市長。現在的一些人民代表，實在是一堆骯髒的垃圾。[335]

---

[330] 《大公報》1957-8-21。《「鳴放」選萃》第2冊，頁259。

[331] 〈在反右派戰線上〉，《人民日報》1957-9-8，版2。

[332] 〈右派分子許權偉受到批判〉，《人民日報》1957-8-12，版2。

[333] 〈謝抱真和萬佩琦是一樣貨色〉，《人民日報》1957-8-7，版3。

[334] 〈右派分子王少英理屈詞窮〉，《人民日報》1957-7-30。版2。

[335] 《青島日報》1957-7-29。《大和尚與小和尚》（「鳴放」輯錄之一），頁51～52。

1925年曾入共黨的沈志遠，提出根本性意見：

> 「三害」的根子在社會制度，社會主義制度缺乏自由民主，應實行「多黨制」，民盟應成為能與中共分庭抗禮的政黨；恢復西方政治學、社會學；經濟上，反對計畫經濟，私企在技術上應有領導權；反對國家壟斷劇團、出版等業，應向社會開放，成立獨立的同人出版社；恢復私人診所，開放聘用人才的「自由市場」；高校應變黨委制為專家制；學術界「死氣沉沉」、「沒有生命」，文藝界、醫衛界、教育界、出版界也「糟得很」。

> 共產黨成了一個結黨營私的宗派集團，共產黨員與各級領導嚴重脫離群眾，成了「特權領導階級」；人事部門成了「鬼鬼祟祟、關起門來包辦政治的特殊人物」，黨同非黨之間的「牆」是一千二百萬共產黨員和六億三千八百萬非黨員之間一道「萬里長城」。[336]

「民進」廣西副主委、廣西文聯副主席胡明樹（1914-1977，右派）：

> 不實行馬列主義、社會革命，人民有溫暖的度日；實行馬列主義社會革命，人民吃不飽穿不暖，飢寒交迫過日。……無論何種主義與革命，不能使人民無衣食，人民到了無衣食的這一天，又算什麼政治、什麼主義和革命？……今天的人民無衣無食，已革了八年的命，愈革愈苦……是資本主義時代好，還是社會主義時代好？黨務必要放棄社會革命的主觀……[337]

北大數力系三年級生楊路（1936-，右派）：

> 現在各社會主義國家的政治制度都不是理想的，主要是不民主。共產主義運動目前處於低潮，其原因：各國社會制度、各國共產黨內部存在根本性缺陷（不民主），領導代替了群眾思維，需要根本性變革。

> 「無產階級專政」是否必要是可以懷疑的。

---

[336] 〈沈志遠理屈詞窮低頭認罪〉，原載《今日新聞》（北京）1957-9-1；《新華半月刊》（北京）1957年第19期（1957-10-10），頁26。

[337] 《鳴放——反共革命實錄史》，頁101～102。

只要有統治集團存在就必然會產生官僚主義、宗派主義。

社會主義經濟也有其消極的一面，就是不能最好地鼓勵勞動者的積極性。

如果搞得不好，連資產階級社會那一點民主也沒有。有些知識分子嚮往資產階級的民主自由是有道理的。

目前黨執行「愚民政策」表現在封鎖消息，不公布赫魯雪夫的祕密報告及南斯拉夫的資料等。

人道主義是最高準則，共產主義不過是實現人道主義的一個階梯，人首先是有其共性──人性，而後才有階級性，我們現在是過分強調階級性而忽視人性。[338]

中國人民大學工業經濟系講師王德周（極右）：

共產黨勝利了，為什麼今天垮得這樣？……現在黨快吃垮了。現在黨內有90%幾的黨員鬧宗派，甚至「無惡不作」。鬧事要架機槍，這是可以的，麻煩的是怕機關槍倒過來打。[339]

7月5日，化工部中共黨員閻義采（右派），〈兩黨制適合中國國情〉：

在共產黨領導的隊伍裡，我倒是虛度了十幾年，由軍隊到學校、由學校到機關，到處周圍的環境冷冷冰冰的，度日如年，如坐針氈。……有人說蔣介石也能建設社會主義，我認為有些根據，蔣介石在臺灣也在進行經濟建設。[340]

武漢水利學院〈「毒草集」〉（1957年8月）：

共產主義不一定是人類最高理想。紅旗飄過的地方仍舊是黑暗。解放前青年人沒前途，解放後仍然無出路。

資本主義制度也有好的，即便政治制度也不能完全否定，如議會制、國會制總比一黨專政好。

---

[338] 〈關於楊路的一些材料〉，《北京大學右派分子反動言論匯集》，頁14～15。
[339] 《人民日報》1957-6-9，版2。《提高警惕‧粉碎右派陰謀》，1957年7月編印，頁63～64。
[340] 《情況簡報（整風專輯）彙編》（6）1957-7-20。《反右絕密文件》第1卷，頁286。

今天的社會太黑暗了，農民過著悲慘的生活。火車站有大批難民流離失所，真是飢寒交迫目不忍睹。我要大聲疾呼：如果這樣下去定會亡黨亡國。

這次鳴放是中央耍滑頭。整風就是誘敵深入聚而殲之。共產黨整風是掛羊頭賣狗肉。[341]

小結

「鳴放」雖有一些「惡攻」（整體很微弱），絕大多數還是響應號召「為黨好」，為中共剔錯糾偏，划的還是社會主義的槳，僅極少數意識到馬列歪邪。

「鳴放」出於中共恩賜，取決中共容忍度，民主黨派毫無政治制衡能力，中共又任由毛澤東隻手雲雨，全黨認同階級立場看待「鳴放」，不期然而然滑向「反右」，至少政治局常委集體簽字。

1957-5-25劉少奇：

人民會走上街頭，……大學和中學已經在活動中，……我們將無法堅守陣地。……如果我們不能控制事態，那麼很快成百萬的人將會起來，使我們處於無能為力的地步，這對我們將是不利的。[342]

---

[341]　《中共重要歷史文獻資料彙編》第22輯第27分冊，頁13、37。
[342]　（英）麥克法誇爾：《文化大革命的起源》第1卷，河北人民出版社1989年，頁345。

第四章　這是為什麼？

　　1949年中共得國之日，即走向失敗之時，醜媳婦（共產主義）得出見公婆，理論要聯繫實踐了。暴虐土改、血腥鎮反、恐怖肅反、思想改造、強迫合作、吞併私業，赤魔漸顯原形，「社會主義優越性」成為政治諷刺。賈誼：「仁義不施而攻守之勢異也。」（〈過秦論〉）

　　政治態勢上，反右源於中共拒不認錯，不僅政治利益上不可能低頭，思想認識上也意識不到方向偏誤，習慣性將所有錯亂歸為「一根手指頭」，再次將證示「社會主義優越性」推向未來。1957年1月省市第一書記會議，毛澤東：「合作化一定能化好，但是一兩年內不可能完全化好。」[1]

　　1957-6-10，毛澤東批示──

> 　　一個月後，學校將放暑假，許多學生將回家鄉。你們應當立即通知地縣區鄉四級，特別是鄉級，預作準備，……向回鄉學生解釋合作化的優越性，解釋二類社三類社現在所以還沒有辦好的理由，過幾年就會辦好的。[2]

　　1980年10月，中共高幹：

> 　　1957年所以發動那麼一場大規模的反右派鬥爭，就是為了護短。因為所謂的右派揭了我們的短，指出了我們黨的不少缺點錯誤。[3]

一、「六‧八」社論

　　反右號角吹響前，準備已悄悄拉開。林希翎上校園小樹林都有人監

---

[1]　《毛澤東選集》第5卷，頁332。
[2]　《建國以來毛澤東文稿》第6冊，頁502。
[3]　李銳：〈討論《歷史決議（草案）》的摘記〉，《李銳文集》第5冊，卷九，頁54。

視，北大學生來找她，傳達室立即上報。[4]1957-5-27林希翎第二次上北
大演講：

> 幾天來北大學生川流不息地到我處拜訪，其中一個同學說，我向
> 你自首，上次在會上擾亂秩序，破壞你的發言，都是支部書記布
> 置讓我做的。[5]

北大學生刊物《廣場》也有臥底譚金水（東語系學生），「其言
最烈」。[6]1958年5月底，《廣場》骨幹都判刑，唯獨譚金水「教育釋
放」。1998年北大百年校慶，譚金水未回校，陳奉孝打電話過去立掛、
致函不覆。[7]

6月6日，毛澤東下達〈關於加緊進行整風的指示〉，部署「反
右」：

> 時機一成熟，即動員他們反擊右派和反動分子。這是一場大規模
> 的思想戰爭和政治戰爭，我們必須打勝仗，也完全有條件打勝
> 仗。黨內團內一部分右傾分子叛變出去，是極好的事，切記不要
> 可惜。[8]

6月6日《人民日報》，唐生智：「幫助共產黨整風，是為了鞏固
黨的領導，為了明辨是非。」（版2）。吳大錕：「有些人是在反對教條
主義的旗幟下反對馬列主義。」（版3）6月7日《人民日報》，盧郁文：
「共產黨的領導不容動搖，社會主義方向不容模糊。」（版2）

6月8日《人民日報》社論〈這是為什麼？〉（毛澤東審定）[9]，180
度大逆轉，獠牙終露，公然失信天下——「輕諾延安，寡信北京」[10]。
北大一教授：「共產黨真不講信用，原來是言者無罪，現在是言者有罪

4　林希翎：〈在北大辯論會上的發言記錄〉（1957-5-28）。《中共重要歷史文獻資
　　料彙編》第22輯第31分冊，〈爭鳴參考資料〉第四輯，頁58。
5　北京大學社教委：《北京大學右派分子反動言論匯集》，頁241。
6　張元勳：《北大一九五七》，頁197～198。
7　陳奉孝：《夢斷未名湖》，頁57、61。陳奉孝：〈北大《廣場》密探譚金水〉，
　　原載《開放》（香港）2009年5月號；參見《三十年備忘錄》，頁265～266。
8　《建國以來毛澤東文稿》第6冊，頁491。
9　《毛澤東年譜（1949～1976）》第3卷，頁172。
10　《李銳近作——世紀之交留言》，頁164。

了。」[11]

「六‧八」社論關鍵段落：

> 對勞動人民的先鋒隊如此仇視的人們，是在那裡幫助共產黨整風，是在那裡擁護社會主義事業麼？……少數的右派分子正在向共產黨和工人階級的領導權挑戰，甚至公然叫囂要共產黨「下臺」。他們企圖趁此時機把共產黨和工人階級打翻，把社會主義的偉大事業打翻，拉著歷史向後倒退，退到資產階級專政，實際是退到革命勝利以前的半殖民地地位，把中國人民重新放在帝國主義及其走狗的反動統治之下，……階級鬥爭還在進行著，我們還必須用階級鬥爭的觀點來觀察當前的種種現象，並且得出正確的結論。

「六‧八」社論以一封匿名恐嚇信為引，收信人為國務院祕書長助理、「民革」中委盧郁文（1900-1968）。吳冷西：

> 6月7日……毛主席找胡喬木和我到他家中談話……。我們剛坐下來，毛主席就興高采烈地說，今天報上登了盧郁文在座談會上的發言，說他收到匿名信，對他攻擊、辱罵和恫嚇。這就給我們提供了一個發動反擊右派的好機會……。毛主席說，這封恫嚇信好就好在他攻擊的是黨外人士，而且是民革成員；好就好在它是匿名的，它不是某個有名有姓的人署名……，不署名更可以使人們廣泛地聯想到一種傾向、一股勢力……。過去幾天我就一直考慮什麼時候抓住什麼機會發動反擊。現在機會來了，馬上抓住它，用《人民日報》社論的形式發動反擊右派的鬥爭。社論的題目是〈這是為什麼？〉。[12]

「六‧八」社論起草者乃《人民日報》編委林韋（1915-1990），毛澤東修改審定。[13]這一時期《人民日報》社論均送毛澤東審定（各篇都有一些「御筆」），其中七篇社論為胡喬木起草。[14]

---

[11]　《內部參考》第2237期（1957-6-22），頁8。

[12]　吳冷西：《憶毛主席》，新華出版社（北京）1995年，頁39～40。

[13]　〈林韋這個人不會長壽〉，《炎黃春秋》2010年第5期，頁54。

[14]　葉永烈：〈「反右派運動」的導火線〉，《五十年後重評「反右」》，頁161。

6月8日，毛澤東下達〈組織力量反擊右派分子的猖狂進攻〉——

> 不要為一時好似天昏地暗而被嚇倒。反動分子將到本機關、本學校以外的工廠、學校去活動，要預作布置，實行擋駕。……街上貼反動標語，動員群眾撕毀……。在高潮未落前，黨報正面文章少登，……組織教授座談，向黨提意見，盡量使右派吐出一切毒素來，登在報上。可以讓他們向學生講演，讓學生自由表示態度。最好讓反動的教授、講師、助教及學生大吐毒素，暢所欲言。他們是最好的教員……。現在形勢開始改變，我們形式上處於被動，實際上開始有了主動……。這是一場大戰（戰場既在黨內，又在黨外），不打勝這一仗，社會主義是建不成的，並且有出匈牙利事件的某些危險……。現在國內形勢很好，我們能夠鞏固地掌握工農黨政軍及大多數學生。國際形勢很好，美國處在困難地位。[15]

6月9～29日，《人民日報》七篇社論（鄧小平稱「火箭炮」）：〈要有積極的批評，也要有正確的反批評〉（6月9日）、〈工人說話了〉（6月10日）、〈全國人民在社會主義基礎上團結起來〉（6月11日）、〈正確地對待善意的批評〉（6月12日）、〈是不是立場問題〉（6月14日）、〈不平常的春天〉（6月22日）、〈再論立場問題〉（6月29日）。同時配發各種反右文章，空氣一天天緊張。

《論語‧堯曰》：「不教而殺謂之虐，不戒視成謂之暴。」較之先秦聖訓，差多少？

「匿名信」出自北大歷史系二年級生楊秉功（1932- ），當時躲過偵察。1959年，楊在未名湖畔再貼小字報（〈廣西餓死人〉），特工發現字跡與匿名信一致，循徑抓獲，判刑七年，因出身貧下中農，釋放時補發北大畢業證。[16]

[15] 《毛澤東選集》第5卷，頁431～433。
[16] 郭羅基：《歷史的漩渦——1957年》，明報出版社（香港）2007年，頁210～211。

（一）左士醜態

「整風」陡轉「反右」，畢竟名不正言不順，左派一時還抹不開，會場不那麼熱烈，發言乏力。廣東「民革」成員90%同情挨批鬥的省參事室副主任羅翼群。省委第一書記陶鑄：

> 廣東省黨外高級人士中的大多數中間派還在觀望，左派站起來了，但有點孤軍奮戰的樣子，右派還不那麼孤立。[17]

1957-6-9晚，中國人民大學「民盟」支部會議（吳景超主持），「民盟」中常委、北京市主委吳晗「破題」，學舌毛澤東：

> 我對於章伯鈞、羅隆基、儲安平的意見，完全不同意。因為他們的意見是離開黨的領導，反對社會主義方向的。我們要站在人民的立場上，對於不正確的意見，應該展開反批評，一切違反社會主義的言論都是錯誤的。[18]

6月15日北大餐廳，翦伯贊率先上臺「反右」，譴責「反共反社會主義逆流」。學生貼出大字報指翦伯贊如此赤左，為什麼不入黨？可見其馬克思主義為假！翦很難堪，經李維漢同意，公開祕密黨員身分（1937年5月入共黨）。[19]

郭沫若〈烏雲消散，太陽更加萬丈光芒〉（《人民日報》1957-6-29）：

> 別有用心的資產階級右派分子……對黨、對社會主義制度進行了猖狂的進攻。……右派分子是戴著黑眼鏡來看事物的，一切事物，在他們看來，都是一片墨黑。他把祖國幾年來在共產黨領導下所取得的偉大成就一筆抹殺……。右派的目的只有一個，就是要推翻中國共產黨的領導，推翻社會主義制度，讓資本主義復辟。……19日毛澤東主席的〈關於正確處理人民內部矛盾的問題〉公布了，……人們得到了辨別是非的明確的標準，也清楚地看到了幾年來，我國社會主義革命和社會主義建設事業，在中國

---

[17] 《內部參考》第2238期（1957-6-24），頁3。

[18] 〈吳晗表示應該批判章伯鈞等人的意見〉，《人民日報》1957-6-10，版2。

[19] 郭羅基：《歷史的漩渦──1957年》，明報出版社（香港）2007年，頁219。章立凡主編：《記憶：往事未付紅塵》，陝西師範大學出版社2004年，頁343。

共產黨領導下所取得的成就，是多麼地光輝和偉大！……知識分子必須繼續進行思想改造。

居然以毛論作爲不可辯駁的「辨別是非的明確標準」，還有一點五四氣息嗎？統治者的歪理能成爲衡量其政績的標尺嗎？退一萬步，國人沒有「妄議中央」的權利嗎？

《人民日報》1957-7-13，冰心〈一面堅決地鬥爭，一面徹底地改造〉。《人民日報》1957-7-14，華羅庚一屆四次人大發言〈黨能夠領導科學、能夠領導教育、能夠領導知識分子〉。

7月14日「民革」中央大會批鬥陳銘樞，憤怒發言者：李濟深、張治中、蔡廷鍇、蔣光鼐、侯鏡如、陳其瑗、甘祠森、聶轟、朱蘊山、周範文、于振瀛、趙祖康、梅龔彬、朱學範、邵恆秋、吳信達、賀貴嚴、王葆真（後亦「右」）。吳茂蓀揭發陳銘樞「污蔑」毛澤東的言論，引起極大憤慨，陳遭嚴厲斥責。[20]

那些感覺即將陷「右」者，第一反應趕快轉身，急著爬上岸。1957年7月中旬，已遭萬炮齊轟的章伯鈞，與翦伯贊長談前，仍抱當左派的希望。[21]

羅隆基挨得最重的刀子，來自同居十年的浦熙修，揭發床第之語：

一張床上怎麼能睡兩個黨派的人？[22]

無產階級專政就是個人獨裁政治。個人崇拜的根源就是無產階級專政。對知識分子來說，資產階級的民主自由總比社會主義制度要好些。[23]

浦熙修、鄧初民、趙文璧、黃琪翔等，如不提供重磅炮彈，「率先垂範」，其他人還不一定一擁而上落井下石，不至於如此快羅織起罪名，鬥爭尚不至於迅速升級。千家駒晚年「揭發」——

批「章羅聯盟」批得最起勁的是吳晗和民盟的救國會派，也就是以史良、胡愈之、薩空了、閔剛侯爲首的所謂「左派」。除史良

20　〈陳銘樞公然污蔑毛主席〉，《人民日報》1957-7-15，版2。
21　章詒和：〈憶父親與翦伯贊的交往〉，《記憶：往事未付紅塵》，頁370。
22　浦熙修：〈劃清界線，參加戰鬥〉，《光明日報》1957-6-24，版2。
23　〈民盟中央檢查羅隆基反動言行〉，《光明日報》1957-7-1，版2。

與我外，胡愈之、薩空了、吳晗等都是不公開的共產黨員。胡愈之是民盟的靈魂，也是批「章羅聯盟」的統帥。史良的批章羅聯盟的幾篇大文章都是胡愈之代筆的。吳晗在全國人大第四次會議上，更大放厥詞，一馬當先，在大會上做了控訴章伯鈞、羅隆基的罪惡活動的發言，措詞之激烈，實爲少有。[24]

唇亡齒寒，成語未陳。新華社「右派」劉乃元（1921-2015）：

右派分子是不斷被揪出來的，隔幾天揪一批，每批數名，誰也不知道幾時會輪到自己。……那些歷史複雜或鳴放時發言比較尖銳的人，這時對「右派」的批判往往特別起勁，他們抱著萬一之想，希望藉此得以對黨表表忠心。……這些人大都或早或晚也變成了右派。結果是剛剛起勁地維護了黨和社會主義以後不過幾天，……批判者也有的站在被批判的位置上去。[25]

1957-7-13全國人代會，梁思成發言〈我爲什麼這樣愛我們的黨〉：

八年來，我差不多每天都在興奮激動的心情中度過高興愉快的一天。一天一天地過去，我就一天比一天地更加愛我們的黨，愛我們的毛主席。……八年來，工業、農業、科學、文化、藝術上數不完的光輝成就，差不多每天的報紙都有所報導。……我已經養成了對黨的百分之百的信心了。[26]

梁思成謳頌帶檢討，也藉梁啓超之蔭，脫「右」。參加「六六六會議」的北師大教授陶大鏞揭發黃藥眠，「悲憤痛哭，幾度失聲，不能自制。陶大鏞說……至少黃藥眠與章羅的關係是比我更深的」。[27]很快，《人民日報》點名批陶。

大批士子兇狠揭發他人，無情詆毀自己，只求免墜「右」網。一些民主人士比中共還兇狠：郭沫若、茅盾、老舍、曹禺、沈鈞儒、陳叔通、周建人、胡厥文、馬敘倫、許德珩、何香凝、朱學範、史良、胡子嬰、胡愈之、朱蘊山、梁希、高崇民、鄧初民……。章伯鈞倒下前，6

[24] 〈千家駒筆下的反右內幕〉，《開放》（香港）2007年4月號，頁45。
[25] 劉乃元：〈「資產階級右派分子」〉，《荊棘路》，頁303。
[26] 梁思成：〈我爲什麼這樣愛我們的黨〉，《人民日報》1957-7-14，版2。
[27] 原載〈北師大反右資料彙編〉，《「陽謀」下的北師大之難》上冊，頁91。

月14日發表〈我在政治上犯了嚴重錯誤〉，稱「爲右派分子所利用」，
再以社長身分發表《光明日報》社論〈一定要走社會主義道路〉，狠批
儲安平，以「主動」祈寬恕。丁玲、陳企霞、艾青、羅烽被揪出前，一
起商量如何批判比他們低一檔的秦兆陽、鍾惦棐。[28]1957-8-3，尚未正式
倒下的陳企霞會上揭指丁玲丈夫陳明：裝女孩打電話約見公交站以統一
口徑，云云。[29]王蒙倒下前，「在批判劉紹棠的會上，當時他還在扮演
著正面人物的角色。」[30]

　　1957-7-7中央民族學院大會批判費孝通，燕京同窗林耀華（1910-
2000）揭發費孝通前妻剛死不到一週（1935年），即「重新戀上一個女
人」；指費孝通一貫敵視蘇聯社會主義制度，其農村研究是爲帝國主義
提供情報資料……[31]

　　6～9月，中國作協25次大會（二百餘人／次），批鬥「右派」馮雪
峰、丁玲、陳企霞、艾青、羅烽、白朗等，一百一十餘人發言，會議紀
錄百萬字，知名者：周揚、茅盾、老舍、曹禺、鄭振鐸、趙樹理、王任
叔、夏衍、張天翼、艾蕪、沙汀、公木、張光年、劉白羽、何其芳、周
立波、陳荒煤、邵荃麟、錢俊瑞、林默涵、李季、阮章競、徐遲、臧克
家、袁水拍、馬烽、郭小川、嚴文井、田間、方紀、陳笑雨、鄒荻帆、
羅立韻、汪洋……[32]

　　向吳祖光扔石頭者——
　　田漢：〈吳祖光能不能過社會主義關？〉（《戲劇報》1957年第15期）
　　夏衍：〈吳祖光是文藝界右派分子的典型〉（《劇本》1957年9月號）
　　歐陽予倩：〈讓吳祖光在太陽照耀下現出原形〉（《文藝報》1957年
第19期）

[28] 黎明：〈反右——中國現代知識精英的醜陋和恥辱〉，《五七精神・薪盡火
　　傳》，頁302～303。
[29] 蔣祖林：〈回憶母親丁玲——1957年前後〉，《沒有情節的故事》，頁50。
[30] 《走向混沌：叢維熙回憶錄》，頁41。
[31] 《工人日報》（北京）1957-8-2。李剛：〈費孝通與林耀華〉，《書屋》（長沙）
　　2006年第7期，頁17～18。
[32] 《中共重要歷史文獻資料彙編》第22輯第4分冊（2002），〈中國作協黨組擴大會
　　議上的部分發言〉（1957-9），目錄。

蔡楚生：〈吳祖光的右派言行是偶然的嗎？〉（《文藝報》1957年第19期）

老舍：〈吳祖光為什麼怨氣沖天〉（《劇本》1957年9月號）

曹禺：〈吳祖光向我們摸出刀子來了〉（《戲劇報》1957年第15期）

陳白塵：〈請吳祖光自己回答〉（《劇本》1957年9月號）

梅蘭芳：〈堅決駁斥吳祖光的右派謬論〉（《人民日報》1957-8-16）

戴不凡等：〈吳祖光的右派言行是偶然的嗎？〉（《光明日報》1957-8-10）

汪洋（北影廠長）：〈吳祖光你有罪〉（《戲劇報》1957年第16期）

陳伯華（漢劇名旦）：〈斥右派的謊言〉（《戲劇報》1957年第16期）[33]

《人民文學》1957年第8期反右文章作者：葉聖陶、沈從文、臧克家、楊朔、艾蕪、王瑤、公木。

批「右」士林龐然成陣，不顧氣節，自誣誣人，蹬友自保。西哲伯蘭特‧羅素（Bertrand Arthur William Russell, 1872-1970）：「恐懼是殘忍的根源。」[34]然而，痛悔、請罪已救不了他們。愈真誠檢討，愈深刻自剖，遞上的辮子就愈多，愈證明有罪。「千萬不要自扣屎盆！」——國人從一次次慘痛教訓中提煉的「九陰真經」。

社會整體左傾，知識界對馬列主義全盤接受，歪理成真理，歪識成常識，赤潮深滲神州，反右運動高歌猛進所依託的社會溫床。士林不往前湊，「陽謀」不可能迅速得手。晚年茅盾不經意吐露：「想不到黨中央會對右派平反！」[35]

（二）狂熱小知

上直下順，上歪下亂，名士附赤，小知狂熱。

1957-5-28北大飯廳辯論會，林希翎：

---

[33] 《中共重要歷史文獻資料彙編》第22輯第36分冊（2007），中國劇協遼寧分會編：〈戲劇界反右派鬥爭資料匯輯續〉（1957-10-13），目錄，頁44。

[34] 羅素：〈為什麼我不是基督徒〉（1927-3-6），《歷史深處的聲音》，海南出版社1999年，頁189。

[35] 沈楚：〈待人寬厚的劉紹棠〉，《世紀》（上海）2004年第1期，頁56。

有一個人當面給我一封信：「林希翎女士，徹頭徹尾的潑婦，上次你帶來了煽動性的學說，我真恨你……我真想吃了你……我要一口吞了你。」[36]

1957-8-3上海人代會，彭文應被嘘下臺，158張條子遞到主席臺（要求駁彭）。[37]9月出版《戰鬥的聲音——首都高等學校反右派鬥爭文藝作品選輯》，短詩〈口蜜腹劍〉：「別信他口稱交代／別看他熱淚兩行／他心裡正在計算著／殺死你用刀還是用槍。」[38]

北大左派學生、《紅樓》副主編江楓（1929-2017）的得意左詩：

向左！向左！！向左！！！／沿著「五四」的道路／應著時代的怒吼／年輕的共產主義者／守緊共和國每一座窗口／為黨、為社會主義／槍口，向右！向右！！向右！！！

北大經濟系批鬥77歲校長馬寅初（1882-1982），一青年指鼻嘶喊：「對你這種人就是要帶著食其肉而寢其皮的階級仇恨批判！」[39]赤徒標準語：「誰散播反動思想，我就要和他鬥！」[40]

1957年物價不斷上漲，助教試用期月薪60元降至48.5元，轉正65.5元降至60元，說是培養知識分子「勞動人民意識」。文倀論證：

我們現在不愁吃不愁穿，晚上備課還可以開著臺燈，這樣的生活，還不知足嗎？[41]

大躍進導致糧食大減產，全國饑荒，哀鴻遍野，被迫限量供糧。北大生物學教授卻論證「糧票」的科學性：(1)定量可防止暴食、肥胖症、胃病；(2)政治戰略意義——備戰備荒；(3)截斷「美蔣特務」與逃犯的糧食來源。[42]

寧波衛生學校一教師當面揭發同事、詩人孫鈿（1917-2011）：

[36] 林希翎：〈在北大辯論會上的發言記錄〉（1957-5-28）。《中共重要歷史文獻資料彙編》第22輯第31分冊（2007），〈爭鳴參考資料〉第四輯，頁58。

[37] 〈彭文應被嘘下臺〉，《文匯報》（上海）1957-9-1，版1。

[38] 北京出版社編輯：《戰鬥的聲音》，北京出版社1957年9月，頁10。

[39] 張元勳：《北大一九五七》，頁57～58、301。

[40] 石天河：《逝川憶語——《星星》詩禍親歷記》，頁28。

[41] 吳中傑：《復旦往事》，廣西師大出版社（桂林）2005年，頁114。

[42] 張強華：《煉獄人生》，中國三峽出版社（北京）2004年，頁126。

右派分子利用詩來向黨和人民進攻。有一首寫著：「我戴了白色口罩／在寒風中踽踽而行……」這是暗示我們的社會是白色恐怖的，多麼陰險惡毒！[43]

二、無法守信

1949年前，中共再三宣稱「民主自由」，高調掛幌「民族自決」。1931-11-7江西瑞金，《中華蘇維埃共和國憲法大綱》：

（第14條）中國蘇維埃政權承認中國境內少數民族的自決權，一直承認到各弱小民族有同中國脫離，自己成立獨立的國家的權利。蒙古、回、藏、苗、黎、高麗人等，凡是居住在中國地域內，他們有完全自決權：加入或脫離中國蘇維埃聯邦，或建立自己的自治區域。中國蘇維埃政權現在要努力幫助這些弱小民族脫離帝國主義、國民黨軍閥、王公、喇嘛、土司等的壓迫統治而得到完全自主。[44]

此時中共支持一切少數民族獨立，以縮小「國民黨反動派」統治區域，削弱其實力。1949年後，中共還執守這份憲法大綱嗎？允許各民族自決獨立嗎？易漲易退山溪水，易反易覆小人心。此一時彼一時，實用主義，功利第一。

1940年，劉少奇「預言」——

有人說，共產黨要奪取政權，要建立共產黨的「一黨專政」，這是一種惡意的造謠與誣衊。共產黨反對國民黨的一黨專政，但並不要建立共產黨的「一黨專政」，……只有大多數的人民都積極起來參政，積極擔負政府的工作，並積極為國家民族的利益與大多數人民的利益而努力的時候，……中國的獨立自主與人民的民主自由才能實現。這是共產黨的目的，也是全國極大多數人民共同的目的。共產黨除了人民的利益與目的外，沒有其他的利益與

---

[43] 孫鈾：〈隨風飛逝的一些往事〉，《荊棘路》，頁206～207。
[44] 《建黨以來重要文獻選編》第8冊（1931），頁652。

目的。[45]

1944年7月18日、8月3日延安，毛澤東對美國人說：

俄國那種類型的共產主義並不適用於中國，因為中國的條件還不成熟。……共產黨沒有任何推翻國民黨統治的意圖。我曾向中國記者說明，我們真心誠意希望國民黨取得進步。國民黨的進步會有益於人民、有益於國家，也有益於共產黨。

中國共產黨的政策只是自由主義的政策。[46]

1945-4-24中共「七大」，毛澤東政治報告〈論聯合政府〉：

有些人懷疑中國共產黨人不贊成發展個性，不贊成發展私人資本主義，不贊成保護私有財產，其實是不對的，……[我們]保障一切正當的私有財產。[47]

1945年9月重慶，毛澤東書面回答路透社記者甘貝爾：

「自由民主的中國」將是這樣一個國家，它的各級政府直至中央政府都由普遍、平等、無記名的選舉所產生，並向選舉它的人民負責。這將實現孫中山先生的三民主義，林肯的民有、民治、民享的原則與羅斯福的四大自由。它將保證國家的獨立、團結、統一及與各民主強國的合作。……減輕人民負擔、改善人民生活、實行土地改革與工業化、獎勵私人企業（除了那些帶有壟斷性質的部門應由民主政府經營外），在平等互利的原則下歡迎外人投資與發展國際貿易。……我們完全贊成軍隊國家化與廢止私人擁有軍隊，這兩件事的共同前提就是國家民主化。[48]

1949-4-25共軍過長江，毛澤東、朱德聯署〈中國人民解放軍佈告〉：

[45] 劉少奇（胡服）：〈論抗日民主政權〉，中共中原局宣傳部：《江淮》創刊號（1940-12）。《劉少奇選集》上卷，人民出版社1981年，頁177。
[46] （美）：謝偉思（John S. Service）：《在中國失掉的機會》（Lost Chance In China），國際文化出版公司（北京）1989rh，羅清、趙仲強譯，頁209、260。
[47] 《毛澤東選集》第3卷，頁1007。
[48] 〈毛澤東答路透社記者〉，《新華日報》（重慶）1945-9-27；《解放日報》（延安）1945-10-8轉載。《毛澤東文集》第4卷，頁27～28。1941-1-6羅斯福宣佈四項「人類基本自由」——言論和表達的自由、信仰上帝的自由、免於匱乏的自由、免於恐懼的自由。

（第5條）凡屬國民黨中央、省、市縣各級政府的大小官員，「國大」代表，立法、監察委員，參議員，警察人員，區鎮鄉保甲人員，凡不持槍抵抗、不陰謀破壞者，人民解放軍和人民政府一律不加俘擄，不加逮捕，不加侮辱……。這些人員中，凡有一技之長而無嚴重的反動行為或嚴重的劣跡者，人民政府準予分別錄用。[49]

國民黨蘇州反省院黃院長，聽信朱毛布告未走，1950年「鎮壓」槍斃。一名「起義」人員下獄（指控打死兩名共軍），呼冤：「中共有文件說過，對起義人員既往不咎，我的問題早就交代早有結論，為什麼又把我當反革命了？」[50]

濰坊中學生陳奉孝：

我的同學父兄有很多被殺、被判刑的。當時我想，濰坊剛一解放時，共產黨號召國民黨員、三青團員登記，並且一再宣傳，共產黨絕不實行報復政策，那為什麼一下殺、抓那麼多人呢？特別是于省初，解放戰爭中被俘擄的國民黨將領，一個也沒有殺，那麼私放一個國民黨將領（按：李彌）就該被殺嗎？我那時雖然年紀還小，但總覺得共產黨說的和做的不是一回事。[51]

抗戰後，中共為籠絡工商界，掛幌「保護工商業」，五星紅旗有「小資產階級」、「民族資產階級」兩顆星。1949-1-15共軍攻陷天津，工人、店員鬥爭資本家、店主，大多數工廠關閉，勉強開工不足30%，全城經濟崩潰，大批工人失業，百萬市民生活困難。華北局書記薄一波急報毛澤東。上海一位資本家也向毛訴苦：「你們一講資本家、剝削者，我們就渾身發抖！」毛派劉少奇赴津安撫資本家以恢復經濟。[52]這才有劉少奇的「天津講話」（傳達全黨）：

資本主義剝削是有進步性的。今天不是工廠開得太多，工人剝削

---

[49]　〈中國人民解放軍總部宣佈約法八章〉，《人民日報》1949-4-26，版1。

[50]　李泥：《歷史傷口——二十年右派尋訪記》，頁126、114。

[51]　陳奉孝：《夢斷未名湖》，頁306。

[52]　陳英茨：〈關於解放初劉少奇的天津之行〉，《炎黃春秋》1996年第4期，頁2、6。

太多，而是太少了。工人、農民的痛苦在於沒有人剝削他們，你們有本事多剝削，對國家人民有利，大家贊成。……資本家剝削是有其歷史功績的，沒有一個共產黨員會抹殺資本家的功勞，……今天資本主義的剝削是合法的，愈多愈好。[53]

　　一進城，中共就將此前使勁鼓動的「革命群眾抗議」視為敵情，「中辦」、公安部一直將工農請願、群體上訪歸入〈敵情通報〉。[54]

　　1953年史達林一死，毛澤東為爭國際共運第一交椅，加速農村合作化，1955年推進城鎮工商業「社會主義改造」（極低價強奪私產）。1955年11月，宋慶齡函詰毛澤東：

　　　　我很不理解提出對工商業的改造，共產黨曾向工商界許下長期共存，保障工商業者及其利益的諾言。這樣一來，不是變成自食其言了嗎？資本家已經對共產黨的政策產生了懷疑和恐懼，不少人後悔和抱怨。[55]

　　無法守信的根柢在於紅色圖紙，一共產便降產，生產力立即報復生產關係。奪權成功了，但無法兌現紅色支票，士林首拉警報。中共循「階級鬥爭」邏輯，將一切阻力歸於資產階級破壞，愈遭阻抗，鎮壓愈狠，從鎮壓黨外士林的「反右」，到鎮壓黨內異聲的「反右傾」，直至「打倒一切」的文化大革命。

　　史家余英時（1930-2021）：

　　　　中國「革命」之所以歸宿於文化領域也是事有必至的。「革命」的挫折必須歸罪於它的障礙物，在一切有形的障礙都不復存在的情形下，文化的無形阻力自然便成為「革命」的主要敵人了。[56]

　　紅色共產理論與生產實踐嚴重脫節，各赤國均「國事日爛」——經濟萎靡、飢餓蔓延，各國赤黨皆捂真相，抖露一點真相，立引「地震」。1956年赫魯雪夫〈祕密報告〉，稍撩赤俄一角，坐實鐵幕後的血

[53] 劉少奇：〈在天津工商業資本家座談會上的講話〉（1949-4-25）。《中共黨史教學參考資料》第11冊，中國人民大學中共黨史系資料室1980年，頁380～381。
[54] 《八十三封書信——許良英、李慎之書信集》，頁103。
[55] 《政治滄桑六十年：吳江回憶錄》，頁48。
[56] 余英時：《現代危機與思想人物》，三聯書店（北京）2005年，頁576。

腥，立引國際共運斷崖式崩坍。一年間，英共黨員從3.4萬減至2.7萬。1957年4月英共代表大會，英共領導人對〈祕密報告〉守口如瓶，不敢表態。[57]真相──共運死穴。安娜・路易斯・斯特朗的《史達林時代》（1957年4月），中共限閱11級以上高幹。[58]

新華社「曾有幾度對西方新聞採取一條不用的政策」。1957年5月新華社「鳴放」，兩條硬規定：(1)大字報一律貼院內，不許外傳；(2)黨團員如洩密，責任自負。新華社「鳴放」內容：呼籲新聞自由、揭露特權奢侈……。新華社「右派」約50%中共黨員，加上共青團員占「右派」人數3/4。[59]

三、有限抵抗

1957-6-8（14時），儲安平上《光明日報》社長章伯鈞家，面遞辭呈。[60]同日，石景山鋼鐵廠工人一批批輪番上儲宅「說理」。[61]

北師大俄語系三好生述弢（1938-，右派），當天貼大字報〈不要用大帽子嚇唬人〉，反對《人民日報》圍剿葛佩琦。[62]中文系學生范亦豪、林錫純也當天出大字報〈這會造成什麼？──評《人民日報》社論〉（附寄報社），擔心再造成肅反式失誤，五位同學簽名。范、林「極右」，另三人「右派」。[63]

6月10日《瀋陽日報》刊出〈社會主義建設的新課題〉（瀋陽師院團委宣傳部長張百生（極右）、《院報》編輯黃振旅（極右）聯合撰文）：

> 鎮反和肅反都是企圖用暴力維護革命果實，這與我國著名的「愛民如子」、「以德立國」、「以法治國」的傳統思想是背道而馳的。「大樑不正二樑歪」，「三害」的主要根源在中

[57] 《內部參考》第2205期（1957-5-16），頁3～4。

[58] 林希翎第一次北大發言（1957-5-23）。《內部參考》第2212期（1957-5-24），頁11。

[59] 姜桂林：《「新華社」十二年》，頁119～120、124。

[60] 章詒和：《最後的貴族》，牛津大學出版社（香港）2004年，頁66。

[61] 殷毅：〈一篇《迎春花》，厄運二十年〉，《炎黃春秋》1999年第7期，頁46。

[62] 述弢：〈哭泣的青春〉，《不肯沉睡的記憶》，頁78。

[63] 雷一寧：〈北京師範大學在1957〉，《「陽謀」下的北師大之難》上冊，頁29。

央。……中國共產黨在解放後逐漸在成爲人民的上司，……不僅沒有真正的社會主義的民主，連資本主義國家的假民主也沒有，憲法成了一紙空文，黨可以不遵守它。表面上有民主選舉，有統戰政策，有黨外人士做領導工作，實際上是黨一黨專政，是黨中央政治局少數人獨裁。黨內也沒有民主，……黨外人士做領導工作是有職無權，只有執行決議的義務，沒有參與決策的實際可能。黨是太上皇，是威武神聖的。一手托著馬列主義的聖經，一手仗著國家政權的寶劍，誰敢提出異議，不是被扣上反馬列主義的鐵帽，就是被帶上「莫須有」罪名的手銬。選舉只是變相的任命，代表只代表個人，誰也不知道自己選的人是怎樣的，他代表自己說了些什麼。至於集會、結社、出版等，都必須在黨的領導下進行，不能逾越雷池一步，這怎能體現人民是國家的主人？這是對人權的侵犯，嚴重的破壞法制，……國家大事誰說了算？在憲法上規定是「人大」說了算，而在實際上「人大」不過是個泥菩薩而已，全權都操在黨中央手裡。「人大」只是走走形式，舉手通過，完成立法手續。……「人大」與「政協」就像兩朵紙花一樣點綴著民主的門面。……黨對「人大」與「政協」說來，成了超政府、超憲法的太上皇。不只是以黨代政，而且是以黨代憲法，以黨代「人大」，……這樣少數人的專斷，肆無忌憚地發號施令，不發生錯誤倒是不可思議的了。而黨中央從建國以來就沒有進行過公開的自我批評。[64]

　　6月12日《遼寧日報》發表批駁張黃文章，引起瀋陽師院學生包圍報社。該院部分師生連續五天罷教罷課，校園貼出標語：「爭自由、爭民主、爭人權！」「向英勇的匈牙利學生看齊！」6月17日，瀋陽師院學運被鎮壓下去，召開全校批鬥張黃大會。[65]

　　6月11日，復旦中文系二年級生黃任軻等仍貼出「鳴放」大字報。[66]

　　6月12日，復旦新聞系調幹生日記：

64　《人民日報》1957-6-16，版2。摘自《瀋陽日報》1957-6-10。
65　《大陸青年進行曲》（「鳴放」輯錄之六），頁16～18。
66　吳中傑：《復旦往事》，廣西師大出版社（桂林）2005年，頁49。

忽如一夜春風來，校園裡貼滿了大字報。白天又繼續增溫，連二
號樓、六號樓也都貼了起來。[67]

6月11日中央統戰部座談會，「民盟」《爭鳴》月刊編輯尹肇雄：

(1)八年來斯文掃地，知識分子被一棍子打死，過去的學歷、知
識、經驗（文、法、社會等科）幾乎全盤否定。(2)思想改造在某些
場合實質上是思想統治，小組鑑定畫鬼臉，讓你自己打嘴巴、強
迫接受、不通也要通。(3)一些黨員以解放者、打天下者的特殊
材料製成者自居，驕縱橫蠻，氣焰萬丈。不尊重知識分子的德
才，隨便侮辱。(4)一部分黨員犯有嚴重的宗派主義，拒非黨人
士於千里之外。(5)追名逐利，墮落腐化。(6)瞞上欺下，違背良
心。(7)爭功推過，道德敗壞。(8)以黨代政，破壞法紀。(9)壓制
民主，個人專斷。(10)任人唯黨，不分賢愚。(11)利用所謂「積
極分子」做應聲蟲兼打手。(12)喜怒辦事，無法無天。(13)製造
輿論，混淆黑白。(14)打擊進步，培養小丑（喜歡卑躬屈節、奴顏
婢膝之徒）。(15)壟斷專權，排斥異己。[68]（按：筆者濃縮）

6月中旬，一批北大生連軸三四晝夜，油印《廣場》500份，校園
散發（不少被黨委派人收去），最後一批被迫焚毀。[69]6月17日、22日，數
力系楊路發出〈抗議三害分子江隆基對我們的公開誹謗〉、〈最後的
宣言〉：

我以一個公民與共青團員的資格堅決抗議這誹謗，願與江
隆基進行公開辯論。[70]

後者（按：政府）作為一種暴力機構很容易傷害人民，人民
必須用一種全民平等享有的民主權利來保護自己，來抵制政府可
能採取的暴政。[71]

6月11日，「民盟」湖北主委馬哲民不同意近日《人民日報》社

---

[67] 張大芝等主編：《陰晴雨雪旦復旦》，香港華泰出版社2008年，頁72。

[68] 〈尹肇雄惡毒攻擊共產黨〉，《光明日報》1957-6-13，版2。

[69] 陳奉孝：《夢斷未名湖》，頁347。2021-4-20，陳奉孝先生電函告知。

[70] 北京大學社教委：《北京大學右派分子反動言論匯集》，頁10。

[71] 《原上草》，頁222。

論,指斥教條主義殘餘,一棍子打死人,本就怕「放」的人,更不敢「放」了,與毛主席講話及整風精神不相符。[72]同日,南京師院教授吳奔星(1913-2004)「鳴放」:

> 《人民日報》的社論,的確使人感到春天已去,而是「秋風起兮雲飛揚」的季節了。但我想,社論只是代表一部分黨員,絕不是代表毛主席和周總理的意見。[73]

6月12～13日,蘭州、福州、昆明一些民主黨派人士反對「六·八」社論,認為不值得為一封匿名信大驚小怪:「共產黨整自己的風還是整別人?」廣州華南師院貼出大字報〈救救儲安平〉。[74]

6月15日,黃炎培表示不要樹敵過多,不要將能拉過來的人推向敵對方。陳叔通:不能因對黨提了意見就打為「右派」,黨的某些領導人沒掌握好這一點,現在問題很嚴重。邵力子:現在許多問題處理方法太硬,得人心難,失人心易,自己對反右運動將以沉默抵抗。史良不贊成將揭發「右派」的材料見報,擔心運動將搞得很大。6月下旬全國人代會,李濟深誠共:不要驕傲自滿,困難還很多。中央統戰部將頭面人物的意見反映上去,但石沉大海,無下文。[75]

7月初北大全校大會,首次亮相的陸平(1914-2002)警告:「右派分子要懸崖勒馬,否則矛盾性質就要變質!」7月5日,陳奉孝署名大字報〈如此伎倆〉:「保守派的凶相露出來了,他們可能要採取鎮壓措施抓人了,我們決不後退,要讓民主的烈火把保守派燒盡!」[76]次日,劉奇弟、譚天榮也出大字報,清華也有兩張大字報。[77]北大學生大字報持續至7月中旬。[78]最厲害的兩張:(1)地理系鄭瑞超小字報「成立中華革命黨」,吸收敢於向共產黨展開鬥爭的積極分子。(2)數力系錢如平夜貼

---

[72] 《長江日報》1957-6-12。朱正:《反右派鬥爭全史》上冊,頁304。

[73] 《內部參考》第2231期(1957-6-15),頁11。

[74] 《內部參考》第2230期(1957-6-14),頁4～10、13～14。

[75] 李維漢:《回憶與研究》下冊,頁838～839。

[76] 陳奉孝:《夢斷未名湖》,頁348。王書瑤:《燕園風雨鑄人生》,頁151。

[77] 《情況簡報(整風專輯)彙編》(6),1957-7-20。《反右絕密文件》第1卷,頁290。

[78] 王書瑤:〈弘揚右派精神,走多黨議會制道路〉,《五七精神·薪盡火傳》,頁174。

化名大字報，號召預備刀槍準備戰鬥。[79]

8月，宋慶齡致函中共中央：

> 黨中央號召大鳴大放，怎麼又收了？共產黨不怕國民黨800萬大軍，不怕美帝國主義，怎麼會擔心人民推翻黨的領導和人民政府？……批評的人士多是愛國愛黨的，一些民主黨派人士為新中國的解放，做出了家庭、個人名利的犧牲；一些二三十歲的年輕知識分子怎麼可能一天就變成反黨反社會主義分子，我很不理解這個運動。我想了兩個多月，還是想不通。有這麼多黨內黨外純粹的人會站在共產黨和人民政府的對立面？要推翻共產黨？[80]

廈門大學校長王亞南（1901-1969），5月剛入共黨，消極對待「鳴放─反右」。廈門市委第一書記張維茲、福建省委書記伍洪祥、省委第一書記葉飛先後約談，王亞南仍「不積極不熱忱」。[81]

6月11日，九三學社南京分社座談會（三十餘人），多不贊成《人民日報》三篇社論，認為儲安平「黨天下」雖有毛病也有道理；陳銘樞有片面性，也有對的地方，用意是好的；不能把匿名信的帳隱隱約約記在高級知識分子頭上。

6月中旬，北京高校大部分師生對反右「不感興趣和不同程度地牴觸」，部分學生「右派思想仍占上風」──

> 反擊右派小題大做；搞得太過火了；整風本來是整共產黨，現在整到民主黨派頭上了。[82]

中國科學院哲學所研究員許良英：

> 這（按：「六‧八」社論）對於沉浸由「雙百方針」產生黃金時代的幻想之中的我來說，是一個晴天霹靂。我無法容忍這種背信棄義的行為，公開反對反右運動，於是成為科學院第一個受全院批判的右派，後被定為「極右分子」，回老家當了二十年農民。[83]

---

[79] 陳奉孝：《夢斷未名湖》，頁349～350。

[80] 《政治滄桑六十年：吳江回憶錄》，頁48～49。

[81] 《內部參考》第2229期（1957-6-13），頁29～30。

[82] 《內部參考》第2231期（1957-6-15），頁8～14；第2237期（1957-6-22），頁7～8。

[83] 許良英：〈當代中國大災難的開端：反右運動〉，《五十年後重評「反右」》，頁5。

交通部教育局科員穆昶（1924-?，極右），6月16日匿名致函毛澤東、《人民日報》——

> 共產黨暴力統治天下，目前比法西斯還不講理，已經成為一個陰森可怕的世界。這個社會就是人整人，人們時常受政治上的壓迫，人人感到自危，如坐荊棘之中。人們生活在黑暗中，實在難以忍受，目前有90%的人都感到不自由，一旦有變，人們就會拿起刀子刺進黨員的心窩。國民黨有言論自由，有民主，不會天天膽戰心驚，如果蔣介石回來，全國有90%的人會舉手贊成蔣介石。[84]

6月25日國務院全體會議，周恩來主持，討論〈政府工作報告〉，內有一段批判章乃器。章起身頂撞：

> 作為總理，批評幫助他工作八九年的幹部，只根據他所說的兩三句話，就說他是反對社會主義，這個斷語是不是值得考慮？[85]

7月1日，八位讀者連署致函《文匯報》：

> 讀了《人民日報》社論〈《文匯報》的資產階級方向應當批判〉，作為貴報的一批讀者深感憤慨，……全篇充滿了誹謗和橫蠻的做法。按其說法，誰講了公正話就是錯，非叫人歌功頌德不可，把全國的報紙都變成清一色的教條——共產黨的喉舌。要真這樣，這和僵屍有什麼兩樣呢？[86]

7月8日，清華二級教授、1955年回國的留美博士徐璋本仍在「向黨進攻」，向社會公布〈發起組織勞動黨並向政府登記啟事〉（徵集簽名）、〈勞動黨發起宣言〉，公開組建反對黨，要求走赫魯雪夫中間道路；1957-12-15徐璋本被捕（反革命），判刑15年，1975年特赦（相當國民黨縣團級）。[87]

8～11月，各地仍有「鳴放」。湖北宜昌一位區長：

> 取消一個區委機關，可以買一輛汽車；取消一個地委機關，可以

---

[84] 《中共重要歷史文獻資料彙編》第22輯第7分冊，〈交通部機關反右派鬥爭辯論大會發言選集〉（下），頁270。

[85] 章立凡：〈章乃器在1957年〉，《六月雪》，頁227。

[86] 《內部參考》第2250期（1957-7-6），頁22。

[87] 郭道暉：〈五七風雲：追求與打壓〉，《炎黃春秋》2009年第8期，頁6。

買兩部拖拉機。我這不是右派言論，而是合理化建議。[88]

河南郾城工商界「右派」楊紹錦等五人：

> 用一萬二千架飛機轟炸天安門，炸死毛澤東、劉少奇，因他們是大官僚主義，使我們吃不上飯。

> 刀殺我頭流著血也要說，因為共產黨沒收我的財產，能不說？！

楊紹錦「鳴放」後即跳井，袋中紙條「打倒共產黨」。[89]

7月中旬，天津一家醫院「右派」會上發言：

> 百家爭鳴，許你們喊毛主席萬歲，為什麼不許我們喊蔣介石萬歲？[90]

7月，北大學生：「馬列主義像漢朝的儒家，罷黜百家。」[91]

7月下旬，「農工」成都市委連日批鬥委員張明泛（蹲過渣滓洞），批判其「右」論：

> 反右鬥爭是「演戲」，[打手]一個個都像特務和奴才。反右成了共產黨員的防空洞、掩蔽部，黨員更滋長驕傲自滿。我對一些共產黨員深惡痛絕。[92]

「反標」‧暴動

1957-6-17～18南開大學連續發現「反動標語」──

> 打倒共匪！消滅南開的一切共產黨員！

瀋陽地質局籃球場、中山公園：「毛澤東是妖皇！看共產黨整風的下場！」

6月24日，山東工學院：「打倒中國共產黨！支持反對反擊右派分子的進攻！」

---

[88] 〈湖北省委關於農村整風的部署和當前執行情況的報告〉（1957-8-24），國家農委辦公廳：《農業集體化重要文件彙編》上冊，中央黨校出版社1981年，頁716。

[89] 〈河南省委書面彙報〉1958-1-14，《情況簡報（整風專輯）彙編》（57）1958-2-27。《反右絕密文件》第11卷，頁149。

[90] 《內部參考》第2256期（1957-7-13），頁27。

[91] 〈情況簡報（整風專輯）彙編〉（12）1957-8-12；《反右絕密文件》第3卷，頁70。

[92] 〈張明泛誣衊反右派是「演戲」〉，《人民日報》1957-8-1，版4。

天津北站：「共產黨要完蛋！」[93]

廣東興寧縣篤陂鄉「反動標語」：

> 打倒共匪！農民已到餓死邊緣，行動起來打倒共匪的時機成熟了！[94]

6月底，廈門出現一批「反標」：「擁護蔣總統，打倒共產黨！」[95]

6月30日晚，青海第二建築公司放電影，「反革命」張炳華跳上臺高呼：「堅決打倒中國共產黨！打倒各民主國家的共產黨！世界魔鬼下降，我們基督教身分的人起來，殺掉共產黨！打倒消滅馬克列寧主義！」審訊時，張仍說：「要打倒毛澤東這個傢伙！」汽車修理廠、第二磚瓦廠均發現「反標」：「打倒毛主席！」「來了馬主席！」（馬步芳）「實行三民主義！」署名：USA公民。

西寧市機關也發現三處「反標」：

> 清風來到大南山，共產黨眼看快完蛋，有家回家各處歸，別等著青海冒清煙！[96]

7月上旬，長沙、常德、邵陽、郴縣等地中學不斷出現「反標」：

> 打倒毛澤東！打倒共產黨！國民黨萬歲！打倒專制魔王！血債要用血還！

湘潭一中王世剛（學生幹部）與一名團支委提出「反動政治口號」：

> 收回烏蘇里江、海參崴！蘇聯人滾出中國去！[97]

7月9～11日，咸陽西北工學院連續出現「反標」：

> 擁護右派！反對一黨專政！打倒共產黨法西斯專政！我們再不受騙！

安徽省委廁所「反標」：「知識分子團結起來抗共！」[98]

---

[93] 《情況簡報（整風專輯）彙編》（1）1957-6-30。《反右絕密文件》第1卷，頁40、42、155、207。

[94] 〈羅翼群下鄉煽動群眾反對共產黨〉，《人民日報》1957-7-3，版5。

[95] 《大陸青年進行曲》（「鳴放」輯錄之六），頁51。

[96] 《情況簡報（整風專輯）彙編》（11）1957-8-8。《反右絕密文件》第2卷，頁240～241。

[97] 《內部參考》第2256期（1957-7-13），頁30。

[98] 《情況簡報（整風專輯）彙編》（7）1957-7-20；（8）1957-7-26；《反右絕密文件》第2卷，頁26、107。

8月初，安徽和縣「反標」：「要想生活好，反抗政府要趁早，打退走狗才幸福，蔣主席萬歲！」

懷寧縣寧橋社廁壁：「同志們，反共吧，馬上起來反共、反社，打倒毛主席！打倒共產黨！」

金寨縣南塘鄉12條「反標」：「蔣介石萬歲！共產黨是反革命！」

休寧屯溪公園，陳竟崗（中農）炭寫：「共匪必亡！迎接蔣介石主席重返大陸！中美友好萬歲！堅決反共！共產黨是世界人民的公敵！」

祁門縣彭信鄉茶棚亭柱：「打倒共產黨！土地回老家！」

無為縣萬元鄉、巢縣新陳鄉「反標」：

> 共產黨是我們的敵人！毛主席真是個壞蛋，弄不到一粥一飯；蔣禿頭雖講壞，三頓四頓還有好菜！毛主席好是好，老百姓氣得不得了。[99]

7月16日，浙西金華澧浦鎮18名「中國忠義反共救國軍」衝擊區委，刺傷區長夫婦、區組織委員，搶奪槍支、手榴彈，從銀行劫款三千餘元，上街大叫：「共產黨政府被打垮了！要錢、要糧、要自由的跟我們去！」暴動者進山打游擊。19日被鎮壓。[100]

四、士林淪陷

「右派」本不成營伍，迅速敗陣，紛紛請罪檢討。章伯鈞、羅隆基、章乃器、王造時、浦熙修、龍雲、陳銘樞、黃琪翔、黃紹竑、陳仁炳、沈志遠、陸詒……，僅有一個是男兒——彭文應（始終不認罪）。北大不檢討亦僅五名「右生」，全部判刑：黃中奇（死刑）、陳奉孝（15年）、劉奇弟（15年）、鄭瑞超（6年）、錢如平（5年）。[101]

章伯鈞首上降表：6月13日「民盟」檢討，次日載《人民日報》。[102]

---

[99]　《情況簡報（整風專輯）彙編》（14）1957-8-17。《反右絕密文件》第3卷，頁118。

[100]　《內部參考》第2276期（1957-8-6），頁30。

[101]　陳奉孝：《夢斷未名湖》，頁349。陳奉孝先生函告2021-4-16。

[102]　章伯鈞：〈我在政治上犯了嚴重的錯誤〉，《人民日報》1957-6-14，版2。

7月3日「農工」中央大會，章伯鈞承認與羅隆基「思想聯盟」：

> 我罵共產黨是很多的，主要是有職無權。我是個兩面派，當面捧場，背後罵娘。我是無恥。對知識分子我有我的野心，沒有跟羅隆基談。[103]

正值一屆四次人代會，7月9日章乃器低頭檢討；[104]12～15日，章伯鈞、羅隆基自辱式檢討，儲安平發言〈向人民投降〉：

> 我不僅在「黨天下」的謬論中誹謗了黨，而且我在《光明日報》的工作中，也做了許多不利於黨和人民的事情。……我今天在這個莊嚴的會場上，並通過大會向全國人民真誠地承認我的錯誤，向人民請罪，向人民投降。我要向自己開刀，剝去我資產階級右派的皮！……我內心感到無比沉痛、感到無地自容。[105]

7月13日全國人大，費孝通檢討〈向人民伏罪〉：

> 我的罪行已達到了最高峰，我已站在章羅聯盟向黨進攻的最前線，我犯下了彌天大罪，叛國的大罪。[106]

龍雲〈思想檢查〉[107]、章伯鈞〈向人民低頭認罪〉、章乃器〈我的檢討〉、黃紹竑〈我的錯誤與罪行的檢討〉、羅隆基〈我的初步交代〉、陳銘樞〈自我檢討〉、張雲川〈我恨自己是一個右派分子〉、韓兆鵬〈愧恨交集〉、畢鳴岐〈我是一個犯了嚴重錯誤的人〉[108]、譚惕吾〈我為什麼犯了嚴重的錯誤〉、李伯球〈我痛恨自己給章伯鈞利用作點火的工具〉、潘大逵〈我承認錯誤〉[109]、馬哲民〈我要重新做人〉[110]、黃藥眠〈我的檢討〉[111]、宋雲彬〈我辜負了人民給我的信任和榮譽〉[112]、錢孫卿〈我做了人民的罪人〉、葉篤義〈揭露羅隆基的本來

[103] 〈章伯鈞承認章羅聯盟〉，《人民日報》1957-7-4，版1。
[104] 〈章乃器開始認錯〉，《人民日報》1957-7-10，版2。
[105] 儲安平：〈向人民投降〉，《人民日報》1957-7-15，版6～7。
[106] 費孝通：〈向人民伏罪〉，《人民日報》1957-7-14，版2。
[107] 《人民日報》1957-7-14，版3。
[108] 《人民日報》1957-7-16，版3、版4、版5、版6、版9、版12。
[109] 《人民日報》1957-7-17，版9、版10、版11。
[110] 《人民日報》1957-7-18，版10。
[111] 《人民日報》1957-7-19，版10。
[112] 《人民日報》1957-7-21，版12。

面貌並檢討我自己的錯誤〉、錢端升〈我的罪行〉、王毅齋〈對我的錯誤言論的初步檢討〉、楊子恆〈揭發章伯鈞羅隆基的陰謀並檢查他們對我的影響〉。[113]

「右派」的違心自誣，含真誠懺悔——懷疑自己言論或許真的不利於社會主義事業，中共發動的群起而攻之具有相當政治催眠效應。

劉賓雁：

> 二十餘年來連篇累牘的批判知識分子之軟弱的文章，忽視了一個巨大的事實，那就是廣大工農群眾的蒙昧在五十年代成為毛澤東暴政的強大後盾。對於我本人的低頭認罪，全國工農「憤怒聲討」右派震耳欲聾的吼聲就起了不小的作用。[114]

右派們亦暗揣僥倖（求諒上岸）。黃琪翔（1898-1970）：

> 與右派分子的鬥爭還只是開始。（農工黨）中央執行局已經決定開始在黨內整風，動員全黨同志與右派分子作戰，堅定不移地繼續跟著共產黨走社會主義的道路。這場鬥爭是複雜的，艱巨的，因為農工民主黨有過章伯鈞的中間路線的影響。……同志們，永遠跟著共產黨走，勇往直前，義無反顧，克服任何社會主義建設前進中可能碰到的困難。[115]

發表譴「右」文章的各路名流——

李　達：〈從右派的進攻看知識分子必須加強改造〉

胡　繩：〈絕不允許資產階級社會科學復辟〉

朱　光：〈肅反成績不容抹煞〉

賴若愚：〈資本主義一定要滅亡〉

吳芝圃：〈誰說災區人民苦得不得了？〉

馬敘倫：〈右派分子是有罪的〉

張奚若：〈右派野心分子的病根〉

陳叔通：〈社會主義一定會獲得完全的勝利〉

沈鈞儒：〈克服溫情主義，勇敢地投入反右派鬥爭〉

---

[113] 《新華半月刊・索引》1957第13～24號，頁4～5。

[114] 劉賓雁：〈1957：中國當代史大逆轉〉，《五十年後重評「反右」》，頁71。

[115] 黃琪翔：〈勇往直前，義無反顧〉，《人民日報》1957-6-23，版2。

史　良：〈全體司法幹部團結在黨的周圍徹底打垮右派分子的猖狂進攻〉

郭沫若：〈駁斥一個反社會主義的科學綱領〉

吳　晗：〈我憤恨，我控訴〉

王光英：〈畢鳴岐同章乃器臭味相投〉

李德全：〈永遠跟隨著共產黨走〉

胡愈之：〈章羅聯盟的透視〉

藍公武：〈徹底打垮右派野心家〉

茅以昇：〈清除知識分子前進中的絆腳石──自高自大的個人主義和資本主義的民主傾向〉

鄧初民：〈皆「中山狼」也！〉

羅常培：〈右派分子言論違反憲法〉

樂松生、浦潔修：〈一切右派分子都是害人的狐狸精〉

吳貽芳：〈對右派分子寬容就是對人民不仁〉

陳嘉庚：〈華僑小組一致痛斥右派罪惡活動〉

王蕓生：〈必須解決辦報的路線問題〉

李劼人、沙汀：〈《文匯報》利用對「草木篇」作者的批評點了一把火〉

劉開渠、吳作人：〈美術工作者要站穩工人階級立場〉

謝冰心：〈一面堅決地鬥爭，一面徹底地改進〉

白　楊：〈不能允許右派分子把中國電影拉回資本主義的老路〉

王亞南：〈大學裡必須加強政治思想教育〉

李志民：〈志願軍堅決斥責右派分子的反動行為〉

梁思成：〈我為什麼這樣愛我們的黨？〉

華羅庚：〈黨能夠領導科學，能夠領導教育，能夠領導知識分子〉

孫起孟：〈章乃器「心安理得」於堅持反動立場嗎？〉

張治中：〈事實俱在不容歪曲〉

程　潛：〈堅決打垮右派分子的猖狂進攻〉

陳明仁：〈質問資產階級右派老爺們〉

唐生智：〈旭日的萬丈光芒照射出陰雲裡的魑魅魍魎〉

蔣光鼐：〈「只有社會主義才能救中國」〉

董其武：〈右派分子向全國人民惡毒地挑戰〉

陶峙岳：〈沒有任何力量可以阻擋社會主義事業勝利前進〉

邵力子：〈談同右派分子劃清界限〉

盧　漢：〈要以六項標準檢查自己改造自己〉

寧　武：〈必須由共產黨領導〉

李桂英：〈共產黨給我們帶來了自由和幸福〉

管文蔚：〈右派分子對災區的幻想徹底破滅了〉

　　馬思聰、劉清揚、榮毅仁、鮮英、何香凝、許德珩、章漢夫、孫殿才、古大存、趙健民、劉景範、金仲華、夏康農、潘梓年、楊子恆、陳其瑗、錢俊瑞、裴阿欠、嚴景耀、王昆侖、鄧寶珊、謝雪紅、李濟深、熊克武、高樹勳、劉文輝、曾澤生、王統照、蔡楚生、常香玉、于振瀛……[116]

　　千家駒、孫曉村、吳大琨、馮和法聯署〈為什麼這是兩條道路的鬥爭──對章乃器反社會主義思想的批判〉。[117]

　　1957年8月「民建」、「工商聯」合編《右派分子章乃器的醜惡面貌》──

黃炎培：〈民建多年來是怎樣對章乃器的反社會主義活動展開堅決鬥爭的〉
　　　　（《大公報》1957-7-12）

孫起孟：〈章乃器的反動本質何在？〉（《光明日報》1957-7-14）

孫曉村：〈章乃器反社會主義的惡毒手法〉（《人民日報》1957-7-19）

胡子嬰：〈打開章乃器的歷史看一看〉（《大公報》1957-7-23）

吳大琨：〈章乃器──資產階級政治野心家〉（《大公報》1957-7-3）

馮和法：〈打碎章乃器的新攻勢〉（《人民日報》1957-7-18）

資耀華：〈章乃器是一貫違法亂紀的不法資本家〉

王光英：〈章乃器的反動言行不容詭辯〉

孟秋江：〈章乃器的「和平土改」的陰謀〉……[118]

　　曹禺〈斥洋奴政客蕭乾〉──

---

[116] 《新華半月刊·索引》1957年第13～24號，頁2～5。

[117] 《人民日報》1957-6-20，版4。

[118] 中國民主建國會、中華全國工商業聯合會宣傳教育處編：《右派分子章乃器的醜惡面貌》，工商界月刊社（北京）1957年8月，頁1（目錄）。

我們都知道他的過去，他在《大公報》和《新路》上所寫的那些反共、反蘇的文章，我們還沒有忘記。……他的前妻梅韜同志講，蕭乾一生為人做事都腳踏兩條船，從不落空。……蕭乾，你這腳踏兩隻船的人，你這隻腳踩著共產黨的船，你那隻腳踩著誰的船？[119]

「九三」主席許德珩、中常委茅以昇、嚴濟慈、裴文中等呼籲「堅決擊退右派分子猖狂進攻」。7月5日全國新聞工作者座談會，趙超構、張友鸞、陳銘德、鄧季惺、張恨水等發表「聯合宣言」，敦促浦熙修進一步揭發羅隆基。《文匯報》欽本立、柯靈檢舉揭發：「徐鑄成一貫是個右派，是老右派。」[120]

一些著名「右派」倒下前，還在積極批判別人：社會學家吳景超聲明與葛佩琦劃清界限（《人民日報》1957-6-8），陶大鏞憤怒批右（《人民日報》1957-6-14），白樺〈誰培養了我們〉（《文匯報》1957-8-30），傅雷〈比一比·想一想〉、〈識別右派分子之不易〉（《文匯報》1957-6-29、1957-7-6），沈志遠〈批判反對黨的幹部政策的謬論〉（《文匯報》1957-11-25）。

（一）士林之恥

1957-6-15「民革」中央會議，邵力子（1882-1967）曲言助共：

有人說，不是言者無罪嗎？怎麼圍剿起來？鳴鼓而攻，不等於判罪處刑，圍剿這個名詞是不妥當的。言者無罪，更不等於言者無過，說錯了的話應該糾正，犯重大錯誤的話更必須予以嚴正地駁斥。[121]

1957-6-27郭沫若深解聖衷，連續高調為「反右」站臺：

可能還有人這樣問：不是說「言者無罪，聞者足戒」嗎？怎麼言者又有罪了呢？實際上，答覆這個問題很簡單：「無罪者的言者無罪，有罪者的言者還是有罪的。」一個人的話，如果動

[119] 曹禺：〈斥洋奴政客蕭乾〉，《人民日報》1957-8-23，版3。
[120] 姚杉爾：《在歷史的漩渦中——中國百名大右派》，朝華出版社（北京）1993年，頁159。
[121] 〈在民革中央小組會上〉，《人民日報》1957-6-16，版3。

搖了國家的根本，還是無罪，那樣還有什麼國家法紀可言呢？在我看來，今天「言者無罪，聞者足戒」這句話，仍然一點也沒有打折扣。（《人民日報》1957-6-29，版2）

　　　右派猖狂蠢動時，溫情哪許一絲絲！（《人民日報》1957-7-7，版7）

中研院士、北師大校長陳垣（1880-1971）〈想動搖黨的領導，我們堅決不答應！〉（《人民日報》1957-6-26，版7）。北大教授王力（1900-1986）〈社會主義社會的知識分子應有工人階級的思想感情〉（《人民日報》1957-6-29，版3）。

宋慶齡〈否認共產黨的領導，就是要使全國人民重陷於奴隸的地位〉（《人民日報》1957-6-21，版1）、〈團結就是我們的力量〉（《人民日報》1957-7-13，版1）——

有些反動分子說，八年以來中國「一事無成」，或是說「一團糟」。生活本身就給予了駁斥！飢餓、貧困的屢弱的中國一去不復返了，這是怎會發生的？難道這些人的眼睛瞎到了這般地步，以至於連我們國外的最兇惡的敵人也不得不勉強承認的進步他們都看不出來嗎？反動分子的謊言所激起的憤怒是不難理解的，……事實證明社會主義是解決中國的貧困和落後的唯一辦法。

范文瀾（1893-1969）為「外行領導內行」辯護：

每個科學家只能是那一門類的內行，而對別的門類就是外行。因此，每個科學家都只能是一個「小內行」。治國平天下是哪一門科學呢？哪一門也包括不了，它是一門大科學。因此，治國平天下的政治家都是大科學家，也可以說他是「大內行」。因此，說黨對科學的領導是外行領導內行，這種說法是錯誤的。應該說，黨對科學的領導（無論是對哪一門科學）都是「大內行」領導「小內行」。[122]

梁思成〈事實勝於雄辯——在反右派鬥爭中的幾點認識〉：

---

[122] 李新：〈范文瀾的幾個「失誤」〉，《百年潮》1997年第5期，頁76～77。

盟員中的右派分子，如黃藥眠的文藝理論、錢端升的法學、費孝通的鄉村調查等等，都是披著學術外衣來陰謀反黨的。[123]

1957年秋，馮友蘭：

我們的社會的進步是非常迅速的，在不到十年的時間中，我們已經過了幾道關了。……只有過了社會主義的大關，知識分子才能真正覺得自己是社會的主人，而不是被利用的人，才真能覺得自己所做的事是自己所該做的事。可是這個只有在自己思想完全改造以後，才能得到這樣的認識。[124]

《人民日報》上積極表現（署名批右文章）的名流：沈鈞儒、傅作義、蔣光鼐、陳明仁、陶峙岳、程潛、董其武、鄧寶珊、黃炎培、李濟深、史良、鄧初民、陳叔通、陳望道、馬敘倫、馬寅初、費孝通、朱學範、朱蘊山、嚴濟慈、陸學善、雷潔瓊、葉篤義、王芸生、王亞南、翦伯贊、李霽野、李劼人、沙汀、張志讓、趙九章、錢學森、張光斗、傅鷹、郭永懷、吳有訓、羅常培、華羅庚、茅以升、周谷城、周建人、李伯球、胡厥文、李燭塵、李德全、侯德榜、許廣平、陳建功、鄭振鐸、金岳霖、賀麟、湯用彤、唐弢、馮至、羅爾綱、榮毅仁、許德珩、楚圖南、高崇民、邵循正、楊明軒、藍公武、何作霖、樂松生、浦潔修、梅蘭芳、白楊、小白玉霜……

發表「憤右」文章的中共名流：范文瀾、尹達、范長江、周揚、何其芳、杜國庠、吳大琨、安子文、王朝聞、胡繩、于光遠、江華、胡愈之、王力、夏鼐、高士其、劉白羽、錢俊瑞、薛暮橋、甘惜分、邵荃麟、林默涵、吳伯簫、陳荒煤、張駿祥、徐遲、陳其五、金仲華、碧野、吳江、張仃、陳克寒、廖蓋隆、王若水、李普、張天翼、董邊、李伯釗、孫定國……

姚文元（《萌芽》詩歌編輯）此時嶄露頭角，得到毛澤東關注，《人民日報》、《文匯報》時見其文：〈右派野心分子往何處去〉（《文匯報》1957-6-15），〈對黨的領導的態度是辨別右派分子的試金石〉（《文

[123] 梁思成：〈事實勝於雄辯〉，《爭鳴》（北京）1957年10月號，頁13。
[124] 馮友蘭：〈揭穿右派分子企圖恢復封建道德的陰謀〉，《北京大學學報》（人文學科）1957年第4期，頁18。

匯報》1957-6-28）。

　　《文匯報》上批右名流：巴金、勒以、葉聖陶、俞平伯、朱光潛、李四光、趙超構、華山、江隆基、千家駒、樓適夷、雷經天、徐平羽、周煦良、唐振常、馮定、何錫麟、柯靈、豐子愷、錢君匋、談家楨、卞之琳、以群、吳強、王西彦、阿甲、羅竹風、蔣學模、蘇步青、陳大燮、漢奇、瞿白音、張樂平、胡萬春、藍馬、羅蓀、趙丹、蓋叫天、俞振飛、李玉茹、蕭凌、杜宣、徐景賢、丁景唐、朱伯康、蘇紹智、舒新城……

　　《光明日報》上批右名流：何香凝、熊克武、閔剛侯、劉大傑……

　　1958年2月，一批知識分子聯名抹黑歐美民主：

> 美國民主黨和共和黨都不過是資本家的工具，什麼兩黨輪流執政、幾年一度競選，對人民來說始終不過是兩個壞蛋中選一個壞蛋。[125]

　　1958-3-16，「世界知識分子思想史中最無恥最黑暗的一頁」，大陸士林集體失身。天安門廣場「社會主義自我改造促進大會」，萬餘民主黨派、無黨派人士出席，宣誓：「把心交給黨，堅決當左派！」會後，83歲「民盟」主席沈鈞儒（1875-1963）、66歲郭沫若（1892-1978）領一支隊伍沿西長安街遊行，高懸〈自我改造公約〉；80歲黃炎培（1878-1965）、73歲李濟深（1885-1959），領另一支隊伍沿東長安街遊行，高舉巨大紅心，上書「把心交給黨」。[126]參加並撰文者：馮友蘭、鄧初民、楚圖南、劉開渠、賀麟、華羅庚、常任俠……[127]

　　1958-3-20上海知識界也召開「民主黨派和無黨派人士社會主義自我改造促進大會」，萬餘人宣誓效忠中共，發表〈自我改造公約決心書〉，會後遊行，向中共上海市委遞決心書。次日，《文匯報》頭版超大標題：〈海枯石爛，此志不渝——永遠永遠跟著黨走〉。

　　1958-12-27《人民日報》報導：中央機關三百餘名知識分子加入中共，郭沫若、李四光、李德全、錢學森等。1959年初，梁思成、周培

---

[125] 王麥庵等：〈斥資產階級的「兩院制」〉，《爭鳴》（北京）1958年2月號，頁26。
[126] 〈千顆心萬顆心，改造成一條心〉，《人民日報》1958-3-17，版1。
[127] 〈把心交給黨！把知識交給人民！〉，《爭鳴》（北京）1958年4月號，頁1～9。

源入共黨。這一時期入共黨的還有內務部副部長、「民革」中常委陳其瑗（1887-1968）、京劇名伶譚富英（1906-1977），撰文報刊高調「感激」。[128]1958-8-21，陳垣（78歲）遞交入黨申請，半年獲批，發表〈黨使我獲得新的生命〉。[129]

1962年，周瘦鵑（1895-1968）蒙毛接見，激動萬分，將毛遞給的香煙抽了兩口掐滅帶回，玻璃罩供奉家中，賦詩：「難忘四月十五日，彷彿飛升入九天；幸接羲和溫百體，不須羽化已登仙。」[130]1968-8-12，周瘦鵑投井自殺。[131]

吳晗積極反右。北大史學教授楊人楩（1903-1973）：「吳先生怎麽不想想爲自己留下後路？」吳晗幾十年好友、北大西語系美籍教授羅伯特・溫特（Robert Winter）：「吳晗是個小人（snob）！」1949年前吳晗遭國府追緝，溫特曾伸援手。吳晗遭譏評：文人受誘姦，不爲恥反爲榮！[132]果然，後來「當吳晗先生最初被點名批判的時候，誰又對這位老左派有過一點同情之心呢？」[133]

（二）僑生返流

1957年暑假，哈工大青年職員周凝瑞探親香港，本擬北返，接友人信函「注意你右肺的病況，你在回到我們這裡之前最好先去看看醫生……」（暗語劃「右」），遂轉赴紐約。[134]馬來西亞著名華人牧師唐崇榮（1940～　），當年想回國參加「社會主義建設」，與先他一步回國的同學約定，如國情良好，拍一張站姿照寄來，如情況不妙，拍坐姿照；結果他收到一張躺姿照。[135]

1957年6～7月，上海工商人士（資本家）每月申請出境增至31人（此

---

[128] 羅平漢：《1958～1962年的中國知識界》，中央黨校出版社2008年，頁158、161。
[129] 《光明日報》1959-3-12，版2。
[130] 周瘦鵑：《姑蘇書簡》，新華出版社（北京）1995年，頁61。
[131] 王友琴：《文革受難者》，開放雜誌出版社（香港）2004年，頁501。
[132] 陳斯駿：〈從北大一角看「反右」〉，《五十年後重評「反右」》，頁360～361。
[133] 林希：〈負面人生〉，《作家人生檔案》下冊，頁579。
[134] 周榆瑞：《彷徨與抉擇》，開放出版社（香港）2015年，頁244～245。
[135] 張伯笠牧師網上視頻所述（YouTube）。

前15～22人／月）。[136]7月，中央廣播事業局外宣人員高浩然教長（1926-?）夫婦，利用外派攜五子女於香港脫共，10月9日抵達臺北。高浩然畢業於西北伊斯蘭大學，進修麥加海蘭大學，一直供職伊斯蘭教高層。[137]

　　1957年「十・一」，香港掛出的五星紅旗比前幾年少了。[138]「民盟」中常委兼副祕書長、全國政協委員周鯨文（1908-1985），1956年底「處理私事」返香港（毛澤東批准），1958-8-1發表〈反共聲明〉：「中共一連搞了11場運動，殺了600萬人，1000萬人要受勞改。」[139]1957-12-16第63高炮師中校副師長張清榮（1938年入共黨）從廈門投臺。1958-1-27，37名逃港知青轉抵臺灣。[140]傅雷長子傅聰（1934-2020），公派留學波蘭，1958年12月叛逃英國。[141]

　　1958年蘇聯某代表團訪華，團中一青年譯員感覺在中國一天都待不下去：「中國如此對待知識分子無異於自殺。」[142]1959-3-25三名復旦大學「右」生（其中一名研究生），入英國代辦處要求政治避難，以「叛國罪」逮捕。[143]1950年代後期，外交部新聞司一對夫婦公務出國，叛逃西方。[144]

　　1960年大饑荒，新華社譯員、越僑「右派」張式在北大荒飢餓倒地，失去求生意志，死在很淺的水草地。[145]僑生及有海外關係者紛紛申請出境，陳毅還很自信：大學生想去看看資本主義，讓他們去，比較一下誰優越！那幾年「放走不少人」。1961～1962年，中共為換外匯，號召海外僑商認購大陸化肥，交換條件：同意其親屬離境。有一家人獲准

---

[136]　《內部參考》第2319期（1957-9-25），頁11～12。

[137]　《內部參考》第2334期（1957-10-16），頁15～17。

[138]　謝榮滾主編：《陳君葆日記全集》（卷四），商務印書館（香港）2004年，頁99。參見何光誠：〈反右中一位香港人的迷惘〉，《二十一世紀》（香港）2008年4月號，頁141。

[139]　《內部參考》第2316期（1957-9-21），頁23。《內部參考》第2548期（1958-8-5），頁10～13。

[140]　《內部參考》第2404期（1958-1-20），頁3。第2411期（1958-1-28），頁16。

[141]　劉志琴：〈沈元：一代知識分子的傷痛〉，《炎黃春秋》2006年第5期，頁38。

[142]　張軼東：《從列寧格勒大學到新肇監獄》，頁82。

[143]　《內部參考》第2739期（1959-3-29），頁15～16。

[144]　喬松都：《喬冠華與龔澎——我的父親母親》，中華書局2008年，頁168。

[145]　朱亮亮：《追虹》，天地圖書公司（香港）2010年，頁332～333。

帶上尚在勞教的兒子去香港。[146]北師大二附中教師胡佩英，父親常從香港寄來食品及外匯（可換僑匯券）。胡佩英常將剩餘僑匯券贈送同事（可買食品），得券者居然指她「拉攏腐蝕」。胡憤極：「怎麼人心就壞到這樣地步？誰還敢和誰交往？……這樣的環境，人怎麼再待下去？所以我申請回香港了。」不久，她攜夫回香港。[147]

1969年7月，1959屆清華研究院華僑畢業生、廣州拖拉機廠工程師吳樹仁（1935-，1958年入共黨），泅海八小時（九公里）投奔香港：

> 我在大陸月薪是人民幣129元，相當普通人三倍的收入，而且在物質上也受到了一定的「照顧」，我絕非因餓肚皮或「無以為家」而逃亡，最主要的是受不了這種精神上的虐待。雖然，我在逃出之前還未親身受過，但總有一天會輪到的。加上眼見自己的親戚、朋友、教師、同學一批批地倒下去，我雖沒有直接謀害他們，但畢竟是為虎作倀，於心何忍？

1960～1970年代百萬青年泅奔香港，明知得做苦工，仍不斷外逃：「就算在香港當乞丐也不返回大陸！」[148]北大物理系右生沈迪克（大字報筆名「談談」），成功偷渡，1979年以海外學者身分回北大講學。[149]

1967-1-15中央音樂學院院長馬思聰（1912-1987），攜妻摯子偷渡香港，入美國駐香港領事館申請政庇。1985-2-20馬思聰接受中國新聞社採訪：

> 1949年4月，我滿懷報國之心與喬冠華、薩空了、金仲華等人一起，從香港奔赴北京，……我怎麼也想不到，十八年後卻又冒死離開祖國。[150]

著名譯家董樂山（1924-1999），中國社科院美國所研究員，淪「右」後的差辱不堪回首，病逝北京，留囑骨灰不留中國。[151]

各赤國「幸福公民」紛紛逃往西方。1958年1～8月，東德124名大學教師、483名醫生、1,398名中小學教師逃往西德，「其中有些人是東

---

[146] 陳文立：《滄桑歲月》，頁71、75。
[147] 趙文滔：《傷害》，頁151～152。
[148] 吳樹仁：《中共的真面目》，民主出版社（臺北）1973年，頁69、73。
[149] 張強華：《煉獄人生》，頁59。
[150] 葉永烈：〈思鄉曲──馬思聰傳〉，《中國知識分子悲歡錄》，頁512。
[151] 董樂山：〈極權統治與中國知識分子〉，《三十年備忘錄》，頁325。

德最傑出的科學家」。德共政治局下令：禁止科學家和醫生出席西方會議。[152]1961-8-13東德攔建柏林牆──保衛「社會主義優越性」。[153]

　　《中國高等教育》（1998年12期）：1978～1997年，全國自費留學生15.4萬，回國六千餘（4%）；國家公派生4.7萬，回國3.9萬；單位公派9.2萬，回國5.2萬。[154]1999年《人民日報》：二十年32萬留學生，回國10萬，且多爲進修生、訪問學者，獲學位者甚少。[155]

五、赤潮拐點

　　「鳴放」異聲，已爲臺灣「蔣匪幫」提供最佳子彈；食言翻臉「反右」，再遞上實證把柄──專制暴政。「反右」，中共自褪最後一層民主面紗，凸裸封建臀章，中國共運由盛入衰。

　　1957-5-22龍雲不相信共產黨會開出大逆轉的「國際玩笑」：

> 過去幾個大運動，都是共產黨整人，現在是不是共產黨測驗大家的思想，以便以後整人？共產黨是執政黨，怎會出爾反爾，開這樣大的玩笑，讓大家把思想暴露出來，然後再整。[156]

　　1957-6-6「六六六」會議，費孝通：

> 學生搞起來，事情很容易擴大，……當然要收也容易，300萬軍隊就可以收，但人心是去了，黨在群眾中的威信也就完了。[157]

　　「六・八」社論一出，中外震駭。北大學生宿舍貼出「莫談國事」。[158]是晚，林希翎上新華門中央辦公廳，咨詢〈這是爲什麼？〉是否經毛主席看過？黨中央的意見還是《人民日報》的意見？她很驚訝「陳其通精神」復活：

---

[152]　《內部參考》第2591期（1958-9-24），頁28。
[153]　https://zh.wikipedia.org/wiki/柏林圍牆
[154]　焦國政：〈蓬勃發展的出國留學工作〉，《中國高等教育》（北京）1998年第12期，頁6。
[155]　本報訊：〈留學回國人員傾力報國〉，《人民日報》1999-2-4，版5。
[156]　〈民革中央小組舉行擴大會議〉，《人民日報》1957-5-24，版2。
[157]　〈章伯鈞召集的一次緊急會議〉，《人民日報》1957-7-4，版2。
[158]　張景中：〈在中文系一年級與譚天榮辯論會上的發言〉（1957-6-14），《北京大學右派分子反動言論匯集》，頁21。

這篇社論一出來，很多人都不願意講話了，不知為什麼在群眾剛剛開始打破顧慮，對黨提出一些批評，就趕緊把門關死；這樣顯得黨經不起考驗，是沒有誠意整風，不敢真正讓大家講話的表現；所謂「大鳴放大放」不過是黨的一種手段，是想「誘敵深入，聚而殲之」的策略；僅僅為了盧郁文收到一件匿名信而大加渲染，大張旗鼓地發動「圍剿」，弄得草木皆兵，還怎麼讓人說話？我講演後曾有很多黨員寫匿名信罵我，用毛主席的話說簡直是國民黨特務的方法，為什麼卻無人過問？現在感到很灰心，如果確實黨中央決定要這樣做，那以後將不再說話了。[159]

林希翎想不到她為六次演講下獄15年，終身「不予改正」。

17歲溫州中學生鄧煥武（1940-）：

反右運動一開始，筆者便對中共教條主義領導大失所望，尤其對毛澤東的認識與看法，從衷心熱愛迅速轉變為憎恨與厭惡。即醒悟到：敬愛的毛主席，原來就是中國的史達林！當時內心痛苦之激烈，堪似面對亡國之恥一般，感覺如墜深淵，眼前一片漆黑無底……[160]

《大公報》記者尤在（1924-?，右派），報社內「鳴放」四川採訪見聞：「言論不自由，人權無保障，社會地位不平等。」6月8日，他在辦公室拍著《人民日報》：「這叫什麼事？天天喊著叫人家提意見，現在人家提了，又問人家為什麼！」[161]

6月9日，章乃器已遭批判，仍不相信變天，中央統戰部召集工商界座談會，他遞交書面發言：

我願意告訴工商界：整風運動是一定要進行到底的；共產黨絕不會做半途而廢的事情。共產黨代表了工人階級忠誠老實的品質，是不會表面一套、裡面一套的。我們要完全相信黨的方針、政策，用老老實實、實事求是的態度揭發矛盾，幫助黨做好

[159] 〈林希翎來中央辦公廳祕書室的談話紀要〉，《情況簡報（整風專輯）彙編》（1）1957-6-30。《反右絕密文件》第1卷，頁131。
[160] 鄧煥武：〈我的1957年〉，《反右研究文集》2008年，頁50
[161] 吳永良：《雨雪菲菲——北大荒生活紀實》，頁3（第一章）。

整風工作。不要怕扣帽子，更不要怕受打擊。整風運動從某一些角落看，肯定會有曲折，肯定會有過「左」過「右」的偏向，但黨是會明是非的，是非最後也一定會明的。[162]

北師大中文系學生馮錫瑋（1935-）：

即使是最富於想像力的小說家，當年也絕對不會想到提了意見會遭到秋後算帳，甚至是終生算帳的慘酷後果。……《人民日報》竟然發了一篇報導，稱其為「右派陰謀組織」。筆者當時讀到了這篇報導以後，驚訝萬分。沒想到，原先在我心目中幾近絕對權威的報紙居然發表如此不符事實的報導，其在我心中的威望一下子直落千丈。[163]

港臺媒體立瀲回應：

這次「鳴放」到「收」到「整」的過程，可能使世人對於中共的本質、中共政權的欺詐性，更多一些認識。[164]

不僅海外「階級敵人」從此握有堅實把柄，內部也頓生寒意、漸萌異志。中共中央黨校黨委書記兼校長楊獻珍（1896-1992，1926年入共黨），私謂親信：

一個堂堂的執政大黨，不敢光明磊落表明自己的態度，竟然鬼鬼祟祟採取兩面三刀的手段，實在太不成話了！[165]

最狂熱的高校生也大生疑惑──

北大、師大、航空、師院、人大、政法等校師生，普遍對丁陳反黨集團被揭發感到很驚訝，對馮雪峰反黨則惋惜、不理解。……說丁玲很早以前就和黨鬧對立，為什麼她還能寫出《太陽照在桑乾河上》那樣的好作品？[166]

中國人民大學哲學系一年級某生稱馮雪峰、丁玲等「香右派」。[167]

1957-7-27《人民日報》頭版頭條，〈國務院規定國家機關工作人員

---

[162] 〈章乃器不同意對他的批評〉，《人民日報》1957-6-10，版2。
[163] 馮錫瑋：〈「苦藥社」的發端〉，《「陽謀」下的北師大之難》下冊，頁5～6。
[164] 《百家鳴放選》，自聯出版社（香港）1957年9月，頁3～4。
[165] 李新：〈反右親歷記〉，《我親歷過的政治運動》，頁30～31。
[166] 《內部參考》第2321期（1957-9-27），頁10。
[167] 《內部參考》第2403期（1958-1-18），頁7。

應積極參加整風的反右派鬥爭〉，透露國家機關至少有人對反右運動「欠積極」。

甘肅省委反映黨內聲音：「我們發動人家批評我們，現在人家起來了，我們又進行報復。」河北省反映：「許多幹部對反右派的鬥爭有牴觸，有的說整風未完又肅反了，有的說還沒有改進工作，就又進行反批評了。」湖南醫學院學生「右派」認為：「共產黨自己打自己嘴巴。」[168]

山東文化局長、黨組書記馮毅之（1908-2002），1930年入共黨，北平「左聯」組織部長、八路軍營長；父、妻、妹、三個女兒寧死不甘被俘，先後犧牲，魯中行署授匾「一門忠烈」。省委反右會議，馮毅之：

> 當初，人家本來就不想說話，更不願提批評意見，是我們千方百計勸說和動員，好歹人家才開了口，現在又根據他們說的話來批判鬥爭打成「右派」。這不但違反黨的精神原則，也違反了做人的良心……。我不能出爾反爾，自己打自己的耳光。

省委第一書記舒同當場指馮「和右派穿一條褲子」，馮毅之成「極右」（1961年甄別），文革再次家破人亡。[169]

上海市級機關黨內異聲：發動「放」是我們搞的，批駁也是我們搞的，這種沒良心的事很難開口。[170]

1957年7月，河南信陽專署計委幹部劉鐵華：

> 「言者無罪，聞者足戒」是個幌子，實際上是言者有罪，聞者不戒。
>
> 共產黨是聞到批評，面紅耳赤，居高臨下，棍帽齊來，泰山壓頂，借端報復，[毛澤東]不如武則天，倒像隋煬帝。[171]

湖南省參事室主任唐伯球（1891-1960）：

> 共產黨真厲害，叫大鳴大放，放了又反過來整人家。

---

[168] 《情況簡報（整風專輯）彙編》（1）1957-6-30。《反右絕密文件》第1卷，頁102、108、82。

[169] 丁抒：《陽謀──反右派運動始末》，頁237。https://baike.baidu.com/item/馮毅之

[170] 《內部參考》第2253期（1957-7-10），頁46。

[171] 〈什麼話〉，《人民日報》1957-8-2，版4。

山東數起退黨退團。青島公安局一中共預備黨員：「我不參加狗黨。」[172]連中央氣象局長、「九三」中央祕書長、學部委員、中共預備黨員涂長望（1906-1962），整風開始後三次申請退黨。[173]

劉賓雁淪「右」見報，哈爾濱一名中學生實名致函劉賓雁：

假如你是個右派，毛澤東就是最大的右派。[174]

大連醫學院「右派」教授吳襄（1910-1995）臺上哭泣檢討，臺下學生陪著抹淚。[175]

韋君宜私下悄曰：「如果在『一二·九』的時候我知道是這樣，我是不會來的。」（按：不會投奔中共）[176]

1957年10月，「極右」巫寧坤仍不相信中共會出爾反爾：

一個有威信的執政黨，怎麼可能信誓旦旦徵求意見在先，又背信棄義羅織成案在後？[177]

1957年春，中南財經學院教授楊時展（1913-1997）萬言上書毛澤東：

在這些運動中，知識分子因不勝精神摧折，不勝鬥爭之辱，不勝我們的董超薛霸式的「幫」，跳樓、赴水、仰藥、刎頸、投環、切腹而死的，擢髮難數！……深悔當初沒有聽朋友勸到臺灣去，癡心妄想地跟共產黨跑了一場，到頭來還不免頂上一個反革命帽子的下場。

鄰居鍾自能教授勸他不要寄出，楊答：「共產黨執政為民，一定會樂意接受意見的，我可拿我的一雙眼睛和你打賭。」楊時展乃「極右」。[178]

中共駐倫敦記者、燕京生夫婦彭迪、錢行（1944年同赴延安）：

[172] 《情況簡報（整風專輯）彙編》（1）1957-6-30。《反右絕密文件》第1卷，頁34、125。
[173] 《內部參考》第2260期（1957-7-18），頁38。
[174] 《劉賓雁自傳》，頁113。
[175] 〈遼寧省委整風辦書面彙報〉（1957-10-7），《情況簡報（整風專輯）彙編》（32）1957-10-29。《反右絕密文件》第6卷，頁215。
[176] 韋君宜：《思痛錄》，頁45。
[177] 巫寧坤：《一滴淚》，頁67。
[178] 《長江日報》（武漢）1957-7-30，《百家鳴放選》，頁34。楊孟愚等：〈懷念父親楊時展〉，http://www.sohu.com/a/233024245_176877

著名的英國工黨議員邁可‧福特（Michael Foot）還特別表示對毛澤東的欽佩。……（一年後）中國在世界的威望一落千丈。我們在倫敦又遇見福特先生，他坦率地對我說：「我真不理解，對你們自己的人民何必如此敵視。你們威望很高，又有強有力的政權，怕什麼呢？」……他再沒有來找過我們。[179]

小結

1948年美國白宮，國府要員陳立夫告誡杜魯門總統：

共產黨最大的缺點是不守信用，說了話不算數，所以對他們要存戒心，不能以你我的道德標準去稱量他們，否則一定會上當。[180]

反右盡失道義，士林折骨，信徒蒙冤，天下離心，中共「武運」不再，一個失敗接著一個失敗：大躍進、大饑荒、黑文革……

---

[179] 彭迪、錢行：〈普世價值：作為駐外記者的感想〉，《炎黃春秋》2008年第8期，頁29。

[180] 《成敗之鑒——陳立夫回憶錄》，正中書局（臺北）1994年，頁369。

第五章　反右概況

　　「右派」全稱：反黨反社會主義的資產階級右派分子。國際上，左派指觀點激進、主張革命、反對政府；右派則觀點溫和、主張改良，與政府合作。「反右」恰好掉個兒，擁護赤政、阻遏改革爲左派；批評赤政、要求改革爲右派。「右派」之稱亦由毛澤東欽定（1957-7-1）。[1]

　　1957-6-10毛澤東親擬〈中央關於反擊右派分子鬥爭的步驟、策略問題的指示〉，打擊目標明確定位知識分子：

> 無論民主黨派、大學教授、大學生，均有一部分右派和反動分子，在此次運動中鬧得最兇的就是他們，他們歷史復雜，或是叛徒，或是在過去三反肅反中被整的人，或是地富資本家子弟，或是有親屬親戚被鎮壓的。[2]

鄧小平〈關於整風運動的報告〉（1957-9-23）：

> 這次反右派鬥爭，主要是在資產階級和知識分子的範圍內進行。這裡面包括工商業者、民主黨派、教育界、新聞出版界、文藝界、科學技術界、衛生界、國家機關的許多工作人員、大學生等。……多數的知識分子是資產階級和小資產階級家庭出身的，所受的教育也是資產階級式的。……消滅資產階級的問題是社會主義革命的一個根本問題。資產階級，特別是它的知識分子，……他們同無產階級的衝突是不可避免的。[3]

以言定罪乃毛澤東聖旨：「一篇文章就可以劃右派。」[4]

---

[1]　《毛澤東選集》第5卷，頁438。

[2]　《建國以來毛澤東文稿》第6冊，頁503。

[3]　《人民日報》1957-10-19，版1。

[4]　沙文漢筆記。沙尚之：〈從反右運動看被「中國特色」的政治鬥爭〉，《五七精神‧薪盡火傳》，頁39。

一、劃「右」標準

　　如何定「右」？界線何在？「釣魚」階段，基層「一味著急『[鳴]放不出右派來怎麼辦？』」，接著困惑如何找「右」、劃「右」。[5]最初，網撒得很大。1957年8月初，五百餘人的東北設計院，初篩擬「右」80名，後剩16名。瀋陽機床二廠先劃80名，經上級審查剩24名。瀋陽市人委劃「右」50名，經審查「夠格」僅7名。瀋陽醫學院、市糧食局、商業局等辦不清中、右，無法確定中右「標兵」（標竿者，過即「右」），一個「右派」也沒挖出。[6]

　　1957-7-13新華社《內部參考》，〈如何正確掌握劃定右派分子標準是江西省級機關當前碰到的一個比較普遍的問題〉：「很多單位領導同志要求上級領導機關對什麼是右派分子訂個具體的標準。」[7]這一重大任務，只能由毛澤東完成。6月19日《人民日報》發表毛澤東〈關於正確處理人民內部矛盾的問題〉，頒布劃「右」六項標準：

　　　1.有利於團結全國各族人民，而不是分裂人民；
　　　2.有利於社會主義改造和社會主義建設，而不是不利於社會主義
　　　　改造和社會主義建設；
　　　3.有利於鞏固人民民主專政，而不是破壞或者削弱這個專政；
　　　4.有利於鞏固民主集中制，而不是擺脫或者削弱這個制度；
　　　5.有利於鞏固共產黨的領導，而不是擺脫或者削弱這種領導；
　　　6.有利於社會主義的國際團結和全世界愛好和平人民的國際團
　　　　結，而不是有損於這些團結。

　　這六條標準中，最重要的是社會主義道路和黨的領導兩條。

　　此文即毛2月27日最高國務會議講話，當時並無「六項標準」，發

---

[5]　北京市委：〈黨內參考資料〉1957-9-10，《情況簡報（整風專輯）彙編》（24）1957-8-8。《反右絕密文件》第5卷，頁37。

[6]　《情況簡報（整風專輯）彙編》（11）1957-8-8。《反右絕密文件》第2卷，頁216。

[7]　《內部參考》第2256期（1957-7-13），頁25～26。

表稿歷經13次修改，不斷增刪不斷調整從邀勸「鳴放」到轉身「反右」的前後矛盾。[8]

9月19日，全國政協委員、「民革」中委羅翼群（1889-1967，極右）：

> 毛主席當時未提出這六項標準，如果老早提出，我就不會發言了。[9]

「六項標準」過於抽象，基層仍難掌握尺度。6月29日《人民日報》社論，進一步明確「左」「右」標準，仍只能是原則性粗槓槓：

> 按照事物的發展規律，從已經成熟的條件出發，積極推動事物前進的，就是左；違反事物的發展規律，拖著事物不讓前進或者向後倒退的，就是右。因此，在目前的中國，凡是積極團結全國各族人民、積極推進社會主義改造和社會主義建設、積極鞏固人民民主專政和民主集中制、積極加強國際社會主義力量和世界和平力量的團結的言論行動，就是左；積極反對這些的言論行動，就是右。[10]

7月31日，江西省委向「中辦」彙報：

> 關於切實掌握劃分右派分子的標準問題，目前有些地區和單位擴大鬥爭面和混亂鬥爭目標的偏向顯著。各省屬機關、各戰線報來的97名右派分子的材料，經研究只有41名合乎右派分子的標準。黨群戰線各單位報戰線批准的16名右派分子對象，也只有4名合乎右派分子的標準。這種情況的產生，主要是我們對右派分子的標準認識尚不一致。[11]

9月20日～10月9日中共八屆三中全會（主題「反右」）[12]，10月15日

8　《毛澤東選集》第5卷，頁393。《毛澤東年譜（1949～1976）》第3卷，頁161～162、164、166～168、172、177。逄先知、李捷：〈一篇重要的馬克思主義理論著作的誕生——《關於正確處理人民內部矛盾的問題》形成過程〉（下），《黨的文獻》（北京）2002年第6期，頁27～28。

9　〈廣東省委整風辦「情況反映」〉（1957-10-4），《情況簡報（整風專輯）彙編》（32）1957-10-29。《反右絕密文件》第6卷，頁205。

10　〈再論立場問題〉，《人民日報》1957-6-29，版1。

11　《情況簡報（整風專輯）彙編》（12）1957-8-12。《反右絕密文件》第3卷，頁34。

12　胡繩主編：《中國共產黨的七十年》，中共黨史出版社1991年，頁357。

下達〈關於劃分右派分子的標準的通知〉（「六條標準」具體化）：

凡言論、行動屬於下列性質者，應劃為右派分子：

1.反對社會主義制度。反對城市和農村中的社會主義革命，反對共產黨和人民政府關於社會經濟的基本政策（如工業化、統購統銷等）；否定社會主義革命和社會主義建設的成就；堅持資本主義立場，宣揚資本主義制度和資產階級剝削。

2.反對無產階級專政、反對民主集中制。攻擊反帝國主義的鬥爭和人民政府的外交政策；攻擊肅清反革命分子的鬥爭；否定「五大運動」（按：土改、抗美援朝、三反五反、思想改造、肅反）的成就；反對對資產階級分子和資產階級知識分子的改造；攻擊共產黨和人民政府的人事制度和幹部政策；要求用資產階級的政治法律和文化教育代替社會主義的政治法律和文化教育。

3.反對共產黨在國家政治生活中的領導地位。反對共產黨對於經濟事業和文化事業的領導；以反對社會主義和共產黨為目的而惡意地攻擊共產黨和人民政府的領導機關和領導人員、污蔑工農幹部和革命積極分子、污蔑共產黨的革命活動和組織原則。

4.以反對社會主義和反對共產黨為目的而分裂人民的團結。煽動群眾反對共產黨和人民政府；煽動工人和農民的分裂；煽動各民族之間的分裂；污蔑社會主義陣營，煽動社會主義陣營各國人民之間的分裂。

5.組織和積極參加反對社會主義、反對共產黨的小集團；蓄謀推翻某一部門或者某一基層單位的共產黨的領導；煽動反對共產黨、反對人民政府的騷亂。

6.為犯有上述罪行的右派分子出主意、拉關係、通情報，向他們報告革命組織的機密。

有下列情況之一者應劃為極右分子：

1.右派活動中的野心家、為首分子、主謀或骨幹分子；

2.提出反黨反社會主義的綱領性意見，並積極鼓吹這種意見的分子；

3.進行反黨反社會主義活動特別惡劣、特別堅決的分子；

4.在歷史上一貫反共反人民，在這次右派進攻中又積極進行反動活動的分子。[13]

六條標準簡化版：

1.反對社會主義制度，反對黨和政府基本政策（如工業化、統購統銷）；否定社會主義革命和建設的成就；

2.反對無產階級專政、反對民主集中制；

3.反對共產黨的領導地位；

4.反對社會主義和反對共產黨為目的而分裂人民團結；

5.組織和積極參加反黨小集團；蓄謀推翻某單位的黨領導；煽動反黨反政府的騷亂；

6.為右派分子出主意、拉關係、通情報。[14]

四川省委附加兩條：(1)反對旱稻改水稻、反對低產改高產、反對耕作制度；(2)反對本單位黨的領導。[15]

9月23日，鄧小平〈關於整風運動的報告〉歸納右派觀點：

他們在政治上的主觀論點是：(1)宣揚資產階級的經濟政治制度和資產階級文化，反對社會主義的經濟政治制度和社會主義文化。(2)反對國家的基本政策，如外交政策、統購統銷政策、知識分子政策、五大運動等。(3)否認人民民主革命、社會主義革命、社會主義建設的成績，否認黨和無產階級能夠領導國家建設。(4)反對黨對國家工作的領導，反對黨在各個部門（特別是文教科學技術部門）的領導，要求取消黨在若干基層單位（特別是高等學校和新聞出版機關）的領導。

右派在學術文化方面的主要論點是：外行不能領導內行；馬克思主義就是教條主義；社會主義國家沒有科學文化，有也不如資本主義國家；要求資產階級的社會學、經濟學、歷史學，唯心論哲學復辟；向黨和人民政府要求「獨立」和「自由」、

---

[13] 《建國以來重要文獻選編》第10冊，頁615～616。

[14] 百度百科：「右派」分子劃分標準制定。https://baike.baidu.com/item/ "右派" 分子劃分標準制定/8750279?fr=aladdin

[15] 周學雍：〈1957年反右親歷記〉，《江淮文史》2006年第5期，頁133～134。

「新聞自由」、「出版自由」、「文藝自由」等。[16]

凡涉及以上觀點，即「右派」。劃圈極大，標準寬泛模糊，具體定奪是否違反「社會主義」、「人民民主專政」、「世界和平」，懸繫單位一把手之口。上面有人，多可化吉。中央美院副院長彥涵（1916-2011）淪「右」，1979年偶遇太行山老首長楊尚昆，楊很惋惜：「當時你為什麼不找我呀？我給他們打個電話說一下就完了嘛。」[17]楊妻李伯釗侄女李宜（中央電臺編輯），本與謝文秀擬「右」（電臺領導層已傳閱劃右材料），「投鼠忌器，不看僧面看佛面，支部對李宜要網開一面，我也跟著從網邊閃過去了。」兩人降格「中右」。[18]

劃「右」具體程序：先樹立「中右標兵」，北京高校以北大教授傅鷹為「中右標兵」，超過即右派。傅鷹雖然「鳴放」激烈，1952年「思想改造」全校大會發言，正面典型，寬大「中右」。[19]不過，全國情況混亂，各地並不嚴格執行此程序。10月15日〈劃「右」標準通知〉下達前，全國至少已劃十餘萬。大都先圈定有言論者，再找刺兒頭，最後尋覓出身不佳者，還不足「右」額，表決推選或抓鬮。

黃秋耘：

> 反右派鬥爭中，劃誰當右派，只要領導小組、甚至僅僅是領導小組的第一把手，三言兩語就定案了。由於每個單位都要完成一定的比例，只許超額不許達不到，有些單位，例如中小學校，實在找不出幾個合適的對象，只好用抓鬮的辦法來決定「右派」的人選，或者像選舉代表一樣，提名投票表決，這樣的做法簡直如同兒戲，但一個人甚至一個家庭的命運就從此決定了。假如再來一個甄別定案，原定的任務肯定無法完成，所以這樣一道手續就一律免掉了。[20]

1938年入共黨的清華大學黨委常委袁永熙（1917-1999）：

16 《人民日報》1957-10-19，版1。
17 孫志遠：《感謝苦難：彥涵傳》，人民文學出版社1997年，頁465。
18 謝文秀：〈碎片〉，《作家人生檔案》上冊，頁339。
19 王友琴：〈從受難者看反右和文革的關聯：以北京大學為例〉，《二十一世紀》（香港）2007年8月號，頁79。
20 黃秋耘：《風雨年華》，頁159。

為什麼我成了右派？兩條：一是被捕而沒有英勇犧牲；二是「被使用」而沒有意識到要報答蔣南翔的「再造之恩」。[21]

清華大學副校長、「極右」錢偉長（也因與蔣南翔鬧僵）：

今天（按：1957-6-1）一晚上大字報貼了滿牆（質問錢偉長與章伯鈞的關係），問題很清楚，就是要打我，反正抓不著我的小辮子。這件事我要去告訴周總理，不是我滾蛋，就是蔣南翔滾蛋。[22]

劃右也有「地區差價」，有的單位「右」源豐富，標準精確量化。中國作協的「右」譜：1949年10月前後各一次反動言論，劃「右」；1949年10月後三次，也劃「右」；1949年10月後兩次，思想錯誤，可免。五四詩人汪靜之（1902-1996）兩次抱怨作家待遇太低（反黨言論），免「右」。[23]

除了言論，家庭出身、社會關係、領導印象等，都是重要參考。貫徹階級路線，「政治正確」呵！

二、「右派」概況

反右運動主要打擊五大群體：民主黨派、科技界、文教界、工商界、黨內士林。[24]主要傷害1910～1930年代出生的知識分子。

1956年中共以高中學歷劃線知識分子，全國500萬，六億人口的0.83%。[25]高教部數據：1957年高校生44.7萬，1949年以來高校畢業生總數36.9萬。[26]加上1949年前的大學畢業生，全國大學文化（包括在校生）也就百餘萬。

中央反右辦公室主任鄧小平〈關於整風運動的報告〉：

[21] 鐵流：《走錯房間的右派精英》，頁387～388。

[22] 〈錢偉長是章羅聯盟在科學界的掮客〉，《人民日報》1957-7-14，版1。

[23] 〈汪靜之自述生平〉，《汪靜之先生紀念集》，上海書畫出版社2002年，頁303。

[24] 〈中共中央關於在工人、農民中不劃右派分子的通知〉（1957-9-4），《中共中央文件選集（1949-10～1966-5）》第26冊，頁146。

[25] 《毛澤東選集》第5卷，頁404。

[26] 《中共重要歷史文獻資料彙編》第22輯第75分冊，頁59。

1. 資產階級約130萬（定息者約70萬）；

2. 民主黨派10萬餘；

3. 區以上黨政黨機關工作人員193萬餘；

4. 企事業單位（不含學校）402萬餘（管理人員320萬餘、技術人員82萬餘）；

5. 大中小學校244萬餘，其中教師205萬餘；

6. 大學生40萬餘。

上述各類人中間的知識分子估計約在500萬人左右。[27]

1961年，陳雲：「高級知識分子最多20萬人。」[28]高知劃線中級職稱以上。中共中央〈關於收集高級知識分子統計數字辦法的規定〉（1955-12-1）：

> 高級知識分子一般是指具有大學畢業程度，具有幾年工作經驗，能夠獨立工作的知識分子。

> 高等學校中講師以上的教師、研究機構中助理研究員以上的研究人員。[29]

1955年底統計，全國知識分子384萬（其中高知10萬），4.2萬大學教師、3.1萬工程師、6.36萬技術員。[30]全國教授、副教授總共7499人。[31]

（一）知識分子成堆的地方

鄧小平〈關於整風運動的報告〉：

> 右派分子活動的主要場所是知識分子成堆的地方，如高等學校、某些國家機關、新聞出版機關、文藝團體、政法界、科學技術界、醫藥界等。[32]

1957-9-15湖南省委給中央的報告：

> 凡是哪裡知識分子多，那裡右派分子也多。如統戰戰線右派分子

---

[27] 《中共重要歷史文獻資料彙編》第22輯第1分冊，頁3。

[28] 《陳雲文選》（1956～1985），人民出版社1986年，頁135。

[29] 《周恩來年譜（1949～1976）》上卷，中央文獻出版社1997年，頁523。

[30] 《周恩來選集》下卷，人民出版社1984年，頁164。

[31] 李維漢：《回憶與研究》下冊，頁803～804。

[32] 《人民日報》1957-10-19，版1。

的比例高達23%。知識分子較多的宣傳、文教戰線右派分子的比例達9.64%。同時，高級知識分子中的右派分子比一般分子中的右派分子又更多一些。如在六個高等學校講師以上的690人中，有右派分子103人，占總人數的14.9%。如單按教授217人統計，其中的右派分子就占教授總人數的23.5%。[33]

湖南某要員名言：「三個知識分子在一起就會反黨。」[34]該省湘陰縣「右派」732名，629名為教師、醫務人員。[35]愈有文化的單位，愈有愛國熱情的知識群體，甚至愈愛共黨愛社會主義，「右派」愈多。雲南12,514名「右派」，知識分子86%；昆明四所高校21名教授劃「右」，占教授人數25%。[36]

1959年12月康生向歸國留蘇生做報告：中共黨員劃「右」3.8萬餘，占1,350萬黨員0.28%，其中省部級99人。中央國家機關劃「右」6,284名，「總參」一百六十餘名、「總政」73名、團中央百餘名。[37]中央黨校98名，最高法院56名，公安部63名，外貿部193名。[38]建築部151名（截至1957-7-10）。[39]地質部二百餘。外交部因主持人劉英主張少劃，三十餘名。[40]八機部直屬開封機械廠，「學校出身的工程技術人員和經管文祕人員，幾乎無一倖免」。[41]

科技精英頂層「學部委員」，11名淪「右」：曾昭掄、錢偉長、孟昭英、雷天覺、謝家榮、余瑞璜、劉思熾、袁翰青、盛彤笙、向達、

[33] 《情況簡報（整風專輯）彙編》（31）1957-10-25。《反右絕密文件》第6卷，頁109。

[34] 李銳：〈清除「左「的影響和克服派性〉，《李銳論說文選》，頁509。

[35] 《湘陰縣志》，三聯書店（北京）1995年，頁163、639。

[36] 中共雲南省委黨史研究室編：《雲南整風運動和反右派鬥爭》，雲南大學出版社2013年，頁29。

[37] 華民：《中國大逆轉——「反右」運動史》，頁151。

[38] 〈中央一些部門已改正一批錯劃右派〉，《人民日報》1979-1-2，版1。

[39] 《情況簡報（整風專輯）彙編》（9）1957-7-29。《反右絕密文件》第2卷，頁143。

[40] 邢小群：《往事回聲——中國著名知識分子訪談錄》，時代國際出版公司（香港）2005年，頁137～138。

[41] 陳華東：〈「五七」情緒幾時休〉，《五七精神‧薪盡火傳》，頁326。

沈志遠。[42]中國科學院哲學社會科學部44名人文學者淪「右」。[43]一家編譯出版社120名外文人才，40人淪「右」，其中8人逮捕，12人勞教，1979年大都已逝。[44]

中國作家協會不到200人，劃「右」五十餘名。黨組書記劉白羽（1916-2005）大會厲聲：「中國作家協會藏污納垢，等於一個國民黨的省政府！」[45]冰心因「下邊報上來要批的人太多了，實在是來不及批，才讓她漏了過去」。[46]

文化部劃「右」六十餘名。[47]「總政」文化部創作室32人，劃「右」8名，中右及各種處分7名。[48]浙江省文聯正副主任（宋雲彬、陳學昭）、正副黨組書記（黃源、鄭伯永），全部淪「右」。[49]安徽省文聯50人，至少劃「右」6名。[50]

文化界著名「右派」：

丁玲、馮雪峰、陳企霞、陳學昭、陳明、吳祖光、宋雲彬、蕭乾、鍾敬文、穆木天、施蟄存、孫大雨、傅雷、聶紺弩、李長之、鮑昌、艾青、穆旦、孔厥、羅烽、舒群、白朗、海默、秦兆陽、徐懋庸、姚雪垠、王若望、黃谷柳、鄭伯永、沈默君、何滿子、周良沛、李又然、陳湧、天藍、唐因、唐祈、唐湜、唐達成、鍾惦棐、白樺、梅娘、柳溪、沙蒙、李白鳳、梁南、孫靜軒、劉紹棠、張賢亮、張弦、方之、鄧友梅、李國文、高曉聲、公木、公劉、陸文夫、汪曾祺、流沙河、王蒙、

[42] 王揚宗：〈曾昭掄等九名學部委員職務和名譽的恢復〉，《中國科學報》（北京）2015-12-18，版6。

[43] 中共中央黨校中共黨史教研室編：《四十年的回顧與思考》，中共中央黨校出版社（北京）1991年，頁258。

[44] 李泥：《歷史傷口——二十年右派尋訪記》，頁295。

[45] 韋君宜：《思痛錄》，頁42、50～51。

[46] 郭曉惠等編：《檢討書——詩人郭小川在政治運動中的另類文字》，中國工人出版社（北京）2001年，頁280。

[47] 黎辛：〈關於中國作家協會的反右派鬥爭及其它〉，《新文學史料》1998年第4期，頁182。

[48] 黎白：〈回顧總政創作室反右派運動〉，《荊棘路》，頁410。

[49] 鄭秉謙：〈兩個平常的作家在一個不平常的時刻〉，《沒有情節的故事》，頁412。

[50] 《內部參考》第2273期（1957-8-2），頁6。

叢維熙、邵燕祥、杜高、季康……

　　南京市級機關61名「右派」，90%「解放後」參加工作的學生，90%出身地主、資產階級，60%參加過「反動黨團」，57%大專以上，25%高中生。[51]

　　「鳴放」時期，奔走採訪、及時編稿、積極配合「雙百方針」的記者編輯，此時被指「為右派分子撐腰」、「散布反黨反社會主義毒素的幫兇」。《光明日報》淪「右」二十餘名（五人開除公職，送專政機關）。[52]新華社劃「右」83名。[53]《人民日報》劃「右」32名，[54]記者部9名（28%），全社之冠。「記者部主持運動者在反右派鬥爭中是立下了『豐功偉績』的。」[55]

　　《文匯報》6名編委、15名編記劃「右」。[56]《文匯報》駐京辦十餘名記者，僅三人倖免。[57]《大公報》20名「右派」，全體員工1/10強。[58]百餘人的《中國青年報》，劃「右」17名，包括兩名副總編；[59]總編張黎群（1938年入共黨）雖有胡耀邦力保，仍撤職、嚴重警告。[60]《北京日報》劃「右」近二十名；上海、遼寧廣播電臺均劃「右」約1/3。[61]

　　《四川日報》150名編輯記者，劃「右」五十餘。《成都日報》四十餘編輯記者，劃「右」12名。《星星》詩刊編輯部四人，全部淪「右」。[62]四川「南充文聯幾乎『全軍覆沒』。」[63]《新湖南報》一百

[51]　《情況簡報（整風專輯）彙編》（11）1957-8-8。《反右絕密文件》第2卷，頁211。

[52]　殷毅：〈一篇《迎春花》，厄運二十年〉，《炎黃春秋》1999年第7期，頁46。

[53]　李銳：〈討論《歷史決議（草案）》的摘記〉，《李銳文集》第5冊，卷九，頁54。

[54]　李莊：《人民日報風雨四十年》，人民日報出版社1993年，頁213。

[55]　季音：〈我是怎樣被「補」成右派的〉，《炎黃春秋》2007年第7期，頁60。

[56]　劉明鋼：〈解讀《文匯報的資產階級方向應當批判》〉，《炎黃春秋》2009年第4期，頁47。

[57]　徐鑄成：〈「陽謀」親歷記〉，《徐鑄成回憶錄》，頁415。

[58]　吳永良：《雨雪霏霏——北大荒生活紀實》，「開篇的話」，頁5。

[59]　鍾沛璋：〈中國知識分子的歷史大劫〉，《反右研究文集》，頁198。

[60]　胡績偉：〈毛澤東是怎樣把鄧拓逼入絕路的〉，《爭鳴》（香港）2001年4月號，頁42。

[61]　華民：《中國大逆轉——「反右」運動史》，頁150。

[62]　鐵流：《走錯房間的右派精英》，頁181。

[63]　張先癡：《格拉古軼事》，溪流出版社（美國）2007年，頁18。

四十餘人（包括《湖南農民報》）劃「右」54名，編輯部1/3，包括社長鄧鈞洪、副總編蘇辛濤等八名編委。[64]

「民盟」主辦的《爭鳴》月刊，19個編委10個右派，6個常務編委，4個右派。[65]《戲劇報》15名編輯，劃「右」7名。《劇本》月刊編輯部十三四人，劃「右」三名。戲劇家協會（包括下轄各刊）110～120人，劃「右」11名。[66]杭州文學月刊《東海》13人，7名「右派」，1名「中右」，1名「壞分子」。[67]甘肅省廣播電臺（五六十人），劃「右」5名，1名「壞分子」。[68]

安徽一家四五百人的醫院，近40名「右派」，還有中右、受批判者。[69]天津工業設計院500名知識分子，劃「右」88名（17.6%）。天津一家出版社五十多名編輯，劃「右」25名。[70]山東歷城縣245名「右派」，182名為教師。[71]貴州湄潭縣「右派」75名（極右30名），其中知識分子65名（極右29名）。[72]

蕪湖地委黨校三十餘人，劃「右」8名，另有8人押送勞教、開除黨團籍等各種處分，打擊面近50%。[73]

捐獻名家也淪「右」，張伯駒（1898-1982）、潘世茲（1906-1992，聖約翰大學代校長）、漢堡大學醫學博士丁惠康（1904-1979，創辦上海虹橋療養院）。[74]

[64] 朱正〈丁酉年紀事〉，《荊棘路》，頁359。
[65] 呂某：〈所爭者何，所鳴者何──對《爭鳴》月刊的幾點批評〉，《爭鳴》（北京）1957年11月號，頁32。
[66] 周素子：《右派情蹤》，頁36、41。
[67] 鄭秉謙：〈兩個平常的作家在一個不平常的時刻〉，《沒有情節的故事》，頁412。
[68] 邢同義：《恍若隔世──回眸夾邊溝》，蘭州大學出版社2004年，頁257。
[69] 茹家升：《卷地風來》，遠方出版社（呼和浩特）2004年，頁41。
[70] 馮驥才：《一百個人的十年》，江蘇文藝出版社1991年，頁105、284。
[71] 《歷城縣志》，濟南出版社1990年，頁23。
[72] 《湄潭縣志》，貴州人民出版社1993年，頁606。
[73] 陳炳南：《赤子吟》，中國文學藝術出版社（北京）2004年，頁88～89。
[74] 謝增壽：〈父子兩代愛國醫學家──丁福保與丁惠康〉，《人物》（北京）1995年第3期，頁83。

（二）民主黨派

　　八家民主黨派──民主櫥窗裡的木偶（至今無一家有黨旗），1957年總共十萬餘成員，1987年也才30萬。[75]反右前，一中共高幹：「民主黨派的成員永遠是被改造的對象」。[76]

　　1957-6-10毛澤東親擬反右文件──

> 民盟、農工最壞。章伯鈞、羅隆基拚命做顛覆活動，野心很大，黨要擴大，政要平權，積極奪取教育權，說半年或一年，天下就將大亂。毛澤東混不下去了，所以想辭職。共產黨內部分裂，不久將被推翻，他們的野心極大，完全是資本主義路線，承認社會主義是假的。民盟右派和反動派的比例較大，大約有10%以上，……他們的臭屁愈放得多，對我們愈有利。……這次運動中，一定要使反動分子在公衆面前掃臉出醜。[77]

　　全國放映時政紀錄片《反右派鬥爭》，配合形勢「讓人民進一步唾棄右派分子」。[78]1957-7-1《人民日報》社論〈《文匯報》的資產階級方向必須批判〉（毛澤東親撰），點名「民盟」、「農工」──

> 風浪就是章羅同盟造起來的，……整個春季，中國天空上空突然黑雲亂翻，其源蓋出於章羅同盟。

　　7月9日上海幹部大會，毛澤東：右派的老祖宗就是章伯鈞、羅隆基、章乃器，發源地都是在北京。[79]

　　7月17日青島會議，毛澤東凸露對民主黨派的仇態：

> 歷史上包下來的一批王八蛋，一路來敲鑼打鼓，擁護了七年是假的，只是到了現在，他們就翹尾巴了。每年召開人民代表大會、政協會議，總是要對付他們一場。通過法案，他們都舉手，下去視察，他們就找岔子，並且搞組織活動，估計到他們有

[75] 陶斯亮：〈我與中央統戰部六局〉，《炎黃春秋》2015年第2期，頁9。
[76] 北京大學社教委：《北京大學右派分子反動言論匯集》，頁220。
[77] 《建國以來毛澤東文稿》第6冊，頁503。
[78] 周素子：《右派情蹤》，頁55。
[79] 《毛澤東選集》第5卷，頁435、448。

一部分人隨時會搞叛變。但歷來都沒有暴露他們的辦法。[80]

反右開始後，章伯鈞私謂羅隆基：

> 民革因是些降將，本就抬不起頭。三五反收拾了民建。比較敢講話的，只剩下民盟和農工，而反右的打擊重點就是民盟和農工。老毛這次的最大收穫是通過反右完全控制了民主黨派，也完全控制了中國知識分子。而中國的民主力量和中國知識分子的獨立自主精神，本來就脆弱。今後，民主黨派只能點頭稱是地過日子了。[81]

各省亦以民主黨派「祭刀」。1957年6月中旬，長沙揪出的第一「右」即省民盟祕書長杜邁之。[82]《浙江日報》首先點名兩位右派：宋雲彬（「民盟」省副主委）、李士豪（「農工」省主委）。[83]杭州盟員劃「右」71名，占全市盟員18.9%，其中開除盟籍64名。[84]

1958-1-9山西省委：「民主黨派的成員是反右派鬥爭的重點。」[85]黑龍江省民主黨派成員1995人，劃「右」210名（10.5%）。[86]

八家民主黨派「右派」人數排行：「民盟」第一，「民革」第二，「農工」第三。

「民盟」1957年約三萬盟員。[87]1961-10-20「民盟」中央統計，劃「右」盟員5,173名（約17%）；中央一級「右派」61名（中候委以上33.6%）。[88]「民盟」與「農工」成員多有跨黨。

章伯鈞：第一副主席兼組織部長，「農工」主席，全國政協副主席，交通部長，留德哲學博士。

羅隆基：副主席，全國政協，人大常委，森林工業部長，倫敦政經學院政治

---

[80] 《毛澤東思想萬歲》第2冊（1949-10～1957），頁230。
[81] 章詒和：《最後的貴族》，牛津大學出版社（香港）2004年，頁336。
[82] 《長沙市志》第2卷，湖南出版社1995年，頁391。
[83] 陳修良：〈浮生瑣記（10）〉（1991-10）。陳修良之女沙尚之提供，2021-5-18。
[84] 《杭州市志》第8卷，中華書局1999年，頁106。
[85] 《情況簡報（整風專輯）彙編》（53）1958-2-15。《反右絕密文件》第9卷，頁176。
[86] 張向凌主編：《黑龍江歷史編年》，黑龍江人民出版社1989年，頁818。
[87] 羅隆基：〈我的初步交代〉（1957-7-15），《人民日報》1957-7-16，版5。
[88] 章詒和：〈順長江，水流殘月──淚祭羅隆基〉，《中國時報》（臺北）2007-5-2。

學博士。

中央常委（11名）：

曾昭掄：高教部副部長，中研院士，學部委員，留美工學博士。

錢端升：北京政法學院院長，全國人大常委，中研院士，哈佛哲學博士。

費孝通：中央民族學院副院長，學部委員，留英哲學博士。

黃藥眠：「民盟」中央宣傳部長，北師大中文系主任，全國人大代表。

沈志遠：上海主委，學部委員，留俄生，1925年曾入中共。

潘光旦：中央民族學院教授，全國政協委員，留美理學碩士。

葉篤義：「民盟」副祕書長兼辦公廳主任，燕京生。

馬哲民：湖北主委，中南財經學院院長，留德留日，1922年曾入中共。

潘大逵：四川主委，四川省政協副主席，留美法學碩士。

韓兆鶚：陝西主委、副省長，北高師畢業生，1970年瘐斃。

郭翹然：廣東副主委，廣州副市長，1929年曾入中共。

中央委員（27名）：

張雲川：「民盟」中央副祕書長，政務院參事，黃埔軍校四期生。

王毅齋：河南主委、副省長，維也納大學經濟學博士。

陳敏之：江蘇主委兼南京主委，上海市建委處長，1936年曾入共黨。

姜震中：浙江主委，浙江省司法廳長，留法留俄生。

許德瑗：江西主委、省教育廳長、省政協副主席，里昂大學法學碩士。

楊子恆：甘肅主委、省交通廳長、省政協副主席，國軍軍長，武漢講武堂生。

楊希堯：青海主委、省體委主任，國府省教育廳長，北京政法專校畢業生。

彭文應：上海副主委，上海江西中學校長，留美政治學碩士。

宋雲彬：浙江副主委、省政協副主席、省體委主任，1924年曾入中共。

王國松：浙江副主委，浙江大學代校長，留美哲學博士。

朱裕璧：湖北副主委，湖北醫學院長，留德醫學博士。

何公敢：福建副主委、省司法廳長，東京帝國大學經濟系畢業生。

李子健：陝西副主委、省府副祕書長，1924年曾入中共，留俄生。

李伯球：北京工商局長，全國人大代表，農工中常委，黃埔軍校生。

錢偉長：清華大學副校長，中科院士，多倫多大學理學博士。

張志和：政務院參事，全國政協委員，前川軍將領，保定軍校生。

陳仁炳：上海副主委兼祕書長，復旦大學史學教授，留美哲學博士。

陳新民：中南礦冶學院院長，麻省理工學院科學博士。

羅忠信：四川副省長，前國府成都警備司令。

吳景超：中國人民大學經濟系教授，芝加哥大學社會學博士。

劉王立明（女）：全國政協常委，全國婦聯常委；1970-4-15瘐斃（74歲）。

范樸齋：國務院參事，國府高級官吏，童年隨學名儒吳虞。

曾庶凡：四川財經學院副院長、全國人大代表，1928年曾入中共，留法生。

黃琪翔：「農工」副主席，政協常委，國家體委副主任，國軍上將，留德生。

鮮英：全國人大代表，陸軍大學四期旁聽生，前川軍將領。

費振東：中央政府僑委文教宣傳司長，全國人大代表，南洋公學生。

李士豪：「農工」浙江主委，省農林廳長，留美工學碩士。

中候委（19名）：浦熙修（女）、李健生（女）、陶大鏞、李則綱、李化方、章振乾、王文光、陳仰之、李康、陸欽墀、梁若塵、杜邁之、舒軍、陳新桂、丘克輝、徐雪塵、張紀域、吳春選、張廣標。[89]

「民盟」福建省市委員11人淪「右」：何公敢、嚴叔復、陳閎明、黃震亞、陳碧笙、鄭朝宗、錢履周、趙家欣、吳修平、蔡野、嚴家理。[90]「民盟」銀川地區45個支部負責人，33名淪「右」。[91]

「農工」（與「民盟」重疊以外）：張申府、黃現璠、鄧昊明（中常委）、李述中（福建主委）。

「民革」：龍雲（副主席）、陳銘樞（中常委）、黃紹竑（中常委）、譚惕吾（女，中常委）、張軫（中委）。

「九三」：陸侃如（中常委）、袁翰青（中常委）、董渭川（中常委）、顧執中（中候委）、儲安平（中委）、金寶善（全國政協委員）。

「民建」、「工商聯」：章乃器（「民建」中央副主委、「工商聯」副主席、糧食部長）、畢鳴歧（「工商聯」副主席、天津副市長）、向德（「民建」中委、「工商聯」湖南省主委、長沙副市長）、錢孫卿（「民建」中委、江

89　《千名中國右派處理結論和個人檔案》第6冊，頁263～273。
90　《情況簡報（整風專輯）彙編》（10）1957-7-31。《反右絕密文件》第2卷，頁177。
91　《當代中國的寧夏》，中國社會科學出版社1990年，頁119。

蘇省政協副主席）、李琢庵（「工商聯」常委、雲南省主委）。

　　「民進」：林漢達（中央副主席、教育部副部長）。

　　「臺盟」：謝雪紅（中央主席）

　　截至1957-8-13，天津「民盟」76名盟員淪「右」（7.5%）。[92]重慶「民盟」劃「右」130名，約全市盟員15.6%；23名「民盟」市委委員、候委，12名淪「右」；12名副部長以上幹部，9名右派。[93]反右後，山西洪洞縣「新成立的民盟小組停止工作」。[94]

　　1957-9-15中共河南省委報告，民主黨派挖「右」295人（鬥爭236名，極右78名），占全省民主黨派1,875名成員15.73%；其中「民盟」98名（全省盟員12.71%）；「民革」83名（全省成員15.71%）；「民建」95名（全省成員18.26%）；「九三」16名（全省成員31.37%）；全省九名「農工」黨員，三人劃「右」。[95]截至1957-11-26，河南民主黨派劃「右」330名（全省民主黨派17.65%）。年底，河南工商聯劃「右」1,147名，占全省工商界14.1%。[96]

　　1958-1-9中共湖北省委報告：全省六個民主黨派5,673名成員，劃「右」643名（12.2%），其中86名省級委員，占242名省級委員34.2%。中共貴州省委匯報：全省四個民主黨派1,055成員，劃「右」128名（12.13%）。[97]

　　1958-1-10中共湖南省委報告：全省六個民主黨派3,036名成員，劃「右」488名（16%）。河北省委報告：全省民主黨派成員2,524名，劃「右」301名（11.9%）。

　　1958-1-11中共廣西省委彙報：

---

[92]　《情況簡報（整風專輯）彙編》（15），1957-8-22。《反右絕密文件》第3卷，頁167。

[93]　《重慶市志》第1卷，四川大學出版社1992年，頁341。

[94]　《洪洞縣志》上部，山西春秋電子音像出版社（太原）2005年，頁737。

[95]　《情況簡報（整風專輯）彙編》（31）1957-10-25。《反右絕密文件》第6卷，頁168。

[96]　《情況簡報（整風專輯）彙編》（57）1958-2-27。《反右絕密文件》第11卷，頁146、148。

[97]　《情況簡報（整風專輯）彙編》（53）1958-2-15。《反右絕密文件》第9卷，頁245、260。

在各民主黨派中揭發出右派分子257人，占民主黨派成員總數2,654人的9.68%（其中省級候委以上22名，占各黨派委員總數69的31.7%；市級委員「右派」38名，占145名委員總數的26.89%）。

1958-1-13中共廣東省委報告：

> 截止去年12月份的統計，29個市、縣共揭露右派分子670人（其中民主黨派300人、工商聯370人），……在右派分子中，民主黨派地方組織和市縣工商聯過去的領導骨幹占很大的比重。例如：九個市民主黨派委員（或小組長）以上286人，有右派分子126人，占委員總數的44.1%；工商聯執委以上386人中，有右派分子98人，占執委總數的25.4%；民主黨派和工商聯的正副主委絕大多數是右派頭子。

截至1958-1-10，安徽民主黨派2,569名成員，劃「右」417名（18.23%），其中省級委員35名（極右22名），占92名省級委員38.04%；市級委員55名，占159名市級委員34.59%。

福建四個民主黨派（民革、民盟、農工、民建），劃「右」359名，占3,352名成員的10.7%；其中省市委員83名，占250名省市委員33.2%；全省工商聯劃「右」230名，其中省級委員16名，占58名委員27%。

甘肅四個民主黨派3,301名成員，劃「右」545名（16.5%）；其中省市級委員30名（民盟13名，民革11名，民建3名，九三3名），占120名委員的25%。

黑龍江各民主黨派成員兩千，劃「右」137名（6.75%）。截至1958年2月底，黑龍江各民主黨派委員74名，劃「右」19名（25.61%）。[98]

廣州工商界1956年1.04萬餘資本家，劃「右」一千二百餘名。[99]海口市劃「右」191名，其中民主黨派108名（工商界69名，全市工商界人數61.9%），教育界52名，機關31名。海口反右運動歷時半年，大小鬥爭會四百多次。[100]

蕪湖「右派」528名，其中民主黨派172名（占全市成員總數28.1%），

[98]　《情況簡報（整風專輯）彙編》（57）1958-2-27，《反右絕密文件》第11卷，頁197、142、128～129、133、151～152、164～166、185、121。
[99]　伊凡：〈廣州工商界萬人爭鳴記〉，《鳴放回憶》，頁33、38。
[100]　《海口市志》，方志出版社（北京）2004年，下冊，頁1247；上冊，頁51。

工商界81名（工商界參加運動87人），宗教界4名，中共黨員44名。[101]

（三）高等院校

毛澤東對青年學生下了狠手──「挖掉資產階級復辟的根子」。1957年1月省市第一書記會議，毛澤東：

> 我們高等學校的學生，據北京市的調查，大多數是地主、富農、資產階級以及富裕中農的子弟，工人階級、貧下中農出身的還不到30%。全國恐怕也差不多。這種情況應當改變，……他們（按：地富、資產階級、民主黨派）老於世故，許多人現在隱藏著。他們的子弟，這些學生娃娃們，沒有經驗，把什麼「要殺幾千幾萬人」、什麼「社會主義沒有優越性」這些東西都端出來了。[102]

1957年7月，逮捕北大生鄭瑞超、錢如平（貧農之子），罪名「煽動反革命暴亂」。[103]稍後，相繼逮捕北大生陳奉孝、顧文選、劉奇弟、李亞白。[104]8月5日中央機關千名中高級幹部充實大中學校及文教單位（包括大醫院），加強「反右領導力量」。[105]福建師大物理系、化學系、心理學系三位女系主任（留美生，終身未嫁），全部劃「右」。[106]

全國205所高校，近四千教師劃「右」。[107]截至1957-9-20北京高校正副教授劃「右」199名，占1,328名正副教授的15%；講師、助教劃「右」670人，占11,240名講師助教的6%；學生劃「右」3,490人，占學生總數80,452人的4.34%。[108]北京32所高校劃「右」4,874名，占學校總人數4.3%。[109]

---

[101] 《蕪湖市志》上冊，社會科學文獻出版社（北京）1993年，頁269。

[102] 《毛澤東選集》第5卷，頁333。

[103] 北京大學社教委：《北京大學右派分子反動言論匯集》，「編者的話」。陳奉孝：《夢斷未名湖》，頁349～350。

[104] 張元勳：《北大一九五七》，頁198。

[105] 《中共中央文件選集（1949-10～1966-5）》第26冊，頁99～100。

[106] 周素子：《右派情蹤》，頁145。

[107] 中共中央黨史研究室：《中國共產黨歷史》第2卷（1949～1978），中共黨史出版社（北京）2011年，上冊，頁459。

[108] 《情況簡報（整風專輯）彙編》（30）1957-12-23。《反右絕密文件》第6卷，頁61。

[109] 《當代北京大事記（1949～2003年）》，當代中國出版社（北京）2003年，頁111。

　　1957年8月團中央大學工作部統計：147所高校，學生右派8,022名。[110]

　　1958年1月底，北京大學劃「右」699名（110名教職員，589名學生），後至716名。北大學生7,851人（含研究生314人），教職員1,229人，合計9,080人，「右」率7.89%。[111]校務會議上，馬寅初：「北大沒有右派，學生更沒有右派！」[112]時移勢易，他已無法像蔡元培1919年那樣護雛了。北大「右派」教授：陳振漢、王鐵崖、向達、王重民、吳興華。

　　中央反右領導小組副組長彭真督陣北大，1957年7月初調鐵道部副部長陸平入北大「瞭解情況」；[113]10月，貶「不力」江隆基為第二書記（反右之初稱「北大真正右派至多不過十來個」[114]），陸平第一書記。1957年底，北大劃「右」500餘，彭真嫌少：「（北大「右派」）不是一打的問題，而是一批的問題。」[115]陸平加力「補課」，補劃約200名；數力系黨支委兼團委書記程慶民（1931-），流淚不同意劃兩兩名學生，「包庇右派」，補劃右派。[116]1958年2月，彭真再加強北大「領導力量」，市委宣傳部長楊述兼物理系反右工作組長。[117]物理系四、五年級、數力系四年級，劃「右」30%以上。[118]物理系1954級劃「右」60名，數力系1954級劃「右」40名。[119]

　　清華大學「右派」571名（教職員222名，學生349名），清華在校生9,262名，教職員工3,291名（教師1,230名），「右」率6.16%。[120]清華三位「名右」均為留洋博士：錢偉長（理學）、黃萬里（工學）、孟昭英（哲學）。

　　北京師範大學「右派」379名（1978年改正人數）。[121]四名一級教授：

[110] 《內部參考》第2321期（1957-9-27），頁3。
[111] 《北京大學紀事（1898～1997）》，頁632、970、615。
[112] 張元勳：《北大一九五七》，頁298。
[113] 陳奉孝：《夢斷未名湖》，頁348。
[114] 馬嘶：《負笈燕園》，群言出版社（北京）1999年，頁463。
[115] 閻桂勛：〈中國歷史上最大的文字獄〉，《五七精神‧薪盡火傳》，頁106。
[116] 王友琴：〈從受難者看反右和文革的關聯〉，《反右研究文集》，頁135、131。
[117] 宋林松：〈右派索賠之我見〉，《五七精神‧薪盡火傳》，頁443。
[118] 《情況簡報（整風專輯）彙編》（51）1958-2。《反右絕密文件》第9卷，頁108。
[119] 燕遯符：〈學生右派三論〉（2007-4-2），《往事微痕》第21期（2009-2-21），頁239。
[120] 《清華大學志》，清華大學出版社2001年，下冊，頁723；上冊，頁216、482。
[121] 《北京師範大學校史（1902～1982）》，北京師範大學出版社1984年，頁193。

傅種孫、武兆發、黃藥眠、鍾敬文（全校共六名一級教授）。中文系八大教授「右派」：黃藥眠、鍾敬文、李長之、穆木天、彭慧（女）、啟功、俞敏（副教授）、陳秋帆（女，副教授）。[122]中文系「右生」92名，其中1957屆畢業生49名（總共219名畢業生）、三年級16名、二年級10名、一年級15名、研究生2名。[123]中文系53‧1班學生33名，劃「右」13名（8名「極右」）。[124]中文系師生「右派」108名，全系師生約800人（學生約700），「右」率13.5%。[125]

中國人民大學1958年1月中旬劃「右」260餘[126]，後擴至500餘[127]，教職員劃「右」253名；新聞系師生500人，劃「右」43名（8.6%）、中右八十餘，合計25%；新聞系1956級六班27名學生，劃「右」7名，加上中右，全班「壞人」70.37%，全校頭籌；班級黨支部獲「優秀支部」，支書于恩光分配中組部，官至安全部副部長；同學擲譏：「右派的血染紅頂子」。[128]

北京農業大學劃「右」143名，副教授以上淪「右」13.4%，學生淪「右」4.7%。[129]北京地質學院五千餘學生，劃「右」9%；千餘教師，劃「右」12%。[130]中央外事幹校二三百學生，劃「右」二十餘名（其中一名18歲女生）。[131]

重慶西南師院劃「右」612名，全市第一單位。[132]

[122] 范亦豪：《命運變奏曲——我的個人當代史》，頁93。北師大中文系15位教授、3位副教授，號稱「十八羅漢」。童慶炳口述史（五）http://bnu.cuepa.cn/show_more.php?doc_id=997020

[123] 《師大教學》第240期（1958-3-11），版2。張邁：〈他們爲什麼會墮落成右派分子〉，《教師報》（北京）1957-9-10，版3。《不肯沉睡的記憶》，頁334。

[124] 雷一寧：〈北京師範大學在1957〉，《「陽謀」下的北師大之難》上冊，頁39。

[125] 2020-7-17，北師大中文系53‧1班「右生」范亦豪先生函告筆者。

[126] 《內部參考》第2403期（1958-1-18），頁5。

[127] 雪柔：〈林希翎訪問記〉，《中國大陸》（臺北）1985年10月號，頁31。

[128] 房文齋：《昨夜西風凋碧樹——中國人民大學反右運動親歷記》，頁111～112。

[129] 王步崢主編：《北京農業大學校史‧1949～1987》，北京農大出版社1995年，頁212。

[130] 該校「右生」吳弘達從母校得到數據。《五十年後重評「反右」》，頁195。

[131] 巫寧坤：《一滴淚》，頁66。

[132] 中共重慶市委統戰部副部長尹南如會議發言（1979-2-21）。中央五部「摘帽辦」會議簡報，第36期（四-10），1979-2-24。

　　武漢大學劃「右」430名，其中教授21名（教授總數24%），副教授7名（副教授總數17%），講師15名（講師總數19%），助教29名（助教總數9%），其他31名。學生「右派」327名。不到200名學生的中文系，「右」生56名。[133]

　　南京大學劃「右」143名（教授5名），2.42%（在校生4,330人，教職員1,590人）。[134]南京工學院劃「右」9.8%。[135]

　　蘭州大學劃「右」195名，全校師生員工2,659人，7.3%；講師以上27名（18.8%），助教20名（6.8%），行政5名（3.2%），學生143名（6.9%）。[136]

　　廈門大學劃「右」179名，約師生員工10%；生物系、歷史系居多，某班8名，班級15%。[137]福建師大三千餘師生，「右派」四百餘，其中教師27名，中文系四年級一班36名學生，劃「右」31名；物理系三年級甲班38名學生，劃「右」22名；全校自殺17人。[138]

　　山東大學劃「右」149名。山東醫學院112名。山東工學院112名（教師27名，職員6名，學生79名）。[139]山西師院劃「右」151名（教師22名，含院長梁園東；職工6名，學生122名）。[140]

　　1958年1月初，天津高校劃「右」790名，副教授以上「右」率16.2%。[141]南開大學兩千餘師生，「右」約400名；中文系1953級八十餘學生，劃「右」12名。物理系1956級某班27名學生，5名「右派」；歷史系1956級90名學生，「右生」15名（16.7%），各年級之最，處分也最重。反過來，1956級歷史系留校左生14人，「創南開歷史上一個年級同時留校人數最多的紀錄」。南開物理系「副博士」（碩士）最多，全部

[133] 吳貽谷主編：《武漢大學校史》（1893～1993），武漢大學出版社1993年，頁306。
[134] 《南京大學大事記（1902～1988）》，南京大學出版社1989年，頁153、106～107。
[135] 徐紹華：〈自述〉，《五七精神‧薪盡火傳》，頁359。
[136] 張克非主編：《蘭州大學校史》，蘭州大學出版社2009年，頁257。
[137] 張景奎：〈校園反右雜憶〉，《五七精神‧薪盡火傳》，頁409。
[138] 林學政：〈陽謀〉，《從大陸看大陸》第1輯，頁122。
[139] 《山東大學百年史》，山東大學出版社2001年，頁291、510、700。
[140] 《山西大學百年校史》，中華書局2002年，頁177。
[141] 《情況簡報（整風專輯）彙編》（53）1958-2-15。《反右絕密文件》第9卷，頁156。

淪「右」。歷史系三位「副博士」，二「右」，一「內控右派」，取消研究生資格，發配黑龍江。[142]

1957年底，復旦大學劃「右」255名（學生175名），[143]物理系1957屆畢業生劃「右」30%。[144]上海交通大學劃「右」378名（教職員66人，學生321人）。[145]華東師大五千餘學生，劃「右」285名，中文系一年級二十餘名（超過10%）。[146]同濟大學書記兼校長薛尚實、副書記兼總務長劉準及2/3黨委委員淪「右」，校團委正副書記亦「右」。[147]

1955年「肅反」，江蘇師院美術系畢業班32人，五人被「清查」，反右一起，五人悉落「右」網，兩人開除公職、送勞教。[148]哈爾濱外語學院兩千餘師生，揪右257名，其中學生121名。[149]截至1958-1-13，長春六所高校劃「右」844名，講師以上98名（占11.9%），學生611名。[150]

1957年8月中旬，湖南劃「右」1,383名，其中高校544名（108名極右）。[151]11月中旬，安徽高校副教授以上劃「右」11.56%，講師劃「右」7.76%，助教4.12%。[152]安徽師大1979年「改正右派」240餘名。[153]

截至1957年10月，四川22所高校46,206名師生員工，劃「右」2,087名（424名極右）：副教授以上「右」率17.3%（127名），講師、助教「右」率5.21%（216名），學生「右」率4.3%（1510名），餘為幹部員工。

[142] 《抹不去的歷史記憶》，頁5（前言）、203、230、32、308。

[143] 《復旦大學志》第2卷，復旦大學出版社1995年，頁31、520。

[144] 《內部參考》第2459期（1958-4-16），頁16。

[145] 《中共上海交通大學黨史大事記》，上海交通大學出版社1996年，頁189。

[146] 《華東師範大學大事記（1951～1987）》，華東師範大學出版社（上海）1991年，頁101。

[147] 丁抒：《陽謀──反右派運動始末》，頁226。

[148] 亞衣：〈行到水窮處，坐看雲起時──訪南京大學教授高爾泰先生〉，《北京之春》（紐約）1995年第7期，頁57。

[149] 趙勁堅等編：《平凡人生──王季愚傳略》，上海書店出版社2006年，頁120。

[150] 《情況簡報（整風專輯）彙編》（56）1958-2-27，《反右絕密文件》第11卷，頁115。

[151] 《情況簡報（整風專輯）彙編》（16）1957-8-25。《反右絕密文件》第3卷，頁208。

[152] 《情況簡報（整風專輯）彙編》（40）1957-12-14。《反右絕密文件》第8卷，頁97。

[153] 巫寧坤：《一滴淚》，頁391。

截至1958年1月，河南七所高校12,418名師生員工，劃「右」573名（4.61%）；其中教師120名，占1,313名教師總數9.13%。[154]

（四）地下黨系統

抗戰初期，延安向國統區地下黨傳達「十六字方針」：隱蔽精幹，長期埋伏，積蓄力量，以待時機。1949年5月「二野」入南京，請示如何對待地下黨，毛澤東再擬「後十六字方針」：降級安排，控制使用，就地消化，逐步淘汰。明顯過河拆橋，「後十六字」絕對機密，僅至大區負責人。[155]1949年後，地下黨系統幹部一直感覺冷風颼颼，頻遭南下軍幹擠兌，整體吃癟，不明白「為什麼」？萬萬想不到「母親呵——黨」還有一個淘汰他們的「後十六方針」，對地下黨整體不信任，認定混入敵特。

南京地下黨市委書記陳修良（女，1907-1998），「二野」一入城，立降組織部長。1949年9月～1950年南京地下黨「整黨」，未查出一名潛特，仍「戰果輝煌」：除隨「二野」赴西南的500名（約），另1,400餘地下黨員，開除黨籍205名，受各種處理261名（取消候補、勸退、停止黨籍）。此後歷次運動，南京地下黨幾乎一網打盡，少數漏網者或明或暗「控制使用」。[156]

1957年底，原瓊崖赤區旗幟人物馮白駒、古大存，被打為「地方主義反黨集團」，株連粵省兩萬餘幹部，1979年平反。[157]

四川地下黨約1.2萬名，1980年代初已不到0.2萬。[158]1952年四川整黨，「重點是清理地下黨員」。[159]華鎣山游擊隊「雙槍老太婆」陳聯詩

---

[154] 《情況簡報（整風專輯）彙編》（56）1958-2-27，《反右絕密文件》第11卷，頁41、82。

[155] 穆廣仁：〈有關地下黨的另一個十六字方針〉，《一生都在波濤中》（下），頁709～710。

[156] 陳修良：《拒絕奴性——中共祕密南京市委書記陳修良傳》，香港中和出版公司2010年，頁278。

[157] 陳樸：〈古大存冤案及其平反〉，《炎黃春秋》2001年第12期，頁26。

[158] 穆廣仁：〈有關地下黨的另一個十六字方針〉，《一生都在波濤中》（下），頁713。

[159] 石天河：《逝川憶語——《星星》詩禍親歷記》，頁530。

（1900-1960），1926年從東南大學回鄉（四川岳池縣），1928年10月入共黨；1952-6-16被嫉恨者抓住小辮子，強行「勸退」；為重新入黨，共遞42份申請（未准）。[160]

1957-9-2中共中央下達〈關於嚴肅對待黨內右派分子問題的指示〉，圈定黨內右派於「抗戰牌」、「解放牌」：

> 已經發現出來的黨內右派分子約有三千餘人。黨內的右派分子，多數是解放前後入黨的，也有不少是一二十年以上黨齡的老黨員。[161]

雲南省委第一書記謝富治（1909-1972），劃定挖「右」重點：剝削家庭出身、學生、地下黨（含「滇桂黔邊縱隊」）。[162]雲南共黨「右派」1,795名（地下黨系統1,221名，占68%），[163]158名省管幹部「右派」（122名地下黨）。[164]昭通專區劃「右」614名（610名地下黨）。[165]武定縣郵電局會計李玉祥，「邊縱」戰士，「鳴放」記錄員，1958年3月「補右」，指其紀錄就是他放的毒；李玉祥不服，「態度頑抗，拒不認罪」，勞動教養。[166]

1957年9月中共黨員1,272萬（工人174萬，農民850萬，知識分子188萬，其他60萬），[167]地下黨乃共黨內部相對健康力量，以民主自由為奮鬥目標。南方局系統黨員未經歷延安「整風－搶救」，有話直說，無防範意識，1949年後成為「檻上芝蘭」。[168]趙前生，川東華釜山游擊隊出身、涪陵縣委幹部，劃「右」判刑15年，入四川第一監獄雷馬屏勞改農場，1969年撰寫〈中國往何處去〉（祕密傳閱），遭獄友揭發，1970年槍斃。[169]

---

[160] 林雪：〈「雙槍老太婆」在建國後〉，《炎黃春秋》2008年第4期，頁9～10。

[161] 中發[57]925號。《千名中國右派處理結論和個人檔案》第6冊，頁235～236。

[162] 黃安國：〈「鄭、王反黨集團」的一條腿〉，《命運的祭壇》下卷，頁955。

[163] 孫雨亭：〈在雲南省第一屆黨代表大會第三次會議上的報告〉1958-9-25。楊繼繩：《墓碑》（上），天地圖書公司（香港）2008年11月，頁442。

[164] 〈雲南地下黨和「邊縱」冤案紀略〉，《一生都在波濤中》（上），頁80。

[165] 郭道暉：〈還原真相是走向正義的第一步〉，《炎黃春秋》2010年第2期，頁42。

[166] 李玉祥：〈哭笑不得的株連〉，《命運的祭壇》下卷，頁986。

[167] 鄧小平：〈關於整風運動的報告〉，《人民日報》1957-10-19，版1。

[168] 謝韜：〈我們從哪裡來，到哪裡去？〉，《一生都在波濤中》（上），頁15。

[169] 石天河：《逝川憶語──《星星》詩禍親歷記》，頁486。
張先癡：《格拉古實錄》，秀威（臺北）2014年，頁176～178。

地下黨系統以知識分子為主體，懷抱玫瑰理想，以為中共會走向民主，與南下軍幹不時產生思想認識摩擦，萬萬想不到中共如此劣質。

（五）司法界

1957年11月底，全國政法界劃「右」4,636名，政法學院及法律系劃「右」431名。[170]皖黔隴粵等司法廳、高級法院「右」率11%。安徽司法廳52人，劃右10名（19.2%）。[171]

> 有的學校法律系的老教授幾乎「一網打盡」。錢端升、王鐵崖、韓德培、梅汝璈等堪稱中國法學泰斗的老一輩法學家，幾乎無一倖免。當年還是年輕教師的許多當今法學名家，如沈宗靈、吳家麟、江平、馬克昌等，也都難逃劫難。至於法學界受批判的「右派言論」，則大都是近代法制的一些基本常識性的原則、規則、觀點、概念，乃至通用的法學名詞，有的還是三年前剛為我國憲法所確認的基本原則。如：「公民在法律上一律平等」，被批判為「敵我不分」；「法院獨立審判」，被批判為「同黨鬧獨立」；主張法律有繼承性，說是「為反動法律招魂」；主張尊重法律的科學性，說是「反對法律為革命的政治服務」；要求完善人大制度，成了「吹捧資產階級的議會制度」；提出實行法治，反對以黨代法、以政策代法，更是被批判成「企圖篡奪黨對國家的領導」，如此等等。[172]

梅汝璈（1904-1973），留美法學博士，遠東國際軍事法庭法官，全國人大法案委員會委員，司法界「名右」，文革抄家、掃廁所。[173]

中共高幹華民撰寫的《中國大逆轉──「反右」運動史》：

> 最高人民法院的「右派」多達56人。全國律師隊伍三千人，「右派」竟占90%以上。北京司法系統劃「右派」83人，占總人數的

[170] 〈中央辦公廳政法組綜合〉，《情況簡報（整風專輯）彙編》（41）1957-12-14。《反右絕密文件》第8卷，頁145～146。
[171] 《情況簡報（整風專輯）彙編》（36）1957-11-22。《反右絕密文件》第7卷，頁203。
[172] 郭道暉：〈從人治走向法治〉，《百年潮》1999年第7期，頁20～21。
[173] https://zh.wikipedia.org/wiki/梅汝璈

9%以上。[174]

上海二中院民事庭20人，劃「右」8名。[175]北京司法系統揪「右」83名（9.25%），其中36名審判員，包括市高院院長王斐然、市中院院長賀戰軍、市司法局長賀生高、副局長樓邦彥，主要罪狀「誣蔑黨委『不懂法律』」。北京司法局三處（籌建律師協會和法律顧問處）一半劃「右」。[176]

中央監察部常務副部長王翰（1911-1981），上海交大生，1932年入共黨，上海「一二·九」領導人，新四軍五師政治部副主任，主張學習業務、熟悉經濟，反對成分論，阻攔劃一位下屬「右派」而淪「右」，下放三門峽16年（鐵工），一直不予摘帽。[177]

韋君宜：

> 看了他（按：王翰）的材料，實在使人覺得毫無公理可言。我又一次覺得有些人對知識分子有一種天然的憎恨。如果是出身工農的幹部，有王翰這樣參加新四軍建軍和開闢中原解放區等功勞，怎麼也不可能打成敵人吧。[178]

1959-4-28撤銷司法部、監察部（併入最高法院），[179]「專政」更不受制度性束縛。撤銷兩部重要原因之一：司法部黨組書記鄭紹文、副書記陳養山及三名司長，堅持法治理念，「反對無產階級專政」、「反對黨對司法工作的領導」、「堅持舊法觀點」；最關鍵的是司法部堅持辯護制、上訴制、無罪推定，力主按程序辦案，被指「替被告人辯護就是包庇罪犯」、「有利於被告就是有利於反革命」。毛澤東的法制觀：「什麼是法？黨委開一次會就是法。」[180]明確要人治不要法治。撤銷司法部「拆廟趕和尚」，共黨根本不識民主自由，以領導層飄忽不定的認識

[174] 華民：《中國大逆轉──「反右」運動史》，頁150。

[175] 郭道暉：〈從人治走向法治〉，《百年潮》1999年第7期，頁20。

[176] 《當代北京大事記（1949～2003年）》，當代中國出版社（北京）2003年，頁317。
丁抒：《陽謀──反右派運動始末》，頁313。

[177] 韋君宜：《思痛錄》，頁216。

[178] 韋君宜：〈我所目睹的反右風濤〉，《百年潮》1998年第2期，頁29。

[179] 〈關於撤銷司法部、監察部的決議〉，《人民日報》1959-4-29，版2。參見《建國以來重要文獻選編》第12冊，頁282。

[180] 熊先覺：〈1959年司法部被撤真相〉，《炎黃春秋》2003年第12期，頁30～32。

「隨時立法」（實由毛一人「口含天憲」），各級赤吏隨時可憑一紙公函送下屬「勞教」（無須任何法律程序）。

（六）中共高幹「反黨集團」[181]

時間	集團	成員
1957-12	浙江・反黨反社會主義集團	沙文漢（省長，省委常委）、楊思一（副省長、省委常委）、彭瑞林（省檢察長，省委常委）、孫章錄（省委財貿部長、省委委員）。
1957-1958	廣東・地方主義反黨聯盟	馮白駒（中候委、省委書記、副省長）、古大存（中候委、省委書記、副省長）、吳有恆（廣州市委書記）、鍾明（廣州市委書記）、余美慶（副市長）、謝創（廣州市委統戰部副部長）、古念良（市財貿辦主任）、陳恩（廣州市委副祕書長）、王伯群（廣州市委辦公廳主任）。
1958-2	甘肅・反黨反社會主義集團	孫殿才（副省長，省委常委）、陳成義（副省長，已故）、陸為公（省人委祕書長）、梁大均（銀川地委第一書記）、曹又參（銀川專員）、劉餘生（民政廳副廳長）、王新潮（司法廳副廳長）、林里（交通廳副廳長）、梁克忠（商業廳副廳長）、馬濟忠（前文化局長）。
1958-3	安徽・反黨集團	李世農（省委書記、副省長）、楊效椿（省委組織部副部長、省委委員）、李銳（省副檢察長、省委委員）、陳仁剛（司法廳黨組書記、副廳長）。
1958-7	河南・右傾反黨集團	潘復生（中委、省委第一書記）、楊玨（省委書記、副省長）、王庭棟（省委副祕書長）。
1958-1	重慶・右派反黨集團	張文澄（市委宣傳部長）、王匡時（市委宣傳部副部長）、謝子（市委馬列教研組長）。
1958-2	貴州・右派集團	梁旺貴（黔東南州委書記、副州長、省委候委）、馮興謨（黔東南州委委員、州人委祕書長）。
1958-4	雲南・反黨集團	鄭敦（省委常委、省委組織部長）、王鏡如（省委組織部副部長）、謝加林（省委組織部副部長）、臧野農（省委組織部指導處長）、梁家（思茅地委書記）、全明（玉溪地委副書記）。
1958-4	新疆・地方民族主義聯盟	賽甫拉也夫（自治區書記）、伊敏諾夫（自治區副主席）、艾斯海提（自治區黨委常委）。

---

[181] 《千名中國右派處理結論和個人檔案》第2冊，頁13～15。

時間	集團	成員
1958-6	青海・反黨集團	孫作賓（省長、省委書記）、劉傑（省婦聯主任）、高繼先（省法院副院長）、潘光亞（省委統戰部副部長）。
1958-6	廣西・右派集團	陳再勵（副省長、省委常委）、王夢周（省委組織部長、省委常委）、駱明（省委宣傳部長、省委委員）、廖原（省委財貿部長、省委委員）、王浩（省委文教部長）、廖聯原（省兵役局長）。
1958-6	福建・地方主義反黨集團	黃國璋（福州市委書記）、王一平（福州市委書記）、林汝楠（教育廳長）、許集美（晉江專區專員）。
1958-8	西藏・反黨集團	范明（西藏工委書記）、梁楓（區團委副書記）、曾實（區工委辦公廳副主任）、白雲峰（公路管理局副局長）。
1958-2	遼寧・反黨宗派集團	張靜超（省監察廳黨組書記、廳長）、方一臣（省監察廳副廳長）。
1958-10	遼寧・右傾機會主義	省委書記王錚、宋黎、杜者蘅、李濤、張吳鐸等。
1958-4	安徽・淮南反黨集團	夏際霞（市委書記）爲首。
1958-11	安徽・蚌埠反黨聯盟	羅霞光（市委第二書記兼監委書記）、杜宏本（市委副書記兼市長）、王榮華（市委副書記）。
1958-11	重慶・反黨聯盟	張顯儀（重慶市工會黨組書記）等。
1958	河北・反黨聯盟	劉洪濤（省委統戰部長、省委常委）、王葆真（省政協副主席）。
1958-3	山東・荷澤反黨集團	扈國華（地委副書記）、杜湘（地委宣傳部長）、王魯光（地委財貿部長）、褚連捷（宣傳部副部長）、申雲璞（單縣第一書記）。
1958-4	青島反黨集團	孫漢卿（市委書記）、矯楓（市委書記）、崔介（副市長）、孫樸風（市委宣傳部長）、余光前（市委文教部副部長）、顧膺（《青島日報》總編）、王偉（國棉一廠書記）。
1958-8	山東・反黨反社會主義集團	王卓如（副省長、省委常委）、袁子揚（副省長、省委委員）、張耀曾（省委財貿部副部長）、續中一（省財政廳長）、郭士毅（省計委副主任）、曹戎（省計委副主任）。
1958-12	濟南・地方主義反黨集團	王路賓（市委第一書記、省委常委）、張毅（市委書記）等。
1958-5	中央監察部・右派反黨集團	王翰（部黨組副書記、副部長）爲首。

時間	集團	成員
1958-10	中央廣播事業局・反黨小集團	溫濟澤（副局長）為首。
1958-10	中國銀行・右派集團	尚明（總行辦公廳主任）、詹武（國外業務局長兼中國銀行副總經理）、夏鳴（國外業務局副局長）。

　　浙江省長沙文漢（1908-1964）「右罪」：主張「黨內民主」、「黨政分開」（1956-7-23省黨代會發言）。[182] 上海高幹右派「四大明星」：王堯山（市委常委兼祕書長）、薛尚實（同濟大學書記兼校長）、周克（市委工業部副部長）、黃浩（上海人民銀行副行長）。

　　其他中共高幹「右派」：陳修良、徐懋庸、柳湜、袁永熙、陳沂、黃源、陳適五、顧準、俞時模（清華副書記）、榮孟源（中科院近代史所副所長）、劉洪濤（河北省委統戰部長）、谷春帆（郵電部副部長）、馮雪峰、丁玲、曾彥修、陳企霞、秦兆陽（《人民文學》副主編）、藍鈺（通俗讀物出版社副總編）、鄭伯永（浙江省文聯祕書長）………

　　中共高幹右派一般不劃「極右」，某中央大員擲言：

> 凡是領導幹部劃為「右派」的都是「極右分子」，所以區別不大，都是「反革命分子」、「資產階級的極右派」![183]

　　1957-12-13浙江省委常委、副省長楊思一（1901～1957，1930年入共黨），病中被叫至會議室宣佈「右派」。柯慶施發令：楊必須出席，抬著擔架也要來。楊思一眼底出血，14日凌晨三點還不能回到家。宣佈「右派」後，住所門外即布崗哨。18日，楊思一昏迷，由於電話切斷，無法喚醫也無車送醫。20日，楊逝世。[184]

　　地市級中共幹部亦大量淪「右」。截至1958-3-24，湖南地縣兩級機

[182] 孫治方致陳雲及中組部函（1979-12-27），《陳修良文集》，上海社會科學院出版社1999年，頁448。〈沙文漢同志的發言〉（會議文件），沙女尚之提供。

[183] 陳修良：〈浮生瑣記（10）〉（1991-12）。陳修良之女沙尚之提供，2021-5-18。

[184] 陳修良：〈不僅僅為了死者——楊思一同志冤死後的沉思〉（1988-12），《陳修良文集》，上海社會科學院出版社1999年，頁516。（澳）Kei. Forster編譯：〈The Diary of a Provincial Communist Official〉（一位省級共黨官員日記），（美）《中國法律與政府》（譯刊）2000年7～8月號，加州大學，頁70。

關劃「右」5,620名。[185]

（七）特殊「右派」

1957-6-28「總政」處長馬寒冰服毒自殺，此時風向已轉，中南海已支持他們觀點。緬僑馬寒冰（1916-1957），1937年10月入延安陝北公學，旋入共黨，〈新疆好〉、〈我騎著馬兒過草原〉詞作者，歷任《晉察冀日報》編輯部副部長，新疆軍區宣傳部長、「總政」文化部文藝處長。[186]陳其通、馬寒冰等很不幸，僅僅提前「左」了五個月。

中央美術學院院長江豐（1910-1982），1932年入共黨，1938年赴延安，贊成陳其通等人觀點：「百花齊放在社會上可行，在我們學校內不行，我們校內只允許一朵花，就是社會主義現實主義。」就這句提前左論，淪「右」。[187]

中國人民銀行研究員冒舒諲（1914-1999），江蘇如皋冒辟疆之後，1941年採訪陝北，撰有親共《邊區實錄》（1941年上海國際書店）。1957-6-6陪84歲老父冒廣生進中南海（毛澤東召見），也淪「右」。[188]

《桂林日報》副刊編輯盧存學（燕京生，1949年3月參加共軍），盧郁文之子。盧郁文乃國府立委、1949年4月國府談判團祕書，「反右」有功，升國務院副祕書長、「民革」中常委，但未能蔭子。1958-4-16盧存學淪「右」，降薪至35元，1961年向黨交心再中「陽謀」，進了看守所。[189]

[185] 《情況簡報（整風專輯）彙編》（62）1958-4-8。《反右絕密文件》第12卷，頁110。

[186] 洪子誠：〈材料與注釋──記毛澤東在頤年堂的講話〉，《現代中文學刊》2014年第2期，頁8，注釋12。https://www.doc88.com/p-7734531233821.html

[187] 〈美術界找著了「縱火頭目」──江豐〉（綜合《人民日報》1957-7-29、8-3、8-15），《新華半月刊》1957年第17號，頁190。

[188] 冒舒諲：〈1957年夏季，我又見到了毛澤東〉，《百姓》（香港）第128期（1986-9-16），頁42～43。

[189] 葉永烈：〈「反右派鬥爭」的導火線〉，《五十年後重評「反右」》，頁165～167。

三、各色「右派」

反右運動旨在挖找「思想敵人」，本無明確量尺，又須完成「右」額，只好強挑硬選，一齣齣「拉郎配」，什麼人間奇蹟都創造出來了。

請君入甕型——此型占相當份額。易達青（1935-），大學畢業剛分配國家科委，兩名黨員鼓動：「你是大學生，人很聰明，幫助黨整風，你應該多提意見，應該有個積極的態度。」小易發言但沒寫大字報。兩名人事幹部再動員：「組織上非常看重你，你一定要大膽提意見，不提就是不站在黨的立場上。幫不幫助黨整風，是對黨熱愛不熱愛的問題。」小易只好再次「鳴放」，寫了一張大字報（兩條意見）。「後來才知道，當時玩的是『引蛇出洞』的把戲，領導上要打擊的對象，早就在內部摸了底、排了隊。那些被圈定的『右』或『中右』的人，只要一有動靜，就立即揪出來。」小易以「右」身發配湖北農場（月薪27元），大飢荒每月僅9斤糧，幸虧派他養豬，偷吃豬食才熬過來。[190]

以身作則型——6月8日後中共仍動員「鳴放」，下達內部文件：

> 面上的右派分子雖然已經被揭發出來打倒了，但還有一些埋藏得很深的右派分子還沒被挖掘出來，開展整風時，還要「引蛇出洞」，把埋藏得很深的右派分子挖掘出來。

上海副市長曹荻秋祕書、市委辦公廳整風領導小組成員華平（1928-），看到這份內件，見「頭上有辮子，屁股有尾巴」的人都憋住呼吸，不敢再寫大字報，機關整風冷冷清清，為挖出「埋藏得很深的右派分子」，以身作則寫了兩張大字報——〈祕書長、辦公廳主任們，你們為什麼對柯老如此害怕？〉、〈柯老與文娛活動〉，對柯慶施不願機關幹部工餘打撲克、跳舞提點小意見，自己成為被釣之魚。[191]

首都鋼鐵公司技術小組，誰也不提意見，22歲小組長只好帶頭：「黨說已經消除了工農差別，與事實不符，我們在工廠的食堂裡能吃上

---

[190] 李泥：《歷史傷口——二十年右派尋訪記》，頁210～214。

[191] 華平：〈寫柯慶施大字報改變了我的命運〉，《世紀》2012年第4期，頁26～27。

紅燒肉，農民兄弟就很難吃得上。」稍後，「紅燒肉」成挑撥工農關係，淪「右」。[192]

猖狂進攻型——1957-2-16頤年堂，毛澤東當面批評陳沂少將，指他與中央「雙百方針」唱反調。[193]陳沂檢討，再上部隊院校鼓動鳴放：「我從1927年入黨，一直跟著黨走的，沒有黨就沒有我，沒有黨，我就會是『解甲歸田無田可種，告老還鄉無鄉可歸』，……我的文章阻礙了鳴放，與中央精神相牴觸，犯了錯誤，希望大家鳴放，幫助黨整風。」不久，「解甲歸田無田可種，告老還鄉無鄉可歸」成右罪——「猖狂向黨進攻」！[194]

打抱不平型——北大物理系四年級生劉奇弟（1934-1961），鐵路工人子弟，1957年5月貼出大字報〈胡風絕不是反革命〉，「我要求政府釋放胡風」，極「右」，判刑15年，凍餓慘死於北大荒勞改農場。[195]

移花接木型——商業部長姚依林（1917-1994），報告中稱社會主義就是排隊，老百姓需求提高，供給跟不上，好現象。舒蕪認為很精彩，到處宣講，頭條「右」狀。[196]舒蕪還對毛澤東〈延安文藝座談會講話〉評頭論足：「好像有了毛主席的〈講話〉，一切問題都解決了，好像真理到這裡已經完了。」[197]組織鑑定結論：「此人一貫反覆無常，是否真老實，尚待考驗。」[198]毛澤東也在省市書記會議批評舒蕪雜文（〈說「難免」〉），舒蕪以「胡風餘孽」淪右。[199]

送貨上門型——北大青年助教李淑嫻（1935-，方勵之妻），主動向組織彙報對運動的真實看法；物理系學生宋林松（1936-），主動上交日

---

[192] 陳綱：〈我家世代受中共迫害史〉，《紅朝謊言錄》，博大出版社（美國）2004年，頁133。

[193] 張光年：〈在頤年堂聽毛澤東談雙百方針〉，《百年潮》1999年第4期，頁30。

[194] 黎白：〈回顧總政創作室反右派運動〉，《荊棘路》，頁411～412。

[195] 《原上草》，頁113～114。

[196] 《舒蕪口述自傳》，中國社會科學出版社（北京）2002年，頁354～355。

[197] 李輝：《胡風集團冤案始末》，湖北人民出版社2003年，頁273。

[198] 〈中央宣傳部關於著名的文學、藝術、新聞、出版界右派分子的處理意見向中央的報告〉（1957-12-8）。宋永毅主編：《千名中國「右派」處理結論和個人檔案》第4冊，頁213。

[199] 段躍編：《烏「晝」啼——1957年「鳴放」時期雜文小品文選》，頁566。

記。[200]中文系助教左言東（1934-），負責全系運動材料歸檔，向領導交心：「覺得他們有些話，我自己心裡也是那樣想的，比如……。」自我暴露。[201]

青年作家張弦（1934-1997），違心揭發批判鍾惦棐，主動交出未發表小說手稿《青春鏽》，請組織指正，鑿鑿「右」證（反黨小說）。[202]大紅大紫的藍翎（1931-2005），主動交出草稿本，《人民日報》挖出「真正定時炸彈」。[203]

海外關係型——上海一對美國長大的青年知識分子夫婦，1952年回國，雙雙淪右，丈夫張某（二十多歲）下放浦東農村，不久自殺。[204]粵西德慶縣劃「右」72名（僑青26名，36%），僑青籃球隊成「反動組織」，主要成員多淪「右」。一位越南女歸僑三歲兒子被區委書記之子用小刀刺傷，她邊為兒子擦血，邊哄道：「別哭，以後長大了打他！」被上綱至「養子殺黨」，夫婦皆「右」，丈夫入獄，妻子一人獨拖三子。[205]

過於積極型——復旦生施偉達，虔誠基督徒，性格內向，不多言笑。反右期間一大早候門校辦，因接通知接待英國宗教代表團，「以我本人的現身說法，向英國友人介紹我國宗教信仰自由的情況。為了避免耽誤他們的時間，所以在此等候」。不料成為罪狀：對群眾冷若冰霜，對帝國主義熱情似火，一大早就去迎候，急不可耐！階級立場完全站在帝國主義那一邊！[206]

無限上綱型——1957-6-6雲南富民縣小學青年女教師楊作梅與兩同事下鄉家訪，見17歲姑娘生娃，隨口議論婚姻法女方婚齡18歲過早，早婚多悲劇，應提倡晚婚晚育。8月，全縣教師集中「助黨整風」，同事大字報揭發：「她這種反黨反社會主義言論與馬寅初『新人口論』遙相

[200] 宋林松：〈方勵之學長點滴及其他〉，《五七精神·薪盡火傳》，頁216。
[201] 馬嘶：《負笈燕園》，群言出版社（北京）1999年，頁460。
[202] 劉心武：〈「上海姑娘」未能忘〉，《南方都市報》2014-2-28，版B19。
[203] 藍翎：《龍卷風》，上海遠東出版社1995年，頁127～128。
[204] 陳亞美：〈飛蛾投火：五十年代歸國留學生的命運〉，《中國之春》（紐約）1988年第2期。參見丁抒：《陽謀》，頁193、216。
[205] 海地：〈歸國華僑悲憶反右〉，《爭鳴》（香港）1987年第6期，頁68～69。
[206] 沈吉鑫：〈上茅廁被定為右派的奇事〉，《世紀》2010年第3期，頁76～77。

呼應，⋯⋯楊作梅是馬爾薩斯在中國的代言人。這是明目張膽地叫囂『斷子絕孫論』。」[207]

雲南武定縣委幹部、測量隊長張開培：「公僕要學點爲人民服務的真本事，要靠本事吃飯」，上綱至「攻擊歪曲黨的幹部路線，靠本事吃飯就是明目張膽反對提拔工農幹部、惡毒誣衊工農幹部、不要共產黨領導」。張開培發配元謀新民勞教農場，九死一生。[208]

不肯出賣型——福建師大物理系學生關振宗劃「右」，寢友林學政不肯造假揭發，系總支書又勸又嚇：「我再說一次，如果你不檢舉揭發，那證明你的思想也有問題。你的前途⋯⋯。」林學政劃「極右」，開除學籍，押送勞改。[209]

重慶城建學校教師陳英（?-2008），「1957年堅守良知，拒不編造謊言揭發同事，結果被打成右派，導致家破人亡」。川江航道整治處技術員李春華，「1957年堅持實事求是，不按上司意圖誣陷他人，結局是被關押折磨，再加22年『勞動改造』，留下終身後遺症。」[210]

助人揭發型——安徽阜南縣農業局青年幹部許春耘（1935-2009），一言未發，填額入「右」，再指定一位左派必須揭發許，三天完成任務，否則左派轉右派。這位老實巴交的左派找到許春耘哭訴：「我有老婆孩子，還有年邁父母，我當了右派，這個家就完了，嗚⋯⋯。」許春耘：

> 爲了友誼，更爲了不讓他家破人亡，我只好幫助他爲我創造幾條「反動言論」，讓他去交差。這一著果真爲他保住了左派頭銜。看來我辦的是件蠢事，誰知以後竟變成了好事。1962年爲我甄別平反時，他如實地供出實情，爲我的平反昭雪起到了決定性作用。

阜南縣爲湊「右」，強迫左派承包揭發：

> 找一個左派承包揭發一個不願上鉤的「右派」的平時反動言論，愈惡毒愈好，若揭發不出來，你就別想再當左派，說不定還要向

[207] 楊作梅：〈遲到的公正〉，《命運的祭壇》上卷，頁215。
[208] 張開培：〈丁酉蒙難記〉，《命運的祭壇》下卷，頁862。
[209] 林學政：〈陽謀〉，《從大陸看大陸》第一輯，頁121、126。
[210] 譚松：〈我與長壽湖五七右派老人〉，《五七精神・薪盡火傳》，頁21。

右轉。左派為了完成任務，也為了保全自己，只好用心捏造。只
要造出來，不怕「右派」不承認，熬你三天三夜不讓你睡覺，讓
你蹲馬步、坐「飛機」，甚至拳腳相加，看你承認不承認？[211]

撞破姦情型——上海金融青年幹部高尚斌（1927-），十多歲就參加
共黨地下活動，1952年積極支內，下放至甘肅人民銀行臨洮支行。1957
年初，一天快下班找領導簽字，一時疏忽未敲門而入，撞破領導與女同
事的「尷尬」，二十一年「右」難（蹲監三年，進夾邊溝），妻離子散，
一生鰥居。[212]

點頭搖頭型——北京一教師頸椎病（不由自主點頭），領導動員他交
代，他老實巴交不知犯了什麼錯：「鳴放會上我沒發言呀？」領導啟
發：「看攻擊黨的大字報，你為什麼表示贊成？為什麼不斷點頭？人
的行為是受思想支配的，你的行動本身已經證明你也是個右派。」他
怯聲：「我頸椎有病……」「你不要裝老實。你是狼，不是羊。一般
右派用言論反黨，你用行動反黨，說明你更陰險。反革命從來善於偽
裝……」這位教師只好上醫院開證明，不料醫生也是「偵察對象」，為
自保拒出證明。同校劉老師為「點頭右派」的倒楣直搖頭，說了幾句傷
心話，遭揭發，再出「搖頭右派」。劉老師劈了告密者耳光，索性痛斥
「點頭」劃右的荒唐。校方拉出「點頭」、「搖頭」一起批鬥。會上，
「點頭」不僅不感謝「搖頭」，反而批判「搖頭」——對右派不憎恨就
是階級立場有問題，「他是想在最後贖罪」，仍淪「右」，精神分裂，
跳了護城河。[213]

不知道型——西北大學數學系尖子生孫照臨（1937-1977），無任何
言論，校方為填額在他檔案裡悄悄塞入劃「右」材料。1958年畢業分
配，多次催問才派往天津紡校教語文。兩年後要求調動工作，校辦主
任：「你是『右派』，只有老老實實接受改造，給這工作就算不錯了，
還沒叫你到農場餵豬挑糞！」孫照臨急辯並非右派，主任笑笑：「寫在

[211] 許春耘：〈我所經歷的反「右派」鬥爭〉，《江淮文史》（合肥）2006年第4期，
頁89。
[212] 邢同義：《恍若隔世——回眸夾邊溝》，蘭州大學出版社2004年，頁363。
[213] 《走向混沌：叢維熙回憶錄》，頁128～130。

檔案裡的東西還有假麼？」孫大呼冤枉，不斷申訴，「翻案典型」，下放紡校農場「監督勞動」；因飢成偷，因偷入獄，偷偷寫〈試論毛澤東的「代級鬥爭」〉，1977年槍斃。[214]

　　一泡尿型──某中學兩「右」額，已確定一名語文教師（提了兩條尖銳意見，有海外關係，與校長關係很差），全體教師開會「推選」，誰也不願得罪誰，怎麼也選不出來。地理周老師早飯喝了麵湯，自以為中共黨員、精通教學、有一定威信，感覺怎麼也輪不到自己，放心如廁。前腳走，後腳被提名，全體同意，回來已「右」。[215]

　　雲南某縣委要挖一「右」，討論時誰也不出聲，一縣委委員急急如廁，一出門，縣委書記朝門外呶呶嘴，大家立即會意點頭，完成「右」額。[216]

　　《人民日報》某支部會議（約10人）選「右」，從午後一直熬到晚上，一編輯實在憋不住，奔廁而去，光榮當選。事後，支書很不好意思：「這是毛主席親自發動的政治鬥爭，必須遵照百分比完成任務，不能不執行。大家面對面坐著，都不好意思開口劃誰，一直憋熬到晚上，正巧你出去，該你倒楣！」[217]

　　一句話型──1958-5-1全國停業停課三天，響應毛澤東號召打麻雀。北京鋼鐵學院一教授：「我贊成打麻雀，但是全國麻雀消滅了，如果麻雀從緬甸飛進來，怎麼辦？」立扣右帽。[218]遇羅克父母雙雙劃右，其母就一句「看不出來章乃器是右派」。[219]新華社外文編輯劉祖蔚，畢業於哥倫比亞大學，1940年代供職聯合國，1950年千辛萬苦回國，肅反懷疑「遣特」，審查、抄家，僅鳴放一句「肅反工作以後要慎重」，劃右，農場勞教。[220]一名未滿20歲中師生右派：「小麥一毛錢一斤，餅乾

[214] 鐵流：《走錯房間的右派精英》，頁272～278。
[215] 謝日新：〈命運偶記四題〉，《沒有情節的故事》，頁470。
[216] 黃安國：〈「鄭王反黨集團」的一條腿〉，《命運的祭壇》下卷，頁959～960。
[217] 沈吉鑫：〈上茅廁被定為右派的奇事〉，《世紀》2010年第3期，頁76。
[218] 吳弘達：〈1957年〉，《反右研究文集》，頁9。
[219] 遇羅文：〈右派是一群最可愛的人〉，《反右研究文集》，頁26。
[220] 夢波：〈團河農場七度春秋〉，《開放》（香港）1997年5月號，頁92。

四毛錢一斤，這不是工人剝削農民麼？」[221]一位小學教員：「蘇加諾是資產階級」，罪名「破壞中國和印尼的友好關係」。[222]

一封信型——上海銀行職員老陳致函柯慶施，抱怨不信任留用人員、某些黨員幹部傷風敗俗，「向黨進攻」鐵證，極右，開除公職，押送安徽白茅嶺勞改農場。女兒少先隊大隊長，一蹶不振；其妻向鄰居講了無數遍那封信，「像祥林嫂似的『悔不當初』……」。[223]

北大物理系1956級魯籍生張效政（1938-），無鳴無放，僅寫信給山東醫學院高中同學介紹北大「鳴放」，被指「『煽風點火』，被別人當作火線入黨的臺階踩在腳下，劃成了右派，而且處分很重：『勞動察看』……」。[224]

一首詩型——北京公安局孫誠，《首都公安報》發表小詩：「世上多少不平事，反將不平說是平；一旦遂我凌雲志，掃盡不平為平生。」劃右，下放農村，文革轟回老家。1979年原單位派員去找，回答：「對不起，來晚了，槍斃了。」[225]

無言論型——甘肅天水一中數學教師李景沆（1922-2016），虔誠基督徒，怎麼動員都是「歌德」，無一句意見；挖出他此前言論：「我害怕共產黨，因為共產黨要消滅宗教」、「肅反運動把我嚇得跟貓娃一樣」，指其比公開跳出來的右派還壞，「不提意見不等於沒意見」，「你不說，比說還要反動」。[226]

「美女蛇」型——上海鐵路中學女教師李家婉，出身富家，容貌端麗，1949年初還是大學生，迷上一工農幹部，婚後發現他拈花惹草且屢教不改，「鳴放」指責丈夫道德敗壞，美女成為毒蛇——「右派」。[227]

不入黨型——北京市計委基建處于變動，處長動員他入黨並示意

[221] 于風政：《改造》，頁609，注釋一。
[222] 《第一個平反的「右派」：溫濟澤自述》，頁289。
[223] 張禮士：《市民底層筆記》，上海社會科學出版社2013年，頁7～9。
[224] 張效政：〈自述簡歷〉，《往事微衷》第21期（2009-2），頁198。
[225] 任眾：〈作為右派，我的生活與思想經歷〉，《反右研究文集》，頁20。
[226] 邢同義：《恍若隔世——回眸夾邊溝》，蘭州大學出版社2004年，頁103。
[227] 朱學淵：〈我所知道的「反右鬥爭」和「右派分子」〉，《五十年後重評「反右」》，頁428。

提科長，于變動回答：「我什麼黨也不入，在舊社會如此，現在也是如此。」雖無鳴放言論，也劃「右」，罪名：「與黨離心離德、排斥黨、和黨不一心、對黨有看法、把國民黨與共產黨等同起來、把新社會與舊社會等同起來。」[228]

未揭發型——丁玲前祕書張鳳珠（1929-2020），無言無論無文章，「我最大的罪名就是兩年沒揭發。」（1956年「丁陳」案發以來），「我也不是不想揭發，參加黨組擴大會，聽會上那些揭發，也覺得丁玲有問題，我也蒙了，不知他們到底是怎麼一回事。但你讓我揭發，我確實不知道揭發什麼。他們認為以我的身分，應該爆炸一顆原子彈才行。」[229]

瞄準型——湖南邵陽團市委青工部長伍志誠（1932-），貧農之子，學徒出身，17歲參加革命，有名的「炮筒子」。幾輪「鳴放」後，決定第一個「揪」他。那天會議，伍志誠照例第一次發言，樓下已有人在掛標語——「把右派分子……揪出來」，姓名三格空著。室內伍發言一結束，樓下標語立即補上打叉的「伍志誠」，會場也喊出「伍志誠講的是右派言論」。[230]

告密型——某報社22歲青年，私謂戀人：「中國如果發生匈牙利事件，我和別的青年人都會參加。」戀人揭發，幾個青年全淪「右」。[231]

報復型——1939-1940年，柯慶施妻子李錦（1916-?）在延安鬧離婚，蔡暢「冷處理」，派她赴寶雞中心縣委任「組織」。不料，李錦與小二歲的縣委書記王若望相戀。小王書記迫於組織壓力，知難而退。「五十年代，我不幸在上海一霸柯慶施的淫威之下工作，在反右運動的名義下，他公報私仇，把我打入13層地獄，整整二十年不得翻身。」[232]

敦煌研究所青年畢可（1930-1960），紅小鬼出身，東北「魯藝」生，頂撞所長常書鴻（常妻李承仙黨支書），遭報復劃「右」，大會批判，開除公職，送夾邊溝勞教農場。但省委未批准：「畢可只是對常書

鴻個人有嚴重的不滿情緒，其言論尚達不到反黨反社會主義的性質，故不能定為右派分子。」接到批文，畢可已進溝，常書鴻壓下批文，未召回，畢可餓死夾邊溝。[233]

中國人民大學經濟系教師孟氧（1923-1997），注釋《資本論》歷史典籍出了名，遭系頭頭嫉恨，多年未能入黨。孟氧「鳴放」：「有些低素質的人為什麼能入黨且當領導？」系裡劃他「右」，幾次報校黨委，多數常委愛才，認為幾句怪話不算反黨，教育一下算了，系裡硬找到孟氧「惡攻」罪證，終扣右帽。[234]

康生主管中央黨校，對批評其妻曹軼歐（「短訓班」主任）的學員及支書進行報復。[235]中國作協文學講習所「右派」朱靖華：「沙鷗是支部書記，因為我愛提意見，反右時他一定要把我劃成右派。」[236]

可惡型——《大眾日報》總編劉建（1917-1957），十級高幹（1939年入共黨），省委會議上多次批評省委，早早定「右」（放到群眾中批鬥），1957-10-28夜自殺。[237]復旦中文系一教師批評戶籍制：「解放前人是動物，可以跑來跑去；解放以後我們倒成了植物了，不准動了。」——惡攻社會主義戶籍制度。[238]

河南臨潁縣報青年編輯吳傳斗（1934-），經縣領導再三動員「大膽說話，放心鳴放」，大字報批評縣委第一書記閻某「搞欺詐」。1957年春，縣三級幹部會議動員大搞水利，閻書記號召捐款，帶頭認捐200元，與會幹部紛紛認捐，吳傳斗認捐40元，但會後不讓交款，說是造聲勢即可。吳傳斗因這張大字報栽「右」，開除公職，發配勞教，大饑荒餓了四年四個月。[239]

法僑陳潤康（1927?-1960），1954年回國，中央電臺譯員，組長劃其

[233] 李昌玉：〈「敦煌魂」畢可祭〉，《往事微痕》第22期，頁36～39、43。
[234] 李新：〈反右親歷記〉，《我親歷過的政治運動》，頁22。
　　李正中：〈孟氧：獄中完成百萬字書稿〉，《炎黃春秋》2013年第6期，頁82。
[235] 中央黨校落實政策第二領導小組衛啟先會議發言（1979-2-19），中央統戰部「摘帽辦」會議簡報，第34期（四-8），1979-2-22。
[236] 邢小群：《丁玲與文學研究所的興衰》，山東畫報出版社2003年，頁173。
[237] 〈夏征農談他的文藝生涯及其他〉，《新文學史料》1990年第4期，頁89。
[238] 賈植芳：《獄裡獄外——一個「胡風分子」的人生檔案》，頁253。
[239] 吳傳斗：〈一個右派的「饑餓改造」〉，《炎黃春秋》2011年第4期，頁80。

「右」。副總編溫濟澤問：「根據是什麼？」組長：「他攻擊我們黨有官僚主義。」溫：「我們黨不是承認有官僚主義才整風的嗎？他攻擊誰呢？」組長：「他用資本主義國家虛偽的民主來攻擊我們不民主。」溫：「他是怎樣具體攻擊的呢？」組長：「他就是反對我這個組長。」溫：「這就算反黨了嗎？不是規定對華僑要慎重，不要輕率劃嗎？」組長：「按照規定華僑歸國三年以內不劃，他已經過了三年。」溫：「過了多少？」組長：「過了一個星期。」溫表態不劃。稍後，溫濟澤自己也栽了，陳潤康劃「右」，下放勞動，年餘亡故。[240]

王蒙小說〈組織部新來的年輕人〉得罪北京東城區委，儘管毛澤東發話「沒有政治錯誤」，仍淪「右」——

> 東城區區委還反覆對人說明，王蒙之所以被劃「右派」，不是由於他寫了這篇小說，而是根據他自己坦白交代出的「反動思想」定罪的……。王蒙定為右派，一點也不冤枉。其實他的最大錯誤在於得罪了東城區委的領導，罵他們是官僚主義者。雖然毛主席表過態，還是可以用別的罪名來給他定罪。[241]

青年王蒙被日夜逼供：「頭腦中是否轉過資產階級自由思想？」他搜腸刮肚：「聽人說英國有海德公園，誰有什麼主張都可以站上肥皂箱去發表，那多麼舒服多麼自由。」他從未對人說過這一「聽說」，一經供出——右派鐵證。[242]

自奮型——《中國婦女》雜誌社未完成三名「右」額，上峰天天電話催逼「完成指標聯繫黨性」，只好擬一名新來大學生為「右」。總編室祕書閻明詩（1915-2000），閻寶航之女，「抗大」班長（1936年入共黨），感覺實在過分，這位大學生所提意見既真誠又對黨有利，便自告奮勇：「『右派』就算我一個吧，反正我不當也得讓別人當，革命幾十年，這次『右』就『右』一下吧，下次再『左』過來就行了，共產黨員總得有黃繼光堵槍眼的精神嘛！」幾位領導相知甚深，無奈認可：「行啊，就你吧。閻家店一窩子共產黨，世人皆知，黨內同志都很尊敬你一

[240] 《第一個平反的「右派」：溫濟澤自述》，頁280。
[241] 黃秋耘：《風雨年華》，頁161。
[242] 韋君宜：《思痛錄》，頁53。

家，諒也不能把你怎麼樣。」閻明詩名字上了《人民日報》，開除黨籍，閻明詩驚呆了，社長兼總編董邊（田家英妻）見閻明詩被跟跟蹌蹌拉出會場，腸子悔青。閻寶航（名士、共諜）只能安慰女兒：「運動搞得這麼猛，爸爸也無能為力，事已至此，今後就好好改造自己吧。」[243]

《甘肅日報》主編袁煒（留日生），認為主動整風，要求放下包袱多提意見，絕不秋後算帳，結果出爾反爾，指人家「別有用心反黨反社會主義」，會上說：「如果提些意見就是右派，我同意這些觀點，我也是右派。」話音剛落，矛頭立即轉向他，要他站起來，交代「目的」、「企圖」，當場劃「右」。[244]

人民出版社反右領導小組長曾彥修，無法完成「右」額，「拿我報上去吧！」後叫苦：「不知道右派分子帽子這麼厲害，早知道，我也不帶這個頭。」[245]

壯丁型——重慶運輸公司搬運工王孝明，體壯如牛的文盲。書記約談：「你想不想享受幹部與知識分子待遇？」王孝明當然「想」。書記再問：「最近公司給我們搬運隊下達一個右派指標，條件是知識分子才能當。經我們研究，決定這名額分給你，讓你享受幹部待遇好不好？」王孝明連聲答好：「我一個下力人，承蒙領導看得起，遇上這種好事，若非新社會毛主席領導，哪有這種翻身的好事！」於是，王孝明被「提拔」為知識分子右派，書記承諾發雙薪，勞教營領一份，公司一份給他妻兒。王孝明滿心喜悅進入峨邊沙坪勞教營，幹活很賣力，到處炫稱：「我這右派可不是打成的，也不是說了什麼出格的話劃上的，而是自願當上的！」1960年，王孝明餓死於勞教營。[246]

先進型——某縣文化局黨員，「解放戰爭」「抗美援朝」均立三等功，連續四年「先進」，無任何言論。文化局長乃本家叔叔，為完成「右」額，動員他：「你是個老先進，凡事都帶個好頭，這次你也帶個頭吧！」老黨員想想也是，既然組織要自己當右派，那就帶這個頭

---

[243] 蔣巍、雪揚：《中國女子大學風雲錄》，解放軍出版社2007年，頁343～344。

[244] 周素子：《右派情蹤》，頁141、102。

[245] 郭羅基：《歷史的漩渦——1957年》，明報出版社（香港）2007年，頁235。

[246] 曾伯炎：〈右派傳奇〉，《觀察》（華盛頓）第41期（2008-9-5），頁67～66。

吧。[247]

　　某單位一名先進，好事總有份，議「右」時，自告奮勇：「這次右派就讓我當吧！」真就是他了！[248]

　　替罪型——甘肅張掖地委第一書記安振祕書陳學武（1932-），地委宿舍緊張，書記、部長住著大房子，新調來的幹部無處安排。陳學武提意見：部長宿舍可安排幾家人，部長住辦公室或一間房即可——

> 就因為這句話我被打成右派分子。賈悅西（按：地委副書記兼反右領導組長）當時的目的非常清楚，他是將安振的祕書打成右派分子，然後要把安振拉下馬。安振後來將賈悅西的副書記罷免，讓他到民勤縣去當縣委書記。後來賈悅西在民勤縣任書記時，由於男女關係暴露自殺了。所以說，我是個政治的犧牲品，成了安振的替罪羊。[249]

　　集團型——「鳴放」階段，川省建行青年幹部李才義（1936-），與幾名團員找省委組織部長反映單位壓制群眾批評；反右一起，打為「反黨小集團」，《四川日報》點名，李才義「極右」，開除團籍公職，押送勞教。[250]

　　跟從型——天津一家鐵廠會計靳敬之（1923-），廠裡規定每人必須寫幾張大字報，他便給支書提了幾條意見（官僚主義、生活特殊化），靳曾參加國民黨青年軍，風向一轉，大會鬥，小會批，天天晚上開他的鬥爭會，一開三四個小時，工人們都煩了：「你老不認錯，我們天天跟著熬夜，啥時才是個頭？」靳軟了，認了錯，戴上「右」帽，開除公職、勞動教養。[251]

　　沾包型——《文藝學習》青年編輯李興華（1927-1980），天安門警衛部隊出身，陳企霞學生，經常給陳抄稿寄信，陳企霞倒臺，沾包淪「右」。[252]

---

[247] 戴煌：《九死一生——我的「右派」歷程》，頁111～112。

[248] 李泥：《歷史傷口——二十年右派尋訪記》，頁271。

[249] 趙旭：《夾邊溝慘案訪談錄》，頁87。

[250] 鐵流：《走錯房間的右派精英》，頁372。

[251] 李泥：《歷史傷口——二十年右派尋訪記》，頁221。

[252] 黃秋耘：《風雨年華》，頁345。

北大西語系一女生，無鳴無放，同學拉她去清華聽「鳴放」，剛進會場發現在控訴肅反，馬上退場；遲了，與會學生皆淪「右」。[253]

胡蘭畦（女，1901-1994），1930年德國加入中共，潛入國軍（少將），長期在香港搞統戰，無「鳴放」，僅看望老友章伯鈞而沾包。[254]

送信型──《文藝學習》編輯楊覺（1922-2016），1937年入赤營，1957年春楊妻回雄縣老家養病，楊覺上岳家探望。岳家富隊，強行與鄰村窮隊合併，吃虧很大，強烈要求分開，政策也允許。富隊請楊覺轉交「分隊」報告給省委農工部與《人民日報》。當地高級社長告狀信寄中國作協，中國作協「右」數已超，仍以「反對農業合作化」劃楊覺右派，降五級，發配懷安縣廣播站。[255]

乳名型──安徽阜南縣一內定「右派」，忠厚老實，無「鳴放」，但從他三個孩子的乳名上找到「罪證」。三孩乳名：愛國、愛民、愛黨，乖乖，這不是愛「國民黨」嗎？！[256]

上綱型──上海交大機械系鬥爭「右生」譚鶴山，現場對話：

（問）你為什麼不承認反對共產黨？（答）我只是貼過向一名黨員提意見的大字報，這怎能就說我要趕共產黨下臺呢？（問）黨是由支部組成，支部由黨員組成，你反對黨員就是想搞垮支部，搞垮支部就是要想打倒共產黨！[257]

教徒型──北大物理系某生「從小就是虔誠的教徒，……善良、樸訥，時時處處謹言慎行，一向語不涉政，僅僅因為信教打入另冊。」[258]北京前教會學校──育英中學（北京第25中學），「歷史和語文教研室基本上是全軍覆沒，劃右超過90%」。老校友淪右比例甚高，「育英」成了右派搖籃。[259]

---

[253] 陳斯駿：〈從北大一角看「反右」〉，《五十年後重評「反右」》，頁359。

[254] 丁抒：《陽謀──反右派運動始末》，頁221～222。

[255] 韋君宜：《思痛錄》，頁43。黃秋耘：《風雨年華》，頁161～162。

[256] 許春耘：〈我所經歷的反「右派」鬥爭〉，《江淮文史》（合肥）2006年第4期，頁89。

[257] 戴恩錫：〈一個紅色工程師的覺醒〉，《從大陸看大陸》第1輯，頁69。

[258] 宋林松：〈他們說我是北大最「幸福」的右派〉，《往事微痕》第21期，頁131。

[259] 博繩武：〈一個小右派渣兒的平凡一生〉，《往事微痕》第21期（2009-2），頁

　　死理型——不少黨團員自恃根正苗紅、有「紅拍司」、無歷史包袱，被「幫助」時認死理。《人民日報》駐包頭女記者劉衡（1921-2009，極右），1939年入共黨，為胡風鳴不平：「胡風與美蔣並沒有組織上的聯繫，不能算是反革命，不知中央是否掌握了其他材料？」劉衡對肅反也有意見：「支部派了幾位同志輪番對我進行教育，我聽不進，死死咬住一個理：『你說鬥得對，不是缺點，幹嘛以後又要向他們賠禮道歉？』」同事蒙族記者欽達木尼：「你們不了解劉衡，她比較正直穩重、水準高。」陪葬淪右。[260]

　　先天型——陳獨秀孫女陳禎祥（1937-），北京師院學生（團員），領導再三動員「鳴放」，只好說幾句「師院圖書資料少、新教師多、教學質量不夠高」，成為「右」據。批鬥會上訓她：「黨開除了陳獨秀，你現在只好上北京師範學院，因此，你必然對黨不滿、對黨怨恨！你是陳獨秀的孫女，你父親在香港，你反黨是有意識的，你是天生的右派。」二類處理，勞動察看。[261]

　　石天愛（1929-1997），軍閥石友三之女（三姨太所生），從天津支援大西北——張掖醫藥公司，才一年就因成分太壞而「先天右派」。[262]

　　全國總工會國際部編譯處陶琴薰（1927-1978），雖貼一張大字報，劃「右」主要原因還是其父陶希聖——一級戰犯（國民黨中宣部副部長、蔣介石祕書）。[263]

　　梁實秋之女梁文茜（1927-），北大生，1948年底不肯隨父及弟妹南下，北京東城區法院審判員，淪「右」。北洋農商總長李根源之子李希泌（1918-2006），西南聯大生，北京圖書館副館長，淪「右」。[264]

　　追認型——《中國青年報》編輯戚學毅（1925-1957），1947年入清

213。

[260] 劉衡：〈難忘的1957〉，《人民日報回憶錄》，頁112。

[261] 聞政：〈陳獨秀兒孫的厄運〉。《上訪通訊》編輯室：《春風化雨集》（上），群眾出版社（北京）1981年，頁448～451。

[262] 和鳳鳴：《經歷——我的1957年》，頁42。

[263] 〈陶希聖夫婦和他們的女兒陶琴薰〉http://www.ireadipost.com/index.php?pid=view&id=7656

[264] 丁抒：《陽謀——反右派運動始末》，頁212。

華中共地下黨，劉賓雁好友。1957-7-16劉賓雁批鬥會，「由於與我思想一致，過從較密，又寫過讚揚我的作品的文章，我被指為右派後，他精神很是緊張，以為他也難逃厄運」，當場跳下五樓，「追定他為反黨反社會主義右派分子」。[265]

漫畫型——《北京日報》文藝部漫畫家李濱聲（1925-），「鳴放」期間一家雜誌宴請，提供剪報資料，請他創作諷刺漫畫。李濱聲畫了一幅〈沒嘴的人——老實幹部獎獲得者〉。《北京日報》文藝部頭頭說服李濱聲首發本報，英國《泰晤士報》轉載。不久，李濱聲淪「右」。[266]

裸畫型——中央文學研究所教師李又然（1906-1984），留學巴黎大學哲學系，1928年加入法共中國支部，1938年赴延安，1941年加入中共，「右」證之一：宿舍懸掛多張裸體畫，「道德敗壞」。[267]

配畫型——四川達縣鞋帽合作社職工冉某，「鳴放」期間向城關鎮領導提意見，請小學生張克錦（1946-）配漫畫——〈一手遮天的×××〉。劃「右」後，冉某跳大橋自殺。1958年4月，張克錦從教室被街道治保阿姨喚出，直接帶至批鬥大會，以「右童分子」關押七年。[268]

舊帳型——紐約哥倫比亞大學理學碩士、中央民族學院教授潘光旦（1899-1967），無「鳴放」，算的1949年前舊帳——主張「第三條道路」。[269]1967年6月潘光旦遭批鬥病危，上醫院得不到醫治，為尊嚴堅持回家，死在學生費孝通懷裡。對1949年後的人生，潘光旦概括為四S——surrender（投降）、submit（屈服）、survive（活命）、succumb（滅亡）。[270]

積極型——福建師院數學系男生「魏表妹」，剛申請入團，積極表現，廣泛搜集同學意見，及時彙報，不久其積極搜集被指「向黨進攻的惡毒炮彈」。

---

[265] 《劉賓雁自傳》，頁90、110。

[266] 《走向混沌：叢維熙回憶錄》，頁26。

[267] 韋君宜：《思痛錄》，頁38～39。邢小群：《丁玲與文學研究所的興衰》，濟南畫報出版社2003年，頁188。

[268] 李可剛：〈中國最小的「右派」〉，《龍門陣》（成都）2009年第2期，頁32～33。

[269] 葉篤義：《雖九死其猶未悔》，北京十月文藝出版社1999年，頁112。

[270] 王友琴：《文革受難者》，開放雜誌出版社（香港）2004年，頁314。

　　抓鬮型──杭州第一醫院內科攤一「右」額，可無人有右派言論，出身也差不多，彼此關係和睦，實在無奈，只能抓鬮，攤上忠厚的王醫生（女）。[271]

　　某縣電影公司為一「右」額發愁，開會評選無法評出，只能抓鬮，一位老實巴交售票員倒楣。領導也覺得太荒唐，但迫於名額，只能如此交差。[272]

　　退場型──1957年初，鄧小平上清華大學做報告，遣詞凌厲，不少學生退場。蔣南翔起身呵斥：「你們對小平同志什麼態度？小平同志也是留學生⋯⋯」仍有學生退場。半年後，退場者多被搜索出來，盡數劃「右」。[273]

　　平衡型──中央宣傳部討論王蒙時，許立群、楊述阻攔，「但中宣部最後『平衡』了一下，結果還是劃上了」。北京市委宣傳部青年女幹部鍾鴻（1931-），黎錦熙之女，並不夠格，頭頭無奈：「唉，這也算可以了，再沒有別人言論比她更重的了。」紅色文藝評論家陳湧（1919-2015）也是「平衡」右派。[274]

　　寫信型──復旦新聞系一年級新生楊萬才（1938-），與華東師大中文系主任許傑通信。許傑劃「右」，楊萬才陪「右」，流放新疆伊犁勞改。楊父司機（黃包車夫出身）慢性自殺，楊母服毒自殺。[275]

　　北京冶金中專生佟信順（16歲），致函美國總統咨詢美國民主形式，信落校總支書，「極右」，1960年餓斃天津東郊清河勞教農場。[276]

　　填坑型──(1)人民文學出版社領導約談編輯王利器（1912-1998）：「社內右派尚缺一名未完成，決定填上你的名字。」王利器：「你們曉得我不懂政治。聽組織安排吧。」(2)成都某小學未揪出一「右」，1958年春教育局找支書訓話，務必補劃一名。支書惦量：李老師在度蜜月、劉老師父母七旬、王老師有兩個幼童⋯⋯，只好報上自己，開

[271] 周素子：《右派情蹤》，頁141、255。
[272] 戴煌：《九死一生──我的「右派」歷程》，頁112。
[273] 丁抒：《陽謀──反右派運動始末》，頁223。
[274] 韋君宜：《思痛錄》，頁44、48。
[275] 許傑：〈且說說我自己〉，《收獲》（上海）1990年第1期，頁176、179。
[276] 趙文滔：《傷害》，頁97～100。

除黨籍，農村勞改。(3)長春電影製片廠「鬼子王」方化（1925-1994），要他揭發導演呂班（已「右」），方化無可揭發，補缺「右」額。[277](4)甘肅省博物館四「右」額，館長魯昌林打出三名，上峰再三催逼，魯答：「我這裡再也抓不出右派來了，實在湊不夠數字，就把我算上一個吧。」魯館長進了夾邊溝。[278](5)作家汪曾祺（1920-1997）：「我是1958年補課補上的，因為本系統指標不夠。」[279]

郁達夫之子郁飛（1928-2014），《新疆日報》編輯，「鳴放」階段出差，1958年「補課」，報社尚缺一「右」而填坑，因其父當過日本憲兵隊翻譯。1960年郁飛上京，欲求助郭沫若、胡愈之翻案，均未得見，上印度使館看望好友，「企圖叛國罪」被捕，判刑15年。[280]

四川灌縣工業局科員王思貴（1935-1957），1956年大學畢業，真誠擁共，無言論，出身小地主而填「右」額；進了勞教隊才知不是「工作調動」，1957年底死於成渝線隧道；表妹還在等他回去結婚，繡了「鴛鴦戲水」枕套、「喜鵲鬧梅」被面。[281]

頂包型——上海音樂學院院長賀綠汀（1903-1999），1926年入共黨，參加湖南農運、廣州暴動，1931年考入上海國立音專，明星影片公司音樂科長、延安管弦樂團團長，譜寫許多抗戰名曲，直言「鳴放」，擬「右」，陳毅力保，「右」額遂由教師陳歌辛（1914-1961）頂包，送皖南白茅嶺勞改農場，1961-1-25餓斃。[282]其子陳鋼（1935-），名曲〈梁祝〉作者之一。

平反型——1950年代初，四川榮昌縣一起強姦幼女案，認定已婚農民X所為，判重刑。X獄中從不洗澡，如廁必避人。經查驗，竟無陽具（幼時餓犬咬去），家人長期隱瞞（妻子與他人孕嬰），成了大笑話，無罪釋放。縣法院副院長張建平（父兄皆紅軍），「鳴放」時以此案為警，招

[277] 丁抒：《陽謀——反右派運動始末》，頁244。

[278] 楊顯惠：《夾邊溝紀事》，花城出版社（廣州）2008年，頁451。

[279] 汪曾祺：〈隨遇而安〉，《荊棘路》，頁140。

[280] 〈郁達夫長子郁飛的動盪人生〉，http://zixun.kongfz.com/article_36417.html

[281] 鐵流：《走錯房間的右派精英》，頁185～187。

[282] 艾以：〈音樂家陳歌辛的最後歲月〉，《炎黃春秋》2010年第8期，頁79～80。

致報復，淪「右」。[283]

「雖然」型──清華某生寫大字報批判右派同學：「雖然在這個問題上你的看法是對，但是……」，認同右派觀點，殊途歸「右」。[284]

玩笑型──「鳴放」期間，山東大學中文系1956級三位同學上街，一位挑逗：「朱玉標，你小子膽子大，敢不敢說一句最反動的話。」朱脫口：「打倒共產黨。」逗引者後怕，彙報黨支部。朱玉標「極右」，後被斃。[285]

「鞋油」型──一機部17歲打字員戴菊英（1940-），一句「美國鞋油真好使」，崇洋媚外！她頂了幾句，「態度不好，思想頑固」，劃右流放北大荒。[286]

彙報型──北大「五・一九」大字報起，西語系學生時榮章打電話到中南海，要向毛主席彙報北大動態（獲准），5月27日班上十名同學與班主任黃繼忠上「毛辦」鳴放一通。半月後，11名師生全「右」，該班24名學生，2/3淪「右」。[287]

風向逆轉，中科院哲學所許良英從友人處聽說「中央分裂了，劉少奇、彭真壓制毛主席」，許不信，向黨支書彙報，支書捅給《人民日報》（7月29日刊載），美聯社引用，成了他「最嚴重右派言論」。美國漢學家麥克法誇爾據此判斷「毛劉失和」，認作文革起源。[288]

請願型──5月下旬，蘭州大學12名學生代表赴京請願，校黨委派副校長陳時偉（1907-1973）陪同；抵達西安，高教部副部長劉愷風趕來勸阻，全體返回。12名學生代表除一人揭發「將功折罪」，11人劃「右」；「海歸」化學家、省人委委員、省人大代表、「九三」蘭州主委陳時偉「極右」，開除「九三」社籍，送夾邊溝。[289]

[283] 朱學淵：〈我所知道的「反右鬥爭」和「右派分子」〉，《五十年後重評「反右」》，頁428。

[284] 郭本余：〈一個工程師的命運〉，《新觀察》1988年第18期，頁26。

[285] 李昌玉：〈歷史的恩寵和我的報答〉，《反右研究文集》，頁17。

[286] 戴煌：《九死一生──我的「右派」歷程》，頁103。

[287] 1991年黃繼忠在美國告知丁抒。《五十年後重評「反右」》，頁196。

[288] 許良英：〈關於反右運動的片斷回憶和思考〉，《北京之春》（紐約）1997年8月號，頁81。

[289] 《五十年後重評「反右」》，頁196。王天定：〈副校長陳時偉之死〉，http://

　　代表型——北大數力系四年級某班，黨支部反覆動員「離開母校前給黨留下寶貴意見」，仍無人發言，沒法交差，公推班長李力代表全班說兩句，李力只好提了幾條有關畢業分配不痛不癢的意見，淪「右」。

　　山東濰坊政協委員、濰坊一中教師孫其昌（1926-2009），政協小組記錄員，奉命整理發言並代表小組彙報，全是雞毛蒜皮小事，無任何對黨不滿，以「代表」劃右。[290]

　　沉默型——只要被「相中」，無言論也逃不掉——「對黨仇恨或不滿，才守口如瓶。」[291]女畫家李青萍（1911-2004），1941年從南洋募集萬金捐助抗戰，1952年「特嫌」入獄年餘，「鳴放」無一言，極右——「沉默對抗運動」。[292]

　　上海戲劇學院表演系學生文徹赫恩（1931-），滿族鑲黃旗貴族後裔，1949年3月參加共軍，1952年考入「上戲」，肅反關押審查，吸取教訓，無鳴無放，仍被院黨委書記蘇坤揪出來——

> 別看有的人在大鳴大放中一言不發，一張大字報也不寫，但是他內心是仇恨共產黨的，在肅反的時候我們已經把他揪出來了。他還對我個人進行人身攻擊，說我小學程度，數理化一點兒不懂，還領導大學生呢！簡直是誤人子弟。這不是和儲安平所說的「外行不能領導內行」一樣的反動言論嗎？跟章乃器所說的「黨天下」一模一樣嗎？文徹赫恩不但是右派分子，而且還是極右分子；不但是反革命分子，而且還是雙料反革命分子。

　　這位書記將儲安平、章乃器的話都顛倒了。1958-3-11文徹赫恩（極右）被捕，判刑五年（加刑累至20年），發配青海都蘭縣香日德勞改農場；餓暈抬上運屍車，差點活埋；老婆月經期被管教強姦，反誣夫妻拉幹部下水，「一共鬥了我八個月240天，一天沒拉；他們像餓狼似地完全失去理性和人性，每天晚上都把我的臉打得變形，遍體鱗傷，全身無

---

www.mjlsh.org/Book.aspx?cid=4&tid=5616。《千名中國右派處理結論和個人檔案》第1冊，頁119。

[290] 陳奉孝：《夢斷未名湖》，頁340～341、303～304。

[291] 《劉賓雁自傳》，頁115。

[292] 〈記歸僑女畫家李青萍〉，《人物》（北京）1995年第6期，頁153～157。

處不痛」；1978年美國博士二哥回國，向上海市委統戰部打招呼，年底平反，全農場平反第一人。[293]

硬栽型──雲南祿勸縣小學青年教師張問仁（父親臺兒莊烈士），上昆明看病未參加「鳴放」，左派李培英等仍指：「不發言、不寫大字報不等於沒有右派思想。」山盟海誓的未婚妻轉投李培英懷抱，「我成了為達奪妻目的的犧牲品」，押入看守所，送元謀新民勞教農場，二十一年豬狗不如的日子。[294]

篡改型──招入海軍的武漢大學畢業生龔定國私下議論：「肅反搞錯了的，一定會平反。」被揭發成「猖狂進攻」──「肅反搞糟了，一定要平反。」[295]

簽名型──北大物理系一年級博繩武（1939-，蒙族），未滿18歲，無言論，僅參加百花學社（學生社團）幾次活動，「極右」。[296]

同情型──清華化學系學生張德寶（1940-），接濟幾位經濟困難的「右派」同學，幾件衣服、幾十斤糧票，劃「右」，判刑三年，出獄後回老家蘇州，清理陰溝（￥0.8／天）。[297]

殉情型──四川南充縣民政科張先癡以「血仇分子」及言論劃「右」（「鳴放」1950年代初槍斃人太多），22歲妻子胡君（縣整風辦幹部）鄭重呈報告：保證張先癡絕不是反黨反人民的右派。次日，胡君成鬥爭對象──為右派辯護的「右派」！[298]

湖南邵東縣宣傳部長Yu（南下軍幹），無任何言論，僅為北師大淪「右」女友辯護，挨鬥時不服，劃「右」，判刑三年，出獄後又以「無業右派」收容勞教三年。女友1962年絕望嫁人，不到一年離婚（育一子），1966年與Yu續緣。1970年「一打三反」，Yu淪「現反」判刑20

---

[293] 文徹赫恩：《苦難的歷程》，勞改基金會・黑色文庫編委會（華盛頓）2003年，頁54～57、91、115～119、135～137。

[294] 張問仁：〈我是怎樣被「擴大」為右派的〉，《命運的祭壇》下卷，頁1034～1040。

[295] 龔定國：〈我的右派生涯〉，《五十年後重評「反右」》，頁496。

[296] 博繩武：〈一個小右派渣兒的平凡一生〉，《往事微痕》第21期，頁214。

[297] 郭本餘：〈一個工程師的命運〉，《新觀察》1988年第18期，頁26。

[298] 張先癡：《格拉古軼事──勞改回憶錄之一》，秀威（臺北）2013年，頁299、74～75。

年，1979年平反，夫婦調入株洲工學院。1984年，Yu歿於車禍。[299]

　　未「右」型──東北某大學教師葛盧力（1930-），二十二年農村勞改，月薪78元降至30元，妻子高校教師，調外地中學（檔案塞條「只能教中學」）。1979年「改正」，系總支不敢給他看「結論」，怕他受不了，最後被迫出示：「根據本人的反黨言行，交群眾批判，不戴右派帽子。」

　　　　我震驚極了，簡直不敢相信這是事實。當了二十多年的右派，竟然根本沒劃我右派！從此，我變成了一個畸型的人：除了本身業務，別的事不願過問，平日也不願講話，即便看到一些不公正的事，也不敢說；在某些場合一定得發表意見時，總是深思再三。總之，當年的銳氣全沒有了。[300]

　　上海《文藝月報》編輯「右派」陳家驊（1923-2015），1958-3-7送農場勞改，1979年告知：「查來查去查不到你的案子，你沒有案子，你為什麼會被送去農場了？誰送你去的？你沒有事。」[301]

　　某小學黨支書乃轉業軍官（二十餘歲），五名「右」額只抓出四名，為完成「黨的神聖任務」自填窟窿，開除黨籍、農場勞改、老婆離婚、兒子改姓，二十年後「改正」竟無份，原來未入「右」冊。[302]

　　相聲演員馬三立（1914-2003），演出《買猴兒》淪右。批鬥會上，馬三立被逼急：「你們這是把人往死路上逼啊！」一位昔友冷笑兩聲，推開窗戶：「喲呵，你還拿死嚇唬人？行啊，你要真有那麼大氣性，從這兒跳出去，算你小子有種！」馬三立跳向窗外，大半個身子已懸窗外，一位單弦藝人急伸胳膊夾住一腳，拉回馬三立一命。1979年改正，馬三立檔案無「右」料，只因單位「右」額從4名增至11名，湊數右派。[303]

　　最年長型──北京廣化寺盧雲禪師（1840-1959），117歲，1952年呈請不許再拆寺院、毀壞佛像、焚燒經書、不許強逼僧尼還俗；1955年拒

[299] L致同學P函（1998-10-30），《「陽謀」下的北師大之難》下冊，頁220～221。
[300] 李泥：《歷史傷口──二十年右派尋訪記》，頁271～281。
[301] 陳家驊：〈王若望先生，你安息吧〉，原載《紐約週報》2002-1-4。《王若望紀念文集》，明鏡出版社（紐約）2002年，頁136。
[302] 《團結報》（北京）1989-1-24。《五十年後重評「反右」》，頁198～199。
[303] 李玉霄：〈一生坎坷馬三立〉，《散文百家》（石家莊）2003年第4期，頁6。

任佛教協會會長，淪「右」後遣江西監督勞動，1959-10-13圓寂江西雲居山真如寺。

吳德正（1851-1959），寧夏固原大阿訇，106歲，生產隊監督改造。[304]

四、各式「右」事

　　新鳳霞（1927-1998），評劇名旦，出身天津貧民窟，一向膽小，攔門不讓丈夫吳祖光外出「鳴放」，認為對黨只應一再感激。吳祖光淪「右」，即將流放北大荒。文化部常務副部長劉芝明（1905-1968，被打死），召見新鳳霞，給她看當天《人民日報》──一位「右」妻離婚後加入共黨，「你應當向她學習」。新鳳霞：「黨要改造知識分子，他會改好的。」「他能改好？」「能改好。」「我們要把他送到很遠的地方。」「我可以等他回來。」「哦？你能等多久？」「王寶釧等薛平貴等了18年，我能等28年。」劉芝明以為貧苦出身的新鳳霞會與黨保持一致，黨也不願名伶沾「右」，見她覺悟如此之低，拍桌大怒：「你給我出去！後果自負呵！」新鳳霞哭出文化部。次日，中國評劇院鋪天蓋地大字報，迎門大漫畫──相府小姐抱著吳祖光哭喊：「我等你28年呀……。」全院大會批判新鳳霞，宣布「反革命右派」。但新鳳霞還得登臺演出，為劇院掙錢，後臺大標語：「右派分子吳祖光的老婆新鳳霞不要翹尾巴！」勒令掃廁倒盂。文革期間，新鳳霞挖了六年防空洞，高血壓也不准休息，落下半身不遂，輪椅餘生。1979年「改正」，才知檔案並無「右」料。[305]

　　彭文應，撤銷一切職務（僅留盟籍），取消工資（原薪180元），監督勞動，趕出花園洋房，全家八口擠入15平米斗室，次子搭床廁所。1957-7-19彭妻猝死（讀到當天報上張春橋批彭文章），後19歲次子自殺。統戰部勸降：只要寫上幾十字檢查，認個錯，一切解決。王造時也來相勸。次女薇薇跪求：「為了兒女，為了能生活下去，你就承認一下吧。」彭文

---

[304]　牛立華：〈右派群體的組成與微貌〉，《五七精神‧薪盡火傳》，頁263～264。
[305]　《吳祖光自述》，大象出版社（鄭州）2004年，頁172～176。

應堅持不降，發誓完全誤會自己：「從五次圍剿時我就開始擁護共產黨了，……幾十年沒有做過一件反黨的事情。相反，我是在為黨為人民做事。」1930年代初彭文應資助過並不認識的周恩來，1949年周恩來交代陳毅「要記住這個朋友」。1962年底，彭文應死於貧病交加，追悼會也不讓開。老友孫大雨送給彭子女20元奠儀，「備受指責」。[306]

林永萬（1930-，女），雲南鶴慶縣人，1949年3月入共黨，區團委書記，1957年11月劃「右」，開除黨籍公職，勞動教養，「右派」言論：(1)揭發縣委陳書記與多名婦女通姦。(2)縣委組織部只提拔重用無文化無能力、只會溜鬚拍馬唯唯諾諾的小人。(3)縣委高指標徵糧，強迫農民交售口糧，出現饑荒。(4)組織學生、社員敲鑼趕雀，勞民傷財，得不償失。(5)鄉鎮黨委要農民在田邊挖大井蓄水，減少土壤肥力。（五條批評得到與會者支持，縣委整風辦表揚「提得好」。）

罪名：批評黨的領導人，醜化黨攻擊黨；反對黨的幹部政策，反對「依靠貧農」的階級路線；批評「徵過頭糧」，反對統購統銷；批評「趕雀」、「挖大井」，打擊廣大農民建設社會主義的熱情、破壞社會主義建設。

逼迫其丈夫（縣委組織部幹部）劃清界線，假離婚被識破，強迫丈夫另娶貧農女兒（「愛情要有階級性」）。[307]

——文化部電影幻燈處長唐瑜（1912-2010）：

各部門每天都有一個反右碰頭會，交換情況、彙報請示。黨委徐書記每天親臨參加，閉目聆聽。

李書記彙報：本單位座談反右戰果，某人始終不發一言，「劃！」徐書記輕聲說了一個字。「可是，他並沒有右派言行。」「劃！」這一次聲音最少提高了三倍。

馬書記彙報本單位反右辦公室一個積極分子的思想，說他感謝黨的挽救，否則這一次非跌入右派泥坑不可，因為他開始時頗為那些右派言論所迷惑。馬書記認為這次反右非常及時，它一

[306] 《彭文應先生百年誕辰紀念冊》，2004年自印本，頁13～14、18、39、41、45。
[307] 林永萬：〈粘血帶肉的一粒「粉末」〉，《往事微痕》第12期，頁50～53。

定挽救了大批像積極分子這樣的人。「劃！」這次徐書記聲音溫
和多了。「徐書記，這樣會使黨失去威信的。」「劃，錯了我負
責。」

　　全國形勢大好，各個單位和部裡的右派，都挖出來了，到
處都在舉行超額勝利完成任務的祝捷座談會。[308]

──南開歷史系1956級黨支委女生，聲嘶力竭將同學張雲鵬（黨
員）等打成右派，批鬥會上指鼻噴瀉「階級憤怒」，回家發現丈夫（市
委宣傳部處長）在寫檢查（也淪「右」）。「她在以後批鬥右派的會上，總
是低頭無語……」[309]

──東北師大一名出身不佳畢業生，堅決要求上最艱苦地區鍛鍊改
造，分配四川阿壩藏族自治州中學。他從小愛好天文，自購小型天文望
遠鏡，向學生介紹大熊星座、獵戶星座（像拿武器的獵人）……，校領導
認為不務正業，轉彎抹角敲打他。「鳴放」時，他向校領導貼萬言大字
報，劃「右」，介紹星座成了「在天空中拿著武器的反革命分子」，妖
言惑眾、腐蝕下一代。[310]

　除了言論，淪「右」最集中的還是家庭出身與歷史問題。團中央
大學部統計：62所高校3,649名「右生」，1,161名家中有「關、殺、
管、鬥及逃亡海外」，占31.8%；644名本人有歷史問題（三青團員、國
民黨員、偽軍、特務、反革命），占17.6%；97名曾受黨團及行政處分，占
2.7%。北師大215名「右生」，118名家庭有問題（54.9%），91名本人有
政治歷史問題（42.3%）。[311]

　北京地質學院「右生」吳弘達，其右派言論（班級「整風鳴放會」）：

在我們班裡，逢到開會，支部書記就以「同志們、同學們」開
場，這意思，你們黨團員是同志，我們非黨非團的就是同學
了，這好似我們一般群眾是二等公民了。毛主席說，凡是參加社
會主義建設的人都是同志，我們上街買東西、上公共汽車買票都

[308] 唐瑜：〈反右記〉，《荊棘路》，頁406。
[309] 張雲鵬：〈壯哉57，悲哉57〉，《抹不去的歷史記憶》，頁24～25。
[310] 張先癡：《格拉古軼事》，溪流出版社（美國）2007年，頁121～122。
[311] 《內部參考》第2321期（1957-9-27），頁7～8。（原文百分比計算有誤）

互稱同志，怎麼到你（指支書）這裡我們就不算同志了？[312]

一門數「右」（有限收集）

1953年，一位香港老醫生（老同盟會員）拖帶全家11口回國定居（廣州），四子成「右」（大學助教、藥廠藥劑師、中學教師、廠宣傳幹事）。[313]

湖南名士楊樹達（1885-1956），三子皆右，二婿「右派兼反革命」。[314]

哈佛法學博士、復旦教授楊兆龍（1904-1979）與兩子一女。[315]

張宗麟（1927年入共黨，高教部財務司長）、子張閭（清華生、黨支委）、女張滬（《北京日報》記者，1947年入共黨），婿叢維熙（《北京日報》記者）。[316]

郭仲隗（同盟會員、河南省參事室主任）、子郭海長（開封文教局副局長）、媳韓公超（中學校長）。[317]

王高明（王國維之子，中右，郵電部副處長）、次子王慶同（南海艦隊，廣西農村改造）、三子王慶山（測繪學院學生，流放新疆近40年）。[318]

北大二級教授胡稼胎、次子胡功管（北京青年藝術劇院編導）、三子胡功範（四川峨嵋銀行職員）。[319]

復旦教授王造時、女兒王海容、準女婿。

廣東省參事室副主任陳卓凡（農工）、其子陳斯駿（北大生）、陳斯聰（清華生、東北設計院工程師）。[320]

軍內「右派」歐陽靜戈（1911-1978），兩位連襟、三位小舅子。[321]

---

[312] 吳弘達：《昨夜雨驟風狂》，頁44。

[313] 尠尠：〈「反右鬥爭」給我家帶來無名冤辱〉，《中國之春》（紐約）1987年12月號，頁32～35。

[314] 丁抒：《陽謀——反右派運動始末》，頁270。

[315] https://wenku.baidu.com/view/fd8fa61732d4b14e852458fb770bf78a65293a9d.html

[316] 叢維熙：《走向混沌》，花城出版社（廣州）2007年，頁21。

[317] 燕凌、穆廣仁等編：《一生都在波濤中》（上），頁193～194。

[318] 劉暢：〈國學大師王國維悲情家族〉，《五七精神・薪盡火傳》，頁369。

[319] 王友琴：〈從受難者看反右和文革的關聯〉，《反右研究文集》，頁133。

[320] 丁抒：《陽謀——反右派運動始末》，頁270、272。

[321] 石貝：〈右二代也是受害者〉，《五七精神・薪盡火傳》，頁339。

母子「右派」（有限收集）

「民盟」中委劉王立明（1896-1970），留美女生，丈夫劉湛恩滬江大學校長，拒任日偽教育部長，1938-4-7遭暗殺。其子《文匯報》記者劉光華，報導「北大民主牆」，1958年除夕夜被捕，送津郊清河勞教農場，1965年轉黑龍江甘南縣音河農場，1977年工傷致殘，回滬附親，才知母親早斃獄中。

雲南大學教授、留法博士張若名（1902-1958，自殺）、楊在道（工程師）。

北大歷史系學生「右派」沈元（1938-1970，槍斃）與其母。[322]

父子「右派」（有限收集）

馮欽哉（1889-1963，國軍上將、察哈爾省主席）、馮希勃（1909-1968，西安二中副校長，文革迫害致死）。

吳文藻（1901-1985，中央民族學院教授）、吳平（1931- ，建築師）。

劉旋天（1908-1984，湖南大學土木系主任）、劉晨輝（哈工大學生）。

李常青（1904-1960，1931年入共黨，教育部師範司副司長），范政（1925-1968，中共長春市委宣傳部長）。

謝家榮（1898-1966-8-14，中研院士，地質部總工，勘探湖北大冶、內蒙白雲鄂博等九處鐵礦、煤田，以及大慶油田，自殺）、謝學錦（1923-2017，地質部物化研究所整風領導小組成員）。[323]

鮮英（1885-1968，川軍將領）、鮮繼堅（子，重慶保險公司職員）、鮮繼平（女，1930-2012，北京舞蹈學校教師）。

兄弟「右派」（有限收集）

黃炎培五位子女劃「右」：黃萬里、黃大能、黃必信、黃路、黃素。

章乃器、章培（1893-1979，長兄，山東省政協常委）。

費振東、費孝通。

顧準、陳敏之。

---

[322] 丁抒：《陽謀──反右派運動始末》，頁368。
[323] 丁抒：《陽謀──反右派運動始末》，頁281、271。

張申府（原名「崧年」，中共創始人之一）、張岱年（北大教授）。

陳企霞、陳適五（新華社駐柏林記者，本擬調新華社副社長）。

劉乃隆（清華生、地質出版社副總編）、劉乃中（輔仁生、「北影」科長）、劉乃元（聖約翰大學畢業生、新華社英譯）。[324]

黃繼忠（北大講師）、黃繼亮（滑縣某單位會計，文革被打死）。

陸欽墀（吉林大學教授）、陸欽範（中國農科院副研），均「極右」。

陳新民、陳靄民（胞妹，清華生、教育部高教司副司長）。

王若望、王鶴（三弟，安徽勞動局）。[325]

溫濟澤、溫濟中（三門峽水電工程師）。

郁飛、郁天明（供職浙江省高級法院）。

敖乃松（北大生，1973年自殺）、敖乃柱。

夫妻「右派」（有限收集）

章伯鈞、李健生（北京衛生局事副局長）。

羅隆基、浦熙修（《文匯報》副總編兼北京辦事處主任）。

章乃器、楊美真（「民建」中央祕書處副處長）。

沙文漢（1925年入共黨）、陳修良（1927年入共黨）。

蘭州大學副校長陳時偉、化學系主任左宗杞。

聶紺弩（人民文學出版社副總編）、周穎（郵電部勞資處長）。

徐盈（國務院宗教局副局長）、彭子岡（《旅行家》主編）。

羅烽（中國作協黨支書，1929年入共黨）、白朗（中國作協理事，1945年入共黨）。

吳祖光、新鳳霞。

丁玲、陳明（電影局劇本創作所代所長、編劇，1936年入共黨）。

《新民報晚刊》副社長陳銘德、北京民政局副局長鄧季惺。

《人民畫報》副主編胡考、《新觀察》主編戈揚。

《大眾電影》主編梅朵、《文匯報》記者姚芳藻。

---

[324] 張瑞田：〈追憶劉乃中先生〉，《中華讀書報》2015-12-2，版7。
https://epaper.gmw.cn/zhdsb/html/2015-12/02/nw.D110000zhdsb_20151202_1-07.htm?div=-1

[325] 丁抒：《陽謀——反右派運動始末》，頁270。

　　北師大文學教授鍾敬文、陳秋帆；穆木天、彭慧。

　　北大講師黃繼忠、《工人日報》編輯喬無遠。

　　北京上下水道工程局長陳明紹（「九三」中常委）、教育部副司長陳靄民。

　　《人民日報》駐上海站負責人季音（1940年入共黨）、習平（1949年前入共黨）。

　　《北京日報》編輯徐鍾師、丁紫。

　　《甘肅日報》編輯王景超、和鳳鳴。

　　甘肅人民出版社編輯部代主任沈其東、妻子苑野。

　　新華社記者姚昌涂、《光明日報》記者徐穎。

　　大公報記者部副部長蕭離、記者蕭風。

　　東北美專校長楊角、副校長張曉非。

　　中央實驗歌劇院教員莫桂新（1917-1958）、女高音張權（留美）。

　　復旦物理系學生李梧齡（1935-2002）、上海岳陽路小學教師金美梅。

　　四川南充縣民政科員張先癡、縣整風領導小組辦公室幹部胡君。

　　中國科學院物理所仇士華、蔡連珍。[326]

　　《中國青年報》社長陳緒宗（1939年入黨）、金懷瑾。陳緒宗即劉賓雁小說〈本報內部消息〉喪失革命鬥志的中年總編原型。[327]

　　《中國青年報》副主編鍾沛璋、陳敏。

　　《文藝報》副主編唐因、記者姚瑩澄。

　　《戲劇報》編輯陳朗、周素子（福建師院音專學生）。

　　《新湖南報》（《湖南日報》前身）記者鍾叔河、朱純。

　　北京地質學院助教王鴻、薛挺華，文革雙雙自殺。[328]

五、多是左派

　　赤難的深重就在於絕大多數「右派」都是忠誠赤徒，都認為「我

---

[326] 丁抒：《陽謀——反右運動始末》，頁359。

[327] 韋君宜：《思痛錄》，頁45。

[328] 王友琴：《文革受難者》，開放雜誌出版社（香港）2004年，頁397。

們走在大路上」，都想成為左派。社會整體赤化，集體左傾，真沒幾個「三反分子」，提出制度性改進的只是很小的「一小撮」。若非愛黨愛社會主義，還真當不上這「右派」。他們認為反右是必要的，只是自己被整錯，僅極少數知識分子對赤政有警醒意識。[329]余英時：「世間多少癡兒女，枉托深情誤一生。」[330]

譯界名「右」傅雷（1908-1966），1957-3-18長函留學波蘭的傅聰：

> 他（按：毛澤東）的胸襟寬大，思想自由，和我們舊知識分子沒有分別，加上極靈活地運用辯證法，當然國家大事掌握得好了。毛主席是真正把古今中外的哲理融會貫通了的人。……毛主席只有一個，別國沒有，……他們的知識分子（按：波蘭知識分子）彷徨，你可不必彷徨。偉大的毛主席遠遠地發出萬丈光芒，照著你的前路，你得不辜負他老人家的領導才好。

1959-10-1傅雷仍勸兒子回國：

> 你既沒有忘懷祖國，祖國也沒有忘了你，始終給你留著餘地，等你醒悟。我相信，祖國的大門是永遠向你開著的。[331]

傅聰雖「叛逃」英國，也是左派。1958-12-24英國《每日郵報》，傅聰文章：

> 今天在中國正在出現偉大的事情，並且正在取得巨大的進展。……不管人們對毛澤東的政治可能怎樣看，我說他是最偉大的現代中國詩人。[332]

1958年1月，接到正式淪「右」結論的邵燕祥，為如何通知19歲的妹妹十分躊躇——

> 怎樣才能使她信服這一點，而不懷疑我們的黨，不致因此而對黨發生動搖呢？……怎樣使她既在這個問題上也在今後一切問題上，一如既往地相信黨、聽黨的話、跟著黨走？[333]

---

[329] 中國新聞出版局審讀處長朱希（13級高幹），首批清醒者之一，獄中不斷上書中央，文革差點被斃。《走向混沌：叢維熙回憶錄》，頁355。

[330] 周素子：《右派情蹤》，頁III（序一）。

[331] 《傅雷家書》，三聯書店（北京）1998年第5版，頁122～124、130。

[332] 《內部參考》第2668期（1958-12-25），頁20。

[333] 邵燕祥：《沉船》，上海遠東出版社1996年，頁18。

1957屆北師大中文系女「右」生雷一寧（1936-2014），一再函示胞姐與自己「劃清界線」，畢業分配時——

看了《中國青年》和《中國青年報》上朱總司令關於青海是祖國一個十分可愛的地方的文章之後，響應號召，把青海作爲我的第一志願。我只有一顆紅心，就是要把青海建設成一個真正可愛的地方。[334]

[我們]爲了使黨更加偉大、光榮、正確而誠心誠意地幫助黨整風，並且在填寫畢業志願時大義凜然地填上：青海、新疆、甘肅、寧夏、黑龍江，甚至什麼也不填，只寫一句話：祖國人民的需要就是我的志願。那年西藏沒有名額，不然也會填上「西藏」的。[335]

北師大中文系「極右生」俞安國：

當時，黨在我的心目中是偉大、光榮、正確的。社會主義是如此之優越；自由、平等、人人有飯吃有衣穿，難道我願意去過「腐朽的」、「沒落的」、「垂死的」資本主義生活麼？除非我有神經病，幹嘛要反其道而行之，違背人性的理性趨害避利呢？[336]

南開歷史系中央機要局調幹生張雲鵬淪「右」，女友（天津師院生）揭發不出反黨言行，被撤支委、同學疏遠，她支持不住，急性心臟病，「我心如刀絞，悲憤不已。我安慰她、鼓勵她，要她相信我，更要相信黨。」（後分手）[337]

就是按六條「右」槓，絕大多數「右派」也不合格，並無「三反」（包括動機）。不少「右派」始終拒絕在結論上簽字，不承認所加「右」名。[338]

[334] 雷一東：〈寧妹，安息吧！〉；雷一寧致林希翎函，《一位偉大的女性》，頁77、202。
[335] 雷一寧：〈脫胎換骨紀實〉，《不肯沉睡的記憶》，頁112。
[336] 俞安國致雷一寧函（2003-2-19），《「陽謀」下的北師大之難》下冊，頁189。
[337] 張雲鵬：〈壯哉57，悲哉57〉，《抹不去的歷史記憶》，頁34。
[338] 劉賓雁：《「第二種忠誠」——劉賓雁報告文學精選（一）》，人間出版社（臺北）1987年，頁367。

陳銘樞那封惹禍的致毛函（1957-5-18）：

八年以來，我國社會主義制度基本奠定，馬克思列寧主義普遍陶鑄人心，……一片祥和氣象，蔚然盛世，影響遍五大洲；效驗已著於今日，風流所播，將千萬世亦受無窮之賜，……社會主義陣營的解放全人類的最終事業將首先通過中國而實現……[339]

文化界第一「右」、長征高幹馮雪峰（1903-1976，「鼓吹出版多元化」[340]），攔阻丁玲退黨：

黨員還是要做的，共產黨還要統治世界幾百年。[341]

1957年8月初，留蘇生蔣祖林（1930-）回國度假，母親丁玲：「你是共產黨員，應該相信黨，同黨站在一起。應該認識到媽媽是在反黨。」[342]

湖南一位工程師淪「右」，叮囑子女：

你們不要同情我，要恨我，這樣你們才有前途。[343]

1957-7-1，「小家族頭頭」吳祖光已遭萬炮齊轟，再遞入黨申請：

我想黨是不會拒絕一個犯過錯誤的一心追求黨的人的，……決心把我的後半生全部獻給社會主義偉大建設事業，為了這個事業我要獻出一生、獻出一切。

黨組織回覆：「吳祖光，你未免欺黨太甚了！」[344]

劉賓雁第一「右」感：「我可能真的有什麼問題，毛澤東不可能不對。」[345]

1957-6-15，「民建」、工商聯常委聯席會議，章乃器：

看我這個人，看五年看不清楚可以看十年，直到死我也不會離開

[339] 《內部參考》第2257期（1957-7-15），頁3～7。
[340] 蕭乾：〈改正之後〉，《中國知識分子悲歡錄》，頁662。
[341] 〈馮雪峰是文藝界反黨分子〉，《人民日報》1957-8-27，版1。
[342] 蔣祖林：〈回憶母親丁玲——1957年前後〉，《新文學史料》1998年第1期，頁51。
[343] 《小書生大時代——朱正口述自傳》，北京大學出版社1999年，頁151。
[344] 汪洋：〈吳祖光，你有罪〉，《戲劇報》1957年第16期。《中共重要歷史文獻資料彙編》第22輯第36冊（2007），頁67～68。
[345] 林培瑞（Perry Link）：〈「57右派」已成為極高的榮譽〉，《五十年後重評「反右」》，頁iii。

黨、離開社會主義的；若再不相信，可以在死後把我的骨頭燒成
灰看看有沒有離開社會主義的反動成分。[346]

1958-3-12，彭文應呈交「個人年度規劃」：

積極加強自我改造，認真學習馬列主義理論，……積極接受黨的
領導：全心全意接受黨的領導；完全信任黨，把一切交給黨；
所有工作學習生活上重大問題請示黨；對黨不保留任何事情；
對黨經常聯繫彙報，每月至少三次；結識黨員朋友至少兩人，
經常請教。

1958年5月彭文應斷薪，趕出上海南昌路55號花園洋房，蝸居斗
室，每天仍閱報二三小時（自訂《人民日報》、《解放日報》），上郵局門
口、復興公園報欄閱讀《文匯報》、《新聞報》、《新民晚報》。[347]

浙江省委文教部文藝處長兼省文聯祕書長鄭伯永，尚未淪「右」時
對受冤部下說：「我就不相信在共產黨領導下有搞不清楚的事」。[348]

浙江省文聯副主席、延安女作家陳學昭（1906-1991），劃「右」後
發配杭州大學圖書館，得知古籍部主任清明祭掃張蒼水墓，很不屑：
「想不到你會做這種事！」[349]

北大中文系文學教研室十名「解放後」新人，九名淪右，系教師黨
支書兼校宣傳部副部長樂黛雲「極右」（創辦民刊《當代英雄》），開除
公職，開除黨籍，下鄉勞改，每月生活費16元。[350]

1963年紅色影片《自有後來人》（《紅燈記》原型），編劇沈默君
（1924-2009）「摘帽右派」。[351]1964年京劇《沙家浜》主要改編者汪曾祺
（1920-1997），也是「摘帽右派」。大多數「右派」都是有能力者，否
則左派也看不到他們。

---

[346] 《六月雪》，頁182～183。
[347] 《彭文應先生百年誕辰紀念冊》，2004年自印本，頁132～133。
[348] 鄭秉謙：〈兩個平常的作家在一個不平常的時刻〉，《沒有情節的故事》，頁413。
[349] 周素子：《晦儂舊事・老家的回憶》，田園書屋（香港）2010年，頁279。
[350] 樂黛雲：《四院・沙灘・未名湖：60年北大生涯》，北京大學出版社2008年，頁44。張元勳：《北大一九五七》，頁218。
[351] 吳永良：《雨雪霏霏——北大荒生活紀實》，頁34。

　　「極右」杜高（1930-），戲劇出版社編輯，多次入朝鮮「體驗生活」，父親1925年就入共黨。1958-4-18，大會定性，杜高當場與詩人唐湜等上銬押走，11年半勞教；1979年「改正」，立即入黨，自謂：「血液裡有遺傳的革命『紅色』成分。」他積極批白樺影片《苦戀》、反精神污染、批總政話劇團《WM》。老友評議：「他以『哨兵』身分站在保衛毛澤東文藝陣地前沿。」

　　福建師院生物系女團支書淪「右」，下林場勞動，「受人歧視監督，她仍然思想激進，像個準備入黨的團員，動輒彙報思想，大家都忌諱她。」[352]

　　民主黨派也相當「左」。1953-9-18——

　　　　當梁漱溟與毛澤東在會上發生爭執時，喊叫著不許梁再講的，並不是共產黨員，而是民主黨派的朋友。[353]

　　1953年9月最高國務會議，毛澤東當眾指梁漱溟「地主階級代言人」、「用筆殺人」。[354]梁漱溟仍終身「毛粉」。1980年美國學者問梁漱溟：「最偉大的中國人是誰？」梁應聲而答：「毛澤東！」[355]

　　北大女傑林昭，父親留英生，國府吳縣縣長。林昭中學畢業，父親欲送留學，女兒堅決不從，與中共地下黨暗中來往，共軍一過江即參軍，考入蘇南新聞專校，積極參加土改，視毛澤東「真正的父親」；[356]淪右後致函其妹：

　　　　當我加冕成為「右派」後，你無論如何也不能體會我的心情的。我認為我熱愛黨的程度是壓倒一切的，沒有任何事物可以與之相比擬。我不能忍受它對我的誤解，而且誤解得那樣深。維繫我的一切全垮了，比牛虻不信蒙泰里尼還慘……[357]

　　1958年夏，北大哲學系調幹「右」生黃中奇（1948年入共黨）處決前

[352] 周素子：《右派情蹤》，頁24～25、132。
[353] 戴晴：《梁漱溟‧王實味‧儲安平》，江蘇文藝出版社1989年，頁177。
[354] 《毛澤東選集》第5卷，頁107、110
[355] 黃圍元：〈最後儒家的傳奇人生〉，《文史天地》（貴陽）2012年第9期。《文摘報》2012-11-20摘轉，版8。
[356] 房文齋：《昨夜西風凋碧樹——中國人民大學反右運動親歷記》，頁24～25。
[357] 甘粹：《北大魂——林昭與「六四」》，秀威（臺北）2010年，頁60～61。

囑妻：

> 我死後你不要守著，要早點改嫁，好好教育孩子，永遠跟著黨，跟著毛主席走社會主義道路！[358]

李慎之淪「右」後：

> 就是在被劃為右派分子以後，也還是椎心泣血、日思夜想怎麼改造自己，使自己能跟得上毛主席的思想。當然，我得承認後來也漸漸滋生了懷疑以至反對他老人家的思想，但是那是1959年在農村經過兩年改造以後看到大躍進失敗、農村到處有人餓死以後的事情了。[359]

幫助這些左派承認自己「右」的邏輯：「犯了立場錯誤而不自知」。[360]

四川南充縣民政科23歲「右派」張先癡（勞教勞改23年）：

> 將別人檢舉出來的那些我私下所說的一言半語，還有那些被別人誣陷出來的一言半語，和報上批判的右派言論進行類比，寫成一張洋洋萬言的大字報，貼在我的床頭，……這些言論和曾經批判過的右派言論對照起來，連我自己都看自己像是一個真正的右派分子了。……這種未經任何法律程序就剝奪人身自由的做法似乎欠妥，但我們都心甘情願地接受了，因為我打心眼裡也認為自己是犯了錯誤的人，一切懲處都是我罪有應得的。
>
> 我那時的認識仍然局限在「體制沒問題，只是毛澤東個人品質壞」。[361]

1966年「紅八月」，中央級右派章乃器：

> 整整八個晝夜，我在絕食中受的百般的拷打、凌辱和威脅，……我現在絕不能死，我要等到黨看清楚我是一個對黨的革命事業無限忠誠的人，然後死而無憾。……我活著，我的精神面貌就可以

[358] 陳奉孝：《夢斷未名湖》，頁277。
[359] 李慎之：〈大民主和小民主〉，《荊棘路》，頁123。
[360] 邵燕祥：《沉船》，上海遠東出版社1996年，頁147。
[361] 張先癡：《格拉古軼事》，溪流出版社（美國）2007年，頁24～26。
　　張先癡：《格拉古實錄──勞改回憶錄之二》，秀威（臺北）2014年，頁72。

證明我對時代的樂觀。這是有反動思想的人所萬難做到的。[362]

1977年，川南雷馬屏監獄農場傳達「四人幫」倒臺文件，前重慶建築工程學院「右」生許懷世（?-2009）從囚犯中站起，熱淚哽咽：

> 毛主席的屍骨未寒，他的夫人便慘遭逮捕，我們將如何面對老人家的在天之靈？（許七天後再被捕，40天後再判刑12年，1979年平反）[363]

1978年，一位1960年代偷渡香港的醫科「右派」：

> 在劃右派時我們是愛國的，是擁護共產黨的，而現在的思想反而確實是極右分子的思想。假若當時（按：到勞教隊後）有人問我：「你是右派分子？」我會心服口服地坦誠地告訴他（指情況允許）：「我是右派分子。」這種轉彎是在勞教過程中實現的，……經過勞教後大概95%以上都成了真正的右派。[364]

「右派」們自囿紅色繩範，偌大「右」群硬沒出薩哈羅夫、哈維爾、索爾仁尼琴，沒有中國版《古拉格群島》。晚年流亡美國的劉賓雁一直抱持「第二種忠誠」——不忠於領袖，不忠於組織，但忠於主義，忠於理想。1993年，劉賓雁堅持認為將史達林、毛澤東的暴政歸咎於馬克思主義乃一大冤案。[365]劉賓雁堅執馬列原教旨，堅決反對江澤民放棄階級鬥爭的「三個代表」。[366]

絕大多數中青年「右派」只植入馬列芯片，思想倉庫無別色光譜，只能「打著紅旗反紅旗」，用這部分赤說駁詰另一部分。2006年，八旬「右」翁石天河：

> 大家都是在「跪著造反」，並沒有民主派和改革派的精神氣質，右派都不過是像古代進忠諫的儒生，沒有誰是高舉民主改革旗幟的英雄人物。[367]

東北人民大學經濟系「右生」胡顯中（1932-），1980年代還受限於〈毛澤東思想應該成為四項基本原則嗎？〉，二十年後才意識到：

---

[362] 章乃器：〈七十自述〉，《文史資料選輯》第82輯，頁46～47。
[363] 張先癡：《格拉古實錄》，秀威（臺北）2014年，頁324～325。
[364] 何明：〈一位右派分子的投書〉，《爭鳴》（香港）1978年11月號，頁48。
[365] 《八十三封書信——許良英、李慎之書信集》，頁60。
[366] 馮勝平：《上書習近平》，明鏡出版社（紐約）2016年，頁325。
[367] 石天河：《逝川憶語——《星星》詩禍親歷記》，頁106。

應該寫成〈四項基本原則應該成為中國的立國之本嗎？〉。毛澤東思想和四項基本原則是四位一體的東西，應該全部否定。[368]

絕大多數「右派」言論僅針對五大運動提出改進意見，要求很有限的一點民主自由，根本意識不到馬克思主義的方向問題，壓根兒沒有反黨反社會主義的可能，極而言之也是「跪著造反」，所謂「家雞打得團團轉」。1978年，尚未「改正」的李興華：「就是右派也是中國的右派，總比洋奴好！」[369]

1989年「六四」坦克鎮壓學運，劉紹棠不僅此前擁護「四・二六」社論（定性學運「動亂」），指責三千學生絕食「吃飽了撐的」、「又來文革請願那一套」、「鬧劇＋醜劇」；開槍後，劉紹棠給戒嚴部隊寫去熱情洋溢慰問信，稱讚「平暴」為人民立新功，早該動手，長痛不如短痛，清場了，平靜了……[370]

（一）證「左」心理

大多數「右派」實為紅色失戀者，想左不讓左，最悲憫的情結：「一生真偽有誰知？」他們最想證明：自己是左派、真正的馬列主義者！冤呵！

大「右派」丁玲（2004-1986）：

現在我不是一個黨員了，但我應該繼續為黨工作，要比一個黨員工作得更好。……我應該用自己的一生，證明我沒有辜負黨的教育和人民的培養，我是一個經得起嚴峻考驗的共產黨員。[371]

1959-2-20，大右派陳銘德（1897-1989）謂小右派馮亦代（1913-2005）：「我們要爭取做右派中的左派。」[372]

青年作家「右派」邵燕祥，晚年痛曰：

所謂翻案，其實主要表現在對「非右派」的不服氣心理上。我要

[368] 胡顯中：《陽謀下的人生》，頁216。

[369] 韋君宜：《思痛錄》，頁83。

[370] 京遊子：〈劉紹棠和他的通州「生祠」〉，《爭鳴》（香港）1995年7月號，頁78。

[371] 丁玲：〈到北大荒去〉，《原上草》，頁333。

[372] 馮亦代：《悔餘日錄》，河南人民出版社2000年，頁183。

表現得比公認的「左派」能夠更有力地歌頌社會主義，也就是表現出更高的黨性，更高的社會主義覺悟，更高的馬列主義毛澤東思想水準，至少也不比他們遜色。這就跟後來在文化大革命當中，相互對立的派別和組織，要比賽誰更「忠於毛主席，忠於毛主席的革命路線」，爭一個響噹噹的無產階級革命派名分似的。[373]

「鳴放」也因太愛國愛共，指望快點進入天堂，犯了「愛共罪」。石天河：

我其所以看到了黨內潛在的危機，那只是因為我太愛共產黨，太不願意看到共產黨因脫離群眾而走上錯誤的道路，太害怕中國人民因領導人的失誤而遭到無可挽回的劫難。[374]

如已看穿共黨，誰還會「幫助黨整風」？皆因赤誠擁共，這才「自投羅網」。他們的苦惱是「擠不進新社會」、「愛不上黨」、「捧著豬頭進不了廟」。

1957年3月，中共邀請上海影界四名代表出席全國宣傳工作會議：石揮、趙丹、吳永剛、吳茵（女）。後除趙丹，三人皆「右」。毛欽定吳茵「上海右派」，吃足苦頭，長期癱床。[375]1985年吳茵（1909-1991）加入共黨。北大「右派」教授張岱年（1909-2004），1984年加入共黨。[376]成都一位「改正右派」終入共黨，拍胸謂右友：「老子入黨就是為了向他們證明我從來沒有反過黨。」[377]

2012年，上海「老右」華平（1957年曹荻秋祕書）：

我對共產黨是忠貞不二的，即使被打成了右派分子，我還是堅定地相信共產黨、擁護共產黨！……我雖然被開除了黨籍，組織上已經不是共產黨員了，但我仍時時處處以一個共產黨員的標準嚴格要求自己的一切思想言行。我認為，即使如毛主席所說「右派不甄別」，我的冤屈今生永遠也無法申雪了，我也要用自己一生

---

[373] 邵燕祥：《找靈魂——邵燕祥私人卷宗：1945～1976》，頁224。

[374] 石天河：《逝川憶語——《星星》詩禍親歷記》，頁125。

[375] 蕭鎮：〈吳永剛導演為何成為右派〉，《世紀》2010年第4期，頁74。

[376] 戴晴：《在如來佛掌中——張東蓀和他的時代》，香港中文大學出版社2009年，頁196。

[377] 張先癡：《格拉古實錄》，秀威（臺北）2014年，頁322～323。

的實際行動，讓歷史來證明：華平不是反黨的右派分子，而是一個真正的共產黨員！[378]

「右派」邵燕祥妻謝文秀的檢討中：「做黨的奮發有爲的馴服工具。」[379]相當一批右派直到晚年還是「極左」。2009年，74歲的譚天榮還在「激情燃燒」，很不理解改革開放——

> 在共和國初建的那些日子裡，……生活在一種進取、獨立思考而又互助互愛的精神環境之中。想起那一段「激情燃燒的歲月」，我們至今還感到甜絲絲的。誠然，這種精神環境使我們長期帶著玫瑰色的眼鏡看待新中國的現實，但它也造就了我們「五十年代」的一代人的特殊素質。……我們的座右銘是「獻身於人類最壯麗的事業」，……我們因「響應黨的號召」而中了「陽謀」的詭計，雖經九死一生卻仍然歷劫不悔。……即便當年在「高牆」之內，我們的勞動還是那麼出色，……作爲一個群體，我們卻是一個非凡的時代留下的非凡的瑰寶。[380]

> 我至今仍然堅信馬克思主義。而且，我所堅信的馬克思主義……是以剩餘價值學說和歷史唯物主義爲中心的「成熟的」馬克思主義。正是由於這種信念，我與我國改革開放以後的思潮格格不入。[381]

林希翎也終身執持馬克思主義原教旨，不認同改革開放。1990年代林希翎回國，北大「極右」王國鄉（1935-）向她介紹市場經濟優越性，她不理解，仍堅持「第二國際路線」（按：議會道路實現共產主義）。[382]2007-6-6～7，美國普林斯頓「反右50週年國際學術研討會」，七旬林希翎豪稱：「我是左派，地地道道的左派。鄧小平是最大的走資派，共產黨有什麼資格講我是右派、給我平反？」林希翎當了十年托派

---

[378] 華平：〈寫柯慶施大字報改變了我的命運〉，《世紀》2012年第4期，頁28～29。

[379] 謝文秀：〈碎片——一個右派妻子的回憶〉，《作家人生檔案》上冊，頁341。

[380] 譚天榮：〈我的右派經歷〉，《往事微痕》第21期，頁230～231。

[381] 譚天榮：〈前言〉，《我的回憶與思考》，〈五柳村〉網站，http://56cun.anyp.cn/blog/archive/108797/060709170145140.aspx。

[382] 張敏：《穿牆短波》（記錄紅色中國），溯源書社（香港）2012年，頁128～129。

「政治顧問」，自由民主根本不是她想要的。[383]

　　「右派」晚年大都只訴冤不析因，既缺乏追因能力，更缺乏這方面意識。一些基層「右派」，終身盤旋低層次的「好人受冤」，絲毫未意識到政府對人權的侵犯。雲南科級青年女「右」王道芳，五十年後：

> 倘若過去的一切能給將來以經驗教訓、倘若我的不幸和委屈能喚起後人的成熟，那麼我們的痛苦和犧牲是值得的，我們的欣慰將是永久的。
>
> 在歷史的轉折關頭，總是要有人做出犧牲的。我當時也是這樣想的。
>
> 我們的犧牲為後來的改革開放做了鋪墊，我們的犧牲是值得了。[384]

　　不少「右派」晚年保持赤色思維，甚至不滿受冤者的控訴：「你這不是在給共產黨臉上抹黑嗎？」[385]

（二）當不成左派

　　1957-6-12《光明日報》（版1），章伯鈞〈一定要走社會主義道路〉，呼應「六‧八」社論，立場鮮明劃清與儲安平的界線：

> 少數的右派分子和極少數的隱藏的反革命分子，利用整風運動的機會，散布反黨反社會主義的反動論調，他們企圖混水摸魚，達到從根本上動搖人民民主專政和黨的領導，破壞社會主義事業，把我們的國家拉回到資本主義去的卑鄙目的。……歷史決定了中國民主黨派必須走社會主義的道路。這是絕對不容懷疑、不容動搖的。中國民主同盟如此，中國農工民主黨如此，一切民主黨派都是如此而沒有例外。離開社會主義的軌道，民主黨派就沒有前途，……我們民主黨派成員和廣大知識分子在幫助黨整風和當前的思想鬥爭中，一定要站在人民的立場，判明是非，劃清界

---

[383] 金鐘：〈悲愴的歷程——普林斯頓反右五十年研討會散記〉，《開放》（香港）2007年7月號，頁45。

[384] 王道芳：〈心痕〉；《命運的祭壇》上卷，頁37～38。

[385] 李鏌：〈不堪回首話當年〉，《命運的祭壇》上卷，頁93。

限，對右派分子的反黨反社會主義的言論和行動，堅決地予以回擊。……儲安平的反社會主義的錯誤言論，絲毫也不能代表《光明日報》。他的「黨天下」的論調是和《光明日報》的立場完全背謬的。……

多數「右派」都是想當行刑吏（左派）而轉刀下鬼（右派），如徐懋庸、黃藥眠、秦兆陽、王若望……，青年軍旅作家白樺（上尉），「他正在積極揭發批判別人，昆明軍區黨委來電給總政治部揭發他在昆明軍區的『罪狀』，並要求劃他為右派，經過總政批准了」。[386]浙江省政協副祕書長曹湘渠（筆者上司），1957年忘我投入「反右」，送右派上車赴改造地，突然宣布他也是右派，立即上車。

1957-10-11團中央禮堂，批鬥劉紹棠大會，鄧友梅（1931-）鏗鏘揭發劉紹棠「帶著饅頭下鄉」，掌聲熱烈，鄧紅頭脹臉下臺，總算立功贖罪了。北京市文聯祕書長田稼急急起身，高聲宣布：

> 同志們！不要為他鼓掌，不要被他的假象欺騙，他——他也已被劃為右派分子！[387]

1959-9-18林希翎獄中上書毛劉（七千餘字），針對特赦「摘帽」：

> 有些右派分子的帽子是摘不得的，例如章乃器、章伯鈞、羅隆基、黃紹竑等混蛋……。1957年黨的整風運動中，假如沒有這批傢伙興風作浪，也不至於為了打擊這一小撮牛鬼蛇神而不可避免地傷害了許多好人，使黨付出了史無前例的極大代價……[388]

進了勞教隊，仍有右派保持「階級警惕」。北大右生丁江（中尉調幹生），一開始不願搭理難友，後來熟悉了，難友：「我才知道他當初的心態：以為自己是蒙冤落難的好人，被劃成右派分子，送來勞動教養，是錯了；所以不願與壞人為伍，不願同右派分子、勞教人員往來。」[389]

2005-2-27美國普林斯頓，劉賓雁八十壽宴，他坦言：

[386] 黎白：〈回顧總政創作室反右派運動〉，《荊棘路》，頁416。

[387] 《走向混沌：叢維熙回憶錄》，花城出版社（廣州）2007年，頁30。

[388] 《內部參考》第2877期（1959-9-25），頁20。

[389] 朱正：《小書生大時代》，北京大學出版社1999年，頁178～179。

如果不被打成右派，我很可能成為姚文元，我會做那事。[390]
一位研家：

如果胡風當了文藝界領導人，也好不到哪裡去。[391]

六、殤於人格

相當一批「右派」也是人格犧牲品。中央統戰部的「鳴放」座談會，備受關注，黨外人士均以受邀為榮。[392]不發言即對黨不忠、對組織不信任，發言平平，又怕被訴無能。民主人士、知識分子的這一高標準嚴要求，正好自挖屍坑。工農幹部、無知群氓文化低，本就提不出什麼「高質量意見」。

李慎之劃「右」前自我感覺超好，自謂「高人兩等」──到過延安、中央工作，一直接受不了「右」帽。1960年醒悟：自己確是真正右派。[393]

紅小鬼樊斌（1926-2012），討飯出身，1939年參加革命，1942年入黨，發表中篇小說《雪山英雄》（入藏見聞），借調總政創作室，自恃根正苗紅，放膽「鳴放」：

一些壞幹部吃著國家的飯，整天鬧自私自利，就像棗樹上的尺蠖，一屈一屈地到處啃吃人民的財產；有些更可惡的，簡直張著血盆大口，公開吸食民脂民膏；說起這些蛀蟲來，我真恨不得拿機關槍嘟嘟了他們！

這段發言被指「對黨懷有刻骨仇恨」，要「嘟嘟」共產黨！參加批鬥的徐光耀（1925-，右派）：「與會的多數人在戰爭中鍛鍊多年，原則性原本很強，竟無一人（包括我）覺得這有什麼不妥。悲劇就這樣『順利』而反覆地迴圈。」樊斌劃「右」後開除黨籍、軍籍，發配雲南麻瘋

[390] 馮勝平：《上書習近平》，明鏡出版社（紐約）2016年，頁325。
[391] 邢小群：《丁玲與文學研究所的興衰》，濟南畫報出版社2003年，頁156。
[392] 章詒和：《最後的貴族》，牛津大學出版社（香港）2004年，頁59。
[393] 《八十三封書信──許良英、李慎之書信集》，頁213。

病院改造，《解放軍文藝》檄文〈反黨逆子——樊斌〉。[394]

　　蕭乾六次被邀發言，都沒吭聲，一則沒想好說什麼，一則也隱隱感到言出禍隨；「可是去聽了最高領袖的一次報告：提不提意見成為愛不愛黨的標準了。我也有點不甘人後，終於憋不住了。不但說了，而且寫了。寫的無非是請上邊放心，自以為說得沒出邊兒。」[395]

　　1958年3～4月「向黨交心運動」，不僅「比快、比廣、比真、比深」，還要「交深、交透、交淨」，訂立「自我改造公約」，以批判「資產階級個人主義」為靶，「將知識交給人民」，「把心交給黨」。中共黨員還有「共產黨員從不隱瞞自己觀點」，不發言被指「沉默掩飾不滿，抗拒運動」。大多數「右派」人格峻潔，襟懷坦蕩，窺風觀雲宵小之徒還真不易墜「右」。

　　雲南南華縣財政科長、女「右」李鎂：

> 對黨存有戒心、小心翼翼一言不發，要發就發歌功頌德者絕大多數都逃過了這一劫；而和黨同心同德、心地坦蕩、光明磊落、直抒己見者，大都落入陷阱。他們大多數是知識界精英，投奔共產黨的仁人志士，從西方學成回國報效祖國的專家學者，有與共產黨相依為命的民主黨派的諍友，有共產黨自己培養起來的幹部學生，有共產黨解放出來的工農幹部。試問，他們何以要反黨？尤其像我輩，對共產黨和毛主席除了感激還是感激的人，整風鳴放所提的意見是善意的，絲毫沒有一絲一縷的反黨意思，一個美好的願望卻換來一個被嚴重誤解的結果。……這種骨肉相殘的「壯舉」是一個思維正常的人所不能為的。[396]

　　雲南祿勸縣聯社主任喻民（由「民青」到「邊縱」到「右派」）：

> 我是一個馴服工具論者，對黨對毛主席虔誠崇拜，幾乎到了如「介子推割股奉君在所不辭」的地步。黨叫我幹什麼我就幹什麼，叫我想什麼就想什麼，只知道服從。對毛澤東制定的政策和講話，從來沒有一絲一毫的懷疑，即便在糧棉油實行統購統銷後

[394] 徐光耀：〈昨夜西風凋碧樹〉，《作家人生檔案》上冊，頁25、34～35。
[395] 蕭乾：〈唉，我這意識流〉，《收穫》（上海）1996年1期，頁103。
[396] 李鎂：〈不堪回首話當年〉，《命運的祭壇》上卷，頁84～85。

出現了餓死人的及其他嚴重問題的情況下，也沒有任何懷疑。[397]

林昭淪「右」後，私謂「右」友：

我放棄了出國深造，一心把此生獻給壯麗的中國人民解放事
業。希望那是救國救民的人生正途。我們的偉大領袖，真正是
一位紅太陽、大救星。我們除了與之肝膽相照，鞠躬盡瘁，哪
有別的選擇？可是，一心為他更完美更偉大，說了幾句掏心窩
子的話，提了幾點膚淺的建言，卻成了瘋狂的進攻與殺人的毒
箭。……居然大言不慚說是引蛇出洞的「陽謀」，真是了不起的
大天才！等到我們明白了虛心納諫、言者無罪云云完全是一場騙
局，可是一切都晚了。一失足成千古恨，只能恨我們自己頭腦簡
單、輕信。[398]

周恩來初戀女友、雲南大學教授張若名（1902-1958，1922年曾入少
共），兒子供職石家莊某工地，來信暴露「思想問題」，張若名將兒
子十餘封信交給系總支，請組織幫助「矯正」。系總支將信轉給其
子單位，1958年6月其子「補右」，張若名夫婦受嚴厲批判，即將淪
「右」，6月18日張若名投河。[399]

北京師院女生「右派」張淑芬（1938-）：

我為什麼劃「右」派？根源在於：良好的家庭教育、秉受的學校
教育，造成了我獨特的個性。我是一個自由自在的人，簡簡單單
的人，不隨波逐流，有獨立見解。我的人生理念、道德標準、家
庭出身，毀滅了我的青春，卻成就了我的右派形象。[400]

四川《星星》詩刊負責人、「四川文藝界反黨集團」頭目石天河
（極右），反右前就栽了（1953年停止黨籍），1957-4-2致函入黨介紹人姚
北樺（1923-2002，《新華日報》編委，右派）：

我從前參加革命，並沒有想在解放後得什麼高官厚祿，也不是為
吃飯來找共產黨的。我以最大的忠誠把自己的生命全交給黨，

---

[397] 喻民：〈苦難歲月的回憶〉，《命運的祭壇》上卷，頁235～236。
[398] 房文齋：《昨夜西風凋碧樹——中國人民大學反右運動親歷記》，頁326。
[399] 李泯：《歷史傷口——二十年右派尋訪記》，頁3～26。
[400] 張淑芬：〈沒有青春的右派〉，《「反右」與當代中國命運》，頁125。

到現在將近十年，而還落得這樣的結局。我雖然感到不平，但還沒有完全灰心絕望，有生之日總還是要把力量貢獻給革命的。……我雖然被無理地奪去了共產黨員的稱號，但別人總還無法奪去我共產主義的良心，天涯海角，我們縱然不相聞問，也總還是在致力於共同的事業。

《星星》詩案牽涉24人淪「右」，四人判刑。1957-12-14四川省文聯大會，石天河以「現反」逮捕（判刑15年），不少人使勁鼓掌。石天河：

我在被判刑時就很自信地想過，即便共產黨把我判死刑，我也不會變成真正的反革命。[401]

著名音樂家劉雪庵（1905-1985），劃「右」後一級教授直降六級，一家八口全靠他不到150元的工資，每月全家節衣縮食擠出60元，以「劉世」名義捐出，支援世界革命，直至文革爆發他入獄。[402]

2005年7月，劉賓雁去世前五個月，總結一生：

我1985年悟出一個道理，此生最好的選擇是當右派；如果我不當右派，要麼就一事無成，要麼就可能在文革中死去。……第二種可能，當高幹，活下來，像劉白羽、林默涵、魏巍那樣，很安全地活下來，結果落得什麼都沒有。這種可能，不值得羨慕。[403]

（一）歪佞戰勝正義

北師大教授穆木天（1900-1971，極右），「左聯」盟員，1957-5-17鳴放〈我的呼籲〉（《光明日報》1957-5-22，版3）：

數年來，北京師範大學教授們心思積壓了千頭萬緒的苦惱。直到最近這幾天，春風才算吹進了鐵獅子墳的師大校門縫兒。儘管學校當局召開了幾次教授座談會，可是教師被發配、降級等等之類的陰謀報復，是早有前例的。

聞者不戒，言者有罪，「刑不上大夫，禮不下庶人」，是師大幾年來一貫的傳統。這次運動，當然，我也有很多顧慮。但

---

[401] 石天河：《逝川憶語──《星星》詩禍親歷記》，頁56、359、459。

[402] 李泥：《歷史傷口──二十年右派尋訪記》，頁89。

[403] 盛禹九：〈鴉雀無聲雁有聲〉（上），《開放》2010年12月號，頁88。

我相信黨，相信毛主席，終於鼓起勇氣發了言。就在上週一次座談會上，我把我的意見只說了幾十分之一，可是主持會議的某黨員首長把我的意見都給打了回票。

我提了黨領導者一些宗派主義行為。如某黨員教授剛到校不久就把他過去寫的半部中國文學史交黨員首長，不經過教研室和系的研究，由這位首長直接推薦給教育部出版。而李長之教授真正在師大講授的中國文學史講義，水準比那位黨員教授的要高得多，卻不被推薦。……我還舉出某黨員老婆孩子一大堆還違法亂紀亂搞男女關係事。我認為黨委和行政不處理這件事，也是宗派主義行為。可是，黨員首長把我的話完全給打回來了。他說那位黨員教授去年才恢復黨籍，不算宗派主義。至於另外那位同志亂搞男女關係的事，已經處理過了，處理內容就是做了檢討，並且本人也不知道女方是有愛人的，更不知道她的愛人為此而動刀自殺事。說這也不算是宗派主義。

我很不會說話，更不會巧辯，一氣之下，只好退出會場，直到今天，我沒有勇氣再參加這些會了。事實俱在，而作為領導整風的首長，還敢於巧辯，師大的這個運動的前途不能不令人擔憂。

我呼籲：請黨中央像搭救王蒙一樣，救救師大吧！請讓黑暗王國有一線光明吧！

亂搞男女關係的「黨員首長」乃校黨委書記何錫麟，被迫全校大會檢討。[404]「黨員教授」乃譚丕模。[405]風向逆轉，穆木天夫婦淪「右」，何錫麟、譚丕模重占上風。北師大「右」生袁伯誠（1934-2007）：

凡是在鳴放中給何錫麟貼過大字報、揭露過他的錯誤的師生均遭他的挾嫌報復而打成右派。[406]

1955年春，雲南大姚縣委宣傳部長李玉興突染惡疾，縣醫院設備太差，急需送昆明，打電話向地委辦公室要車，辦公室主任孔德璜不肯派

---

[404] 《「陽謀」下的北師大之難》上冊，頁163～164、11、24。
[405] 2016-7-11，北師大中文系1953級「右」生、南開退休教授范亦豪提供資訊。
[406] 袁伯誠：〈丁酉之劫〉，《不肯沉睡的記憶》，頁28。

唯一小車（晚上要接地委書記王文玉從省委黨校回家），本順路正好送李玉
興上昆明，孔非要請示王書記，偏偏電話打不通，李玉興次日死在縣醫
院。「鳴放」時，八名地委幹部聯名大字報揭訴，王文玉囑孔德璜記下
八人名字，全部劃「右」。[407]

　　1957-7-5黑龍江省委向「中辦」彙報：「有的機關還有報復等現
象。」[408]

　　1957年10月，上海楊浦區定海路辦事處主任潘夏萍，與下屬管某長
期失和，捏造材料劃其「右」。鬥爭會上，管某不承認指控言論，「經
過召開積極分子座談會和核對原始紀錄，發現報批的右派材料與實際情
況完全不符，很大部分是屬於捏造。」[409]

　　江西新餘縣中學校長，取消一位向他提意見的中共預備黨員資格。
上高縣翰堂區委書記將向他提意見的一名小學教員鬥了兩天。[410]

　　湖南邵陽市委領導藉反右報復積怨者，生生羅織「粽子案」（反黨
集團），四名中共黨員淪「右」。[411]

　　華羅庚（中研院士）、童第周（中研院士）等曾提出「保護科學
家」，反右時上綱「反黨反社會主義」，「這就是說共產黨不保護科學
家」；那句「我國科學還相當落後」成了「最大誣衊」，因為：馬克思
主義是最高科學，毛主席發展了馬克思主義，所以中國科學是全世界最
先進的。[412]

（二）黨性與人性

　　左派右派，關涉黨性人性。服從黨性就得背離人性、背離良知，
就得對不起同事師友甚至親人；若依從人性，還想保持一點真誠，則會

---

[407] 孫家信：〈風華奇冤命如懸〉，《命運的祭壇》上卷，頁355～356、353。
[408] 《情況簡報（整風專輯）彙編》（4）1957-7-10。《反右絕密文件》第1卷，頁
209。
[409] 《情況簡報（整風專輯）彙編》（36）1957-11-22。《反右絕密文件》第7卷，頁
177。
[410] 《情況簡報（整風專輯）彙編》（39）1957-12-11。《反右絕密文件》第8卷，頁90。
[411] 朱鈞：〈丁酉粽子祭〉，《邵陽文史》第29輯（2001-12），頁145～150。
[412] 千家駒：〈千家駒筆下的反右內幕〉，《開放》（香港）2007年6月號，頁51。

「沾包」一起落水。黨性與人性的矛盾，南方蘇區肅反、延安搶救運動就已存在。韋君宜1936年入共黨，1939年赴延安，親歷1942～1943年「搶救運動」，晚年痛述：

> 參加革命之後，竟使我時時面臨是否還要做一個正直的人的選擇。這使我對於「革命」的傷心遠過於為個人命運的傷心。我悲痛失望……

韋君宜女兒楊團（1949-）：

> 她參加革命就準備好了犧牲一切，但是沒想到要犧牲的還有自己的良心。[413]

1957-5-22北大三角地，林昭演講：自己很痛苦，組織性與良心產生矛盾，講黨性就得服從，不能說真話。[414]北大反右高潮，校園悄悄流言：「良心和黨性是不一致的，要良心就不能要黨性，要黨性就不能要良心。」[415]沒有人性才能有黨性，才能有黨所需要的戰鬥性。[416]

北京農業大學黨委書記施平：

> 雖然領導上說是反黨反社會主義的資產階級分子在向黨猖狂進攻，要推翻黨的領導和社會主義，但我沒有發現這種「猖狂進攻」。若我的這種感覺是對的，豈不是黨中央、市委錯了？黨中央、市委會錯嗎？當然不會，那麼錯的就是自己了。於是服從組織的紀律性和對黨中央毛主席的絕對信任感兩者加在一起，就否定了我自己的認識和獨立思考。還有，我還不是那麼「純潔」、「高尚」的，人具有保護自己的本能這時也跳出來起作用，我若堅持實事求是、不承認錯誤，仍堅持要定胡秉方為「中右標兵」，後果將會不堪設想，我是害怕的。……若我堅持「實事求是」的主見，就會帶上包庇右派的罪名而劃為右派！我

---

[413] 韋君宜：《思痛錄》，頁50、336。

[414] 任彥芳：〈難忘五七——我的北大青春歲月〉，《「反右」與當代中國命運》，頁93。

[415] 王書瑤：《燕園風雨鑄人生》，頁143。

[416] 北師大俄語系胡明發言（1957-5-22）。《「陽謀」下的北師大之難》上冊，頁201。

慶幸我沒有那麼做，又是「兩面人」勝利了！[417]

中國作協書記處書記康濯（1920-1991），1955年揭發「丁陳反黨集團」，毛澤東表揚「康濯起義了」。1956年氣候回暖，康濯痛苦掙扎，「決定替老上級丁玲叫屈，擔承自己去年所寫的材料是出於組織壓力」。1957年形勢又變回去，甚至更嚴峻，為保住職位，「以戰鬥姿態站到了反右派鬥爭的前列。為了自己不當右派而努力抓無黨派人士蕭乾等人為右派，以報效黨組織」。因為黨性高於人性、人民性，高於民族，高於國家；毛主席代表黨，聽從他的指示，對不起師友親人，還有什麼錯？還有什麼可說的內疚的？[418]

紅小鬼「右派」、《小兵張嘎》作者徐光耀：

> 我的故鄉（河北雄縣），在一些非常好的幹部中流傳這麼個口號：「要命不要臉，要臉不要命！把良心夾在胳肢窩裡，往缺德裡幹吧！」[419]

中共之所以走得那麼歪邪、那麼反人性，除了馬克思主義鬥爭哲學的「階級論」，直接源頭當然還在「偉大導師」。毛澤東毫無人權理念，視人命如草芥。1957-11-18莫斯科世界共產黨大會（64國赤黨出席），毛澤東發言：

> 如果爆發戰爭要死多少人？全世界27億人口，可能損失1/3；再多一點，可能損失一半。……我和一位外國政治家辯論過這個問題。他認為如果打原子戰爭，人會死絕的。我說，極而言之，死掉一半人，還有一半人，帝國主義打平了，全世界社會主義化了，再過多少年，又會有27億，一定還要多。[420]

此席發言當場激起眾怒。捷共第一書記諾沃提尼：「毛澤東說他的六億人口準備損失掉三億。我們怎麼辦呢？我們捷克斯洛伐克只有1,200萬人，打起仗來都得死光，誰還能留下來重新開張？」波共第一

---

[417] 施平：《六十春秋風和雨》，上海人民出版社1991年，頁200。
[418] 古華：〈一代革命作家的悲劇──憶康濯先生〉（下），《爭鳴》（香港）1991年6月號，頁71。
[419] 徐光耀：〈昨夜西風凋碧樹〉，《作家人生檔案》上冊，頁96。
[420] 《建國以來毛澤東文稿》第6冊，頁636。

書記哥莫爾卡毫不掩飾憤慨。以色列共黨總書記米庫尼斯：毛澤東熱衷的話題就是第三次世界大戰，老是翻來覆去講「大戰不可避免」，必須隨時做好準備；他是根據這場大戰來安排生活和思考問題的，儼然大戰已經開始。[421]

1961年廬山會議，都餓死四千萬人了，毛仍輕飄飄：「錯誤就是那麼一點，有什麼了不得！」[422]

（三）各種罪惡

「六‧八」社論一出，各級赤吏如降甘霖，立釋重負，轉憂為喜，洋洋得意收拾「對立面」。1958年1月，安徽省委書記、副省長李世農（1911-2006）淪右，除合作化、反右與第一書記曾希聖有分歧，更麻煩的是有積怨——

> 1950年整風時，李世農等曾對曾希聖缺乏民主作風等問題提過善意的同志式的批評意見。曾希聖同志對此不僅不虛心接受，反而記恨在心，甚至把整風小組意見看成是「破壞黨的領導威信，破壞黨的團結」。[423]

中共中央監委辦公廳文件〈關於清除黨內右派分子的決定彙編〉，[424]對省委委員以上、陳沂少將等高幹「右派」一片誣詞，裸呈黨內傾軋、人際陷害。而這一切均源於中南海提供公報私怨合法化的「法律依據」——劃「右」六條標準第三條：「反對領導機關和領導人員、污蔑工農幹部和革命積極分子。」各級赤吏（甚至普通黨員）名正言順收拾「刺兒頭」，上級整下級，黨員整群眾。

遼寧錦西縣劃「右」153名，其中教師108名、技術員22名、工商界6名、文藝界1名、縣級幹部1名，另15名不詳；就算15名「不詳」都是

---

[421] 赫魯雪夫：《最後的遺言》，東方出版社1988年，頁394～395、403。

[422] 裴棟：〈六十年代初黨糾正「左」傾錯誤中的曲折〉，《黨史研究》1985年第6期，頁41。

[423] 劉彥培：〈「李世農反黨集團事件」的真相及其歷史經驗〉，《江淮文史》（合肥）2006年第1期，頁171。

[424] 《中共重要歷史文獻資料彙編》第22輯第22～23分冊。

黨員幹部，加上那名「縣級」，亦共16名，僅占10.54%。[425]

中國青年出版社副社長李庚（1917-1997），1934年入共黨，雖發表文章爲〈草木篇〉辯護、不同意劃江豐「右派」，但淪「右」致因則是與團中央書記羅毅及另一位副社長邊春光有隙，「鳴放」階段不願爲他倆撒謊。「我堅決拒絕爲保護他們過關而向群眾說謊，因此在調回中青社三天內就由羅毅召開批鬥大會，將我劃爲右派分子。」[426]

中國作協轄下一刊物，兩位好友共同編輯，所有發表稿件交換過目。反右一起，一位揭發對方：如何如何寫右派觀點的文章、如何如何將來稿改得越右越好，…… 好友劃「右」，揭發者青雲得路升上去。另有兩位同寢同事，一位平日似乎正直敢言，另一位沾包「丁陳集團」，苦悶中請「正直者」小酌，倒吐牢騷，不料對方在會上當面揭發「陰謀拉攏」。韋君宜：「這樣的人，後來卻越爬越高，而且不斷造謠打擊和他地位相同而行將提拔的人。」[427]

北京師院陳姓男生猛追同班女生張淑芬，張告知已有男友Green（南開生）。反右一起，張淑芬淪「右」，同學紛紛躲避，只剩這位宣稱「愛情是單方面」的陳。爲交流對反右運動的看法，張淑芬將鳴放期間Green來信（記述南開見聞）寄給陳，陳轉寄南開大學黨委，指控Green「漏網」。張淑芬：

> 這時已到了1958年，反右運動已基本結束。但我卻因此而毀滅了Green的前途，也斷送了我們的愛情，斷送了我這一生的幸福。
>
> 後來，我有了家庭，卻沒有感到絲毫的家庭溫暖。

北京工業學院「右」生L，相貌英俊學習優秀，某女生十分傾慕，但一位班幹部喜歡該女生，設法將L打成「右派」。[428]有的妻子移情別戀，揭發床笫密語以陷夫「右」，名正言順「劃清界限」，琵琶別抱。[429]

[425] 《錦西市志》，錦西市志編纂委員會1988年，頁29。
[426] 李庚：〈是非青史憑人閱〉，《北京觀察》1998年第1期（試刊），頁31。
[427] 韋君宜：《思痛錄》，頁49～50。
[428] 張淑芬：〈沒有青春的右派〉，《「反右」與當代中國命運》，頁130～131。
[429] 何滿子：〈文人道德怎麼樣了？〉，《文學自由談》（天津）2004年第6期，頁58。

　　瀋陽第二機床廠技術員趙炎景，撬同事那嗎皋（1935-）辦公桌抽屜，「反右辦公室從我的約180萬字日記中，斷章取義摘錄出十幾句約百餘字的話，打字印發全廠進行批鬥」。1959年趙入黨，升車間黨支書。[430]日記乃一大「右」源，不少單位規定必須上繳日記、信件，如總政文化部創作室。[431]《文匯報》社長兼總編徐鑄成：「鄧拓同志……這些信，都被報社運動辦砸開我的抽屜，全搜去。」[432]

　　南開中文系1956級調幹生尹琪（1931-），參加過三青團，拚命以「左」博表現，捕風捉影拼成〈從個人主義到「右派」分子——記施建偉墮落的前後〉，發表於《中國青年報》（1957-7-23）。施建偉（1939-）乃尹琪同班同學，年僅18歲，該班揪「右」約25%。尹琪以「反右英雄」全校大會主題發言，並派入物理系加強火力，一女生當場嚇哭。尹琪偷遞字條約會女生：「如做我女友，保你過關。」女生上交紙條，尹琪嘴臉曝光，內部批判：「美女糖衣炮彈下喪失左派立場！」[433]

　　中央自然博物館籌備處副主任、整風領導小組長、長征幹部楊瑞廷，「三反」貪污降職，1957-6-12自寫匿名恐嚇信，陷害「對立面」團支書陳章鶴及黨員黎平，欲將他倆劃「右」，幸暴露，上了《人民日報》（1957-12-19）。[434]

小結

　　將大批「自己人」打成敵人，中共裸露猙獰肉身——從尋敵到制敵，「鬥完敵人鬥自己」，最後只剩一小撮「真革命」——中央文革。

　　中共根本不理解民主自由價值內涵。1956年，親共英籍女作家韓素音（1917-2012），與周恩來討論民主後，立即意識到中共對民主的隔膜：

[430] 皋蘭山：〈人生騙局〉，《五七精神·薪盡火傳》，頁337。
[431] 舒雲：〈1957年：總政創作室藝術家群像〉，《黨史博覽》（鄭州）2008年第4期，頁45。
[432] 徐鑄成：〈「陽謀」親歷記〉，《徐鑄成回憶錄》，頁395。
[433] 施建偉、曾鳴：〈中國最年輕的右派〉，《抹不去的歷史記憶》，頁162～166。
[434] 《情況簡報（整風專輯）彙編》（29）1957-10-14。《反右絕密文件》第6卷，頁23。

個人自由有其本身價值的觀念，周恩來是沒有的。周至多只是人們所說的開明儒家，允許辯論，但絕不會交出統治權。

我認為「雙百」方針不會產生任何結果，為此我十分難過。

我轉告周恩來說：「需要花二十年時間你們才能懂得民主的含義。」我所說的「你們」，並非指周本人，而是整個共產黨。[435]

1957-3-12全國宣傳工作會議，毛澤東認為「百家爭鳴」實為「兩家爭鳴」：

> 就世界觀來說，在現代，基本上只有兩家，就是無產階級一家，資產階級一家。

1957-6-19毛澤東〈關於正確處理人民內部矛盾的問題〉──

> 民主這個東西，有時看來似乎是目的，實際上只是一種手段。[436]

1957-6-6新華社《內部參考》報導武漢大學「鳴放」──

> 有人甚至已經在大字報中提出了「要人權、要自由、要民主」的「反迫害、反限制」的錯誤口號。[437]

1958-8-19北戴河政治局擴大會議，毛澤東：

> 必須有控制，不能專講民主，馬克思與秦始皇結合起來。[438]

如斯羅盤，怎麼可能走向民主？

[435] （英）韓素音：《周恩來與他的世紀》，中央文獻出版社1992年，頁4（序言）、頁338。

[436] 《毛澤東選集》第5卷，頁409、368。

[437] 《內部參考》第2223期（1957-6-6），頁3。

[438] 《毛澤東思想萬歲》第2冊（1949.10～1957），頁104。

第六章　擴大‧傷害

擴大化首先來自毛澤東，他人也沒這個能量。李維漢：

> 反右派鬥爭擴大化這一失誤，毛澤東同志從主張到部署都負有主要責任，但當時中央認識上是一致的，沒有提出不同意見，他的主張得到了中央的確認。因此，又不能完全歸咎於毛澤東同志個人。[1]

1957-6-26中共中央〈關於打擊、孤立資產階級右派分子的指示〉：

> 緊緊地抓住已經暴露出的這伙階級敵人，實行內外夾擊，無情地給他們以殲滅性的打擊。……打斷這個豺狼集團的脊骨，……切記不要在階級鬥爭的緊要關頭姑息養奸，……對於右派的數量，不要估計不足，劃得太少。……如果把右派劃得過少，勢必把一些堅決的階級敵人當作好人。這是右的，也是危險的。[2]

7月9日，毛澤東親擬〈中央關於增加點名批判的右派骨幹分子人數等問題的通知〉：

> 反右派鬥爭正在深入，準確的右派骨幹分子名單擴大了一倍，全國不是四千人，而是大約有八千人。……反攻應當擴大，各地應當回應。[3]

7月18日青島省市第一書記會議，毛澤東：

> 民主黨派打它20%（右派），也還有80%（不是）。[4]

7月21日，河南省委第一書記潘復生向毛彙報：「初步統計，全省右派分子911人（不完全），估計可能到一千四五百人，……反右派的偏向，從河南看，主要是有的擴大打擊面，有的將中間偏右的劃為

---

[1] 李維漢：《回憶與研究》下冊，頁845。
[2] 雲南省檔案館，2-1-2736，頁60-62。沈志華：《思考與選擇》，頁624。
[3] 《建國以來毛澤東文稿》第6冊，頁537～538。
[4] 《毛澤東思想萬歲》第2冊（1949‧10～1957‧12），頁231。

右派，⋯⋯另外是簡單粗暴。」[5]甚違聖衷，一年後潘復生倒臺，河南「右派」擴大至70,869名。[6]

7月上旬，遼寧85名「右派」，中旬五百餘，下旬六百餘，8月2日1,035名，[7]最後擴大至2.5萬餘名。[8]8月15日江西「右派」494名，[9]後擴大至12,153名。[10]8月15日前後，安徽劃右879名，[11]後擴大至31,472名。[12]全國各地「五日一小批，十日一大批」。

8月1日，毛澤東再擬〈中央關於進一步深入開展反右鬥爭的指示〉：

> 現在一方面正向地縣兩級（在城市是向區級和大工礦基層）展開，一方面又必須在中央一級和省市自治區一級各單位深入地加以挖掘。這樣，右派分子將繼續發現和挖掘出來，人數將逐步增多。右派中的極右分子，即骨幹分子，登報的人數也應適當增多。不是百分之幾，也不是百分之十，而是要按情況達到極右派的百分之二十、三十、四十或五十。[13]

9月20日～10月9日中共八屆三中全會，制定〈劃分右派分子的標準〉，規定六種人不劃右：「有過類似右派的思想，但是並未發表過或散布過，而且已經認爲錯誤、自動檢討出來的人；或者偶然講過類似右派的話、現在已經承認錯誤，而在歷史上一貫不反黨反社會主義的人，不應劃右。」[14]是會，毛澤東宣布1958-5-1結束「反右」（整風）。[15]

5　張林南：〈關於「反潘、楊、王事件」〉，《風雨春秋：潘復生詩文紀念集》，河南人民出版社1993年，頁307～308。

6　中共河南省委摘掉右派分子帽子工作領導小組：〈關於我省摘帽工作情況和意見〉1980-8-5。中共河南省委黨史研究室編：《撥亂反正》，河南人民出版社1998年，頁64。

7　《內部參考》第2276期（1975-8-20），頁7。

8　《遼寧省志‧政府志》，遼海出版社（沈陽）2005年，頁427。

9　《內部參考》第2288期（1975-8-20），頁3。

10　《江西省志‧人事志》，江西省新聞出版局（內部出版）1992年，頁168。

11　《內部參考》第2302期（1975-9-5），頁10。

12　《安徽省志》第2卷，方志出版社（北京）1998年，頁423。

13　《建國以來毛澤東文稿》第6冊，頁556。

14　《建國以來重要文獻選編》第10冊，頁615～617。

15　《毛澤東選集》第5卷，頁476。

1957-11-10中共中央下文：「凡是對反右派鬥爭不深不透的單位和遺留問題較多的單位，都必須再接再厲，不要鬆勁。」（即「補課」）[16] 1958-4-2下達〈整風問題的指示〉，推遲6月底結束運動，「也可以適當延長」。[17] 1958-6-18通知再推遲：「在本年7月底以前勝利地結束這一次的整風運動。」[18] 1958年底最後封刀。[19] 1959年「反右傾」，仍劃了一些「漏網右派」。[20] 山西曲沃縣的「反右」則延續至1961年。[21]

魯西南東明縣截至1958-2-1，劃右352名（參加運動人數的14.59%），「補課」再劃191名。[22]

1958-5-17「八大」二次會議，毛澤東：

> 資產階級思想、習慣的長期性，可能還有30萬右派（黨內外）。[23]

戚本禹指反右10%比例出自鄧小平（中央黨校講話），再指反右執行人：劉少奇、彭真、鄧小平。[24] 戚本禹乃鐵桿毛粉，惡鄧，栽10%「右率」於鄧，當然只能出自毛澤東。1957-10-13最高國務會議，毛澤東：

> 現在，全國究竟有多少人不贊成社會主義？我和許多地方同志摸了這個底。在全國總人口中間，大概有10%的人是不贊成或者反對社會主義的。[25]

一、高壓逼「右」

若無指標壓力，基層很難「擴大化」，不少基層幹部不忍下手。1957-9-13，廣東省委第76次常委會，陶鑄抱怨：「廣東黨組織幾年來搞

---

[16] 《中共中央文件選編（1949-10～1966-5）》第26冊，頁355～356。

[17] 《建國以來重要文獻選編》第11冊，頁231、

[18] 〈關於整風第四階段的通知〉，《中共中央文件選編（1949-10～1966-5）》第28冊，頁179。

[19] 李慎之：〈毛主席是什麼時候決定引蛇出洞的？〉，《六月雪》，頁113。

[20] 中組部副部長楊士傑會議講話（1979-2-23），中央統戰部「摘帽辦」會議簡報，第35期（四-9），1979-2-23。

[21] 《曲沃縣志》，海潮出版社1991年，頁516。

[22] 《東明縣志》，中華書局（北京）1992年，頁25。

[23] 《建國以來毛澤東文稿》第7冊，頁198。

[24] 《戚本禹回憶錄》（上），中國文革歷史出版社（香港）2016年，頁135。

[25] 《毛澤東選集》第5卷，頁482。

運動勁頭都很大，獨獨這回不行，為什麼？」會議決定從全省50萬機關幹部與知識分子中劃出5,000～10,000名「右派」。[26]

毛澤東指斥反右不力者：

> 難道你那個單位是在真空中嗎？別的單位有，就你的單位沒有嗎？[27]

1957年7月初，毛澤東再次南下，濟南、上海、杭州、南京，這次一路力推反右，將反右從黨外擴大至黨內，浙江省委「沙楊彭孫」即毛一手欽定。[28]之所以擴至黨內，既昭示公正性（並不專打黨外），也證示必要性（「右」已滲入黨內）。8月1日，毛澤東親擬並下達〈中央關於進一步深入開展反右鬥爭的指示〉：

> 黨內團內右派分子，只要是同黨外團外右派分子政治面貌相同，即反共反人民反社會主義、向黨猖狂進攻的，必須一視同仁、一律批判，該登報的，即應登報。[29]

毛澤東敦促江蘇省委第一書記江渭清：你們江蘇省委書記、常委裡頭有沒有右派？為什麼不反？

江渭清：主席啊！哪個人沒有幾句錯誤呢？……

毛澤東拍著茶几：你到底反不反右派？

毛已瞄準江蘇省委書記劉順元（對「鳴放」、反右一直不緊跟）。江渭清自請解職，由他人主持「常委揪右」，毛作罷。此後，毛派彭真上江蘇再拍江渭清肩膀，指江「右」了。江渭清（1910-2000），平江暴動出身，1926年入團，1929年入黨，井岡山老幹部，扛住了，全省縣以上一把手一個沒劃。[30]江蘇劃「右」13,349名（全國「右派」2.4%），江蘇人口5,296.3萬（全國9%），[31]「右」率較低。

[26] 《內部參考》第2311期（1957-9-16），頁3～5。
[27] 千家駒：《七十年的經歷》，香港鏡報文化企業公司1986年，頁255。
[28] 中共浙江省委：〈毛主席的偉大旗幟永遠指引浙江人民勝利前進〉，《浙江日報》1977-9-8，版1。
[29] 《建國以來毛澤東文稿》第6冊，頁557。
[30] 《七十年征程──江渭清回憶錄》，江蘇人民出版社1996年，頁415～417。潘祝平：〈江渭清抗命三保劉順元〉，《炎黃春秋》2001年第6期，頁14～15。
[31] 曹樹基：《大饑荒──1959～1961年的中國人口》，頁282。

1979年，中組部長胡耀邦將劉紹棠請到家中：

> 你的右派劃錯了，團中央的右派統統劃錯了，百分之百的擴大
> 化。一個不留，一律改正。當年是迫於毛主席的威望，執行他老
> 人家的指示，沒有辦法。我是想保護你們過關來的，但沒有保護
> 下來，否則我自己也會當右派。[32]

文藝界名人多，兩三天揪一「右」，很有轟動效應。1957-3-6九省市宣傳文教部長會議，毛澤東已點名三人：

> 《星星》的〈草木篇〉是應該批評的；鍾惦棐的文章也是毒草，
> 是機會主義之花；馬寒冰的文章是教條主義之花。[33]

周揚：

> 抓右派之前，主席給我一個名單，說名單上的人都要一一戴上帽
> 子。而且要我每天彙報「戰果」。我說，有的人鳴放期間不講
> 話，沒有材料，怎麼辦？主席說：翻延安時代的老帳！我當時常
> 常說「在劫難逃」，許多人聽不懂。[34]

丁玲、陳企霞「肅反」就栽了，「鳴放」無言論，翻延安老帳扣的「右」。丁玲不相信會成為毛澤東反右大棋盤上的犧牲小卒：「我不相信這樣的決定是通過了中央的，……我成了大右派，難道他就一點也不瞭解我嗎？我過去那樣信仰他，真誠地以為只有他瞭解我。」[35]但事實是1955年周揚即奉毛旨整的丁陳。[36]

1957年5月中宣部已準備為「丁陳反黨集團」平反，6月6日全國作協黨組擴大會議，周揚向丁玲道歉，同意呈報告澄清丁玲歷史問題。反右一起，周揚接到毛澤東名單，部務會議變臉，稱不同意已呈報告，貫徹毛意圖——揪「右」配合大形勢。

中宣部祕書長李之璉（1913-2006）：

> 在中央宣傳部部務會議上，由主要領導人提出，對丁玲的歷史結

---

[32] 京遊子：〈劉紹棠和他的通州「生祠」〉，《爭鳴》（香港）1995年7月號，頁75。
[33] 《毛澤東思想萬歲》第2冊（1949·10～1957·12），頁174。
[34] 郭羅基：《歷史的漩渦——1957年》，明報出版社（香港）2007年，頁150～151。
[35] 丁玲：〈到北大荒去〉，《原上草》，頁330。
[36] 戴煌：〈李之璉與溫濟澤之再見天日錄〉，《原上草》，頁414。

論要重新進行修改。在沒有發現任何新事實、新證據、新證人和新理由的情況下，宣布將原結論改爲：丁玲被捕後叛變，從南京回到陝北是敵人有計畫派回來的。[37]

1958-1-19，毛澤東爲《文藝報》重頭文章〈再批判〉撰按語：

丁玲在南京寫過自首書，向蔣介石出賣了無產階級和共產黨。她隱瞞起來，騙得了黨的信任，……這些文章是反黨反人民的。……丁玲、王實味等人的文章，幫助了日本帝國主義與蔣介石反動派。……謝謝丁玲、王實味等人的勞作，毒草成了肥料……[38]

1957-8-23鄧小平主持中央書記處會議，討論中直單位反右，嚴厲批評中央黨校書記兼校長楊獻珍、副校長侯維煜：「肖魯的問題，你們第一次上報他的材料時，中央就批准把他劃爲右派，你們怎麼現在還在猶豫？如果這樣的人不劃爲右派，黨內就沒有什麼右派了。」彭真：「現在的問題不是肖魯是不是右派，而是你們兩個是不是中右的問題。」[39] 稍後，劉少奇、鄧小平追問中央黨校打出多少右派，楊獻珍：「查了，一個沒有。」劉少奇：「你站在右派的立場，怎麼能查得出右派呢？」鄧小平：「我看你就像個『右派』！」楊獻珍靠邊站，重新挖右，楊祕書馬鴻模頂包劃「右」（不忍劃楊）。[40]

　　M縣衛生局十來人攤一「右」額，黃局長（名醫）：「反右派又不是工農業生產，怎麼也要規定指標呢？」縣科教辦彙報會，教育局文化局報上右派名單，衛生局無「右」。科教辦主任怒斥：「凡是有人群的地方，都有左中右三種人，難道你衛生局就獨獨沒有？我看哪，你身爲領導幹部，這種對反右鬥爭的消極牴觸情緒，就說明你是個右派。」黃局長淪右，文革割腕自殺。[41]

　　避免淪「右」，就得打「右」；不忍打「右」，自己成「右」。雲

[37] 李之璉：〈不該發生的故事〉，《新文學史料》1989年第3期，頁133～134。

[38] 《建國以來毛澤東文稿》第7冊，頁20～21。

[39] 《中共重要歷史文獻資料彙編》第22輯第15分冊，頁7（附錄）。中國選舉和治理網：www.chinaelections.org

[40] 李新：〈反右親歷記〉，《我親歷過的政治運動》，頁30。

[41] 謝日新：〈命運偶記四題〉，《沒有情節的故事》，頁471～472。

南縣文教科長劉傳玉（「邊縱」），劃「右」撤職，接任科長孫安邦不願對教師下手，立即被劃「右」。[42]

反右運動無遠弗屆。黑龍江嘉蔭縣人口僅6,394人，劃「右」15名。[43]同省勃利縣人口13,445人，劃「右」112名。[44]

1993年，薄一波：

> 從指導思想上講，雖然也說過「不可過分」、「絕不要擴大化」，但更多地是怕漏掉，所以在反右派過程中，一再反對「溫情主義」，強調「深入挖掘」，機械地規定百分比，比例不夠就硬湊，……導致了反右派鬥爭擴大化的錯誤。[45]

1957-9-23中共八屆三中全會，鄧小平〈關於整風運動的報告〉：

> 現在還有一些同志，在反對黨內的右派分子的鬥爭中，表現了比較嚴重的溫情主義，特別是對一些應該劃為右派的老黨員更加惋惜、心軟、下不了手。這種情緒必須加以克服。[46]

本就沒什麼「右派」（即便按「六項標準」），沒「右」硬找，只能擴大化：言論，出身、歷史（處分、受審）、社會關係（尤其海外關係）……[47]

1957-8-4《北京日報》，〈首都高校反右派鬥爭獲巨大勝利〉：

> 根據已經揭露的材料來看，北京各高等學校中的右派分子，大多數人出身於地主家庭和資產階級家庭。北京地質勘探學院的右派分子，出身於地主、官僚、資產階級家庭的占60%，出身於小資產階級家庭的將近40%。這些右派分子本人在歷史上參加反動黨團、特務組織的反動軍警的占42%。他們的父親、兄弟和叔伯等親屬是反革命分子而被政府依法處理，或者他們的主要社會關係在臺灣的，占64%。所有右派分子都有著極為嚴重的個人主義和剝削階級思想，或者有著深厚的無政府主義思想，他們仇視社會

---

[42] 李日垓：〈噩夢醒了嗎？〉，《往事微痕》第22期，頁57。
[43] 《嘉蔭縣志》，黑龍江人民出版社1988年，頁132、18。
[44] 《七臺河市志》，檔案出版社1992年，頁103、20。
[45] 薄一波：《若干重大決策與事件的回顧》下卷，頁620。
[46] 《人民日報》1958-10-19，版1。
[47] 《情況簡報（整風專輯）彙編》（3）1957-7-6。《反右絕密文件》第1卷，頁180。

主義的勝利。也有些人是由於全國解放以來沒有認真改造自己的
舊思想，逐步發展成為右派分子的。[48]

基層大都靠相互揭發平日言論完成「右」額。如湖南邵陽縣工交部
科長陳興達、交通科副科長彭本階的「右派言論」：

當幹部不入黨等於給地主幫長工。在抗美援朝中有的朝鮮
姑娘強姦中國人民志願軍。

禮拜六下午鈴聲響，雙身職工喜洋洋；開門推窗進洞房，
談情說愛樂無疆。單身漢，愁斷腸，有夫之婦在遠方，有婦之
夫不在堂。年輕人，苦難當，何年何月結成雙？小伙子，莫慌
張，功成利就有希望。[49]

一位地委負責人因「歷反」問題落馬（發配廣東英德某右派勞教中隊）：

文教戰線上劃「右」的要求，中央規定的打擊面是3%，在「寧
左勿右」的思想指導下，每下一級百分比即升一級，省級是
7%，地委級10%，縣委高達12%。我就這樣成了右派。[50]

長沙十中女教師李淑一（1901-1997），已定「右」，恰毛澤東寄來
和詞〈蝶戀花〉，校領導悄悄撤下報「右」材料。[51]

1957-8-19中央辦公廳統計全國「右派」44,294名，[52]9月下旬62,467
名。[53]「擴大化」主要在10月以後。8月，基層已厭「反右」，很難發動
群眾持續鬥爭右派。《內部參考》：──

瀋陽市有些機關領導幹部對反右派鬥爭勁頭不大。如中共瀋
陽市委機關、市人民委員會（按：市府）和公安局三個單位部分
高級幹部和中級幹部中存在右傾情緒。這三個單位在熱鬧一時的

---

[48]　《首都高等學校反右派鬥爭的巨大勝利……》，北京出版社1957年10月，頁2。

[49]　鄧一平：〈回憶邵陽專署反右運動〉，《邵陽文史》第29輯（2001-12），頁151~
153，

[50]　何明：〈一位「右派分子」的投書〉，《爭鳴》（香港）1978年11月號，頁48。

[51]　胡漸逵：〈李淑一險成右派〉，《政海拾零》，上海辭書出版社2006年，頁
279~280。

[52]　《情況簡報（整風專輯）彙編》（17）1957-8-29。《反右絕密文件》第3卷，頁
260。

[53]　《情況簡報（整風專輯）彙編》（27）1957-9-30。《反右絕密文件》第3卷，頁
208。

「鳴」、「放」之後，黨內外掀不起來反對右派的鬥爭聲勢。

　　[重慶]轉入鬥爭的階段後，目前較普遍地感覺到一個突出問題，是組織反攻很困難，前幾天罵共產黨一哄而起，現在反右派卻踟躕不前。西南師範學院停課一週進行反擊，但站出來批駁的人極少，……其他如城市建設委員會、市婦聯等單位，都發生黨員、左派分子孤軍奮鬥，與右派分子唱對臺戲，形成「搬嘴勁」，誰也壓不倒誰的現象。[54]

　　1957-9-20遼寧省委向中央檢討：全省不少單位鬥爭一些右派後，認為完成任務，想盡快轉入正常工作；錦州不少單位沒發現右派，普遍感到深入不下去；安東155個單位，8月底僅55家揪出右派，許多單位失去揪「右」信心，「認為全國已開展反右鬥爭，再鳴、放、挖掘也搞不出右派來了；不少企業幹部願意分工管生產，不願搞反右鬥爭。」[55]

　　1957-10-24上海市委辦公廳〈內部參考數據〉：

　　上海文化局……從反右派鬥爭到八月底共排出右派分子89人，反右傾後達到267人，第一次過濾後下降到195人，第二次過濾後下降到139人。……八月中旬的反右傾思想是完全必要的。在反右傾以前，大部分單位的領導思想都嚴重右傾，右派分子排不出。戲曲學校原來一個也沒有排上，反右傾後就排了五個，現在經過二次過濾，仍然有四個；京劇院原來只排了二個，而現在經過審查排了11個。再如合唱團，原來只排了一個，而現在則有九個。[56]

　　擴大化打出比右派更多的「反社會主義分子」、「反革命」……16萬人口的四川溫江縣「右派」161名，近千名「反社會主義分子」。[57]西充縣「右派」261名，「反社會主義分子」337名（27名工人、營業員，310名農民）。[58]川東宣漢縣「右派」239名，「反社會主義分子」3,255名

---

[54]　《內部參考》第2252期（1957-7-9），頁25、22。

[55]　《情況簡報（整風專輯）彙編》（31）1957-10-25。《反右絕密文件》第6卷，頁125。

[56]　《情況簡報（整風專輯）彙編》（34）1957-11-13。《反右絕密文件》第7卷，頁112。

[57]　《溫江縣志》，四川人民出版社1990年，頁47。

[58]　《西充縣志》，重慶出版社1993年，頁149、154。

（含違法分子、忘本分子）。[59]渝郊巴縣「右派」442名，「反社會主義分子」3,417名。[60]

（一）定性「加碼」

最初，「右派」似乎只是思想問題，人民內部矛盾，未涉政治。6月8日毛澤東〈組織力量反擊右派分子的猖狂進攻〉、6月12日〈事情正在起變化〉、6月26日〈關於打擊、孤立資產階級右派分子的指示〉，均未定性敵我矛盾。

7月1日毛澤東親撰《人民日報》社論〈《文匯報》的資產階級方向應當批判〉，性質升級──

> 資產階級右派就是前面說的反共反人民反社會主義的資產階級反動派，這是科學的合乎實際情況的說明。

7月17～20日青島會議，全面部署「反右」，毛澤東下發〈1957年夏季的形勢〉，高幹們十分吃驚：「右派」明確定性敵我矛盾──

> 反共、反人民、反社會主義的資產階級右派和人民的矛盾是敵我矛盾，是對抗性的不可調和的你死我活的矛盾。……幾十年後看這個事件，將會看到我們這樣對待資產階級右派分子，對於無產階級革命事業，會有深遠影響和巨大利益的。[61]

出席青島會議的江渭清：

> 我們在學習的討論中，比較突出的感覺是文章對右派的定性又升了級，定為「反動派、反革命」。文章強調反右派鬥爭「還需要幾個月深入挖掘」、「絕不可草率收兵」。接著，中央發出一系列相應指示，要求我們以「反右派為主」，深入挖掘、擴展範圍，把反右派鬥爭擴大到縣級機關團體、工礦企業和中小學校等各個領域。[62]

7月17日，毛澤東指示：

---

[59]　《宣漢縣志》，西南財經大學出版社1994年，頁576、580。
[60]　《巴縣志》，重慶出版社1994年，頁426。
[61]　《毛澤東選集》第5卷，頁438、456。
[62]　《七十年征程──江渭清回憶錄》，江蘇人民出版社1996年，頁410。

反革命搞得屬害的地方，要鎮壓，肅反不徹底的，要殺一些人。少殺不是不殺，殺少數人是必要的。[63]

1958-1-13中共中央文件（中發[58]59號）首句——

資產階級右派是反動派，是人民的敵人，在政治上和思想上必須把他們徹底鬥倒，使他們處於孤立。[64]

（二）漢陽一中冤案‧鹽城中學公開信

為配合反右運動，湖北生生炮製出漢陽一中大冤案——

1957-6-12上午，漢陽一中初三（四）班化學課，青年女教師李穗為激勵學生用功備考，據4月5日《教師報》，告知學生「初升高」競爭激烈，漢陽縣1,001名初中畢業生只招收一個高中班（50名）。午餐後，全校九個初三班學生一湧而出，遊行上縣教育局討說法；到教育局找不見人，亂扔辦公用品、牆上寫標語（要求公布升學比例）；13日再列隊上街，政府組織工人驅打，中午事態平息。縣委連夜緊急會議，定性「反革命事件」。15日近百地縣幹部進駐漢陽一中，運用「階級分析」挖出副校長王建國（富農子弟、前三青團員），再得知遊行途經文化館，與圖書員楊煥堯（民盟）有接觸，如獲至寶，掛靠上大「右派」馬哲民（「民盟」湖北主委），上綱「章羅聯盟」階級反撲。

9月6日公審大會，槍斃王建國（32歲）、楊煥堯、鍾毓文（32歲，漢陽一中語文組長、初三（九）班主任，眨眼病被指「遞眼色」），九名教師、一名學生判刑2～15年；李穗等三人戴帽「壞分子」（勞教）；11名教職員、10名縣直幹部黨紀政紀處分；33名學生開除學籍團籍或勒令退學。1986年，全案平反。[65]

蘇北鹽城中學全體初中畢業生因升學受限，公開信致《新華日報》：

---

[63] 《毛澤東思想萬歲》第2冊（1949-10～1957），頁232。
[64] 《千名中國右派處理結論和個人檔案》第6冊，頁261。
[65] 蔡公：〈「漢陽事件」真相〉，武漢市蔡甸區政協文史委：《漢陽一中事件始末》（2000-9）。《中共重要歷史文獻資料彙編》第22輯第58分冊，頁19～29。《漢陽縣志》，武漢出版社1989年，頁20。

共產黨和我們青年學生的關係在現在來說已經決裂了，和我們已經敵對了。為什麼硬強調叫我們生產？文教事業大大縮減，一切技校都關門、停止招生，把我們弄得半途而廢地往下一摜。去年文教事業發展得那麼個樣子，初中畢業生是101%的升學，這樣的事簡直不是吃飯的人幹的。……我們是能夠組織起來的，我們組織起來幹什麼？流浪！我們流浪到各個大城市、流浪到各國大使館，把我們不幸遭遇告訴各國使者，非把我們中國這種猙獰揭露不可！……我們和正想起來向共產黨鬥爭的農民配合起來，進行武裝暴動。我們準備讓共產黨屠殺。我們一定要向共產黨展開強烈的鬥爭，我們和它同歸於盡罷了。[66]

（三）擴大化最大區域

「擴大化」最大區域：中小學教師。1957-10-15下達〈關於在中等學校和小學的教職員中開展整風和反右派鬥爭的通知〉：

全國中等學校和小學現有教職員二百多萬人，……社會出身和政治思想情況可能比大專學校還要復雜。中央認為有必要在中等學校和小學的教職員中開展整風和反右派鬥爭……[67]

1958-5-17「八大」二次會議，毛澤東：「僅小學教員中就劃了十多萬右派分子。」[68]20日，毛澤東：「小學教員有許多右派，30萬右派中有10萬。」[69]

劉少奇：1957年全國小學生6,300多萬、中學生597萬，大學生40萬；高小生、初中生大部分不能升學；高中生也有部分不能升學；「在今後一個很長的時間內，總的趨勢將是有更多的小學和中學畢業生不能升學。」[70]1962年高中畢業生47萬餘，高校招生11.6萬。[71]

---

[66] 《內部參考》第2228期（1957-6-12），頁4。

[67] 《中共中央文件選集（1949-10～1966-5）》第26冊，頁279。

[68] 中共中央黨史研究室：《中國共產黨歷史》第2卷（1949～1978），中共黨史出版社（北京）2011年，上冊，頁457。

[69] 《毛澤東思想萬歲》第3冊（1958～1960），頁83。

[70] 劉少奇：〈關於中小學畢業生參加農業生產問題〉，《人民日報》1957-4-8，版1。

[71] 《中共中央文件選集》第40冊，人民出版社2013年，頁310。

　　1957年冬，安徽和縣集中1,555名中小學教師「鳴放」，揪「右」338名、「反革命分子」481名。[72]安徽307所中學，教職員1.2萬餘，1957年底劃「右」690名（5.75%）。[73]皖省10萬中小學教師，劃「右」11,612名，壞分子11,005名，按中央指示，約兩萬名清洗出校。[74]宿縣3,100名教師，劃「右」1,021名（全縣「右派」1,550名）。[75]

　　1958年初，湘東瀏陽中小學提前一月放假，教師集中縣城，縣長動員「鳴放」，要求「深、廣、透、盡」。全縣2,400餘教師劃「右」近800名，另挖出百餘「反革命」。一所學校11名教師劃「右」7名。[76]

　　1958年1月中旬～3月中旬，湖北孝感集中全縣中小學教師於城關，「整風一反右」，劃「右」355名，開除222人，留用察看133人。[77]

　　1958年6月，河北滿城縣結束「反右」，共劃「右」251名，其中文教界216名（教師117名）。[78]冀東豐南縣「右派」792名，文教系統544名[79]南皮縣「右派」184名，其中教師140名。[80]

　　膠東半島安丘縣劃「右」604名，中小學教師480名。[81]魯西南東明縣首批右派352名，教師244名。[82]魯北慶雲縣劃「右」114名，82名教師（教師總數15.27%）。[83]

　　1958-2-22中共中央辦公廳通報省市中學劃「右」比例：

　　遼寧7%，安徽7.4%，北京8%，廣東汕頭、佛山專區9%，雲南10%，湖南12.5%。[84]

[72]　《巢湖地區簡志》，黃山書社（合肥）1995年，頁13。
[73]　《情況簡報（整風專輯）彙編》（56）1958-2-27，《反右絕密文件》第11卷，頁26～27。
[74]　《內部參考》第2496期（1958-6-3），頁9。
[75]　《宿縣志》，黃山書社1988年，頁25、126。
[76]　周康淮：〈赤膽忠心竟成「右派」〉，《往事微痕》第22期（2009-5-5），頁83～86。
[77]　《孝感市志》，新華出版社（北京）1992年，頁27。
[78]　《滿城縣志》，中國建材工業出版社（北京）1997年，頁568、28。
[79]　《豐南縣志》，河北人民出版社1990年，頁20。
[80]　《南皮縣志》，河北人民出版社1992年，頁40。
[81]　《安丘縣志》，山東人民出版社1992年，頁37。
[82]　《東明縣志》，中華書局（北京）1992年，頁25。
[83]　《慶雲縣志》，山東慶雲縣志編委會1983年編印，頁407～408。
[84]　《情況簡報（整風專輯）彙編》（52）1958-2-22。《反右絕密文件》第9卷，頁

　　截至1958年3月上旬，湖北11萬中小學教師（武漢等三大市未計入），劃「右」19,102名（約17.4%），「教師隊伍急需補充」。[85]廣東中小學教師18萬，截至1958-3-27高要、合浦專區、海南文昌縣尚未結束運動，省委彙報：「在參加整風運動的14.1萬多人中，揭露出右派分子14,207人。」[86]

　　1958-4-1浙江省委彙報：全省中小學教師75,570人，中學挖「右」1,105名（占中教8.41%）、小學挖「右」4,611名（占小教7.38%）；「反革命」2,452名（缺溫州地區）、壞分子847名（缺溫州、寧波地區）。[87]浙省「右派」13,424名，[88]5,716名中小學教師「右派」，占42.58%。

　　1958-1-28遼寧省委彙報：

> 在小學教職員中，已批准和排爲右派分子的共有5,927名，占小學教職員總數的7%，不少的縣達10%，中學的情況也大體如此。[89]

　　遼寧錦西縣153名「右派」，108名中小學教師。[90]

　　河南7萬餘「右派」，教師占4.1萬（58%）。[91]豫北湯陰縣，1957年中小學「右派」176名，1958年「補課」119名，共295名（全縣教職員18.04%）。湯陰一中三十餘「右派」（全校教師50%）。[92]

　　湖南小學「右派比重一般都在10%以上，少數縣達20%，全省平均13.4%」。[93]寧鄉縣「右派」1,027名，中小學教師占830名（80.82%）。[94]

137。

[85]　《內部參考》第2433期（1953-3-11），頁7。

[86]　《情況簡報（整風專輯）彙編》（63）1958-4-16。《反右絕密文件》第12卷，頁125。

[87]　《情況簡報（整風專輯）彙編》（64）1958-4-22。《反右絕密文件》第12卷，頁148。

[88]　《浙江省中國共產黨志》，浙江人民出版社2007年，頁378。

[89]　《情況簡報（整風專輯）彙編》（56）1958-2-27，《反右絕密文件》第11卷，頁96。

[90]　《錦西市志》，錦州市志編纂委員會1988年，頁29。

[91]　中央教育科學研究所編：《中華人民共和國教育大事記（1949～1982）》，教育科學出版社（北京）1984年，頁200。

[92]　楊金國：〈淇縣的反右派鬥爭〉，《淇縣文史資料（5）》1994年，《史海》1994年第3期。http://qxzc.net/gr/yjg1/D/d(47).htm

[93]　《情況簡報（整風專輯）彙編》（61）1958-4-1。《反右絕密文件》第12卷，頁75。

[94]　《寧鄉縣志》，中國大百科全書出版社（北京）1995年，頁127。

新邵縣「右派」363名，中小學教師占75%（272名）。[95]安鄉縣「右派」231名，中小學教師194名（84%）。[96]平江縣「右派」456名，教師305名。[97]瀏陽縣「右派」561名，中小學教師占452名（80.57%），亦占教師總數18.2%。瀏陽三中24名教師，16名「右派」。[98]

《瀏陽縣志》：

> 全縣18%的教師被錯劃為右派分子，分別被開除或留職改造，使教學骨幹驟減，在職者也心存戒備，不敢放手抓教學。……[1963年暑假]一些留職的「右派」教師全被清洗。[99]

天津中學「右派」526名（極右118名），全市「中教」人數的5.26%；「反壞分子」730名，7.3%。天津小學、職校、幼兒園「右派」746名，總人數的5.28%；「反壞分子」667人，占總人數5%強。[100]

甘肅中小學教職員31,525名，「右派」1,855名（5.88%）。[101]天水一中高中部42名教職員，22名「右派」（包括校長任紀文）；校長與五名「右派」入夾邊溝勞教農場，僅一人生還。[102]

1958年初，貴州13,217所小學，43,052名教職員，[103]擬清洗20%。江西農村小學教師5.1萬，「初步估計需要清洗處理10-15%」。[104]

山東小學教師15萬，1958年4月統計，春節前後七萬小學教師參加「整風」，劃「右」7,340名。[105]歷城縣「右派」245名，中小學教師占182名。[106]安丘縣「右派」604名，中小學教師占480名。[107]

---

[95] 鄭昌明：〈新邵縣反右鬥爭簡要〉，《邵陽文史》第29輯（2001-12），頁139。

[96] 《安鄉縣志》，新華出版社（北京）1994年，頁165。

[97] 《平江縣志》，國防大學出版社（北京）1994年，頁33。

[98] 《中共瀏陽地方史（1949-7～2002-12）》，中共黨史出版社2004年，頁88。

[99] 《瀏陽縣志》，中國城市出版社（北京）1994年，頁688。

[100] 《情況簡報（整風專輯）彙編》（59）1958-3-11。《反右絕密文件》第12卷，頁32。

[101] 《情況簡報（整風專輯）彙編》（56）1958-2-27，《反右絕密文件》第11卷，頁72。

[102] 邢同義：《恍若隔世——回眸夾邊溝》，蘭州大學出版社2004年，頁104。

[103] 《情況簡報（整風專輯）彙編》（51）1958-2-23。《反右絕密文件》第9卷，頁97。

[104] 〈全國小學教職員整風情況〉1958-2-4，《情況簡報（整風專輯）彙編》（52）1958-2-22。《反右絕密文件》第9卷，頁139～140。

[105] 《內部參考》第2463期（1958-4-23），頁19。

[106] 《歷城縣志》，濟南出版社1990年，頁23。

[107] 《安丘縣志》，山東人民出版社1992年，頁37。

雲南通海縣集中1,330名中小學教師到縣城，搞了四個月，揪出76名「右派」，164名「歷反」、「現反」、「壞分子」。[108]滇東陸良縣第一中學28名教職員，劃「右」5名，17.85%。[109]吉林延吉縣（今龍井縣）劃「右」169名，156名為教師、醫生。[110]

廣西上林縣劃「右」127名，再從1,070名教師（包括民辦、代課）中劃158名「反革命分子」、「壞分子」。[111]

上海岳陽路小學17名教職員工，劃右7名，41.17%。[112]上海時代中學（前聖芳濟中學）高中生陳文立（1940- ）：

> 學校裡幾乎所有好的老師都成了右派，教研組長、教導主任馮懋昆老師，都在學校監督勞動，連原來是新四軍的校長路竹也成了右派。[113]

黑龍江某縣高三年級，除政治教師，各科教師皆「右」，公安局直接從課堂將教師帶走。一所中學所有教研組長皆「右」。[114]

四川省委辦公廳文件（1957-8-22）——

> 南充專區2,058名教職員中，在過去歷次政治運動中，本人及其家屬被我打擊過的有515人，總數的25%；雅安專區477名教職員中，本人在歷次運動中被鬥爭和其直系親屬被殺、關、管的有116人，占24.3%。[115]

1957年8月，川中綿竹縣在1,159名幹部中劃「右」142名，劃「反黨反革命分子」、「壞分子」14名；是年冬，中小學教師「整風」，劃「右」94名。[116]

「擴大化」還大面積波及中學生。1962-7-10中共中央〈關於高等學

[108] 《通海縣志》，雲南人民出版社1992年，頁19。

[109] 《雲南整風運動和反右派鬥爭》，雲南大學出版社2013年，頁181。

[110] 《龍井縣志》，東北朝鮮民族教育出版社（吉林‧延吉）1989年，頁370。

[111] 《上林縣志》，廣西人民出版社1989年，頁15、383～384。

[112] 李梧齡：《泣血年華》，博思出版集團（香港）2002年，頁61。

[113] 陳文立：《滄桑歲月》，頁37。

[114] 張軼東：〈不是陽謀，是葉公好龍〉，《反右研究文集》，頁60。

[115] 《情況簡報（整風專輯）彙編》（15）1957-8-22。《反右絕密文件》第3卷，頁163。

[116] 《綿竹縣志》，四川科學技術出版社1992年，頁18。

校學生甄別工作的報告〉──

> 1958年以來，高等學校學生中被批判、處分的人相當多。1958～
> 1961年的畢業生和現在在校的三、四、五年級學生共約100萬
> 人，其中被批判、處分的學生約占15%，共約15萬人左右。[117]

雲南楚雄師範學校400餘學生，1958-9-23送17名「反動學生」勞教。[118]

1959年「反右傾」擴大化更甚。1962年甄別平反統計，「反右傾」
列為重點批判對象、錯劃「右傾機會主義分子」的幹部黨員共三百幾十
萬。截至1962年8月，歷次運動受打擊的600多萬人得到平反（不包括「右
派」）。[119]李銳：「廬山會議後反右傾，傷及380萬人。」[120]

（四）補課

1958年「補課」，再次規模性「擴大化」。中南海認為「右」數不
足，要求繼續「挖潛」，相當一批荒誕「右劇」即這一時期作品。中宣
部祕書長李之璉、中央廣播局副局長兼中央電臺副總編溫濟澤（1929年
入團，1936年轉黨），1958年秋「補右」。[121]

湘西鳳凰縣已劃「右」46名，1958年1月集中全縣600餘小學教師進
行56天「整風」，補「右」65名。[122]

1957年11月中旬，貴州遵義縣在機關幹部中開展「反右」，劃
「右」32名；1958-1-15～2-15集中全縣中小學教職員「整風」，又劃56
名，後在機關及教師中再補劃5名，全縣「右派」93名。[123]

華東師大歷史系三年級一名優生，二年級遞交入黨申請，黨員、黨
小組、黨支部都已談過話（未指出不足），眼看升四年級了，他貼大字報
抱怨，其中「三堂會審」一詞被指「把黨組織比作舊衙門，是對黨的惡

[117] 王建軍主編：〈五八劫：1958年四川省中學生社會主義教育運動記實〉，2007年
成都自印，頁385。宋永毅、丁抒編：《大躍進─大饑荒》，上冊，頁133。
[118] 李振俞：〈《命運的祭壇》引言〉，《命運的祭壇》上卷，頁11。
[119] 中共中央黨史研究室：《中國共產黨歷史》第2卷（1949～1978），中共黨史出版
社（北京）2011年，下冊，頁554、607。
[120] 李銳：〈關於防「左」的感想與意見〉，《李銳論說文選》，頁59。
[121] 戴煌：〈李之璉與溫濟澤之再見天日錄〉；《原上草》，頁408。
[122] 《鳳凰縣志》，湖南人民出版社1988年，頁18。
[123] 《遵義縣志》，貴州人民出版社1992年，頁36。

毒攻擊」。一位熱愛運動的學生，無鳴放，被揭發欣賞一幅鼓勵鳴放的漫畫，「補」右。歷史系青年講師劉寅生，積極要求入黨，定期向總支彙報思想，總支態度冷淡，劉寅生一句「我的熱面孔貼了冷屁股」，唯一「右」據。[124]

北師大俄語系1954級，原劃「右」兩名，「補」增六名，占該級學生10%。北師大「補課」擴大化，因康生扔話：「鐵獅子墳（按：校址）鬧鬼鬧那麼厲害，怎麼才這麼幾個右派？」[125]

全國總工會系統的趙榮聲（1915～1995），1961年補劃「右派」。[126]

二、「右派」人數

「右派」人數十分敏感。新華社高級記者戴煌（右派）：

我由於工作之便而得知，全國公職人員中被改正的「右派」達552,877人，占1957年國家幹部總人數的5.8%。[127]

552,877名僅為改正右派（原領薪），「不包括當年尚未納入國家幹部行列的大學生、中學生、民辦老師及民族資產階級工商界、民主黨派等等不拿國家工資的人，估計這些右派不下十萬人。」[128]

各級地方志共同造假，難度較大，統計標準上做手腳較方便，以領薪計「右」，排除大批學生右派、鄉村民辦教師，大大縮小「右」數。鄉村民辦教師無幹部編制（合作社領薪），「不拿國家工資」。

中組部常務副部長李銳：

在農村幹部和小學教師中也打了不少「右派」，估計人數也達50萬，後來決定不在這類人中劃「右派」，於是他們被戴上「壞分

---

[124] 葉書宗：〈我經歷的反右派鬥爭〉，《世紀》2009年第3期，頁33～35。
[125] 徐美英：〈紅色陷阱〉，《不肯沉睡的記憶》，頁80。
[126] 胡健：〈命運的選擇與選擇的命運〉，《作家人生檔案》上冊，頁326。
[127] 戴煌：〈胡耀邦與55萬「右派」的改正〉，《歷史謎案揭秘》，南海出版公司（海口）1998年，頁21。
[128] 戴煌：《胡耀邦與平反冤假錯案》，中國文聯出版公司（北京）1998年，頁17。戴煌：〈一次大解救〉，東方網2008-2-26。http://www.archives.sh.cn/dabl/lsya/201203/t20120313_8732.html

子」或其他帽子，境遇同樣悲慘。[129]

（一）中共數據

1959-9-23新華社〈目前全國右派分子的改造情況〉：

> 據各省市公安機關統計，全國右派463,812名（不包括軍事系統），逮捕11,997名（2.7%），勞教53,684名（11.15%），留原單位監督改造197,497名，下放勞動68,346名（14.73%），社會監督改造59,568名（12.63%），其他（包括自殺、逃跑）32,423名，不明情況40,297名。「右派」中的中共黨員42,714名，省市以上代表人物909名。[130]（按：有的比例數據失準）

1958-12-7中組部文件，黨內「右派」大致人數：

> 1957年6月底至1958年6月底，黨員總數共減少27萬人。[131]

一年間病亡、退黨不會低於新增黨員，減少的27萬相當大比例為開除黨籍的「右派」。

中央統戰部長李維漢的數據被認為是「基本數據」（下限）：

> 據統計，全國共劃右派分子55萬餘人。[132]

中共十一屆三中全會後覆查統計，宣布數據：全國右派552,877名，1980年改正54萬餘。[133]1979-2-17～23中央統戰部「改正錯劃右派工作經驗交流會」，第一副部長劉瀾濤（1910-1997）：

> 當時共劃54餘萬名右派分子，占當時幹部人數953萬的5.7%，有的省份竟占幹部人數的23%。[134]

2006年港刊《爭鳴》，稱據「解密檔案」（無出處，供參考）：

> 1958年5月3日，中央政治局擴大會議上宣布：反右鬥爭取得階段性勝利，定性為右派集團22,071個，右傾集團17,433個，反黨集團4,127；定為右派分子3,178,470人，列為中右1,437,562人；其中，黨員右派分子

---

[129] 李銳：〈毛澤東與反右派鬥爭〉，《炎黃春秋》2008年第7期，頁31。

[130] 《內部參考》第2875期（1959-9-23），頁19～20。

[131] 《建國以來重要文獻選編》第11冊，頁595。

[132] 李維漢：《回憶與研究》下冊，頁839。

[133] 《中華人民共和國國史通鑑（1949～1992）》第2卷，紅旗出版社1993年，頁38～39。

[134] 中央統戰部「摘帽辦」會議簡報，第29期（四-6），1979-2-17。

278,932人，高等院校教職員工右派分子36,428人，高等院校學生右派分子20,745人。在運動中，非正常死亡4,117人。[135]

（二）省縣數據

一些地方志「右派」人數有出入，一併列示。

1.直轄市

北京13,981名[136]（市區11,700名+中直及國家機關2,281名[137]）。

上海1.63萬名。[138]天津5,410名。[139]

2.東北

遼寧2.5萬餘。[140]吉林10,013名。[141]

黑龍江12,594名（中央文件）；[142]《黑龍江省志》10,957名。[143]

3.華北

《河北省志·共產黨志》2.6萬名。[144]《河北省志·大事記》25,717名。[145]

山西10,915名。[146]內蒙4,325名（中央文件）；[147]《內蒙通志》3,731名。[148]

[135] 羅冰：〈反右運動檔案解密——實劃右派三百多萬！〉，《爭鳴》（香港）2006年1月號，頁8、10。

[136] 《當代北京大事記（1949～2003年）》，當代中國出版社（北京）2003年，頁327。

[137] 中共中央：〈中發（1960）15號文件〉（1960-1-6），《中國反右運動數據庫1957-》。

[138] 陳祖恩等：《上海通史》第11卷（當代政治），上海人民出版社1999年，頁155。

[139] 《當代中國的天津》（上），中國社會科學出版社（北京）1989年，頁105。

[140] 《遼寧省志·政府志》，遼海出版社（瀋陽）2005年，頁427。

[141] 《吉林省志》第1卷（總述），吉林人民出版社2004年，頁433。

[142] 中共中央：〈中發（1960）15號文件〉（1960-1-6），《中國反右運動數據庫1957-》。

[143] 《黑龍江省志·大事記》，黑龍江人民出版社1992年，頁840。

[144] 《河北省志·共產黨志》，中央文獻出版社1999年，頁186。

[145] 《河北省志·大事記》，河北大學出版社1992年，頁342。

[146] 《山西省志·大事記》，中華書局2012年，頁29。

[147] 中共中央〈中發（1960）15號文件〉（1960-1-6），《中國反右運動數據庫1957-》。

[148] 《內蒙古通史》第7卷，人民出版社2011年，頁262。

4.西北

甘肅12,447名。[149]陝西7,500餘名。[150]青海2,665名。[151]
新疆3,172名；[152]《當代中國的新疆》3,246名。[153]
寧夏2,050名（中央文件）；[154]《當代中國的寧夏》1,855名。[155]

5.華東

江蘇19,100餘名（1979年統計，含遷入）；[156]《江蘇省志》15,334名。[157]
浙江13,424名。[158]安徽31,472名。[159]山東34,445名。[160]
福建7,223名（中央文件）；[161]《福建省志》7,100餘名。[162]

6.中南

河南70,869名（省委文件）；[163]《當代中國的河南》6萬餘名。[164]
廣東30,842名（中央文件）；[165]《廣東省志》36,808名。[166]

---

[149] 《甘肅省志》第1卷（概述），甘肅人民出版社1989年，頁142。
[150] 《陝西省志》第1卷，陝西出版集團、三秦出版社2009年，頁197。
[151] 《青海省志》第2卷，青海人民出版社2001年，頁355。
[152] 《新疆通志》第14卷，新疆人民出版社2001年，頁427。
[153] 《當代中國的新疆》，當代中國出版社（北京）1991年，頁119。
[154] 中共中央：〈中發（1960）15號文件〉（1960-1-6），《中國反右運動數據庫1957-》。
[155] 《當代中國的寧夏》，中國社會科學出版社1990年，頁119。
[156] 《當代中國的江蘇》（下），中國社會科學出版社1989年，頁810。
[157] 《江蘇省志・中共志》，江蘇人民出版社2003年，頁293。
[158] 《浙江省中國共產黨志》，浙江人民出版社2007年，頁378。
[159] 《安徽省志》第2卷，方志出版社（北京）1998年，頁423。
[160] 《山東省志・大事記》（中冊），山東人民出版社2000年，頁958。
[161] 中共中央：〈中發（1960）15號文件〉（1960-1-6），《中國反右運動數據庫1957-》。
[162] 《福建省志・大事記》，方志出版社2000年，頁320。
[163] 中共河南省委摘掉右派分子帽子工作領導小組：〈關於我省摘帽工作情況和意見〉1980-8-5。中共河南省委黨史研究室編：《撥亂反正》，河南人民出版社1998年，頁64。
[164] 《當代中國的河南》（上），中國社會科學出版社1990年，頁129。
[165] 中共中央：〈中發（1960）15號文件〉（1960-1-6），《中國反右運動數據庫1957-》。
[166] 《廣東省志（1979～2000）》第1卷，方志出版社2014年，頁135。

廣西14,304名。[167]江西12,153名。[168]湖北45,956名。[169]湖南34,296名。[170]

7.西南

四川5.02萬（50,279名）。[171]貴州10,082名。[172]雲南12,514名。[173]

西藏文革後爲690名知識分子平反（包括文革受害者），[174]「右派」應不會超出此數。新疆、西藏之所以劃「右」較少，一則少數民族地區知識分子稀少，二則毛澤東對兩地相對謹慎，一些嚴厲的反右指示，明確「新、藏不發」。[175]

軍隊「右派」5,000餘名。[176]

上述數據（以最高數計）合計551,182名，大致相合「55萬」。

兩湖、兩河、川魯皖等七省「右派」比例最高（體現「政績」），「大躍進」也跟得最緊，大饑荒餓殍比例也最高（下列詳數）。

中共數據只能作爲下限，確實數據尚待檔案公開。1979-2-18中央五部「摘帽辦」會議，中央統戰部副部長童小鵬（1914-2007）透露：中央及國家機關41個單位統計，「右派」5,300名，[177]並非〈中發（1960）15號文件〉2,281名。

各地省市縣志花樣繁多。如1992年版《重慶市志》僅載「右」數692名（託稱截至某日），[178]2005年版《重慶市志》「右」數1,343名（亦託稱截至某日），[179]實額8,170名。[180]《南京市志》（方志出版社2009年）第一

---

[167] 《廣西通志‧大事記》，廣西人民出版社1998年，頁319。

[168] 《江西省志‧人事志》，江西省新聞出版局（內部出版）1992年，頁168。

[169] 《當代中國的湖北》（上），當代中國出版社（北京）1991年，頁79。

[170] 《湖南省志‧大事記》，湖南人民出版社1999年，頁682。

[171] 《四川省志》第1冊，方志出版社2003年，頁442。《四川省志‧大事紀述》上冊，四川科技出版社1999年，頁194。

[172] 《貴州省志‧大事記》，貴州人民出版社2007年，頁414。

[173] 中共雲南省委黨史研究室編：《雲南整風運動和反右派鬥爭》，雲南大學出版社2013年，頁29。《雲南省志‧卷首》（大事記），雲南人民出版社2004年，頁383。

[174] 《當代中國的西藏》，當代中國出版社1991年，頁400。

[175] 《建國以來毛澤東文稿》第6冊，頁504。

[176] 李銳：〈討論《歷史決議（草案）》的筆記〉，《李銳文集》第5冊，卷九，頁55。

[177] 中央五部「摘帽辦」會議簡報，第30期（四-7），1979-2-18。

[178] 《重慶市志》第1卷，四川大學出版社1992年，頁340～341。

[179] 《重慶市志》第12卷，西南師範大學出版社2005年，頁160。

[180] 中共重慶市委統戰部副部長尹南如會議發言（1979-2-21）。中央五部「摘帽辦」

冊（大事專記），從南京「解放」直接跳至1966年文革，鎮反肅反、反右、大躍進、反右傾，整個1950年代「失蹤」。

　　1979年2月中央五部「摘帽辦」會議簡報：永城縣劃「右」1,976名（全國縣級之冠），加上「階級敵對分子」、「中右分子」、「孬分子」、「下降分子」、「其他分子」等14種帽子447人，兩項合計占全縣幹部職工總數33%。[181]《永城縣志》「右」數1,160名，相差816名。[182]

　　據筆者有限查閱，未找到「右派」人數的縣市志：《杭州市志》（第1卷，1995年）、《蘇州市志》（1995年）、《洛陽市志》（第1卷·大事記，2002年）、《重慶市志》（第1卷、第12卷，1992年）、《張掖市志》（1995年）、《石家莊市志》（第1卷，1995年）、《建德縣志》（1986年）、《平度縣志》（1987年）、《孟津縣志》（1991年）、《肇州縣志》（1987年）、《寧都縣志》（1986年）、《桐城縣志》（1995年）、《商水縣志》（1990年）、《天門縣志》（1989年）、《谷城縣志》（1991年）、《天柱縣志》（1993年）、《湯陰縣志》（1987年）、《井陘縣志》（1986年）、《肇州縣志》（1987年）、《青田縣志》（1990年）、《集寧市志》（2006年）、《晉江市志》（1993年）、《錦州市志》（1994年）、《連城縣志》（1993年）。

（三）市縣級（隨機抽樣，均為大陸出版社）

　　「右派」人數亦呈東高西低，與經濟文化成正比。滬郊川沙縣26萬人口，劃「右」439名；陝西26萬人口的西鄉縣，58名。[183]陝北子長縣，人口10萬，劃「右」1名。[184]

　　縣委與縣委第一書記的「掌握」，直接影響「右」數。江蘇東臺縣78萬人口，「右派」100名。[185]同省江寧縣45萬人口，「右派」638

會議簡報，第36期（四-10），1979-2-24。
[181] 中央五部「摘帽辦」會議簡報，第36期（四-10），1979-2-24。
[182] 《永城縣志》，新華出版社（北京）1991年，頁307。
[183] 《川沙縣志》，上海人民出版社1990年，頁33、124。《西鄉縣志》，陝西人民出版社1991年，頁25、117。
[184] 《子長縣志》，陝西人民出版社1993年，頁500、502、194。
[185] 《東臺市志》，江蘇科技出版社1994年，頁36、149。

名。[186]浙江桐廬縣人口22萬人口，「右派」135名；[187]同省仙居縣25萬人口（約），「右派」67名。[188]遼寧法庫縣7萬人口，「右派」299名；同省錦西縣人口46萬，「右派」153名；撫順縣人口24萬，「右派」22名（見下表）。

遼寧（2.5萬名，全國4.5%）

市縣	右派	中右	雙反分子	人口（萬）	備註
瀋陽	2,037			368.2	截至1979-2-4改正人數
鞍山	2,070			80.45	
撫順	3,800			78.4	
阜新市	635				包括兩轄縣
法庫縣	299			7（約）	
綏中縣	283			38.28	
營口市	195				
建平縣	166			33.67	
錦西縣	153			46.18	其中教師108名
撫順縣	22			24	

【數據來源】
《瀋陽市志（一）》（瀋陽出版社1989年），頁196、431。
《鞍山市志・大事記》（瀋陽出版社1989年），頁187；《中國鞍山百科全書》（人民出版社1997年），頁54。
《撫順市志》（遼寧人民出版社1993年），頁93、377。
《阜新市志》第4卷（人民教育出版社1999年），頁56。
《法庫縣志》（瀋陽出版社1990年），頁26、123。
《綏中縣志》（遼寧人民出版社1988年），頁24、554。
《營口市志（一）》（中國書籍出版社1992年），頁151。
《建平縣志》（瀋陽：遼海出版社1999年），頁22、148。
《錦西縣志》（錦西市志編委會1988年），頁29、797。
《撫順縣志》（遼寧人民出版社1995年），頁44、137。

　　1960～1961年，遼寧人口淨減40萬，占全省人口的2.02%。[189]人口學

---

[186] 《江寧縣志》，檔案出版社（北京）1989年，頁33、45。
[187] 《桐廬縣志》，浙江人民出版社1991年，頁79、25。
[188] 《仙居縣志》，仙居縣志編纂委員會1986年，頁431、18。
[189] 《全國各省、自治區、直轄市歷史統計資料彙編（1949～1989）》，頁213。

家曹樹基：1958～1961年遼寧非正常死亡（餓死）30萬，占全省人口的1.71%。[190]

吉林（10013名，全國1.8%）

市縣	右派	中右	雙反分子	人口（萬）	備注
長春	2,900餘			97.54	
吉林市	1,695				
延邊州	982			98.47	教職員592名
永吉縣	170		219（壞分子）	50（約）	
延吉縣	169			30	156名教師、醫務
四平市	165			15.33	
蛟河縣	128			24（約）	
伊通縣	100	97		32.6	
柳河縣	150			17.5	
通遼市	74			26（約）	

【數據來源】
《長春市志‧總志》（吉林人民出版社2000年），下卷，頁914；上卷，頁58。
《吉林市志‧綜述‧大事記》（吉林人民出版社2002年），頁256。
《延邊朝鮮族自治州志》上冊（北京：中華書局1996年），頁67、287。
《永吉縣志》（長春出版社1991年），頁20-21、115。
《龍井縣志》（後改縣名）（延吉：東北朝鮮民族教育出版社1989年），頁370、93。
《四平市志（上）》（吉林人民出版社1993年），頁629、203。
《蛟河縣志》（長春出版社1991年），頁954、107。
《伊通縣志》（吉林文史出版社1991年），頁172-173、86。
《柳河縣志》（吉林文史出版社1991年），頁30、108。
《通遼市志》（北京：方志出版社2002年），頁945、84。

曹樹基：1958～1961年吉林餓死12萬，全省人口的0.94%。[191]

黑龍江（12,594名，全國2.28%）

市縣	右派	中右	雙反分子	人口（萬）	備注
哈爾濱	2,684			160	
齊齊哈爾	766			66.79	

---

[190] 曹樹基：《大饑荒——1959～1961年的中國人口》，頁282。
[191] 曹樹基：《大饑荒——1959～1961年的中國人口》，頁282。

市縣	右派	中右	雙反分子	人口（萬）	備註
五常縣	201		255	47.71	
雞西市	195			26.26	
尚志縣	193			19	
拜泉縣	137	130			
鶴崗市	126			19.27	
延壽縣	122			12（約）	
明水縣	93	117	23	17.7	8名「極右」
綏稜縣	89			13.75	
木蘭縣	74			11.5	
虎林縣	54			5.88	
寧安縣	49			18（約）	含「中右」
呼瑪縣	23			3.5（約）	
嘉蔭縣	15			0.6394	

【數據來源】

《哈爾濱市志‧總述》（黑龍江人民出版社2000年），頁176、59。

《齊齊哈爾市志》（合肥：黃山書社1998年），頁190、477。

《五常縣志》（黑龍江人民出版社1989年），頁20、58。

《雞西市志》（北京：方志出版社1996年），下卷，頁897；上卷，頁140。

《尚志縣志》（北京：中國展望出版社1990年），頁21、444。

《拜泉縣志》（黑龍江人民出版社1988年），頁334、538。

《鶴崗市志》（黑龍江人民出版社1990年），頁37、155。

《延壽縣志》（中國三環出版社1991年），頁26、624。

《明水縣志》（黑龍江人民出版社1989年），頁16、634。

《綏稜縣志》（黑龍江人民出版社1988年），頁17、452。

《木蘭縣志》（黑龍江人民出版社1989年），頁19、566。

《虎林縣志》（中國人事出版社1992年），頁51、757。

《寧安縣志》（黑龍江人民出版社1989年），頁432、668。

《呼瑪縣志》（呼瑪縣志委員會1980年），頁660、9。

《嘉蔭縣志》（黑龍江人民出版社1988年），頁18、132。

　　1962年，黑龍江人口淨減3.6萬。[192]曹樹基：1958～1961年餓死19萬，占全省人口的1.21%。[193]

---

[192] 《全國各省、自治區、直轄市歷史統計資料彙編（1949～1989）》，頁277。

[193] 曹樹基：《大饑荒──1959～1961年的中國人口》，頁282。

河北（2.6萬名，全國4.7%）

市縣	右派	中右	雙反分子	人口（萬）	備註
唐山市	1,898		663	414	包括郊縣
豐南縣	792			32.66	
武清縣	632			49.85	
定縣	545			65.54	
雄縣	293		52	18.7	
通縣	270			39.78	
遵化縣	232			39.45	
南皮縣	184			23.92	教師140名
大興縣	171			26.4	
撫寧縣	165	70	44	33.19	「右言」3名
唐縣	151	37			
鹽山縣	144			24.51	
密雲縣	122			26.3	
懷柔縣	113			15.65	
薊縣	112			43.46	
臨西縣	92			19.46	
涿鹿縣	92			20.13	

【數據來源】

《唐山市志》第1卷（北京：方志出版社1999年），頁74、243。

《豐南縣志》（新華出版社1990年），頁20、584。

《武清縣志》（天津社科院出版社1991年），頁727、128。

《定縣志》（北京：中國城市出版社1998年），頁42、194。

《雄縣志》（中國社會科學出版社1992年），頁177、123。

《通縣志》（北京出版社2003年），頁34、104。

《遵化縣志》（河北人民出版社1990年），頁21、110。

《南皮縣志》（河北人民出版社1992年），頁40、175。

《大興縣志》（北京出版社2002年），頁373、116。

《撫寧縣志》（河北人民出版社1990年），頁30、533。

《唐縣志》（河北人民出版社1999年），頁32、348。

《鹽山縣志》（南開大學出版社1991年），頁36、186。

《密雲縣志》（北京出版社1998年），頁26、86。

《懷柔縣志》（北京出版社2000年），頁35、142。

《薊縣志》（南開大學出版社、天津社會科學院出版社1991年），頁547、186。

《臨西縣志》（中國書籍出版社1996年），頁513、160。

《涿鹿縣志》（河北人民出版社1994年），頁22、106。

曹樹基：1958～1961年河北餓死61萬，全省人口的1.1%。[194]

山西（10,915名，全國2%）

市縣	右派	中右	雙反分子	人口（萬）	備注
太原	1,478				
大同市	468			43.88	
運城區	226			23.57	安邑、解虞二縣
洪洞縣	198			31.41	
平遙縣	156			26.72	
曲沃縣	153			15.31	
芮城縣	123			17.8	
汾陽縣	116			18.91	
壽陽縣	93			16	
五臺縣	83			21.25	全縣幹部1911名
沁水縣	83			14.64	
昔陽縣	61			16.33	
應縣	55			16.58	
襄汾縣	37			23.15	

【數據來源】
《太原市志》第5冊（山西古籍出版社2007年），頁323。
《大同市志》（北京：中華書局2000年），中冊，頁1032；上冊，頁88。
《運城市志》（北京：三聯書店1994年），頁767、57。
《洪洞縣志》上部（山西春秋電子音像出版社2005年），頁737、130。
《平遙縣志》（北京：中華書局1999年），頁47、141。
《曲沃縣志》（北京：海潮出版社1991年），頁516、41。
《芮城縣志》（西安：三秦出版社1994年），頁511、143。
《汾陽縣志》（北京：海潮出版社1998年），頁1083、77。
《壽陽縣志》（山西人民出版社1989年），頁783、567。
《五臺縣志》（山西人民出版社1988年），頁300、532。
《沁水縣志》（山西人民出版社1987年），頁614、455。
《昔陽縣志》（北京：中華書局1999年），頁554、126。
《應縣志》（山西人民出版社1992年），頁732、89。
《襄汾縣志》（天津古籍出版社1991年），頁637、107。

曹樹基：1958～1961年山西餓死6萬，全省人口的0.37%。

---

[194] 曹樹基：《大饑荒——1959～1961年的中國人口》，頁282。

新疆（3,246名，全國0.6%）

市縣	右派	中右	雙反分子	人口（萬）	備註
烏魯木齊	165		126（右言）	28.96	
伊犁州	257			97.57	1166名「民族主義分子」
克拉瑪依	88		11	1.83	9名「民族主義分子」
吐魯番縣	46			7.7477	1984年改市
伊寧市	44			10.3	
鄯善縣	39			5.66	
瑪納斯縣	37			3.6528	
哈密縣	41			6.69	
若羌縣	7			0.6（約）	

【數據來源】
《烏魯木齊市志》第1卷（新疆人民出版社1994年），頁90、222。
《伊犁哈薩克自治州志》（新疆人民出版社2004年），頁250、170、245。
《克拉瑪依市志》（新疆人民出版社1998年），頁376、79。
《吐魯番市志》（新疆人民出版社2002年），頁654、204。
《伊寧市志》（新疆人民出版社2002年），頁36、108。
《鄯善縣志》（新疆人民出版社2001年），頁38、122。
《瑪納斯縣志》（新疆大學出版社1993年），頁20、頁108。
《哈密縣志》（新疆人民出版社1989年），頁41、68。
《若羌縣志》（新疆大學出版社1992年），頁31、379。

1961～1962年，新疆人口淨減11萬。[195]

內蒙（4,325名，全國0.8%）

市縣	右派	中右	雙反分子	人口（萬）	備 註
呼和浩特	486			64.76	市區246名
包頭	522				98名「極右」
烏拉特前旗	147			12（約）	
土默特左旗	128			19.18	文教系統89名
土默特右旗	128			17.9	
奈曼旗	116	486			
烏海市	114			2.4	
武川縣	59			9.78	

---

[195] 《全國各省、自治區、直轄市歷史統計資料彙編（1949～1989）》，頁917。

市縣	右派	中右	雙反分子	人口（萬）	備注
鄂托克旗	44			7.58	
烏審旗	36			3.8732	
涼城縣	36			16.76	
準格爾旗	33			12.5（約）	
清水河縣	31			6.5746	13名教師
烏拉特中旗	28			5.14	
巴林左旗	25	36		16.7637	3名「極右」
喀喇沁旗	21	5	5	21.1	6名「壞分子」
莫力達瓦旗	7	5		6.2984	3名科級民族右派
蘇尼特左旗	1			0.8363	
烏拉特後旗	1（至少）			數千	

【數據來源】
《呼和浩特市志》上冊（內蒙古人民出版社1999年），頁102、232。
《內蒙古通志》第四編（內蒙古人民出版社2007年），頁493。
《烏拉特前旗志》（內蒙古人民出版社1994年），頁36、939。
《土默特志》（內蒙古人民出版社1987年），頁211、840。
《土默特右旗志》（內蒙古人民出版社1994年），頁790、197。
《奈曼旗志》（北京：方志出版社2002年），頁663、125。
《烏海市志》（內蒙古人民出版社1996年），頁566、125。
《武川縣志》（內蒙古人民出版社1989年），頁354、604。
《鄂托克旗志》（內蒙古人民出版社1993年），頁28、136。
《烏審旗志》（內蒙古人民出版社2001年），頁163、65。
《涼城縣志》（內蒙古人民出版社1993年），頁637、135。
《準格爾旗志》（內蒙內人民出版社1993年），頁17、89。
《清水河縣志》（海拉爾：內蒙古文化出版社2001年），頁65、770、53。
《烏拉特中旗志》（內蒙古人民出版社1994年），頁41、133。
《巴林左旗志》（巴林左旗志編委會1985年，內部發行），頁33、39、524。
《喀喇沁旗志》（內蒙古人民出版社1998年），頁759、176。
《莫力達瓦達斡爾族自治旗志》（內蒙古人民出版社1998年），頁710、168、44。
《蘇尼特左旗》（內蒙古文化出版社2004年），頁490、140。
《烏拉特後旗》（內蒙古人民出版社1992年），頁293、48。

　　　1960～1961年，內蒙人口淨減28萬。[196]

---

[196]　《全國各省、自治區、直轄市歷史統計資料彙編（1949～1989）》，頁184。

寧夏（2,050名，全國0.4%）

市縣	右派	中右	雙反分子	人口（萬）	備註
銀川	248			11.65	
固原州	409			22.75	轄四縣
石嘴山市	356			21.3	轄三縣
中寧縣	115			10.75	
平羅縣	101			15.16	
吳忠市	80			10.4	
中衛縣	66			13.88	
同心縣	63			8.6443	
永寧縣	62			8	
西吉縣	61			16約	
靈武縣	53			7.2868	85「其他分子」
賀蘭縣	46			8.75	
涇源縣	30			4.2959	

【數據來源】
《銀川市志》（寧夏人民出版社1998年），下冊，頁866；上冊，頁130。
《固原地區志》（寧夏人民出版社1994年），頁33、117。
《石嘴山市志》上冊（寧夏人民出版社2001年），頁30、177。
《中寧縣志》（寧夏人民出版社1994年），頁16、77。
《平羅縣志》（寧夏人民出版社1996年），頁12、36。
《吳忠市志》（北京：中華書局2000年），頁32、129。
《中衛縣志》（寧夏人民出版社1995年），頁24、116。
《同心縣志》（寧夏人民出版社1995年），頁127、70。
《永寧縣志》（寧夏人民出版社1995年），頁21、65。
《西吉縣志》（寧夏人民出版社1995年），頁11、56。
《靈武市志》（寧夏人民出版社1999年），頁31、90。
《賀蘭縣志》（寧夏人民出版社1994年），頁10、76。
《涇源縣志》（寧夏人民出版社1995年），頁22、75。

　　1960～1962年，寧夏人口淨減14萬。[197]

---

[197] 《全國各省、自治區、直轄市歷史統計資料彙編（1949～1989）》，頁885。

甘肅（12,447名，全國2.25%）

市縣	右派	中右	雙反分子	人口（萬）	備註
平涼縣	237			20.49	
武威縣	200餘	157			1985年建市
鎮原縣	130	20			
隴西縣	117		15	23.58	
康縣	109	7	45各種分子	15.24	占幹部總數10.3%
通渭縣	78				
卓尼縣	39			8.74	

【數據來源】
《平涼市志》（北京：中華書局1996年），頁33、132。
《武威市志》（蘭州大學出版社1998年），頁121。
《鎮原縣志（上）》（鎮原縣志編委會1987年），頁261。
《隴西縣志》（甘肅人民出版社1990年），頁400、27。
《康縣志》（甘肅人民出版社1989年），頁520-521、740。
《通渭縣志》（蘭州大學出版社1990年），頁32。
《卓尼縣志》（甘肅民族出版社1994年），頁137、180。

1959～1961年，甘肅人口淨減82.3萬。[198]曹樹基：1958-1961年甘肅餓死102.3萬，全省人口的6.45%。[199]

陝西（7,500名，全國1.36%）

市縣	右派	中右	雙反分子	人口（萬）	備註
西安	1,816			63	
蒲城縣	156			31.92	
渭南縣	139			37.23	
寶雞縣	86			37.94	
華縣	77			18.79	
南鄭縣	66	50		33.82	中右含「右言」
勉縣	59			25.72	
西鄉縣	58			26.06	
華陰縣	53			14.51	
紫陽縣	48			25.15	

---

[198] 《甘肅省志》第69卷（人口志），甘肅文化出版社（北京）2001年，頁208。
[199] 曹樹基：《大饑荒──1959～1961年的中國人口》，頁282。

市縣	右派	中右	雙反分子	人口（萬）	備註
潼關縣	45			7.97	
神木縣	26			17.74	
延長縣	26			6.22	
白水縣	25			12.1	
永壽縣	23			8（約）	
米脂縣	22			11.48	
子洲縣	13			14	

【數據來源】
《西安市志》第1卷（總類）（西安出版社1996年），頁136、450。
《蒲城縣志》（中國人事出版社1993年），頁29、128。
《渭南縣志》（西安：三秦出版社1987年），頁32、158。
《寶雞縣志》（陝西人民出版社1996年），頁30、145。
《華縣志》（陝西人民出版社1992年），頁23、117。
《南鄭縣志》（中國人民公安大學出版社1990年），頁19、157。
《勉縣志》（北京：地震出版社1989年），頁29、136。
《西鄉縣志》（陝西人民出版社1991年），頁25、117。
《華陰縣志》（作家出版社1995年），頁377、87。
《紫陽縣志》（三秦出版社1989年），頁42、189。
《潼關縣志》（陝西人民出版社1992年），頁512、109。
《神木縣志》（北京：經濟日報出版社1990年），頁12、89。
《延長縣志》（陝西人民出版社1991年），頁21、110。
《白水縣志》（西安地圖出版社1989年），頁19、123。
《永壽縣志》（三秦出版社1991年），頁33、123。
《米脂縣志》（陝西人民出版社1993年），頁26、86。
《子洲縣志》（陝西人民教育出版社1993年），頁26、407。

曹樹基：1958～1961年陝西餓死18.7萬，占全省人口的1.02%。[200]

河南（70,869名，全國12.82%）

市縣	右派	中右	雙反分子	人口（萬）	備註
永城縣	1,160		1000餘	74.84	
鄢陵縣	977			32.5（約）	1978年已故100名
商丘縣	779			63.5	
方城縣	772			55（約）	1978年已故100名

---

[200] 曹樹基：《大饑荒──1959～1961年的中國人口》，頁282。

市縣	右派	中右	雙反分子	人口（萬）	備注
淅川縣	718			44	因「右」處理564名
西峽縣	645			27	
汝南縣	544				
息縣	553			48.47	
延津縣	532			37.45	占參加運動人數17.7%
新鄭縣	525			32.68	
西平縣	517			48.42	355名中右、雙反分子
遂平縣	562	501			
商城縣	464			42.25	
開封縣	435			41	
安陽市	435			14.28	
伊川縣	433			34.59	176名教師
徐水縣	373	83			
南陽市	351			5.7	
新安縣	308			27.57	
睢縣	194			9.1	
駐馬店市	111			7.6	
臨汝縣	40餘			44.81	1988年改汝州市

【數據來源】
《永城縣志》（新華出版社1991年），頁307、28、540。
《鄢陵縣志》（南開大學出版社1989年），頁61、476。
《商丘縣志》（北京，三聯書店1991年），頁43、477。
《方城縣志》（鄭州：中州古籍出版社1992年），頁165、135。
《淅川縣志》（河南人民出版社1990年），頁390、98。
《西峽縣志》（河南人民出版社1990年），頁36、116。
《汝南縣志》（中州古籍出版社1997年），頁44。
《息縣志》（河南人民出版社1989年），頁36、75。
《延津縣志》（北京：三聯書店1991年），頁129、659。
《新鄭縣志》（陝西人民出版社1992年），頁41、94。
《西平縣志》（北京：中國財經出版社1990年），頁23、93。
《遂平縣志》（中州古籍出版社1994年），頁136。
《商城縣志》（中州古籍出版社1991年），頁35、121。
《開封縣志》（中州古籍出版社1992年），頁23、508。
《安陽市志》第1卷（中州古籍出版社1998年），頁71、168-169。
《伊川縣志》（河南人民出版社1991年），頁115、735。
《徐水縣志》（新華出版社1998年），頁491。
《南陽市志》（河南人民出版社1989年），頁226、125。

《新安縣志》（河南人民出版社1989年），頁219、135。
《睢縣志》（中州古籍出版社1989年），頁34、429。
《駐馬店市志》（河南人民出版社1989年），頁24、70。
《汝州市志》（中州古籍出版社1994年），頁56、131。

　　河南之所以全國之冠，因為縣以下廠校村鎮都劃了。[201]1959～1961年大饑荒，河南人口淨減176萬。[202]曹樹基：1958～1961年河南餓死293.9萬，占全省人口的6.12%。[203]

湖南（31,472名，全國5.69%）

市縣	右派	中右	雙反分子	人口（萬）	備注
長沙	1,620				
岳陽	2,045		778	273.17	轄五縣
寧鄉縣	1,027				830名中小學教師
湘陰縣	732				629名教師、醫務人員
湘潭縣	683			74.34	
湘鄉縣	673			62	
瀏陽縣	561			84.02	452名教師（教師18.2%）
平江縣	456			60	305名教師
攸縣	356			43.2	
沅陵縣	336			38.9	
益陽市	247			8.33	
黔陽縣	150			25	1997年撤銷該縣
鳳凰縣	111			19	

【數據來源】
《長沙通史（現代卷）》（湖南人民出版社2015年），頁156。
《岳陽市志》（1）（中央文獻出版社2005年），頁147、516。
《寧鄉縣志》（中國大百科全書出版社1995年），頁127。
《湘陰縣志》（三聯書店1995年），頁49、639。
《湘潭縣志》（湖南出版社1995年），頁136、97。
《湘鄉縣志》（湖南出版社1993年），頁38、107。
《瀏陽縣志》（中國城市出版社1994年），頁39、106。

[201] 張林南：〈關于反潘楊王事件〉，劉洪聲、李振華等：《風雨春秋》，河南人民出版社1993年，頁316。
[202] 《全國各省、自治區、直轄市歷史統計資料彙編（1949～1989）》，頁523。
[203] 曹樹基：《大饑荒——1959～1961年的中國人口》，頁282。

《中共瀏陽地方史，1949年7月～2002年12月》，（中共黨史出版社2004年），頁88。

《平江縣志》（北京：國防大學出版社1994年），頁33、107。

《攸縣志》（北京：中國文史出版社1990年），頁34、639。

《沅陵縣志》（中國社會出版社1993年），頁33、106。

《益陽市志》（中國文史出版社1990年），頁55、18。

《黔陽縣志》（中國文史出版社1991年），頁25、621。

《鳳凰縣志》（湖南人民出版社1988年），頁18、305。

1959～1960年，湖南人口淨減183.97萬。[204]曹樹基：1958～1961年湖南餓死248.6萬。[205]

青海（2,665名，全國0.48%）

市縣	右派	中右	雙反分子	人口（萬）	備註
西寧	232		193	30.04	
玉樹州	203			16.22	1979年不予改正5名
大通縣	70		58	14.83	
化隆縣	55			10.89	
民和縣	55			17.53	
門源縣	37			4.6892	
樂都縣	37			14.69	
河南蒙族縣	22			1.212	
互助縣	11			17.59	
祁連縣	9			0.8950	104人停職、審查

【數據來源】

《西寧市志‧中國共產黨志》（青海人民出版社2015年），頁187-188。

《西寧市志‧大事記》（陝西人民出版社1998年），頁126。

《玉樹州志（上）》（西安：三秦出版社2005年），頁537、107。

《大通縣志》（陝西人民出版社1993年），頁27、97。

《化隆縣志》（陝西人民出版社1994年），頁28、140。

《民和縣志》（陝西人民出版社1993年），頁26、117。

《門源縣志》（甘肅人民出版社1993年），頁40、105。

《樂都縣志》（陝西人民出版社1992年），頁18、87。

《河南蒙古族自治縣志（上）》（甘肅人民出版社1996年），頁30、193。

《互助土族自治縣志》（互助土族自治縣志編纂委員會1984年），頁94、121。

《祁連縣志》（甘肅人民出版社1993年），頁108、24。

---

[204]　《全國各省、自治區、直轄市歷史統計資料彙編（1949～1989）》，頁585。

[205]　曹樹基：《大饑荒──1959～1961年的中國人口》，頁282。

1959～1962年，青海人口淨減54萬（1959年全省260萬），淨減率21%。[206]

湖北（45,956名，全國8.31%）

市縣	右派	中右	雙反分子	人口（萬）	備注
襄陽專區	6,092			350（約）	襄陽縣852名
隨縣	741			77.14	
當陽縣	528			26.37	
江陵縣	429			49	
漢陽縣	417			35.5	
松滋縣	400餘			58.4	95名「極右」
黃陂縣	383			73	
漢川縣	367			51.47	
孝感縣	355（至少）			71.91	全為教師
枝江縣	342			30	
宜昌市	310			11	
應城縣	298			34.22	
紅安縣	254		66	38（約）	232名文教系統
遠安縣	190			11.48	

【數據來源】
《襄樊市志》（中國城市出版社1994年），頁23、83。
《襄陽縣志》（湖北人民出版社1989年），頁22、43。
《隨州志》（中國城市經濟社會出版社1988年），頁21、112。
《當陽縣志》（北京：中國城市出版社1992年），頁38、127。
《江陵縣志》（湖北人民出版社1990年），頁106、27。
《漢陽縣志》（武漢出版社1989年），頁20、54。
《松滋縣志》（湖北省松滋縣志編纂委員會1986年），頁25、60。
《黃陂縣志》（武漢出版社1992年），頁284、39。
《漢川縣志》（北京：中國城市出版社1992年），頁25、57。
《孝感市志》（新華出版社1992年），頁27、102。
《枝江縣志》（中國城市經濟社會出版社1990年），頁16、92。
《宜昌市志》（合肥：黃山書社1999年），頁28、133。
《應城縣志》（中國城市出版社1992年），頁30、117。

[206] 《全國各省、自治區、直轄市歷史統計資料彙編（1949～1989）》，頁859。瞿松天主編：《中國人口・青海分冊》，中國財政經濟出版社（北京）1989年，頁124。

《紅安縣志》（上海人民出版社1992年），頁126、98。
《遠安縣志》（中國城市經濟社會出版社1990年），頁29、71。

1959～1960年，湖北人口淨減20.97萬。[207]曹樹基：1958～1961年湖北餓死67.5萬，占全省人口的2.2%。[208]

廣東（30,842名，全國5.58%）

市縣	右派	中右	雙反分子	人口（萬）	備注
廣州	4,894			230（約）	占參加運動人數5.85%
梅縣	829	141		48（約）	右派占幹部、教師13.2%
順德縣	416			52.7	
陽春縣	387	216		42（約）	
佛山市	366			17.8	
南雄縣	276			23.54	
平遠縣	196			12（約）	
海口市	191			14.18	民主黨派、工商界108名
寶安縣	179			19.18	
白沙縣	152			3.82	黎族自治縣
臨高縣	99			19（約）	

【數據來源】
《廣州市志》（廣州出版社1998-1999年），卷一，頁401；卷二，頁278。
《梅縣志》（廣東人民出版社1994年），頁53、203。
《順德縣志》（北京：中華書局1996年），頁58、154。
《陽春簡志》（陽春縣志編委會1990年），頁280、9。
《佛山市志（上）》（廣東人民出版社1994年），頁82、201。
《南雄縣志》（廣東人民出版社1991年），頁38、124。
《平遠縣志》（廣東人民出版社1993年），頁29、94。
《海口市志》（北京：方志出版社2004年），下冊，頁1247；上冊，頁182。
《寶安縣志》（廣東人民出版社1997年），頁28、123。
《白沙縣志》（南海出版公司1992年），頁19、66。
《臨高縣志》（廣東人民出版社1990年），頁25、19。

曹樹基：1958～1961年廣東餓死65.7萬，占全省人口的1.71%。[209]

---

[207] 《全國各省、自治區、直轄市歷史統計資料彙編（1949～1989）》，頁555。
[208] 曹樹基：《大饑荒——1959～1961年的中國人口》，頁282。
[209] 曹樹基：《大饑荒——1959～1961年的中國人口》，頁282。

廣西（14,304名，全國2.59%）

市縣	右派	中右	雙反分子	人口（萬）	備註
桂林	569			18.39市區	含「右言」
南寧	324			26.4	
玉林縣	468	119		66.31	367名教師
合浦縣	433			51.2	257名勞改、勞教、監勞
橫縣	297			51.1	
寧明縣	145	100		17.43	
上林縣	127		57（右言）	22.32	
大新縣	124	100		18.18	
龍州縣	95	75	7	14.68	
隆安縣	76			17.17	

【數據來源】
《桂林市志》（北京：中華書局1997年），頁83、236。
《南寧市志（綜合卷）》（廣西人民出版社1998年），頁71、238。
《玉林市志》（廣西人民出版社1993年），頁775、155。
《合浦縣志》（廣西人民出版社1994年），頁24、733。
《橫縣縣志》（廣西人民出版社1989年），頁15、587。
《寧明縣志》（中央民族學院出版社1988年），頁129、97。
《上林縣志》（廣西人民出版社1989年），頁384、45。
《大新縣志》（上海古籍出版社1989年），頁334、432。
《龍州縣志》（廣西人民出版社1993年），頁20、756。
《隆安縣志》（廣西人民出版社1993年），頁17、114。

　　1959～1961年，廣西人口淨減46萬。[210]曹樹基：1958～1961年廣西餓死93.1萬，占全省人口的4.63%。[211]

江西（12,153名，全國2.2%）

市縣	右派	中右	雙反分子	人口（萬）	備註
南昌	642			50.79	教育系統占251名
九江專區	1,558			193.5	
鄱陽縣	360			61	2009年改回鄱陽縣
樂平縣	243			33	

---

[210] 《全國各省、自治區、直轄市歷史統計資料彙編（1949～1989）》，頁642。
[211] 曹樹基：《大饑荒——1959～1961年的中國人口》，頁282。

市縣	右派	中右	雙反分子	人口（萬）	備注
婺源縣	202			17.18	
大余縣	185			14.37	
高安縣	110			36.18	
武寧縣	91				107名「右言分子」
吉水縣	88			22.27	
新余縣	77			28	1960、1983年兩度建市
泰和縣	71			23	36名中小學教師
弋陽縣	69			13.62	
鉛山縣	61			17.79	
萬載縣	50			23.65	

【數據來源】
《南昌市志》（北京：方志出版社1997年），頁67、270。
《九江市志》（南京：鳳凰出版社2004年），頁73、359。
《波陽縣志》（江西人民出版社1989年），頁36、136。
《樂平縣志》（上海古籍出版社1987年），頁22、69。
《婺源縣志》（北京：檔案出版社1993年），頁28、91。
《大余縣志》（海口：中國三環出版社1990年），頁38、130。
《高安縣志》（江西人民出版社1988年），頁626、70。
《武寧縣志》（江西人民出版社1990年），頁36、25。
《吉水縣志》（新華出版社1989年），頁299、495。
《新余市志》（上海：漢語大詞曲出版社1993年），頁20、46。
《泰和縣志》（中共中央黨校出版社1995年），頁190、114。
《弋陽縣志》（南海出版公司1991年），頁27、112。
《鉛山縣志》（南海出版公司1990年），頁20、73。
《萬載縣志》（江西人民出版社1988年），頁26、68。

曹樹基：1959～1961年江西餓死18.1萬，全省人口的1.06%。[212]

安徽（5.02萬，全國9.08%）

市縣	右派	中右	雙反分子	人口（萬）	備注
合肥	400餘				
宿縣	1,550	92	103	94	4名「疑右」
濉溪縣	903	419	306	76.21	
歙縣	743				含中右

---
[212] 曹樹基：《大饑荒──1959～1961年的中國人口》，頁282。

市縣	右派	中右	雙反分子	人口（萬）	備註
霍邱縣	737		483四種人	80.24	四種人含中右、右言、疑右
太湖縣	684			35.77	
靈璧縣	674		977四種人	64.24	
蕪湖市	528			26.45	253名民主黨派、工商界
廬江縣	515	98			
太和縣	545			80.77	
全椒縣	445			28.52	
宿松縣	437			40	
安慶市	404			13.76	
休寧縣	339			17.46	
祁門縣	241			10	
青陽縣	220		79四種人	16.54	中右、雙反、資產、壞分子
來安縣	219			24.2	
阜陽市	136			10	
懷寧縣	71			54.56	

【數據來源】

《合肥市志》第1冊（安徽人民出版社1999年），頁40、123。

《宿縣志》（合肥：黃山書社1988年），頁126、43。

《濉溪縣志》（上海社會科學院出版社1989年），頁482、762。

《歙縣志》（北京：中華書局1995年），頁31。

《霍邱縣志》（中國廣播電視出版社1992年），頁496、91。

《太湖縣志》（黃山書社1995年），頁96、32。

《靈璧縣志》（浙江人民出版社1991年），頁12、77。

《蕪湖市志》上冊（社會科學文獻出版社1993年），頁269、157。

《廬江縣志》（北京：社會科學文獻出版社1993年），頁22、130。

《太和縣志》（黃山書社1993年），頁25、58。

《全椒縣志》（黃山書社1988年），頁21、71。

《宿松縣志》（江西人民出版社1990年），頁31、83。

《安慶市志》（北京：方志出版社1997年），下冊，頁1,027；上冊，頁166。

《休寧縣志》（安徽教育出版社1990年），頁342、95。

《祁門縣志》（安徽人民出版社1990年），頁86、33。

《青陽縣志》（黃山書社1992年），頁20、77。

《來安縣志》（中國城市經濟社會出版社1990年），頁25、80。

《阜陽市志》（黃山書社1993年），頁259、46。

《懷寧縣志》（黃山書社1989年），頁152-154、117。

濉溪縣揪「右」903名，1957～1960年全縣人口淨減21萬（28%）。[213]

1959～1961年，安徽人口淨減439萬。[214]曹樹基：1958～1961年安徽餓死633萬，占全省人口的18.37%。[215]

山東（34,445名，全國6.23%）

市縣	右派	中右	雙反分子	人口（萬）	備註
濟南	2895			86.15	
安丘縣	604			73.8	480名中小學教師
東明縣	543			41.75	
滕縣	454			76.4	
昌邑縣	389			52.29	
曲阜縣	303			36.88	1986年改市
歷城縣	245			45.18	182名教師
臨朐縣	242			46	
萊西縣	232			52.8	
桓臺縣	225			33.42	
臨清縣	224		40「右言」	40.72	70名教師
棲霞縣	188			44.77	
陵縣	177			44.6	
慶雲縣	114			19	82名教師
肥城縣	72			57.24	
東平縣	59			40.82	

【數據來源】
《濟南市志》第1冊（北京：中華書局1997年），頁274、484。
《安丘縣志》（山東人民出版社1992年），頁37、107。
《東明縣志》（中華書局1992年），頁25、127。
《滕縣志》（中華書局1990年），頁28、88。
《昌邑縣志》（昌邑縣志編委會1987年），頁22、92。
《曲阜市志》（濟南：齊魯書社1993年），頁37、91。
《歷城縣志》（濟南出版社1990年），頁23、91。
《臨朐縣志》（山東人民出版社1991年），頁25、166。

---

[213]　《濉溪縣志》，上海社會科學院出版社1989年，頁762。
[214]　《全國各省、自治區、直轄市歷史統計資料彙編（1949～1989）》，頁405。中國社科院人口研究中心：《中國人口年鑑》，中國社會科學出版社1986年，頁467、469、471。
[215]　曹樹基：《大饑荒──1959～1961年的中國人口》，頁282。

《萊西縣志》（山東人民出版社1990年），頁26、184。
《桓臺縣志》（齊魯書社1992年），頁31、117。
《臨清市志》（齊魯書社1997年），頁33-34、114。
《棲霞縣志》（山東人民出版社1990年），頁29、128。
《陵縣志》（陵縣志編纂委員會1985年），頁16、102。
《慶雲縣志》（山東慶雲縣志編委會1983年編印），頁407-408、434。
《肥城縣志》（齊魯書社1992年），頁25、97。
《東平縣志》（山東人民出版社1989年），頁16、83。

　　1958～1960年，山東人口淨減234萬。[216]曹樹基：1958～1961年山東餓死180.6萬，占全省人口的3.38%。[217]

江蘇（19,100名，全國3.45%）

市縣	右派	中右	雙反分子	人口（萬）	備注
揚州專區	3,046			684	轄11縣
無錫	816			52.96	
江寧縣	638			45	「右言」及其他244名
徐州	612			38.66	
川沙縣	439			26.24	
鎮江市	390			20	
常熟縣	387			75	1983年為縣級市
常州市	360			30	
武進縣	254			97	
寶山縣	236			60.74	
江陰縣	212			88.46	
宜興縣	208	169			
溧陽縣	171	33			
吳縣	166			80.8	
嘉定縣	123			30.4	
六合縣	121			44.46	
鹽城縣	115			77	
青浦縣	106			29.5	
奉賢縣	102			31.34	

[216] 《全國各省、自治區、直轄市歷史統計資料彙編（1949～1989）》，頁492。
[217] 曹樹基：《大饑荒——1959～1961年的中國人口》，頁282。

市縣	右派	中右	雙反分子	人口（萬）	備注
金山縣	93			21.1	
南匯縣	79			42.45	

【數據來源】

《揚州市志》上冊（中國大百科全書出版社1997年），頁91、266。

《無錫市志》第1冊（江蘇人民出版社1995年），頁61、342。

《江寧縣志》（北京檔案出版社1989年），頁33、45。

《徐州市志》（北京：中華書局1994年），上冊，頁52；下冊，頁2101。

《川沙縣志》（上海人民出版社1990年），頁33、124。

《鎮江市志》（上海社會科學院出版社1993年），上冊，頁78、193。

《常熟市志》（上海人民出版社1990年），頁38、1030。

《常州市志》第1冊（中國社會科學出版社1995年），頁89、415。

《武進縣志》（上海人民出版社1988年），頁40、198。

《寶山縣志》（上海人民出版社1992年），頁38、135。

《江陰縣志》（上海人民出版社1992年），頁37、165。

《宜興縣志》（上海人民出版社1990年），頁973。

《溧陽縣志》（江蘇人民出版社1992年），頁34、159。

《吳縣志》（上海古籍出版社1994年）頁33、244。

《嘉定縣志》（上海人民出版社1992年），頁32、971。

《六合縣志》（北京：中華書局1991年），頁27、98。

《鹽城縣志》（江蘇人民出版社1993年），頁37、121。

《青浦縣志》（上海人民出版社1990年），頁32、147。

《奉賢縣志》（上海人民出版社1987年），頁44、163。

《金山縣志》（上海人民出版社1990年），頁34、159。

《南匯縣志》（上海人民出版社1992年），頁30、114。

　　1959～1961年，江蘇人口淨減47萬。[218]曹樹基：1958～1961年江蘇餓死152.7萬，占全省人口的2.88%。[219]

　　福建（7,223名，全國1.3%）

市縣	右派	中右	雙反分子	人口（萬）	備注
莆田縣	256			87.89	
福清縣	119			45（約）	
永春縣	110			24（約）	
長汀縣	63			22.71	

[218] 《全國各省、自治區、直轄市歷史統計資料彙編（1949～1989）》，頁341。

[219] 曹樹基：《大饑荒——1959～1961年的中國人口》，頁282。

市縣	右派	中右	雙反分子	人口（萬）	備註
建陽縣	57			14.5（約）	
崇安縣	39			8.718	今武夷山市
建甌縣	39			25（約）	
尤溪縣	22			17.58	

【數據來源】

《莆田縣志》（北京：中華書局1994年），頁555、139。

《福清市志》（廈門大學出版社1994年），頁46、139。

《永春縣志》（北京語文出版社1990年），頁38、141。

《長汀縣志》（北京：三聯書店1993年），頁537、98。

《建陽縣志》（北京：群眾出版社1994年），頁28、120。

《武夷山市志》（中國統計出版社1994年），頁41、139。

《建甌縣志》（中華書局1994年），頁21、100。

《尤溪縣志》（福建省地圖出版社1989年），頁19、88。

曹樹基：1958～1961年福建餓死31.3萬，占全省人口的2.02%。[220]

浙江（13,424名，全國2.43%）

市縣	右派	中右	雙反分子	人口（萬）	備註
嘉興專區	1865			207.56	二市10縣
湖州專區	1,800餘			149.45	
金華專區	1635			257	一市17縣
寧波專區	1610			308.6	市區311名（人口25萬）
溫州專區	1284			332.79	一市14縣
蕭山縣	315			67.44	
臨海縣	274			59.83	屬臺州專區
衢縣	247			43.5	屬金華專區
蘭溪縣	222			40	屬金華專區
龍遊縣	221			23.4	33名極右。屬金華專區
餘姚縣	206			48.7	
上虞縣	204			46.7	
嵊縣	181			12	
淳安縣	177			44.9	

---

[220] 曹樹基：《大饑荒——1959～1961年的中國人口》，頁282。

市縣	右派	中右	雙反分子	人口（萬）	備注
桐廬縣	135			22（約）	屬建德專區
定海縣	108			21.41	

【數據來源】

《嘉興市志》（上海：中國書籍出版社，1997年），頁155、335。

《湖州市志》（北京：崑崙出版社1999年），下冊，頁1466；上冊，頁295。

《金華市志》（江蘇人民出版社1993年），頁22、109。

《寧波市志》（北京：中華書局1995年），上冊，頁110、287。

《溫州市志》（中華書局1998年），下冊，頁2067；上冊，頁85。

《蕭山縣志》（浙江人民出版社1987年），上冊，頁43、197。

《臨海縣志》（浙江人民出版社1989年），頁26、621。

《衢縣志》（浙江人民出版社1992年），頁17、28。

《蘭溪市志》（浙江人民出版社1988年），頁425、648。

《龍遊縣志》（中華書局1991年），頁163、453。

《餘姚市志》（浙江人民出版社1991年），頁38、161。

《上虞縣志》（浙江人民出版社1990年），頁31、169。

《嵊縣志》（浙江人民出版社1989年），頁24、521。

《淳安縣志》（上海：漢語大詞典出版社1990年），頁20（大事記）、28。

《桐廬縣志》（浙江人民出版社1991年），頁25、79。

《定海縣志》（浙江人民出版社1994年），頁15、112。

曹樹基：1958～1961年浙江餓死14.1萬，占全省人口的0.55%。[221]

四川（5.02萬，全國9.08%）

市縣	右派	中右	雙反分子	人口（萬）	備注
成都	3,000餘			80（約）	
重慶	8,170				
江津縣	499			98.92	
仁壽縣	462				
巴縣	442		3,417	89.15	
南部縣	392			83.48	
宜賓市	338			19.7	含外地調入
西充縣	261		337	46.35	117名中小學教師
宣漢縣	239		3,255	72.05	115名教師、26名醫務
綿竹縣	236			35.67	

---

[221] 曹樹基：《大饑荒——1959～1961年的中國人口》，頁282。

市縣	右派	中右	雙反分子	人口（萬）	備註
灌縣	220		1,478	35	
犍為縣	212			36.42	
榮縣	200餘			66.88	
內江市	191			17.33	
郫縣	178			28.15	
溫江縣	161	61	近千名	16.76	
西昌縣	161			23.8	1980年改市
什邡縣	121			27.7	
新津縣	131				
越西縣	37			11.5（約）	18名教師，4名醫務
康定縣	8			5.6	

【數據來源】
《成都市志（總志）》（成都時代出版社2009年），頁199、107。
《中央五部「摘帽辦」會議簡報》第36期（四-10，1979-2-24）。
《江津縣志》（四川科學技術出版社1995年），頁37、154。
《仁壽縣志》（四川人民出版社1990年），頁366。
《巴縣志》（重慶出版社1994年），頁426、642。
《南部縣志》（四川人民出版社1994年），頁31、106。
《宜賓市志》（新華出版社1992年），頁28、84。
《西充縣志》（重慶出版社1993年），頁149、154、105。
《宣漢縣志》（西南財經大學出版社1994年），頁576、120。
《綿竹縣志》（四川科學技術出版社1992年），頁18、79。
《灌縣志》（四川人民出版社1991年），頁47、73-74、122。
《犍為縣志》（四川人民出版社1991年），頁21、114。
《榮縣志》（四川大學出版社1993年），頁321、78。
《內江市志》（成都：巴蜀書社1987年），頁9、89。
《郫縣志》（四川人民出版社1989年），頁26、121。
《溫江縣志》，四川人民出版社1990年，頁47、378。
《西昌市志》（四川人民出版社1996年），頁21、147。
《什邡縣志》（四川大學出版社1988年），頁1-45、4-11。
《新津縣志》（四川人民出版社1989年），頁31。
《越西縣志》（四川辭書出版社1994年），頁490、95。
《康定縣志》（四川辭書出版社1995年），頁22、74。

1957～1961年，四川人口淨減621.8萬。[222]曹樹基：1958～1961年四

---

[222] 《中國人口‧四川分冊》，中國財政經濟出版社（北京）1988年，頁66。

川餓死940.2萬，占全省人口的13.07%。[223]

雲南（12,514名，全國2.27%）

市縣	右派	中右	雙反分子	人口（萬）	備註
昆明	890			189.37	截止1957年9月
祿豐縣	189				
大理縣	124			17.73	1983年建市
騰衝縣	101	156		29.63	33人劃四類分子
南華縣	98				29名中小學教師
武定縣	85			13.65	
尋甸縣	81			24.35	回族、彝族自治縣
永平縣	50			8	
元陽縣	46			17.25	42名送「勞教」
彝良縣	44	27		21.7	
南澗縣	15			11.24	彝族自治縣
江城縣	13	34	20名「反壞」	3.45	哈尼族、彝族自治縣

【數據來源】
《昆明市志》第1分冊（人民出版社2003年），頁56、348。
《祿豐縣志》（雲南人民出版社1997年），頁25。
《大理市志》（北京：中華書局1998年），頁26、112。
《騰衝縣志》（中華書局1995年），頁36、880。
《南華縣志》（雲南人民出版社1995年），頁49。
《武定縣志》（天津人民出版社1990年），頁26、95。
《尋甸回族彝族自治縣志》（雲南人民出版社1999年），頁14、97。
《永平縣志》（雲南人民出版社1994年），頁19、641。
《元陽縣志》（貴州民族出版社1990年），頁16、88。
《彝良縣志》（雲南人民出版社1995年），頁396、108。
《南澗彝族自治縣志》（四川辭書出版社1993年），頁17、111。
《江城哈尼族彝族自治縣志》（雲南人民出版社1989年），頁274-275、36。

　　雲南「中右」4445名，工農中劃「反社會主義分子」1,816名。[224]鎮雄縣52名右派，140名中右。[225]永勝縣人口17.4萬，打出極右、中右、右

---

[223] 曹樹基：《大饑荒——1959～1961年的中國人口》，頁213～214、282。
[224] 中共雲南省委黨史研究室編：《雲南整風運動和反右派鬥爭》，雲南大學出版社2013年，頁29。《雲南省志》第43卷，雲南人民出版社2000年，頁777。
[225] 《鎮雄縣志》，雲南人民出版社1987年，頁19、326。

傾二百餘。[226]

　　1958～1960年，雲南人口淨減19萬。[227]《中國人口‧雲南分冊》，1958～1961年全省非正常死亡60萬。[228]曹樹基：1958～1961年雲南餓死80.4萬，占全省人口的4.19%。[229]

貴州（10,082名，全國1.82%）

市縣	右派	中右	雙反分子	人口（萬）	備註
貴陽	774至少	279含右言			僅市屬機關、學校
麻江縣	230			11.76	
黔西縣	137			35.58	
仁懷縣	110			27.28	
黎平縣	103			23.5	
遵義縣	93			71.14	60名教師
湄潭縣	91	103		24.74	極右30名，勞教26名
赤水縣	76	43		21.73	
貴定縣	75			15.51	
都勻縣	74			20.53	4名「極右」
安順市	63			30（約）	
興義縣	56			28	布依族、苗族自治縣
平塘縣	52			14.76	
惠水縣	40			19.11	
鎮遠縣	31			11.34	

【數據來源】
《貴陽通史》下卷（當代貴陽）（貴州人民出版社2011年），頁29、75。
《麻江縣志》（貴州人民出版社1992年），頁22、120。
《黔西縣志》（貴州人民出版社1990年），頁167、107。
《仁懷縣志》（貴州人民出版社1991年），頁46、166。
《黎平縣志》（成都：巴蜀書社1989年），頁32、91。
《遵義縣志》（貴州人民出版社1992年），頁36、171。
《湄潭縣志》（貴州人民出版社1993年），頁607、118。
《赤水縣志》（貴州人民出版社1990年），頁35、123。

---

[226]　《永勝縣志》，雲南人民出版社1989年，頁648、22。
[227]　《全國各省、自治區、直轄市歷史統計資料彙編（1949～1989）》，頁751。
[228]　《中國人口‧雲南分冊》，中國財政經濟出版社1989年，頁116。
[229]　曹樹基：《大饑荒——1959～1961年的中國人口》，頁282。

《貴定縣志》（貴州人民出版社1995年），頁36、595。
《都勻市志（上）》（貴州人民出版社1999年），頁477、129。
《安順市志》上冊（貴州人民出版社1995年），頁41、210。
《興義縣志》（貴州人民出版社1988年），頁24、69。
《平塘縣志》（貴州人民出版社1992年），頁52、123。
《惠水縣志》（貴州人民出版社1989年），頁31、72。
《鎮遠縣志》（貴州人民出版社1992年），頁108、58。

　　1959～1961年，貴州人口淨減120萬。[230]曹樹基：1959～1961年貴州餓死174.6萬，占全省人口的10.23%。[231]

（四）其他「右」難者（龐大附件：中右、右言、疑右、反社會主義分子）

　　1958-1-3杭州會議，毛澤東：
　　　　右派是反對派，中右也反對我們。[232]
　　廖蓋隆（時任中宣部報刊處長）：「[中右]實際上按敵我矛盾處理。」[233]
　　如何劃「中右」無具體標準。四川西充縣「對有右派情緒的」就劃「中右分子」。[234]四川右派5.02萬，中右6.4萬餘。[235]雲南「右派」1.25萬名，「中右」4,445名。[236]滇中昆陽縣（1958年併入晉寧縣）「右派」99名，「中右」97名。[237]川東武隆縣136名「右派」，148名「中右」。[238]內蒙巴林左旗25名「右派」，36名「中右」。[239]黑龍江肇東縣「右派」193名，「中右」336名。[240]璦琿縣20名「右派」，73名「中右」。[241]吉林伊通縣100名「右派」，97名「中右」。[242]河北遂平縣「中右」501

---

[230]　《全國各省、自治區、直轄市歷史統計資料彙編（1949～1989）》，頁585。
[231]　曹樹基：《大饑荒——1959～1961年的中國人口》，頁282。
[232]　《毛澤東思想萬歲》第3冊（1958～1960），頁1。
[233]　廖蓋隆：《黨史探索》，中共中央黨校出版社（北京）1983年，頁238。
[234]　《西充縣志》，重慶出版社1993年，頁149。
[235]　《四川省志》第1冊，方志出版社（北京）2003年，頁442。
[236]　《雲南省志》第43卷，雲南人民出版社2000年，頁777。
[237]　《晉寧縣志》，雲南人民出版社2003年，頁31。
[238]　《武隆縣志》，四川人民出版社1994年，頁158。
[239]　《巴林左旗志》，巴林左旗志編委會1985年（內部發行），頁33、39。
[240]　《肇東縣志》，肇東縣縣志辦公室1985年（內部發行），頁23。
[241]　《璦琿縣志》（《愛輝縣志》），北方文物雜志社（哈爾濱）1986年，頁703、42。
[242]　《伊通縣志》，吉林文史出版社1991年，頁172～173。

名，「大多被開除公職，遣送回家，由生產隊監督勞動改造。」[243]北京大學「中右」及受各種處分842名。[244]

1979年2月，中央統戰部「改正錯劃右派工作經驗交流會」，劉瀾濤：「雲南劃了一萬多右派，而受處分的竟達三萬多人。」[245]

中共中央文件〈關於繼續執行中央[1978]55號文件幾個問題的請示〉（1979-8-29）：

> 在反右派鬥爭中，被定為「中右分子」，或工人、民警等反社會主義分子以及因右派問題受株連的家屬，數量很大。其中，僅失去公職需要安置的，全國約有16萬人。這些人員雖未戴右派帽子，但有的所受處分比右派還重，處境困難，社會上對他們很同情。……現在對這些人的安置還沒有著落，引起強烈不滿。近來上訪人員驟增。不少上訪人員情緒急躁，聯名來信，集體上訪屢有發生，各地摘帽辦公室的同志，深感工作困難。[246]

著名「中右」：傅鷹、朱光潛、袁隆平、項南、劉開渠、曾憲九（北京協和醫院外科主任）、王汝弼（北師大教授）、邰爽秋（北師大教授）、毛燮均（北京醫學院口腔系主任）。[247]

全國「中右」21.6萬，「反社會主義分子」19萬。此外，還有「地方主義分子」、「民族主義分子」、「孬分子」……[248]

反社會主義分子

1957-9-4中共中央下達〈關於在工人、農民中不劃右派分子的通知〉。[249]但還是有一些工人淪「右」。廣西玉林縣17名工人劃「右」。[250]

---

[243] 《遂平縣志》，中州古籍出版社（鄭州）1994年，頁136。

[244] 〈北京市一批錯劃為右派的同志得到改正〉，《人民日報》1979-2-3，版4。

[245] 中央五部「摘帽辦」會議簡報，第29期（四-6），1979-2-17。

[246] 《政策文件選編》，內蒙黨委革委會辦公廳聯合信訪室編印（1979-10），頁29～30。宋永毅主編：《中國反右運動資料庫》，香港中文大學·中國研究中心 2014年。

[247] 《內部參考》第2807期（1959-6-25），頁9～10。

[248] 胡治安：〈1978：從「摘帽」到「改正」〉，《中國新聞週刊》（北京）2013年 第3期（2013-1-21），頁86。

[249] 《中共中央文件選集（1949-10～1966-5）》第26冊，頁146。

[250] 《玉林市志》，廣西人民出版社1993年，頁775。

雲南楚雄蔬菜公司工人辛學敏，1958年「補」右，送元謀新民勞教農場，1959-5-20餓斃。[251]

工農不劃「右派」，但劃「反社會主義分子」（工農中的「右派」）。上海在工人中劃「反黨反社會主義分子」4,528名。[252]雲南在工農中劃「反社會主義分子」1,439名。[253]四川「反社會主義分子」約40萬。[254]中國共產黨新聞網至今掛出的數據：「中右」、「反社會主義分子」31.5萬人。[255]

1956年四川榮昌縣委強推雙季稻（不適合當地），三萬斤種子黴爛、六萬畝稻田顆粒無收。1957年春，該縣許多農民、幹部批評縣委，劃「右」262名，劃「雙反分子」5,879名（逮捕47人，勞教17人，其餘管制、罰款、開除等）。[256]什邡縣「反社會主義分子」978名，「右派」（121名）的八倍。[257]滎經縣「右派」94名，「反社會主義分子」587名。[258]

安徽劃「四種人」：反黨反社會主義分子、中右、疑右分子、右言分子。霍邱縣483名「四種人」。[259]靈璧縣977名「四種人」。[260]泗縣「右派」188名、「疑右」117名（處分介於「右派」與中右之間）。[261]

右言分子、壞分子

江西武寧縣劃「右」91名，「右言分子」107名。[262]廣西上林縣「右言分子」57名。[263]山東臨清縣「右言分子」40名。[264]

---

[251] 孫家信：〈風華寄冤命如懸〉，《命運的祭壇》上卷，頁370～371。

[252] 《當代上海大事記》，上海辭書出版社2007年，頁212。

[253] 《雲南省志》第43卷，雲南人民出版社2000年，頁777。

[254] 《當代四川大事輯要》，四川人民出版社1991年，頁113。

[255] 中國共產黨新聞網・統戰政策的全面落實http://cpc.people.com.cn/GB/64107/65708/65722/4444594.html

[256] 《重慶黨史研究資料》1989年第2期，頁13～15。

[257] 《什邡縣志》，四川大學出版社1988年，頁1-45。

[258] 《滎經縣志》，西南師範大學出版社（重慶）1998年，頁28。

[259] 《霍邱縣志》，中國廣播電視出版社1992年，頁496。

[260] 《靈璧縣志》，浙江人民出版社1991年，頁12。

[261] 《泗縣志》，浙江人民出版社1990年，頁12。

[262] 《武寧縣志》，江西人民出版社1990年，頁36。

[263] 《上林縣志》，廣西人民出版社1989年，頁384。

[264] 《臨清市志》，齊魯書社（濟南）1997年，頁34。

1958年「大躍進」，安徽蕭縣、碭山、五河、鳳陽、無為五縣3.7萬農民戴帽「壞分子」。1954年，安徽全省「地、富、反」（當時尚無「壞」）33.7萬餘人，1958年底「地富反壞」71萬餘，新增38萬「壞人」。1979年為四類分子摘帽，全省僅剩29萬餘，已死42萬，「絕大多數是在『大躍進』時期被整死、餓死的」。[265]

山西《原平縣志》：全縣人口28.59萬，劃「右」84名，「在反右派鬥爭中，農村有1,250人被批鬥，根據中央規定在工人、農民中不劃右派的通知精神，遂按地富反壞分子予以處理。」[266]

1957-9-1甘肅鎮原縣開展大鳴大放大辯論：「合作化好不好」、「糧食統購統銷政策好不好」、「一年420斤糧食夠不夠吃」，至年底，鬥爭424人，批判184人，逮捕50人。78名地富取消社員資格（或改「候補」），原212名候補社員改「監督生產」。[267]渭源縣鬥爭278人，逮捕175人，7人自殺。[268]

甘肅財貿幹校學員楊偉，高中畢業參軍「抗美援朝」，轉業蘭州商業局；1957年入幹校，畫了幾隻小鳥牆頭張望，運動中逼他檢討；楊偉性情耿直，與之論理（態度惡劣），劃「三反分子」，送夾邊溝勞教，1960年餓死。另一位財貿幹校青年學員李志堅，被左派翻出鋪下紙條，「星星雖然比月亮小，但它卻發出了自己的光」，劃「三反」，送夾邊溝，1960年餓死。[269]

（五）判刑（有限收集）

1961年9月全國第二次改造右派工作會議，中央統戰部報告：

> 近年來全國逮捕法辦右派三萬人，加重處分的，有的單位高達60%，有的地區（如縣、區）達50%。有不少不應加重處分也加重處分、不應捕的捕了。有的只講錯一句話，就作為法辦的依

[265] 尹曙生：〈「大躍進」前後的社會控制〉，《炎黃春秋》2011年第4期，頁11。
[266] 《原平縣志》，中國科學技術出版社（北京）1991年，頁66、607。
[267] 《鎮原縣志》（上），鎮原縣志編委會1987年，頁261-262。
[268] 《渭源縣志》，蘭州大學出版社1998年，頁499。
[269] 趙旭：《夾邊溝慘案訪談錄》，頁181～182。

據，不管表現好壞，也開除公職。[270]

按《處理原則的規定》，包括勞教、下放農村（勞動察看）限30%。安徽「右派」31,472名，[271]除987人，均送勞改、勞教。[272]

先後判刑的北大「極右」生（前面已列不重複）：張強華（15年）、許南亭（13年）、張元勳（8年）、李亞白（8年）、顧文選（8年）、賀永增（5年）、趙清（4年）、林樹果（4年）……，向外國使館請求政庇的中國人民大學何鐵生（15年）、北師大陸正（12年）……[273]

判刑15年的清華生趙樹範（設立「自由論壇」）、馬維琦（張貼大字報〈還政於民〉）、孫寶琮（寫〈神・鬼・人〉）。[274]

北京政法學院畢業生、瀋陽民政局青年幹部陳以強（1930-2013），不認「右」罪，轉「現反」，判刑15年；獄中發明《三角號碼字典》（1983年出版）。[275]

雲南富民縣檢察長楊明，批評縣委書記李元慈「惡霸作風」，以「右派＋反革命」判刑15年。[276]

北師大中文系1953級「右生」辛桂彬（1927-）起草全校第一張大字報，判刑十年。中文系1953級「右生」許有為（1926-2021），1964年執教安徽長豐縣下塘中學，與一位高三女生（烈屬）訂婚，指為「階級報復」，強行拆散；再因評議「毛主席整彭德懷是不對的」、要求赴古巴援助革命成「投敵叛國」，判刑八年。[277]

《星星》詩案石天河15年、儲一天20年（一審「無期」）、陳謙五年（後加刑20年）、萬家駿五年；一位川大生與一位民主人士同判20年，民主人士出了法庭大聲說：「大家都不要怕，哼！20年，這樣蠻不講理的

[270] 羅平漢：《1958～1962年的中國知識界》，中央黨校出版社2008年，頁200。

[271] 《安徽省志》第2卷（大事記），方志出版社1998年，頁423。

[272] 尹曙生：〈勞動教養和反右派鬥爭〉，《炎黃春秋》2010年第4期，頁9。

[273] 陳奉孝：《夢斷未名湖》，頁59、26。王書瑤：《燕園風雨鑄人生》，頁150。

[274] 靭鋒：〈回憶「反右」期間的北京高校〉，《九十年代》（香港）1990年7月號，頁96。

[275] 劉賓雁：〈書中沒寫的故事〉，《人民日報》1984-1-21，版3。

[276] 丁抒：《陽謀──反右派運動始末》，頁315。

[277] 辛桂彬：〈厄運結束已夕陽〉；許有為：〈丁酉五十年祭〉；《不肯沉睡的記憶》，頁205～212、188～196。

殘暴的統治，它還能支持20年嗎？我們可以把它的牢底坐穿！」[278]

右派升格「反革命」，獄中最受歧視，犯人中的犯人。[279]

（六）「內控」右派：

一些不便劃「右」但內部控制的右派，如北大校長馬寅初、油畫《開國大典》作者董希文（中央美院教授）、蕭光琰（大連化學物理研究所研究員）、葛庭燧（瀋陽金屬研究所研究員）。

社會徹底政治化，中共對所有社會成員劃六檔：左、中左、中中、中右、右、極右。江蘇省委給中央的報告（1958-1-11）：

> 在鳴放過程中，民主黨派領導人對大字報上揭發的大量問題，……(1)表現積極的，民革任崇高（左）、計雨亭（左）、民盟陳中凡（中左）等；(2)情緒相當緊張，但還能表示接受批評、表示願意改正錯誤的，如民進吳貽芳（中中）、民建張敬禮（中中）等；(3)企圖混過關去的，如民建陳遂衡（中左）、九三劉開渠（中右）等；(4)沉默、消極的，如民建於□□（中右）、九三陳鶴琴（中右）等；(5)抱對抗態度的，如民盟高一涵等。[280]

1957年9～10月，貴州湄潭縣將縣直機關663人排隊：左派220名，中左98名，中中167名，中右103名，右派45名，極右30名。[281]

三、六類處理

周恩來主張「批判從嚴，處理從寬」，親下高校、文藝界、民主黨派咨詢處理方案，遭毛澤東嚴厲警告：「距離右派只有50米」（1958年1月南寧會議），同時挨批的還有陳雲。童小鵬（周祕書）：「這時周恩來

---

[278] 石天河：《逝川憶語──《星星》詩禍親歷記》，頁375～376。

[279] 陳奉孝：《夢斷未名湖》，頁70。

[280] 《情況簡報（整風專輯）彙編》（57）1958-2-27。《反右絕密文件》第11卷，頁140。

[281] 《湄潭縣志》，貴州人民出版社1993年，頁606。

對右派分子的處理也就不好再說什麼了，即使說了也無濟於事。」[282]南寧會議，毛澤東還指著薄一波：「我看你不是右傾的話，至少也是中間偏右！」[283]1958-1-12毛澤東在南寧會議上當面訓斥「反冒進派」：

> 政治局成爲一個表決機器，像杜勒斯的聯合國，你給個十全十美的文件，不通過不行。……我有一個手段，就是消極抵抗，不看。你們的文件，我兩年不看了。今年還不準備看。[284]

1957-12-14中共中央擬定處理方案。1958-1-13經修改下發〈關於在國家薪給人員和高等學校學生中的右派分子處理原則的規定〉，即六類處理：

> 1.情節嚴重、態度惡劣的，實行勞動教養；其中情節特別嚴重、態度特別惡劣者的，在勞動教養的同時，還應當開除公職。應行勞動教養的人，如果本人不願接受勞動教養，也可以讓他自謀生活，並且由他的家庭和所屬居民委員會負責在政治上加以監督。
>
> 2.情節嚴重，但是表示悔改，或者態度惡劣，但是情節不十分嚴重的，撤銷原有職務，送農村或送其他勞動場所監督勞動。對於監督勞動的人，在生活上可以按具體情況酌予補助。
>
> 3.情節與第一類第二類相似，但是本人在學術、技術方面尚有專長，工作上對他還有相當需要，或者本人年老體弱，不能從事體力勞動的，撤銷原有職務，實行留用察看，並降低原有待遇。
>
> 在上述第二類和第三類情況下，如果本人既不願接受監督勞動，又不願接受留用察看，也可以讓他自謀生活，並且由他的家庭和所屬居民委員會負責在政治上加以監督。
>
> 4.情節較輕，願意悔改的，或者情節與第一類第二類相似，

---

[282] 童小鵬：《風雨四十年》第2部，中央文獻出版社1996年，頁258。《毛澤東年譜（1949～1976）》第3卷，頁278。《陳雲年譜》中卷，中央文獻出版社2000年，頁408、410。

[283] 薄一波：《若干重大決策與事件的回顧》上卷，頁555。

[284] 《毛澤東思想萬歲》第3冊（1958～1960），頁7。

但是在社會上有相當影響、需要加以照顧的，撤職原有職務，另
行分配待遇較低的工作。

　　5.情節較輕、悔改較好的，或者情節與第一類第二類相似，
而在社會上有較大影響，或者在學術、技術方面有較高成就，需
要特殊考慮的，實行降級降薪。如原有兼職較多，應當撤銷其一
部分或大部分職務。

　　6.情節輕微、確已悔改的，免予處分。

簡要概括：(1)押送勞教、(2)監督勞動、(3)留用察看、(4)降級使
用、(5)降級降薪、(6)免予處分。

1957-12-14下達的〈關於在國家薪給人員、高等學校中的右派分子
處理原則〉，明文規定：

　　共產黨員和共青團員中的右派分子，一律開除黨籍和團籍。

　　凡在1956年社會主義改造高潮到來以後參加民主黨派的右
派分子，除解放前對民主革命或解放後對國家工作有過相當貢
獻，並確有悔改表現的，和在反右派鬥爭中立了功的以外，都應
當開除出黨。[285]

陳時偉、孫大雨、羅翼群等地方上「名右」，開除民主黨派黨籍。
中央級「右派」則裝潢門面，章伯鈞、羅隆基、章乃器撤銷部長及人
大職務，保留全國政協委員，章伯鈞保留政協常委。被保留的政協委
員（含省市政協委員）：沈志遠、曾昭掄、費孝通、錢端升、劉王立明、
浦熙修、陶大鏞、馬哲民、宋雲彬、潘大逵、姜震中、鮮英、楊子恆
等。[286]

《處理原則的規定》降低對學生右派的「一律開除學籍」：

　　1.情節嚴重、態度惡劣的，保留學籍，送農村或其他勞動場
所實行勞動察看。個別情節特別嚴重，態度特別惡劣的，應當開
除學籍，實行勞動教養。但是應當選擇個別反面典型在開除學籍
後留校監督勞動。

---

[285]　《千名中國右派處理結論和個人檔案》第6冊，頁261～262、248～249。
[286]　《千名中國右派處理結論和個人檔案》第6冊，頁245、263～273。

　　2.情節嚴重，但是表示願意悔改，或者態度惡劣，但是情節不十分嚴重的，可以留校察看，繼續學習。

　　3.國防、外交等機密性專業中的右派分子，除了開除學籍者外，應當轉學或者轉系。

　　4.情節較輕，悔改較好的，免於處分。

同時另件規定──

　　保留學籍，送農村或者其他方面實行勞動察看的，應該控制在30%左右。[287]

最初機密專業一律開除學籍，現稍開口子：情節輕微可轉系轉學。

具體掌握口徑：凡兩個「惡劣」（情節惡劣、態度惡劣），定「極右」，一類處理（開除學籍或公職，勞動教養）；一個「惡劣」，二類處分（保留學籍，勞動考察）。[288]決定處理等級流程：群眾公議、基層提議、領導決定。

勞動教養算是「給出路」，得打報告申請。北大「右生」王書瑤：

　　要我自己寫申請，自己申請對自己的處分！還申請去勞動教養！[289]

高教部規定畢業「右生」不能當助教及從事科研，各單位也都不要「右生」。天津大學認為當中技教師也不行，盡量將「右生」分配到小廠幹體力活。天津師院認為「右生」不能當中小學教師，只能從事體力或輔助工作。河北紡織局將分配來的「右生」塞入紡織廠當清潔工輔助工。[290]

唯一需要右派「配合」的：在結論上簽字。《人民日報》右派藍翎：

　　讓「右派」在結論上簽字畫押時，一個挨著一個，只給約20分鐘時間，匆匆看一遍，說那些材料和結論都經過了反覆研究、認真核對、鐵板釘釘，毋須申辯，簽不簽由你，不簽也可以，加重處分，強制執行。[291]

---

[287] 《千名中國右派處理結論和個人檔案》第6冊，頁262、274。
[288] 李莊臨：〈二十一年的右派改造生涯〉，《抹不去的歷史記憶》，頁261。
[289] 王書瑤：《燕園風雨鑄人生》，頁225。
[290] 《內部參考》第2306期（1957-9-10），頁13。
[291] 藍翎：《龍卷風》，上海遠東出版社1995年，頁206。

「面對面」給看結論，不錯了，還有大量「背靠背」，根本不給看結論就要你簽字，甚至連簽字都省略了。

《新湖南報》54名「右派」：12人勞教，11人監督勞動，其餘開除黨團籍、開除公職、降職降薪。「不少人妻離子散，有的迫於生計，只好流落街頭，靠拖板車為生」。[292]主張黨外辦報的鍾叔河（1931-），自謀生路，描圖為業，月入四五十元，定時上派出所點卯（五類分子學習組），但比勞教好得多，相對自由，不用下鄉，未挨三年大飢餓。[293]

湘中新邵縣363名「右派」：15人逮捕，42人勞教，108人開除公職，50人開除留用。[294]

處決（極有限收集）

王格（?-1961，東北工學院講師）、吳紀仁（191?-1970，北外教師）、毛應星（1925-1970，甘肅農校女教師）、周信喬、朱光瀾夫婦（廣西博白縣中教師）。

北大師生：黃中奇（?-1958）、林昭（1932-1968）、沈元（1938-1970）、任大熊（1932-1970，助教）、顧文選（1934-1970）、吳思慧（1933-1970，研究生）、黃立眾（1936-1970）、張錫錕（1938-1976）、任宗正（1938-1970）。

劉世廣（1936-1970，清華生）、徐關增（1938-1970）[295]、張春元（1932-1970，蘭大調幹生）、曹介弘（1939-1970，北京高校生）、張九龍（1939-1970，北京高校生）、馬雲鳳（1939-1970，北航生）、劉鳳翔（1931-1971，湖南農民報編委）[296]、劉文輝（1937-1967，上海造船廠青工）。

中共黨員：朱希（1938年入黨）、周居正（1930-1964，1945年入黨，越獄白公館）、朱守忠（1920-1970，上海第一速成師範副校長）、蔡鐵根（1911-1970，1939年入共黨，大校）、楊應森（1931-1964，志願軍中尉）、陳學詩

---

[292] 朱正：〈新湖南報社的反右鬥爭〉，《二十一世紀》（香港）1997年4月號，頁41。

[293] 朱正：《小書生大時代》，北京大學出版社1999年，頁199。

[294] 鄭昌明：〈新邵縣反右鬥爭簡要〉，《邵陽文史》第29輯（2001-12），頁139～140。

[295] 〈1970年山西大同13名死刑犯判決書〉https://www.doc88.com/p-7394318839334.html

[296] 朱正：〈新湖南報社的反右鬥爭〉，《二十一世紀》（香港）1997年4月號，頁42。
2020-9-22，朱正先生函示劉鳳翔墓碑：1931-7-15～1971-4-4。

（1935-1959，游擊隊員，志願軍偵察排長，瀘西師範附小教師）。[297]

1970-7-30南京處決十餘人，其中四名「右派」（罪名「偷越國境、煽動知青回城」）：孫本喬（1936-1970，北京工大「右」生）、陸魯山（193?-1970，北京農機學院「右」生）、姚祖彝（1928-1970，外貿部英譯）、王桐竹（1935-1970，中央編譯局俄譯）。[298]

被處決的基督徒「右派」2,230名。[299]

迫害致死（極有限收集）

遼寧省政協委員、東北財經學院法學教授趙鴻翥(1887-1960)，極右，判刑5年，1960年瘐斃，1980年平反。[300]教育部副部長柳湜（1903-1968），1928年入共黨，獄中打死（腿折、腦裂）。[301]蔣養毅（湖南航運局子弟學校教師，文革初期被扁擔打死）。[302]

1959-4-6劉奇弟、陳奉孝押往黑龍江密山興凱湖勞改農場。劉奇弟不認罪，多次吊打、關小號（長1.5米，寬0.8米，高1米，鋪20公分稻草，戴鐐銬），瘋了，1961年凍餓死於小號。[303]小號每天3.8兩苞米麵（窩頭或稀粥）。北京獄醫經研究：不幹活，3.75兩苞米麵就能維持生命，3.8兩已算「革命人道主義」。陳奉孝多次蹲小號，：「長期飢餓的滋味可真難熬呵，……凡是1959～1961年在北京勞改單位關過小號的犯人，一提到『三兩八』沒有不害怕的。」[304]

留美教育學博士董時光（1918-1961），韓戰爆發後發表反美文章，1953年驅逐出美，執教西南師院教育系。1957年「鳴放」，董時光致函毛澤東：「初解放時，知識分子都歡欣鼓舞，以為從此可以自由地想、自由地談、自由地寫、大膽批評、大膽陳述不同意見了。」致函友人：「以我們的經濟平等，加上政治上的民主，我們和資本主義社會比較起

[297] 鐵流：〈現場觀斬，他被槍斃〉，https://hk.aboluowang.com/2015/0420/544889.html

[298] 杜高：《我不再是「我」──一個右派分子的精神死亡檔案》，頁11～13。

[299] 謝選駿：〈五七右派的歷史定位〉，《「反右」與當代中國命運》，頁17。

[300] 百度百科：https://baike.baidu.com/item/赵鸿翥

[301] https://baike.baidu.com/item/柳湜

[302] 朱正：《反右派鬥爭全史》下冊，頁398。

[303] 陳奉孝：〈北大反右運動中的遇難者〉，《往事微痕》第11期，頁14。

[304] 陳奉孝：《夢斷未名湖》，頁67、356。

來，便不比他們差了。」董時光一片丹心換來「極右」，川省右派典型、西南師院六千人「批判右派言論大會」（學生會主席馬嫻華主持，1995年自殺的北京副市長王寶森之妻）。董時光堅決否認反黨反社會主義，批鬥會上高呼：「你共產黨有400萬解放軍，我董時光有正義感。」董時光發配415勞改築路隊，修築成昆鐵路；1961年用呢毯換得鄉農一斤牛肉乾，一氣吃完，餓腸久癟，梗阻而死。[305]

勞動教養（極有限收集）

1957年7月中旬，青島會議，毛澤東：「搞個勞動教養條例，除了少數知名人士之外，把一些右派都搞去勞動教養。」[306]勞動教養，美其名曰「勞動、教育和培養」，實則強迫充當廉價勞動力。7月26日國務院全體會議通過〈關於勞動教養問題的決定〉，8月1日全國人大常委會通過，8月4日載《人民日報》，配發社論〈為什麼要實行勞動教養〉：

> 對於這些壞分子，一般地用說服教育的辦法是無效的；採取簡單的懲罰辦法也不行；在機關、團體、企業內部也決不能繼續留用；讓他們另行就業又沒有人願意收留他們。因此，對於這些人，就需要有一個既能改造他們，又能保障其生活出路的妥善辦法。根據人民政府長期的研究和考慮，把他們收容起來，實行勞動教養，就是最適當的也是最好的辦法。[307]

勞動教養搬學於蘇聯，無須任何法律手續，任何單位（甚至家長）一紙申請，就可剝奪人身自由、強迫勞動。1956年3月以前已實際執行，文化部副部長徐光霄在「反革命」杜高蕭反結論上批示：「擬予勞動教養。」[308]雲南元謀新民勞教農場，「右派」每月生活費15元。[309]

李維漢：

> 全國55萬餘被劃為右派分子的人半數以上失去了公職，相當多數被送勞動教養或監督勞動。有些人流離失所，家破人亡。少數在

---

[305] 鐵流：《走錯房間的右派精英》，頁170～174。
[306] 青島會議發言記錄稿。沈志華：《思考與選擇》，頁681。
[307] 〈國務院關於勞動教養問題的決定〉，《人民日報》1957-8-4，版1。
[308] 杜高：《我不再是「我」——一個右派分子的精神死亡檔案》，頁90～91。
[309] 喻民：〈苦難歲月的回憶〉，《命運的祭壇》上卷，頁239。

　　原單位留用的，也大多用非所長。[310]

　　1958年3月、11月，中央部委兩批遣送北大荒850、853農場勞教右派1,411名，1958年秋～1960年冬，餓死、工傷、自殺死亡34名。這批流放者中：陳新桂、吳紹澍、謝和賡、王懷安、王倬如、吳祖光、聶紺弩、沈默君、郭允泰、李景波、梁南、高汾、吳永良、朱啟平、戴煌、徐穎、尹瘦石、胡考、丁聰、黃苗子、蕭離、張曉非、楊角……[311]

　　1960～1961年，天津東郊清河勞教農場與其他勞教農場餓死的北大「右生」：陳洪生、張行陶、林建榮、朱祖勳、黃思孝、袁植芬、肖其中。[312]史良祕書孫文銓，1961年1月也餓死於該農場，孫文銓之子孫福生：「當時死的人太多了，……那天下著大雪，也沒有馬車，從農場到火車站幾十里路，去接親人遺物的人在雪地裡連成一線，真是慘極了。」約300人的春耕隊，沒一個活到夏天。遼寧凌源縣新生焦化廠（勞改工廠），300人的右派勞改中隊餓死227人。[313]

　　雲南昭通專區「右派」614名，反黨分子、壞分子、階級異己分子等1,300名，全部送勞教，至1962年整死222人（扣飯、自殺）。[314]

　　廣西橫縣「右派」297名：入獄5人，勞教215人，撤職33人，遣籍10人，開除留用20人，原單位勞改5人，降職降薪7人，逃跑2人。[315]

　　大躍進中，批捕、勞教人員驟增，監獄客滿，京滬浙粵閩「兩勞犯」紛紛送往西北。青海三年內接受二十多萬犯人與2.5萬勞教犯（五千餘女性），高寒、飢餓、缺氧、繁重勞動，三年內勞教犯死亡4,159名（千餘女性），其中三千餘右派。女勞教犯所受屈辱苦難，難以想像，倖存者多不忍憶述。[316]

　　在勞教農場，「右派」最末位（敵我矛盾），犯人班組長盡是偷搶

[310] 李維漢：《回憶與研究》，下冊，頁839。

[311] 吳永良：《雨雪霏霏──北大荒生活紀實》，頁114～115、173～218。

[312] 王書瑤：《燕園風雨鑄人生》，頁322。王書瑤：〈一個北大勞教學生右派的索賠書〉，《五七精神‧薪盡火傳》，頁466。

[313] 丁抒：《陽謀──反右派運動始末》，頁121、334、340。

[314] 李曰垓：〈噩夢醒了嗎？〉，《往事微痕》第22期，頁51～57。

[315] 《橫縣志》，廣西人民出版社1989年，頁15～16。

[316] 尹曙生：〈勞動教養和反右派鬥爭〉，《炎黃春秋》2010年第4期，頁9～10。

騙姦刑事犯（人民內部矛盾），文化很低的刑事犯肆意嘲謔右派，炫耀刑事犯是一般生活問題，「右派」則是嚴重政治問題。[317]國府國軍「歷反」也比「右派」（現反）高一截，學習會上洶洶聲討「右犯」。[318]

1959～1961年餓死在雲南元謀新民勞教農場的「反動學生」和翔齡、夏培春、拜登，均為16歲初中生。該場最小教養員：小水（8歲）、小雙（7歲）、小啞巴（10歲）。[319]青海都蘭縣香日德勞改農場老四站分場兩千餘犯人，餓剩不到200人，死亡率超過90%。[320]

勞教還會無限延長。杜高原定勞教三年，實際「1958年4月到1969年11月，整整11年6個月，我被囚禁在勞改農場實行強制改造」。明明批准解教文件日期1969年4月22日，拖至10月1日才向他宣布。[321]

2013-12-28中共政府廢止「勞動教養」（實行56年5個月）。

四、各式傷害

廣東省委講師團「漏網右派」林文山（1928-2004，筆名「牧惠」）：

> 反右派開始，……很難入睡，常做惡夢，開始靠安眠藥過日子了。我只好一個人躲在房裡用撲克牌「算命」。其實，哪裡還用得著算什麼命，同情而且支持極右派分子，給他提供炮彈，扣上一頂右派分子的帽子，還不是「16兩翹翹」的嗎？……不敢不認罪，深挖自己對土改整隊、對地方主義的種種「錯誤認識」，……我添油加醋地往自己頭上澆糞水！度日如年地心裡打鼓，……天真地希望能發配到原先打游擊的地方去勞動改造以便得到老鄉親的某些照顧。
>
> 這樣折騰了一個多月，原先有說有笑的領導板著面孔找我談話，通知我：「明天開你的辯論會。」該來的終於來了。我甚

[317] 張先癡：《格拉古實錄》，秀威（臺北）2014年，頁109。
[318] 周沙白：〈「陽謀」織造的風雨人生〉，《不肯沉睡的記憶》，頁156。
[319] 魏光鄴：〈荒唐——見習右派少年的厄運〉，《命運的祭壇》上卷，頁560。
[320] 文徹赫恩：《苦難的歷程》，勞改基金會‧黑色文庫編委會（華盛頓）2003年，頁90。
[321] 杜高：《我不再是「我」——一個右派分子的精神死亡檔案》，頁2、7。

至想：早來比晚來好，我的神經已經緊繃得就要斷弦了。

　　第二天「辯論會」，省委宣傳部負責人開場定調：「林某的錯誤是嚴重的，但仍然屬於人民內部矛盾。」原來省委討論時，老領導、省委宣傳部長王匡撈救了他：「這個人有點才華，既然已經夠額，就不打他算了。」王匡在延安曾遭「搶救」，整得一度嗚呼哀哉。[322]

一頂「右」帽等於猶太黃星，人格侮辱、精神摧殘、生活煎熬。新華社「右派」劉乃元：

戴了右派帽子的人必須受孤立，如果沒有事，誰都不和右派分子說話，交談也要板著面孔。有時幾個人正在談笑，走進一個右派分子時，談笑立即停止。「人民的敵人」不能娛樂，所以禮堂放電影右派分子是被拒之門外的。辦公室裡的內部傳達不許右派分子聽，每當組長傳達時我和鄰桌的杜就得離開，在走廊待十幾分鐘然後回去。[323]

右派除了參加批鬥會，不能參加任何會議。[324]

中共要求對右派「鬥垮鬥臭」。《人民日報》1957-8-9（版1）──

在中央國家機關中，每天都有一百個左右的大型或小型的辯論會，同右派分子進行說理鬥爭，形成了一場政治上和思想上的大論戰。許多單位在同一個右派分子進行說理鬥爭時，都要開10次到20次的各種會議，直到把右派分子駁得體無完膚，使他徹底繳械投降為止。

1957-6-9～1958-4-11民主黨派64次大小會議，「民盟」中央整風領導小組召集23次會議，矛頭主要對準「章羅聯盟」。[325]

西藏工委副書記范明少將（1914-2010），略曉醫術，毛澤東囑他攻克癌症，「極右」，開除黨籍軍籍、收回勳章獎狀，大小會批鬥104天。[326]

---

[322] 牧惠：〈「漏網」〉，《荊棘路》，頁453。

[323] 劉乃元：〈「資產階級右派分子」〉，《荊棘路》，頁311。

[324] 白樺：〈暴風中的蘆葦〉，《作家人生檔案》上冊，頁175。

[325] 章詒和：〈順長江，水流殘月──淚祭羅隆基〉，《中國時報》（臺北）2007-5-2。

[326] 《中共重要歷史文獻資料彙編》第22輯第24分冊（2007），頁1～10。

　　1957-9-6～13，北京影劇界四場批鬥吳祖光大會。[327]吳祖光哀求能否再開一兩次可結束？[328]截至1957-12-23，上海作協10次批鬥傅雷。[329]一遍遍檢討，一次次交代，一下下「自掌嘴」，過了一關又一關，關外還是山連山。從反右至文革，王造時寫了近百份檢查。[330]

　　團中央禮堂批「右」大會，被鬥「極右」杜高：

> 他（按：青年作家黃悌）也盡情地把我描繪成一個資產階級惡少。不需要任何證據，他便信口開河在上千人面前罵我如何卑劣，是玩弄女性的老手，和我有過友好交往的女青年都變成了我玩弄的對象。他的發言果引起強烈反響，收到了意想不到的效果，全場人都屏息靜聽，還不時有嘖嘖驚歎。我聽到坐在附近的女青年低聲問：「哪一個是杜高？快指給我看看！」我深深埋下頭，躲避那像在動物園裡觀賞怪獸的驚奇目光。[331]

　　10月，北京地質學院「右生」吳弘達（1937-2016）：

> 一份又一份的「坦白交代」、「挖掘階級根源」的思想檢查寫不完。我完全被孤立起來，沒有一個同學、老師為我說話，兩個黨團員日夜吆喝看著我，運動隊開除了我，不准打球！不准看電影！他們在批判我的大字報、小字報用了一個新的「你」字，不是人字邊而是犬字邊。家人及朋友的來信全都被扣留，我也不能寄信，逼著我交出日記給黨支部檢查。[332]

　　中央外事幹校「極右」副教授巫寧坤：

> 我在「大辯論」中唯一的權利是承認任何提出的罪名。任何解釋或澄清事實的企圖都被大聲斥責為對革命群眾的「反攻倒算」、堅持右派反革命立場的表現。[333]

---

[327] 〈吳祖光反動小集團徹底敗露〉，《人民日報》1957-9-16，版2。

[328] 《中共重要歷史文獻資料彙編》第22輯第36分冊，頁66。

[329] 《傅雷家書》，三聯書店（北京）1998年第5版，頁128。

[330] 黎明：〈反右——中國現代知識精英的醜陋和恥辱〉，《五七精神‧薪盡火傳》，頁303。

[331] 杜高：《我不再是「我」——一個右派分子的精神死亡檔案》，頁129。

[332] 吳弘達：《昨夜雨驟風狂》，頁45。

[333] 巫寧坤：《一滴淚》，頁62。

四川省委辦公廳彙報：

西南師範學院發生擰右派分子的耳朵、打右派分子、不給他們吃飯等情況。四川師範學院也出現給右派分子畫花臉、背亡命旗、戴高帽子等情況。[334]

1957-7-15新華社《內參》，〈重慶市委討論如何扭轉目前反右派鬥爭中的「頂牛」局面問題〉：

重慶反右派鬥爭深入後，不少單位因為雙方「卡」住了，群眾情緒急躁，接連發生毆打、侮辱鬥爭對象的事件。有些問題因鬥爭對象拒絕到會、耍賴、狡猾，會都很難開下去。據瞭解，「頂牛」的原因，大致有下列幾種情形：

1.不許右派分子保留意見，什麼都硬逼著他們承認。有的在會上檢查了六次，還是不通過。

2.硬追組織聯系。一般右派集團本來只是幾個人經常來往，沒有什麼名義，也沒有成文的綱領、章程，不少人卻熱衷於在這方面追查，而多數右派分子則深怕承認組織聯系被作為反革命處理。

3.發動群眾不夠，聲勢不大，只是黨員、少數左派分子孤軍作戰，壓不下「右派」的氣焰。

4.鬥爭簡單粗暴，論據不足，駁不倒對方。

5.對右派分子內部的分化工作做得差，特別是對右派集團內部的動搖分子及中間偏右分子爭取不夠。因此，掌握不到核心材料，打不中要害，右派首要分子有恃無恐。

6.打得不狠，態度猶豫不決……

上述幾種情況，以鬥爭方式的簡單化最為普遍。……只好沿襲鬥地主惡霸的老方法，憑群眾壓力，不注意揭發事實……[335]

清華大學批判錢偉長辯論會，某生按報上說錢偉長有毒害學生的「五把刀子」。為錢偉長辯護一方：「你說錢偉長有五把刀子，你把五

---

[334]　《情況簡報（整風專輯）彙編》（8）1957-7-26。《反右絕密文件》第2卷，頁70。
[335]　《內部參考》第2257期（1957-7-15），頁8～9。

把刀子拿出來讓大家看一看？」對方顯然不知「五把刀子」是什麼：「你們說錢偉長沒有五把刀子，那你們把⋯⋯」辯方立應：「沒有刀子怎麼能拿給你看？」全場哄笑。「在這樣的辯論中，控方總是被駁得理屈詞窮，被問得張口結舌。反右運動遇到了頑強的阻力。」[336]

批鬥會上也出現打撲克、打瞌睡、看小說。[337]黨政機關、文化單位每天下午開右派批鬥會，「每天有三個半小時至四個小時的時間，他必須答而不辯地回答各種咄咄逼人的、刁鑽古怪的、挖空心思的和信手拈來的問題。」[338]

安徽採取「分配對象、分工包幹」，每個右派都有一個3～4人的戰鬥小組，步步跟隨，每日緊逼，施加壓力。很快總結出鬥「右」經驗：小會練兵大會攻、鬥爭對象必須到場、有對象的帶無對象的科系⋯⋯[339]

安徽省委指示：

> 鬥爭要分配對象、包幹作戰，要有指揮部和戰鬥組的組織。每個戰鬥組要有懂得理論的、會寫會作的，也要有搜集材料的，大體上三個鬥一個，兵對兵，將對將的。⋯⋯鬥爭前一定要有準備。鬥疲了就要整頓，暫時休戰。沒有新材料、沒有動人的材料就不要開辯論會。[340]

如有令批鬥對象難堪的男女問題，最佳批鬥材料。[341]1957-7-25中國作協批鬥「丁陳反黨集團向黨猖狂進攻」，天津作協主席方紀帶著黨員女作家柳溪到場，柳溪（1924-2014）上臺哭訴陳企霞對她的身心摧殘、揭發陳的反黨言論。[342]

北京王府井全國文聯大樓批鬥艾青——

---

[336] 黨治國：〈科學的良心——紀念黃萬里老師〉，《記憶：往事未付紅塵》，頁285。

[337] 〈河南省委整風辦公室副主任高維彙報〉。《情況簡報（整風專輯）彙編》（7）1957-7-20。《反右絕密文件》第2卷，頁52。

[338] 邵燕祥：《沉船》，上海遠東出版社1996年，頁135。

[339] 《情況簡報（整風專輯）彙編》（4）1957-7-10。《反右絕密文件》第1卷，頁201～202。

[340] 《內部參考》第2253期（1957-7-10），頁40。

[341] 石天河：《逝川憶語——《星星》詩禍親歷記》，頁182。

[342] 邢小群：《丁玲與文學研究所的興衰》，山東畫報出版社2003年，頁130。

臧××、馮×、徐×先後發言，聲色俱屬地痛斥他生活腐敗，甚至大講某些「細節」，令艾青無地自容。情形之卑劣，超過了延安整風。艾青欲起身解釋，立即有一些人大喊：「艾青，你老實點！」[343]

大會轟小會逼，分秒難捱。一位挨鬥者實錄──

鬥爭會的那種氣氛，群眾的憤怒、辱罵、威脅、一片呼喊聲包圍著你，令你不能不心驚膽戰、汗流滿面、不敢抬頭。最使我痛苦的是那一張張本來很熟悉的面孔忽然都變了樣，不知這是真恨你呢還是表演給人看。他們不但憎惡你，還對著你笑，似乎你愈狼狽他們就愈嘗到了「與人鬥」的快樂。這使我的自尊心受到了致命的傷害。[344]

拍桌子打板凳、呼口號低頭站，還是「初級階段」。河南新鄉地委對右派「站崗放哨」，甚至準備集中居住統一監視。洛陽專署鬥爭右派，「動手動腳，拉來拉去」，大字報貼到右派背上。信陽地委則疲勞戰，整夜鬥爭。[345]有的對「右派」分子諷刺辱罵、「熬鷹」、不給水喝、不許說話、不許坐下。左派標誌就是「堅決鬥爭」右派，北師大一左生「火線」入黨。[346]

農村的大辯論，一如土改，動手開打。截至1957-9-11，吉林公主嶺地區打人75起，打死一人。[347]

浙江黃巖海門鎮中學──

語文老師施因，因不肯認罪觸怒了當權者，在眾目睽睽之下，被拖到廁所插入糞中，當他被拎出來時，黑色的頭髮上閃光著黃色的糞便，糞尿順著他瘦削的臉徐徐向下淌，⋯⋯沒過多久施老師的岳母跳河自盡。再不久，嚴正學又聽到了押往外地勞動教養的

[343] 程光煒：〈艾青在1956年前後〉，《荊棘路》，頁15。

[344] 杜高：《我不再是「我」──一個右派分子的精神死亡檔案》，頁81。

[345] 《情況簡報（整風專輯）彙編》（6）1957-7-20。《反右絕密文件》第1卷，頁283。

[346] 《「陽謀」下的北師大之難》上冊，頁256。

[347] 《情況簡報（整風專輯）彙編》（25）1957-9-23。《反右絕密文件》第5卷，頁89、93。

施因老師的死訊。[348]

河南光山縣——

> 1957年反「右派」時沒有一個右派不挨打的。⋯⋯把犯錯誤的人
> 集中起來用豬槽盛稀飯，讓他們用手抓著吃。[349]

當眾羞辱、罰站罰跪、推拉捆綁、抓頭髮、搧耳光、潑髒水，不許
與任何人接觸，挽聯貼進家門⋯⋯。安徽棕楊初師「右派」教師李忠安
上吊。泗縣中學鬥爭「右派」副校長馮秀媛（1902-1977），指定積極分
子唱快板、打手心、東推西拉。[350]還有種種特殊待遇——食堂飯桌插上
寫有姓名的小白旗（以便學生監督），私拆信、窺日記、查思想。[351]

黨團員「右派」心理落差更大：改造者淪為被改造者，挨批挨鬥之
初，莫知應對，一個勁擺說個人紅色履歷、剖白愛黨真心，接著被迫檢
討，從「避重就輕」至「就重棄輕」，直至自扣屎盆「上綱上線」，否
則絕難過關。[352]

有的右派提煉出檢討範本：先驚呼黨的方針政策英明偉大，最初認
識浮淺有牴觸，通過自我批判，發現反動思想根深蒂固、反右運動十分
必要——

> 我這樣的人不經過反右批鬥能行嗎？我從心底感謝反右對我的
> 挽救，感謝黨讓我到這裡來改造，我心悅誠服接受黨對我的挽
> 救，願意一輩子在這裡勞動、一輩子在這裡改造等等。然後再盡
> 量作踐自己、痛罵自己、醜化自己，盡量往自己身上潑最髒最髒
> 的髒水，總之要通過右派自己的嘴說出對右派集體懲罰的正當
> 性。[353]

也有會上承認會後推翻，或「耍死狗」——不發一言。河南交通廳
女右派王沼泮，鬥爭會蹲廁40分鐘。南陽地委一名右派抗自殺以抗，河

---

[348] 陳楚、葉再壽：〈流浪畫家〉，《傳記文學》（北京）1992年第6期，頁37。
[349] 楊繼繩：《墓碑》（上），天地圖書公司（香港）2008年11月，頁40。
[350] 《情況簡報（整風專輯）彙編》（56）1958-8-29。《反右絕密文件》第11卷，頁27。
[351] 房文齋：《昨夜西風凋碧樹——中國人民大學反右運動親歷記》，頁214、218。
[352] 張允若：《追夢與反思》，凌天出版社（香港）2013年，頁332～333。
[353] 施建偉、曾鳴：〈南開「反右」雜憶〉，《抹不去的歷史記憶》，頁183。

南農學院一名講師、鄭州大學、開封師院各有兩名學生失蹤。[354]

　　溫州耆宿、市政協副主席劉景晨（1881-1960），民國首屆候補議員，劃「右」後上街，一群紅領巾身後起鬨：「右派分子劉景晨！右派分子劉景晨！」紅領巾後邊跟著團委婦聯人員。行人搖頭歎息，但莫敢阻止。老翁一病不起。[355]

　　右派失去「同志」之稱，接著連「先生」也不行。舒蕪：

　　　被打成「右派」的人，就是只能被人直呼其名的人，……一旦失
　　　去了被稱為「同志」資格之後才感到它的可貴。

　　費孝通「很受不了」直呼其名。1951年美國歸來的女歌唱家張權（1919-1993）發配北大荒，路過哈爾濱，當地文化負責人接站，一聲「張權同志」，感動得她淚流滿面。[356]

　　北師大「右」生述弢（1938-），1958年8月發配寧夏師院，工資袋塗掉「同志」，同志56元，他只有32.5元；開大會，勒令：「站起來！」[357]

　　南開大學生物系一年級「右」生張兆太（1937-2007），二類處理（保留學籍，勞動考察），考察四年，五年制大學讀了九年（1956-1965）。[358]

　　「民盟」中央辛副祕書長與章伯鈞一家熟極，章家門檻跨進跨出。反右後，辛副祕書長路遇章妻李健生（北京衛生局副局長、北京紅十字會長），李揮手奔去，「當辛那雙近視加老花的眼睛透過厚重的鏡片，終於辨清來者為何人的時候，毫不猶豫地轉身180度，快速消失在人流中。」[359]

　　白樺剛戴「右」帽：

　　　在火車上和凌子風擦身而過，他卻斷然把臉轉向窗外的時候，我
　　　才感覺到這頂帽子的沉重。凌子風在北京舍飯寺，和我是忘年

[354]《情況簡報（整風專輯）彙編》（5）1957-7-15。《反右絕密文件》第1卷，頁234。
[355] 鄧煥武：〈我的1957年〉，《反右研究文集》，頁52。
[356]《舒蕪口述自傳》，中國社會科學出版社（北京）2002年，頁274。
[357] 述弢：〈哭泣的青春〉，《不肯沉睡的記憶》，頁84。
[358] 張兆太：〈1957，我的厄運人生〉，《抹不去的歷史記憶》，頁199。
[359] 章詒和：《最後的貴族》，牛津大學出版社（香港）2004年，頁104。

交，熟得不能再熟了。[360]

「極右」巫寧坤之妻李怡楷（1931-）：

> 大多數同事都不理我了，經常有冷冰冰的、鄙視的，甚至敵視的眼光向我投射過來，好像一枝枝毒箭。以前常來我們家和寧坤喝酒聊天、談笑風生的幾位同事，現在路上碰到我就掉過頭去。[361]

南開大學歷史系「右」生張雲鵬：

> 宿舍門上貼著「右派分子張雲鵬住在這裡」，食堂桌上貼著「坦白從寬，抗拒從嚴」。整天寫著檢查，深挖反黨的思想根源，無人理睬，更無人敢和我交談，真是度日如年。[362]

一名學生劃「右」後，「沒有一個同學和我說過一句話，走在路上正眼也不敢看我一下」。1958年春，浙江嵊縣中學高二生金治本背「右派」老師過溪，1959年高考黜落，政審鑑定「與右派分子未能劃清界線」。[363]復旦青年助教李梧齡全校批鬥，女生趙麗珠頂抗，當眾與李講話，勒令退學。[364]

1957-6-6教育部通令：中學、師範學校設置政治課，[365]「右」生考得再好也只給三分。[366]

北師大三名「右」生分配青海，教育廳報到，告知上農村安家落戶：

> 你們不是合格的大學畢業生，不發給工資，只發生活費，每月30元。從現在開始，到財務處去領。這是組織對你們的關懷照顧，應當感謝組織感謝黨。

西寧高中（後青海師院附中），圖畫教師兼圖書館管理員雷一寧：

> 當我上圖畫課時，學生在下面嘰嘰喳喳，眼睛斜睨著我；當我坐在圖書館借書窗口旁時，一個個鬼臉在窗前呼嘯著閃過，有時還扔進一張借書紙條，上面寫的是「打倒右派分子雷一寧」；當我

[360] 白樺：〈暴風中的蘆葦〉，《作家人生檔案》上冊，頁169。

[361] 巫寧坤：《一滴淚》，頁90。

[362] 張雲鵬：〈壯哉57，悲哉57〉，《抹不去的歷史記憶》，頁30～31。

[363] 顧延齡：〈被歧視的右派人生〉，《「反右」與當代中國命運》，頁109、121。

[364] 李梧齡：《泣血年華》，博思出版集團（香港）2002年，頁46。

[365] 〈教育部正式發出通知：中學和師範學校設政治課〉，《文匯報》1957-6-9，版2。

[366] 房文齋：《昨夜西風凋碧樹——中國人民大學反右運動親歷記》，頁230。

在校園裡行走時，土疙瘩或狗屎馬糞之類便莫名其妙地向我頭上身上飛來；當我走進並不暸解我的商店時，總有一伙人圍在一起指著我嘰嘰喳喳，還不時向我投來鄙夷不屑的目光……[367]

「右派」面刺金印，頭勒緊箍，「埋著腦袋走路，夾著尾巴做人」。[368]最難熬的還是每晚學習會。聶紺弩：「文章信口雌黃易，思想錐心坦白難。」[369]

南開「右」生施建偉下農場勞動：

我和許多人一樣不怕勞動重，就怕每晚要在學習會上被迫暴露思想。為了應付總得說幾句，但每天要暴露，確實成了不少人的一件苦差事。最後，有人不得不把自己的十八代祖宗都挖出來臭罵一頓，盡可能用最沒有骨氣和尊嚴的話來糟蹋自己，侮辱自己的家庭和祖先。那些咒罵自己和貶低自己的語言和文字，只要是想得出來的幾乎都被用過。卑鄙、無恥、下流、惡毒、不要臉、墮落等等等等，每天撿幾個標籤往自己臉上貼，意識形態專政就是通過右派小組長這群代理人內奸在右派改造的集中點成功地造就了一種集體自虐的語境。在這種非人化的集體淪陷中，人性中的負面元素被激發出來、被放大。背叛、告密、陷害，毒化了整個氛圍，在瀰漫著猜疑、不信任的邪惡空氣中，神經正常的人會感到極度地心理窒息和精神崩潰。[370]

1958年底，唐山柏各莊農場陳企霞、蕭乾、鍾惦棐等人的年終鑑定三番五次過不了關，白天勞動，晚上修改，總算勉強通過，最差的第三等「口不服心也不服」（第一等「口服心也服」，第二等「口服心不服」）。「右派」甚至不能坐馬車，「空車也得跟著走，不准坐，人民的騾馬也不能讓拉『右派』。」[371]

隴東甘谷縣缺水，窖藏水為生，革命群眾飲完，「右派」仍不能

---

[367] 雷一寧：〈脫胎換骨紀實〉，《不肯沉睡的記憶》，頁118、130。

[368] 《一位偉大的女性》，頁58、12。

[369] 聶紺弩：《散宜生詩》，人民文學出版社1982年，頁83。

[370] 施建偉、曾鳴：〈南開「反右」雜憶〉，《抹不去的歷史記憶》，頁183。

[371] 藍翎：《龍捲風》，上海遠東出版社1995年，頁194、202。

飲，得牲口飲過，才輪到右派。[372]「八大城市有政治歷史問題的人是不能調進的。」[373]

滇東南中蘇技術綜合大隊機要員張建（1934- ），淪「右」後先送勞教，再回牟定縣老家務農，與社員同工但不同酬，「苦得十個工分得扣掉兩分的政治分，一年有20%的汗水白流。」[374]

復旦1955級新聞系「右生」居思基，檔案裡一張小條子，檢舉他唱「沒有共產黨也有新中國」（不知何人何時何地之誣），劃「右」、逮捕，「一個細節就完全改變了我一生的命運。全部苦難就源於那個『生死袋』中的沒頭沒尾的一句話，……打入另冊，發配新疆勞動改造整整20年。」[375]

北師大中文系學生「右派」薛若安（1932- ，團員），「自從五七『遇難』之後，已養成一個痼癖，即不動筆寫信。我們給他去信，他也從不回信，有事或面談或回個電話。」[376]

1979年，49歲的「極右」杜高終於成家——

> 我常常在夢中又回到了勞改農場，又看見了監管隊長嚴厲的臉，又在宣布延長我的勞教期限，……我驚恐地大叫，渾身冷汗。妻子歎息著，可憐我。在我結婚半年以後，不知說起一件什麼事，我大笑起來。妻子忽然說：「你笑了，這是我第一次看見你真正的笑。」而這時，她卻哭了……[377]

2009年，81歲「老右」趙文滔，網絡監控，出門盯梢、信件拆檢、公安上門、社區「關懷」，……仍在剝奪老人的各種自由。[378]

[372] 周素子：《右派情蹤》，頁125。
[373] 范亦豪致潘仲騫函（1997-12-18），《「陽謀」下的北師大之難》下冊，頁231。
[374] 張建：〈如此「改正」——從礦井挖煤到高山放羊〉，《命運的祭壇》下卷，頁1027～1030。
[375] 《陰晴雨雪旦復旦》，頁194～199。
[376] Zhengjx、Huts致雷一寧函（2003-10-20）。《「陽謀」下的北師大之難》下冊，頁227。
[377] 杜高：《我不再是「我」——一個右派分子的精神死亡檔案》，頁227～228。
[378] 趙文滔：《木人的話》，香港五七學社出版公司2010年，頁92～93、119。

（一）女「右派」

　　一漂亮女文工團員淪「右」，被管教用槍逼著強姦，完事了再用槍訓導：「知道嗎？只許你們規規矩矩，不許你們亂說亂動！明天，你自己來，要不然就……」不久，女文工團員精神失常，淪落街頭，逢人便說：「我真傻，真的！……早知道，我就跳到黃河裡去了！」[379]

　　1958年，一群女右派下放遼寧朝陽農村，飽嘗骨肉分離各種艱辛，有幾位打算集體到天安門毛像前自殺。[380]

　　北師大女生雷一寧，一張小字報淪「右」，1957年11月分配西寧高中，1960年下農場，晚年致函「右派」同學：

> 女右派們的枷鎖比起男右派們是十倍百倍地沉重。被發配到青海後，我們就像一隻赤身裸體的四不像動物放在籠子裡展出，人們看我們的目光，就像一隻餓極了的貓看著一條吊在樑上的肥魚，不要說他們的污言穢語，不要說那不能見之語言的覬覦，單是這目光就能使被看者上吊。

　　北師大中文系「三好」女生徐美英（1936-），學生會幹部、校舞蹈團長、校籃球隊長；參加市團代會，與周恩來跳過舞；因與同學換衣穿，被指資產階級生活作風，「資產」父親去世痛哭，劃「右」；發配西寧二中，文革跪臺挨鬥，不遠處兩歲的孩子在泣叫，第三個孩子落下精神障礙。徐美英：

> 這筆兩代人的精神帳我找誰算呢？真是打翻在地永世不得翻身哪！為此終生有愧於子女，背上一副沉重的十字架，這就是女右派比男右派的苦難更深重的地方。[381]

　　雲南楚雄州農業試驗站（兩千餘人），黨委書記徐世榮，身材瘦小的四旬南下鄉幹，利用許願摘帽，經常找女右派「談話」，一些女右為摘帽，只好就範；後東窗事發，徐世榮被開除黨籍、撤職。[382]

---

[379] 雷一寧：〈脫胎換骨紀實續〉，《往事微痕》第23期，頁158。

[380] 張軼東：《從列寧格勒大學到新肇監獄》，頁208。

[381] 彭浩蕩：〈在鮮花和掌聲之外的追憶〉，《不肯沉睡的記憶》，頁285～286。

[382] 關建初：〈往事不堪回首──我的右派歲月〉，《命運的祭壇》上卷，頁160～

　　皖南廣德縣邱村鄉門口壙勞教農場，四任養豬場長「多米諾骨牌似地接連垮臺，豬場成了個大淫窩」，玩弄女右派一個比一個惡劣。[383]

　　某省機要部門團委書記余薇（女），深戀中學同學汪寰，淪「右」罪名：「身為共產黨員竟然不按黨組織安排與革命老幹部××同志結為夫妻，硬要與右派分子汪寰劃不清界限地攪在一起」，送勞教農場，精神分裂（受虐狂）；1998年仍擔心專案組在家中安裝竊聽器，給老同學寫信也怕落至專案組。[384]

　　雲南元謀新民勞教農場，管教既不讓一位青年女「右」帶新生兒（支派遠處幹活），還不讓大媽（右派）照料，孩子餓極吃自己的屎。這位管教的邏輯：「地主子女吃剝削飯有罪，右派的孩子吃右派的奶當然也應該有罪。」[385]

　　《人民日報》女「右」劉衡（36歲），丈夫林沫兩次起訴離婚（獲准），「我被劃『右派』時，我的三個孩子最大的才7歲，經過長期分離，都不肯要我，……我算是體會到了：怪不得有人會自殺！眾叛固然可怕，親離更為可悲。身受社會和家庭內外夾攻的人能挺得過來嗎？」[386]

　　北京女三中女教師孫歷生（1934-1968，上吊），1949年入共黨，1952年嫁延安幹部于光遠（1915-2013），育三女，1957年因「批評領導」淪右，于光遠迫於強大壓力離婚，並在組織安排下迅速另娶。[387]

　　著名作家許地山之女、北京農大生、石家莊農科所技術員許燕吉（1933-2014），一句調侃──「吃不飽，你就來個反飢餓大遊行吧」，上綱至反對國家糧食政策，1958年「補」右（已孕），接著升級「反革命」，判刑六年；流產、離婚，1964年刑滿「就業」石家莊第二監獄，1969年「疏散」陝西武功縣，被迫嫁50歲文盲老農，「我們之間沒有

161。
[383] 陳炳南：《赤子吟》，中國文學藝術出版社（北京）2004年，頁124。
[384] 黎力：〈不該被塵封的報告〉，《往事微痕》第8期，頁33～29。
[385] 王道芳：〈心痕〉，《命運的祭壇》上卷，頁15～16。
[386] 劉衡：〈只因我對黨說了老實話〉，《荊棘路》，頁187。
[387] 王友琴：《文革受難者》，開放雜誌出版社（香港）2004年，頁362～372。

愛，當時就是為了活著。」[388]

1958年，總政文化部「右派」新娘買了一包避孕套，店裡撞見男上司唐瑜，不免尷尬：「13歲參加革命，今年19歲，卻成了反革命。我和丈夫都是少年反革命，如果生下一個小反革命，我們將是不可寬恕的罪人。」[389]

（二）「右屬」之難

中科院哲學所研究員許良英劃「極右」後──

> 全家和所有親屬都連帶遭殃：我的妻子就被開除黨籍、控制使用，弟弟也被劃為右派，一個哥哥被撤銷公職，高中畢業的侄兒不准考大學。以此類推，反右運動受害者至少500萬。[390]

為造勢「眾叛親離」，動員李健生與章伯鈞離婚，要她「遠看劉清揚，近學浦熙修」（兩婦均與「反動」丈夫決裂），李健生搖頭：「我封建思想嚴重，在這個時候要老婆離婚，絕對辦不到！」翌日，這段話上了各大報，李健生陪「右」。[391]也曾給浦熙修一個月，要她與羅隆基徹底劃清界限，浦雖與羅分居並狠狠揭發，仍「白白成為右派」，[392]畢竟毛澤東已點名──「能幹的女將」。[393]

北大女生黎陽，同學楊犁（1923-1994）領上紅色道路，兩人極相愛（互倒姓名）；楊犁（《文藝報》黨支書）淪「右」，黎陽立即離婚（認定反黨），獨往山西，別嫁小學程度者。1985年黎陽公差赴京，與楊犁見面，楊告知當年種種誣陷，黎陽醒悟，一切已晚！陳布雷愛女陳璉（1919-1967）也與「右」夫袁永熙離婚，一直獨身，1967-11-9上海泰興大廈11樓跳下。[394]

---

[388] 武傑：〈落花生女兒的麻花人生〉，《法治週末》（北京）2013-11-7。《文摘報》2013-11-16摘轉，版8。

[389] 唐瑜：《二流堂紀事》，安徽文藝出版社1997年，頁142。

[390] 許良英：〈當代中國大災難的開端〉，《五十年後重評「反右」》，頁6。

[391] 章詒和：〈越是崎嶇越坦平──回憶我的父親章伯鈞〉，《六月雪》，頁273。

[392] 馮亦代：《悔餘日錄》，河南人民出版社2000年，頁160。

[393] 毛澤東：〈《文匯報》的資產階級方向應當批判〉，《毛澤東選集》第5卷，頁435。

[394] 韋君宜：《思痛錄》，頁46～47。

　　吳祖光五妹遠遣福建，七妹戍邊雲南，八妹畢業外交學院，發配內蒙（同學皆成大使、代辦）；留蘇六弟抽調回國，狠狠批判改造。[395]

　　廣西環江縣委第一書記王定（1923-2000）：

> 我全家九口掃地出門，將我又打成極右分子，開除公職，判勞動教養三年。子女均不准讀書、當兵、當工人，連婚姻都受到限制。[396]

　　1959-9-9《北京日報》農村組長、青年「右派」梁沙軍（地下黨出身），被公安局小車撞死，肇事司機因執行緊急任務，不負任何法律責任。家屬要求肇事者單位按死者生前願望砌一水泥棺，不允，指「右派翻天」。[397]1961年天津東郊清河勞教農場，一名「右派」勞教犯餓死，農場通知家屬收屍，妻子帶鍬前往，此前與丈夫通信，八分郵票都要向鄰居討借。[398]

　　1962年李葆華主皖，為右派「甄別」。原青陽縣法庭庭長黃行（右派），勞教四年調回搞「甄別」。他夜以繼日為右派寫「甄別」報告，最後寫自己的，恰毛澤東叫停。黃行重回勞教農場，教師妻子趕出學校，精神失常，進廠兒子被辭退，精神分裂。黃行幾經周折離開農場，蕪湖搬運公司拉板車16年。[399]

　　一位「右派」女兒，爸爸摘帽剛回京，癌症去世，全靠母親28元月薪為生，從小穿補丁衣，沒零食沒玩具沒鬆緊帶，跳皮筋要人家肯帶，衛生紙最次的。「五年小學（六年級爆發文革），我只春遊過一次，不是不想去，是交不起那兩毛錢的車費。不是媽媽不給我那兩毛錢，而是我不要，我知道媽媽需要那兩毛錢。」文革初期，她撕大字報賣廢紙，造反派打她——保皇派狗崽子、階級報復。「我家太窮了，這種慢性刺激，讓我刻骨銘心。」長成後，她吝嗇出名，單位幾毛錢補助都大吵大鬧，與同事無任何經濟來往，從不在外吃飯，從不打的（taxi），丈夫工

[395] 吳祖光：〈從「1957」年說起〉，《荊棘路》，頁92。
[396] 王定：〈大躍進廣西放了一顆大災星〉，《炎黃春秋》1998年第4期，頁27。
[397] 《走向混沌：叢維熙回憶錄》，頁53～54。
[398] 巫寧坤：《一滴淚》，頁160～162。
[399] 丁抒：《陽謀——反右派運動始末》，頁354。

資必須全數交出；孩子上大學，精確到每天吃多少錢；唯每年給媽掃墓買最貴鮮花，母親工資剛高於28元就去世了。[400]

「民革」北京市委幹部孫霖月薪99元，劃「右」後開除公職，靠妻子36元撫養五孩，三個兒子上山下鄉且精神失常。[401]《新月》詩人、考古學家陳夢家淪「右」，其妻北大教授趙蘿蕤（1912-1998）精神分裂。北大女教授俞大姻（1905-1966），丈夫曾昭掄「極右」，她心臟病發作，文革初期受辱自殺。[402]有功於共黨的哈佛法學博士、「極右」楊兆龍（1904-1979），1963年「現反」入獄，1971年加刑無期，瘐斃。妻子沙溯因、次子楊定亞、女婿陸錦碧，先後自殺。[403]北大物理系「右」生朱志英乃烈士遺孤，母親自殺。[404]吉林文聯幹部、《長春》文藝月刊編輯丁耶（1922-2001），劃「右」後，妻瘋，兒子癲癇。[405]

某縣鐵廠會計靳敬之（1923-1985），劃「右」後失去生活來源，妻子拖著五個兒子乞討，被迫送出四子，均在養父母家吃盡苦頭。[406]杭州中蘇友協俄譯葉孝剛（1928-2019），母親哭瞎眼而亡，父親投奔外孫謀生，「反右害得我家破人亡。我29歲未婚蒙冤，52歲昭雪，54歲結婚，婚後未育，害得我斷子絕孫。……專業荒蕪，晉級無份，害得我一事無成。」[407]重慶團市委宣傳部長譚顯殷（1928-2012）劃「右」，發配勞改，1960年女兒餓死，1962年岳母上吊。[408]

雲南一平浪地質549隊財會科長王道芳（女），川大畢業生，劃「右」後發配新民勞教農場，400元存款上交，不能自留一分（以防逃跑）。她剛出生的孩子餓得都快死了，幾次要求支領買點食品，女保管

[400] 黃新原：《五十年代生人成長史》，中國青年出版社2009年，頁72～73。
[401] 李泥：《歷史傷口——二十年右派尋訪記》，頁119～120。
[402] 巫寧坤：《一滴淚》，頁72。
[403] 郭道暉：〈從人治走向法治〉，《百年潮》1999年第7期，頁21。https://zh.wikipedia.org/wiki/楊兆龍
[404] 王書瑤：〈一個北大勞教學生右派的索賠書〉，《五七精神·薪盡火傳》，頁466。
[405] 丁耶：〈鳴放·流放·下放·解放〉，《荊棘路》，頁226。
[406] 李泥：《歷史傷口——二十年右派尋訪記》，頁267。
[407] 葉孝剛：〈重審五七反右鬥爭〉，《「反右」與當代中國命運》，頁69。
[408] 譚松：《1957年重慶長壽湖右派采訪錄》，Trafford出版社（美國）2011年，頁235。

王思靜都不同意，「一點惻隱之心都沒有」。王道芳想買一盒火柴（2分），自有一分，遍借五六人，硬借不到另一分。四川地質局不准「右派」孩子落戶，孩子口糧無著。[409]

中央歌劇院某演員淪「右」，赴北大荒勞改農場前離婚，夫婦密約除非一方死亡，另一方絕不再婚；殘疾老母遣返農村，孤獨無靠自殺，「右派」在北大荒得訊，一病不起，夫婦永別。謝覺哉祕書吉世林，奉命為謝老約見林希翎，沾「右」，遣籍監督勞動，妻子攜孩離婚，老母上吊。[410]雲南雙柏縣委機要員尹嘉才淪「右」，其父當過八年農會主席，村裡竟要將他家成分從貧農改為地主，尹父上吊自盡。[411]

1968年春，北大生宋林松（1936-），勞改農場剪頸動脈自殺，僅連一點皮，奇蹟般救活，妻子在蘇州得知丈夫自殺（不知未死），當晚跳井。[412]廣東高州18歲農村靚女謝永清（成分貧農），婚後兩個月教師丈夫淪「右」，很多人打她主意，謝永清不從，逼瘋，旋死。[413]

（三）互相傷害

1949年後運動連連，人們已總結出經驗：「要避免挨打，就得打人。」[414]曾昭掄（1899-1967）倒下前，批判會上揭發密友羅隆基：「反對黨的文教政策」、「反對院系調整」、「強迫教授學俄語」。[415]

胡風案「叛徒」舒蕪即將淪「右」，揭發馮雪峰私下談話（有關民主），為批馮提供「重要證據」。[416]

四川南充縣龍門高中語文教師水村（筆名），誣告文友張先癡支使學生罷課。水村仍被判刑15年，青海勞改，刑滿留場。1979年「改

[409] 王道芳：〈心痕〉，《命運的祭壇》上卷，頁18、20、24。
[410] 丁抒：《陽謀——反右派運動始末》，頁276、332。http://10000xing.cn/x190/bbs/show.asp?id=590
[411] 尹嘉才：〈一個死刑犯的苦難歷程〉，《命運的祭壇》上卷，頁692～693。
[412] 宋林松：〈右派索賠之我見〉，《五七精神‧薪盡火傳》，頁444～445。
[413] 陳焯：〈我所瞭解的右派及其遭遇〉，《「反右」與當代中國命運》，頁206。
[414] 〈社會主義學院繼續座談〉，《光明日報》1957-6-3，版2。
[415] 章詒和：《最後的貴族》，牛津大學出版社（香港）2004年，頁314。
[416] 李輝：《胡風集團冤案始末》，頁285。綠原：〈胡風和我〉，《新文學史料》1989年第3期，頁56。

正」，水村表示自己誣陷張先癡，張未離農場前他不出去。張先癡原諒了他：「我也檢舉過別人，甚至檢舉過好朋友，當然也就傷害了被檢舉者。」[417]

勞教農場，右派批鬥揭發右派，最有戲份的「紅色活報劇」──

> 在最初的日子裡，右派們大都患著小資產階級的幼稚病，他們對積極鬥爭就可以求得摘帽的謊言深信不疑。每有鬥爭會，都一呼百諾，鬥爭異常地激烈。右派鬥起右派來不比他們在劃為右派時被批鬥那個場面遜色。什麼無限上綱、斷章取義、指鹿為馬、捕風捉影、移花接木等等當年被用在自己頭上的方法，也搬來用在自己難友的身上。更有甚者，右派對右派用刑比管教還要盡職盡責，而且沒有半點惻隱之心。[418]

1957年秋，劉賓雁上幼兒園接兒女，很活潑的一對孩子此時呆呆的，眼睛不敢望他，知道受了歧視，「右」父百感交集，淚水傾流。「右派」開會，一位也去接孩子的右派揭發：「為什麼哭？什麼感情？是不是出於對黨的仇恨？」

「摘帽」，挑動「右派」相互撕咬的鮮餌。劉賓雁：

> 從1959年起，每年都摘掉一小批人的右派帽子，不斷促使那些一心想摘掉帽子而又摘不掉的右派必須戴罪立功。這就把這支政敵隊伍分化瓦解了。最有效的立功方法是告密，揭發同伙的罪行，而果然就有一些右派從勞改的第一天起便向管理人員打小報告揭發或陷害同難者了。
>
> 我們這17名右派之間，更常見的是在定期舉行的右派會議上相互批判「改造態度不好」、「堅持反黨立場不改」等等。……滑稽的是彼此都是右派，即共產黨的敵人和政治賤民，批評別人的時候用的卻是共產黨員的標準。那被批評者自我檢討時，也以這種標準衡量自己。[419]

《北京日報》「右派」畫家李濱聲下放勞動，山路難走，他扶著

---

[417] 張先癡：《格拉古軼事》，溪流出版社（美國）2007年，頁20～21。
[418] 阮志雄：〈烙印〉，《命運的祭壇》上卷，頁57。
[419] 《劉賓雁自傳》，頁134、124。

驢背上的蔥筐，橫步走完山路，本該嘉獎，右派「頭人」卻斥之驢道主義──人道主義變種，整得李濱聲昏厥倒地。稍有天良，都會收斂，唯獨唐姓右派「頭人」（李濱聲前同事、鄰居）獰惡異常。叢維熙痛曰：

> 這次會議又啟示了我，右派分子泯滅天良地整起右派分子來，比一般知識分子之間的傾軋，還要殘酷十倍。[420]

黑龍江密山縣興凱湖勞教農場──

> 有的管教還利用刑事犯來整右派。在一次批鬥右派的會上，一些流亡小偷在管教的縱容下，竟把被鬥的右派扔到了糞坑裡。[421]

南開學生右派W在勞教農場──

> 因渴望摘帽而極度自輕自賤自虐，甚至痛哭父母有梅毒，害得他生下來就是先天性梅毒。一切正常人難以啟口的咒罵都被收羅進他的自我檢查中……。W現象的出現並不是偶然的，這是由於迫害狂及其幫兇們威逼右派以集體自虐來換取生存空間。幾乎在所有的右派集中改造點，都不同程度地造就了右派集體自虐的大語境。

1958年，南開中文系「右」生施建偉（1939-），與生物系「右」生zh一起發配天津雙林農場。10月，施建偉因病回滬，連接zh來信，內有不少犯忌的「不滿現實」。施回信也談了一點真實看法。zh後良心發現，夾信告知前兩函乃「誘供」，組織要他故意說些「激烈話」──

> ……來套出你的反動言行。一旦套出就把你揪回天津，然後小集團就可以結案……。第一、第二封信是我寫好後由他們寄出，而第三封信是我寫後他們讓我自己去郵局投寄。我感到對不起你，所以在信封裡除了放進他們要我寫的信之外，又趁機在郵局當場寫了現在這封信……

> 每晚學習會，人人必須發言。小組長由上級指定，負責彙報小組成員思想動態，右派們都懼怕三分，小組長周圍是一圈「改造積極分子」。

---

[420] 《走向混沌：叢維熙回憶錄》，頁44～46。

[421] 姚小平：〈不該被遺忘的音樂家莫桂新〉，《北方音樂》（哈爾濱）2005年第1期。參見《書摘》（北京）2005年第12期，頁20～24。

天津雙林農場小組長W（右派）動員zh交出日記，zh不願連累右友，午休將日記扔進糞池，被一直監視的W看到，W從糞池撈起，沖洗後晾乾，晚上「開審」，威逼zh老實交代，如與日記不一，立即打電話通知公安局逮捕。高壓之下，zh只好全盤交代，「做了對不起所有朋友的事，現在他們都已被分別批鬥」。小組長W與一名物理系「右」生立功，樹為「改造積極分子」典型，第一批摘帽，比施建偉早三年回南開完成學業，1962年畢業。[422]

蕪湖「右派」醫生茆家升（1937- ），供職醫院凡經反右者積怨甚深，子女很少通婚，右派、中右之間「也鮮有能推心置腹的，相互防備太深」。[423]

（四）親友遺棄

一位北師大「極右」生：

> 那個年月普遍的習慣是相信黨的話，而任何領導都是代表黨的，出於對黨的無條件信任，誰如果被上邊定為敵人，很少有人不信。所以，那時的右派真是「全黨共誅之、全國共討之」。[424]

父子相悖、夫妻相鬥、手足相殘。章伯鈞胞妹、兒子章師明，報紙上「站」出來。「農工」南京市委會議，章師明（1922-2018）：

> 從他過去歷史發展過程和最近一系列的言論說明，他是有政治野心的。……章伯鈞同志如仍堅持自己的反動立場、錯誤的政治主張和兩面派手法，……如果他不放棄走資本主義道路的幻想、徹底承認錯誤，我就要和他脫離父子關係。這樣的父親對我是莫大的恥辱。[425]

儲安平之妻易吟先離去（後嫁宋希濂）[426]，長子儲望英（1935- ）：

> 堅決和全國人民站在一起反對他這種反黨、反社會主義、污蔑人

---

[422] 施建偉、曾鳴：〈南開「反右」雜憶〉，《抹不去的歷史記憶》，頁185、180～181。

[423] 茆家升：《卷地風來》，遠方出版社（呼和浩特）2004年，頁41。

[424] 范亦豪：《命運變奏曲——我的個人當代史》，頁59。

[425] 〈章伯鈞的兒子章師明同父親劃清界線〉，《文匯報》1957-6-19，版4。

[426] http://www.shszx.gov.cn/node2/node4810/node4851/node4864/u1ai60325.html

民領袖的謬論。……企圖借用《光明日報》做基地，向社會主義
進攻。……我要給儲安平先生進一句忠言：希望你及時懸崖勒
馬，好好地傾聽人民的意見，挖掘自己反社會主義思想根源，徹
底交代自己的問題，以免自絕於人民。[427]

「民盟」河南省主委王毅齋（極右），「與老婆互相埋怨，一夜裡
竟打起來了。」[428]新華社首「右」戴煌，妻子壓力太大，貼大字報揭發
丈夫要組織成立「中國共產黨革命委員會」。[429]

章乃器之子章立凡（1950-）剛懂事，家長教導他要信任共產黨、毛
主席。「毛主席說我父親有錯誤，那我認為他就是有錯誤。」一天，母
親帶他參加批章大會，事先教他：「右派分子章乃器雖然是我的父親，
但我還是要反對他，跟他劃清界限。贏得了熱烈掌聲。」[430]

章乃器早年助手吳大琨（1916-2007），得章提攜（呼章「恩師」）。[431]
此時，吳為「民建」中委、人民大學教授，撰文批章（載《人民日報》、
《大公報》）。[432]一次政協會議兩人鄰座，章乃器吟詩相贈：「名裂身未
敗，家破人不亡；鋼筋鐵骨在，冷眼對豺狼。」[433]

16歲入共黨的「三八式」女幹部沈容（1922-2004），其父國府官員
（迎接共軍進城）劃「右」判刑。中宣部祕書長熊復（1916-1995）約見沈
容，「囑咐我不要和家裡來往。從此，我再沒見過父親，也不敢給家裡
寫信。」[434]

1957-6-15黃埔四期生、湖北省人委統戰幹部王襄（農工）出差上
京，老友章伯鈞邀家餐敘，席間發了一點牢騷。次日，王襄打電話給
《人民日報》，反映〈與章伯鈞的一席話〉，要求公開發表，「表示向

[427] 〈儲安平長子儲望英反對儲安平反動言行〉，《文匯報》1957-6-29，版1。
[428] 《情況簡報（整風專輯）彙編》（31）1957-10-25。《反右絕密文件》第6卷，頁170。
[429] 戴煌：《九死一生——我的「右派」歷程》，頁61、86。
[430] 黃新原：《五十年代生人成長史》，中國青年出版社2009年，頁79。
[431] 章子凡：《君子之交》，明報出版社（香港）2005年，頁167。
[432] 吳大琨在中央統戰部工商界座談會發言（1957-6-5）。《人民日報》1957-6-6，版3。
[433] 章立凡：〈風雨沉舟記——章乃器在1957〉，《二十一世紀》（香港）1997年4月號，頁52、56。
[434] 沈容：《紅色記憶》，明報出版社（香港）2005年，頁30。

黨靠攏」。[435]

　　廣東信宜中學副校長張祖訓（1924-?），淪右後其妻「在黨的教育下」1959年夏堅決離婚，撇下五個孩子，1960年三名子女餓死。[436]

　　贛東廣豐縣五都中心小學右派管伯恭，「開除公職，勞動教養」。管伯恭左腿高位截肢，校方令他「離開學校」。他帶著自己設計的洗碗器圖紙一瘸一拐，走到上饒中山小學姐姐處，也是教師的管玉玲厲聲痛斥：「你這反黨反社會主義的毒蛇，現在不是我的弟弟了，我與你劃清界限。我擁戴毛主席，……你給我滾！」管伯恭坐在信江畔校門口，泣不成聲，夜深躍入信江。上饒師範右派葉金滿：「難友當中懸樑、割動脈等等形式自殺的很多很多。」[437]

　　學校教師、團幹部頻頻找右派子女談話，告知「右派」乃黨和國家不共戴天之敵，不但要劃清界線，還要揭發批判。一位右派子女：「這其中很多都是捕風捉影、誇大其詞，甚至無中生有，但是此舉卻往往受到團幹部的肯定，並慫恿他們繼續做下去。這些右二代為了進一步得到團組織的信任，甚至準備加入團組織，就會將父母批判得體無完膚……」[438]

　　1958年，丁玲流放北大荒農場，有人向她借桶打水，挨了一頓批：「和右派劃不清界限！」[439]

　　葉篤義在家自慚形穢（「刑餘之人」）：

> 在家裡總是覺得低人一等，對不起人。我的兒子維祚三年沒有同
> 我講過一句話。1960年我摘掉右派帽子了，他走到我的面前，同
> 我握手，我哭了，他也哭了。[440]

　　費孝通：「我的大多數朋友和同事都起來批判和譴責我，……所有的臉都突然轉過去，在一週之中！」[441]

---

[435] 《內部參考》第2239期（1957-6-25），頁5～7。

[436] 陳焯：〈我所瞭解的右派及其遭遇〉，《「反右」與當代中國命運》，頁211。

[437] 葉金滿：〈在死亡線上走鋼絲〉，《往事微痕》第22期，頁78～79。

[438] 石貝：〈右二代也是受害者〉，《五七精神·薪盡火傳》，頁340。

[439] 《丁玲文集》第6卷，湖南人民出版社1984年，頁230。

[440] 葉篤義：《雖九死其猶未悔》，北京十月文藝出版社1999年，頁113。

[441] 王海波：〈費孝通和毛澤東的交往〉，《世紀》2006年第5期，頁11。

1992年，劉賓雁：

> 一旦宣布你是右派，就沒人跟你說話了。我二十二年中，只有三
> 個朋友到我家來，所以我兒子、孫子現在對客人特別熱情。[442]

蕭乾淪「右」後，直至1978年秋人事科通知參加北京飯店宴會，21
年間沒人請過一頓便餐。[443]蕭乾記述一則細節：

> 1961年回到北京，我住那個大雜院子，有個曾因破鞋案被拘留過
> 的女人。一天，她在南屋拍打孩子，聲音卻衝進我住的東屋裡
> 來：「小兔崽子，長大了你當什麼都可以，可就別當右派！」我
> 沒得過麻瘋病，但那段日子裡，我充分體會到了那種人下人或等
> 外人的味道。[444]

川南雷馬屏勞改農場山西寨中隊，張先癡在該隊服刑近18年：

> 中隊約300個犯人左右，這樣多人又在這樣漫長的歲月裡，我仔
> 細回憶，前來探親的犯人家屬不會超過十人次，而且大體都是
> 來自單位壓力較小的農村。記憶中來自城鎮（也就是屬於單位裡的
> 人）只有三例。[445]

潘光旦大女婿文革自殺，長女對兒子說：「你爸爸雖然死了，還有
媽媽，我們還要繼續革命。」為與潘光旦劃清界線，潘女從不輕易看望
父親。潘光旦對葉篤義言及長女的「我們還要繼續革命」，放聲痛哭。[446]

吳宓、顧準、劉尊一、張紫葛等右派，子女全都堅決劃清界線。
1974年11月顧準吐血瀕終，為見子女忍辱簽字〈認錯書〉（立即「摘
帽」），五個子女僅幼子顧重之（二十出頭）覆函其叔陳敏之：

> 在對黨的事業的熱愛和對顧準的憎恨之間是不可能存在什麼一般
> 的父子感情的。……我是要跟毛主席走的，我是決不能跟著顧準
> 走的。在這種情況下，我們採取了斷絕關係的措施，我至今認為
> 是正確的，我絲毫也不認為是過分。……我相信在我們的親屬中

[442] 金鐘：〈普林斯頓論「變」──和余英時教授、劉賓雁先生座談中國變局〉，《開放》（香港）1992年8月號，頁46。
[443] 《蕭乾回憶錄》，中國工人出版社（北京）2005年，頁277。
[444] 蕭乾：〈改正之後〉，《中國知識分子悲歡錄》，頁654。
[445] 張先癡：《格拉古實錄》，秀威（臺北）2014年，頁242。
[446] 葉篤義：《雖九死其猶未悔》，北京十月文藝出版社1999年，頁206。

間也存在著嚴重深刻的鬥爭。

1974-11-27顧準得知五個子女無一肯來，病榻上大慟四小時。1974-12-3零時，顧準走了。他託友人轉告子女：

> 我已經原諒你們了，請你們也原諒我吧。[447]

（五）傷害後代

1955年「丁陳」案發，陳企霞長子陳恭懷（1940-）正值入團年齡：

> 每年每到一個新學校，我都積極寫入團申請，盡量按照要求好好表現。思想根源愈挖愈深，毛病缺點愈找愈細，但結果總一樣：有進步，但仍須和家庭劃清界限。……一直到滿25歲超齡了，團也沒入成。……天生背負著「原罪」，愈來愈自卑，愈來愈在同學和老師面前抬不起頭來。[448]

階級路線滲向青少年，「黑出身」下沉至小業主、小土地出租、自由職業，甚至出身雖好但各種運動挨整者。有的地方甚至規定黑五類（地富反壞右）子女不能升中學。[449]南京六中「極右」教師許永瑋（1915-2005）下勞改農場，其子到學齡了，公立學校拒收。蘭州大學副校長陳時偉、系主任左宗杞夫婦雙雙淪右，女兒1958年高考全市第一，進不了任何高校，精神失常，跳了黃河。[450]

高考政審表若蓋上「不宜錄取」、「不予錄取」，任品學皆優（甚至省市狀元），一律黜落，兩年制大專也不收。紅色子弟亦分特類生（機密專業）、一類生（重點大學）、二類生（一般院校）、三類生（大專、中專）。各類生無論考分如何，都無法突破類級，三類生分數再好，也蹦不上一二類院校。一類生考得再低，哪怕全是兩分（鴨子隊長），至少混個大專。1958年開封育才中學兩個高三班，「不宜錄取」30%以上。開封另一所重點高中高三班「不宜錄取」50%以上。1959年高考，育才中

---

[447] 陳敏之：〈顧准和他的兒女們〉，《今日名流》（武漢）1997年第11期。參見高建國：《顧准全傳》，上海文藝出版社2000年，頁723～724、732～733。

[448] 2020-6-23，陳恭懷先生來函（Email），附文〈隱形的檢討文化〉。

[449] 吳中傑：《復旦往事》，廣西師大出版社（桂林）2005年，頁166～167。

[450] 丁抒：《陽謀》，頁274。

學文科班幾位高才生（如全省文科第一的江雪）「不宜錄取」，什麼學校都上不了；幾位三類生入兩年制開封師專（限數學系，無階級性），儘管有一位數學零分。育才中學不少數理競賽屢獲名次者，兩年制師專都進不了。新鄉某高中班長（紅軍子弟、團員），為一位送勞教小學弟（頂撞師長）求情，「同情右傾分子」，團內警告，「不宜錄取」，什麼學校也進不去，一生艱辛。另一位開封高中畢業生，因「不宜錄取」只能回鄉務農，備受歧視，不久上吊。品學皆優的遇羅克（1942-1970），因父母皆「右」，1960、1962年兩次高考不售，促使他思考〈出身論〉。[451]

　　中學生也要寫思想改造彙報。章伯鈞之女、中學生章詒和（1942- ）向班主任遞交思想彙報，內有：「共產主義雖好，可誰也沒見過，自己不大相信這種虛幻之物。」校方油印散發，供全校批判。[452]

　　1958年上海時代中學（原聖芳濟中學），團員高中生或入團積極分子，人手發一小本本（2×3寸）──全班同學名單，團員或爭取入團者前面★、表現中上√、中下△、差壞×。[453]

　　1961年，重慶齊治平小學畢業，品學皆優，班主任向中學校長力薦，總算未因家庭出身「反革命」黜落，入公立重慶第二十一中。其姐齊家貞（1941- ）：「對我家而言，這可是天大的喜訊，治平是四個弟弟中唯一一個被公立中學接收的孩子，其餘三個都進的民辦中學，一週三天讀書，三天打全工掙錢養學校。」開學那天，齊治平穿戴整齊，懷揣夢想喜氣洋洋。開學典禮上，方教導主任（共黨）高聲告誡全體師生：

> 大家千萬要提高革命警惕，有個新學生就坐在你們當中。他的爸爸是反革命，在勞改；他的姐姐也是反革命，也在勞改，他姐姐還是從我們中學畢業出去的，說明階級鬥爭是多麼尖銳！

　　12歲男孩瞬間崩坍，「就是從那天起，他讀書的興趣喪失殆盡，終生不再有夢」，長成後甘當泥水匠，唯一愛好麻將，58歲去世。[454]

　　「右派」每戶以四口人計，全國至少二百二十餘萬人不得安生，還

---

[451] 薛開震：〈扼殺人才的「不宜錄取」〉，《炎黃春秋》2010年第4期，頁61～63。

[452] 章詒和：《最後的貴族》，牛津大學出版社（香港）2004年，頁337。

[453] 徐文立：《滄桑歲月》，頁38。

[454] 齊家貞：〈哭三弟齊治平〉，《開放》（香港）2007年1月號，頁94～96。

不包括株連甚廣的各種「社會關係」。1958年浙江重點高中黃岩一中，五名女新生同宿舍，不久三名因親屬「右派」取消學籍（勒令退學）。[455] 其中一位即後來的女作家葉文玲（1942-），其兄復旦中文系「右」生葉鵬（1935-），發配河南孟津北邙山鄉村初中，四名學生幫他運書，不准升高中，「幫右派推車」。[456]

1959年張先癡二妹考上大學，報到兩天後，校方發現她有「右」哥，勒令退學。二妹大哭一場，前景輝煌的大學生一下子跌為垂頭喪氣的待業青年。[457]

雲南武定縣一位南下幹部，其妻淪「右」，他未離婚，「敵我不分」，開除黨籍公職，下放農村勞動。[458]

中南財經學院教授楊時展子女記述：

> 那時大字報鋪天蓋地，鬥爭會夜以繼日，父親默默地承受著，母親害怕極了，幾次帶上小妹在鬥爭會場外偷看，生怕父親出事。父親最後被打成「極右」，撤銷職務，監督勞動。工資、住房等待遇全部降到最低，子女們個個受到牽連，連少先隊小隊長都被撤掉。小孩子們見到我們就唱「右派右派，像個妖怪……」，全家承受著不可言喻的壓力。[459]

這首反右兒歌載《人民日報》（1957-7-19，版8）〈詩傳單〉：

> 右派右派，像個妖怪；當面說好，背後破壞。
>
> 見到太陽，他說黑暗；幸福生活，他叫悲慘……

1962年後，階級路線進一步加強貫徹。出身「職員」的重慶女生趙曉鈴（1947-）不能再任班幹部，換上工農或革幹子弟（不論成績優劣）：

> 出身不好的同學甚至有的被退學。高二以來，學校把階級教育看得很重，出身不好的同學愈來愈自卑。
>
> 一個小孩從上學開始填各式各樣的表，每次填表在心理上

[455] 葉文玲：〈馬不停蹄〉，《傳記文學》（北京）2004年第4期，頁6。

[456] 吳中傑：《海上學人》，廣西師大出版社（桂林）2005年，頁213。

[457] 張先癡：《格拉古軼事》，溪流出版社（美國）2007年，頁35。

[458] 施放：〈新民農場日記〉，《命運的祭壇》下卷，頁745。

[459] 楊孟愚等：〈懷念父親楊時展〉，http://www.sohu.com/a/233024245_176877

都是一次打擊。我的家庭成分就是不如同學，其他同學填「工人」、「貧下中農」、「革命幹部」、「革命軍人」，我不可以這麼填。這影響到一生的心理。[460]

蕭乾之子被同學追喊：「小右派！」蕭乾夫婦不敢對他說實話，只能說：「爸爸是個什麼樣的人，你長大後就會知道了。」兒子哭泣搖頭：「可是——我現在受不了！」[461]

1963年，武大生、東海艦隊軍械處化驗室主任龔定國（右派）：

我的兒子才八歲，被有些當兵的抓住頭往牆上撞，罵他小右派！[462]

幼兒園孩童因家長劃「右」遭逐（取消入園資格）。[463]巫寧坤三歲兒子，幼兒園阿姨每天把他扔在小馬桶上，不許小朋友與「小右派」玩，幾成啞巴。1967年，巫寧坤九歲女兒巫一毛，遭經常來家的父親同事張定鑫強姦，「失去的，不光是我的童貞，更是我的童年」。[464]1970年代後期，林希翎長子三歲，從幼兒園回來哭問母親：「為什麼人家叫你『大右派』、『壞人』，叫我『小右派』？『右派』是什麼東西？」[465]

1978年，杭州近郊留下公社中學「不培養右派子女」，拒收右派夫婦陳朗、周素子的長女入學。[466]

適婚右屬成了「被愛情遺忘的角落」，紅五類不願沾黑五類，黑五類也不願黑上加黑，永世不得翻身。「很多右二代為了漂白身分，寧可選擇與自己家庭環境完全不匹配的紅二代，至少政治風暴來臨之時，家中還有個紅二代的大紅傘抵擋。」[467]

一位「右屬」：

長期在恐懼中生活，畏懼幾乎成為第二天性了。[468]

---

[460] 曾冠傑：〈趙曉鈴女士口述歷史〉，《傳記文學》（臺北）2019年7月號，頁7、10。

[461] 《蕭乾回憶錄》，中國工人出版社（北京）2005年，頁229。

[462] 龔定國：〈我的右派生涯〉，丁抒主編：《五十年後重評「反右」》，頁499。

[463] 張紫葛：《心香淚酒祭吳宓》，頁331～332。

[464] 巫一毛：〈我們這些小右派〉，《五十年後重評「反右」》，頁481。

[465] 林希翎：〈給鄧小平的萬言書〉（1980-6），《林希翎自選集》，頁62。

[466] 周素子：《右派情踪》，頁192。

[467] 石貝：〈右二代也是受害者〉，《五七精神・薪盡火傳》，頁341。

[468] 巫寧坤：《一滴淚》，頁157。

　　　　長期受虐形成特殊的「右派表情」，「摘帽」、「改正」
後依然存在。[469]

　　「激情燃燒的歲月」孵出數代受虐狂（斯德哥爾摩綜合症）——受虐
者對施虐者產生情感，反轉幫助施虐者。文革初期，成都一中帶頭剃校
長陰陽頭的學生乃「黑五類」，其父前國軍。[470]

五、自殺

　　中共從井岡山就開始「鋤奸」，一路冤案連連。1930年代初洪湖
赤區，老資格謝覺哉都是審查對象，僅因戰鬥被俘而倖免。[471]自殺成為
歷次「肅反」標配。1942～1943年延安「搶救運動」（肅反），僅延安
一地，就五六十人自殺。[472]1949年後，「鎮反」自殺50萬人以上，「三
反」、「五反」20萬人自殺。[473]毛澤東譽為「延安福爾摩斯」的保衛部
長陳泊（1909-1972），1951年廣東公安廳長兼廣州公安局長，也成「英
國特務」、「中統特務」，判刑10年，牽連千餘人，後明知冤案亦不予
平反，陳泊冤死勞改農場，1980年平反。[474]

　　北京公安局統計：全市「肅反」自殺484人。1954年自殺1,086起，
死亡386人；1955年截至10月，全市自殺1,246起，死亡517人。[475]

　　國民黨魯西南特派員姚爾覺（1902-1956），26歲江蘇睢寧縣長；一
貫左傾，1935年留日（早稻田大學），追隨中共數10年，抗戰入國府軍
委會第三廳（廳長郭沫若）；1945年山東文協主席，出席延安政協；1949
年後，南京中山陵園管理處長；1952年響應號召開發海南島；1956年受

[469] 王友琴：〈從受難者看反右和文革的關聯〉，《反右研究文集》，頁128。
[470] 蔡詠梅：《周恩來的祕密情感世界》，新世紀出版公司（香港）2015年，頁269。
[471] 李銳：〈深入研究一些有關黨史的問題〉，《李銳論說文選》，頁24。
[472] 劉少奇：〈對天津國營企業職員的講話〉，《中共黨史教學參考資料》第11冊，
　　中國人民大學中共黨史系資料室1980年，頁386。
[473] 麥克法誇爾、費孝通主編：《劍橋中國人民共和國史》，中國社會科學出版社
　　（北京）1990年，上卷，頁79。
[474] 百度百科・陳泊：https://baike.baidu.com/item/布魯/6260387?fromtitle=陳泊
　　&fromid=68330&fr=aladdin
[475] 《內部參考》1955年第237期（1955-11-29），頁231。

冤，自縊身亡。[476]

　　左翼導演史東山（1902-1955），執導抗戰名片《八千里路雲和月》（1947），1949年後執導《新兒女英雄傳》，首屆全國政協委員、人大代表；1955-2-23不願「必須批判胡風」，憤而自殺。[477]湖北省委宣傳部副部長鄭思（1917-1955），1937年入共黨，抗戰時期在胡風主辦的《希望》發表一首詩，別無任何來往，1955年逮捕審查；他穿戴整齊，服下悄悄積攢的安眠藥自殺。[478]

　　1950～1956年江蘇復員軍人自殺逐年攀升（9、17、35、47、59、95、104）。[479]

　　紅色詩人公劉（1927-2003），1948年參加中共領導的「學聯」赴香港，1949年10月回大陸參加共軍，1954年調總政文化部創作室，1955年「肅反」關押受審，腰帶勒脖自殺，看守黃宗江救下。1957年公劉鳴冤，淪「右」。[480]

　　反右伊始，有人估計：「短時間內全國自殺都超過10萬人。」[481]皓白蒙污，強加「右」罪，「一個革命者最不能忍受的侮辱，就是被叫成『反革命』」。[482]更無法挨受批鬥會的拍桌吼叫，一批「右派」寧死不受辱，跳樓跳崖、赴池赴海、仰藥投環、刎頸割脈……。黃紹竑兩次吞安眠藥自殺（搶救未遂）。[483]《甘肅日報》右派夫婦王景超、和鳳鳴自殺未遂，「活著真比死去還要難，難得沒法比。」[484]

　　《雲南日報》（1957-7-4）刊載昆明市衛生局金永勤的「鳴放」：

　　　　過去是白色恐怖，現在是紅色恐怖。平時說句話也要扣幾天，弄
　　　　得大家不敢接近，老婆、漢子也不敢接近，到處害怕。現在說大

---

[476] 《民國人物大辭典》上冊，https://www.suinian.com/book/2307/720022.html
[477] 李文西：〈石揮：黃浦江不死的遊魂〉，《三十年備忘錄》，頁439。
[478] 李輝：《胡風集團冤案始末》，湖北人民出版社2008年，版323～324。
[479] 《內部參考》2103期（1957-1-12），頁231。
[480] 百度百科‧公劉：https://baike.baidu.com/item/公劉/2610316
[481] 張軼東：《從列寧格勒大學到新肇監獄》，頁19。
[482] 石天河：《逝川憶語——《星星》詩禍親歷記》，頁186。
[483] 章立凡：〈章乃器在1957年，《六月雪》，頁230。
[484] 和鳳鳴：《經歷——我的1957年》，頁21。

　　家庭才不配呢！來一個運動就是叮叮咚咚，有的人自殺。[485]

　　中央黨校三名劃「右」學員自殺：華東師大中國革命史教研組長陳友偉、江西農業廳副廳長兼農科所長丁景才、通俗讀物出版社副社長楊賡（1915-1957，北大生，1938年入共黨）。[486]

　　1957年7月，北師大中文系學生由靜林（復員軍人）投昆明湖，死後追劃「極右」。[487]上海市委一青年幹部（肅反被冤），反右初期上吊，次日大會宣布「叛黨」、「自絕於人民自絕於黨」。[488]1957-7-5～8上海外語學院兩人自殺，兩人逃跑。一年級女生陸立時上午挨鬥，午餐時在宿舍剪喉自殺。[489]

　　1957-7-10「民盟」雅安主委羅西玲（1905-1957），被鬥三天後跳河。[490]同日，河南新鄉師院「右生」張昕受不了連日全校大會批鬥，晚間跳井。遼寧安東第二高中教師劉廣業劃「右」，大會檢討，次日剃刀刎頸。[491]

　　1957-7-12「民革」安徽省常委兼組織處長，省文史館員呂蔭南（1891-1957）安眠藥自殺。同日，四川省人委辦公廳檔案處霍連生（1930-1957），團員「右派」，突然出走，15日屍浮華陽縣桂溪鄉河。[492]

　　1957-7-18遼陽市政協副主席、藥業公司經理姜陟平，劃「右」，服「八步斷腸散」自殺。7月23日，山東教育工會籌委副主任、省總工會整風領導小組成員張厚智（共黨），投泰安黑龍潭。[493]

---

[485]　《中共重要歷史文獻資料彙編》第22輯第46分冊（2008），頁53。

[486]　杜光：〈中央高級黨校的整風反右運動〉（2005-4）。《中共重要歷史文獻資料彙編》第22輯第15分冊，頁10、9（附錄）。杜光：《1957年的革命和反革命》，香港五七學社出版公司2014年，頁241。

[487]　雷一寧：〈北京師範大學在1957〉，《「陽謀」下的北師大之難》上冊，頁33。

[488]　張允若：《追夢與反思》，凌天出版社（香港）2013年，頁334。

[489]　《內部參考》第2256期（1957-7-13），頁28。

[490]　《情況簡報（整風專輯）彙編》（6）1957-7-20。《反右絕密文件》第1卷，頁271。

[491]　《情況簡報（整風專輯）彙編》（7）1957-7-20；（8）1957-7-26。《反右絕密文件》第2卷，頁51、80。

[492]　《情況簡報（整風專輯）彙編》（8）1957-7-26。《反右絕密文件》第2卷，頁60、71。

[493]　《情況簡報（整風專輯）彙編》（9）1957-7-29、（10）1957-7-31，《反右絕密文

　　1957-7-21長沙市政協副祕書長張以藩（1906-1957），耶魯法學博士，提出「從人治走向法治」，劃「右」遭批判，投湘江。[494]

　　1957-7-2～31北京高校、中專17起自殺，死7人。8月7日，北京市委下達〈關於在反右派鬥爭中防止自殺事件的通知〉。[495]

　　1957年夏，湖南各地中學發生多起學生自殺——

　　　　南縣中學有一名高中畢業生……自縊身死。湘鄉縣四中也有一名
　　　　高中畢業生……投塘自殺。常寧縣還發生一起去年畢業的高小生
　　　　自殺事件。最近，晃縣一中、辰溪一中、麻陽中學、衡山縣二
　　　　中、郴縣一中、永興縣一中和長沙市一中等學校中都發生應屆畢
　　　　業學生自殺未遂或企圖自殺事件。[496]

　　1957年8月上旬，二機部廣州技校政治教員彭超（極右）上吊。[497]

　　截至8月5日，重慶自殺死亡6人（一起三人集體自殺），其中黨員四人（其中，一處長，一科長），團員一人，另一為孩童（父母自殺前先殺死）。[498]

　　1957-8-10《常州工人報》編委錢雅仁（共黨）出走，13日發現自殺於揚州。8月17日，徐州鼓樓醫院副院長韓健生（農工）自殺。[499]

　　1957-8-27湖北省參事室主任、省政協副主席耿伯釗（1883-1957，胞弟耿仲釗中共烈士），劃「右「後投書中央統戰部、毛澤東、周恩來，石沉大海，自殺。[500]湖北「民盟」主委馬哲民：「我每次過江，都看見有人跳江自殺。」[501]

　　1957年9月中下旬，湖北高校自殺七起（教授2人，助教1人，學生4人），已死4人；逃跑九起。[502]截至10月14日，河南自殺212起，已死178

　　件》第2卷，頁122、169。

[494]　《情況簡報（整風專輯）彙編》（13）1957-8-14。《反右絕密文件》第3卷，頁71。

[495]　《情況簡報（整風專輯）彙編》（14）1957-8-18。《反右絕密文件》第3卷，頁141。

[496]　《內部參考》第2256期（1957-7-13），頁31。

[497]　《情況簡報（整風專輯）彙編》（14）1957-8-18。《反右絕密文件》第3卷，頁135。

[498]　《情況簡報（整風專輯）彙編》（13），1957-8-14。《反右絕密文件》第3卷，頁103。

[499]　《情況簡報（整風專輯）彙編》（18）1957-8-31。《反右絕密文件》第4卷，頁31。

[500]　https://baike.baidu.com/item/耿伯釗

[501]　《內部參考》第2257期（1957-7-15），頁15。

[502]　《情況簡報（整風專輯）彙編》（33）1957-11-4。《反右絕密文件》第7卷，頁78。

人。[503]截至10月底，湖北自殺67人（多為地主、保長）。[504]

　　農村反右稱「社會主義教育運動」。8～9月甘肅農村開展「社會主義大辯論」，截至11月18日，全省農村自殺245起，已死219人。[505]截至1957-10-12，河南53個縣農村「社教」中自殺105起，死95人；據79起自殺事件統計，內有中農貧農19人、軍屬2人、村社幹部3人。[506]

　　1957-9-21「長影」編劇王震之（41歲），1938年入共黨，臥軌。[507]

1957-10-5，「中辦」統計自殺人數[508]

省區	截止日期	自殺	已死
湖南	9月上旬		400餘
四川	9月上旬	242	217
山東	9月上旬	115	93
河南	9月14日	91	77
河北	9月12日	63	58
貴州	9月24日		181
廣西	9月25日		276（含打死51人）
青海	9月23日		11

　　截至1957-9-6，貴州不完全統計逃跑62人，自殺47人。[509]

　　截至1957-9-3，遼寧自殺19起，死亡7人，省委通知：

　　　反「右派」是劇烈的階級鬥爭，某些頑固的右派分子以自殺來威脅、抗拒鬥爭是不可免的，我們決不因為有右派分子自殺而放鬆

[503] 《情況簡報（整風專輯）彙編》（35）1957-11-21。《反右絕密文件》第7卷，頁135。

[504] 《情況簡報（整風專輯）彙編》（39）1957-12-11。《反右絕密文件》第8卷，頁66。

[505] 《情況簡報（整風專輯）彙編》（37）1957-11-30。《反右絕密文件》第7卷，頁250。
　　《情況簡報（整風專輯）彙編》（39）1957-12-11。《反右絕密文件》第8卷，頁62。

[506] 《內部參考》第2332期（1957-10-14），頁11。

[507] 《情況簡報（整風專輯）彙編》（29）1957-10-14。《反右絕密文件》第6卷，頁58。

[508] 《情況簡報（整風專輯）彙編》（30）1957-12-23。《反右絕密文件》第6卷，頁61。

[509] 《情況簡報（整風專輯）彙編》（24）1957-9-19。《反右絕密文件》第5卷，頁108。

了對右派的鬥爭……[510]

1957-8-30吉林師大講師王俊懿（右派）自縊，稍後該校「右生」王寶臣在黑山家鄉投井。9月下旬，武漢高校自殺5人（兩名「中右」），逃跑10人。[511]

截至1957年11月底，甘肅自殺245起，死219人。[512]

某軍事院校完不成「右」額，盯上一位教員，指他關門研究遙控爆破為特務活動，「搞得他走投無路，跳樓自殺了。」[513]

1957-12-24葛佩琦被捕，「校內勞動」的林希翎很緊張，暗暗積攢安眠藥。中國人民大學圖書館右派陳錦榮（共黨）也動念自殺。[514]

1958-1-1～15，廣西右派自殺15起（省直4人，地市機關6人，縣以下機關5人）。鳳山縣右派宋子義槍殺廠長兼支書及刀傷積極分子家屬一人。[515]

截至1958-1-9，山西農村「兩條道路大辯論」，自殺79起，致死71人，未遂8人。[516]

1958-3-27廣東省委向中央報告全省中小學運動概況：「據初步統計，自殺的有55人（有22人未死），其中多數是右派分子畏罪自殺。」[517]

截至1958年3月，浙江中小學教職員自殺47人（死亡27人），逃跑42人（未回7人）。[518]

北京機器製造學校1955屆畢業班36人，5名「右派」，其中，吳伯

[510] 《情況簡報（整風專輯）彙編》（22）1957-9-12。《反右絕密文件》第4卷，頁177～178。

[511] 《內部參考》第2321期（1957-9-27），頁15。《內部參考》第2322期（1957-9-28），頁9。

[512] 《公安建設》第205期。《情況簡報（整風專輯）彙編》（43）1957-12-31。《反右絕密文件》第8卷，頁200。

[513] 李銳：〈討論《歷史決議（草案）》的摘記〉，《李銳文集》第5冊，卷九，頁55。

[514] 《內部參考》第2403期（1958-1-18），頁4～5。

[515] 《情況簡報（整風專輯）彙編》（54）1958-3-8。《反右絕密文件》第10卷，頁49。

[516] 《情況簡報（整風專輯）彙編》（53）1958-2-15。《反右絕密文件》第9卷，頁175。

[517] 《情況簡報（整風專輯）彙編》（63）1958-4-16。《反右絕密文件》第12卷，頁127。

[518] 《情況簡報（整風專輯）彙編》（64）1958-4-22。《反右絕密文件》第12卷，頁149。

堯1958年臥軌，湯福延1959年跳崖。[519]中央廣播局一「右」先殺死妻兒，再跳樓。[520]

名醫歐陽靜戈（1911-1978），捐獻進口X光機，「三反」打爲「大老虎」，自殺未遂，禁止做外科手術；1957年被誘發言劃「右」，再次自殺（被救），降薪五級，趕出北京；文革第三次自殺（仍未遂）。[521]

石揮（1915-1957），趙丹好友，兩人一起鳴放〈我們的建議〉，與謝晉、沈寂等結「五花社」。1957年6月石揮劃「右」，11月20日大會批鬥，當晚上了滬甬客輪「民主三號」跳海，17個月後屍浮南匯灘頭。石揮留言：

> 天下人都是王八蛋！
>
> 　沒有死過的人是不知道死的快樂在哪兒。同樣，也只有活著的人，才明白活著是多麼地痛苦。[522]

1957年12月《文匯報》，趙丹、瞿白音聯名發表長文：批判石揮政治立場反動、污蔑偉大領袖、挑撥投機、低級趣味、玩弄女性……[523]

上海時代中學高中女生瞿某（團員），1958年「整團」中遭批鬥，不堪侮辱，「在錦江飯店跳樓自殺了，當時學校還準備開大會批判她。」[524]

林澄（?-1961），協和醫學院高才生，出身高知家庭，黑龍江興凱湖勞改農場八分場獄醫，住單間，幹部小灶（並不飢餓），但認爲不該承受勞役「右」難，趁田間巡診，小山坡後手術刀割大腿動脈自殺。[525]

廣東省「民建」副主委陳祖沛（1916-2006），攜巨資回國，抗美援朝捐三架飛機，僅對公私合營提了一點改進意見，劃「右」挨鬥，跳樓自殺未遂，跛一足，萬念俱灰，閉門謝客。[526]

[519] 梟蘭山：〈人生騙局〉，《五七精神‧薪盡火傳》，頁337。

[520] 《第一個平反的「右派」：溫濟澤自述》，頁342。

[521] 石貝：《記右派父親歐陽靜戈坎坷的一生》，五七學社出版公司2013年，頁2～3。

[522] 《內部參考》第2372期（1957-12-2），頁16。李文西：〈石揮：黃浦江不死的遊魂〉，《三十年備忘錄》，頁438～439、442。

[523] 趙丹、瞿白音：〈石揮的「滾」的藝術和他的「才能」〉，《文匯報》（上海）1957-12-19，版2。

[524] 陳文立：《滄桑歲月》，頁39。

[525] 《走向混沌──叢維熙回憶錄》，頁113。

[526] 伊凡：〈廣東省、市民主黨派人士鳴放追記〉，《鳴放回憶》，頁44～45。

　　《大公報》總經理胡政之祕書梅煥藻（1910-1957），1956年《文匯報》復刊，徐鑄成再三登門力邀任社長祕書，從不參與編務；反右一起，《文匯報》新總編問梅對運動看法，僅一句：「徐鑄成成為右派，我思想有些不通。」立受圍攻，逼其交代。出了會場，他上屋頂跳下，徐鑄成終身懷疚，「為《文匯報》遭殃而自盡的，先後有十餘位。」[527]

　　上海文藝出版社「胡風分子」耿庸（1921-2008），「肅反」入獄；妻子王皓（1928-1957）也關押半年。「鳴放」階段，王皓致函毛澤東鳴冤，劃「右」，拋下三孩跳黃浦江。耿庸蹲監15年後出獄，才知早已家破人亡。[528]

　　1949年後，北大中文系首位研究生朱家玉（助教，共黨），上海富家女，拒絕父親安排留美（脫離父女關係），1957年6月得知將「右」（僅因批評北大對民間文學不重視），夜跳海輪，自沉渤海。[529]

　　《長春日報》團員記者李學斌（1932-1957），雖發表長篇報導〈「應聲蟲」——東北人民大學胡顯中右派言論破產始末〉，亦淪「右」，大連跳海。[530]

　　黃倩，漂亮上海小姐，剛與戀人「辣椒」（筆名）分配廣州水力設計院，活潑天真，體形健美，公認「院花」。她雖思想赤紅，卻是黃金榮堂侄孫女，父親「五反」自殺，哥哥逃臺國軍軍官。她為林希翎陷「右」抱不平，大字報呼籲不要過分強調階級路線。該院首批右派，一連幾天批鬥，不准哭（鱷魚眼淚），不准辯（狡辯），不准沉默（拖延時間），罰掃廁所，調開戀人；黃倩服清廁「拉素」，自縊宿舍。[531]

　　反右風緊，出身不佳的赤幹高度緊張，不斷懺悔，信仰動搖。1930年加入共黨的《人民日報》女副總編楊剛（1905-1957），1957-10-7自殺。[532]

　　河南商業廳零售公司華僑吳幹初淪「右」，1957-7-1被鬥，當夜自殺（獲救），遺書：死了也擁護共產黨擁護社會主義，絕不是「右

[527] 徐鑄成：〈「陽謀」親歷記〉，《徐鑄成回憶錄》，頁415～416。
[528] 《跋涉者——何滿子口述自傳》，北京大學出版社1999年，頁191。
[529] 樂黛雲：〈紀念一位已逝的北大女性〉，《荊棘路》，頁199～200。
[530] 胡顯中：《陽謀下的人生》，頁43。
[531] 小鍊：〈廣州水力發電設計院鳴放記〉，《鳴放回憶》，頁54～56。
[532] 葉遙：〈名記者楊剛之死〉，《炎黃春秋》2006年第12期，頁16～17。

派」。[533]

　　唐山鐵道學院馬列教研室講師、「民盟」盟員、胡適次子胡思杜（1921-1957），1950年登報與胡適「脫離父子關係」，上繳父母所留一箱珠寶（供成家），仍劃「右」，9月21日自縊。復旦「右派」彭文應次子亦自殺。[534]

　　河南省中醫院鬥爭「右派」周耀宗，不許辯解，打耳光。會後，通知周參加次日鄭州工人批右大會，周當晚服毒自殺。[535]

　　丁則良（1915-1957），東北人民大學教授，1957-8-8自沉北大未名湖。

　　李春潮（1913-1957），1937年入共黨，廣西文教廳長，投河。[536]

　　黃操良（1917-1958），1938年入共黨，《人民日報》副總編，1958-4-11服用安眠藥。[537]

　　湯汝光，昆明市政協委員，資本家，積極批判「右派」，挨鬥前跳河。

　　王少桐，《光明日報》記者，跳江，家破人亡。[538]

　　鄭光第（?-1963），清華生（化學系），1963-10-1跳北京什剎海。[539]

　　范永壽（1936-1957），1951年參軍，1956年考入北京鋼鐵學院機械系，擔心劃「右」服安眠藥自殺於宿舍。[540]

　　復旦中文系尖子生張瀛淪「右」，再打為「反革命」，自殺。[541]

　　「九三」中候委、高教出版社編審顧執中（1898-1995），撞柱自殺未果，指裝瘋賣癲、抗拒交代；開除一切職務，留用察看。[542]

　　1958年10月，上海交大「右」生陶增烈判刑五年，押送皖南山區涇

---

[533] 《情況簡報（整風專輯）彙編》（4）1957-7-10。《反右絕密文件》第1卷，頁210。

[534] 《王若望自傳》（第三部），《黃花崗》（紐約）2004年第4期，頁91。

[535] 《情況簡報（整風專輯）彙編》（6）1957-7-20。《反右絕密文件》第1卷，頁283。

[536] 賈植芳：《獄裡獄外──一個「胡風分子」的人生檔案》，頁77。

[537] 藍翎：《龍卷風》，上海遠東出版社1995年，頁123。

[538] 丁抒：《陽謀──反右派運動始末》，頁328～330。

[539] 夢波：〈勞改紀實〉，《我親歷過的政治運動》，頁110。

[540] 同學彭志一憶述，《往事微痕》第24期，頁90～92。

[541] 吳中傑：《海上學人》，廣西師大出版社（桂林）2005年，頁219～220。

[542] 《百家鳴放選》，自聯出版社（香港）1957年9月，頁3。《千名中國右派處理結論和個人檔案》第2冊，頁151。

縣陳村水庫服勞役，吞服五百餘隻蒼蠅求「解脫」，立遭廣播批判：
「勞改人員陶增烈企圖對抗人民對他的改造……」陶僅患阿米巴痢疾，
未死。[543]

　　除運動中冤憤自殺，獄中、勞教的「右派」也有不少自殺。1960
年，飢荒滲入監獄。成都寧夏街第一監獄，一位二十餘歲高校團支書鹽
酸伴飯自殺，臨終前：「我活下去沒意思了。」[544]河北阜平中學模範教
師劉玉良（1930-1961），議論：「社員幹，幹部看，社員分八斗，幹部
分一石，舊的地主被打倒，新的地主又出現。」劃右下放挖煤，再入
獄，1961年自縊。[545]

　　北師大一級教授武兆發，「三反」重點對象（曾自殺），「肅反」
再被鬥（後道歉）；「鳴放」肅反，全校最早「右派」，猛烈批判，檢
討屢不過關，大字報〈關於「三反」中武兆發「抹脖子」的真相〉：

　　　　解剖上技術不壞的專家，三反隔離審查期間用小刀子割不斷自己
　　　　的頸靜脈，不得不「瘋了似的」奪門而出，恰似我國民間流傳的
　　　　某人大嚷「我要跳河」的笑話。武兆發外逃被找回來後，又用毛
　　　　巾勒自己脖子，毛巾能勒死人嗎？武兆發並不想死，只不過是做
　　　　樣子給別人看，想更能迷惑一些人而已。

　　校報《師大教學》轉載這張大字報，幾天後，武兆發用手術刀自
殺，死後仍劃「極右」。1957-8-1全校大會「聲討頑抗到底的自絕於人
民的右派分子武兆發」，校長陳垣及著名教授陸宗達、何茲全、汪堃
仁等發言，譴責「祖國叛徒」、「賣國賊」、「民族敗類」、「偽科
學家」。[546]接著上來一位三旬女性，說是武的助手，稱遭強姦。此婦
面容粗俗，穿男式藍制服，說話嗚嚕不清，要哭又無淚。有人質疑：
「武兆發還是美國留學的，又是國內外名人，怎麼去強姦一個像老母豬
式的女人？」[547]武兆發三女兒乃影星向梅（1937-），參演《女籃五號》

[543] 陶增烈：〈勞改生涯〉，《五七精神‧薪盡火傳》，頁416。
[544] 石天河：《逝川憶語──《星星》詩禍親歷記》，頁394。
[545] 《阜平縣志》，方志出版社（北京）1999年，頁289。
[546] 于風政：《改造》，河南人民出版社2001年，頁531，注釋一。
[547] 李受山：〈我所經歷的北師大中文系整風反右運動〉，《不肯沉睡的記憶》，
　　　頁21。

（1957）、《紅色娘子軍》（1960）、《北國江南》（1963）、主演《保密局的槍聲》（1979）。

黃秋耘記載：

> 在反右派鬥爭中，自殺的人大概沒有在「文化大革命」中那樣多，但也爲數不少。例如廣州就有一個參加革命多年、在香港《華商報》和東江游擊區工作過而且頗有點名氣的新聞記者麥招漢從六榕寺的花塔頂上跳下來，當場肝腦塗地……。據當時在頤和園諧趣園的療養所養病的何禮同志告訴我，在1957年反右派鬥爭期間，他每天早上起來散步，常常看到後山歪脖子的老槐樹上吊著一兩個人，還有一些人是跳湖自殺的，身體插入湖底淤泥中，只有兩隻腳露出水面。這些殉難者並不全都是「右派分子」，也有些是由於親人由摯友被劃爲右派，義憤填膺、憂鬱欲絕，因而走上這條絕路的。

麥招漢（1919-1957），1937年赴延安，1938年周楊介紹入黨，返穗創辦《新華日報》，回井深村創建共黨組織，惠州抗日大刀隊政委，1942年調桂林「八辦」，1944年調南方局，香港《華商報》編輯，粵北東江縱隊支隊長、團長、政委。1949年後，《珠江人民報》副主編、《廣東文藝》主編。[548]

北大西語系「右」生賀永增（1930-1960），判刑五年，1960年爬上北京監獄煙囱，高呼「反動口號」，然後躍下。[549]北大學生右派先後自殺至少10人。[550]

《文匯報》青年記者江顯良，「極右」，下放滬郊農村，週日仍得下地「改造思想」，1964年跳樓（30歲出頭）。[551]

1955年秋回國的哈佛「博士後」趙國鈞（1918-1962），一個誠懇質樸的學者，反右受挫，離開大陸，旅歐途中，跳火車自殺。[552]

---

[548] 黃秋耘：《風雨年華》，頁158～159。

[549] 張強華：《煉獄人生》，頁63。

[550] 閻桂勳：〈中國歷史上最大的文字獄〉，《五七精神・薪盡火傳》，頁106。

[551] 丁抒：《陽謀——反右派運動始末》，頁324。

[552] 余英時：《現代危機與思想人物》，三聯書店（北京）2005年，頁302。

文革自殺「右派」（有限收集。未標注釋處均出自王友琴《文革受難者》）

1963年開始「四清」（亦稱「社教」），僅陝西長安縣就有五百餘社隊幹部蒙冤自殺。[553]文革初期，「右派」自殺第二波高潮。

黃紹竑（1895-1966），國軍上將、國府內政部長、桂省浙省鄂省主席、監察院副院長；全國人大常委、「民革」中常委，1966-8-1刎頸。[554]

陳夢家（1911-1966），中科院考古所研究員，強迫長跪院中，遭吐口水，殘羹剩飯澆頭，沒收苦心收藏明清傢俱與藏書；1966-8-24安眠藥自殺未果，1966-9-3自縊。

藍鈺（1919-1966），1938年加入共黨，通俗讀物出版社副總編，極右，上吊。

沈巧珍（1934-1966），北師大「右派」女生，勞改四年（20元／月）摘帽，分配四川自貢大安區中學，不堪批鬥，1966-7-5扔下兩幼孩，投河。[555]兩孩均患抑鬱症，女兒20歲失蹤，兒子38歲退休。[556]

朱偰（1911-1968），史家朱希祖之子，柏林大學經濟學博士，江蘇文化局副局長兼文管會副主任，前南京大學經濟系主任。[557]

王重民（1903-1975），北大圖書館系主任，1975-4-16上吊頤和園長廊。

許世華（1920-1968），北大圖書館系教師，1968年8月投水西苑。

陸浩青（?-1966），清華生（電機系），第三次自殺方遂。[558]

敖乃松（?-1973），北大圖書館系畢業生，1973-3-28京郊團河勞教農場投塘。[559]

章鵬（1928-?），北大物理系調幹生，獄中自殺。[560]

---

[553] 胡國華等：《告別飢餓：一部塵封十八年的書稿》，廣東教育出版社2008年，頁9。

[554] 章立凡：〈亂世逸民〉，《記憶：往事未付紅塵》，頁239。

[555] 李受山：〈我所經歷的北京師大中文系整風反右運動〉，《不肯沉睡的記憶》，頁20。

[556] 張祖武（述發）：〈從沈巧珍之姐的來信說起〉，《一位偉大的女性》，頁32～33。

[557] 石灣：〈朱偰與南京「明城牆」〉，《人民日報》（海外版）2004-10-27，版7。
http://news.sina.com.cn/o/2004-10-27/10244050550s.shtml

[558] 《走向混沌：叢維熙回憶錄》，頁218。

[559] 吳越：〈殉情自殺者的遺書〉，《我親歷過的政治運動》，頁175。

[560] 沈志庸：〈回憶片斷〉，《往事微痕》第21期，頁79。

陳天國（1912-1967），上海電影演員，秦怡前夫，1967-12-21自縊杭州飛來峰。

程應銓（1919-1968）：清華大學土木系講師，1968-12-13穿西裝投湖。

白京武（?-1966-8）：北京第47中學美術教師，遭紅衛兵毒打，投河。

傅雷（1908-1966）：法譯名家，1966-9-3夫婦一起上吊。

黃必信（1925-1968）：黃炎培第五子，大連工學院教研室主任，1968-6-15自殺關押地。

安大強（1938-1968）：清華生，跳樓。

陳賁（1914-1966）：西南聯大生，1941年入共黨，燃料工業部副總地質師，「極右」，青海勞教，1966-6-15自盡於戈壁灘破屋，死後仍批鬥三晝夜。

金志雄（?-1966，女）：上海復興中學歷史老師，上吊。

雷愛德（?-1968）：天津醫科大學教材科長，服安眠藥於牛棚。

李希泰（1916-1970）：西安交大副教授，留美生，1970-7-12上吊。

陸家訓（1925-1966）：西安交大講師，1966-8-27跳樓。

孫歷生（1934-1968）：于光遠前妻，北京女三中教師，1968-7-12上吊牛棚。

孫明哲（?-1968）：北京地質學院教師，1968年8月自殺。

孫哲甫（1930?-1967）：上海位育中學教師，跳水。

仝俊亭（?-1966）：鄭州師範學院教師，跳樓。

張友白（?-1966）：上海新滬中學數理教師，觸電。

范政（1925-1968）：長春市委宣傳部長，貶「一汽」車間主任，1968年8月臥軌。

馮郁華（?-1968）：上海交大「右」生，貶新疆水利廳機械廠，上吊。

高斌（1917-1966）：陝西師大副教授，劍橋生，1950年回國，1966-8-24上吊。

李長恭（1930-1967）：《新湖南報》編輯，勞教加班要求夜餐，判刑10年，跳崖。

李希綬（1916-1970）：西北聯大生，留美碩士，西安交大教授，1970-7-12上吊。

林墨蔭（1929-1968）：北大生，北京地質學院助教，勞教三年，1968-9-27自殺牛棚。

劉曉晞（?-1968）：《人民日報》農村部副主任，抗戰初赴延安，服「敵敵畏」。

盧賢軍（?-1966）：北大「右」生，貶青海電臺，跳樓。

石盤（1916-1966）：1938年入黨，陸定一祕書，北師大三級教授，跳樓。

陸進仁（?-1966）：北京農大教授，留美生，1966-9-1夫婦一起上吊。

田保生（?-1966）：哈佛生，外交學會編譯，1966-8-28與妻雙雙自殺。[561]

薛壽虎（1937-1967）：華東師大學生右派，上海北郊中學教師，一家四口自殺。

吳迪生（?-1966）：華東師大圖書館員，1966年9月夫婦一起上吊。

王鴻、薛挺華（夫婦）：北京地質學院教師，雙雙自殺。

王季敏：鄭州師院歷史系主任，跳樓。

林安乾：《人民日報》圖書館員，唐山柏各莊農場勞教，上吊。[562]

姚瑩澄（?-1968）：《文藝報》女記者，採訪歌唱家張權〈關於我〉，與丈夫（《文藝報》副總編唐因）、張權一起淪「右」，上吊。[563]

……

文革中不少「反右鬥士」自殺，如吳晗、翦伯贊……

還有人甚至不敢自殺。北師大「右」生張榮生（1934-）：

十年浩劫中，像我這種異類，連死都不敢去死。一是擔當不起「自絕於人民」的惡諡；二是妻子兒女都將受到株連。[564]

---

[561] 《我的外交官生涯——凌其翰回憶錄》，中國文史出版社（北京）1993年，頁202～203。

[562] 張允若：《追夢與反思》，凌天出版社（香港）2013年，頁361～402。

[563] https://zh.wikipedia.org/wiki/張權_(歌唱家)

[564] 曾慧燕：〈歷史資料〉，《一位偉大的女性》，香港新華出版社2016年，頁217。

小結

　　出言成罪，重回周厲王「道路以目」，孵出大批「獵狗牌」少共青共，言論監控度遠甚任何前朝。反右前不能說真話，反右後必須說假話，文革竟至家家戶戶開窗以語（以示無隱）。人際關係降至歷史最低點，機電部工程師「右派」裴連振，1979年改正，當初陷害他的人事幹部來勞改農場接他，伸手示好，裴連振抬腳去「握」。[565]

　　雲南師大「右派」教師朱承義（1930-2015），1971年判刑10年（反革命）。此時，監獄反成避難所，可避獄外分秒難熬的「群眾專政」（皮肉之苦、羞辱之窘），成了「塞翁失馬，焉知非福」。[566]

　　文革時期，1938年入共黨的「陝公」女生鄭德芳（1917-2008，右派）：

> 現在做人真沒有意思。我躺在床上常常想：明天早晨起不來了，我一點都不覺得什麼痛苦，這樣最好！[567]

　　留美生「右派」曹德謙（1921-2019），自謂高壽首在「不怕死」：

> 我的不怕死決非出於勇敢，而是出於cynicism（嫉世憤俗）。因為對我而言，活未必勝於死，右派的生活猶如地獄，只有親臨其境的人，才懂得其中慘象。這種生活實在是不值得活的，何必多活呢。[568]

---

[565]　《走向混沌：叢維熙回憶錄》，頁202。

[566]　石天河：《逝川憶語——《星星》詩禍親歷記》，頁467。

[567]　蔣燕燕：〈讀李慎之反右和文革時期的交代材料〉，《炎黃春秋》2009年第11期，頁17。

[568]　曹德謙：〈我為什麼活得這麼久〉，http://www.aisixiang.com/data/51312.html

第七章　深遠影響

　　反右前，言路尚存窄隙。反右一起，只可「歌德」，不可「缺德」，「最先進的工人階級」也不敢說話。《內部參考》報導——

　　（唐山機車車輛修理廠）貨車車間的一小組，12個人中有11個黨員，討論反右派報告時沒一人發言。支部書記找他們談話時，他們說：「咱們沒文化，隨便談，說錯了怎麼辦哪！」據瞭解，其他企業部分工人中也有這種情緒。[1]

千家駒：

　　從「反右」以後，中國的知識分子鴉雀無聲，不要說指鹿為馬，即說一個螞蟻比象還大也沒有人敢說一個「不」字了。[2]

留蘇生「右派」江平（1930-，1988～1990年中國政法大學校長）：

　　反右運動結束後真是一片肅殺的氣氛，可以說是「知不敢言，言不敢盡，言者有罪，聞者動怒！」[3]

上海交大機械系團支書戴恩錫（1940-，1974年從廈門泅奔金門）：

　　我應當吸取反右鬥爭中的教訓，我應學會保護自己的方法，這就是口是心非。[4]

　　1958年1月上海，陸定一分別召集四場座談會：新聞界、出版界、文學界、電影界。各界負責人反映：人們謹小慎微，不敢說話；「中中」、「中右」不敢沾報紙的邊，版面沒了生氣；出版界對貫徹百家爭鳴戰戰兢兢；電影界縮手縮腳，少有創作。四場座談會發言，中宣部編入《宣教動態》（1958年第28期），3月15日毛澤東閱後批示政治局：

　　此件可一看，然後談一下。為什麼知識分子不敢講不敢寫呢？我

---

[1]　《內部參考》第2300期（1957-9-3），頁12。
[2]　〈千家駒筆下的反右內幕〉，《開放》（香港）2007年6月號，頁41。
[3]　江平：〈我的右派經歷與反思〉，《炎黃春秋》2011年第2期，頁28。
[4]　戴恩錫：〈一個紅色工程師的覺醒〉，《從大陸看大陸》第1輯，頁70。

們人民的自由已被壓死了嗎？[5]

毛澤東的「驚訝」猶如晉惠帝。1959年廬山會議前期，總參謀長黃克誠私下說：「現在講話很難，我黃克誠總還算是一個敢發表意見的人，現在也不敢講話了。」[6]人們自會腹誹：共產黨此前開槍開炮反對國民黨，為什麼今天不能批評共產黨？社會主義初興，憑什麼免檢？為什麼不能評點？大躍進─大饑荒，黨內騰議，毛澤東在廬山隻手遮天「反右傾」，鎮壓黨內異聲。

1965-3-2鄧小平：「新華社每天只收到兩篇稿子。」[7]次日，中央書記處會議，彭真：「連新華社有一陣一天只來四五篇稿子。」[8]1980年中共高幹：「反右派……是對智力資源的大破壞。」[9]

2007年，前新華社山西記者馮東書（1933-），憶述大饑荒時期：

> 那麼多記者為什麼不能堅持真理呢？下面那麼多幹部、群眾為什麼不向報紙寫讀者來信反映這種胡鬧的情況呢？後人不好理解。……這麼一支浩浩蕩蕩的新聞大軍下去都是瞎子、聾子？當然不是，我們比誰都清楚。但自從「反右派」獲得偉大勝利以後，「輿論監督」已蕩然無存，科學技術工作者都三緘其口……。我們面對那場「人禍」，都無可奈何，連內參都不敢寫，也沒人敢說。[10]

士林的社會參與度，社會理性刻度之一。士林恐懼萎靡，無法「憂於未形，恐於未熾」。[11]中共本已錯軌，「反右」再斬華佗再卸剎車，自失人鏡自斷補察孔道，神州失聲天下失警，急速馳往絕地──大躍進、大饑荒。

[5]　《毛澤東年譜（1949～1976）》第3卷，頁314～315。
[6]　李銳：〈關於毛澤東功過是非的一些看法〉，《李銳論說文選》，頁130。
[7]　易凡、紫卉：〈「禁映影片」的禁映內幕〉，《檔案春秋》（上海）2006年3期，頁27。
[8]　薄一波：《若干重大決策與事件的回顧》下卷，頁1244。
[9]　李銳：〈討論《歷史決議（草案）》的摘記〉，《李銳文集》第5冊，卷九，頁54。
[10]　馮東書：〈新聞永遠是一面鏡子〉，《炎黃春秋》2007年第2期，頁33。
[11]　范仲淹：〈靈烏賦〉自序。

法大還是縣委書記大？

1957年春，「九三」中候委顧執中：

> 憲法第85條規定公民在法律上一律平等，實際許多現象卻不是這
> 樣。第89條規定人身自由不受侵犯，非經法院決定或檢察院批
> 准不受逮捕，而肅反時的行動證明這一條文全被破壞了。第87
> 條規定的言論、出版、集會、結社的自由，事實都沒有得到保
> 證。……集會結社的自由更少，許多人民團體幾乎都是官方包
> 辦。……這樣下去，把憲法當成了手紙，亂關人、亂捕人、拆信
> 等等，都可以為所欲為，將來何堪設想！？[12]

浙江高級法院副院長鄔家篯（1917-2009，1938年入共黨），提出審判
獨立、無罪推定，被指「為反革命脫罪」，劃右。[13]法理支柱的「司法
獨立」、「審判獨立」、「無罪推定」……均成資產階級貨色，「企
圖把司法系統與人民民主專政對立起來。」[14]武漢大學法律系成「右
窩」，從系主任燕樹棠（耶魯法學博士）到學生，大都劃「右」，[15]全系
撤銷，教授發配沙洋農場，教憲法的餵豬，教民法的剃頭，教刑法的燒
火，教法理的放牛。[16]

1957年底，中共明文規定黨委凌駕司法機關之上——

> 全部審判活動都必須堅決服從黨委的領導和監督，黨委有權過問
> 一切案件。……凡是黨委規定審批範圍的案件和與兄弟部門意見
> 不一致的案件，都應當在審理後宣判前，報請黨委審批。[17]

1958-8-24北戴河政治局常委擴大會議，毛澤東：

> 我們每個決議案都是法。[18]
> 開會也是法。主要靠決議、開會，一年搞四次，不靠民法刑法來

---

[12]　〈九三學社候補中央委員顧執中的言論摘要〉，《人民日報》1957-6-26，版3。
[13]　沙尚之：〈從反右運動看被「中國特色」的政治鬥爭〉，《五七精神・薪盡火
　　　傳》，頁41。
[14]　〈在政法戰績上還有嚴重的鬥爭〉（社論），《人民日報》1957-10-9，版1。
[15]　https://baike.baidu.com/item/燕樹棠
[16]　丁抒：《陽謀——反右派運動始末》，頁202。
[17]　張晉藩等編：《中華人民共和國國史大辭典》，黑龍江人民出版社1992年，頁298。
[18]　《毛澤東年譜（1949～1976）》第3卷，頁421。

維持秩序。

劉少奇插話：

到底是法治還是人治？實際靠人，法律只能做辦事的參考。

於是，中央政法小組向毛劉呈報告：

刑法、民法、訴訟法根據我國實際情況來看，已經沒有必要制定了。[19]

1959年，毛再批示：「要人治，不要法治；《人民日報》一篇社論全國實行，何必要什麼法律？」[20]4月撤銷司法部、監察部，重申黨委高於司法：

各級法院和檢察院均受同級黨委的直接領導。[21]

1959年1月取消律師制。1960年公檢法合署辦公，取消司法監督。1959年4月，謝覺哉接任最高法院院長，發現不少地方「一長代三長」（法院院長、檢察院長、公安局長）、「一員代三員」（審判員、檢察員、公安員）：

一個案件從偵察、起訴到審判，由一個人一包到底，根本談不上互相制約，更談不上獨立審判。法院正常的審批制度被批判了，代之以用搞群眾運動的方法辦案。[22]

整個毛時代只有兩部法：《憲法》（並不執行）、《婚姻法》。

1967-8-5中南海，69歲的劉少奇被打得鼻青臉腫、行走困難，回家後向「革命群眾」抗議：「我是國家主席，誰罷免了我！我是個公民，為什麼不許我說話？憲法還在，你們這樣做是在侮辱國家。破壞憲法的人是要受到法律制裁的。」[23]紅色諷刺經典情節。

1978-12-13中共中央工作會議閉幕式，鄧小平：

現在的問題是法律很不完備，很多法律還沒有制定出來。往往

19　《毛澤東思想萬歲》第3冊（1958～1960），頁109。
　　郭道暉：〈從人治走向法治〉，《百年潮》1999年第7期，頁21～22。
20　于浩成：〈黨對政權與社會的控制〉，《共產中國五十年》，頁357。
21　中共中央黨校中共黨史教研室編：《四十年的回顧與思考》，中共中央黨校出版社1991年，頁76。
22　《謝覺哉傳》編寫組：《謝覺哉傳》，人民出版社1984年，頁220。
23　黃崢：《王光美訪談錄》，中央文獻出版社2006年，頁428～429。

把領導人說的話當作「法」，不贊成領導人說的話就叫做「違法」，領導人的話改變了，「法」也就跟著改變。[24]

1980年，閩省福鼎縣農機廠工人張某，要求調整工種未准，打了廠支書（幾天即出院），張某被拘。縣檢察長周宗雙認為後果不嚴重，行政處分即可。縣委書記姬志立（1921-1994）堅持逮捕。周宗雙請示地區與省檢察院，均同意不逮捕。姬志立大會指責：「檢察部門法制觀念不強，不執行縣委意見。」「周宗雙不要黨的領導！」「法大還是縣委書記大？」周宗雙免職（未經人代會）。[25]

「黨委即黨」、「支部即黨」一直到「黨員即黨」，百姓見了黨員噤若寒蟬。有的農民一見村支部晚上點燈就害怕——共產黨要整人了！[26]

一、大亂甲乙

甲乙亂，災禍來。大批「人性論」、「自由主義」、「現實主義」，制度性人禍必肇於歪理。1978年捷克異士哈維爾（1936-2011）：

它偽稱制度的要求來源於生活的要求，⋯⋯對個人的徹底貶抑被描述成他完全的自由；剝奪人民的消息權被說成使之成為有效的宣傳教育；權力的操縱運用被稱作權力的公共行使；任意濫用權力被稱之為遵守合法法規；對文化的壓制被稱作它的發展；霸權權力的擴展表述為支持被壓迫者；缺少自由表達變成自由的最高形式；滑稽的選舉變成民主的最高形式；禁止獨立思想變成最科學的世界觀；軍事占領變成了兄弟援助。因為這個制度被它自己的謊言所控制，它必然篡改每一件事情。它篡改過去、它篡改現在、篡改未來、它篡改統計數字。它裝成並沒有擁有一個全能和無法無天的警察機構；它裝成尊重人權；它裝成沒有迫害任何

[24] 《鄧小平文選》第2卷（1975～1982），人民出版社1983年，頁136。
[25] 馬榮傑：〈是「官」大還是法大？〉，《人民日報》1980-7-29，版5。
[26] 朱學淵：〈我所知道的「反右鬥爭」和「右派分子」〉，《五十年後重評「反右」》，頁429。

人；它裝成無所畏懼；它裝成沒有裝過任何事情。[27]

這不，中共自稱人民政府、人民軍隊、人民法院、人民檢察院、《人民日報》、人民警察、人民銀行、人民醫院、人民代表……，一黨專政稱多黨合作，毛氏獨裁稱集體領導，沒收個權稱自由解放，壓制文化稱百花齊放，愚民政策稱政令公開，操縱選舉稱真正民主，扼殺思想稱真理勝利，暴力恐怖稱革命需要……

以中共邏輯，自己才是「社會主義真民主」，英國民主僅限海德公園——

> 英國資產階級的統治集團，在全國範圍內剝奪了代表廣大勞動人民利益的英國共產黨人的言論自由，只允許他們在海德公園的一角發表意見。如果這也叫「言論自由」的話，那是多麼微不足道的「言論自由」呀！可是我國資產階級右派分子卻十分讚揚這樣的「言論自由」。很明顯，他們的目的是要把我國人民從社會主義的廣闊的自由的海洋，排擠到像海德公園那樣的狹小的角落裡去。不用說，我們是堅決不會同意他們那樣做的！
>
> 在資本主義社會裡，「自由」這個東西是資產階級統治者用來為資本主義服務的。在階級社會裡，「自由」是有階級性的。壓迫和剝削階級的「自由」是以被壓迫和被剝削被奴役的「不自由」為條件的。資產階級的「自由」就是意味著無產階級和其他勞動人民的不自由。
>
> 我們全國人民是不會接受右派分子所販賣的「自由」的。如果右派分子不願拋棄資產階級的自由，那麼，就讓他們抱著這種自由去做夢吧！[28]

浙江省委宣傳部小冊子《分清大是大非——反右派鬥爭學習資料》（1957年8月），10月四刷，總印數510,130冊。[29]

明明「釣魚」，還要受害者倒過來感恩戴德。延安女幹部、中央

27　哈維爾：〈無權者的權力〉，《哈維爾文集》，崔衛平譯，2003年自印本，頁54。

28　龔祥瑞：〈什麼是西方國家的「自由」〉，《學習》（北京）1958年第2期，頁27～28。

29　《分清大是大非——反右派鬥爭學習資料》，浙江人民出版社1957年10月，封底。

外事幹校毛校長訓誡巫寧坤：「你應當感謝我們沒有把你打成現行反革命。」[30]1961-5-24津郊勞改農場，一位總場幹部訓誡勞教犯：

> 對你們的處分是非常寬大的、非常人道主義的。因為我國的司法制度是社會主義的司法制度，是以毛主席的無產階級革命路線為基礎的、世界上最先進的司法制度。……特別是你們當中的右派分子，根據罪行，在資本主義國家都應該判死刑，因為你們企圖顛覆政府，而且證據確鑿！[31]

1977年7月～1979年2月，《青海日報》記者孫正荃（1937-）冤獄蹲監，出獄後找報社總編喬遷，門都不讓進：

> 工作給你安排了，工資補發了，這麼多年[坐牢]的飯錢都沒要你出，你還不滿意個啥？[32]

1964年11月，陝西省委新任第一書記胡耀邦竟不知大饑荒實況。他大力反左，不同意整農村幹部，論據如下——

> 在我們黨領導下，大多數基層組織、大多數基層幹部，都是好的或比較好的，壞人只是極少數。如果遍地是蠹子，到處有問題，我們黨在農村取得的偉大成績怎麼解釋？！[33]

中共高幹「右派」曾彥修：「我1979年無意中聽人談起，美國人於1969年登上月球，大為吃驚。」[34]

慈捐也會成罪名。1951年，丁玲捐出史達林獎金五萬盧布給全國婦聯，1953年捐給涿鹿縣溫泉屯（《太陽照在桑乾河上》原型地）一臺幻燈機及文化用品，批鬥時被斥「沽名釣譽，要在那裡為個人立碑樹傳」。[35]

批判「右派」的左論左據，生拉硬接，你說的要批判，沒說的也要批判（為什麼沒說？），怎麼著你都是「反黨反社會主義」。

1957-5-13「民盟」中央科學規劃小組（曾昭掄、千家駒、華羅庚、童第

---

[30] 巫寧坤：《一滴淚》，頁64。
[31] 劉乃元：〈清河農場〉，《沒有情節的故事》，頁370。
[32] 孫正荃：〈正視歷史‧拒絕遺忘〉，《五七精神‧薪盡火傳》，頁111。
[33] 劉冰：〈冒險上書揭發遲群〉，《我親歷過的政治運動》，頁373。
[34] 曾彥修：《天堂往事略》上冊，2009年自印本，頁13（概述）。
[35] 蔣祖林、李靈源：〈在太行山下的日子——回憶母親丁玲〉，《新文學史料》1998年第4期，頁129。

周、錢偉長），向國務院科學規劃委員會遞交〈對於有關我國科學體制問題的幾點意見〉，提議科研應該「就人」，科學家在哪裡，研究就放在哪裡；升學升級、選拔研究生留學生，不應只看政治條件，應兼顧專業水準。反右一起，這份意見成了「章羅聯盟」向黨索要科研領導權的綱領。郭沫若在全國人大發言──

> 反對有計畫有重點地發展科學工作、反對科學工作的統一領導。其結果就是要使我國不能充分利用社會主義制度的優越性來發展科學事業，就是要使我國科學工作長期停留在落後的狀態。
>
> 企圖以資產階級虛偽的「平等」觀，在青年中進行挑撥和煽動，指望造成一部分青年對黨和政府不滿。[36]

反右定位知識群體，就得證明知識分子最愚蠢，不可能掌握真理。1957-7-9上海幹部大會，毛澤東：

> 智慧都是從群眾那裡來的。我歷來講，知識分子是最無知識的。……現在，知識分子附在什麼皮上呢？是附在公有制的皮上，附在無產階級身上。誰給他飯吃？就是工人、農民。……還是那些不大識字的人，他們知識高。決定大局，決定大方向，要請無產階級。[37]

1958年5月「八大」二次會議，毛發表〈卑賤者最聰明，高貴者最愚蠢〉：

> 從古以來，發明家都是年輕人、卑賤者、被壓迫者、文化缺少者，學問不行。名家是最無學問的、落後的、很少創見的，……世界是青年的。
>
> 科學技術發明大都出於被壓迫階級，即是說出於那些社會地位較低、學問較少、條件較差、在開始時總是被人看不起，甚至受打擊受折磨受刑戮的那些人。……如果能夠有系統地證明這一點，那就將鼓舞很多小知識分子、很多工人和農民，很多新老幹部打掉自卑感，砍去妄自菲薄，破除迷信，振奮敢想敢說敢做

36　郭沫若：〈駁斥一個反社會主義的科學綱領〉，《人民日報》1957-7-6，版3。
37　毛澤東：〈打退資產階級右派的進攻〉，《毛澤東選集》第5卷，頁452～454。

的大無畏精神，對於我國七年趕上英國，再加八年或者十年趕上
美國的任務，必然會有重大的幫助。[38]

上述「最高指示」即文革五七幹校（知識分子工農化）的邏輯依據。
1964年，學歷小學三年級的技工蔡祖泉（1924-2009），直升復旦大學物
理教授，為知識分子指明「階級方向」。[39]

雲南大學黨委書記李書成撰文《光明日報》，稱雲大90%知識分子
反黨，「應當消滅知識分子」，臺灣中央社「如獲至寶引用」。[40]

意識形態顛倒是非，經濟基礎立遭報復。1958-1-29江西省委報告：

> 省食品公司每年經營一百多萬頭豬，人員八千，員工開支約占十
> 萬頭豬價格。省森林工業系統每年經營120～130萬立方米木材，
> 人員10,500餘，員工開支約占50多萬立方米木價。[41]

公有制＝怠工低效。哈維爾：「在由社會主義鼓勵的消極怠工者
中，很難想像有積極性的工人。」[42]績效與收益脫鉤，幹好幹壞同酬，
私心似失所繫，但積極性沒了，管理層也情緒難振，疲塌怠工瀰漫全
國。晉南太行老區平順縣張井鄉中勝農業社兩個大隊，1957年春播出
工率僅60%，「下了地的社員，也是休息多，休息長，丟農具，丟牲
口。」1957年5月，四川大邑縣三家糧站黴變糧食280多萬斤（倉儲糧70%
以上，且為近兩年入庫新糧，倉房條件也較好）。[43]

（一）倒置是非

倒是為非乃紅色標配。個人權益明明是現代化人文地基，中共貶斥
為臭哄哄的「個人主義」。1958-4-13《人民日報》社論〈搞臭資產階級
個人主義〉，5月4日《人民日報》社論〈又紅又專〉：

> 社會主義不允許資產階級個人思想存，在……個人主義在社會主
> 義時代已經沒有一點革命性，而只有反動性了。一些有著嚴重的

---

[38]　《建國以來毛澤東文稿》第7冊，頁194～195、236。
[39]　吳中傑：《復旦往事》，廣西師大出版社（桂林）2005年，頁134～135。
[40]　李岫：《歲月‧命運‧人──李廣田傳》，人民文學出版社2006年，頁272。
[41]　《情況簡報（整風專輯）彙編》（54）1958-3-8。《反右絕密文件》第10卷，頁27。
[42]　哈維爾：〈無權者的權力〉，《哈維爾文集》，崔衛平譯，自印本，頁77。
[43]　《內部參考》第2229期（1957-6-13），頁44；第2222期（1957-6-5），頁20。

個人主義終於墮落成為右派的人，就是最好的證明。

「右派」高幹大都列有「個人主義」罪名，如浙江「沙楊彭孫」、青海省長孫作賓、甘肅副省長孫殿才……[44]左派舒蕪也用「個人主義」、「參加右派大進攻」、「反對本單位黨員領導就是攻擊黨」等反覆說服自己，「終於想通了我為什麼是『資產階級右派』的道理，心服口服。」[45]

1963年農村「打擊暴發戶」運動，廣東連平縣大湖公社村民去年娶媳婦，殺了兩條大豬請客，成了「暴發戶」，捉去批鬥，押入縣看守所。[46]

重慶1966屆高中女生趙曉鈴：

> 在文革期間，我們覺得愛情與人性都是資產階級的骯髒的東西，不敢去愛一個人，也沒有那種意識。[47]

1958-2-6《文匯報》刊登〈要打掉知識分子的架子！〉（天津大學校長張國藩全國人大發言）。中共曾對1949年後的大學生寄予「接班」厚望，1957年後整體不信任。本科畢業生原薪21級，1957屆降至22級。[48]此前本科畢業生工作五年均薪89.2元，工作十年106.7元；1957年後工作五年50.2～62.5元，十年54.6～67.3元，十五年62～69元。1963～1978年職稱晉升停擺（後再凍結三年）。[49]文革工宣隊進復旦，一看教師工資表（多數60～65.5元），大驚：「都說你們知識分子拿高工資，『修』掉了，怎麼大部分人的工資並不高哪，還不如我們工人階級。」[50]

湖南桃源「右派」因犯李誠齋，累死澧縣勞改地，臨終反覆拜託難友：

> 誰將來能夠出獄，一定要轉告他妻子，兒子都在家種田，不要讓他們上學讀書了。[51]

---

[44]　中央監察辦公廳：〈關於清除黨內右派分子的決定彙編〉（一），《中共重要歷史文獻資料彙編》第22輯第20分冊，頁4、12。

[45]　舒蕪：〈歷史需要我們作證〉，《沒有情節的故事》，頁408～409。

[46]　曾石榮：《赤海漂零記》，頁92。

[47]　曾冠傑：〈趙曉鈴女士口述歷史〉，《傳記文學》（臺北）2019年7月號，頁12。

[48]　述弢：〈哭泣的青春〉，《不肯沉睡的記憶》，頁79。

[49]　趙德昌：《知識分子問題研究》，山西人民出版社1989年，頁355～356。

[50]　吳中傑：《復旦往事》，廣西師大出版社（桂林）2005年，頁114、213。

[51]　欽可：〈散文三篇〉，《荊棘路》，頁445。

　　反右拍死辛亥以來好不容易形成的現代士林。這批知識分子既得傳統經學薰陶，兼沐歐風美雨，學貫中西，最寶貴的人才資源，且處30～60歲黃金期。成才率極高的清華留美生（培養費兩萬大洋／人）[52]，紛紛墜「右」，漏網者亦難發揮作用，錢鍾書的英語只能用於精譯毛著毛詩。中國現代化進程徹底倒逆，至今亦未回正。1979年「民主牆」、1989年「六四」的政治訴求遠遠低於1957年「右派言論」。

　　1997年，李慎之痛曰：

> 這個歷史的逆轉一直逆轉了二十多年。到八十年代中國又開始要走現代化道路的時候，莫說社會風氣的衰敗與人民的道德水準的下降都已不是1957年可比，尤其可惜的是：我們永遠失去了中國上百年來用血汗與淚水培育起來的一批明達之士。這個損失不知要多少年才能彌補上。[53]

　　歪理成正理。1983年，一位工農副廠長不滿「落實知識分子政策」──

> 是否念了幾年書，有點書本知識就算是「明白人」，而我們這些工人出身、幹了二十多年工作的反倒成了沒有知識的「糊塗人」呢？……工人具有三大革命鬥爭的豐富經驗，這是知識分子所不能比擬的。我們廠裡有些技術人員，墨水雖然喝了不少，可是沒有辦企業的經驗，我們不能把領導權交給他們。……究竟怎樣看待知識？是先有勞動還是先有知識？我認為知識應該從屬於勞動。知識分子的知識是靠勞動人民的血汗培養出來的。……「黑手」（工人）養活「白手」（知識分子）有一定的道理。四個現代化要靠工人農民幹出來，而不靠知識分子畫出來（指設計、繪圖）。……中國新民主主義革命的歷史已經證明「科學救國」是行不通的，我們切不可重蹈覆轍。否則就有可能改變國家的性質，走到「勞心者治人，勞力者治於人」的道路上去。[54]

---

[52] 清華大學校史編輯組整理：〈清華大學的前身──清華學校〉，全國政協文史委：《文史資料選輯》第71輯，頁189。

[53] 李慎之：〈毛主席是什麼時候決定引蛇出洞的？〉，《六月雪》，頁136。

[54] 蘇德山：〈我有些問題想不通〉，《工人日報》1983-1-12。《工人日報》編輯部

（二）人權盡喪

　　新聞出版徹底黨化，必須遵守各種潛規則。「言禁」成為中共「理所當然」把守的關隘，而失去言論自由等於失去思想自由，扼住原創思維之頸。任何個人興趣個人追求均成「個人主義」、「不服從組織安排」。雲南團省委副書記、「右派」董學隆（1926-，西南聯大生）：

　　　　青年成了機器人，不敢言志。[55]

　　大學生不准談戀愛，更不准結婚。1960年初，同濟大學一位大四男生看上某女生，將情書照片放入她食堂碗袋，女生取碗掉出，同學好奇探視，「祕密」曝光，男生被指指戳戳，羞愧難當，宿舍上吊。[56]

　　1960年，上海戲曲學校校長俞振飛（1902-1993）、教師言慧珠（1919-1966）結婚，竟要中共市委批准。[57]1965年盛夏，復旦青年教師吳中傑（1936-）下鄉「四清」，上鎮裡辦事，買一塊小冰磚，僻巷悄吃，被系總支委員撞見，當晚會上挨批：違反規定私買食物，未與農民「三同」（同吃同住同勞動）。[58]

　　階級論壓倒人性論、人道主義。16歲入地下黨的張滬（1931-），《北京日報》首「右」，1959年夏自殺（安眠藥），北京第六醫院中西醫會診搶救，羚羊角解毒救回。出院時，張滬夫婦向孫院長（女）道謝，院長一臉嚴肅：「說實話吧，當時我們不知道張滬是個右派分子，如果知道的話，我們不會費那麼大力氣去進行搶救！」夫婦倆尷尬至極。[59]

　　人們甚至失去哀悼親人的權利。1961年6月底，巫寧坤僥倖「保外就醫」，走出飢餓的津郊清河勞教農場，回到合肥妻子身邊：

　　　　怡楷的一些同事倒羨慕我活著回家，因為當時他們的親人在鄉下

編：《知識和知識分子》1984年1月，頁103～104。
[55] 陳權選編：《「鳴放」選萃》第1冊，自由出版社（香港）1958年，頁2。
[56] 李大立：《中國──一個普通家庭的故事》，彼岸出版社（香港）2007年，頁218。
[57] 章詒和：《伶人往事》，湖南文藝出版社2006年，頁69。
[58] 吳中傑：《復旦往事》，廣西師大出版社（桂林）2005年，頁131～132。
[59] 《走向混沌：叢維熙回憶錄》，頁52。

人民公社餓死，他們在學校連黑袖章都不敢戴。[60]

上海「作協」女幹部戴厚英（1938-1996），淮北潁上人，竟不能為家鄉慘烈饑荒悲泣：

> 一次支部會上，作協機關支部書記叫我們不要輕信農村傳來的謠言。他舉戴厚英為例，說她是個剛強的人，下放農村勞動時，鍘草鍘了手指，沒落一滴眼淚，可是最近收到家信，竟在宿舍裡哭了，說家裡人餓得怎麼怎麼樣。支部書記已經找她個別談過話，批評她這是對「三面紅旗的動搖」，要我們黨員引起注意。[61]

皖北鳳陽等地大批餓殍，安徽省委副祕書長吳象（1922-2021）：

> 更惡劣的是有些地方竟規定死人後「四不准」：一不准淺埋，要深埋三尺，上面種上莊稼；二不准哭；三不准埋在路旁；四不准戴孝。[62]

1966年10月，北大英語教授胡稼胎（1899-1968）突然癱倒，送北醫三院，院方索要系公函，系辦出函：「該人是我系右派分子，請給予一般治療。」胡稼胎未得治療就被送出院。[63]另一位右派俄譯專家，全家下放農村，兒子高燒，當地衛生院因其父「右派」不予治療，落為啞巴。[64]

1967年，北京女一中優秀教師、傅雷次子傅敏（1937-），失去雙親、戀人，淪為「現反」，隔離被囚，撞牆自殺，頭上大窟窿鮮血噴湧，急送北大醫院，因是「現反」，縫頭皮十幾針，麻藥都不打。[65]醫護人員甚至不敢給「黑九類」開藥注射。《羊城晚報》祕書長林遒（1921-1970），1948年入共黨的南開生，豬肝臉色（肝硬化），幹校女醫生與「牛鬼蛇神」劃清界線，只說慢性痢疾，開藥不開病假。林遒被逼幹重活，活活折磨致死。[66]監獄及勞改農場規定犯人不准鑲牙。[67]

[60] 巫寧坤：《一滴淚》，頁204。
[61] 左泥：〈我所認識的戴厚英〉，《檔案春秋》（上海）2006年第1期，頁25。
[62] 吳象：〈要吃米找萬里〉，《重大決策幕後》，南海出版公司（海口）1998年，頁67。
[63] 王友琴：〈從受難者看反右和文革的關聯〉，《反右研究文集》，頁134。
[64] 張軼東：〈不是陽謀，是葉公好龍〉，《反右研究文集》，頁60。
[65] 百度百科・傅敏：https://baike.baidu.com/item/傅敏/24500?fr=aladdin
[66] 黃秋耘：《風雨年華》，頁210、224。
[67] 張先癡：《格拉古實錄》，秀威（臺北）2014年，頁52。

元帥賀龍，不給水喝，接喝屋簷滴水。中國作協黨組書記邵荃麟（1906-1971，1926年入黨），「病倒不能起來大小便，乾在褲子上，他們也不准醫治一下」。1971年邵荃麟迫害致死，邵妻葛琴（1907-1995，1926年入黨）都不敢悼念亡夫，「整個一座房子裡沒有敢懸掛一張荃麟同志的遺像，不敢對他做出一點紀念的表示」。[68]章詒和：「能夠悲傷也是一種權利。」[69]聶紺弩：「聖朝愁者都為罪，天下罪人竟敢愁？」[70]

勞教勞改農場剝奪通信自由、戀愛自由。《勞改犯人守則》：「來往信件必須經國家工作人員檢查，嚴禁私自投遞或托帶。」「禁止男女犯人談戀愛、贈照片、互通書信、耍私感。」《守則》七章42條，文革期間再加「五報告十不准」。[71]1978年12月中共十一屆三中全會，西北組十二條建議第11條：

> 嚴禁對幹部使用竊聽器、檢查信件、盯梢、偵察私人來往、抄家隔離、施以法西斯的逼供手段。[72]

1989-11-23鄧小平謂非洲訪客：

> 真正說起來，國權比人權重要得多。貧弱國家、第三世界國家的國權經常被他們侵犯。他們那一套人權、自由、民主，是維護恃強凌弱的強國、富國的利益，維護霸權主義者、強權主義者利益，我們從來就不聽那一套……[73]

自設邏輯、混淆概念，人權與國權的關係都不清楚，沒有人權，還需要國權嗎？居然指西方的人權是「維護霸權」？！「總設計師」的人文層次也忒低了。就這水準、這層次，仍得感謝小平同志，畢竟比老毛好得多──農民多少有一點自由，總算不再挨餓；城鎮攤販可自主謀生；引進外資……

1962年2月，聶紺弩（1903-1986）憑直覺分析農業凋敝與人權之關係：

> 從前的農夫向地主納了地租之外，那塊地怎麼種，他有完全的

---

[68] 韋君宜：《思痛錄》，頁102、193。
[69] 章詒和：《最後的貴族》，牛津大學出版社（香港）2004年，自序，頁2。
[70] 章詒和：〈告密者〉，《明報月刊》（香港）2009年4月號，頁26。
[71] 張先癡：《格拉古實錄》，秀威（臺北）2014年，頁239、232、244～245。
[72] 于光遠：《我親歷的那次歷史轉折》，中央編譯出版社（北京）1998年，頁256。
[73] 《鄧小平文選》第3卷（1982-9～1992），人民出版社1993年，頁345。

權利。現在的農夫一點權利沒有，……種了之後，全部被人拿
走，結果自己一無所有。這樣的制度是沒有辦法搞生產的。現在
主要問題是人的權利問題，自由問題……[74]

數代知識分子亦無人權意識。1976年8月，柴達木大柴旦中學教務
主任毛微昭接到美國甥女來信，害怕涉嫌「裡通外國」，請假上鎮革委
會，找到政治組長，非要「組織上」拆看，以示無隱。[75]

（三）唯物成唯心

1957-8-23《人民日報》：〈只要思想對頭，口糧就會夠吃〉。

1957年11月莫斯科，世界共產黨大會（64國），毛澤東放言「超
英」。《人民日報》1958年元旦社論〈乘風破浪〉：

15年左右的時間內，在鋼鐵和其他重要工業產品產量方面趕上
和超過英國……再用20年到30年的時間在經濟上趕上並且超過
美國。

1958-4-2毛澤東對波蘭代表團豪稱：

我們中國趕上英國可能不要15年，可能只要10年或11年。
再有20年就趕上美國。[76]

1958-4-15毛澤東批示劉少奇、周恩來、鄧小平：

十年可以趕上英國，再有十年可以趕上美國，說「25年或者更多
一點時間趕上英美」是留了五年到七年的餘地的。

1958-5-8「八大」二次會議，毛澤東：「15年趕上美國，可能的。」[77]

1958-6-21軍委擴大會議，毛澤東大幅壓縮時差：

我們三年基本超過英國，十年超過美國，有充分把握。[78]

1958-6-22毛澤東將經委主任薄一波的報告改題〈兩年超過英國〉：

超過英國，不是15年，也不是七年，只需要兩年到三年，兩年是

---

[74] 章詒和：〈告密者〉，《明報月刊》（香港）2009年4月號，頁21。

[75] 毛微昭：〈柴達木啊柴達木〉，《陰晴雨雪旦復旦》，頁238。

[76] 《閻明復回憶錄》第1冊，人民出版社2015年，頁437。

[77] 《建國以來毛澤東文稿》第7冊，頁179、195。

[78] 薄一波：《若干重大決策與事件回顧》下卷，頁702。

可能的。這裡主要是鋼。只要1959年達到2,500萬噸，我們就鋼的產量上超過英國了。

1958-9-2北戴河會議，毛再「進步」：

為五年接近美國、七年超過美國這個目標而奮鬥吧！

就算鋼產量「超英趕美」，有何價值？除了政治自爽，於國於民有何實利？毛澤東就這麼指揮全國經濟，鄙視西方──「西方人肉食者鄙」。[79]

1958-6-14劉少奇對全國婦聯黨組（蔡暢、鄧穎超、楊之華）：

毛主席講三無：無政府、無國家、無民族，這將來會統統實行。毛主席講過兩次，家庭要消滅的。……小孩子多大年齡就到什麼地方去，到處有花園，老人有養老院，還有戲院、小學、圖書館、電影院……，我們到共產主義不要多遠，15年可以趕上美國，再有15年等於三四個美國。再有40年、50年，中國可以進入共產主義。[80]

1958-7-5北京石景山電廠，劉少奇：

現在趕上英國不是十幾年，二年三年就行了。15年是趕上美國的問題，其實也用不了15年，七八年就行了。國家大有希望、大有前途。超過英美就變成世界上最富強的國家。

中國進入共產主義不要好久，你們大多數人可以看到共產主義。[81]

1958-7-31北京南苑機場，毛澤東謂赫魯雪夫：

我們現在確實是出現了大躍進，農村形勢很好。糧食多了，不知道怎麼辦。[82]

1958-8-21北戴河會議，毛澤東：

空想社會主義的一些理想，我們要實行。[83]

[79]　《建國以來毛澤東文稿》第7冊，頁278、368、42。
[80]　李銳：《「大躍進」親歷記》（下），《李銳文集》第4冊，卷七，頁70～72。
[81]　金冲及主編：《劉少奇傳》下冊，中央文獻出版社1998年，頁832～833。
[82]　《閻明復回憶錄》第1冊，人民出版社2015年，頁439。
[83]　《毛澤東年譜（1949～1976）》第3卷，頁418。

蘇聯將變成兩個美國，中國將變成四個美國。[84]

　　一路高舉唯物主義的中共深墜唯心泥坑。大批赤吏認為：進入共產主義不必生產力大發展、產品大豐富、覺悟大提高，「只要有黨的領導和群眾的革命幹勁就行了，有了革命幹勁就可以做到產品豐富，就可以進入共產主義」。[85]不過，也有一位「天不怕地不怕」的縣委書記，就是「怕看報」，一看就心慌：

　　　　他們「化」得這麼快這麼多，我們怎麼趕得上呵！[86]

　　1978年，起碼常識「按勞分配」、「實踐是檢驗真理的唯一標準」，均引中共高層激烈震動（似觸天條），「生產的目的是消費」也是資產階級觀點。[87]

（四）反右成反真

　　1949年後，全國就開始沒法說真話了。上海先施公司副經理黃祖康：「工商界在解放後說慣了違心話，做慣了違心事。」[88]

　　「階級鬥爭的需要就是真理。」[89]「反右以後，舉國上下都歌功頌德，人人說假話，千姿百態！」[90]廣東省參事室副主任羅翼群的「廣東人民生活已經接近餓死的邊緣」，上了《內參》的右派言論。[91]

　　1957年秋，安徽桐城縣委對全縣糧產量發生爭論（3.7億斤還是4.3億斤），堅持3.7億斤的縣長宋清等劃「右」，當年實際產量2.92億斤。[92]

　　1958年1月西安未央區三級幹部會議，570名社隊幹部出席——

　　　　說糧食夠吃的只有43人，有375人堅持糧食不夠吃，經過辯論，暴露出有93個社隱瞞產量或分配中有問題，仍堅持說不夠吃的只

[84] 李銳：《大躍進親歷記》（下），《李銳文集》第4冊，卷七，頁104～105。
[85] 《內部參考》第2622期（1958-11-1），頁3。
[86] 龔同文：〈如何「打百分」？〉，《湖北日報》1958-4-15。參見《湖北省農業合作經濟史料》（下），湖北人民出版社1985年，頁8。
[87] 于光遠：《我親歷的那次歷史轉折》，中央編譯出版社（北京）1998年，頁16。
[88] 〈民建工商改造輔導工作座談會繼續進行⋯⋯〉，《光明日報》1957-5-22，版2。
[89] 吳中傑：《海上學人》，廣西師大出版社（桂林）2005年，頁280。
[90] 周素子：《右派情蹤》，頁39。
[91] 《內部參考》第2234期（1957-6-19），頁3。
[92] 《桐城縣志》，黃山書社（合肥）1995年，頁33。

有14人了。看來，糧食問題仍然是農村兩條道路鬥爭的焦點。[93]

糧食夠不夠吃，居然是思想認識問題，成了「兩條道路鬥爭」？！

《人民日報》農村部女主任李克林（1916-2003，1938年赴延安）：

> 報紙不斷用大辯論、大批判的辦法來促進高產，經常批的有保守派、觀潮派、秋後算帳派，還有悲觀論、條件論等。批這幾派幾論，來反對保守右傾思想，並運用大辯論方式來「將」人家的「軍」，……這就叫「一手高指標，一手右傾帽」，右傾帽壓出高指標！……說了幾句真話的人，反而招來災難。[94]

勞教「右」犯杜高（1930-）：

> 1959年，勞改工廠熱火朝天地大躍進，「放衛星」，三天三夜不睡覺，連軸轉幹活。那時，誰要是說一句想睡覺，或幹活時打個瞌睡，人們就要批判你對大躍進抱什麼態度，你就是犯了嚴重的政治錯誤。到了1960年，糧食緊張了，定量減少了，誰要是說一句肚子餓、吃不飽，想多吃一個窩窩頭，那就是對待「三面紅旗」和「暫時困難」的態度問題。[95]

文革時期，四川公安廳勞改築路隊108中隊，彝族分隊長向犯人訓話：「這塊牆壁是白的，共產黨說是黑的，你們就應該說是黑的！」[96]

一位「右派」醫生入勞教隊後：

> 從此我變乖了，領導說血是白的，我絕不敢說是紅的；領導說糧食18斤足夠，我立即提出我吃16斤便可，自願節約兩斤糧食支援第一線的體力勞動者。[97]

毛澤東強硬堅持「社會主義陣地」──公有制，根本不知制度須以人性為地基。1967-10-6《人民日報》社論〈「鬥私，批修」是無產階級文化大革命的根本方針〉，「鬥私批修」出自毛澤東，[98]最後凝成猙

[93]　《情況簡報（整風專輯）彙編》（55）1958-3-22。《反右絕密文件》第10卷，頁236。

[94]　李克林：〈記憶最深的三年〉，《人民日報回憶錄》，頁150、152。

[95]　杜高：《我不再是「我」──一個右派分子的精神死亡檔案》，頁165。

[96]　張先癡：《格拉古軼事》，溪流出版社（美國）2007年，頁261。

[97]　何明：〈一位「右派分子」的投書〉，《爭鳴》（香港）1978年11月號，頁48。

[98]　《建國以來毛澤東文稿》第12冊，頁389。

獰的「狠鬥私字一閃念」。毛澤東連《中庸》首句都未讀通：「天命之謂性，率性之謂道，修道之謂教。」天然本性怎可移易？移易得了嗎？為證明紅色革命的「改天換地」，毛澤東強迫國人改變天性以合共產赤制，生生將國家拖入「前三十年」浩劫。

1976年，韋君宜（人民文學出版社社長）祕密寫作回憶錄《思痛錄》，1986年完成，1991年轉至國外保存，1998年刪節出版。[99]一位老資格赤吏（有戰功），未受政治傷害，1987年祕撰《中國大逆轉——「反右」運動史》，請序劉賓雁，1996年香港出版，署名「華民」，嚴囑隱匿本名。[100]2002年，一位受難者在美國出版回憶錄，只敢用筆名，女兒移美近20年，亦不敢暴露真名。[101]2019年，紐約一位96歲女受難者，出席「北美文革研討會」，要求與主持人合影，但不敢透露真名。[102]

中國青少年至今接受的近現代史都是裁剪的。如只講「火燒圓明園」，不講英法聯軍為什麼打到北京——談判破裂，清廷將英法代表團29人押至北京（包括家眷、記者），殘忍殺害21人（肢解屍體），存活的八人長蛆，有些人瘋掉。中國政法大學教授叢日雲（1956-）向學生講述這些史實，有的學生無法接受，甚至向校方打小報告。[103]

（五）集體反用功

多少場萬人大會、千人大會、百人中會、幾十人小會批鬥「右派」。僅北大全校批鬥會：1957-6-26批鬥張元勳，6-28批鬥譚天榮；7-2批判龍英華；7-6批鬥陳奉孝；7-15批鬥黃繼忠；7-18六千團員大會「清洗懲叛」（開除18名團員，停職21人，改組三個支部，取消一個支部）；7-19～20全校大會批判《廣場》反動集團；7-27全校大會宣布「反右」初戰告捷。[104]

99　韋君宜：《思痛錄》，扉頁，《思痛錄》寫作出版大事記。
100　華民：《中國大逆轉——「反右」運動史》，頁3～4。
101　成中和：《淒風苦雨四十年》，勞改基金會‧黑色文庫編委會（華盛頓）2002年，頁17。
102　吳稱謀主編：《文化啟蒙與制度重建》，世界華語出版社（美國）2019年，扉頁照片（三）。
103　〈中國大陸學生為什麼會反感西方文明？〉（2021-3-23）https://www.bannedbook.org/bnews/comments/20210323/1511103.html
104　張元勳：《北大一九五七》，頁155、181～183、196。

　　開會成為國人沉重負擔。1957年，湖北紅安縣永何鄉支書陳開和，一月開會28天，「影響那個鄉的勞動出勤率只達到60%。」[105]文革時，哈爾濱一健全姑娘願嫁聾啞人，「他不用開會！」有時間多料理家務。[106]

　　1958-3-3《文匯報》頭版超大標題〈六千萬張大字報把整風推向新高峰──上海出現生動局面〉。藍翎劃「右」前，陸續領到內部「絕密」資料，「《劉紹棠的右派言論》連同其他更有名的作家的十幾本『言論』。」[107]

　　1979年，曾彥修復任人民出版社社長兼總編，憶稱：

> 1957年以後的二十多年，我虛耗國帑、坐食工農，什麼事也沒有做，唯一對得起黨、對得起人民、對得起自己良心的，就是做了上述的一件事。我將永遠為這椿事感到問心無愧。當然，二十多年只做了這一件事，還是感到慚愧，而且也許這一生我也就只能做這麼一件像樣的事了。

　　「唯一像樣之事」乃1965～1966年曾彥修參加上海一家印刷廠裝訂車間「四清」[108]工作組，十餘人耗時一年，審查該車間（共180人）四五十名幹部職工歷史，為三十餘人寫審查結論──無一有問題。至於審查理由，千奇百怪，荒唐之極。曾彥修的「審幹」感受：最難的是「不冤枉一個好人」。[109]

　　1979年新華社右派曹德謙「改正」，鄭重告知：「你的檔案厚厚一大疊，有一公斤，現在只有薄薄一袋子，其餘的都銷毀了。」檢舉揭發、檢討認罪、思想彙報，多少精力多少功，歸於一炬。[110]「極右」杜高1957～1969年的個人檔案裝訂成冊（北京市公安局），厚厚幾大摞，50萬字；「交代、揭發、外調、批判、總結、評語、結論等，……批判會

[105] 《建國以來重要文獻選編》第11冊，中央文獻出版社1995年，頁177。
[106] 朱曉軍：《大荒羈旅》，百花文藝出版社（天津）2001年，頁15。
[107] 藍翎：《龍卷風》，上海遠東出版社1995年，頁222。
[108] 「四清」：1963～1965年針對農村幹部的「社會主義教育運動」又稱「四清」，先「清工分清賬目清財物清倉庫」（小四清），後「清政治清經濟清組織清思想」（大四清）。
[109] 曾彥修：《審幹雜談》，群眾出版社（北京）1982年，頁59～62、48。
[110] 曹德謙：〈右派並非都是英雄〉，《開放》（香港）2007年11月號，頁94。

上的領導人隨意寫下的小紙條、勞改期間每年必添的表格……」[111]1973年林希翎出獄，檔案84公斤。[112]

中共黨徒前半生傾力樹立「正確政治觀點」，然後明白人生大半生。1949年前地下共黨、上海交大生劉鶴守（1925-2016），2003年撰文：

> 在崇高的名義下，我曾經浸淫於「唯我獨革」的鬥爭哲學之中。如今幡然醒悟，才發現既損人又害己。……對父母沒有盡到人子贍養之責，對子女沒有付出應有的父愛和關懷，對朋友缺乏足夠的體諒和尊重……[113]

二、加劇惡化

（一）必須造假

毛澤東乃製假一號，胡風反黨集團、丁陳反黨集團、章羅反黨聯盟，老毛一手捏造，還要受冤者寫檢討，舉示天下，以證坐實。諳熟權術的老毛深知「設置對立面很重要」。[114]章羅聯盟，毛為反右運動樹立的「靶心」，儘管章羅二人從「民盟」成立之初一直形同水火。[115]

1960年5月，一位蘇聯專家發現：工地來了大領導，縣裡特撥白麵，當檢查團在縣委領導簇擁下遠遠出現，工地幹部一邊分發饅頭一邊叮囑：「別急，等檢查團走到跟前再吃！」檢查團快走近了，下令：「開始吃！慢慢吃，不許一口兩口就吃完！」[116]

「偉大毛時代」國人必須虛偽，不但不能說真話，腦子都不敢轉真實。[117]必須帶面具出門，謊言成為主要社交語。昨天還很不習慣的虛與

---

[111] 杜高：〈一部個人檔案和一個歷史時代〉，《五十年後重評「反右」》，頁457。杜高：《我不再是「我」——一個右派分子的精神死亡檔案》，頁III。

[112] 《林希翎自選集》，香港順景書局1985年，頁156。

[113] 劉鶴守：〈歲末沉思〉，《博覽群書》（北京）2003年第1期，頁112。

[114] 《毛澤東年譜（1949～1976）》第3卷，頁346。

[115] 章詒和：《最後的貴族》，牛津大學出版社（香港）2004年，頁303～304

[116] 呂廷煜：《中華人民共和國歷史紀實‧曲折發展（1958～1965）》，紅旗出版社（北京）1994年，頁24～25。

[117] 彭小蓮：《他們的歲月》，天地圖書公司（香港）2001年，頁279。

委蛇，今天必須張嘴就來──裝出一副樂觀主義。形勢一天比一天好，產量一年比一年高，不好也得好，不高也得高，否則便是「懷疑社會主義優越性」！1962年，小八路出身的河北女作家劉真（1930-），向周揚哭訴：「我說了徐水縣大躍進的種種壞事，因反映真實情況受了處分。假話我不會說，說真話無法活。」[118]

1962-4-9第18次最高國務會議，毛澤東：

> 從前老是講言者無罪、聞者足戒，事實上沒有實行，言者還是有罪。右派猖狂進攻，不得不反，你不反怎麼辦呀？但是帶來一個缺點，就是人家不敢講話了。剛才不是有一位同志說了嗎，政治上不敢講話，工作上不敢負責，學術上不敢爭鳴。[119]

郭沫若之子郭世英（1942-1968，自殺），1963年向母親于立群抱怨：「你看看父親青年時代的作品，他可以自由地表白自我，為什麼我不行？」郭世英詩友：「明明餓得遍體浮腫，卻還要說我們是世界上最幸福的人，要唱『我們的生活多麼好』，如果講實話，則認為大逆不道，甚至要遭到批判。」[120]

造假普泛化，中共專用語「照顧大局」（維護中共及國際共運形象）。1960年代，一位詩人出訪非洲，回國後做報告說了一點非洲的貧窮落後；一位去了西方的作家，回來說了幾句歐洲的富裕；皆犯錯誤，皆受嚴厲批評。[121]

1958年《解放日報》大幅照片：上海副市長宋日昌（1903-1995）下鄉勞動，與農民談心，關心農民生活，……但有人目擊：

> 來了兩輛黑色的小汽車，……一個個子不高的幹部下了車。……只見那幹部把腳一伸，於是有人前去把他的皮鞋脫了，換上草鞋，又有人替他脫了上裝，他把手一伸，那人又幫他捲襯衫袖口又捲褲筒，農村幹部給他帶上草帽，再遞給他一把帶

---

[118] 劉真：〈他的名字叫「沒法說」……〉，《憶周揚》，頁394。

[119] 《毛澤東年譜（1949～1976）》第5卷，頁97。

[120] 牟敦白：〈×社與郭世英之死〉，廖亦武主編：《沉淪的聖殿》，新疆青少年出版社1999年，頁28、24。

[121] 施建偉：〈盡量說真話，堅決不說假話〉，《五七精神·薪盡火傳》，頁203。

著泥巴的鐵搭，他擺好各種姿勢，背照相機的忙替他照相。照完相，又有人忙著替他換回原來的衣服，他自己一點也不用動手。之後，那幫人又坐上汽車揚長而去，披上裝的農村幹部向他們揮手送別，歷時大約20分鐘。

次日，《解放日報》刊登了一張照片，就是那天所攝的，報導上說上海市副市長宋日昌下鄉參加勞動，邊勞動邊同農民談心，同農民……。我看了之後，想那些「新聞記者」也真會做文章，把那二十來分鐘的換衣服、扮相作秀改寫成面目全非的報導。然而這些在當時司空見慣，我們一點也不覺得奇怪。[122]

1958年河南省黨代會，登封縣委書記發言：

　　不虛報，就不能鼓足群眾幹勁；不虛報，就不能促進大躍進的形勢；不虛報，就於群眾臉上無光……

虛報產量成了趔趔正義的壯舉。河南省委第一書記兼省長吳芝圃（1906-1967）吹出牛皮：全省水利工程完成土方量相當48條巴拿馬運河或110條蘇伊士運河，如鋪成1米厚、34米寬的公路，從地球可鋪到月球。[123]

反右後，「萬歲」口號一年比一年響，人民生活一年比一年慘，瞪眼扯謊成為各級官吏必備「政治素質」。全國饑民被教導：

　　不能從菜籃子裡看形勢，不要看現象，要看本質。本質是：我們一天天好起來，敵人一天天爛下去。

大饑荒時期，復旦全校師生大會，副書記徐長太「名言」：

　　目前形勢大好，比任何時候都好。什麼叫大好呢？它不是小好，也不是中好，所以是大好！[124]

1961年，津郊清河勞改農場，犯人糧食定量（中等）從每月36斤白薯降至18斤，另18斤成了「代食品」（玉米棒渣），三餐減為兩餐，停止重勞動，犯人不斷餓死，報紙仍稱「形勢從來沒有這樣好」。[125]

[122] 陳文立：《滄桑歲月》，頁40。
[123] 楊獻珍：〈1959年紀事〉、〈大躍進年代高產神話一例〉，《楊獻珍研究資料》，湖南人民出版社1987年，頁60、395。
[124] 吳中傑：《復旦往事》，廣西師大出版社（桂林）2005年，頁101。
[125] 劉乃元：〈清河農場〉，《沒有情節的故事》，頁269。

胡風分子彭柏山之女彭小蓮（1953-2019）：

> 在那個年頭，還在我上小學的時候，沒有人明確地告訴我們該怎樣做人，但是有一些基本的原則，我是十分清楚的，那就是家裡說的，出去不能說；真實的事情，只能放在心裡想想，絕對不能說出來；帶文字的東西，最好不要保留，特別是書信，看了要燒；搞任何政治運動，不管是什麼樣的災難落在我們頭上，開口的時候，一定要擁護；不管什麼組織，我們這種出身的人都不要加入；心裡想的，一定不能落在紙上；報紙上說的事情都不要去相信，但是出去的時候，一定要說報紙上所說的一切。就這樣，我們生存下來了。[126]

「民謠」：三個人在一起說假話，兩個人在一起半真半假——而且還必須是兩口子，只有一個人在想時才說真話。

胡考（1912-1994），1938年任教延安「魯藝」，先劃「右」；其妻戈揚一句「現在人們有話只能回家說，辦公室只能說假話」，被揭發，劃「右」。[127]

人人互警：「禍從口出」、「一說話就滅亡」。全國籠罩恐懼，人人戴上假面具，謊言充斥各個角落。不少人寫日記不是給自己看，而是惦著哪天發表。正如法國名言：「謊言就像贗幣那樣，由罪犯製造，而由最誠實的人來傳播。」

1961年初，夾邊溝勞教農場釋放存活右派，一名右派場醫被留半年：

> 夾邊溝的右派們釋放回家之後，我還被留在夾邊溝工作了六個月，任務是給1,500名死者編寫病歷。……這些人都不是正常死亡，這終歸不是好事，他們必須掩蓋一下死亡的非正常原因。……我給沒有病歷的死者編造了病歷，給病歷不全的人補全了病歷。假如將來有人翻閱這些病歷，他將會發現這些人死亡的原因是很正當的，無可懷疑的。我編造了很多死亡的病因：心力衰竭、心臟病復發、肝硬化、肝腹水、腸胃不適、中毒性痢

[126] 彭小蓮：《他們的歲月》，香港天地圖書公司2001年，頁3。
[127] 韋君宜：《思痛錄》，頁56～57。

疾……[128]

四川大邑縣鄉婦冷月英（1911-1984）從未坐過水牢，所謂「水牢」乃劉文彩鴉片倉庫。1942年，劉文彩捐資並募集二百多萬美元（3.5億法幣）創辦文彩中學（今省重點安仁中學），貧寒子弟免費就讀。校成之日，劉文彩立碑明示：劉家對校產無擁有權。[129]大大賢紳，硬誣指全國第一「惡霸地主」。

1961年2月，雲南元謀新民勞教農場選舉人民代表，「右派」勞教犯名義上還是公民。選舉日，集體押到場部廣場，門口架一挺機槍、圍牆四周警察持衝鋒槍監督；只有一名候選人（人人痛恨的場長貢茂福），全票當選。[130]

1964年北京鋼鐵學院畢業生有一條政治標準：「擁不擁護三面紅旗」？一直挨餓的學生必須違心表示「擁護三面紅旗」、「形勢大好，不是小好」、「市場繁榮、物價穩定」。[131]

1985年，蕭乾：

> 由於那種窒息的氣氛以及講真話者落到的悲慘下場，人們不但上意識習慣於講假話，連下意識也不放鬆警惕了。[132]

少共出身的張聞天祕書何方（1922-2017）：

> [盧山會議後]大約中央領導同志沒有一個不說假話的，特別是在文革期間。
>
> 連鄧小平「永不翻案」的檢討也完全是假的。[133]

2015年，一位機關祕書介紹寫作經驗：

> 明明單位沒什麼進步，得寫成實現跨越式發展；明明對下崗充滿恐慌，得寫成認清形勢、從容面對下崗……。說真話成了中國社

[128] 楊顯惠：《夾邊溝紀事》，花城出版社（廣州）2008年，頁454。
[129] 百度百科：文彩中學。鐵流：《走錯房間的右派精英》，頁34。
[130] 閻從善：〈死裡逃生凡五度，曾依死人一夜眠〉，《命運的祭壇》上卷，頁421。
[131] 高作德：《歷史豈能永遠地錯誤下去》，九江文化出版公司（香港）2016年，頁163。
[132] 蕭乾：〈「文革」雜憶〉，《往事隨想·蕭乾》，四川人民出版社2000年，頁210。
[133] 何方：《黨史筆記》下冊，利文出版社（香港）2005年，頁576、578。

會最稀缺的社會資源，說謊倒成了中國成功學的重要部分，是誰在逼中國人說謊？[134]

（二）釋放人性惡

人性本存善惡二脈，「君子之德風，小人之德草，草上之風，必偃」（《論語·顏淵》），民風需要引領。秦相李斯定制「以吏爲師」（《史記·秦始皇本紀》），韓非「以法爲教」（《韓非子·五蠹》）。合乎歷史理性的制度既須有助生產，亦須正向引導社會風氣揚善抑惡，減少犯罪犯錯率。階級鬥爭反向挑激人性惡，惡意得披靚衣出行，暴行合法化：賣友求榮成了「站穩立場」，落井下石成了「劃清界限」，人云亦云成了「跟上形勢」，編說謊話成了「覺悟提高」……

《中國青年報》「右派」副總編鍾沛璋（1924-2021，15歲加入共黨）：

> [反右]人為地製造人與人相鬥的所謂興無滅資的階級鬥爭。人人彼此戒備，不說真話。為了一己，不惜背信棄義，誣陷、告密，互相殘害，使中華民族仁愛、信義的傳統美德喪失殆盡，形成親不愛、子不孝、人相惡，與社會和諧完全相背的惡劣社會風氣。[135]

謝文秀（1934-，「右派」邵燕祥妻）：

> 歷次運動過後積極分子被提拔的實惠，真是把人性中最最醜惡、最最殘酷的那一部分充分調動出來了。[136]

蕭乾：

> 五七年夏天我坐在大樓裡挨鬥時，看到善良的人竟然也張牙舞爪，誠實的人也睜眼撒起謊來，我絕望了。反右傾以後，這片大地更加沉寂了。革命變得唯唯諾諾，革命者變得陰陰慘慘。[137]

---

[134] 風青揚：〈國人為何把說謊當成了一門「藝術」〉，《檢察風雲》（上海）2015年第22期，頁9。

[135] 鍾沛璋：〈中國知識分子的歷史大劫〉，《反右研究文集》，頁199。

[136] 謝文秀：〈碎片——一個右派妻子的回憶〉，《作家人生檔案》上冊，頁352。

[137] 蕭乾：〈改正之後〉，《中國知識分子悲歡錄》，頁658。

南開歷史系一年級「右」生張雲鵬（中央機要局調幹生）：

> 想到同學出於嫉妒有意陷害，或者為了自保立功而惡意栽贓，每每想及於此，我就會情不自禁地抱頭大哭，痛恨人的自私、人心的無情、人性的卑劣。那時，常有一種深陷泥沼之中無力自拔，又無人相救的絕望情緒。[138]

1958年1月初，陝西邠陽縣路景社群眾大會，婦女隊長檢討，逼她站上板凳、脫去衣服，社主任（女）阻止，群眾高呼口號「反對包庇壞人」！臨潼縣兩金區交口鄉黎明曙光社給幹部提意見時，不僅逼令脫衣，還不准小便。[139]

1958年，隨口幾句牢騷（幹活太重、光吃紅薯、大煉鋼鐵砍樹太多），即為「落後」，幫助落後的方式是「辯論」：

1.被幫助者在人圈中被左推右搡，直至爬不起來。

2.脖頸掛上荊條筐（裝20來斤土塊碎磚），多對已婚女性。

3.命令被「辯論」婦女互劈耳光，互吐唾沫，互罵「你不要臉」。

4.牴架。多在公社、大隊等大場合進行。每次「辯論」選出兩名「右傾落後分子」，相隔七八步遠，低頭彎腰，主持人發一聲「牴」，兩人衝向對方，人頭相撞，必有一方倒地，爬起再「牴」，直至一方爬不起來，「辯論」結束。

一位當年親歷「辯論」的小學生，五十年後：

> 幾十年過去了，我曾不斷想過，是什麼力量能夠把人性中最醜惡、最陰暗的東西呼喚出來？為什麼要把隱藏在人的靈魂深處的野獸驅趕出來，讓同類、同志、朋友、親人之間互相殘殺？也許這是個不容易說清楚的問題。[140]

1958年8月興凱湖勞改農場，「歷反」王錦泉（傅作義部連長）發牢騷「共產黨說話不算數」、「傅作義把我們賣了」，頂撞管教，被捆綁丟到場院溝裡，大蚊子叮得這位四旬漢打滾，殺豬般嚎叫；人們收工回來，王錦泉滿臉血腫，像發麵饅頭，白囚衣洇紅（盡是打滾壓死的蚊

---

[138] 張雲鵬：〈壯哉57，悲哉57〉，《抹不去的歷史記憶》，頁31。

[139] 《情況簡報（整風專輯）彙編》（50）1958-2-4。《反右絕密文件》第9卷，頁58。

[140] 高明：〈一個小學生在1958年的經歷〉，《炎黃春秋》2009年第5期，頁63。

子），塞進小號，三天後死去。[141]

　　1959年「反瞞產」，隴中定西民兵入戶找糧，掘地破牆「完全變成一群野獸，把拿不出糧食的婦女，剝光衣服，用繩子紮起陰毛拉出去遊街示眾！」[142]

　　1962年11～12月，哈爾濱鐵路中學發動學生「檢舉揭發」、「專題辯論」、「人人檢查人人過關」；重點批判學生103名，全班大會檢查136名，其中檢查兩次21名、三次9人、四次2人，個別七次尚未過關；停課115人（最長兩週）；17名學生幹部撤職，4名降職。[143]

　　1966年隴南康縣一中，批鬥教師陳可榮（蘭州大學「右」生）：

> ……鈎針插進我的指甲溝，用木板壓在我的肚面，兩頭踏上大人，用力壓出我的大便。康縣一中革委會主任、軍代表李運華說，康縣一中挖不出一個美蔣特務，他無法交代。我被嚴刑拷打28天，58個日夜沒有在床上睡過覺。

　　1970年「一打三反」運動，蘭州一天槍斃二百多人，康縣槍斃一位寫了幾本日記的小學教師。[144]

　　雲南元謀新民勞教農場，場長貢茂福活活跺死打死2人（中學教師王茂希、吳學禮），一氣連打24人（扁擔打斷3根），上大鐐，關禁閉，強迫幹活十幾小時，只給豬狗伙食（高粱連殼吃），折磨死三百餘人，仍是「無產階級專政」柱石──人民代表。[145]新民農場勞教隊1958年初成立，1959～1961年832名勞教犯（大都「右派」），死亡348名（州公安處工作組1962年4月宣布）。[146]

　　文革初期，海南島挖開大忠臣海瑞墓，挑海瑞遺骨遊街。[147]廣西賀

---

[141] 陳奉孝：《夢斷未名湖》，頁98。

[142] 沙青：〈依稀大地灣〉，《十月》（北京）1988年第5期，頁17。

[143] 《內部參考》第3475期（1963-3-15），頁9。

[144] 陳可榮：〈教子教孫都不要忘記歷史〉，《五七精神‧薪盡火傳》，頁528。

[145] 史應麟：〈殺人如革不聞聲‧義士肝膽昭日月──回憶「新民農場」憾事〉；劉庚遠：〈歷史在沉思──祿勸右派面面觀〉；《命運的祭壇》上卷，頁133、473。

[146] 〈新民冤魂錄──蘇世田老師訪問記〉、楊繼常：〈飢餓、苦役、酷刑──壓在老右頭上的三座大山〉，《命運的祭壇》上卷，頁40、289。

[147] 張光年：《江海日記》，群眾出版社（北京）1996年，頁7。

縣中學五位教學最好的教師，捆上大石頭扔進賀江溺斃，罪名「精心培養修正主義苗子」，另一位教師體胖過重，學生抬不動，得倖免。[148]

1968年8月廣州高校「圍剿廣州地區反動資產階級大會」，拉出「罪大惡極」六十餘名老專家：中山醫學院長柯麟（1900-1991，前澳門鏡湖醫院院長）、中山大學史學教授董每戡（1907-1980，右派）、華南工學院教務長高秉全……，強令穿戴博士服、方帽，從中山醫學院大操場一直爬到中山五路財政廳。[149]

1968年內蒙群眾專政對「黑五類」用刑：「冷靜思考」（雪中受凍）、「熱情幫助」（爐上熱烤）、「金鉤釣魚」（鼻上穿孔）、「驢拉磨」（騎身繞屋爬行）、「盪秋千」（吊打）、「拉大鋸」（用繩拉通女性陰部與肛門）、「爬肉條」（燒紅爐鉤撓人）、「烙油餅」（燒紅爐按壓人身）、「擰麻花」（吊臂旋轉抽打）、「戴拉東」（重物掛脖）、「掛火爐」（火爐吊脖）、鐵鉗拔牙、撕耳朵、燒紅鐵條捅入肛門、頭顱穿洞、老虎凳、跪鍘刀……，號稱26刑72法。另有「焊人」（揉鹽入傷口，再用燒紅烙鐵壓燙）、陰道內放鞭炮、強迫回民吃豬肉、強迫回女嫁漢人、強迫母子公媳當眾性交、裸體遊鄉（女的牽著拴繫男人陽具的繩子，邊扭邊唱〈北京有個金太陽〉）。[150]

1930年代入共老赤幹孫文波，文革死於多重折磨，臨終哽咽：

> 在使用肉刑方面，日本憲兵隊和國民黨特務加起來也比不上共產黨的群眾專政。共黨不亡，天理不容。[151]（中共高幹李普也有此語）[152]

（三）全民獵狗化

中共早就向民主黨派摻沙子，伏有祕密共黨。1933年5月初，宋慶

---

[148] 牧惠：《知識無罪》，天地圖書公司（香港）2001年，頁113。

[149] 吳樹仁：《中共的真面目》，民主出版社（臺北）1973年，頁67～68。

[150] 吳迪：〈「內人黨」大血案始末〉，宋永毅主編：《文革大屠殺》，開放雜誌出版社（香港）2002年，頁68、70～72、102～104。

[151] 張先癡：《格拉古實錄》，秀威（臺北）2014年，頁124。

[152] 李南央：〈李普：「共產黨不亡，天理不容」〉，《爭鳴》（香港）2010年12月號，頁65。

齡由共產國際駐中國代表直接吸收「特別黨員」。[153]1949年初，榮毅仁、陳耀宗（後為基督教三自會主席）成為中共特別黨員。[154]帶頭批判章羅的「民盟」高幹均為中共祕密黨員：中常委兼祕書長胡愈之（1933年入共）、中央副主席高崇民（1946年入共）、中常委楊明軒（1926年入共）、中常委楚圖南（1926年入共）。[155]「民盟」中央的中共黨員還有：中常委兼組織部長周新民（1926年入共）、組織部副部長閔剛侯（1949年入共）、中常委李文宜（1926年入共，羅亦農妻）。[156]「民革」中常委兼宣傳部長王崑崙1933年祕密入共。[157]「民盟」北京市主委吳晗1957年3月公開入共。[158]

羅隆基祕書一直是告密者，森工部辦公廳副主任趙文璧（羅隆基親信），揭發羅隆基七大類罪狀，共52條。[159]

「三反」、「肅反」，北師大副教務長、校「九三」負責人董渭川，要求祕書田鴻昌向上反映：以後如有「九三」成員挨鬥，能否讓他知道。祕書冷笑：「董先生，你不應當問這個，你應當把你們知道的九三社員的反動言行盡量報告給黨才對。」[160]

北京師範大學「鳴放」言論：

> 彙報制度像告密一樣，加油添醋地說別人的短處，不僅帶上個人成見，而且從不與本人核對，任何好人都可以被說成壞人（後來我們才知道這些彙報材料都會以書面形式存入個人檔案，永遠與一人形影不離）。[161]

全社會獵狗化，「咳一聲都有人來錄音檢查」（胡風語）。[162]全民

[153] https://zh.wikipedia.org/wiki/宋慶齡
[154] 上海市委組織部長周克透露。申淵：〈三代黨內右派縱論中共內鬥〉，未刊稿。
[155] 千家駒：《從追求到幻滅》，時報文化出版公司（臺北）1993年，頁228。
[156] 中國共產黨新聞網，http://dangshi.people.com.cn/n1/2017/0707/c85037-29389407.html 胡平：《禪機——1957苦難的祭壇》上卷，廣東旅遊出版社2004年，頁265。
[157] 維基百科：https://zh.wikipedia.org/wiki/王崑崙
[158] 百度百科：https://baike.baidu.com/item/吳晗/446341?fr=aladdin
[159] 章詒和：《最後的貴族》，牛津大學出版社（香港）2004年，頁327、315。
[160] 董渭川：〈我的處境〉，《「陽謀」下的北師大之難》上冊，頁132。
[161] 雷一寧：〈我是怎樣成了「蛇」的？〉，《不肯沉睡的記憶》，頁260。
[162] 《關於胡風反革命集團的材料》，人民出版社1955年，頁49。

「憲兵」（相互監督），竟不需要赤國「標配」——祕密警察。劉賓雁：

> 中共的這種控制，至少在其統治的前20年，又是被絕大多數中國
> 人所自願接受。……直至七十年代末期，中國人對於中共的信
> 賴與追隨竟然達到這種程度：中共不需要建立一個祕密警察體
> 系，因為人民中間自願和義務的告密和揭發已足夠用了。[163]

1957年5月下旬，北京航空學院七八名黨團員學生貼出大字報：懺
悔肅反運動中受黨組織指派監視別人，跟著官僚主義走錯了路。[164]

北大西語系1953級學生沈澤宜（1933-2014），母親陳立夫堂妹，第
一學年結束時與另一同學被系主任馮至「勸轉」中文系（「不適合外
事」）。1981年，沈澤宜獲知同班劉紹棠奉命監視他。[165]劉紹棠17歲入
共，1957年「鳴放」：

> 只有同志沒有朋友，說話都得小心。不然彙報上去，就都算作罪
> 證。[166]

西北大學民族系主任李述禮（1904-1984），1928年中共松滋縣委書
記、《資本論》譯者之一、前「國大」代表：

> 西北大學裡共產黨和群眾的關係是不好的。我們學校有一批所
> 謂積極分子，專門偷聽別人的話，記在小本子上，作為將來
> 「整」人的材料，經濟系祕書就是這樣的人。[167]

傅雷淪「右」，次子傅敏揭指原因之一：

> 他對人都很好，從不對朋友說假話，但最後竟被兩個好朋友告
> 發，而且是顛倒黑白地誣衊，讓他非常痛心。昨天晚上還在家裡
> 吃飯，第二天就去檢舉，實在是太要不得了。[168]

傅雷乃《文匯報》社外編委，《內部參考》載有徐鑄成的揭發：

> 徐鑄成說，解放前傅雷就和他來往很密切，他在傅雷的影響下
> 曾使《文匯報》出現過反蘇言論。傅雷曾對他說，共產黨的

[163] 劉賓雁：〈中國大陸的精神危機〉，《爭鳴》（香港）1991年6月號，頁65。
[164] 《內部參考》第2213期（1957-5-25），頁12。
[165] 沈澤宜：〈屢戰屢敗，屢敗屢戰〉，《往事微痕》第21期，頁180～182。
[166] 〈一個青年作者的墮落〉，《文藝報》1957年第28期（1957-10-20），版2。
[167] 李述禮：〈系主任有職無權很難做人〉，《光明日報》1957-5-11，版3。
[168] 楊聖捷：〈追憶家書內外的傅雷〉，《外灘畫報》（上海）2006-10-19，版A17。

「鳴」、「放」政策是假的，《文匯報》應多登些右派分子的文章。《文匯報》前一時期走上資產階級方向，傅雷在幕後起了很大的鼓動、策畫和組織的作用；傅雷還出題目、提供採訪線索，讓《文匯報》記者到處點火。……徐鑄成說，當時《文匯報》刊登的許多向黨進攻的文章，都是傅雷幫助組織的。……傅雷對《文匯報》是有一整套體系的，很明顯他是與右派分子有聯繫的。[169]

1958年春節，「胡風骨幹分子」賈植芳妻任敏（1918-2002）流放青海化隆縣山區小學任教，回滬過年，「胡風分子」王戎怕她一人太孤單，邀家過年。任敏、王戎均關押審查年餘，席間不免發點牢騷。王妻竟寫信檢舉，定罪「翻案」，王戎發配新疆勞改，任敏回青海後再次被捕，蹲獄三年。[170]

1958年北師大留校生童慶炳（1936-2015），第一項任務管理「右派」，包括監督前系主任黃藥眠，「按照上級的規定，他每天必須給我交日記本，看他是不是檢討自己，還規定要他掃廁所。」[171]

中共黨員每週「組織生活」成了彙報會。清華學生黨員吳樹仁：

黨的組織生活，主要的工作任務是將你所見到的或是聽到的人與事向組織反映，這裡所說的人與事，包括黨內和黨外、廠內廠外，凡是見到或聽到有不利於黨的人與事，都得於每個星期五的小組會議上做彙報。不做彙報，沉默不言，就表示你不夠積極。人人表現積極，造成相互猜忌相互離間。黨員與黨員間，你在懷疑我有沒有彙報你，我懷疑你有沒有彙報我，時刻都不放心，他就可以達到分而治之的目的。[172]

1958年，嶺南才女、廣東省文史館副館長冼玉清（1895-1965）：

許多檢舉材料都是私人恩怨而製造的。我認為風俗之良窳，在乎

---

[169] 《內部參考》第2252期（1957-7-9），頁9～10。

[170] 賈植芳：《獄裡獄外——一個「胡風分子」的人生檔案》，頁178～179。

[171] 童慶炳：《舊夢與遠山》，北京大學出版社2015年，頁118。

[172] 吳樹仁：《中共的真面目》，民主出版社（臺北）1973年，頁95。

人心之厚薄。自檢舉風興，人心之涼薄極矣。[173]

1959年，北師大「極右生」俞安國發配陝西渭南師校，未等來「摘帽」，支書直言：「你沒有立功表現。你接觸的同事中難道沒聽到有錯誤的甚至反動的言論？你從來沒有向我們彙報過。只有你經常向黨彙報你周圍的人和事，才能反映出你的認識提高了，立場轉變了。」「我能這麼幹麼？我當時就知道我這頂帽子是無法摘除了。」1960年底，俞安國「下放」（失去公職），回家自養，1978年「一風吹」才摘帽。[174]

青年「極右」高爾泰（1935- ）多年同事蕭默（1938-2013），指高爾泰揭發有癮，文革中兩次不可思議地揭發他。1980年代初，高爾泰在中國社科院哲學所，因老毛病被「送瘟神」遣回蘭州大學。蕭默面勸：「你那個愛揭發人的毛病也得改改了，你走到哪裡都是這樣，人家討厭，對你自己也不好。」[175]

一位勞改農場幹部私謂叢維熙：「看你的檔案，別人說你思想反動的小報告不少——我看都是一些急於立功、泯滅知識分子天良的人。」[176]中國人民大學新聞系1956級「極右生」汪廷煌，保留學籍下放農場，兩年後回校，不僅摘帽、隨屆畢業，還拿到畢業證（大多數「右」生1979年才補發）。「他的『出色表現』，除了規規矩矩，就是打難友的小報告。」[177]

勞改勞教的「右派」不敢發展友誼。難友之間的悄悄話，獄方專詞「勾勾搭搭」。獄諺：「多個朋友多根絞索」，人家或會檢舉立功。[178]

1958年暑假，滬郊閔行，時代中學高中某班下鄉「勤工儉學」——
　　我們發覺有幾個團員與積極分子老是往廁所裡奔，他們是在察看大便。班中為了貫徹勤儉節約的原則，規定我們一天只能

---

[173] 陸鍵東：《陳寅恪和最後20年》，三聯書店（北京）1995年，頁49。
[174] 俞安國致雷一寧函（2003-2-19），《「陽謀」下的北師大之難》下冊，頁190、188。
[175] 蕭默：〈《尋找家園》以外的高爾泰〉，《領導者》（香港）2007年12月號，頁149～157。
[176] 《走向混沌：叢維熙回憶錄》，花城出版社（廣州）2007年，頁146。
[177] 房文齋：《昨夜西風凋碧樹——中國人民大學反右運動親歷記》，頁163。
[178] 張先癡：《格拉古實錄》，秀威（臺北）2014年，頁101。

吃一頓葷菜，這又是王仁淦（團支書）想的點子。如果某同學的大便是深淺交雜的，或是金淺色的，說明他守規矩，一天只有一頓葷菜或全是吃素菜。如果某人的大便全是深色的，證明他是在吃葷，就將此事記錄下來，成為未來批判的「證據」。

部隊同學校一樣，總有幾個積極分子平時把旁人的一言一行記在小本子上，一見到上級就迫不及待地上前彙報。到週末「民主生活」，就抓住別人的辮子不放，比如動作慢啦、把菜幫子丟掉啦、吃肉吐肉皮啦之類。……說我吃飯時是盤腿坐在地下，不是蹲的，「沒有勞動人民本色」。

班級團支書王仁淦，父親「鎮反」槍斃，母子相依為命，家境非常困難，鄰居戴老師（王仁淦高一班主任）幫了不少忙，王仁淦得以升高中。反右中，王仁淦檢舉戴老師言行，戴老師淪「右」。王仁淦考上北京鋼鐵學院，文革造反派頭頭，革委會主任。[179]

1960年4月，上海作協成立文學研究所（實為文藝情報所），只培養獵狗不培養作家，市委宣傳部文藝哨兵，從文藝書刊中嗅尋「階級鬥爭新動向」。[180]

1966-8-26中央廣播局政訓隊宣喻「專政對象」：

檢舉揭發他人違反規定的不法行為，可立功贖罪。[181]

1995年，王若望怒斥鄭伯農、賀敬之、柯岩、林默涵等左士：

臧克家，此人是八十多歲的老頭，但左風不衰，文化界挖苦他是專會咬人的老狗……，此老在反右鬥爭中特別賣力。……陳湧，此人是以批鬥秦兆陽和劉再復而聞名，他想以大批判精神開路，向上邀功，沒料想鬥來鬥去，自己卻被另一幫人抓住辮子，指他「勾結馮雪峰，中國處在大變革的前夜」之類不投合的話，升官沒成功，反而戴上右派帽子。陳努力掙扎，想到只有揭發周圍的朋友可以將功折罪，於是他又成了個告密的陰險分子。四人幫粉碎後，查抄江青的居室時，竟查出陳湧寫給江青

---

[179] 陳文立：《滄桑歲月》，頁46、50、41。
[180] 吳中傑：《海上學人》，廣西師大出版社（桂林）2005年，頁236。
[181] 邵燕祥：《找靈魂——邵燕祥私人卷宗：1945～1976》，頁297。

的四十多封效忠信，信的內容不得而知，但推想不外是密告張
三、檢舉李四……，曹禺、歐陽山、魏巍、劉紹棠等，都屬於極
左的丑類，各有各的醜態，各有各的醜行。[182]

聶紺弩密友向公安局密報聶言論詩詞，聶判無期。章詒和：「行
文如操刀，字字見血，句句入肉，我不明白黃苗子他們怎麼下得了
手？」[183]2009-3-24《南方週末》披露「右派」黃苗子（1913-2012）是揭發
聶紺弩的臥底。「極右」馮亦代（1913-2005）則是伏在章伯鈞身旁的臥
底，從章家回來即寫材料給聯絡人彭奇（彙報談話內容）。[184]一位法官以
檔案為據，指聶紺弩身邊有臥底，這位聶友將聶氏言論詳細呈報。[185]

《天津青年報》一記者為掙「表現」，昧心揭發自己的敬仰者：
「自那以後我就背上了沉重的包袱。後來我被調出到一個中學工作，才
知道那位一把手在我檔案裡照樣給我簽署了惡評。」他歉疚、自責、失
落、憂鬱症，徹夜失眠，英年早逝。[186]

延安時期，胡耀邦與陶鑄、王鶴壽甚鐵，被稱「桃園三結義」。
1980年代胡耀邦向王鶴壽吐露一些心裡話。1987-1-10～15胡耀邦下臺
「生活會」，王鶴壽當面揭發，胡耀邦非常傷心。[187]

（四）逆淘汰

半數以上「右派」失去公職，或勞動教養或發配農村。[188]下村下廠
勞動改造20萬，勞教三年以上4.4萬。[189]「1957年後，似乎只有監獄才真
是人才濟濟的地方。」[190]名義上改造思想，「在勞改營裡，委婉的面紗

---

[182] 王若望：〈毛澤東餘孽掀起的餘波〉，《北京之春》（紐約）1995年10月號，頁84。

[183] 章詒和：〈告密者〉，《明報月刊》（香港）2009年4月號，頁21。

[184] 馮亦代：《悔餘日錄》，河南人民出版社2000年，頁163、176、181～182、190～191。

[185] 寓真：〈聶紺弩刑事檔案〉，《中國作家》2009年第2期（紀實版），頁15～17。

[186] 肖荻：〈無須掩飾的敗筆〉，《炎黃春秋》2009年第6期，頁79。

[187] 《李銳近作——世紀之交留言》，頁51。

[188] 李維漢：《回憶與研究》下冊，頁839。《中華人民共和國史》，高等教育出版社、人民出版社2013年，頁278。

[189] 《建國以來重要文獻選編》第14冊，頁759～760。

[190] 石天河：《逝川憶語——《星星》詩禍親歷記》，頁382。

被撕掉，思想改造等同於殘酷的強迫勞動和赤裸裸的脅迫和恐嚇」。[191]延安詩人艾青（1910-1996）貶謫新疆16年，五年掃廁（十幾個茅廁／天）。[192]

　　全社會崇尚無知化，愈無知愈紅色，愈粗蠻愈吃香。官吏提拔工農化，以出身職業評定思想等級、道德品質、社會階次。考核文化成了「右傾」，無知成資本，文化成缺點，全國逆淘汰。選吏全無規制，還不如先秦兩漢的鄉舉里選（《周禮‧地官司徒》）、六德六行六藝（品行才能標準），更不如唐宋明清的科舉制。國人擲評：科舉廢停百年，中國官員整體素質自科舉以來最低。[193]

　　韋君宜：

> 從這時候起唯唯諾諾、明哲保身、落井下石、損人利己等等極壞的作風開始風行。有這些壞作風的人，不但不受批鬥，甚至還受表揚、受重用。骨鯁敢言之士全成了右派……[194]

1957年「鳴放」階段，河南信陽專署計委幹部劉鐵華：

> 破格用己，妒賢忌能，以順爲貴，以直爲仇。「捧一順二直倒楣」。[195]

《人民日報》副刊編輯袁鷹（1924-，1945年入共黨）：「滔滔者天下到處可見庸人庸官的時代。」[196]1957～1958年反右，1959年反右傾，河南二十多萬幹部挨整，一批「風（看風）、馬（拍馬）、牛（吹牛）」得到提拔。[197]1959年9月「反右傾」運動，浙江蕭山縣3,009名縣社幹部遭批判，再刮浮誇風。[198]

　　唐山柏各莊農場孔幹事，「經常吆喝牲口似地吆喝著右派的名字以顯示威風，以勇於揭發和善於鬥爭別人而往上爬；一兩年內由幹事而部長而隊長而場黨委副書記；身體發福，架子端大，卻什麼本事也沒

[191] 巫寧坤：《一滴淚》，頁109。
[192] 丁抒：《陽謀——反右派運動始末》，頁325。
[193] 洪振快：〈選賢任能乃千古難題〉，《同舟共進》2009年第12期，頁64。
[194] 韋君宜：《思痛錄》，頁49。
[195] 〈什麼話〉，《人民日報》1957-8-2，版4。
[196] 袁鷹：《風雲側記——我在〈人民日報〉副刊的歲月》，中國檔案出版社（北京）2006年，頁113。
[197] 辛子陵：《紅太陽的隕落》，書作坊（香港）2008年，上卷，頁334。
[198] 《蕭山縣志》上冊，浙江人民出版社1987年，頁45。

有。」[199]

中醫研究院劉紹光（1897-1990），紐約大學、柏林大學醫學博士、芝加哥大學哲學博士，1932年拒絕外國留聘回國，自籌資金成立中央藥物研究所；1948年再拒美國邀聘：「我決心等待共產黨，等待中國的新生，把智慧獻給新中國，絕不出國。」但視為舊人員，審查兩年，博士文憑、榮譽證書成了「罪證」，幾次拉去「假槍斃」（以逼招供「反動罪行」）。1957年，劉紹光淪「右」。劉妻亦留美醫學博士，退職避禍，全家趕入小窩棚（必須生爐取暖，煤氣中毒六次），門對公廁，掃廁十餘年。[200]

錢偉長貶實驗室打掃衛生。[201]山東大學物理教授束星北（1907-1983），諾獎得主李政道與吳健雄的老師，鳴放「中國必須具備法治精神」，極右，1965-2-4自我改造規劃——〈申請長期洗涮茅房〉。[202]

錦州製藥廠兩名工程師淪「右」，廠長非常惋惜，鬥倒一個後，廠長哀歎：「再鬥倒一個，廠子就得關門了。」[203]淪落底層的右派，難掩光芒。一家集體小廠，「技術方面的骨幹也是幾個右派分子」。[204]

1957年4月，雲南大姚縣委書記于剛拒不承認缺糧戶達40%，向檢查工作的省委組織部長鄭敦撒謊：「我們縣缺糧戶不多，叫不夠吃的主要是那些地主富農，他們在群眾煽動造謠，叫囂糧食不夠吃。」于剛將反映實情的縣長董安國及十餘名科局長打成「右派」，大姚後為滇省餓死人最多兩縣之一。于剛不僅沒受任何處分，官升昭通行署專員。[205]

1958年內江－昆明鐵路上馬，一年半後「這條線路設計有誤，下馬停建」。近萬勞教者汗水，難以數計的鋼材、水泥都化為「學費」。[206]

[199] 藍翎：《龍卷風》，上海遠東出版社1995年，頁204。
[200] 艾國寶：〈滄海遺珠之過——記科壇奇才劉紹光坎坷的一生〉，《鏡報》（香港）1986年第10期，頁33～36。
[201] 張強華：《煉獄人生》，頁177。
[202] 黎明：〈反右——中國現代知識精英的醜陋和恥辱〉，《五七精神‧薪盡火傳》，頁303。
[203] 《情況簡報（整風專輯）彙編》（31）1957-10-25。《反右絕密文件》第6卷，頁125。
[204] 朱正：《小書生大時代》，北京大學出版社1999年，頁235。
[205] 董安國：〈「鄭、王反黨集團」的一條腿〉，《命運的祭壇》下卷，頁951～952。
[206] 張先癡：《格拉古實錄》，秀威（臺北）2014年，頁192。

《甘肅省志‧水利志》（〈引洮工程始末〉）——

「引洮工程」1958年6月急火火上馬，1961年6月血淋淋下馬，耗資1.69億元，修渠百里，1958年日投勞力11.2萬，1959年10.6萬，1960年8萬，未引一滴洮水上山，整體報廢，1963年撤銷引洮工程處。[207]

1961年，北大文科生竟有背不出一首李白詩的。[208]《人民日報》某要員派祕書向圖書館索要「金聖歎批本《紅樓夢》」。[209]1974年，常讀錯別字的草包魯瑛（1927-2007）當上《人民日報》總編。1975年，中科院研究員每週只有兩天搞業務。先成奴才，後成「人才」；平庸了，「成熟」了；無能即有能，有才即有禍。1979年，哈爾濱一位知識分子：

> 總結二十餘年的教訓，一個人在這個社會中若想生活得順當而不遭打擊，一是千萬不能說與上司不同的意見，二是尤其不能說出比上司高明的意見。……在共產黨內，凡為人正直、富於人道主義感情、文化較高、善於獨立思考而又敢於直言的人，往往也是能力較強的人，都難免遭到打擊或冷遇，而那些通曉權術、見風轉舵、在整人害人上心狠手辣的人，往往也是滿足現狀不思進取的人，即便平庸無能，也能官運亨通。[210]

1982年共軍團以上軍官文化程度統計表（%）[211]

類別	初中	中專	大專以上
大軍區、軍兵種	78.9	17	4.1
軍	92.8	6	1.2
師	86.9	11.5	1.6
團	75.6	22.2	2.2

鷹折斷翅膀，難成了鳳凰。一二流人才出局，三四流甚至末流斗筲

---

[207] 《甘肅省志‧水利志》，甘肅文化出版社1988年，頁831～840。
[208] 韋君宜：《思痛錄》，頁114。
[209] 藍翎：《龍卷風》，上海遠東出版社1995年，頁173。
[210] 《劉賓雁自傳》，頁183、226～227。
[211] 馬宇平、黃裕沖編：《中國昨天與今天，1840～1987年國情手冊》，解放軍出版社（北京）1989年，頁803。

之徒上位，再由這批武大郎選拔「紅色接班人」，天然妒賢嫉能，豈能識別容納一二流人才？1960年，李慎之：「我的心情灰到『他生未卜此生休』的地步。」[212]

大批官員不幹別的只會整人。1978-12-28中央黨校大會，胡耀邦：

> 我們有許多同志，……老是想搞運動，老是想批評別人。[213]

文革後，大批人才仍無法歸位。1980年代前期，河南伊川縣委宣傳部來了三位大學生，不斷向上級向報社控告縣委書記劣行，如年年用幾千瓶杜康酒賄賂地委、省委直至中央；農民見記者下鄉，攔跪塵埃，哀求幫他們解除鄉吏勒索。三位大學生奮鬥幾年，一概無效，一一調出縣委，縣委書記榮升地委、包庇他的地委書記榮升省委。[214]

1987年中小學評職稱。廣東連平縣大湖鄉村中學教師曾石榮（1938-），廣州師院本科畢業生，中教二級（初級）；校長中專畢業，中教一級（中級）。另一位小學校長，當年考不上高中的初中生，小教「高級教師」（中級）。曾石榮很鬱悶：「我考上了高中，又讀了大學，竟不如一個初中畢業生。這是什麼制度呢？為什麼他們讀的書少，反而可以獲得高的職稱呢？」[215]

2003-7-6央視「北大人事改革對話」，北大書記閔維方（1950-）承認北大仍在「黃鼠狼下崽，一窩不如一窩」。

歲月淘洗，左派除張春橋、姚文元、戚本禹、關鋒，未見任何冒尖人物；而被打壓二十二年的「右派」中——

朱鎔基（1928-），清華生，國家計委機械局綜合處長，國務院總理。

王鐵崖（1913-2003），法學碩士，留英生，海牙國際刑庭法官。

王懷安（1915-2015），四川大學法律系肄業生，最高法院副院長。

端木正（1920-2006），最高法院副院長，中山大學立塑像。

王蒙（1934-），文化部長，知名作家。

張景中（中科院士）、陳耀祖（中科院士）、謝學錦（中科院士）、楊

---

[212] 《八十三封書信——許良英、李慎之書信集》，頁140。

[213] 《政治滄桑六十年：吳江回憶錄》，頁197～198。

[214] 《劉賓雁自傳》，頁326。

[215] 曾石榮：《赤海漂零記》，頁203。

路（全國人大代表）……

《中國青年報》副總編「右派」鍾沛璋（1924-2021），1982～1986年中宣部新聞局長，1992～1996年主辦《東方》（1996年因「自由化傾向嚴重」停刊）。[216]

逆淘汰態勢下只能出「逆真理」。1980年代中共組建「第三梯隊」，高層公然議定：提拔高幹子弟，他們起碼不會挖祖墳。[217]

1980年代，一些中共高幹總結：

> 建國30年來的教訓告訴我們，失敗的原因就在於有權加無知。[218]

（五）冤獄遍地

反右前，哈爾濱「徐秋影案件」（1954）已快翻案。反右後，再翻回去，1959年4月公審，邵蓮魁、李子和死刑，邵玉魁死緩，邵亞魁七年。1987-7-6全案平反。[219]

反右後，政法書記、政法部長凌駕法律之上。山東益都縣1,070起案件，錯案97%以上。1960年春，山東金鄉縣某人一句「人民公社好，就是吃不飽」，擬判三年；縣委政法部長徐××發話：「不行，攻擊人民公社的案件要重判，弄他十來年。」審判員只好改判十年。1960年金鄉縣城關公社60起案件，大部分案卷都有徐部長指示，錯案率75%以上。

1959年謝富治出任公安部長，視察煙臺，省檢察院彙報萊陽縣村吏打死逼死六十餘人。謝富治：「違法亂紀打死人固然不好，但維護了社會治安。」當彙報某地取消檢察院，謝：「這就對了，過去檢察院做了些扯腿的工作。」省院幹部見謝如此漠視民命，「向他彙報的檢察幹部聽了寒心」。1962年，一位1939年入黨的「老檢察」重回檢察院，私下說：「這幾年挨了三次批判，得出三個教訓：一不說依法辦事，二不說法律監督，三要做馴服工具。」[220]

---

[216] 《李銳近作──世紀之交留言》，頁270。

[217] 何方：《黨史筆記》上冊，利文出版社（香港）2005年，頁263。

[218] 李銳：〈討論《歷史決議（草案）》的摘記〉，《李銳文集》第5冊，卷九，頁68。

[219] 余剛：〈徐秋影案件真相〉，《炎黃春秋》2009年第4期，頁67～69。

[220] 肖磊：〈山東的法制「大躍進」〉，《炎黃春秋》2010年第5期，頁20～22。

　　1958年，浙北海寧縣中學教師寫標語，寫錯「共產主義像天堂」的「堂」，當場逮捕，判刑三年。[221]大饑荒年代，四川窮鄉僻壤一小學教師，一句「共產黨對農民見死不救」，判刑15年；他只到過縣城，沒見過一個老外一張外國鈔票，判決書「接受蘇聯大使給予的一千盧布反革命活動經費」。[222]

　　1962年，僅為「反右傾」等運動（不包括「右派」）甄別平反的黨員、幹部就695萬人。[223]安徽公安廳常務副廳長尹曙生（1937-）：

　　　　大躍進運動中，全國公安機關逮捕、拘留了300多萬人，絕大多數是無辜的人民群眾。……肅反、反右派、大躍進運動中，無不以製造大量冤假錯案收場。僅安徽省公檢法機關就平反糾正了42萬餘起文革前的冤假錯案；遼寧省平反了50餘萬起文革前冤假錯案。

　　　　1959年廬山「彭黃張周」，株連300萬人。1967年「打倒劉少奇」，帶出22,057起冤案，刑事處分2.8萬餘人，批鬥審查、隔離關押不計其數。1967年夏～1969年5月「內蒙人民黨」一案，346,220人關押受審，整死16,222人，整殘87,180人。1979年初，北京上訪者大遊行。[224]

　　從北伐兩湖農運「造反有理」一路走至文革「殺人有理」。1966年8月京郊大興縣13個公社，不到一週殺「四類分子」325人，22戶殺絕，內有八旬老人、38天嬰兒。[225]

　　大饑荒時期，一位十六七歲貧家少年，找不到工作，學當「二指鉗工」（小偷），第一次出手摸到八角錢就被逮住，趕上「嚴厲打擊盜竊犯罪」，判刑八年。[226]文革期間，蘇北一青工愛開玩笑，痔瘡發作，隨

---

[221] 曹錦清等：《當代浙北鄉村的社會文化變遷》，上海遠東出版社1995年，頁153。

[222] 張先癡：《格拉古實錄》，秀威（臺北）2014年，頁214～215。

[223] 胡治安：〈1978：從「摘帽」到「改正」〉，《中國新聞週刊》（北京）2013年第3期（2013-1-21），頁85。

[224] 尹曙生：〈冤案是怎樣釀成的〉，《炎黃春秋》2015年第4期，頁34、36。

[225] 蔡明忠：〈「文革」中的北京市公安局〉，《傳記文學》（北京）1995年第6期，頁21。

[226] 石天河：《逝川憶語──《星星》詩禍親歷記》，頁412。

口套用毛詞「天若有情天亦老，人間正在生痔瘡」，判刑八年。一生產小隊長，臨近婚期買不到木料修補新房地板，夜拆路邊語錄牌，婚宴被捕，判刑七年。[227]

1983年「嚴厲打擊刑事犯罪運動」，偷1元即死刑，流氓罪判死刑或20年；某青年為女友拍穿著暴露照片，死刑，女友也判刑。某女與十多名男子發生性關係，流氓罪死刑。[228]西安單身婦馬燕秦（42歲）組織舞會、性關係較亂，抓了三百餘人（轟動三秦）。馬燕秦與兩名舞會組織者死刑，三名同案死緩，兩名無期。這還是過了「嚴打」高峰，若在高峰，至少槍斃十餘人。「嚴打」期間，偷窺女廁，死緩；摟抱女青年，猥褻罪四年。[229]

1984年北京火車站一群瓜販哄搶西瓜，分別判處：死刑、死緩、無期，最低15年（僅搶一瓜）。河南一對情侶離家同居；女方家長領回女兒，報案「強姦」，男青年死刑。盜竊罪此前十年，「嚴打」升至頂格，也有判死刑。[230]

三、摧毀國本

土改、「三大改造」剷除有產者，反右再剷除有知者，摧毀國本，加劇扭曲是非標準，弱化全民判別能力，凸裸中共仇富嫉知的反動肉胎。

以言治罪，即思想治罪、認識治罪。存在決定意識，國人從害怕思想、掩藏思想、不敢思想，直至不會思想。全國從源頭失去第一動能。當李政道、楊振寧在美國獲諾獎，他們的師長、同學卻在中國一個個淪「右」，知識傳承拔根去蕾，截至2014年中國大陸未得一項理工諾獎。

1958年，北師大「右」生范亦豪發配青海門源縣祁連山中學：

> 1957年反右，指標到了農村，農村裡能算作知識分子的極少，所以最遭殃的是小學教師，而且首當其衝的是那些水準和威信最

[227] 陳文立：《滄桑歲月》，頁110。
[228]〈30年前的預言〉，《成報》（香港）2013-9-3。
[229] 李軍：〈1983年「嚴打」的悖論〉，《南方都市報》（廣州）2008-11-3，版A12。
[230] 劉傑：〈從嚴打到收歸死刑覆核權〉，《京華時報》（北京）2008-11-5。

高的，因此農村教育遭遇了一次大劫難。……（文革時期，門源縣
西灘公社一農民說）「自打反右，老師被抓，我就再也不上學了。
會寫字太危險，怕了。我把家裡全部紙和筆一點兒沒留，統統燒
掉。從那時起再不認字，再不寫字。」[231]

文教界成了高危職業區。知識分子都不願子女再成為知識分子。
1958-8-8蕭軍日記：

如今我現有七個孩子，大女兒在農場做社員，二兒子今年暑假畢
業，已投考了技校，如考不上就去工廠學徒，我真的願意他們全
成為一個真正的工人或農人，不做一個半個知識分子。[232]

甘肅永登縣第一中學教務主任趙廷祺（1922-1960），1944年蘭州簡
師畢業，保送國立社會教育學院，1947年赴臺灣某大學圖書館實習半
年，1957年「國特」劃右，送夾邊溝，1960年11月餓死。其妻悲絕，燒
掉家中所有書籍，發誓不讓子女讀書，囑女兒以後嫁莊稼人，千萬不要
嫁念書人。[233]

中小學教師待遇本就很低。1956年工資改革，膠東萊西縣小教：一
級91元，二級80.5元，三級72元，四級64.5元，五級57元，六級49元，
七級42.5元，八級38元，九級34元，十級29.5元。中教：一級110元，二
級102元，三級91元，四級80.5元，五級72元，六級64.5元，七級57元，
八級50元，九級43.5元，十級39元。1963年全縣中小學調薪，人均增薪
2.12元。[234]

1956～1961年，全國六年未加薪，物價成倍上漲。浙江建德縣壽昌
公社中心小學教師：「現在每月12塊錢的伙食沒有1956年的6塊錢的伙
食吃得好。」教齡12年以上的段正和，一家七口全靠他29元月薪，全家
每月最低支出40餘元。見習教師邰廷錄，月薪26元，全家七口，每月支
出約40元，月月虧欠，負債累累。「去年年底因要還債，把棉被、鍋
子、養豬棚、公債券、瓶瓶罐罐等都拿去抵帳了，目前生活處境困難到

---

[231] 范亦豪：《命運變奏曲——我的個人當代史》，頁154～155。
[232] 《蕭軍日記補遺》，牛津大學出版社（香港）2014年，頁582。
[233] 趙旭：《夾邊溝慘案訪談錄》，頁120～121。
[234] 《萊西縣志》，山東人民出版社1990年，頁737～738。

了極點。」愈來愈多的小學教師要求離職。1961年1～5月，壽昌公社小學自行脫離教職七人，約40名教師準備棄教務農。「初中生不願投考師範」。[235]青年視教職爲畏途，師範院校乃「最低錄取線」，一國之本的教育從源頭劣質化。1979年浙西江山縣四千餘中小學教師，僅81名本科生（低於2%）。[236]

中小學師資本就緊缺，反右再釜底抽薪。1958-3-28中發[58]223號文件〈關於處理中小學教師中的右派分子、反革命分子和其他壞分子問題的指示〉：

> 對小學教師中的右派分子的處理，原則上應當同其他系統有所不同，就是要使其中的大部分（70%左右）離開學校另行安置。[237]

打倒「有教無類」的孔子，迎來「有類無教」的文革，中學生全體上山下鄉，1966～1969年高校停止招生，大學是否辦下去都成懸問。整體否定歷史經驗承傳的價值，以不稼不穡簡單勞動否定知識分子複雜智力勞動（否定社會分工必要性）。

無知即無菌，無知成無畏。「我是大老粗」，分貝很高的炫耀語。雲南元謀新民勞教農場場長貢茂福，大罵右派：「雞巴大學生」、「吃屎分子」。[238]全社會以粗鄙爲尚。文革初期清華附中一批女生聚集操練〈三字經〉（他媽的），「直練到隨時脫口而出的水準」。清華大學操場全校大會，上萬大學生齊聲高唱〈造反歌〉（〈國際歌〉之子）——老子革命兒好漢，老子反動兒混蛋，要是革命的你就站過來，要是不革命你就滾他媽的蛋！[239]

梁漱溟的文革詩〈詠「臭老九」〉：

> 九儒十丐古已有，而今又名臭老九；古之老九猶如人，今之老九不如狗。
>
> 專政全憑知識無，反動皆因文化有；假如馬列生今世，也

---

[235] 《內部參考》第3263期（1961-9-1），頁15。

[236] 李莊臨：〈二十一年的右派改造生涯〉，《抹不去的歷史記憶》，頁292。

[237] 《千名中國右派處理結論和個人檔案》第6冊，頁288。

[238] 施放：〈新民農場日記〉，《命運的祭壇》下卷，頁784。

[239] 章立凡：《君子之交》，明報出版社（香港）2005年，頁175～176。

要揪出滿街走。[240]

1979年，懷柔縣中小學舉行文革後第一次統考，小學及格率28.2%，中學及格率15%。[241]

1980年代，讀書無用論仍甚囂塵上。因害怕全國分配，不少家長不願子女上大學（尤其重點大學），普遍認為上大學不如上中專，上中專不如上技校一出來就是工人階級，還留在城裡。北京一位副教授三子女：長子大學畢業留校，月薪90元；次子高中畢業進廠，月薪百餘元；幼女初中畢業，飯店服務員，月薪200多元。復旦一退休工人賣包子，收入比一級教授還多。[242]一則教授賣燒餅的新聞，鬧得滿城風雨。時諺：「搞導彈的不如賣茶葉蛋的，拿手術刀不如拿剃頭刀。」[243]知識愈多愈掉價，既違背資本主義價值規律，好像也違背社會主義「按勞分配」。

南開生物系「右」生張兆太（1937-2007），1980年講師，月薪不足70元；其妻主治醫生，工資更低。1986年張兆太回南開進修，買不起《韋氏大詞典》《牛津高級詞典》，值夜商店，每晚掙一塊錢。[244]

1985年恢復教師節，商店紛紛「優惠」教師。復旦教師鄧牛頓（1940- ）：

> 好些商店到學校來擺地攤，他們曉得教師窮，紛紛趕來學校推銷滯銷商品，……這味道好苦澀！[245]

1987年全國科技人員868萬（全國人口0.78%），勞動密集型行業職工均薪高出知識密集型行業職工49元；工人增薪率15.5%，技術人員增薪率11.5%。同為發展中國家的印度，知識分子均薪為工人5～6倍。中央統戰部座談會，一位院士：「我要求不高，只希望在書店看到一本好書，能夠立即掏錢買下來。」北大老生指點新生：「校園裡你看誰穿

---

[240] 《六月雪》，頁507。

[241] 《懷柔縣志》，北京出版社2000年，頁34。

[242] 陶大鏞：〈知識越多越不值錢是一種反常現象〉，1985年《群言》創刊號。《報刊文摘》1985-5-7摘轉。

[243] 〈搞導彈的不如賣茶葉蛋的〉，http://www.chinaqw.com/news/200810/15/133983.shtml

[244] 張兆太：〈1957，我的厄運人生〉，《抹不去的歷史記憶》，頁339～340。

[245] 鄧牛頓：《我從瀏陽河邊走來》，香港世紀風出版社2007年，頁114。

得最破，誰就是頂級教授。」1988年新華社《國內動態清樣》（第1214期）：北京第37中學劉老師，17年居住八平米低矮黴屋，1.7米的兒子只能睡1.4米的床，長期弓身睡覺。1989-3-4鄧小平對中央負責人說：「十年來我們的最大失誤是在教育方面，知識分子的待遇太低。」2012年，中國教育經費GDP占比才超過4%（國際最低標準）。[246]

1980年代全國還未實行義務教育制，1989年2.5億文盲、半文盲（非文盲標準：識字1500），大學生率13名／萬人。[247]教育部統計，93%學齡兒童僅65%讀到小學五年級，其中畢業僅一半，簡稱「9-6-3」。鄉童退學多因繳不起幾塊錢學費。一位中央委員實地調查：農村文盲50-70%，經常閱讀率不到10%，且大都爲下鄉知青、教師學生、職工幹部、技術人員，很少有農民。在鄉村，報紙常常用來糊牆糊窗、包裝食物。[248]

1983年筆者供職浙江省政協，一位政協常委：「魚米之鄉的浙江嘉興，鄉村教師呼籲配備：一本字典、一份報紙、一個鬧鐘。省市醫衛界的領導大都不太懂業務。」是年，浙省高考錄取率剛超出考生的5%，全省幹部40%以上初中或初中以下，百萬職工須補習文化。1985年，全國190萬中學教師學歷不達標，初中教師大專以下76.4%，高中教師本科以下59.8%。[249]

1999年，一位農村大學生：

> 我家鄉……教師素質之低無人能想像：中心小學的大部分教師是沒有讀完小學或初中的人，識不了幾個字。上學幾年的孩子幾乎什麼都不知道，……想到這些我非常憤慨，師範畢業生無處分配，而那些有關係的半文盲卻往學校裡擠。我的一位小學同學五年級沒有讀完，卻因爲她爸爸是村支書而成爲本村小學一年級的老師，自己連中文拼音都認不全，每次還要先請教別人，

[246] 斯亮：〈我與中央統戰部六局〉，《炎黃春秋》2015年第2期，頁10。《鄧小平文選》第3卷，頁267。

[247] 程元：〈大學生的誤區與社會的誤導〉，《人民日報》1989-9-5，版5。

[248] （美）黎安友（Andrew J. Nathan），《中國的民主》，姜敬寬譯，五南圖書出版公司（臺北）1994年，頁231～232。

[249] 《資訊彙報》1985-8-8，《報刊文摘》（上海）1985-8-20摘轉。

才能上課。[250]

1999年廣東陽山縣民辦教師考「公辦」，語文數學兩科相加56分就算及格，便可轉「公」，因為那兒「沒本事的人才當老師」。[251]

教育斷撚、文明失傳，人口最多的國家，不僅沒有一流思想家、科學家、經濟學家、人文學者，連二三流人才都沒了。喝狼奶長大的紅衛兵一代，水準遠低於民國，對自由民主、科學文明的理解，基礎臺階都沒邁上，滿腦瓜只有「最高指示」、「馬列語錄」。文革初期重慶街頭，一名士兵沒收一女生手上的蘇聯小說：「外國的就是『封資修』！」大兵乃文盲，書都拿倒了。[252]

2000-7-4李慎之感歎全國民主意識水準還不如戊戌：

> 今天的大陸作為全社會來說的民主覺悟，比不上戊戌，比不上辛亥，比不上五四，比不上「八・一三」，也比不上1948-49年（那是一個重要的轉捩點），甚至比1976-77年低（那時候，老人還沒有死光）。全民對民主的常識幾乎可以說是清末以來最低落的時期，幾乎沒有精英人物。……這樣的現實要希望中國能很快地實現民主化，至少我無此信心。[253]

四、通往大饑荒

反右畢竟尷尬食言、失信天下，毛澤東紅頭脹臉，「小人之過必也文」（《論語・子張》）。1957年7月青島會議，毛澤東：

> 單有1956年在經濟戰線上（在生產資料所有制上）的社會主義革命，是不夠的，並且是不鞏固的。匈牙利事件就是證明。必須還有一個政治戰線上和一個思想戰線上的徹底的社會主義革命，……最近兩個月內，我們已經勝利了。但是還需要幾個月深

250 〈不要誤人子弟〉，《南方週末》（廣州）1999-4-16，版11。
251 〈考老師〉，《南方週末》（廣州）1999-10-8，
252 曾冠傑：〈親歷共和國變遷的重慶女知青〉，《傳記文學》（臺北）2019年7月號，頁8。
253 《八十三封書信——許良英、李慎之書信集》，頁49。

入挖掘的時間，取得全勝，決不可以草率收兵。要知道，如果這
一仗不打勝，社會主義是沒有希望的。[254]

毛澤東匆匆發動「大躍進」，欲從經濟上扳回一城──以超常發
展證明「反右」的正確性、必要性。反右推促毛澤東加快「社會主義建
設」步伐，加速馳往烏托邦頂點：大躍進─大饑荒。大躍進亦含毛澤東
向國際赤營炫耀──超越蘇聯發展速度，走出一條共產主義捷徑，暗中
爭奪國際共運領袖。

王若水：

毛需要創造奇蹟，需要做一番震驚世界的事業，這樣才能確立中
國的強國地位和他自己在國際共運中的領袖地位。這成為他發動
「大躍進」的動機之一。[255]

余英時：「中共至少自五七年以後便開始發狂了。」[256]

1957年秋，毛澤東掀起兩條道路大辯論，強挺合作化。11月莫斯科
世界共產黨大會（中共要求召開），毛澤東宣稱中國15年超過英國。[257]但
中國經濟基數甚低，1957年人均糧產量僅290公斤，蘇聯1928年已566公
斤；植物油1957年中國1.7公斤／人，蘇聯1928年3公斤／人。[258]

1958-5-8中共「八大」二次會議，毛澤東：

15年趕上美國，可能的。……先進的東方，落後的歐洲。

1958-9-5最高國務會議，毛澤東指「大躍進」為反右績效：

國內形勢，如大家所知道，就是階級關係階級力量對比起了很大變
化。幾億勞動群眾、工人農民，他們現在感覺心裡通暢，搞大躍
進，這就是整風反右的結果。……總而言之，明年是基本上趕上英
國。除了造船、汽車、電力這幾項之外，明年都要超過英國。15年

[254] 《毛澤東選集》第5卷，頁461～462。
[255] 王若水：《新發現的毛澤東──僕人眼中的偉人》，明報出版社（香港）2002年，頁126。
[256] 余英時：〈知識分子必須是批判者〉，李怡編：《知識分子與中國》，九十年代雜誌社（香港）1990年，頁127。
[257] 《毛澤東文集》第7卷，頁325～326。
[258] 麥克法誇爾、費正清編：《劍橋中華人民共和國史（1949～1965）》上卷，謝亮生等譯，中國社會科學出版社（北京）1990年，頁275。

計畫，兩年基本完成，誰人料到？這就是群眾的幹勁的結果。[259]
1958年11月武昌會議，毛澤東：

> 我們人多，還有群眾路線，十年搞幾億噸鋼。……蘇聯已經搞了41年，再搞12年才過渡（共產主義），落在我們後頭，現在已經發慌了。他們沒有人民公社，他們搞不上去，我們搶上去，蘇聯臉上無光。……他是[再過]12年只有一億噸鋼，我們十年搞四億噸鋼、160萬臺機器、25億噸煤、3億噸石油。我們有天下第一田，在那個時候，地球上有天下第一國。[260]

全民煉鋼、全國打麻雀、放高產衛星、吃飯不要錢、公共食堂、取消自由市場……，一系列「新生事物」，牛皮大話從中南海吹至車間田頭，放衛星放出一路騙子。反右愈起勁的地方，大躍進也最起勁，「衛星」放得愈高，餓死人也愈多。廣西環江縣委書記王定（極右，勞教三年）、副書記陳丙寅（右派）、陳朝群（右派）、農村部長譚彥明（中右）、副部長李堅（中右）；全縣八區，四名區委書記「右派」，一名「中右」；全縣劃「右」97名，「中右」66名。繼任縣委書記洪華（1918-1972），造假放出全國第一大衛星——畝產水稻13萬餘斤，扛回96面紅旗。[261]結果，1959年末環江人口162,170人，1960年底139,485人，「全縣共死亡22,685人，絕大部分屬於飢餓死亡。」[262]前縣委書記王定的數據更慘烈，全縣人口從1959年的17萬餘降至1962年12萬。[263]

文化大躍進更嚇人，「兩年超過魯迅」，「一晚寫60個劇本」。某晚，北大荒850農場「右」犯們正要就寢，指導員突然宣布上級指示：每人都得做詩，全國一樣，要出多少多少李白、杜甫、魯迅、郭沫若。[264]

「一個縣出一個郭沫若，一年內培養30萬個郭蘭英」、「一個縣二

---

[259] 《建國以來毛澤東文稿》第7冊，頁195、380～381。

[260] 《毛澤東思想萬歲》第3冊（1958～1960），頁158～159。

[261] 王定：〈畝產13萬斤「大衛星」的幕後〉，《我親歷過的政治運動》，頁206～212。

[262] 《環江毛南族自治縣志》，廣西人民出版社2002年，頁341。

[263] 王定：〈廣西環江曾放最大衛星·水稻畝產竟達十三萬斤〉，《南方週末》（廣州）1998-10-9，版18。宋永毅、丁抒編：《大躍進——大饑荒》上冊，田園書屋（香港）2009年，頁239。

[264] 聶紺弩：〈往事漫憶〉，《往事如煙》，北京師範大學出版社1997年，頁42。

十多天寫出30萬首詩，六億人民成為六億詩人。」北大東語系朝鮮語專業向校黨委提前報喜，要放一顆大衛星，奮戰一週，完成兩萬詞條、100萬字的《漢朝詞典》。[265]中山大學某系不足一月，據說完成科研項目399個。[266]

武漢大學物理系三專業擴至九專業，有的新專業無一名教師，出身特紅的學生任教研組長，有的專業連名稱都沒弄清楚，「先辦起來再說」。北京大學一批學生與幾名青年教師，35天寫出《中國文學史》（78萬字），生物系40天編出《河北省植物志》。清華大學幾個月內編撰95部各種教材、專著，其中《水工概論》、《農田水利工程》僅十天。[267]

畝產「衛星」、鋼鐵「衛星」……，一顆比一顆高，愈來愈離譜。有的縣大包大攬，直入「大同」。山東莒縣「九包」（包生育、包住房、包吃飯、包教育、包文娛、包婚禮、包治療、包養老、包喪葬）。[268]河北徐水縣「15包」（食、衣、住、鞋、襪、毛巾、肥皂、燈油、火柴、烤火、洗澡、理髮、電影、醫療、喪葬）。[269]

湖南平江縣東方紅公社東安大隊副支書宣布：「比政治聽唱歌，比幹勁打赤膊。」男女社員都得脫光上衣幹活。燈塔公社甚至男民兵摸檢女社員襠部，判定是否來月經（經假三天）。婦女們後哭訴：

> 那年頭被幹部整得半死不活，哪裡還顧人格被羞辱呀？天天沒完沒了地苦戰，人受不了呀！不要說摸一把休息三天，長得好的姑娘們，為了得個輕鬆的活兒幹，還要陪幹部們睡覺呢！[270]

大煉鋼鐵五千萬農民上山，收成爛在地裡，「風吹棉桃，火燒稻

---

[265] 曠晨、潘良編著：《我們的1950年代》，中國友誼出版公司2006年，頁299～300。

[266] 1959年中山大學校刊及同年《全國高校教育形勢材料》。轉引自陸鍵東：《陳寅恪的最後20年》，三聯書店（北京）1995年，頁274。

[267] 張鳴：《歷史的壞脾氣》，中國檔案出版社（北京）2005年，頁170～173。

[268] 莒縣愛國人民公社通訊組農業局會計輔導組：〈「九包」加工資獎勵──莒縣愛國人民公社實行了半供給半工資制〉，《中國勞動》1958年第21期，頁24～25。

[269] 〈徐水縣大躍進始末〉2009-8-19，人民網──中國共產黨新聞網，http://news.ifeng.com/special/60nianjiaguo/60biaozhirenwu/renwuziliao/200908/0819_7766_1309562_2.shtml

[270] 胡開雲：〈漫說反右鬥爭55周年〉，《五七精神・薪盡火傳》，頁317。

穀」。[271]四川省委匯總各地調查：「估計拋撒浪費的糧食約占總產量的10%（220萬噸以上）。」[272]元帥羅榮桓（1902-1963）：「[1958年]河南有50%的糧食未收到手。」[273]

虛報產量、高徵集、各級官員封鎖消息（不能為社會主義抹黑），大躍進導致大饑荒。全國餓死人數，頂級絕密。1961年底，周恩來密囑統計局長賈啟允、糧食部長陳國棟及辦公廳主任周伯萍：統計近年全國人口與糧食數據。統計局、糧食部匯總各省呈報，全國人口少了幾千萬。這份數據只呈毛周二人，周看後當即令周伯萍銷毀，嚴禁外傳。周伯萍馬上銷毀存底及印板，周恩來還打電話核查是否銷毀。負責人口統計的公安部王維志透露：各省人口數據也絕密，僅限省委正副書記、正副省長、公安廳長。[274]

1957-1961年全國糧產量一覽表

年份	1957	1958	1959	1960	1961
產量（億斤）	3901	4000	3400	2870	2950

【資料來源】《中國統計年鑑》，中國統計出版社（北京）1984年，頁141。

1960年，全國糧產量比1957年下降26.43%。

1957-1961年全國人口一覽

年份	1957	1958	1959	1960	1961
人口（萬）	64653	65994	67207	66207	65859

【資料來源】國家統計局：《新中國五十五年統計資料彙編》，頁6。

1959～1961年淨減人口1,348萬。再據1955～1959年人口年均增長率21‰，每年遞增1400餘萬，1961年人口應70,006萬，缺口4,147萬。[275]

中共中央黨校版《共和國重大事件紀實》（1998）：

---

[271] 丁抒：《人禍》，頁135。

[272] 《當代中國的四川》（上），中國社會科學出版社1990年，頁92～93。

[273] 《羅榮桓傳》，當代中國出版社1991年，頁560。

[274] 采訪王維志、周伯萍（2003-9-25），楊繼繩：《墓碑》下篇，頁968～969。

[275] 裴毅然：《赤難史證——大饑荒成因》，獨立作家（臺北）2019年，頁356～358。

中國人口總數在1959年是6.72億人，1960年為6,62億人，即減少了1,000萬人，1961年比1959年減少了1,300萬人，按照當時出生與死亡相抵後20‰人口淨增長率推算，正常情況下1961年總人口應比1959年增加2,700萬人，兩者相加，1959年至1961年的非正常死亡和減少出生人口數，大約在4,000萬人左右。[276]

河南信陽專區餓殍枕藉，哀鴻遍野。1959年12月，商城縣兩起「人相食」，丈夫食妻，姑母食侄女。顧準：與農民相比，「勞改隊是天堂」。[277]1960年代初，甘肅人口1,200餘萬，「因缺糧餓死上百萬」。[278]1962年，河南蘭考縣韓村全年每人只分到七兩半高粱，1965年饑情也沒多少減緩。新華社副社長穆青（1912-2003）採訪筆記：「一幅悲慘的流民圖。」[279]

圖紙上的「紅色天國」化出黑色地獄，「真理」孵出巨難，中南海不會不知道「完了」，但政治利益使他們至今死不認帳。

五、百姓窮苦

不許批評（缺德），只許諛頌（歌德）；既無決策前匯集眾議，亦無途中糾錯剎車機制，一路左馳，國務日爛。「履霜堅冰至」（《周易・坤卦》），失去士林攔濾，接下來受難的當然就是可憐的工農了。

1958年10月下旬，陳伯達奉毛澤東之命考察河南遂平嵖岈山公社（全國第一個人民公社），隨機走進劉坡村頭一窮戶，草簾擋風，無一傢俱，床上一把破套子，農戶破褲露出蛋。陳伯達失聲痛哭：

> 我們搞革命這麼多年，全國都解放了，當年支援革命的群眾還住著這樣的房子，還窮成這樣，我們共產黨人對不起人民呀！

陪同的基層幹部都勸陳伯達別哭，陳伯達仍傷心地哭個不停。社長

---

[276] 楊先材主編：《共和國重大事件紀實》上卷，中央黨校出版社1998年，頁608。

[277] 《顧准日記》，經濟日報出版社（北京）1997年，頁58、63。

[278] 負小蘇（甘肅省副省長）：〈正確認識甘肅糧食發展發展問題〉，《甘肅經濟日報》1998-1-7。轉引自和鳳鳴：《經歷——我的1957年》，頁406。

[279] 穆曉方：〈記者穆青〉，《文匯報》（上海）2005-8-29，版11。

鍾清德將陳伯達喊出，走了一段路，見陳情緒稍穩，鄭重告知：「這家人是地主，土改後掃地出門了。」[280]

陳伯達「哭錯」，但地主遭殃、農民真窮，鑿鑿實情。安徽亳縣村諺：「今反右明反右，反得社員吃人肉。」「奪高產，放『衛星』，餓死的社員填滿坑。」[281]亳縣人委辦公室副主任梁志遠（1929- ）：大躍進－大饑荒，全縣70萬農民死亡20萬以上，多處人相食，耕畜減少50%以上，許多村莊貓狗雞鴨絕跡，扒拆倒塌房屋十餘萬間，80%以上林木遭砍伐，一片淒涼。[282]

1964年10月甘肅張掖縣烏江公社東湖大隊，中國科學院近代史所「四清」工作組：

> 進村後我們就開始訪貧問苦，其實這裡的貧苦一看便知，何待訪問？每個家庭都一無所有，床上有條破被就是比較富裕了。太陽出來，北牆根就有一群「日光者」，老頭、老太太光著上身，十二三歲以下的男女小孩，全是赤身裸體。為什麼？沒有衣服穿。還有兩三個小隊，十幾歲的大姑娘沒有褲子，一家人合穿，誰出門誰穿。……（大隊支書家中）除炕上有一領席子一床被子外，他也是家徒四壁。
>
> 經初步瞭解，這裡受「大躍進」災難很深，三年困難時期餓死的人很多，幾乎每戶都有。[283]

百姓之所以如此貧苦，1962-1-27「七千人大會」，劉少奇一段掉底語：

> 現在國家對糧食的需要量，同農民願意交售的數量之間是有矛盾的，而且矛盾相當尖銳。如果按農民的意願，他只願意在自己吃飽了以後才把多餘的糧食賣給國家。假如讓農民統統吃飽了，然

---

[280] 康健：《輝煌的幻滅──人民公社警示錄》，中國社會出版社（北京）1998年，頁132。

[281] 梁志遠：〈亳縣農業「衛星」經驗匯集官修記〉，《炎黃春秋》2003年第1期，頁25。

[282] 梁志遠：〈「大躍進」中的亳縣人大、人委、政協〉，《炎黃春秋》2006年第3期，頁18。

[283] 李新：〈「四清箚記」〉，《我親歷過的政治運動》，頁226、230。

後國家才徵購，那麼我們這些人就沒有飯吃了，工人、教員、科
學家以及其他的城裡人都沒有飯吃了。這些人沒有飯吃，工業化
也搞不成了，軍隊也要縮小，國防建設也不能搞了。[284]

1962年7月中共中央黨校，鄧子恢〈關於農業問題的報告〉抖露統
購統銷奪農補工底牌──

糧食的價格最低，種糧食的農民收入最少，一斤糧食平均不到
一毛錢。按照去年的標準計算，農民賣100斤糧食給國家，他實
際上得到的價格是7%，93%是盡義務，實際上糧食統購是最大
的共產風，剝奪農民最屬害的在這裡。怎麼辦呢？不統不行，
統了農民吃虧，他就不種糧食，不種糧食，一切就都垮臺，最
後同歸於盡。農業垮了，工業也垮了，現在的情況看得很清
楚。[285]

為什麼「不統不行」？還不是奪農補工，從農民處榨出工業化所需
資金。糧產量直線下降，實踐已證謬「統購統銷」，何以不趕快糾正？

北京日用品供應困難，1962年憑結婚證才能買一把「祝賀」水壺。[286]

1974年4月，鄧小平率團出席聯合國特別會議，全國銀行掃出3.8萬
美金。代表團支付食宿後，無錢再支付服務員小費，鄧小平只得掏出個
人經費，僅帶回一塊餐桌免費巧克力給小孫女。[287]

1975年，周恩來：「浙江那麼好的地方，現在弄得飯吃不上，鹽也
要從外面調進。」浙江省委書記鐵瑛：「『魚米之鄉』糧缺鹽少，竟都
要靠外省調撥支援了。……從外省調來的玉米、地瓜乾和鹽的貨車皮
上、麻袋包上，有的用白漆寫著『支援浙江大懶漢』的字樣，夜難成
眠。浙江這個地方是富的，人民是勤勞的，卻弄成這個樣子。」[288]

毛澤東伸腿的1976年，于光遠：「經濟停滯，政治動亂，文化凋

---

[284]　《劉少奇選集》（下），人民出版社1985年，頁441～442。

[285]　《鄧子恢自述》，人民出版社2007年，頁426～427。

[286]　范亦豪：《命運變奏曲──我的個人當代史》，頁120。

[287]　梟蘭山：〈人生騙局〉，《五七精神‧薪盡火傳》，頁338。

[288]　鐵瑛：〈周恩來總理教我做經濟工作〉，《解放軍報》（北京）1985-1-5。《懷念
周恩來》，人民出版社1986年，頁443。

敝，生活窮困。」[289]中國人均GDP $165，[290]臺灣人均GDP$1,151。[291]1977年歐美人均GDP$6,980。[292]知青上山下鄉、停辦大學、撤銷研究所、只准讀馬恩列斯毛、與全球所有主要國家為敵……，所有國事皆決於毛（包括一部影片能否放映）。1978年12月中共十一屆三中全會，常務副總理紀登奎報告：1977年全國農民人均口糧300斤以下，吃不飽肚子；全國1/4生產隊人均年度分配￥40元以下，按可比價格，農民年均增收僅￥0.5元，「連簡單的再生產都難以維持。」[293]

　　1978年，廣州人均居住面積1.5平方米以下、三代同堂、晚婚無房者1.7萬餘戶（9.5萬人），人均居住面積2平方米以下3萬餘戶（近20萬人）。[294]

　　1979年，黑龍江賓縣13家國營工廠，12家長年虧損。黑龍江地廣人稀，土地肥沃，農民仍窮得買不起一張炕席、一缸醬鹽，甚至穿不上禦寒冬衣。[295]

　　計畫經濟、「無產階級專政」孵出數代萎靡者（只知服從），國人普遍「無意識」、「無個性」，因為任何個性、任何主動都可能「犯錯誤」——資產階級自由化，愈被動愈沒個性愈安全。上司一句「這人有個性」，你就完了。1959-12-20楊尚昆約談楊獻珍，「指出他：(1)思想片面、(2)個性狹窄。」[296]1926年入共黨的楊獻珍一再受批，再無「發展」。

　　李銳先生：

　　　　1955年中國國民生產總值占世界總份額的4.7%，1980年下降為2.5%；1960年國民生產總值同日本相當，到1980年只相當日本的1/4，1985年更下降到1/5；1960年美國國民生產總值超過中國

[289] 于光遠：《我親歷的那次歷史轉折》，中央編譯出版社1998年，頁272。
[290] 中國歷年人均GDP數據，https://www.kuaiyilicai.com/stats/global/yearly_per_country/g_gdp_per_capita/chn.html
[291] 臺灣歷年GDP和人均GDP一覽（1951～2013），http://www.360doc.com/content/18/0519/19/8527076_755273542.shtml
[292] 趙德昌：《知識分子問題研究》，山西人民出版社1989年，頁138。
[293] 于光遠：《我親歷的那次歷史轉折》，中央編譯出版社1998年，頁54
[294] 《廣州市志》卷一（大事記），廣州出版社1999年，頁530。
[295] 《劉賓雁自傳》，頁179～180。
[296] 《楊尚昆日記》（上），頁454。

4,600億美元，而1985年超出36,800億美元。……根據統計，大躍進期間，損失約￥1,200億元，文革十年損失約￥5,000億元，從新中國成立到十一屆三中全會近30年中，我國全部基建總投資為￥6,500億元。[297]

經濟終裁政治，財富證示制度。1972年，1,500萬人口的臺灣對外貿易額59億美元，超過8億人口的大陸。[298]1978年，全國2億人吃不飽。[299]

1980年代，「我國農業勞動生產率非常低，每個勞動力年平均提供的糧食約有0.22萬斤，而蘇聯為1.2萬斤，美國為17.4萬斤，相差幾倍至幾十倍。」[300]同時因體制問題而浪費嚴重。1980年，劉賓雁：

中國東北角的最後一個城市，……政治上的腐敗給經濟造成的損失特別明顯——數以幾千萬斤計的糧食不斷發生黴爛。[301]

2005年中國人均GDP$1,703，美國的1/25，日本的1/21和世界平均水準的1/4，全球排名110。同時，經濟效率不高，產品技術含量和附加值低。中國GDP約占世界總量5%，資源消費卻占全球25-40%。[302]

1970年代末，中國絕對貧困人口2.5億（中共「十七大」報告），1990年代初0.8億，1990年代末0.3億，劃別標準年收入￥625元／人，另有0.2億於溫飽線邊緣。[303]國家統計局：2010年人均GDP￥29,992（$4,712），美國的1/12。[304]國際貨幣基金組織：2019年中國人均GDP$10,098（全球65位）、臺灣$25,539（33位）、香港$49,334（13位）、澳門$81,151（2位）、日本$45,920（18位）、韓國$31,430（27位）、法國$41,760（20位）、美國$65,111（7位）。[305]還沒算人權、基尼係數等指標。

2006-9-4～11「網易文化」網上調查：如有來生，可願再做中國

[297] 《李銳文集》第5冊，卷九，頁186～187。
[298] 曾伯一：〈整肅、統戰與毛共〉，《中華雜志》（臺北）1973年6月號，頁17。
[299] 《政治滄桑六十年：吳江回憶錄》，頁155。
[300] 趙德昌：《知識分子問題研究》，山西人民出版社1989年，頁138。
[301] 《劉賓雁自傳》，頁207。
[302] 劉錚、姜敏：〈中國GDP世界第四，仍非經濟強國〉，《新華每日電訊》（北京）2006-10-10。
[303] 孫立平：《轉型與斷裂》，清華大學出版社（北京）2004年，頁356。
[304] 陳學明：〈我們所渴求的「小康社會」〉，《解放日報》（上海）2012-1-23。
[305] https://zh.wikipedia.org/wiki/各国人均国内生产总值列表_（国际汇率）

人？10,234人次應答，64%「來生不願再做中國人」，原因第一項「做中國人缺乏人的尊嚴」（37.5%）。[306]

六、遙啓文革

大躍進一起，人民公社惡弊四綻，大饑荒接踵而至，四野哀鴻，謗議烈騰，中共高層矛盾激化。1959年「彭黃張周」、1966年「彭羅陸楊」、1967年「劉鄧陶」、「王關戚」、1968年「楊余傅」、1970年陳伯達、1971年「九・一三」、1974年「批林批孔」（劍指周恩來）、1976年「反擊右傾翻案風」，整個「春秋無義戰」，一路內訌。雖然馬列主義罩面，畢竟封建肉身。

大躍進愈失敗、大饑荒愈慘烈，毛澤東就愈怕身後的〈祕密報告〉，愈要挖出「身邊的赫魯雪夫」。為掩蓋塌天大饑荒，毛澤東以左遮左，硬將赤左進行到底——嚴拒包產到戶、禁絕城鎮商販……，大饑荒後的「四清」（即「社教運動」），旨在「統一思想」，統一到毛澤東對大饑荒的定調——前進中的困難，而非「三面紅旗」失敗；毛澤東「永遠正確」。

文革之初，章伯鈞的點評很到位：

> 中國現代史上最黑暗的時期開始了。……報上宣傳的思想，與其說是哲學，不如說是宗教。只有一個主義歡迎它，那就是法西斯。[307]

毛澤東發動文革，雖以打倒劉少奇為政治目標，掩蓋大饑荒之罪、保住權位，真正底牌矣；堅持「馬列」云云，包裝耳。中共黨史，權爭是個綱，路線為表，權位為核。林彪揭指老毛：「念念不忘一個『權』字。」[308] 1966-5-7，毛「五七指示」（要求全國「半工半學」），再舉共產旗幟抵制對大饑荒的批評。是日，毛澤東謂近臣：

---

[306] 多數網友不願來生再做中國人，http://culture.163.com/060907142QE3FR7B00281MU3.html

[307] 章詒和：〈越是崎嶇越坦平——回憶我的父親章伯鈞〉，《六月雪》，頁268。

[308] 李慎之：〈毛主席是什麼時候決定引蛇出洞的〉，《六月雪》，頁135。

　　人類社會發展應該有個遠景計畫，這才是人類文明。我們講的人類文明是共產主義，它是馬克思根據現代生產力發展的情況設想的。馬克思在《哥達綱領批判》等書中講了一些關於共產主義的具體的設想。只有共產主義社會才是文明社會。[309]

　　毛澤東將人類文明定義共產主義，要的還是「未來論證」（現實無法證明中共革命優越性）。毛澤東很清楚：只有保住「三面紅旗」，保住「大躍進」，保住「共產主義」，才能保住他的「偉光正」。這段「最高指示」也清晰凸顯唯心論——人類文明標準得接受毛認定的「未來」檢驗。從可能性角度，毛發動文革或含共產理想成分——掃除「黨內走資本主義道路當權派」，否則扳倒一個劉少奇，何必「全面內戰」（從上到下所有赤吏進「牛棚」）？

　　1962年2月底，毛澤東派田家英蹲點韶山（毛家鄉）、炭子沖（劉少奇家鄉）。此時，田家英尚不同意「包產到戶」，但親見農村慘狀，難過得吃不下飯，常常流淚；再親聆農民對包產到戶的呼籲，意識到公社化大誤，集體化大呼隆生產，出工不出力，1955～1961年產量連降；農民強烈要求工作組「幫個大忙，把田分到戶」、「［中央］只應當大家，莫當小家。」田家英轉而支持包產到戶。1962年5月，田家英在上海向毛澤東彙報，幾次提議「退回來」（包產到戶），毛十分反感田家英轉向，一段「關鍵語」：

　　　　我們是要走群眾路線的，但有的時候，也不能完全聽群眾的，比如要搞包產到戶就不能聽。

　　此時，政治局常委對包產到戶已形成共識，但毛不同意，就無法轉圜。[310]毛也不是不知下情，1957年12月衛士馬維探家歸來，遞給毛一個黑硬窩頭：「我們家鄉的農民生活還很苦，他們就是吃這樣的窩頭，我講的是實話。」[311]

---

[309]　《戚本禹回憶錄》下冊，頁396。

[310]　董邊等編：《毛澤東和他的祕書田家英》，中央文獻出版社1989年，頁126、66～67。《毛澤東年譜（1949～1976）》第5卷，頁103。

[311]　楊先材主編：《共和國重大事件紀實》上卷，中共中央黨校出版社1998年，頁492。

1961-9-26邯鄲，毛澤東聽說孝感農民基本口糧360斤／年：

> 這不行，有了這些基本口糧，就可以不做工了。最好定180斤，
> 吃不飽就得努力。看來基本口糧高了不行。[312]

國家命運取決一人之識，革命革到不能富，必須吃不飽？！愈接近中國共運「制高點」的文革，毛澤東的「反潮流」名言就愈多。

1958-3-22成都會議，毛澤東講話提綱：

> 對於資產階級教授們的學問，應以狗屁視之，等於烏有，鄙視，
> 藐視，蔑視；等於對英美西方世界的力量和學問應當鄙視藐視蔑
> 視一樣。[313]

1959-7-23廬山，毛澤東：

> 柯老講15年全民進大學，農民、工人不是也學哲學嗎？同他們講
> 課，比知識分子易懂。[314]

1965-1-3中央工作會議，毛澤東再發宏論：

> 讀書多了，愈讀愈蠢，教授不如學生。[315]

反右後，思潮愈發左狂，社會氛圍以恨為尚，互揪互鬥常態化，築就通往文革的意識形態臺階，進入階級鬥爭最高境界「鬥完別人鬥自己」——

> 大部分群眾運動在取得勝利的第二天，就會出現內部傾軋。前一
> 天與外部敵人生死鬥爭中獲得發洩的激情，現在會通過鬥爭自己
> 人來宣洩。憎恨成了一種習慣。沒有外敵可以摧毀時，同一陣營
> 的狂熱者就會彼此為敵。[316]

各級赤吏統統成為「走資派」，上演「毛澤東打倒共產黨」。文革對聯：海外歸來是特務，監獄出來是叛徒；橫批：基本如此。

社會態勢上，反右、反右傾也為「打倒走資派」聚積能量。文革一起，所有當權派倒臺，反右、反右傾受害者迸發歡呼：「你們也有今

---

[312] 《毛澤東年譜（1949～1976）》第5卷，頁30。

[313] 《建國以來毛澤東文稿》第7冊，頁118。

[314] 李銳：〈關於毛澤東功過是非的一些看法〉，《李銳論說文選》，頁133。

[315] 《楊尚昆日記》（下），頁488。

[316] （美）埃里克・霍弗（Eric Hoffer）：《狂熱分子》，頁230～231。

天！」

毛劉分歧，說到底劉少奇尚存一點人性，面對人禍尚存幾絲天良，承認政策錯誤。1962-5-11中央工作會議，劉少奇：

> 濫用了專政手段，把對敵手段對人民內部，這方面我們犯了嚴重的錯誤！

> 因家裡死了人而寫「打倒共產黨」的口號的人，不能輕易判為反革命。

1965-12-27中央工作會議，毛澤東豁露「打倒走資派」的文革意圖：

> 我黨至少有兩派，社會主義派和資本主義派。[317]

1971年「九・一三」後，副統帥都叛了，毛已無法再為文革穿衣，黨內亦失威信，謗議四騰，仍謂侄子毛遠新：

> 任何時候我都不下罪己詔。要硬著頭皮頂住。[318]

孵育紅衛兵

反右後全社會馬列主義，邏輯徹底赤化。崇尚暴力，無慈無悲，荒謬當真理，狼奶當乳汁，哺育出文革衝鋒隊——紅衛兵，一切以毛氏是非為是非，此為毛澤東借助底層「造反」扳倒官吏體系之依憑。紅衛兵無知而無畏，無畏而無法，比納粹衝鋒隊還恐怖。

文革後，天津作家馮驥才（1942-）：

> 什麼叫「狼奶」？舉個實例你就明白了。文革初期學生鬥老師，一位老年女校長，劃「右」後淪為清潔工。紅衛兵逼她深刻交代，強迫她大口大口不停吃大蒜，她實在受不了，便逼她和著鞋油一起吃，再把蘸了稀泥的葡萄葉子塞進她嘴裡。一位紅衛兵憶曰：「那時我們決不會認為是在迫害人，相反覺得我們很英雄很正義、立場堅定。這便是當時學生們的自我感覺。」[319]

1966-8-27北師院附中五旬女教師喻瑞芬（右派），遭本校紅衛兵毒打、沸水澆燙而死，死後再鞭屍。[320]

---

[317] 《楊尚昆日記》（下），頁170、476。

[318] 王若水：《新發現的毛澤東》，明報出版社（香港）2002年，頁13。

[319] 馮驥才：《一百個人的十年》，文化藝術出版社（北京）2014年，頁32。

[320] 王友琴：《文革受難者》，開放雜誌出版社（香港）2004年，頁466～467。

一群中學紅衛兵準備放火燒毀安徽大學圖書館，館長急中生智說毛澤東1958年蒞臨該館。紅衛兵便衝進一位老學者家中，燒毀他畢生收藏的三千冊古典文學善本，老人從二樓書房跳入窗下焚書火堆。紅衛兵見死不救，當場宣布：「頑固不化，自絕於黨自絕於人民，死了活該！」[321]

陳凱歌（1952-）14歲動手打的第一人即父親陳懷皚（左翼導演）。楊沫遭兒子馬波（老鬼，1947-）粗暴造反。[322]無產階級比資產階級更高效地培養出「掘墓人」。不少延安老幹部遭子女拋棄。張純音（1927-，女）謂好友顧準：

> 你過去只跟夫人之間講真心話，在子女面前，兩個人卻統一口徑，一律正面教育，讓他們「聽黨的話，堅定地跟黨走」。他們看到你多年來為「黨」所不容，視為異己分子，怎麼能接受這個現實？又怎麼可能不背離你而去？恕我直言，你跟幾個孩子的關係發展到今天，自己要負一部分責任。[323]

一位女紅衛兵晚年痛曰：「如果不是有兩代年輕人從小生活在將無知無恥當有趣的社會裡，中華民族會遭到這樣的報應嗎？」[324]

小結

反右徹底擰歪是非，影響深遠：三年大饑荒（餓死四千餘萬）、十年文革（死了兩千萬，整了一億人）[325]、「六‧四」（坦克街碾學生）……

2009-4-20《江蘇法制報》載文〈學會看輕自己〉，主旨：甘於平庸，享受自輕自賤，奉庸俗為崇高，泯個權為至德，以不懷希望避免失望。[326]

2008年，新華社副總編穆廣仁（1925-，1947年入共黨）：

[321] 巫寧坤：《一滴淚》，頁230。
[322] 馬昌海：〈「文革」前的中學生思想教育〉，《炎黃春秋》2009年第6期，頁51。
[323] 徐方：〈憶顧準伯伯〉，《博覽群書》（北京）1999年第2期，頁12。
[324] 王煉利：〈我們為什麼會助紂為虐〉，《炎黃春秋》2010年第10期，頁82。
[325] 李銳：〈如何看待毛澤東〉，《李銳文集》第5冊，卷九，頁279。數據出自葉劍英講話（中共中央工作會議，1978-12-13）。
[326] 《雜文月刊》（石家莊）2009年7月號（下）轉載，頁15。

不能不對許多中國知識分子（包括我自己）在個人迷信時代所表
現出的盲從和暴政下的屈從感到臉紅，既有損害個人尊嚴和人
格的無休止的「檢討」，也有對「同類」無可奈何的批判。因
此，我和同我類似的人不能說是人生的「完美」，而是「很不
完美」，中間有一段甚至是「醜陋」。[327]

---

[327] 穆廣仁：〈奧斯特洛夫斯基：「我們所建成的，與我們為之奮鬥的完全兩
樣！」〉，《炎黃春秋》2008年第2期，頁29。

第八章　艱難「改正」

知難行易，自己戴上的思想重枷（邏輯前提）很難取下，因為根本沒感覺戴枷，迷赤途於不返，墜深淵而不覺。中共自行糾正「反右」，既取決認識，亦取決人事。

一、「摘帽」恩典

1959年紅朝十週年，效仿前朝大赦天下，9月16日中共中央通過〈關於摘掉確實悔改的右派分子的帽子的決定〉，17日《人民日報》發布「特赦」消息，「摘帽」率定於10%，「摘帽」條件——

> (1)真正認識錯誤，口服心服，確實悔改。(2)在言論、行動上積極擁護黨的領導和社會主義道路，擁護總路線、大躍進和人民公社；(3)在工作和勞動中表現好，或者在工作和勞動中有一定的貢獻。[1]

1959年第89號《教育簡報》——

> 絕大部分右派分子興奮異常，清晨聽到廣播後，有的從床上跳起來，奔相走告，有的搶著去買報紙，有的激動得說話時都要流淚了，有的趁午睡時向黨組織寫信，希望黨考慮他摘帽子的問題，普遍的感覺是「黨寬大為懷」，他們「有奔頭了」。[2]

章詒和：

> 這下子，羅隆基和父親往來特勤；打電話、碰頭、同去參加一個會，……內容是打探消息，核心是看看自己能否摘帽。[3]

1959-12-4新華社公布中直機關及各民主黨派142名「確實改造好

---

[1]　《建國以來重要文獻選編》第12冊，頁570～574。

[2]　羅平漢：《1958～1962年的中國知識界》，中央黨校出版社2008年，頁202～203。

[3]　章詒和：《最後的貴族》，牛津大學出版社（香港）2004年，頁348。

的」右派：黃琪翔、費孝通、葉恭綽、林漢達、潘光旦、浦熙修、向達、袁翰青、陶大鏞、陳銘德、吳文藻、曾彥修、王曼碩、雷天覺、彥涵、謝家榮……[4]

基層「摘帽」極少。皖南廣德縣門口壙勞教農場，「全場一千多右派，望眼欲穿的結果，只摘了一個右派帽，還不到1‰。」[5]12月底，全國摘帽28,165人，當時認定右派總數（439,305名）的6.4%。[6]

1960-11-25《人民日報》（版1）宣布第二批摘帽260餘人：黃紹竑、劉王立明、錢偉長、王葆真、董渭川、宋雲彬、李俊龍、李伯球、譚惕吾、鄧季惺、樓邦彥、葉篤義、徐誦明、崔敬伯、王寄一、周穎……。

1959～1960年兩批摘掉約9.9萬「右」帽，至1961年9月共摘189,384「右」帽，至1964年先後五批共摘30萬「右」帽。[7]

「摘帽」並非「甄別」，不是此前劃錯，而是黨的恩典，允許經過改造轉變認識的右派「重回人民隊伍」，敵我矛盾轉為人民內部矛盾，部分恢復公民權利（可回原單位，可發表文章，可出版著作），但一律不恢復黨籍，還有一句「帽子拿在人民手中」，隨時重新戴上。「政治上受歧視如故，原來很熟的朋友，相見若不相識如故。因此，有『脫帽』而『帽』痕宛在之歎。」[8]一位女右派剛摘帽，立喻難友：「我與你們已不是同類，以後應該稱我『陳同志』。」1969年「陳同志」自殺，因得不到革命群眾認可，呼為「摘帽右派」。[9]

中蘇友協「右派」趙宏才（1923-2003，1947年加入南京地下黨），1959年摘帽，從農場回原單位聽候分配——

　　啊哈，終於有幸領到一張妓女合格證！可以有出賣自己人格的自由了。[10]

1961年底，北師大「右」生徐福綿（1939-）從農場返校復學，1962

4　《人民日報》1959-12-5，版1。

5　陳炳南：《赤子吟》，中國文學藝術出版社（北京）2004年，頁134。

6　羅平漢：《1958～1962年的中國知識界》，中央黨校出版社2008年，頁205。

7　薄一波：《若干重大決策與事件的回顧》下卷，頁1001。

8　《徐鑄成回憶錄》，三聯書店（北京）1998年，頁302。

9　《中共重要歷史文獻資料彙編》第22輯第41分冊（2007），頁221。

10　燕凌、穆廣仁等編：《一生都在波濤中》（上），頁100。

年摘帽，十分鼓舞，畢業報名支援新疆。赴疆列車上，一位女同學悄悄告知：系頭頭汪××（女）行前祕囑她注意他動向。徐福綿心涼半截。他任教喀什二中，甚得學生歡迎，但總有一雙眼睛盯著他。1964年他課堂上一句「慈禧很兇狠，經常謾罵漢族大臣」，被指反動言論。他不服氣，遭女左派訓斥：「右派摘帽與否，都是右派，你永遠和普通群眾不一樣，一輩子都要夾著尾巴做人。」[11]

1962年，「保外就醫」走出勞教農場的北師大「極右生」周莎白（1929-），在長沙由派出所宣布「摘帽」：

> 唯一與「右派」不同的是，不再與「正規右派」每週指定一天下午在派出所或街道辦事處「學習」——檢查反思個人罪行的改造近況。[12]

圖書館可上架「摘帽者」著作，但蓋上專章「此書作者係摘帽右派」。[13]

二、不准甄別

毛澤東很清楚「反右」得罪天下士林，這一「大手筆」拴繫自己歷史地位，逮著機會就為「反右」說項。1957-11-17莫斯科大會，毛澤東：

> 在我國真正的社會主義革命的勝利，有人認為在1956年，我看實際上是在1957年。1956年改變了所有制，這是比較容易的，1957年才在政治上、思想上取得了社會主義革命的勝利……[14]

1959-8-11廬山，中共八屆八中全會，毛澤東：

> 1957年那一仗不得不打。打得很好，大勝仗啊！一個肅反、一個反右。……反革命殺了一百多萬。匈牙利沒有殺反革命。六億幾千萬人，消滅那個一百多萬，這個東西我看要喊萬歲。只有黃紹

11　彭浩蕩：〈在鮮花和掌聲之外的追憶〉，《不肯沉睡的記憶》，頁284。
12　《一個偉大的女性——紀念雷一寧》，頁42。
13　沈驥如：〈沈志遠傳略（下）〉，《晉陽學刊》（太原）1983年第3期，頁92。
14　《人民日報》1957-11-20，版1。《建國以來毛澤東文稿》，頁651。

　　　　　竑說我搞壞了。[15]

　　1961年大饑荒蔓延全國城鄉，外長陳毅都吃不飽，更吃不上蘋果，從班禪家帶回一個給張茜。[16]1962年初「七千人大會」，取消大躍進口號（除「三面紅旗」），毛澤東威望大降，劉周務實派啟動「甄別」。4月27日下發〈加速進行黨員、幹部甄別工作的通知〉[17]，為1958年「拔白旗」、1959年「反右傾」、1960年「整風整社」、「民主革命補課」等運動受害者平反，「一攬子解決」、「不留尾巴」一風吹。據23省市自治區及中直機關不完全統計，1958～1962受批判、處分共807萬人，其中黨員、幹部433萬人，群眾374萬人。截至1962年8月底，甄別695萬（86%），其中黨員、幹部365萬，群眾330萬。甄別平反的黨員、幹部，知識分子占相當比例。[18]

　　《石家莊市志》：

　　　　1962年12月，全市在整風反右運動中共批判處分18,547人，一年甄別17,009人，占91.7%。[19]

　　1962年中組部統計：2,600餘萬共產黨員，其中「右傾」365萬，軍內也有1.7萬餘「右傾」。[20]李普：「全國打了380萬名右傾機會主義分子。」[21]

　　「七千人大會」曾希聖倒臺，李葆華接任安徽第一書記，赴任前劉少奇暗示可為右派平反。李葆華一到任即「甄別」右派，等毛澤東明令不准甄別，安徽已有數千右派「甄別」，包括前省委書記李世農。[22]皖南宿松縣437名「右派」，1962年甄別30人，1978年「改正」407人。[23]

---

[15]　李銳：《廬山會議實錄》，《李銳文集》第5冊，卷八，頁319。

[16]　曠晨、潘良編著：《我們的1960年代》，中國友誼出版公司（北京）2006年，頁27。

[17]　《建國以來重要文獻選編》第15冊，頁178、361～362。

[18]　薄一波：《若干重大決策與事件的回顧》下卷，頁1001。

[19]　《石家莊市志》第1卷，中國社會出版社1995年，頁29。

[20]　何方：《從延安一路走來的反思》，下冊，頁551；上冊，頁317。

[21]　李南央：《我有這樣一個母親》，開放雜誌（香港）2003年，頁279。

[22]　劉衡：〈只因我對黨說了老實話〉，《荊棘路》，頁177。

[23]　《宿松縣志》，江西人民出版社1990年，頁31。

　　務實派的「甄別」被毛視為「修正主義逆流」。1962-9-29毛澤東從《宣教動態》得知國家機關黨委在甄別「右派」（以馮雪峰試點），嚴厲批示：

　　　　劉、周、鄧三同志閱。請鄧查一下，此事是誰布置的？是組織部、中直黨委，還是國家機關黨委自己？此事出在中央機關內部，右派分子本人不要求甄別，而上級硬要「試點」，以便取得經驗，加以推廣。事件出在六、七月。其性質可謂猖狂之至。閱後付還，查後告我。

　　　　　　　　　　　　　　　　　　　　　毛　九月廿九日[24]

　　毛澤東下令：「右派」一律不准覆議甄別，處分過重至多早點摘帽，不准恢復黨籍。[25]毛澤東堅持「將反右進行到底」。韋君宜：「這一手比以前劃反革命、肅反、鎮反、三反五反，都還要厲害。那都還是允許甄別的啊！」[26]

　　為堅持「反右」正確，毛澤東擲言：

　　　　不能讓右派翻案，誰要翻案，已經摘帽子的再給他戴上。[27]

　　廣西環江前縣委書記王定勞教三年，1961年摘帽「解教」，八次向廣西區委、四次向中央、中組部申訴，「鬧翻案」，重扣「右」帽。[28]

　　1962年10月新華社已擬「甄別」戴煌。一個月後，同一位領導人、同一間辦公室、同一份〈回顧我這幾年來所走過的道路〉（戴煌思想改造彙報），戴煌在同一張沙發上聽到截然相反的評語，從「很有價值」到「大毒草、階級鬥爭新動向」，從等待「甄別」到逮捕勞教（兩年），再次經歷翻臉。[29]

---

[24]　《建國以來毛澤東文稿》第10冊，頁200。

[25]　黃秋耘：《風雨年華》，頁160。

[26]　韋君宜：《思痛錄》，頁44。

[27]　《第一個平反的「右派」：溫濟澤自述》，頁325。

[28]　丁抒：《陽謀——反右派運動始末》，頁355。

[29]　戴煌：《九死一生——我的「右派」歷程》，頁287～296。

三、艱難「改正」

　　1976-9-9毛澤東伸腿；10月6日「四人幫」被收，「文革」進了秦城監獄，但毛澤東餘熾尚熱，華汪「凡是派」仍主導時局。1978年中組部長胡耀邦著手翻「右」案，阻力甚大。胡耀邦組織「解凍」文章還得掛靠毛名——〈毛主席的幹部政策必須認真落實〉（《人民日報》1977-11-27，版1）。

　　國務院某局一位老革命「右派」：

　　　　當時為右派平反的阻力很大，主要因為很多領導人都對這麼多人打成右派負有責任，中央統戰部長李維漢就曾不同意為右派平反。統戰部打了那麼多右派難道跟他沒關係？[30]

　　1978年2月政治局討論「右派」問題，中央副主席汪東興反對，拿出毛澤東1962年批示「1957年右派不存在甄別平反問題。」鄧小平：「不是給右派平反，不過是給結論做錯了的人改正而已。」[31]形格勢禁，甄別右派明顯有違「兩個凡是」，只能留名糾實，先解「右派」於倒懸。鄧小平的「改正」已屬大大德政，歷史總算有所進步。

　　隨即於煙臺召開第一次「五部會議」（中組部、中宣部、統戰部、公安部、民政部），4月5日擬定11號文件〈關於全部摘掉右派分子帽子的通知〉（尚有十餘萬未摘帽），[32]僅限「摘帽」，並非「改正」。5月北大八十週年校慶，校長周培源仍稱反右「純潔了師生隊伍，增強了北大實力」。[33]

　　1978-8-25第二次「五部會議」擬定55號文件〈貫徹中央關於全部摘掉右派分子帽子決定的實施方案〉，9月17日正式下達，實質性「改正」（安置），關鍵語——

　　　　1957年，偉大領袖和導師毛主席親自發動和領導的反右派鬥

30　李泥：《歷史傷口——二十年右派尋訪記》，頁298。
31　劉賓雁：〈1957：中國當代史大逆轉〉，《五十年後重評「反右」》，頁74。
32　戴煌：〈胡耀邦與平反冤假錯案〉，《炎黃春秋》1995年第11期，頁12。
33　王書瑤：《燕園風雨鑄人生》，頁22。

爭，是一場政治戰線和思想戰線上偉大的社會主義革命。毛主席曾經指出，不打勝這一仗，社會主義是建不成的。反右派鬥爭的偉大勝利，鞏固了無產階級專政，促進了我國社會主義革命和社會主義建設事業的發展。……

　　1975年，在特赦釋放全部再押戰犯的同時，毛主席、周總理指示摘掉章乃器的右派分子帽子，產生了很好的影響。當時考慮到右派分子經過長期的教育改造，絕大多數有了轉變，表現較好，準備全部摘掉他們的右派帽子。由於「四人幫」反黨集團的干擾和破壞，毛主席的這個無產階級政策，當時未能實現。……按照1978年中央11號文件精神和1957年〈中共中央關於「劃分右派分子的標準」的通知〉，對右派分子一般不搞甄別平反，對確實劃錯了的，要實事求是地予以改正。

　　1957年毛主席批准的中央關於〈劃分右派分子的標準〉，明確規定了應劃和不應劃右派分子的標準。當時有些地區和部門未能完全按照文件規定辦理，錯劃了一些人。現在我們處理這個問題，仍應以1957年中央的規定為依據。凡符合劃右派標準而定為右派的人，是摘掉他們右派帽子問題，不是改正的問題。凡不應劃右派而被錯劃了的，應實事求是地予以改正。[34]

定性「改正」而非「平反」，反右仍是「偉大勝利」（建設社會主義所必須），還得感謝毛澤東──1975年就想為右派集體摘帽，應該恨「四人幫」干擾破壞。此外，之所以只能「改正」，另一張底牌在於如果承認反右徹底錯了，就必須承認「右派言論」合理，無理非法的是中共；再接著必須接受追挖禍根，多米諾骨牌一張張倒下來，銅山西崩，洛鐘東應，直至追到無法承受之重的「黨酋獨裁」、「一黨專政」。

請注意，仍以1957年〈劃分右派分子的六項標準〉裁量改正，「六項標準」仍然正確──

　　做好摘掉右派帽子的人的安置工作，……以調動他們的積極性，發揮所長，……改正的標準就是1957年10月15日〈中共中央

---

[34]　《中國反右運動資料庫》，香港中文大學‧中國研究中心2014年，第3版。

關於劃分右派分子標準的通知〉中的有關規定。[35]

1979-1-2《人民日報》（版1）：

以1957年劃分右派分子的標準為依據，……既恢復和發揚了黨的優良傳統，又維護了反右鬥爭的成果。

據稱中共中央公布：劃「右」552,973人，改正552,877人，不予改正96人。擴大化5,759.1354倍，錯劃率99.98%，正確率0.0017‰。[36]

另兩組數據（不同出處）：

其一，552,877名右派，覆核「錯劃」533,222人，錯劃率96.44%。[37]

其二，1988年11月，尚有3,000餘右派未改正，錯劃率99.4%。[38]

青海《玉樹州志》：全州劃右203名，1979年未改正5名。[39]山西曲沃縣「右派」153名，改正148名。[40]貴州麻江縣「右派」230名，改正214名。[41]桂南崇左縣「右派」100名，改正99名。[42]其他一些縣市志中也有未改正的，全國「未改正」似不止96人。

胡耀邦提出補發「右派」工資（約￥40億，1978年全國財政收入1,132億）[43]，財政主管李先念：「要錢沒有，要命一條！」只得規定「改正右派」1978年10月起薪。[44]武漢《長江日報》「右派」賀捷（1927～2021），1979年3月改正，「從中央文件下發之日到我改正之時，給我補發了工資105元錢。」[45]

1980年宋慶齡提議從個人財產及向海外華僑募捐，以補償「右派」

[35]　《共和國五十年珍貴檔案》下冊，頁1232。

[36]　郭道暉：〈毛澤東發動整風的初衷〉，《炎黃春秋》2009年第2期，頁10。

[37]　施平：《1957年的中國》，華文出版社（北京）2005年，頁321。

[38]　黃象品：〈1988年全國中共黨史學術討論會觀點述要〉，《上海黨史資料通訊》1988年第12期，頁35。 中國共產黨新聞網・統戰政策的全面落實，http://cpc.people.com.cn/GB/64107/65708/65722/4444594.html

[39]　《玉樹州志》（上），三秦出版社（西安）2005年，頁537。

[40]　《曲沃縣志》，海潮出版社（北京）1991年，頁516。

[41]　《麻江縣志》，貴州人民出版社1992年，頁22。

[42]　《崇左縣志》，廣西人民出版社1994年，頁20。

[43]　張強華：《煉獄人生》，頁309。中華人民共和國中央人民政府：http://www.gov.cn/jrzg/2013-11/06/content_2522445.htm

[44]　陳奉孝：《夢斷未名湖》，頁272。

[45]　賀捷：〈長夜漫漫〉，《沒有情節的故事》，頁366。

二十一年工資。高層也提出幾個方案，均遭抵制而擱棄。55號文件規定原單位安置「改正右派」，阻力強大，1979年43號文件改為：「在農村的原則上不回城市」，安置工作基本停止。[46]《新華日報》、《哈爾濱日報》不許一個「右派」復職。[47]

「改正」標誌性說明鄧時代只是毛時代的有限回撥。無論指導思想、政治立場，鄧時代都只是「後毛時代」。鄧小平無意也無力徹底糾正毛時代罪弊，尤其不願告別赤色意識形態。「改正」也體現中共從不認錯的階級本性──永遠「偉光正」。也正因為執守「無產階級專政」，才會沿著毛澤東思想，坦克鎮壓「六四」學運。

無論如何，55號文件無法掩蓋巨大悖論：既然反右還是「偉大勝利」，為什麼不堅持勝利？99%都「改正」了，如何證明「偉大勝利」？

1980年，中共決定保留五位頭面人物以示「反右」正確，下達決定前一天，中央統戰部召見章伯鈞遺孀李健生：

> 既然中央給反右定性為擴大化，那麼就需要保留一些右派；要保留右派，就需要保留右派中的頭面人物；要保留右派的頭面人物，自然就需要保留章伯鈞先生。當年給章先生劃右的材料都不確實，從政治設計院到反對文字改革，都不能成立。「輪流坐莊」則是程潛批判右派時說的，也被按到章伯鈞先生頭上。……以後我們對您及章家會有所照顧的。[48]

中央保留「右派」頭面人物，各省也要保留「代表」，以證明「確有右派」。1980年1月重慶拒絕為康心如改正（仍以捏造材料為據）。康心如（1889-1969），1927年興辦美豐銀行、電燈公司、自來水公司，1952年前陸續抽回港資，上交近百私企；西南軍政委員、「民建」中委、全國工商聯執委、重慶市人委委員、市政協常委。1980年7月底，在屈武（「民革」中央副主席）、童小鵬（中央統戰部副部長）批示下，重慶市委統戰部才予改正，補開追悼會。[49]

46　《政策文件選編》，內蒙黨委革委會辦公廳聯合信訪室編印（1979-10），頁31。
47　劉賓雁：〈1957：中國當代史大逆轉〉，《五十年後重評「反右」》，頁74～75。
48　章詒和：〈越是崎嶇越坦平──回憶我的父親章伯鈞〉，《六月雪》，頁267。
49　康國雄口述：〈驅散雪雲放曉晴──追憶為父親康心如平反「右派問題」的艱難

中央統戰部長閻明復：

> 55萬多右派分子中能活到沉冤昭雪的只有十多萬人。[50]

據中央統戰部一份報告：全國27名最知名「右派」，尚存七人：陳仁炳、費孝通、錢偉長、黃藥眠、陶大鏞、徐鑄成、潘大逵；餘皆去世：章伯鈞、羅隆基、儲安平、彭文應（以上四位「不予改正」）、章乃器、陳銘樞、黃紹竑、龍雲、黃琪翔、王造時、曾昭掄、張雲川、謝雪紅、畢鳴歧、吳景超、劉王立明、浦熙修、沈志遠、彭一湖、馬哲民。[51]

雲南「雙柏全縣被錯劃右派83人，到1978年落實政策時，活著的就只有十五六人了。」[52]就當時情況，大批右派擺脫賤民窘境，阿彌陀佛，山呼萬歲。陳奉孝：

> 凡得到改正、平反的人，沒有一個不對共產黨的這一政策表示感激的，包括我在內。有的人當宣布給他改正，都感動得哭了，極少有提出什麼過分的要求。[53]

那首〈社會主義好〉中的「右派分子想反也反不了」悄然改為「反動分子……」，絕大多數黨員右派恢復黨籍，心滿意足。1987年，前「右派」陳沂自豪不已地奮力批判「自由化」。[54]

漢陽一中初三（七）女班主任胡斌（1927-），1957年6月12日學生剛騷動時在家吃中飯，接到緊急通知，丟下飯碗趕去，按校方旨意上街勸阻學生；由於她與「主犯」王建國乃湖北革命大學同學，加之丈夫出身地主，判刑十年，夫死子慘；1986年平反，回職漢陽一中（圖書館），2000年仍一個勁磕頭：

> 我衷心地感謝黨、感謝人民政府，是黨給了我第二次生命，是黨挽救教育了多年，使我才活到今天，才得到今天的自由。……我已分得了三室一廳的住房，退休工資五百多元，我生活得很愉

　　　歷程〉。趙文滔：《木人的話》，香港五七學社出版公司2010年，頁163～178。
[50]　《閻明復回憶錄》第1冊，人民出版社2015年，頁364。
[51]　朱正：《反右派鬥爭全史》下冊，頁411。
[52]　尹嘉才：〈一個死刑犯的苦難歷程〉，《命運的祭壇》下卷，頁694。
[53]　陳奉孝：《夢斷未名湖》，頁280。
[54]　陳沂：〈共產黨員要按黨章辦事〉，《光明日報》1987-4-19，版3。

快，過得很幸福。我深情地從內心深處發出呼聲：親愛的祖國萬歲！偉大的中國共產黨萬歲！[55]

四、「改正」故事

冶金工業部「右派」閻希智，勞教21年，找到該部「摘帽辦」（謔稱55辦公室）[56]，被告知：「名單沒有你，你不是右派。」「那憑什麼送我勞教21年？」「這個，我們搞不清楚，這都是二十多年前的事了⋯⋯」[57]

2021-4-15南開史學教授陳生璽（1932～，右派）函告筆者：其友樊有才（歷史系「右」生）、天津師大王德培副教授，檔案均無「右」料，但都當了二十二年「右派」。

北京幼師1958屆畢業生胡慧芝（1940-），其父「歷反」判刑，她日記中流露同情，一名班幹部偷看胡日記及家信，檢舉揭發。胡慧芝17歲（不夠「右」齡），檔案評語：「該學生和反革命父親劃不清界限，是立場問題，反右期間有錯誤言論，不宜當老師，另做其他分配。」不發畢業證，罰洗床單、掃廁所，一年後發配北大荒興凱湖勞教農場。二十年後，胡父平反回京，她卻回不了，不是「右派」，無反可平。她向《新觀察》求援：「我真希望自己是個右派！」[58]重慶作協的雪蕾下放大足（寬大未劃「右」），到死都未平反。[59]

北京編譯社「右派」張勘仁（1907-1960），1960-8-16餓斃津郊清河農場，1979年北京公安局召見其妻：「張先生已經被『改正』了，發給200元人民幣，作為補償。」[60]有的右派接到「改正」通知書，淚如雨

[55] 武漢市蔡甸區政協文史委：〈漢陽一中事件始末〉（2000-9）。《中共重要歷史文獻資料彙編》第22輯第58分冊（2010），頁146、152。

[56] 張兆太：〈1957，我的厄運人生〉，《抹不去的歷史記憶》，頁338。

[57] 趙文滔：《傷害》，頁212。

[58] 華培明：〈一椿26年的沉冤提出的問題〉，《新觀察》1985年第2期，頁6～7。

[59] 石天河：《逝川憶語──《星星》詩禍親歷記》，頁329。

[60] 趙文滔：《傷害》，頁278、120。

下：「等了二十多年的，竟是這麽一張紙……」精神失常了。[61]

安徽師大「改正」240餘右派。一位歲近五旬右派辦妥「改正」手續，出了行政樓，一頭撞牆，鮮血淋漓，急送校醫院。撞牆者痛述：

> 他們無緣無故毀了我一生，現在卻指望我對他們的假仁假義感激涕零。我的血沾滿他們的手，沾滿他們虛偽的門面！我才不要這些騙人的改正決定破紙哩，但是我得爲家裡人清洗被株連的罪名，要不然他們永遠背著「右派家屬」的黑鍋。[62]

葛佩琦的「改正」也十分曲折。1979-11-2中國人民大學〈關於葛佩琦右派問題的覆查結論〉：「不屬於錯劃，不予改正。」1982年新一屆校黨委重新研究，予以改正。1986-2-8北京市委批覆：「屬於錯劃，予以改正。」[63]

北大數力系「右」生閻桂勳（1933- ），檔案無劃「右」材料，討回公道耗時42年。當年爲完成「鳴放」任務（每班至少一張大字報），他是班委、學代會代表，集中全班同學意見，宿舍走廊貼出一張大字報：

> (1)〈祕密報告〉是真是假？(2)北大肅反成績是否是主要的？(3)數四年級黨支部發展工作走上層路線。(4)有人踩著別人肩膀往上爬。

雖不夠右派，劃「反社會主義分子」，開除團籍，發配黑龍江一所中專。不久，北大來函說閻是「右派」，不能教書，改掃廁所，發生活費29元；1958年下放礦區、農場。1978年55號文件下達，他一直未「改正」，上北大查詢，右派名單沒有他，「落實辦」不敢告知，怕他受不了；拖至1999年，北大黨委才發文：「原材料沒有經過黨委審查批准，是無效的，現予以糾正。」[64]

2007年春，中央統戰部調查：全國尚在世「右派」9,800名，港澳臺420名，歐美80人，總共10,300名，不到2%。[65]入暮「右派」多不願撩

[61] 雷一寧：〈我是怎樣成了「蛇」的？〉，《不肯沉睡的記憶》，頁265。
[62] 巫寧坤：《一滴淚》，頁391～392。
[63] 謝選駿：〈五七右派的歷史定位〉，《「反右」與當代中國命運》，頁15。
[64] 閻桂勳：〈討回公道耗我42年時光〉，《炎黃春秋》2000年第9期，頁48～52。
[65] 金鐘：〈關於右派的一項死亡統計〉，《開放》（香港）2007年6月號，頁40。

揭傷疤，得過且過——「忘記昨天，過好今天，不想明天。」[66]2003～2004年，移居美國的北師大女「右生」雷一寧，「寫信請當年的左派及非左非右的同學寫稿，但多數至今沒有反響。」[67]

（一）陳奉孝的故事

1978年55號文件下達，北大「極右生」陳奉孝在內蒙烏蘭勞改農場「二勞改」（刑滿留場），農場一直扣壓載有「改正」資訊報紙。山東胞姐十數函「通風報信」，陳奉孝一封沒收到。1979年7月底，陳奉孝從探親回場難友處得到1978-11-17《人民日報》，社論〈一項重大的無產階級政策〉，原來早開始「改正」了。他留場七年，從未享受探親假（兩年一次），立即申請「探親」。

當晚，常指導員召開中隊大會（二百多名「二勞改」）：

> 今晚開會沒有別事，陳奉孝要求請假回北大平反。陳奉孝在57年整風反右期間是北京大學學生中的右派頭頭，又是反革命集團「百花學社」的首犯，在出國叛逃時被當場抓獲，在勞改、就業期間，一貫不認罪不服法、頂撞幹部、抗拒改造，這樣的人還想平反，真是癩蛤蟆想吃天鵝肉！忘了你是幹什麼吃的了！……最近一段時間，由社會上傳來一股要求平反的歪風，像陳奉孝這樣的反改造分子，又想蠢蠢欲動。

陳奉孝起立頂撞：

> 如果我平不了反，就趴在鐵道上讓火車把我軋死！

常指導員一拍桌子：

> 剛才陳奉孝說的話你們大家都聽見了，像他這樣的反改造分子，本來不應該給他假，不過這一次我就破例給他假，看他能不能平反，他會不會趴在鐵軌上讓火車軋死！

次日一早，常指導員命人將陳奉孝的刑事判決書抄在黑板報上。不料，陳奉孝赴京19天就拿到北京中級法院〈平反裁定書〉及華北石油學院商調函。當他昂首挺胸回農場辦手續，法院〈平反裁定書〉先他寄

---

[66] 鐵流：〈為右派苦難精神孤軍奮戰的林希翎〉，《往事微痕》第9期，頁45。

[67] 《一位偉大的女性——紀念雷一寧》，頁189。

到場部（迅速傳遍全場），黑板報上「判決書」依稀尚在，常指導員「出差」了。

　　陳奉孝的刑案雖然平反，「右派」則因高層不同意見，久久擱置。1981年6月胡耀邦出任總書記，為右派學生「割尾巴」（解決「歷史遺留問題」），1984年陳奉孝趕上末班車，終得「改正」。[68]

（二）李莊臨的「感謝」

　　南開「右」生李莊臨（1930-），1949年5月參加共軍（入西南軍政大學），二類處理（保留學籍，勞動考查）——

> 1962年春，我們結束勞動考察回校讀書時，沒摘帽子的已寥寥無幾。因為我拒絕把自己說成：「自從匈牙利事件發生後，我就產生了推翻共產黨的欲望，而且蠢蠢欲動了。」……這樣我就戴著這頂右派帽子頑強地走完右派分子的整個歷史過程。從1957到1978年，我最感激鄧小平的是——他在把我摘去帽子時，沒有那麼苛刻地要求我承認自己確有反黨的思想。我曾經多次拿起筆來，想給他寫一首讚歌（按：李莊臨會作曲），但是寫了一遍又一遍，總感到不能完全表達自己內心的激情。不幸的1989年，終於使我痛苦地放棄了這個心願。[69]

五、「擴大化」

　　「擴大化」（很拙劣的遮醜詞），與「改正」一樣，在於保住反右「正確性」，盡量縮小臉上疤痕。為此，鄧小平至少公開講了八次：「1957年的反右本身沒有錯，問題是擴大化了。」[70]

　　1980年3月，中共中央討論第二個〈歷史決議〉，鄧小平：

---

[68]　陳奉孝：《夢斷未名湖》，頁19～21、300～301。https://blog.creaders.net/u/1113/201007/65443.html
[69]　李莊臨：〈二十一年的右派改造生涯〉，《抹不去的歷史記憶》，頁262～263。
[70]　《鄧小平文選》第2卷（1975～1982），頁207～208、241、258、335、345。《鄧小平文選》第3卷（1982-9～1992），頁197、234、253。

1957年的反右派鬥爭還是要肯定。三大改造完成以後，確實有一股勢力、一股思潮是反社會主義的，是資產階級性質的。反擊這股思潮是必要的。我多次說過，那時候有的人確實殺氣騰騰，想要否定共產黨的領導，扭轉社會主義的方向，不反擊，我們就不能前進。錯誤在於擴大化……

1981-7-17，鄧小平：

1957年反右派是擴大化了，擴大化是錯誤的，但當時反右派的確有必要。大家都還記得當時有些右派分子那種殺氣騰騰的氣氛吧。[71]

明明再三邀勸「鳴放」，何來「殺氣騰騰」？中央級右派的言論，哪有「取代中共」之意？連「民主選舉」都沒提。就是有，也正當正義，為什麼不能反對中共？為什麼不能質疑社會主義？「總設計師」就這麼不顧事實、自設前提、硬歪脖子論證反右「必要性」。1949年前，中共不是殺氣騰騰開槍開炮反對國民黨嗎？1949年後，為什麼不能非議共產黨、批評公有制？

「擴大化」當時就遭中共高幹質疑：

1957年反右派鬥爭，應該說是搞錯了。全國五十多萬右派，經改正還剩下幾個？不清楚，但就新華社來說，當時劃了83個右派，經過覆查改正，只有一個人因為有其他問題而未改正，難道新華社幾千人為這一個人折騰十個多月，是完全必要的嗎？在對歷史案件的平反中，對「文化大革命」、對「反右傾」都做了徹底否定，為什麼對「反右派」就不予否定，反而一再強調「必要」呢？這是不是對「反右派」的實情及其嚴重後果缺乏切身體會有關呢？[72]

55萬餘與微量「不改正右派」，有可比性嗎？沒了「量」，怎麼證明「質」？北師大女「右生」雷一寧憤駁：

按唯物辯證法，一個原被稱為紅色的物體，現在僅剩0.01%的紅

---

[71] 《鄧小平文選》第2卷（1975～1982），人民出版社1983年，頁258、345。

[72] 李銳：〈討論《歷史決議（草案）》的摘記〉，《李銳文集》第5冊，卷九，頁54～55。

色，仍然能說它是紅的嗎？[73]

1979-1-8～4-4中央理論務虛會，清算毛左路線最佳時機。胡喬木、鄧力群堅持「政治掛帥」（階級鬥爭為綱），將會上反左意見說成「像1957年右派進攻」、「不要逼華主席反右派」，為鄧小平起草〈堅持四項基本原則〉，高唱專政，貶斥民主，理論務虛會虎頭蛇尾，赤左思潮得以續命，遺禍至今。[74]

本應赧顏的「改正」，中共居然好意思拎舉自我表揚——有錯必糾！糾錯也證明「偉光正」！黨恩浩蕩！1993-1-13葛佩琦去世，新華社唱詞：

> 1957年被錯劃為右派並被捕入獄。雖長時間蒙受冤屈，但他襟懷坦白，心胸開闊，正確對待個人不幸遭遇，保持革命者氣節，……在極端困難的情況下，思國憂民，堅信真理，對革命的信念始終沒有動搖過。[75]

1998年版《北京大學紀事（1898-1997）》，仍指林希翎「反動」：

> （1957年）5月27日林希翎第二次來我校發表反動演講。[76]

戴帽右派—摘帽右派—改正右派。一位高校右派教師「改正」感言：

> 許多事實說明，右派儘管改正了，但在某些人眼裡，這些人還是有問題的、低人一等的「改正右派」。[77]

各級阻力

1978～1979年，北京最長的隊列跟今天一樣——告狀訪民。中組部接待黨委系統、中宣部接待文教藝術界、統戰部接待右派、資本家、「起義」人員。

統戰部的大門口排起了長長的龍蛇陣。排到了，先登記，再遞材

---

[73]　《一個偉大的女性——紀念雷一寧》，頁143。

[74]　《李銳近作——世紀之交留言》，頁59。

[75]　朱正：《反右派鬥爭全史》上冊，頁422。

[76]　《北京大學紀事（1898～1997）》，北京大學出版社1998年，上冊，頁517。

[77]　李泥：《歷史傷口——二十年右派尋訪記》，頁281。

料，然後回去等待。過幾天再去查詢結果，又是一個大信封，拿著這個信封回到吉林大學，就算是結束。[78]

皮球踢回原單位，辛辛苦苦赴京上訪，拿到的只是一紙「督辦書」，能否「改正」仍在原單位。

1979年2月中央「改正錯劃右派分子工作經驗交流會」，中組部副部長楊士傑（1911-1988）評點「阻力」：

等待觀望，死摳比例，怕說為右派翻案，怕將來批判右傾，怕引起連鎖反映，怕否定自己、丟掉面子等等。[79]

1979年4月，成都省委組織部上訪處：

有的人從阿壩、新疆遠道而來，在成都無處落腳，又沒有錢住旅館，就在辦事處外面的圍牆下，巴一個地鋪，把自己的「上訪書」像大字報似地貼在牆上。那些人形容之枯槁、衣衫之襤褸，簡直叫人無法相信他們原是共產黨的縣區一級幹部。有些上訪的女同志，就在登記的地方，邊說邊哭……

一位軍人上訪者十分不滿打發回原單位：

原機關呀，唉喲你可千萬別去，現在還是原先整人的那幫子傢伙當權。他們在前幾年也挨過整，但他們現在官復原職了，就認為只有別人整他們的錯了，他們整的人都沒整錯。你看，現在是上面叫平反，下面唱頂板，咱們就懸在中間，叫天天不應，叫地沒人聽，旅館沒錢住，每天吃一頓，這日子咋辦？[80]

1979年4月，林希翎艱難上京申訴，中國人民大學「審改辦」接待者——

一個是當年的反右英雄——靠反右起家往上爬的團委書記楊佳民，……他們一見到我就擺出一副極左官僚的臭架子，竟責問我：「為什麼不在原地等著？未經我們的同意，擅自跑到北京來幹什麼？」[81]

---

[78] 胡顯中：《陽謀下的人生》，頁221。
[79] 中央五部「摘帽辦」會議簡報，第35期（四-9），1979-2-23。
[80] 石天河：《逝川憶語——《星星》詩禍親歷記》，頁498～499。
[81] 《林希翎自選集》，頁91。

　　1979年春，北師大一批「右生」回校要求「改正」，黨委辦答覆：「你們『底層』『苦藥』（按：1957年學生社團）是鐵板上釘釘子，你們的案子翻不了！」校領導「大多是當年的『老左』」。[82]從基層到中央，掌權者多爲賣力執行極左路線升上去的左派，「右」一點的早扒拉下去了。「五七打手」豈肯認錯？

　　藍翎：

> 那些當年幹勁十足的人，能頂就頂，能推就推，能拖就拖，摳字眼兒、查標點，總想留下少數人，或者給人留下個小尾巴。同是那些人，前後兩種截然不同的表現。[83]

　　1979年2月，遼寧阜新第一機床廠「右派」張兆太的反革命案平反，「當初判我七年是市政法委書記定的，現在這張平反判決書也是他親自撰定的。」給張兆太留的尾巴：「寫小說發洩對黨和無產階級專政的不滿，雖屬於思想反動，但尚不構成反革命犯罪。」[84]

　　浙江省長沙文漢的「改正」，遭原省委第一書記江華（升任最高法院院長）、當任省委書記李豐平等阻擾。1977-5-9《浙江日報》披露浙省反右受毛控制，運動正確。1977-9-8《浙江日報》發表署名浙江省委的〈毛主席的偉大旗幟永遠指引浙江人民勝利前進〉：爲沙文漢平反就是「砍掉反右派鬥爭偉大紅旗」，「浙江省反右派鬥爭沒有擴大化」，「毛主席率領我們打退資產階級右派的進攻」。1978-11-9，杭州省府大樓臨街路邊貼出署名「群眾」的大字報：「反對江華就是反黨反毛主席」（該大字報反覆謄抄，保持月餘）。[85]1979年6月，「沙楊彭孫反黨集團」改正三人，獨留沙文漢，理由「歷史疑點」（1932年被捕一夜）。相熟幾十年的孫冶方（1908-1983）肝硬化開刀，1979-12-27病榻致函中央：「這無非是當年給沙文漢同志戴上右派帽子的原省委負責人，感覺到今天這頂帽子戴不住了，又想找個理由爲自己辯護而已！」[86]1980年，趁

---

[82]　沈遼生致雷一寧函（2003-1-28），《「陽謀」下的北師大之難》下冊，頁216。

[83]　藍翎：《龍卷風》，上海遠東出版社1995年，頁169。

[84]　張兆太：〈1957，我的厄運人生〉，《抹不去的歷史記憶》，頁326。

[85]　沙文漢之女沙尚之電函提供江華幫阻撓沙案平反資訊及大字報抄件，2021-5-2。

[86]　孫冶方致陳雲函，《陳修良文選》，上海社會科學院出版社1999年，頁449。

可銷毀「反右不實材料」，江華拄拐杖上浙江檔案館守著燒了三天反右材料。[87]1982年底，經譚震林干預（批示），中央同意，沙文漢才獲徹底平反，恢復黨籍。[88]

少將范明（1914-2010，極右），1980年中組部覆查後認為：1958年對范明進行批判是必要的，給予處理也應該，只是上綱高了，處分重了，不屬於反黨反社會主義，不應劃「反黨集團頭子」、「極右分子」。[89]

中組部已對丁玲做出結論（忠誠的共產黨員），中國作協壓著不肯傳達。「還是想千方百計地保留她的尾巴。有一次他們發現當年的特務徐恩曾在臺灣寫的丁玲在南京時的情況，如獲至寶。」[90]

1980年4月章乃器仍未「改正」，因為「兩位當年整過他的同事聯名致函中央，反對平反」。章子立凡上訪胡耀邦、上書鄧小平、陳雲，「同年6月傳達的中共中央60號文件，父親的名字被列在改正的22人之首。」[91]

四川《星星》案，平反阻力也在省委。幸賴趙紫陽全力督辦，「毛主席批錯了也要改正」，終於翻案。[92]首犯石天河因省文聯左派阻撓，推拖一年才「改正」，從最初「檔案失蹤」、「公文旅行」至「法院沒撤」、「黨委沒核」，回單位「編制已滿」，結論仍留尾巴：「當時確有同情胡風反革命集團、攻擊黨對文藝工作領導的反動言論……」，石天河自找單位江津師專。[93]

中國人民保險公司自殺「右派」俞彪文（1926-1957-7-19），其父俞頌華1920年訪俄（雇譯員瞿秋白），1979年7月「改正」，人事處長謂

---

[87] 沈遠：〈檔案：專政的鎮山之寶〉，《開放》（香港）2010年7月號，頁76。
2020-5-6沙尚之函告：2007年11月寧波鄞州區沙陳誕辰100周年紀念會，友人告知：1980年接待江華的省檔案館韓某（後任副館長），奉江令銷毀那批反右檔案。

[88] 陳修良：〈西湖紀事〉（1993-9）、《陳修良自述稿》（1996～97年錄音整理），均為未刊稿，沙尚之提供（2021-1-30、2021-5-19）。

[89] 《中國共產黨西藏歷史大事記（1949～2004）》第1卷，中共黨史出版社2005年，頁334。轉引自《西藏通史》（當代卷）上冊，中國藏學出版社（北京）2016年，頁381～382。

[90] 邢小群：《丁玲與文學研究所的興衰》，山東畫報出版社2003年，頁154。

[91] 章立凡：〈章乃器在1957年〉，《六月雪》，頁207。

[92] 鐵流：《走錯房間的右派》，頁389。

[93] 石天河：《逝川憶語——〈星星〉詩禍親歷記》，頁514～516。

其子：「你父親過去犯了錯誤，現在寬大就不算了」，還咬住俞彪文的「錯誤言論」。家屬強烈爭執，結論才改為「含冤去世，平反昭雪」。[94]

中央幹部學校（隸屬中央調查部，今國際關係學院），「改正辦」主任乃當年反右積極分子，謂巫寧坤：「你的問題屬於『推一推，拉一拉』，錯誤是嚴重的，但考慮多年思想改造過程中你取得的進步，決定寬大處理，給予改正。」經再三爭取，1980年底才「撤銷原結論和處分，恢復政治名譽，恢復副教授職稱⋯⋯」[95]

1979年3月音樂家劉雪庵得「改正」，書面結論拖至1982年，仍將〈何日君再來〉、〈紅豆詞〉等定為黃色歌曲（有人甚至指「漢奸歌曲」）。劉雪庵氣得眼底出血，視網膜脫落，雙目失明。[96]

湖南新邵縣，「直到1980年2月黨的十一屆五中全會，黨中央對若干歷史遺留問題的處理做出了指示後，才對錯劃右派的同志進行徹底平反、恢復名譽，安排了相應的工作。」[97]

「改正」在不少基層單位一直阻力重重。1979-9-10中共中央下達65號文件，要求年內結束「右派改正」。[98]1981-2-19再下達中組部5號文件，「不准留尾巴」。

1983-8-19《人民日報》，中央統戰部副部長李貴〈繼續抓緊落實各項統戰政策〉（版4）：

> 一些同志含含糊糊，敷衍塞責，⋯⋯有的甚至錯誤地認為落實政策是「無事找事」、「右傾」等等，致使一些本來能夠解決的問題或是經過努力就能夠解決的問題，久拖不決，成了「老大難」；對應該落實的政策不予落實，互相推諉扯皮，或者乾脆頂著不辦。

有的單位以檔案失落為藉口拖捱：「哪天找著檔案，哪天落實。」

---

[94] 俞梅蓀：〈緬懷蒙冤自殺的右派父親〉，《開放》（香港）2008年9月號，頁82。

[95] 巫寧坤：《一滴淚》，頁392、401、408。

[96] 李泥：《歷史傷口——二十年右派尋訪記》，頁91。

[97] 鄭昌明：〈新邵縣反右鬥爭簡要〉，《邵陽文史》第29輯（2001-12），頁140。

[98] 《政策文件選編》，內蒙黨委革委會辦公廳聯合信訪室編印（1979-10），頁29〜34。

雲南祿勸縣統戰部長唐應和：「沒有檔案材料不予落實，也是實事求是嘛。」[99]山東臨朐縣242名右派，1978年改正241名，1987年改正最後一名。[100]太原「右派」1,478名，「留尾巴」850人，1984年才「全部予以解決」。[101]浙江美院教師「右派」吳明永（1929?-1965），1991年才開「改正」大會。[102]

　　還有一些入獄或被處決的「右派」，其右派與「反革命」刑案均未平反，如遭處決的北大生張錫錕、顧文選（逃往北韓，引渡回國槍斃）。[103]1980年中央廣播局「右派」七十餘人，未糾正兩人：一位「右派」殺妻兒再跳樓，一位劃「右」後犯刑案。[104]2020-4-28陳奉孝函示筆者：「那些被判『反革命』的右派，多半是沒親屬追究，所以沒平反。」

　　按說兇手應受審判，哪有資格主持正義？加害者怎麼可能為受害者「平反」？奈何懸倒中的右派只能指望中共「開恩」。更深層的不幸：就是按中共劃「右」標準，99%以上的右派也是冤枉的、不夠格的。最最不幸：至少90%右派認為自己至誠擁護「新中國」、真正「革命左派」，「最不能接受的罪名是反黨、反社會主義、反人民」。死在勞改工棚的湖南桃源「右派」黃德祚，臨終前：「我心裡從來沒有一個反字。我死後可以把我的心挖出來給大家看！」[105]

六、打手懺悔

　　整人畢竟良心有虧。北大「鳴放」大字報均真名實姓，「後來，批判右派分子的大字報卻是以化名或班級集體的名義。」[106]

---

[99]　魏光鄴：〈平反路漫漫」，《命運的祭壇》下卷，頁930、932。

[100]　《臨朐縣志》，山東人民出版社1991年，頁25。

[101]　《太原市志》第5冊，山西古籍出版社2007年，頁323。

[102]　周素子：《右派情蹤》，頁174。

[103]　2020-4-27、2021-1-29陳奉孝先生二函告知。陳奉孝：《夢斷未名湖》，頁274。

[104]　《第一個平反的「右派」：溫濟澤自述》，頁342。

[105]　飲可：〈散文三篇〉，《荊棘路》，頁443。

[106]　郭羅基：《歷史的漩渦——1957年》，明報出版社（香港）2007年，頁184。

各級都有「跟著走」的違心者。西北大學黨委書記林牧（1927-2006）：

> 反右派鬥爭和反右傾鬥爭中，我都是先受審查、批判，然後由省
> 委領導提出「沒有反黨動機」、「無心說錯話」、「黨要保護人
> 才」等理由保護過關。但是，保護過關的條件是立功補過，就是
> 上陣整人。歷次政治運動的前期，一般是整我的時候，政治運動
> 的後期有時是我上陣整人的時候。我在整別人的時候，白天勉強
> 端出一副黨性凜然、黨氣薰人的面孔，去批判那些觀點同自己差
> 不多甚至不如自己嚴重的勇於思考、敢於直言的黨內外優秀人
> 物；晚上痛苦得吃安眠藥，甚至躺在被窩裡悄悄流淚。[107]

吉林省委宣傳部長宋振庭（1921-1985），1937年延安抗大生（同年入
共黨），主持吉林文教界反右運動，1984-8-15致函夏衍：

> 1957年反右，庭在吉林省委宣傳部工作，分管文教、電影。在長
> 影反右，庭實主其事，整了人，傷了朋友，嗣後歷次運動傷人更
> 多，實為平生一大憾事。……我整人，人亦整我，結果是整得兩
> 敗俱傷。……「文革」前，庭對周揚同志及我公，亦因浮言障
> 目，輕率行文，傷及長者，午夜思之，悵恨不已。[108]

1956年7月，《文藝報》編輯唐達成（1928-1999）參加「覆查丁陳
小組」，接觸材料後同情丁陳；1957年8月再批判「丁陳反黨右派集
團」，唐達成還是緊跟上去，貼了丁陳大字報，仍淪「右」，臨終前向
老同學淚述懺悔。[109]

東北人民大學副校長佟冬（1905-1996），文革挨鬥坐「噴氣式」，
文革後向該校學生右派道歉：「當年我主持整你們這些右派，後來我也
被整時，就感到對不起你們了。」[110]北師大一位女「左生」，文革被鬥
（剃了陰陽頭）：

> 彎腰站在臺上，聽造反派毫無根據地向我潑污水，我就想到當年
> 反右時我也毫無根據地向我的同學潑污水，……我愧悔之心立刻

[107] 傅國湧、樊百華等：《脊樑》，開放出版社（香港）2001年，頁94～95。
[108] 夏衍、宋振庭：〈度盡劫波‧相逢一笑〉，《新華文摘》1988年第3期，頁100。
[109] 邢小群：《丁玲與文學研究所的興衰》，山東畫報出版社2003年，頁121。
[110] 胡顯中：《陽謀下的人生》，頁50。

湧上心頭。[111]

韋君宜：

> 我在反右運動中間也幹了些違背良心也即違背黨性的事。……這
> 種文章我怎麼能寫！但是我居然寫了，我胡說八道了一番。[112]

1990年，北京市計委離退休幹部大聚會，原計委主任兼黨組書記王
純（1918-2002），當眾向「右派」于變勳道歉：

> 把于變勳這樣的老實人也打成了右派，當時我是負責人，應當向
> 您道歉。不過，那時對我壓力也很大，上邊有指標，我也有難言
> 之處。請諒解。（會後，王純向前反右積極分子說：「當時，我不把他
> 打成右派，我也就被打成右派了。」）[113]

代表性懺語，復旦新聞系黨總支書徐震（1929-1993，後任校宣傳部長）：

> 我們前半生整人，後半生挨整。[114]

1984年全國新聞教育會議在四川大學舉行，復旦新聞系主任徐震
報到後得知幾位復旦「右生」也出席，留下道歉長信，返滬遁避。文
革後，復旦新聞系1955級學生支部負責人，同學聚會時向受害同學三
鞠躬、兩聲「對不起」。受害同學：「我又能再說什麼呢？可是那份
檔案袋裡的結論，實實在在地影響了我的一生。」（本分配上海《新聞日
報》，遠謫甘肅白銀技校，文革挨鬥。）[115]

1954屆北大生小廖分配南開外語系，1955年為巫寧坤專案組長，
1980年向巫道歉。巫安慰：「像許多年輕人一樣，你追求進步，黨教你
幹啥你就幹啥。你別無選擇，如此而已。」小廖沉重地：「不完全是這
樣。你說的有一定道理，但是我特別賣力整你，因為我動機不純。我想
得到組織的好感，我想往上爬。……我受到良心的譴責，我衷心請您寬
恕。」國際關係學院法語系七旬徐教授也登門向巫寧坤道歉：「我隨大
流，胡說八道坑害你，實在卑鄙。我更對不起我親哥哥。他在天津也被

111 俞安國：〈遲到的答辯〉，《不肯沉睡的記憶》，頁245。
112 韋君宜：《思痛錄》，頁50。
113 張瑞月：《風雨人生錄》，時代文化出版社（北京）2010年，頁188。
114 張允若：《追夢與反思》，凌天出版社（香港）2013年，頁359。
115 彭正普：〈友誼之樹常青〉；李鴻斌：〈我大學畢業以後的遭遇〉；《陰晴雨雪
　　旦復旦》，頁339、176～178。

劃為右派，我跟他斷絕關係，直到他最近也被改正。哦，為了保護自己，一個人能墮落到什麼地步！」[116]

1978年，右派尚未正式「改正」，周揚先上艾青家道歉，再召集三十餘位「右派」見面，單獨坐在會場前一張桌後，長時間低頭不語，言未發，淚先流，泣不成聲，待情緒稍稍平復：

> 我對不起同志們，今天我向大家道歉。同志們幾十年來所受的委屈和苦難，顯然不是我的一句道歉所能補償的。但我必須承認我對在座同志們錯劃的「右派」有著不可推卸的責任……

1979年第四屆文代會，周揚到作協組會場，再次向丁玲、艾青當眾道歉。那幾年，只要有機會，周揚都一再道歉。[117]胡喬木對周揚的懺悔道歉很不以為然：「黨沒叫他到處道歉。」[118]周揚意識到受毛澤東控制，成為文藝界打手。[119]

2001-3-29劉白羽致函被他劃「右」的徐光耀：

> 你在那歷程中所承受的痛苦，都是我的罪孽所造。光耀同志，我羞慚，我痛心，我無顏求你原諒。但我要說出我永恆的遺憾，包括在那失去理智時代，我對你不禮貌的行動，我只有在遠處向你深深的謝罪、謝罪。[120]

1925年入共黨的陽翰笙（1902-1993），僅一次發言批判吳祖光「小家族」（載《戲劇報》），晚年懺悔：「我當時實在頂不住文化部黨組書記×××的壓力，他多次批評我，……我不得不在安排我發言的那個會上發了言。」[121]

一家逾千人大型國企必須揪出一「右」，黨委王書記（1928-2004）調閱全廠知識分子檔案，無歷史問題查出身、無出身問題查海外關係，終於找到一位勉強「夠格者」──幾年前畢業的清華生、副總工程師李

[116] 巫寧坤：《一滴淚》，頁398、399。
[117] 潘荻：〈一條真正的漢子〉，《憶周揚》，頁310～311。
[118] 《搖盪的秋千──是是非非說周揚》，海天出版社（深圳）1998年，頁52。
[119] 黃偉經：〈文學路上六十年──老作家黃秋耘訪談錄〉，《新文學史料》1998年第1期。參見《我親歷的文壇往事》（憶大事），頁496。
[120] 〈作家劉白羽與徐光耀通信〉，《炎黃春秋》2001年第6期，頁29。
[121] 杜高：《我不再是「我」──一個右派分子的精神死亡檔案》，頁138。

萬鈞，出身資本家，舅父臺灣空軍上校。但全廠技術難題，唯李工能解決，王書記遲遲下不了手。上峰一催再催，今天18點再抓不出右派，輕則摘烏紗，重則自成右派。王書記思想激烈鬥爭，最後咬牙跺腳18點整推出：「李工，實在對不住了，我也是被逼無奈，走投無路呵！」李工趕入農村，獨生女當年高考，分數超過北大錄取線20分，政審不合格，退檔不錄取，只能上街道作坊（後作坊倒閉、失業），婚姻不幸，酒徒丈夫打老婆、摔傢俱。文革中「摘帽右派」李工遭暴力批鬥，1979年改正已肝癌晚期，劇痛中去世。此後，王書記每月匿名給李家寄20元，2000年漲至300元（年節再多200～300元）。王書記彌留之際囑子女：

> 無論做什麼事，做之前都要摸著心口想一想，自己做的事能不能對得起自己的良心。人，不能做虧心事，一輩子都會心痛和不得安寧的……[122]

北師大「右」生徐福綿，40年後才知淪「右」乃同學誣陷。宿舍下象棋，徐福綿一句「再戰兩盤」，同學張雲揭發他喊「我要戰爭」。批鬥會上，被逼得不耐煩，徐福綿：「你們說吧，我什麼都承認！」徐福綿遠赴新疆喀什二中。1980年秋，誣陷者張雲不遠萬里赴喀什，敲開徐家，下跪請罪：「福綿，我向你認罪來了，我的一個編造害了你一生。你寬恕了我，我死也瞑目了。」[123]

北師大中文系1953級張祖炯，在同學范亦豪質疑「六・八」社論的大字報上署名，反右伊始奉命監視范，臨終向范道歉。[124]北師大1953級生王得後（1934-），奉命整理「右派」師生材料，一篇報導收入《首都高等學校反右派鬥爭的巨大勝利》，雖未署名，終身負疚：

> 我著意寫下校史中那刻意隱瞞的一頁，也寫出多年咬嚙我心的負罪感。我知道：含冤的同窗，死的死了，忍辱掙扎苦苦熬過來的學長肉體和內心的苦難無法彌補了，我的負荊請罪有什麼用呢？什麼用也沒有，但我還是寫了。我必須「代表我自己」祭奠

[122] 王瑛：〈反右欠下的良心債〉，《炎黃春秋》2010年第2期，頁46～47。
[123] 范亦豪：《命運變奏曲——我的個人當代史》，頁66。彭浩蕩：〈在鮮花和掌聲之外的追憶〉，《不肯沉睡的記憶》，頁284～285。
[124] 2020-7-14，范亦豪先生微信告知筆者這一細節。

死去的冤魂，向大難不死的學長公開道歉。我不能不負應負的責任，哪怕它像我的生命卑微得像一粒塵埃。[125]

1988年，雲南楚雄彝族自治州成立30週年大慶，擬邀請昆明的退休老領導參加。前楚雄地委書記王文玉（1913-1990），接到邀請，但未參加：

我在楚雄整的人太多了，無顏見江東父老。[126]

四川省委宣傳部副部長兼省文聯黨組書記李亞群（1906-1979），主持川省文藝界反右，文革被打倒，1974年向當年「右」青鐵流痛曰：

過去我們對年輕人處理太重了，把人家送到公安局去，現在要都要不回來，害了別人一生。我管文藝，事事得聽李書記的（按：李井泉），他叫批誰，我敢不批麽？當然我也有責任啊！[127]

中國人民大學新聞系總支副書記、1939年赴延安女青年申余（1920-1986），臨終拉著學生的手：

我這輩子最感後悔痛心的是，反右運動時，不但沒能保護那些遭受冤案的同學，而且站到整治他們的行列，真是對不起他們！[128]

北京農大書記施平晚年懺悔：

我是學校反右運動的領導人，我向北農大所有劃爲「右派」的師生和幹部深深地賠禮道歉。但我心上留下的陰影要完全消除是困難的，這是在我心上永遠留下的又一個傷疤！[129]

公開道歉懺悔的只是「一小撮」，千千萬萬打手的道德層次本就很低，風向不對，暗暗蹲下。還有一些打手死於文革者。北京工學院黨委書記兼院長魏思文（1910-1967），1926年入團，1927年轉黨，北平馮庸大學肄業生，反右時打了不少「右派」，1967-10-30遭紅衛兵毒打致死。[130]

[125] 王得後：《垂死掙扎集》，中國文聯出版社（北京）2006年，頁139～140。
　　王得後：〈負荊請罪也枉然〉，《「陽謀」下的北師大之難》下冊，頁169。
[126] 孫松林：〈話說「擴大化」〉，《命運的祭壇》上卷，頁319。
[127] 鐵流：《走錯房間的右派精英》，頁114～115。
[128] 房文齋：《昨夜西風凋碧樹──中國人民大學反右運動親歷記》，頁92。
[129] 施平：《六十春秋風和雨》，上海人民出版社1991年，頁201。
[130] 章立凡：《君子之交》，明報出版社（香港）2005年，頁26。

最佳選擇

1978年長沙，劉賓雁謂「右友」朱正：

> 如果反右不可避免一定要發生，一個中國知識分子最好的命運，
> 就是當一名右派。（按：以免當左派而成打手）

2014年，北師大「右」生、南開大學教授范亦豪：

> 回顧此生，如果我在當年不是因虔誠和輕信走了這條路，我將
> 有怎樣的人生？我可能猥猥瑣瑣、謹小慎微地過一輩子，有了
> 平安但失去了靈魂。我或者留著心眼兒而成了左派，因此還可
> 能走上仕途，那我將會在無盡無休的鬥爭當中幹下多少昧著良
> 心的事，傷害多少人，欠下多少良心債！……我不願意這樣活
> 著。……我戴了二十多個年頭的右派這副重枷，當然使我失去了
> 很多，可是我卻因此得到很多寶貴的東西。[131]

2014年，曾彥修〈反右記幸〉：

> 像我這樣被提前一點反了右從而免掉了我去發號施令打他人為
> 「右派」，其實也是大幸。在我尤其是大幸。[132]

七、悲劇深處

數代赤士都自以為是社會前進動力，結果成為歷史的「反作用
力」——土改鎮反、思想改造、肅反反右、大躍進、反右傾、大饑荒、
四清、文革……，中國共運的「正面貢獻」僅為提供一塊赤難巨碑——
這是為什麼？

相當一批「右派」為未回左營抱憾而終，如馮雪峰、林希翎……，
他們對中共的「至死不渝」成為標誌性化石。絕大多數「右派」帶著長
長問號去見馬克思。西南聯大高才生袁永熙，貴州修文大戶子弟，終身
奉持馬列主義：

> 問題不在當年的理想是對是錯，問題在於為什麼後來就不能照當

[131] 范亦豪：《命運變奏曲——我的個人當代史》，頁4、175。
[132] 張惠卿：〈憶「反右」時的公審大會〉，《炎黃春秋》2015年第3期，頁26。

初的理想去做。[133]

1943年，英國學者馮・哈耶克：

> 當我們竭盡全力自覺地根據一些崇高的理想締造我們的未來
> 時，我們卻在實際上不知不覺地創造出與我們一直為之奮鬥的東
> 西截然相反的結果，人們還能想像得出比這更大的悲劇嗎？[134]

（一）黨媽論

1981年全國文藝高幹會議，主旋律「經濟反左、文藝反右」。中宣部長王任重（1917-1992）：

> 文藝作品中反映反右派、反右傾搞錯了，反映冤假錯案的內容，
> 前一段寫一些是可以理解的，有的也是好的；但今後不宜寫得太
> 多，……黨是媽媽，不能因為媽媽錯打了一巴掌就怨恨黨。[135]

「黨媽論」出籠，「淡化論」亮相，阻止追蹤「右難」根源。1978年河南安陽四中「極右」教師魏紫丹（1933-）復職，校領導約談：「別的右派得到改正後，都表示感謝黨給了他第二次政治生命，要再努力為黨工作幾年。沒人像你一樣耿耿於懷、憤憤不平，像是黨欠你幾百大錢！」魏答：「我感謝黨給了我第二次政治生命，但我的第一次政治生命哪裡去了？」校領導：「你這個人，右派本性未變。」[136]

東北師大「右生」曲嘯（1932-2003），勞教三年、1968年「現反」判刑20年，1979年改正；1983～1991年借喻「親娘打錯孩」巡迴演講2,500餘場，官升營口教育學院副院長、中宣部局級調研員。曲嘯演講結束語：「黨就是媽媽，媽媽打錯了孩子，孩子是不會也不應該記仇的！」[137]

「黨媽論」至晚出自延安搶救運動。1956年，兩位延安幹部均如此開導「肅反」冤屈者杜高。中國「劇協」副祕書長孫福田：「黨是你的

---

[133] 鐵流：《走錯房間的右派精英》，頁386。

[134] （英）哈耶克：《通往奴役之路》，頁20。

[135] 顧驤：〈此情可待成追憶──我與晚年周揚師〉，《憶周揚》，頁453。

[136] 魏紫丹：《還原1957》，五七學社出版公司（香港）2013年，頁298。

[137] 孫凱麗：〈「當代牧馬人」洗腦大師曲嘯〉，https://www.soundofhope.org/post/250836

母親，肅反運動鬥爭你，就像母親打了孩子，打完就完了。」劇協創作室副主任李之華：「在戰場上，一顆子彈打中了你，那顆子彈不是敵人射過來的，是自己同志的槍走了火，你受傷了。你是掉過頭來打自己的同志呢，還是繼續同敵人戰鬥？」[138]

少共右派王蒙認同「黨媽論」：

> 特定時間段的幾個跟跟蹌蹌的腳印。
>
> 新娘也會打孩子，但孩子從來也不記恨母親。打完了，氣會消的，會摟上孩子哭一場的。[139]

不少赤徒喪失判斷能力。丁玲〈歌德之歌〉（1981）：

> （中共「一大」）把最偉大的事業來探討／制定出最崇高的綱領
> （參加大革命）誰參加了，誰感到幸福／誰沒趕上，誰滿懷惆悵
> （1950年代）我們生活在一個和睦的大家庭裡／資本家接受和平改造／地主也分到了土地
> 幹部參加勞動／工農參加管理／我們經濟發展／一天好比二十年
> 人們彼此信任／互相尊重／取長補短，刻苦學習，蒸蒸日上
> 中華民族的優良傳統和共產主義新道德相結合
> 戰士雷鋒捨己愛人民的作風是我們學習的模範
> 我們團結一心搞建設／國家面目一天變一個樣
> 世界上旁人已經做到的／我們能做到／旁人還沒有做到的／我們來創造
> 我們天天在春天的大道上／呵！祖國的春天呵！[140]

（二）淺思・深思

大饑荒中，大批「右派」勞改勞教犯在飢餓與政治高壓下——

> 求生的本能還是使我渴望盡早解除勞教，恢復自由。到了這時候，我只有不斷地悔罪，發誓永遠按照毛主席的理論來思想，按照毛主席的語錄來說話，絕不允許自己有任何一點屬於自

---

[138] 杜高：《我不再是「我」——一個右派分子的精神死亡檔案》，頁97。

[139] 查建英：《弄潮兒》，牛津大學出版社（香港）2014年，頁88。

[140] 《光明日報》（北京）1981-7-5，版4。

己的想法，只求給我一條生路。

　　在經受了各種各樣嚴酷的浸透了血和淚的思想改造之後，我究竟得到了什麼？我得到的就是失去了自己，我不再是「我」。我沒有了自己的思想，沒有了自信，沒有了嚮往，也沒有了夢幻。我麻木地活著……

　　整整二十年……塞滿腦子裡的，除了檢討書、認罪書、交代材料，就是一段又一段語錄、一篇又一篇兩報一刊社論和連篇累牘的批判討伐文章。我已經只會按照這樣的方式來思維，只會按照這樣的語言來說話。我做夢也沒有想過自己還能提筆寫文章，還能講自己想講的話！[141]

1981年，批判《苦戀》，前「極右」姚雪垠（1910-1999）很起勁。[142]

2008年，移美四川女「右派」白竹筠：

　　我看了很多右派寫的書和文章，但都缺乏反思，多是寫自己如何如何受難、受罪、受苦，卻沒有寫自己如何如何去為這個制度做壞事。「反右鬥爭」前，我們都是這個制度的擁護者、追隨者、執行者，都在為這個制度的鞏固建立打拚，實際上為自己也是為老百姓營造「監獄」，一座銅牆鐵壁的「監獄」！[143]

叢維熙剖析「右派」局限：

　　他們中的多數不計恩怨得失，儘管他們莫名其妙地受到了幾年的懲處，但是仍揣著一顆赤誠報國之心。說其可悲，也正是由於這種屈原精神，限制了他們對社會的透視和洞察的能力，他們往往不去思考功與罪的界限，而沉溺於個人前程的幻滅感之中。[144]

　　大多數「右派」的思想意識由馬列組裝，從概念到邏輯，一水兒赤貨。五十年後，老「右」們最多追溯至「救亡壓倒啟蒙」、「根深蒂固的專制傳統」、「未反掉封建主義」，[145]無力挖掘馬列謬根。劉賓雁始

---

[141] 杜高：《我不再是「我」──一個右派分子的精神死亡檔案》，頁203、222、225。
[142] 《劉賓雁自傳》，頁205。
[143] 鐵流：〈想見難言少年事〉，《往事微痕》第12期，頁41。
[144] 《走向混沌：叢維熙回憶錄》，頁122。
[145] 鍾沛璋：〈中國知識分子的歷史大劫〉，《反右研究文集》，頁200。

終堅持馬克思主義，未意識到國際共運反人性、反理性的真正劣根——剝奪個人權利。

受難士林對「右」難的反思深囿毛氏獨裁、一黨專政、封建根鬚，不願或無力挖掘深層災因的「主義」，回憶錄多停留於好人受冤的道義控訴，未上升至侵犯公民人權的價值層面。

1985年，75歲的蕭乾仍堅信赤色方向：

> 當前，舉世都密切注視著我們正在建設的中國式社會主義，……經濟建設講求效益，也有個政治效益問題吧，而且比經濟效益更加重要吧，因為它涉及第三世界的走向、人類的走向。[146]

僅少數老「右」敢於公開反毛、反「六四」。文革後，吳祖光隨全國政協團參觀韶山，全團毛像前合影，吳祖光憤然跑開：「我才不和這個人照像！」他在會上一律呼「毛賊」。1986年，胡喬木上門勸吳退黨。「六四」後，吳祖光頻頻在全國政協呼籲平反。[147]

重慶團市委「右派」譚顯殷，復出後任市委宣傳部副部長、高教辦主任，最初很振奮，以為共產黨有希望了，沒日沒夜地幹，漸漸覺得不對勁，以權謀私、「官倒」撈錢愈演愈烈，而真正當頭一棒——

> 讓我痛醒的是「六四」槍聲！我年輕時就是專搞學生運動的，追求民主自由，反對獨裁專制是學生運動的主旋律，……我沒料到共產黨會對學生動用坦克、機槍！我年輕時加入的這場革命是歷史的一個大錯誤，一個大悲劇。[148]

1994年，石天河的反思較有深度：

> （與石交往者均受株連）我確實感到我是罪孽深重的。但是，我其所以會造成如此深重的罪孽，主要就因為我當時對革命太癡心、對共產黨太忠誠、對毛澤東太迷信。
>
> 我和李累（按：打手）……全是糊裡糊塗地做了「槐國夢」中的鬥嘴的演員，並不知道自己是處於一個什麼樣的世界裡。我

---

[146] 蕭乾：〈改正之後〉，《中國知識分子悲歡錄》，頁660。
[147] 周素子：《右派情蹤》，頁35。
[148] 譚顯殷：〈一個長壽湖逃亡者的自述〉，譚松：《1957年重慶長壽湖右派采訪錄》，Trafford出版社（美國）2011年，頁239。

們這些可憐的所謂「知識分子幹部」、「作家」呵，都不過是些昏昏靈靈的「夢蟲」！誰對誰錯，有什麼可爭的呢？……老天爺，饒恕我們吧！我們都只是愚蠢癡迷的一代「木頭」、「芻狗」，但犯罪的並不是我們。[149]

極個別老「右」溯源至馬克思主義。滿族右派那嗎皋（1935-）：

> 回顧此生，我覺得遭受的最大騙局就是馬克思主義、共產主義。我從少年時代就接受共產黨的教育，馬克思的所謂「唯物史觀」和世界觀是根深蒂固的。即便我成為右派、成為反革命，但是共產主義信仰卻沒有改變。改革開放初期，這個信仰與日垮塌，那是個痛苦的過程，發現自己這輩子讓人家當猴耍了，痛苦至極。……當我還是一個中學生的時候，曾有過天真幼稚的想法，解放臺灣用不著解放軍去打，因為我們有優越的社會主義制度，我們的生產力會飛速而且遠遠超過臺灣。隅居臺灣的國民黨腐朽沒落，他們那一堆亂攤子必定垮臺，臺灣老百姓投向大陸是必然的。幾十年過去了，事實告訴我，改革開放初期恰恰是港臺資本挽救了一貧如洗、瀕臨絕境的大陸。不是大陸解放了臺灣，而是臺灣解放了大陸。[150]

質疑赤說、反思赤色共運正義性的「右派」極少，大多數「右派」改正後積極申請加入共黨，剖示忠心，終身盤旋於受屈述冤，缺乏對「右難」成因的追索。中國作協黨組書記唐達成（1928-1999，右派），評論「右友」自傳：

> 書的作者受罪四十多年，但完全沒有反思精神。我看後感慨極了，我覺得有些人是從精神上徹底被打垮了。

丁玲丈夫陳明（1917-2019）一直糾纏丁玲冤案，「對體制本身，卻不持批判態度」。[151]中國人民大學「右生」房文齋（1932-），撰有《昨夜西風凋碧樹——中國人民大學反右運動親歷記》（2012），悲憤述難，只憶苦，無思考。

[149] 石天河：《逝川憶語——《星星》詩禍親歷記》，頁88、39。
[150] 梟蘭山（筆名）：〈人生騙局〉，《五七精神·薪盡火傳》，頁338。
[151] 邢小群：〈中國右派們的政治改革情結〉，《反右研究文集》，頁158。

一批右派甚至看不慣改革開放，對「解凍」的1980年代怎麼看都不順眼。1980～1982年，丁玲：「現在的問題是黨風很壞，文風很壞，學風很壞……」[152]她呼籲「解凍文學」自覺恪守文藝黨性：

> 要批評社會的缺點，但要給人以希望。
>
> 要反對特權，但不要反對老幹部。
>
> 增強黨性，去掉邪氣。[153]

制約赤徒反思的當然還是植入的赤說，在他們的頭腦中，歪理成「常理」，歪識成「常識」。

2000-7-12許良英致函李慎之：

> 正如儲安平早在1947年所說的：在國民黨統治下，「自由」是「多」、「少」的問題；假如共產黨執政了，「自由」就變成「有」、「無」的問題了。可是我直至1974年才能悟到這一點。[154]

2007年，洛杉磯「反右50週年國際學術研討會」，結集《五十年後重評「反右」》，眾多「名右」出席或局面發言，無一剖指赤禍之源的赤說赤潮，停留於「打著紅旗反紅旗」——反右違背馬克思主義。

八、綿綿回聲

1986-11-14許良英、劉賓雁、方勵之倡議召開「反右運動歷史學術討論會」（會期1987-2-3～5），函邀三十餘位「名右」，大都熱情回應：黃萬里、鍾惦棐、曾彥修、徐鑄成、白樺、邵燕祥、陳學昭、陳修良、孫章錄、劉尊祺、袁翰青、曾肯成……[155]

錢偉長則將通知遞交「中辦」，附上意見：

> 方勵之是一個政治野心家，他自稱是中國的瓦文薩；我的問題雖然沒有完全解決（按：尚未復職清華副校長），但與他們是不同的。

[152] 王蒙：〈我心目中的丁玲〉，《原上草》，頁378。

[153] 《丁玲選集》第6卷，湖南人民出版社1984年，頁233、236、365。

[154] 《八十三封書信——許良英、李慎之書信集》，頁54。

[155] 許良英：〈幻想・挫折・反思・探索〉，《一生都在波濤中》（上），頁242。方勵之：〈自由主義的終結和共產主義的退潮——1957年和我〉，《五十年後重評「反右」》，頁219。

1986-12-30鄧小平召集胡耀邦、趙紫陽、胡啟立，批評胡耀邦制止學潮不力，斥責方勵之的「自由化言論」。趙紫陽：方勵之與劉賓雁、王若望（許良英之誤）要開反右30週年研討會。鄧小平：「立即開除三人黨籍。錢偉長表現很好，應予重用。」1987年，錢偉長當上全國政協副主席，以及「永不退休」。[156]1989年「六四」，錢偉長第一個以國家領導人身分譴責學運「反革命暴亂」、支持鎮壓。[157]

費孝通也將「研討會」邀請函呈中共。1987年1月初，費孝通呼籲「民盟」抵制此會，「要吸取1957年的教訓」。[158]1988年，費孝通當上人大副委員長。

還有一位收到邀請函的浙江「右派」，函斥許良英：「反右問題中央已有結論，我們只能在此框框內討論。」許良英很感慨：

> 這種由右派轉彎的左派，我已見識不少，如丁玲、陳沂、陳湧等，想不到在浙江也冒出了一個。[159]（按：估計是黃源）

此會終未開成，廣州大型刊物《花城》的「反右專輯」泡湯。[160]

1995年起，一批老「右」釘上政治上平反（不滿「改正」）、經濟上索賠（補發工資），中共既頭疼又尷尬：不補發，於情於理確實虧欠右派，就是補發二十二年工資，也補不回二十二年的苦難；若補發（已有財力），去世右派咋辦？家屬來要，總不能說人家胡鬧。更麻煩的是其他「歷史遺留問題」、各種受害者遺屬……，拽出葫蘆帶起瓢──欠帳太重呵！

2005-9-18，182名「右派」、「右屬」聯署上書中共中央、全國人大、國務院：〈要求平反右派大冤案，補償物質和精神損失〉──

> ……至今未改變「反右還是必要的」結論，這說明「兩個凡是」陰魂不散，……精神補償每年人民幣一萬元，以二十二年為

[156] 許良英：〈當代中國大災難的開端〉、〈關於反右運動的片斷回憶和思考〉，《五十年後重評「反右」》，頁307、7。

[157] 宋林松：〈方勵之學長點滴及其他〉，《五七精神‧薪盡火傳》，頁218～219。

[158] 朱正：《反右派鬥爭全史》下冊，頁418。

[159] 許良英：〈關於反右運動的片斷回憶和思考〉，《五十年後重評「反右」》，頁307。

[160] 朱正：《反右派鬥爭全史》下冊，頁418。

限。[161]

　　2007-3-3，61名「右派」上書中共中央、全國人大、國務院，要求：(1)開放言禁，允許總結反右教訓，用制度保障國家民主進程；(2)鄭重宣布反右運動違反憲法，是錯誤的政治運動；(3)給予所有受難「右派」經濟賠償，至少使他們得到安度晚年的合法權益。簽名「右派」：茅於軾、許良英、林希翎、李昌玉、戴煌、杜高、陳奉孝、譚天榮、王書瑤、石天河、鍾沛璋、鐵流、趙文滔……[162]

　　61位簽署者只得到街道「慰問」（幾瓶飲料或食油），有的盯梢，個別門口安裝監控。香港「反右運動50週年座談會」，邀請大陸十名「右派」出席（京滬寧渝蘭各兩名），九名被截。[163]趙文滔失去通信自由，信件拆檢。[164]

　　2012-6-9四川宜賓「部分五七老人」致函香港「紀念反右運動55週年國際學術研討會」：

　　　　[當局]甚至對殘存的「五七」老人施行精神上的、物質上的迫害，剝奪他們的言論自由權、集會權，甚至被列入「維穩」對象或「黑名單」。[165]

　　幾位北大「右生」堅持索賠，上全國人大、公安局、法院。2011年，八旬「編外右派」閻桂勳每週三次掛牌遊走北大（此前1-2次／週）。[166]2011-7-4，六名北大「右生」、一名右二代致函政治局：

　　　　我們用其他方式提出的要求，不僅沒有得到任何回音，還受到「維穩」非法監控打壓。……1995年以來，我們要求北大黨委賠償退款和賠償損失，寫了無數給北大常委和中共中央的信，多次上訪北大，都沒有結果。這使我們很痛苦，深感我們國家沒有公理和正義，有的只是無理和強權。……你們的意圖很明顯，無理拖延，不理睬，等我們這些右派都死光了，右派問題就「徹

[161] 2006年8月，筆者收到甘肅「右派」和鳳鳴女士轉寄的該上書復印件。
[162] 胡顯中：《陽謀下的人生》，頁269～272。
[163] 趙文滔：《傷害》，頁243。
[164] 趙文滔：《木人的話》，香港五七學社出版公司2010年，頁93～94。
[165] 〈致紀念反右運動55周年國際學術研討會信〉，《五七精神‧薪盡火傳》，頁23。
[166] 俞梅蓀：〈依法維權‧非法維穩〉，《五七精神‧薪盡火傳》，頁477、485。

底解決」了，這很陰暗、很可恥！……老病纏身，時日無多，
我們決心在臨死之前發憤一搏，以死相爭，決不帶著遺恨和窩
囊進棺材。[167]

2012年，56位重慶「右派」聯名發喊：〈強烈要求發還21年拖欠工
資〉。[168]時至今日，一些老「右」人還在，心未死，他們的事兒還沒
完，完不了。每次北大校慶，都有「右生」掛牌到場，成了歷屆北大校
長一大心病。就是死了，臨終留語兒孫：「共產暴政覆滅日，家祭勿
忘告乃翁。」劉賓雁、許良英、王若望、白樺、孫靜軒……眾多老
「右」令中共頭疼不已。1989年「六四」後，四川作協副主席、省政協
常委孫靜軒（1930～2003，少共）在政協會上「鳴放」：

今天中國的解放軍實質上也是一支黨衛軍。

中華人民共和國成立四十年了，到今天還要在農村搞什麼
「扶貧」，這只能證明共產黨的臉皮厚。

在我們這個國家，除了騙子是真的，什麼都是假的，母親
倒是真的，連父親就有可能是假的。[169]

川「右」鐵流的民間刊物《往事微痕》（2008-7-10～2014-9-14），專
述反右，共148期（半月刊），每期12萬字，全部贈閱，最高發行1,200冊
（快遞費￥8／冊，郵寄會沒收），眾多老「右」捧《往》痛涕。[170]2014年
9月，鐵流（79歲）入獄，指《往事微痕》無刊號，實因撰文揭露中宣
部長劉雲山（政治局常委）；2015-3-15判兩年半緩四年，保姆黃靜也判
一緩一；之所以「從寬」緩刑，因附加「必須認真履行」六項承諾：
(1)保證不談論國家大事；(2)保證不參與任何集會；(3)保證不說反右歷
史；(4)保證不接受外媒采訪；(5)保證接受法律判決；(6)保證不翻案上
訴。[171]2013年中共「七不講」的具體落實。[172]

---

[167]　魏紫丹：《還原1957》，五七學社出版公司（香港）2013年，頁509。

[168]　《五七精神・薪盡火傳》，頁495～497。

[169]　張先癡：《格拉古實錄──勞改回憶錄之二》，秀威（臺北）2014年，頁60、127。

[170]　趙旭：〈《往事微痕》老人訪談錄〉（2009-9-6），http://hx.cnd.org/2009/09/06/
　　　華誕說微痕，國慶憶往事──《往事微痕》/

[171]　此案詳情，鐵流先生電函告知筆者。

[172]　大學課堂七項內容不要講：普世價值、新聞自由、公民社會、公民權利、黨的

重慶師大副教授、「右二代」譚松（1955-），記錄長壽湖勞改農場「右派」及土改親歷者口述，被控「收集社會黑暗面」，2002年7月關押32天（取保候審一年），2017年7月遭開除（聘期至2020年）。[173]

西方災難文化強調挖找災因，避免再栽同型跟斗，中共至今攔阻議「右」研「右」。言禁、報禁、黨禁、史禁，紅色恐怖還在延續，政治現代化尚在「等待戈多」，第一臺階都未邁上。獲取歷史經驗的及時率，政治文明的當然刻度。

小結

中共的「淡化」乃拖刀計，寄望「淡化」而「火化」，等最後一批「右生」逝去，「右」漪可散，「右」塵可靜。可這筆中共大倒帳，史家不可能放過。歷史本就由人民書寫，沒有中共的手印，「右難」仍可結帳。

2000年，廣西環江前縣委書記王定去世，環江人民墳頭刻聯：

反黨反社會主義的右派分子，不屈不撓爭民主的人民英雄。

橫批：廣西納吉。[174]

歷史錯誤、權貴資產階級、司法獨立。2013-5-13，中共中央辦公廳下發非公開的〈關於當前意識形態領域情況的通報〉，要求同「危險的」西方價值觀作鬥爭。https://www.dw.com/zh/主旋律升級五不搞後迎來七不講/a-16802727

[173] 維基百科‧譚松。https://zh.wikipedia.org/wiki/譚松。2021-1-20，譚松來函告知。

[174] 《五七精神‧薪盡火傳》，頁首照片，頁16。

第九章　「右」難肇因

　　「右派」的時代悲劇是必須面對赤色暴力，必須承認「馬克思主義偉大」、「新中國光芒萬丈」、「階級鬥爭是歷史前進的推動力」、「資產階級剝削罪惡」、「公有制萬歲」……，必須以馬克思主義為邏輯起點。

　　1997年9月中共「十五大」，李銳書面發言：「黨的76年歷史最難改的錯誤是什麼？一個字，『左』！」[1]2006年，李銳：「我們的社會主義是權貴社會主義，或暴力社會主義。」[2]2008年，穆廣仁認同奧斯特洛夫斯基所言「我們所建成的，與我們為之奮鬥的完全兩樣。」[3]2008年6月，前中央黨校理論研究室副主任、《中國政治體制改革》主編杜光（1928-，1948年入共黨，右派）：

　　　　同我們的願望相反，我們捨身為之奮鬥的新社會，卻淪入了比蔣介石的統治下更加腐敗、更加黑暗的境地。[4]

　　何以目標與結果豁差如此之大？李銳晚年意識到：「所有社會主義國家都走了彎路，說明不僅有後人的問題，經典作家的理論（從經濟、政治到意識形態）也有些問題。比如暴力革命、無產階級專政、消滅私有制等等主張。」[5]

　　馬克思主義打碎人文生態，顛倒自然形成的價值序列，以「可知論」為哲學支點，強定社會發展五階段（原始、奴隸、封建、資本、社會主義），以「規律論」支撐共產必然論。中共以左為向──「指導我們思想的理論基礎是馬克思列寧主義」，[6]糾左只有階段性「量」的緩減，

[1]　李銳：〈關於防「左」的感想與意見〉，《李銳論說文選》，頁57。
[2]　李銳：〈胡錦濤管得比江澤民緊〉，《中國時報》（臺北）2006-9-18。
[3]　穆廣仁：〈奧斯特洛夫斯基：「我們所建成的，與我們為之奮鬥的完全兩樣！〉，《炎黃春秋》2008年第2期，頁29。
[4]　杜光：〈八十感言〉，《往事微痕》第9期，頁13。
[5]　笑蜀：〈李銳談社會主義與中國〉，《炎黃春秋》2007年第2期，頁12。
[6]　毛澤東：〈中華人民共和國第一屆全國人民代表大會第一次會議開幕詞〉（1954-

無法改變「質」的大方向歪斜，一路行至文革「邪教大騷亂」。[7]

　　規律論解釋歷史、指導現實，已然否定探索的必要性。一切既已必然、一切盡在規律，僅須順從遵循，奮鬥開拓還有必要嗎？哈耶克：「在社會演進中，沒有什麼東西是不可避免的，使其成為不可避免的是思想。」[8]執守並不存在的規律，自戴「主義」之鐐，很愚蠢的自我設限。1980年胡喬木、鄧力群反對改革開放，所執論據：「雇工七個即是搞資本主義。」[9]

　　社會存在固然決定社會意識，社會意識也會凝成社會存在。「一切歷史都是思想的歷史」，人類行為均體現思想認識。人為烈災必起於偽命題，偽命題導出偽主義，偽主義孵生偽論斷。「剩餘價值剝削論」、「歷史規律論」、「社會化大生產與生產資料私有制之間不可調和的矛盾」……都為了支撐共產主義的所謂「正義性」、「必然性」。

　　肇禍「主義」亦必源於濫用正義，將某一局部相對合理的論點絕對化，演繹成「放之四海而皆準」，以偏激張豔幟，以驚語溉視聽。一點都不借助正面理念，便無法邁出最初腳步，無法招徠首批信徒。共產主義無限擴張單一理念（如平等），以局部概念涵蓋全體系，越「度」廢「質」，顛倒基礎邏輯。

　　馬克思主義原點即歪，國際共運沒出門就認錯方向，南轅北轍，永遠不可能到達「光輝彼岸」，南湖紅船只能駛向深淵。因此，對理想型學說，必須提高警識級別；對一些「正面觀念」，亦須警惕其負效。如「平等」容易滑向共產、「勞工神聖」傍依反智、「國家至上」擄走個人自由……

　　意識形態大象無形，極易拐入似是而非的旁門左道。赤說－赤教－赤黨－赤政－赤禍，如種族主義推聳起納粹第三帝國，馬克思主義孵孕國際共運。此前歷次改朝換代之所以肇禍遠低赤色共運，就在於朝代更迭換人未換制，逆取順守，不改變社會結構，未掀動經濟基礎。赤色共

　　9-15），《人民日報》1954-9-16，版1。
[7]　《光榮歸於民主》，柯捷出版社（紐約）2010年，頁7、270。
[8]　哈耶克：《通往奴役之門》，頁51。
[9]　《李銳近作——世紀之交留言》，頁57。

運起底撬動社會地基（所有制）、改變整個價值秩序、否定一切成例，先破後立，不摸石子硬過河，以為可進天堂，結果深墜地獄。

黑格爾（1770-1831）：「密納發的貓頭鷹要等黃昏到來，才會起飛。」[10]清晰辨識大型社會現象須待其形成過程結束才會開始，而人文現代化要素之一即加快這一辨認速率，「密納發的貓頭鷹」起飛時間逐漸前移。社會辨誤愈快捷，社會理性自然愈上層次，糾訛止錯也愈及時。

一、赤色邪教

1957年復旦大學「鳴放」：

馬列主義的系統性一貫性像宗教信條，可說是二十世紀的新宗教。

無產階級立場是人造出來的，客觀不存在。[11]

1990年，美國學者丹尼爾‧貝爾（Daniel Bell,1919-2011）：

馬克思主義就是一個世俗宗教。[12]

馬克思主義自命「科學社會主義」，自設前提自定邏輯，自行規定對世界對歷史的解讀，一齣現代版創世紀神話，具有政治宗教四大共性。(1)自封唯一正說，否定一切傳統理性，所有正確從我腳下升起。(2)將來式論證，以未來為論據，以「來世」閃避現實驗效，論證邏輯宗教化。(3)宏觀否定微觀，抽象理念否定具體現實。(4)真理皆備教主，牧領茫茫愚眾。

共產主義以公滅私，硬扭天然人性，逆向行車，並非中共對馬克思主義的異化，而是馬克思主義本身就是異化腫瘤，劣秧只能結劣果。

馬克思主義核心觀點──階級鬥爭、暴力革命、一黨專政、剩餘價

---

[10] （德）黑格爾（G‧W‧F‧Hegel）：《法哲學原理》，范揚、張企泰譯，商務印書館1961年，頁14。密納發，希臘神話智慧女神雅典娜的羅馬名字，她身邊蹲著一頭象徵思想與理性的貓頭鷹，黃昏才悄然起飛。

[11] 〈毒草篇〉，《中共重要歷史文獻資料彙編》第22輯第45分冊（2007），頁96。

[12] 丹尼爾‧貝爾：〈雷蒙‧阿隆對抗讓‧保羅‧薩特：二十世紀之戰〉，《紐約時報》1990-2-18。轉引程映虹：《毛主義革命：二十世紀的中國與世界》，田園書屋（香港）2008年，頁160。

值、計畫經濟、共產公有，哪一項站得住腳？按馬克思設計，公有制將極大推動生產力，結果卻生產力大減、社會大倒退，「最科學的主義」帶來最慘烈的破壞。

馬克思主義的「三大決定論」（社會存在決定社會意識、經濟基礎決定上層建築、生產力決定生產關係），也為實踐證偽。社會制度不僅僅取決經濟基礎，也取決上層建築；不僅僅取決社會存在，亦取決社會意識。現代社會復雜多元，交錯互滲，上層建築不可能由經濟基礎單一決定。公有制不是由社會意識分娩的社會存在嗎？短缺經濟不是「先進生產關係」所致？上層建築不也決定經濟基礎？馬克思主義的基礎原理就錯了，哲學上二元對立論也很荒謬，三大關係交織互滲，不需要預設「第一性」，也不存在誰決定誰的「第一性」。

馬克思主義撬動歷史理性地基的「存在必有因」，以公有制為窮人暴力劫富提供合法性。〈共產黨宣言〉：

> 共產主義革命就是同傳統的所有制關係實行最徹底的決裂，……同傳統的觀念實行最徹底的決裂。
>
> 共產黨人不屑於隱瞞自己的觀點和意圖。他們公開宣布，他們的目的只有用暴力推翻全部現存的社會制度才能達到。[13]

與傳統徹底決裂，與傳統觀念徹底決裂，徹底否棄歷史理性，與既有社會價值完全斷裂，青少年拒絕前輩歷史觀、價值觀，僅憑青春熱情改造社會，暴力扶立一則新式「主義」，不許質疑不准修訂，必須接受血腥代價，所有赤效只能在推翻一切既有制度後顯現……，大革命成大賭博，肇難系數100%。

（一）悖違人性

國際共運根本劣質：只認主義不認人性，奉歪理為真理。共產主義旨在滅私，道家「滅欲入聖」之套路，只盯住人性負面，無視人性正面——為證明個人價值奮發努力、為贏得社會承認積極學習……，個人奮鬥乃社會進步之元素、第一動力。所謂社會整體進步，個人奮鬥之收

---

[13] 《馬恩選集》第1卷，人民出版社1972年，頁271～272、285。

割也。集體財富，個人財富之合也。共產主義滅私蔑欲，不僅壓抑個人奮鬥，也生生壓抑社會成員幸福指數（欲望滿足度）。失去欲望，幸福安在？失去酬差，奮鬥價值何顯？優劣何別？

　　人性乃人權地基，制度改進的合理性基於對人性的認識，辨晰度愈精確，制度設置才可能愈精緻愈合度。知難行易，知乃行之前提。

　　人性者，自然天性也。《荀子·正名》：「生之所以然者謂之性，……不事而自然謂之性。」人性內核，本然之欲也。人之欲望，既爲社會發展動力，亦爲社會進化服務目標。合理合度滿足各種欲望，人類幸福當然之義。所謂「社會進步」，還不是提高生活水準、滿足更多欲望？清儒戴震（1724-1777）「理存乎欲」[14]，理以欲爲本，出自人欲亦服務於人欲。「天理」乃是對人欲的管理，只能適度抑欲，豈能對立理欲、以理滅欲？無本何須末，無欲何須理？

　　馬克思主義剝奪私產，既否定「人欲」，亦摧毀殖富動能。集體利益實爲個人利益之和，無個體何以成集體？無個體還需要集體嗎？集體的幸福美好難道不是落實於每一個體？馬克思主義截然對立集體與個人，徹底倒置價值序列，完全否定個體利益合法性。1957年，「胡風分子」張中曉（1930-1967）：「難道熱愛人類就必須憎恨自己麽？信仰理想就必須在絕望中生活麽？」[15]

　　馬恩列斯毛在人性與政府之關係的認識上，遠低於美國制憲元勳詹姆士·麥迪遜（James Madison Jr., 1751-1836）：

> 如果人都是天使，就不需要任何政府了；如果是天使統治人，就不需要對政府有任何外來的或內在的控制了。在組織一個人統治人的政府時，最大困難在於必須首先使政府能管理住被統治者，然後再使政府管理自身。毫無疑問，依賴人民是對政府的主要控制；但是經驗教導人們，必須有輔助性的預防措施。[16]

---

[14]　戴震：〈孟子字義疏證〉。《戴震集》，湯志鈞校點，上海古籍出版社1989年，頁273。「今以情之不爽失爲理，是理者存乎欲者也，然則無欲亦非歟？」

[15]　張中曉：《無夢樓隨筆》，上海遠東出版社1996年，頁33。

[16]　漢密爾頓、傑伊、麥迪遜：《聯邦黨人文集》，程逢如等譯，第51篇（政府結構必須能使各部門之間有適當的控制和平衡），商務印書館（北京）1980年，頁263～267。Hamilton, Alexander, John Jay, and James Madison. 2001. The Federalist. The Gideon

美國國父們認識精深，才制定出歷久彌新的《美利堅合眾國憲法》。中南海的治國理念至今還停留在原始第一臺階——「管住被統治者」（「維穩壓倒一切」）。歐美近代民主政制則邁上第二臺階——「政府管理自身」。

全球赤國先後至少25億人生活在荒謬歪斜的意識形態之中——必須抑欲，最好無欲。唯一允許之欲：為共產主義奮鬥終身！大公無私！

社會前進最實質的結晶就在於把握現實與理想的平衡度，既不可無理想，也不能理想超越現實，其間的平衡掌控，凝結人類最高集體能力。文明進步的核心價值：隨著生產力提高而逐步提升欲望滿足度，自由度愈大，即欲望滿足度愈大。人類歷史進程中，各階段社會制度大致維持各方平衡，反映該時該地整體水準（從思想認識到生產能力）。社會進化既要與時俱進調整主客觀各種平衡——既提高社會福利普惠面，亦提升觀念現代化，核心當然是為民眾實現各種合理欲望提供制度性保障。

1917-12-19，「革命海燕」高爾其就感覺十月革命游離人性：

> 不能總是只講政治，還應當保留少許良心和別的人性的感情。[17]

1920年，思想左傾的伯蘭特·羅素訪問赤俄，回英國後出版《布爾什維克的理論與實踐》（The Practice and Theory of Bolshevism），揭指赤說必然肇禍：

> 布爾什維克的世界觀建立在一個人性可以由權力來塑造的信念之上，這將導致一個黑暗世紀的到來。[18]

文明制度乃人性的理性外化，以人性為地基，必須兼顧人性的方方面面，抑惡揚善。所謂自然法，即自然形成的人文生態，循俗成則，依效立制。人性本私也應私，必先利己自存才有餘力利他助人。兼愛必先自愛，自愛方知如何兼愛——己所不欲勿施於人。失去自愛地基，等於失去兼愛路徑。先私後公，既順暢也效率最高。大公無私，倒置本末，

Edition. Ed. George W. Carey and James McClellan. Indianapolis, IN: Liberty Fund, p.269.

[17] 高爾基：《不合時宜的思想》，余一中、董曉譯，作家出版社（北京）1998年，頁208。

[18] 轉引自程映虹：《毛主義革命：二十世紀的中國與世界》，田園書屋（香港）2008年，頁188。

可能乎？必要乎？無私何以為公？集體利益能脫離個體利益麼？以集體之名否定個體權益合法性，赤說謬根。

　　「富與貴，是人之所欲也；貧與賤，是人之所惡也。」（《論語‧里仁》）1950年土改，江蘇泰縣婁莊公社紅旗三隊洪姓貧農，生怕背上「貧」字，兒子會討不上媳婦，硬要工作隊改為富農（後想改回已不可能）。[19]國際共運「興無滅資」，無產階級得永葆階級本色、永遠無產，既違逆人性也違逆歷史大方向，真正的反動。人心思富，人性嫌貧，誰願永葆「無產」本色？誰不想躋身資產階級？資產階級才是人類歷史火車頭呵！

　　各種社會矛盾的根柢最終均可歸結為主客觀落差，解決這一落差兩大向度：(1)降低欲望以趨就現實（致力主觀）；(2)提高生產力以擴大欲望滿足度（致力客觀）。顯然，後者符合人類全體利益，社會發展主動輪，是為根本之「經」；壓低欲望乃迫不得已之時策，從動輪矣，是為一時之「權」。馬克思主義顛倒主次，以「權」棄「經」，只能適度減欲的「權」擴大漫漲至徹底滅欲，以滅欲拉平主客觀落差。如此這般，追求個人幸福盡失合法性。歪說載歪理，歪理成歪政，歪政肇烈禍。

　　無視本私人性，否定個人權益合法性，個人欲望成「原罪」，馬克思主義圓心謬誤。個人欲望雖不能放縱，須立欄設界，但全部剷除，倒洗澡水倒掉孩子。欲望不能升起，幸福也就成了無本之木。無欲之人不可能存在，也不需要存在了。盧梭：「追求幸福乃是人類活動的唯一動力。」[20]馬克思主義剷私滅欲，宋儒「存天理滅人欲」之現代版。

　　從人文角度，現代文明的先進性集中體現於尊重個權（尊重個人欲望），公權不得逾越私權繩範。公私群己的邊界愈清晰愈精細（法規愈細密），人文現代化程度也就愈高。社會道德之所以需要，核心還是需要分清「你的我的」，邊界清晰，知進知止，糾紛降低。

　　歸根結底，法規制度是對人性的管理，撥辨人性的精準度乃確認一切人文價值的出發點。「認識你自己」，人類認識客觀世界的前提，自

19　紀增善：〈長夜過春時〉，《往事微痕》第21期，頁62。
20　盧梭：《論人類不平等的起源和基礎》，李常山譯，商務印書館（北京）1962年，頁114。

身偏斜者當然只能得到偏斜的認識。偏斜的馬克思主義，只能得到荒謬的國際共運。

1953年10月第三次農業合作會議，毛澤東：

> 農村的陣地，社會主義如果不去占領，資本主義就必然會去占領。……我們不搞資本主義，這是定了的。如果不搞社會主義，那資本主義勢必要氾濫起來。……「確保私有財產」、「四大自由」都是有利於富農和富裕中農的。[21]

毛澤東就怕農民富起來，利用土改「餘熱」──農民都怕「冒尖」，急急推進合作化，生怕一富就會歪向資本主義。馬克思主義從方向上誤導中共（否定私有經濟）。[22]富農、富裕中農乃農業經濟主力，本該「先富起來」，毛澤東偏偏打壓這一主要生產力。毛澤東名言：「嚴重的問題是教育農民」（1949-6-30）。[23]1957-8-8中共中央〈向全體農村人口進行一次大規模的社會主義教育的指示〉，[24]要求農民信仰共產主義方向，走合作化道路。

1960年初，全國大饑荒，人民公社敗象四綻，毛澤東還在唸咒──

> 應當……強調共產主義前途、遠景，要用共產主義理想教育人民。要強調個人利益服從集體利益、局部利益服從整體利益、眼前利益服從長遠利益。要講兼顧國家、集體和個人，把國家利益、集體利益放在第一位……[25]

強迫民眾「覺悟」（先公後私），農民得不為利益為「主義」，不為個人為「社會」，直至必須無視生理本能。毛時代夫妻分居率最高，1957年上海一名工人貼大字報，抱怨夫妻分居五年，劃「右」。[26]中直機關軍屬20歲姜某，與丈夫分居，對一幅牛郎織女相隔天河的漫畫嘖嘖共鳴，上綱「反軍」，劃「右」。1956年號召青年穿花衣（顯示新生活新

---

[21] 《毛澤東選集》第5卷，頁117。

[22] 《李銳文集》第5冊，卷九，頁115。

[23] 《毛澤東著作選讀》下冊，人民出版社1986年，頁684。

[24] 《建國以來重要文獻選編》第10冊，頁528～530。

[25] 《毛澤東文集》第8卷，人民出版社1999年，頁136。

[26] 上海市委辦公廳：〈內部參考資料〉1957-10-14，《情況簡報（整風專輯）彙編》（33）1957-11-4。《反右絕密文件》第7卷，頁35～36。

氣象），《人民日報》駐滬中年女記者習平做了一件漂亮旗袍，不敢穿出來，家裡對鏡自賞，遭揭發──「一個老幹部，資產階級思想發展到如此嚴重程度」，淪為「人民敵人」。[27]

赤色共運以統一規格澆鑄每一個體，限束個人自由，要求人們無怨無悔成為「齒輪和螺絲釘」。1973年，費正清很驚訝：「所有的中國人都是一部龐大生產機器中盡職而可互換的零件嗎？」[28]

一言以蔽之，共產主義違悖人性，倒轉人性與制度之本末，強捺人性於「主義」之履。制度之所以必要，即在於人性的兩面性，制度與人性的疊合度即文明進化之刻度，社會愈發展，疊合度愈高。共產主義反向逆行，徹底否定欲望正當性，要求人性逆趨「主義」，只能得到實踐的否棄。

（二）階級鬥爭

階級鬥爭，馬克思主義政治學支柱。〈共產黨宣言〉：「到目前為止的一切社會的歷史都是階級鬥爭的歷史。」[29]指階級鬥爭為人類歷史唯一內容。那麼，七國爭雄、三分天下、陳橋兵變、清兵南下、地理大發現、兩次世界大戰、改革開放、「蘇東波」，這些影響歷史進程的重大事件，都來自階級鬥爭嗎？

階級論煽動仇恨、撕裂社會，赤難崇源。中國社會本就存在八種仇恨：(1)華人恨洋人；(2)窮人恨富人；(3)平民恨官員；(4)低能恨高能；(5)低薪恨高薪、無名恨知名；(6)農民恨市民；(7)子女恨父母；(8)青年恨老人。傅斯年（1896-1950）發現國人很容易接受將上述仇恨合法化的理論，「階級鬥爭」正好利用國人這種潛意識，成為中共奪權利器。[30]

1848年法國二月革命，托克維爾：

我在這座城市看到10萬名工人被武裝起來加入國民自衛軍，他們

---

[27] 藍翎：《龍卷風》，上海遠東出版社1995年，頁189、160。

[28] （美）費正清：《觀察中國》，傅光明譯，世界知識出版社2003年，頁103。

[29] 《馬恩選集》第1卷，人民出版社1972年，頁250。

[30] 傅斯年：〈共產黨的吸引力〉，《傅斯年全集》第5冊，聯經出版公司（臺北）1980年，頁1992～1995。參見王汎森：《傅斯年──中國近代歷史與政治中的個體生命》，王曉冰譯，聯經出版公司（臺北）2013年，頁200。

沒有工作、忍飢挨餓，掙扎在死亡的邊緣，但頭腦裡卻滿是無用的理論和空想的希望。我看到社會被分成兩部分：一部分是一無所有的人被共同的貪婪聯合在一起；另一部分是擁有一些財產而被共同的苦惱聯合在一起。[31]

1920年，青年毛澤東讀〈共產黨宣言〉、《社會主義史》，一下就叼出精髓：「我只取了它四個字：『階級鬥爭』。」[32]1939-12-21延安大會，毛澤東：

馬克思主義的道理千條萬緒，歸根結底就是一句話：「造反有理」。[33]

中國共運當然是造反，只是這次借披共產外衣，似乎很崇高。

1945-4-24中共「七大」，毛澤東政治報告有一句（未收入《毛選》）：

我們戰勝蔣介石、革命成功之後，主要的鬥爭對象就是民主黨派了。[34]

1949年5月，毛澤東問天津市委書記黃克誠：「你認為今後工作的主要任務是什麼？」黃克誠：「當然是發展生產。」毛很嚴肅地搖搖頭：

不對！主要任務還是階級鬥爭，要解決資產階級的問題。[35]

1953年「三大改造」剝奪工商界私產，全國進入「社會主義」，毛澤東認為階級鬥爭將更激烈。1955-6-10《人民日報》社論〈必須從胡風事件吸取教訓〉，毛添加：「在為國家的社會主義工業化和建成社會主義社會的偉大運動中，階級鬥爭更加尖銳，反革命分子必然要更加進行破壞活動。」[36]這一社會主義愈深入階級鬥爭愈尖銳的論點，源自1928年史達林借劍「階級鬥爭」搞政治大清洗：

隨著我們的前進，資本主義分子的反抗將加強起來，階級鬥爭將更加尖銳，……向社會主義的前進不能不引起剝削分子對前進的

---

[31] 《托克維爾回憶錄》，董果良譯，商務印書館（北京）2010年，頁138。

[32] 毛澤東：〈關於農村調查〉（1941-9-13），《毛澤東文集》第2卷，頁379。

[33] 《人民日報》1949-12-20，版1。

[34] 李銳：〈毛澤東與反右派鬥爭〉，《炎黃春秋》2008年第7期，頁29～30。

[35] 《黃克誠自述》，人民出版社1994年，頁217。

[36] 《建國以來毛澤東文稿》第5冊，頁165。

反抗，而剝削分子的反抗不能不引起階級鬥爭的必然的尖銳化。[37]

毛澤東接過史達林的「社會主義越前進階級鬥爭越深入」，以政治搞經濟，不承認經濟規律，以階級鬥爭、群眾運動「抓革命促生產」，權重識淺卻氣魄甚大──「敢叫日月換新天」。1975年毛澤東竟否認「科學技術是生產力」，否認「科技人員也是勞動者」，[38]「搞社會主義革命，不知道資產階級在哪裡，就在共產黨內，黨內走資本主義道路的當權派。走資派還在走。」[39]

「階級論」，1949年前顛覆國民政府，1949年後顛覆社會──從土改鎮反。1950年《光明日報》、《文匯報》出現自然科學有階級性的觀點。[40]及至文革，「挑動群眾鬥群眾」，四海鼎沸，五嶽傾頹，「煽顛」邪說。一個階級的「勝利」建築在另一階級的哀吟之上，怎麼可能是人類福音？更悲哀的是：「勝利」的無產階級並未翻身，紅色貧困比白色貧困更可怕，三十年挨餓，四千萬人餓死，「社會主義幸福生活」遠不如「萬惡的舊社會」。

馬克思主義的階級論與納粹種族論一樣，都是為暴力拴繫合法性，毛澤東很清楚這一點。1957-1-27省市第一書記會議，毛澤東：「馬克思主義就是個扯皮的主義，就是講矛盾講鬥爭的。」[41]

1957-10-9中共八屆三中全會，毛澤東翻轉〈八大決議〉：

> 無產階級和資產階級的矛盾、社會主義道路和資本主義道路的矛盾，毫無疑問，這是當前我國社會的主要矛盾。……「八大」的決議沒有提這個問題。「八大」決議上有那麼一段，講主要矛盾是先進的社會主義制度同落後的社會生產力之間的矛盾。這種提法是不對的。[42]

---

[37]　史達林：〈論工業化和糧食問題〉，《史達林全集》第11卷，人民出版社1955年，頁149～150。

[38]　李昌：〈在鄧小平領導下整頓科學院〉，《我親歷過的政治運動》，頁417、425。

[39]　《建國以來毛澤東文稿》第13冊，頁487。

[40]　于風政：《改造》，河南人民出版社2001年，頁106。

[41]　《毛澤東選集》第5卷，頁344。

[42]　毛澤東：〈做革命的促進派〉，《毛澤東選集》第5卷，頁475。

　　「階級鬥爭」刀劍入庫，如何再掀興一場又一場運動？1958年5月中共八大二次會議，根據毛澤東「社會主義階段主要社會矛盾仍是資產階級與無產階級之間的階級鬥爭」，宣佈民族資產階級和她的知識分子為第二個剝削階級。中共史書：「知識分子實際上一般地被列入第二個剝削階級的範圍。」[43]

　　為強調階級鬥爭的廣泛性，什麼都分「資」「無」，自由也有階級性。1958-3-23毛澤東批示：

> 有資產階級的自由，就沒有無產階級的自由；有無產階級的自由，就沒有資產階級的自由。一個滅掉另一個，只能如此，不能妥協。[44]

　　1986-9-28中共十二屆六中全會，鄧小平：「自由化本身就是資產階級的，沒有什麼無產階級的、社會主義的自由化，……搞自由化就是要把我們引導到資本主義道路上去……」[45]似乎「自由」專屬資產階級，無產階級只要「紀律」，最高領導人如此解讀「自由」，中國的現代化船頭如何撥正？

　　文革後執掌全國意識形態的胡喬木認為《人民日報》不應提人民性，他認定黨性高於人民性，「不要籠統引用『人民性』這個含混不清的概念……目前最好不要用這個提法。」[46]《人民日報》居然與人民性脫鉤？！理歪災來，學運起家的中共才會坦克碾壓學生，「舊中國」哪一樁慘案可比「六四」？聲嘶力竭反對國民黨貪污的共產黨，如今貪污竟是國民黨的千倍萬倍！

　　二十世紀科技大發展，大大提高生產力，白領擴脹，藍領皺縮，中產粗壯，階級學說盡失社會基礎。歷史實踐有力證明：「先富起來」的資產階級才是真正的領導階級，無產階級都想擠入資產階級呵！

---

[43]　胡繩主編：《中國共產黨的七十年》，中共黨史出版社1991年，頁311。

[44]　《建國以來毛澤東文稿》第7冊，頁148。

[45]　《鄧小平文選》第3卷，頁182。

[46]　余煥椿：〈關於「人民性」問題的是與非 —— 胡績偉追問胡喬木到天國〉，蜀聲、金臺人主編：《一生追求老時醒》，卓越文化出版社（香港）2013年，頁105。

（三）公有制

〈共產黨宣言〉宗旨（國際共運目標）：

　　共產黨人可以用一句話把自己的理論概括起來：消滅私有制。[47]

　　百年共運證明：共產公有＝萎靡低效＝短缺經濟＝普遍饑荒＝政治恐怖＝邏輯歪斜⋯⋯，因果直線，關係清晰。勞動與獲酬脫鉤，績效失去制約，懈怠四泛，人們不可能長期無償低償而全力勞動。

　　制度乃天下重器，難成易毀。文明制度只能分娩於不斷試錯修正，不可能也不必一步到位。隨著生產力發展與人文水準上升，各項制度亦須適時調整提高，但理性調整只能以有利於生產力與人文層次雙提高為前提，而非脫離客觀實際的「一步到位」。共產主義只顧道德抑私、奪富濟貧，不顧強制「平等」對生產力的破壞，哲學上有違辯證法，現實中歪斜失衡違背常識。實踐證明，私有制雖存弊端，但較之公有制，正利遠遠大於負弊，至少有富有窮，尚有濟貧之力；公有制全民共貧，濟貧池徹底乾涸。

　　剝奪私產等於剝奪自由，失去私產即失去自由依憑。公有制下，社會成員一切均得申請（從報考、結婚、住房、加薪⋯⋯），既無選擇自由，更無人生自主，必須先成奴才，然後才可能成「人才」。

　　1850年，托克維爾：

　　　財產所有權是我們社會秩序的基礎。[48]

　　1944年，哈耶克：

　　　　一個真正的「無產階級專政」，即便形式上是民主的，如果它集中管理經濟體系的話，可能會和任何專制政體所曾做的一樣完全破壞了個人自由。

　　　　私有制是自由最重要的保障，⋯⋯如果所有生產資料都落到一個人手裡，不管它在名義上屬於整個「社會」還是屬於獨裁者，誰行使這個管理權，誰就有全權控制我們。[49]

---

[47]　《馬恩選集》第1卷，人民出版社1972年，頁265。
[48]　《托克維爾回憶錄》（1893），商務印書館（北京）2010年，頁112。
[49]　（英）哈耶克：《通往奴役之路》（1944），頁71、101。

順應人性兼顧群己、平衡公私，立法原則。亞當·斯密（1723-1790）揭示「主觀為己，客觀為人」：

> 我們每天所需要的食物和飲料，不是出自屠戶、釀酒家或烙麵師的恩惠，而是出於他們自利的打算。[50]

> 對我們自己個人幸福和利益的關心，在許多場合也表現為一種非常值得稱讚的行為原則。節儉、勤勞、專心致志和思想集中的習慣，通常被認為是根據自私自利的動機養成的，同時也被認為是一種非常值得讚揚的品質，應該得到每個人的尊敬和讚同。[51]

市場經濟以「看不見之手」（價值規律）為軸，兼顧人己，自動調節資源配置，自動效益最大化。公有制、計畫經濟捨自然趨人為，捨簡就繁，捨正就負，純屬庸人自擾。

清儒顧炎武（1613-1682），精闢論述公私關係：

> 自天下為家，各親其親，各子其子，而人之有私，固情之所以不能免矣。故先王弗為之禁。非惟弗禁，且從而恤之。建國親侯，胙土命氏，畫井分田，合天下之私以成天下之公，此所以為王政也。[52]

近代歐美政經制度利用人性相互制衡實現人己兩利各遂其私，凝結人類文明最高智慧。公有制實質退回原始狀態，民眾只有名義上的所有權，並無財產實際管理權，公有制衍化成黨有制、官有制，國產成黨產官產，各單位誰當權等於誰擁產，基層頭頭對下屬幾握生殺予奪之權。1959～1961年大饑荒，四千餘萬農民就是因失去糧食管理權而活活餓死。[53]

公有制實際等於無主制，集體負責等於無人負責。各級官吏都明白「多幹多錯，少幹少錯，不幹不錯」。官場流諺：「不想幹成事，你就多請示。」上司都怕擔責，不是拖就是躲，為什麼要「多管閒事」多擔

---

[50] 亞當·斯密：《國民財富的性質和原因的研究》上卷，商務印書館1972年，頁14。
[51] 亞當·斯密：《道德情操論》，《亞當·斯密全集》卷一，商務印書館2014年，頁401。
[52] 《顧炎武全集·日知錄》（卷四），上海古籍出版社2012年，頁141～142。
[53] 裴毅然：《赤難史證——大饑荒成因》，獨立作家（臺北）2019年，頁356～358。

責？公有制因失去具體利益相關者，盡失各種主動性積極性。

公有制本意一勞永逸滅私抑欲，實爲官吏縱私大開方便之門。1956年12月下旬，福建甫田縣三級幹部會議，參加會議的區級幹部貪污11.4%，農業社長貪污39.9%，鄉支書貪污38.1%。[54]

1957年6月，浙江省委組織部副部長楊心培（1915-1989）呈遞〈仙居縣群眾鬧事問題的報告〉：

> 根據全縣170個公社的調查，犯有貪污行爲的就有社幹232人、會計129人，平均每社有二人以上。[55]

如今，中國貪腐難遏，官員、國企管理層，第一貪賄集團，因爲他們最有能力「伸手」。

改革開放恢復私有制，紅色意識形態乃最大阻力。1980年代每一項改革均引激烈爭論，每邁一步均遭質疑：「姓社？姓資？」無論農村包產到戶、城鎮市場經濟、「讓一部分人先富起來」，不披上社會主義外衣，便無法出門。赤左邏輯不時回潮：「反資產階級自由化」、「清除精神污染」……。1995年3月陳雲臨終遺言：「我們搞的是社會主義現代化建設，公有制基礎不能動搖削弱，而且要在建設發展中增強。」[56]還惦著公有制，還在唸叨共產咒語。

「總設計師」也深囿共產繩範，1985-8-28鄧小平：

> 不搞兩極分化，我們在制定和執行政策時注意到了這一點。如果導致兩極分化，改革就算失敗了……。總之，我們的改革堅持公有制爲主體，又注意不導致兩極分化，過去四年我們就是按照這個方向走的，這就是堅持社會主義。

1985-10-23鄧小平不得不說：「一部分人可以先富起來。」[57]

「改革開放」的實質即請回私有制，調整生產關係，默認資本主義效率，同時跨邁「接受貧富分化」之坎，中國大陸這才走出共貧死巷。1980年代前期，安徽、四川率先搞包產到戶，產量立增。事實面前，一

---

[54]　《內部參考》2103期（1957-1-12），頁227。
[55]　《建國以來農業合作化史料彙編》，頁433。
[56]　黎自京：〈中共文件：陳雲遺言〉（下），《爭鳴》（香港）1995年8月號，頁23。
[57]　《鄧小平文選》第3卷（1982-9～1992），人民出版社1993年，頁139、149。

些老赤吏意識到讓農民自主生產，飯碗端在自己手裡，才有生產積極性。還有什麼比自尋財富更高效率呢？自由實為效率酵母、脫貧最佳藥方。市場經濟「磨不推自轉」，遠比計畫經濟省力高效。唯中共不肯降旗易幟，意識形態一直不能返歸理性中軸。

　　因政治改革遲遲不動（中共視為「兩手都要硬的一隻手」），基尼系數（測量社會貧富差距）迅速上揚。世界銀行1997年數據：1980年代初中國基尼係數0.28，1995年0.38，1990年代末0.458；除稍強於非洲撒哈拉及部分拉美國家，遜於發達國家、東亞、前蘇聯、東歐。這份報告指出：全球還沒一個國家短短15年收入差距變化如此之巨，如果短期內無政策性調節，情況還會繼續惡化。[58]1990年代末期以來，中國基尼係數每年遞增0.01。專家驚呼：「我國基尼係數已嚴重超過國際警戒線，收入差距比美國（0.434）還要大。」[59]2006年國家統計局數據：人口10%的最富者握有45%全國財富，10%最貧困人口只有1.4%全國財富，差距33倍。[60]2013年，全國人口46.3%的農村人口，消費支出僅占全國的22.2%，人均消費亦僅略高於世界銀行劃定的國際貧困線。[61]

　　北大《中國民生發展報告2015》，中國基尼系數1995年0.45，2012年0.73，遠遠超出警戒線0.4。0.56%頂端家庭（約250萬戶，750萬人）擁占1/3全國財產，最底部的25%家庭僅擁全國財產的1%。「萬惡資本主義」的日本，基尼系數0.25，實現共同富裕。[62]2015年，中國億萬富豪568名，超過美國（535名），占全球億萬富豪（2188人）1/4強。[63]

　　所謂「中國發展模式」，全球獨一無二的兩極分化最快模式。

　　2003年大陸各路學者還得為「私」蹚路，論證私有制合法性——「私權是公德的基礎」。[64]2005年，左派（馬列原教旨）大聲質疑市場經

---

[58]　孫立平：《轉型與斷裂》，清華大學出版社（北京）2004年，頁271～272。
[59]　汝信等主編：《2003年：中國社會形勢分析與預測》，社會科學文獻出版社（北京）2003年，頁226。
[60]　高新春：〈全民繪就和諧共富〉，《檢察風雲》（上海）2007年第22期，頁5。
[61]　《中國統計年鑑2014》，中國統計出版社（北京）2014年，頁25、69。
[62]　〈中國1%家族佔有全國1/3財產〉，《第一財經日報》（上海）2016-1-13。
[63]　〈全球中產階級財富總額前十排名，中國第三〉，環球網2016-5-15。
[64]　李世界：〈「公」與「私」的悖論〉，《學海》（南京）2003年第3期。《報刊文摘》（上海）2003-7-2摘轉，〈「私權」是公德的基礎〉。

濟，「十一五」規劃刪去「效率優先、兼顧公平」，不能容忍兩極分化。[65]直至今日（2021年），馬克思主義仍是綁縛中國意識形態的結實粗繩，嚴重阻撓國家正常發展。

（四）剩餘價值

剩餘價值乃馬克思論證私有制「非正義」之依據，「揭示」共產革命合法性——啊，原來富人剝削了我們創造的財富！無產者山呼「萬歲」，窮人當然永遠嚮往「均貧富」。但接下來：共產了均財了，沒了「剩餘價值」，誰去創造財富？誰去研發創新？最基本的事實：社會財富主要由勤勉者創造，人們素質不可能均齊劃一，強弱有別，勤惰各異，失去酬差，懶怠立溢。共產主義無視制度與生產的函數關係，無視績效只重分配，很低級的顧此失彼，當然無法造福只能肇難。

剩餘價值論以偏概全，單極誇大生產三要素之一的勞動力，貶低另兩項要素（土地、資本），似乎所有利潤均出自勞動力，廠主正常收益成了罪惡剝削，「資本來到世間，從頭到腳，每個毛孔都滴著血和骯髒的東西。」[66]但工人乃重複性簡單勞動，廠主的經營管理繁雜得多：市場風險、原料調配、人事管理、產品變現……，獲取「剩餘價值」可缺少麼？最關鍵的是：失去「剩餘價值」，人家為什麼要冒風險投資？失去利潤，企業如何運轉？靠什麼擴大再生產？靠「共產主義思想」麼？投資辦廠，自獲收益，又提供就業職崗，產品滿足社會需求，上繳國家稅收，多方共贏，你好我好大家好呵！為什麼容不得一點「私」？

員工們自由就崗，盡可「人往高處走」，追求利益最大化。廠主明碼招工，無欺無詐，何謂「罪惡」？勞動力價格只能是市場時價，不可能取決企業商家尚未獲得的利潤。所謂超額利潤，來源為二：(1)新型產品，搶到市場頭口水；(2)填補市場短缺，獲超額「獎勵」；均與市場有關，與剝削無關。工人入廠、雇員入店，利潤尚未確定，薪酬不可能包含不確定部分。所謂「罪惡剝奪」，只能指奪占已屬員工的權

---

[65] 覃愛玲：〈27年發展模式開始轉變〉，《瞭望東方週刊》（上海）2005年第42期。《文摘報》2005-10-23～26。
[66] 馬克思：《資本論》第1卷第24章。《馬克思恩格斯選集》第2卷，頁265。

益，不確定的利潤本就不屬於員工，何謂「剝削」？員工本無可失之物，何以成為「失主」？自願上工上崗，回身再指雇主罪惡剝削，公理安在？再則，資本、廠房、流動資金等生產資料須原始積累，投資風險、機器折舊理應補償，沒了「剩餘價值」，如何補償？馬克思故意忽略投資風險、管理銷售等，片面指罪「剩餘價值」，資本家似負道德原罪，公平嗎？

退一大步，就算超額利潤裏帶「投機」、剩餘價值蘊含「剝削」，相比創新研發、填補市場短缺、提供就業職崗、上繳國家稅收，孰輕孰重？「剩餘價值」獎勵投資積極性，有何不可？經濟運轉、社會發展，能靠道德單輪麼？比爾‧蓋茨擁資千億美元（只能來自「剩餘價值」），相比「微軟」對人類智能的開發與社會進步的貢獻，不應該嗎？不服氣，您也可以參與競爭呵！

歐美之所以發展迅速，雁陣高飛頭雁領——資產階級的正確引領。資產階級做大蛋糕，提高財富總量，無產階級沾享社會發展整體紅利。富人繳納之稅、慈捐之款，歐美高福利之物質基礎。市場經濟鼓勵創造財富（一次分配），政府稅收調節貧富（二次分配），可持續運行良性機制。共產主義未富先均，殺雞取卵，為撿芝麻丟了西瓜，從源頭扼堵社會殖富，大蛋糕萎縮。哪家「主義」符合全民利益？百年國際共運，世人認清其臀部「均貧富」紋章，自然一哄而散，「革命」沒有後來人。

（五）暴力論

1848年，〈共產黨宣言〉：

共產黨人不屑於隱瞞自己的觀點和意圖。他們公開宣布：他們的目的只有用暴力推翻全部現存的社會制度才能達到。[67]

1918年10月，列寧宣布「朗若白晝」的真理——

專政是直接憑藉暴力而不受任何法律約束的政權。無產階級的革命專政是由無產階級對資產階級採用暴力手段來獲得和維持的政權，是不受任何法律約束的政權。[68]

[67]　《馬克思恩格斯選集》第1卷，頁285。
[68]　列寧：〈無產階級革命和叛徒考茨基〉，《列寧選集》第3卷，頁623。

　　1960年中蘇論戰焦點之一：中共認爲東南亞、南美等國赤黨應走「井岡山道路」（農村包圍城市，武裝奪取政權）。1960-10-22莫斯科世界共黨大會，赫魯雪夫明確反對：「如果共產黨主張用戰爭進行革命，我就退出這樣的黨。」[69]

　　沿著紅色暴力軌道，1920～1940年代的赤徒，1950年代部分淪爲「右派」、1960年代幾乎全體成爲「走資派」、「黑幫」；革命者轉爲革命對象，上演鬥完別人鬥自己的「紅色幽默」。1925年入共黨的陸定一，1966年6月被打倒，1968～1975年關押秦城監獄（罪名「中統特務」）[70]，晚年回顧文革前中宣部：

　　　　我們那個時候的中宣部，無非是整完一個人接著再整另一個人。[71]

　　大革命成大尷尬，追求「最新最美」，得到更壞更糟。階級專政衍化成一黨專政、黨酋獨裁，再延伸至意識形態專政（思想專政），反教條主義成了必須或只能教條主義。說到底，一黨專政需要一元化意識形態配套。反右運動標誌中共確立意識形態專政，紅色專政必然的全控型擴張。

（六）工農化

　　共黨自詡「無產階級先鋒隊」，招徠工農「咸與革命」。憐貧成崇貧，憫弱成崇弱，倒置賢愚，有知者得向無知者學習，因爲「知識越多越反動」。明明知識是道德的保證（明白道德的必要性），怎麼會無知無識反而道德高尚？缺知少識的工農憑什麼成爲「最優秀的領導階級」？怎麼可能最高貴？無知者除了「砸爛一個舊世界」，憑什麼去「建設一個新世界」？憑那聲「我是大老粗」？憑「純潔的無產階級感情」？赤色共運無非重演「楚人一炬，可憐焦土」。

　　1963-4-30中國第一艘萬噸輪「躍進號」處女航，5月1日觸礁沉沒──

---

[69]　《楊尚昆日記》（上），中央文獻出版社2001年，頁576。

[70]　達皖：〈陸定一是怎樣成爲「中統特務」的〉，《鍾山風雨》（南京）2003年第3期，頁25～26。

[71]　于光遠：《我眼中的他們》，時代國際出版公司（香港）2005年，頁94。

事故起因則是經驗不足。船員都是臨時從別的行業抽調過來的，當時只考慮到政治上沒問題，但沒想到這些人缺乏出航技術，就連船長據說也有十幾年沒上過船了，還沒熟悉這個船的性能就出海了。[72]

文革時期，一位女師範生任教公社小學，公社王書記找她談話：

你幹得不錯，應當重用！我決定提拔你到供銷社當售貨員！[73]

1985-9-10巴金撰〈再說知識分子〉：

幾十年中間，我的時間和精力完全消耗在血和火的考驗上，最後差一點死在「四人幫」的毒手。當時我真願意早一天脫胎換骨完成改造的大業，摘去知識分子的小帽。……我有時甚至希望做一個不會醒來的大夢。[74]

1995年，季羨林總結平生：

我對於當知識分子這個行當卻真有點談虎色變，……我恭肅虔誠禱祝造化小兒，下一輩子無論如何也別再播弄我，千萬別再把我播弄成知識分子。[75]

現代化的實質即知識化，知識愈來愈重要，中共卻倒過來要全國無知化，強迫知識分子接受「工農再教育」──向工人學做工，向農民學種地，倒轉乾坤，否定知識否定社會分工，退回小農社會。從事復雜精密的腦力勞動者倒回簡單粗重的體力勞動，會是社會進化？歷史前進？所謂「增進無產階級感情」，還不就是增進對毛共的感情？如此愚民化反知化，還不是無知才易駕馭？為了趨合工農化之說？

「工農化」除藉政治之力，亦利用士林憐弱慈心，借助「政治正確」推銷階級論。辨識「工農化」惡質不需要多高理論水準，僅須常識：人類走向智力化還是體力化？走向智能經濟還是退回天然經濟？走向科技還是退回原始？

72　吳泳麓：〈萬噸輪「躍進號」沉沒真相〉，《科技生活》（北京）2011-12-12。《文摘報》2012-1-10摘轉。https://zh.wikipedia.org/wiki/躍進號貨輪

73　橙實等編著：《文革笑料集》，西南財經大學出版社（成都）1988年，頁95。

74　巴金：《隨想錄》，三聯書店（北京）1987年，頁753～754。

75　季羨林：《牛棚雜憶》，頁218。

阿克頓勳爵（Lord Acton, 1834-1902）的見識遠高於馬克思：

> 無知的階級無法理解國家事務並且他們必定要犯錯誤。……一個
> 階級專政的思想肯定存在著缺陷。事實是受過教育、有知識和財
> 富，是防止行為錯誤的保障。……危險不在於哪一個特殊的階級
> 不適於壟斷統治，每一個階級都不適合壟斷統治。[76]

「工農化」至少擰歪兩三代國人的觀念，赤毒入髓。1982年6
月，江西彭澤縣芙蓉公社五聯大隊六名中共黨員致函省委統戰部：

> 最近報紙上宣傳黨和非黨要合作，還要他們來做領導，這對我們
> 黨員做領導很不利。我們還有不少黨員沒有當上領導，還要叫非
> 黨人士來當領導，這不是要失去黨的核心領導作用嗎？我們聽老
> 黨員說：五十年代一些知識分子都是非黨人士，要想和黨員一樣
> 並起並坐，和黨來爭奪領導權，後來黨中央把他們打成右派，為
> 我們黨員撐腰，使我們保持領導權，日子過得幸福，這是黨中央
> 的英明偉大。現在當過右派的知識分子都能服從我們的領導，沒
> 有當過「右派」的、新上來的知識分子，他們都知道世界觀沒
> 有改造好，也都十分老實，不敢和黨員平起平坐，這兩年都規
> 矩。誰料現在黨中央也變了，反而要我們同非黨合作，還要關
> 心、歡迎他們，要他們和共產黨員平起平坐。這樣，黨的領導不
> 就變成一句空話？不是白白地送掉我們的領導權嗎？非黨幹部都
> 是有不少知識、有些學問，開口馬列主義、閉口馬列主義，就
> 是喜歡翹尾巴，講一套教條主義，做實際事就不行了。他們對
> 黨員領導不是忠心耿耿，對工農黨員總想高人一頭，自以為了
> 不起。我們當上領導，他們就沒有辦法了，不老實也要他們老
> 實。黨的統戰的「統」，就是我們黨員統帥他們，「戰」就是管
> 理、改造他們，這一條千萬不能變掉，不然我們黨的基層黨員就
> 難當了。我們縣裡有些單位就發生了黨的領導的危機，一些非黨
> 的知識分子不靠攏黨的組織，不接受黨的領導，自搞一套，現在

---

[76]　（英）達爾伯格‧阿克頓：《自由與權力》，侯健、范亞峰譯，譯林出版社（南
京）2011年，頁313。

不好說他們，按過去就是有反黨情緒，……還說我們黨員領導批條子，為家庭辦點實際事是歪風邪氣，比國民黨還不如，損壞我們黨的威信。……今後報紙上再也不能宣傳民主，愈宣傳愈壞事。現在加上宣傳要非黨合作，向非黨人士說好話，他們豈不是更有理由興風作浪？我們六名共產黨員呼籲省委向中央建議，報上只能作出宣傳，千萬不要在事實上讓他們來瓜分我們的領導權，他們只有無條件接受黨的領導、服從黨員領導、聽從黨的安排、老老實實拿共產黨的錢、吃共產黨的飯、守共產黨的規定……，不然會出現黨領導的危機、削弱黨的領導，那就什麼事情也辦不成了。[77]

二、實踐驗謬

馬克思預言公有制必將取代私有制、計畫經濟必將取代市場經濟，所執論據：社會化大生產與生產資料私人占有之間不可調和的矛盾，資本主義產生了自身無法容納的生產力。而中西方實踐證明：社會化大生產與生產資料私人占有並不存在不可調和的矛盾。微軟行銷全球，社會效益、經濟效益兼備，生產資料盡歸比爾·蓋茨一人，人家還硬有「共產主義覺悟」——裸捐回報社會。李銳讚歎：「[比爾·蓋茨]最好的共產黨員，中國還沒有這樣的共產黨員。」[78]

計畫經濟也由實踐證明「少慢差費」。1957年全國俄語畢業生五千名，實際需要僅百名。瀋陽俄專百餘學生不滿去教中學，大吵大鬧：「共產黨騙人」。校方、高教部束手無策。[79]

1957年6月初，北京市計委綜合處長耿子平：

今年的計畫，去年6月份就開始算帳了，可是到今年5月份才下達。北京今年的基建工作、交通運輸工作之所以發生窩工現

---

[77] 中共江西省委檢查知識分子工作臨時辦公室《簡報》第11期，《內部參考》1982年第78期。轉引自華民：《中國大逆轉——「反右」運動史》，頁290～291。

[78] 李銳：〈胡錦濤管得比江澤民緊〉，《中國時報》（臺北）2006-9-18。

[79] 《內部參考》第2219期（1957-6-1），頁14～15。

象，都是由於計畫下達得太晚的緣故。[80]

本年度計畫5月才下達，還有前瞻性優越性麼？只會孵孕消極等待，全球赤國無一不陷生產疲軟、市場凋敝、生活貧困、政治恐怖；不僅沒迎來社會主義繁榮，連封建主義（更不用說資本主義）的繁榮都送走了。歲月濾偽，國際共運唯剩中朝古寮四國瑟縮「西風殘照」。

1983年冬，前「右派」戴浩（1914-1986）申請加入共黨，1934年入黨的聶紺弩很不以為然：

> 這個黨你想進去，我正想出來呢！當年，我要是知道共產黨是今天這個樣子，我決不會參加的，它簡直比國民黨還糟糕。五十年來，共產黨一直以改造世界為己任，其實最需要改造的恰恰就是共產黨自己。因為所有的錯事、壞事、骯髒事，都是它以革命的名義和「正確」的姿態做出來的，可憐中國的小老百姓。[81]

昔似岱華的馬列主義，今成廢墟，抬抬腿就邁過去了。「東風」只有每月¥6的雷鋒，「西風」則有裸捐千億美元的比爾·蓋茨。「東風」搞得全民無產，「西風」則刮來粗壯的中產階層。「東風」的醫療福利不包括農民，「西風」則涵蓋全民。「先進的社會主義」官員特權化，「萬惡的資本主義」法律面前人人平等，1974年彈劾尼克森，1976年抓捕田中角榮，2008年審判陳水扁，2020年川普只能上街頭「維權」（無法撼動大選程序）。

三、赤潮滲因

1917年俄國十月革命，1918年赤潮入華，迅速滲漫，不到十年，紅旗飄上井岡山。原因雖繁，主因為三：

1.中國處於社會轉型期（走向共和、邁向工業化），別求新聲於異邦（意識形態真空），希望獲得最新最美圖紙，正有內需。

---

[80]　《大公報》1957-6-3。陳權選編：《「鳴放」選萃》第2冊，自由出版社（香港）1958年，頁330。

[81]　章詒和：《最後的貴族》，牛津大學出版社（香港）2004年，頁291。

2.一次大戰使西方知識界懷疑自由民主，認定西方存在重大缺陷。[82]

3.十月革命恰送來馬列主義，共產暗合吾華聖說「大同」（「大道之行也，天下為公」《禮記·禮運》），左翼士林奉為「最新最美」——矯治資本主義諸弊，抄近就直，可避西方彎路。

4.俄助日侵。赤俄孵育中共，赤潮借北伐蔓延，共軍藉抗戰坐大。

既有傳統文化接應內因，亦有風雲際會俄日外因，天時地利，諸因交匯，共釀赤難。雖然咎在中共、罪在毛酋，終極致因還是五四左士錯迎馬列，以為可達現代化（政治民主、經濟繁榮）。拜錯先生娶錯娘子，以兩千年封建肉身窖釀馬列歪貨——迎來吾華最黑暗的毛時代。

國際共運之所以中國最烈，亦為歸還歷史欠帳。倄長封建歷史、深厚皇權文化，又缺乏西方文藝復興、工業革命、啟蒙運動等臺階，五四士林毫無個權意識，缺乏必要人文準備，貿貿然追求「最新最美」，打歪現代化樁基。

1975年4月，駐比利時使館人員告知胡耀邦：「我沒覺察到那裡的人民正在熱切等待什麼人去解放他們於水深火熱之中。」胡耀邦對答：

> 社會主義對資本主義是一次革命，其核心是要消滅剝削，解放生產力，……我們搞了二十多年的社會主義，中國還是這麼落後，老百姓還是這麼窮，連吃飯、穿衣、住房這些人類生存基本條件都沒有得到解決，……我看不是社會主義不優越，而是優越性沒有發揮出來。[83]

胡耀邦已是「中共良心」，硬走不出馬列廬山，捏著災因欲糾災果。中外數代赤徒終生難從馬列之楊起身，極具悲劇意蘊，國際共運一大文化現象。

（一）文化低弱

中國的現代化之所以走了大彎路、釀成大災難，最深層的原因還是文化。文化不僅是民族的經驗倉庫、國家的知識儲備，也決定接受外來思想光譜的偏側度與選擇路徑的可能性。文化落後，理性層次太低，分

---

[82] （英）羅素：《中國問題》，秦悅譯，學林出版社（上海）1996年，頁152～153。

[83] 宋萬國：〈耀邦同志向我瞭解西歐情況〉，《炎黃春秋》2011年第6期，頁40。

辨能力太弱，吾華致命內傷。康有為的《大同書》不僅提出「滅家族、廢私產」，還有荒唐可笑的禁止黑人通婚以改變黑人膚色。[84]

1982-9-10紐約哥倫比亞大學，馮友蘭以歪為正的演講：

> 絕大多數中國人，包括知識分子，支持了革命，接受了馬克思主義。人們深信，正是這場革命制止了帝國主義的侵略，推翻了軍閥和地主的剝削和壓迫，從半封建、半殖民地的地位拯救出了中國，重新獲得了中國的獨立和自由。人們相信馬克思主義是真理……[85]

余英時認同「文化決定論」：

> 分析到最後，我們恐怕不得不承認這是文化的力量。共產主義或社會主義的思想從十九世紀末葉便不斷地從西方傳到了中國。由於中國文化的價值取向偏於大群體，近代知識分子比較容易為社會主義的理想所吸引。……中國今天具有這一特殊的國家社會體制，追源溯始，應該說是文化思想的力量。

> 即使是在許多號稱追求民主的中國知識分子身上，我們也往往看不到什麼民主的修養。……不難看出「五四」時代人物在思想方面的許多不足之處。最重要的是他們對科學和民主的理解都不免流於含糊和膚泛。至於他們把民主與科學放在和中國文化傳統直接對立的地位，那更是不可原諒的大錯誤。[86]

我們的先秦文化很璀璨，但缺失一項關鍵要素——人權意識，過於強調神權。與此配套，傳統意識形態重皇權輕民權，重國權輕個權。也正因為中國傳統文化缺乏古希臘文明的個權意識，五四左翼士林才推走已迎納的民主自由（現代人文正品），別娶旁門左道的馬列主義。1920年10月～1921年7月，羅素在華講學九個月，敏銳發現中西文化這一重大質地差異：

---

[84]　康有為：《大同書》，華夏出版社（北京）2002年，頁204～228、282；141～142、148～149。
[85]　《馮友蘭自述》，河南人民出版社2004年，頁162。
[86]　余英時：《文史傳統與文化重建》，三聯書店（北京）2004年，頁497、434～435。

在亞洲，由法律確認的統治者的權威視同神授，而希臘人則認為
法律是人制定的，是為人民的。[87]

西人之所以「言必稱希臘」，乃古希臘文明不僅達到當時世界最
高度，更為西方現代文明提供一系列重要原素——人權、自由、平等、
和諧。古希臘已出現陪審團（蘇格拉底由陪審團處死），已有保護個人權
益的法律機制。蘇格拉底（前469－前399）雖被處死，行刑較仁慈（毒
酒），處死前一個月允許探監告別。蘇格拉底的思辨精度也大幅領先孔
孟：「痛苦不是利益，快樂才是利益。」「自己是自己的主人。」[88]亞
里斯多德（前384－前322）則已對知識分科別類，走出最初的混沌期。此
外，我們傳統國學也缺乏思維方法論，一個虛虛的「悟」字，代替了從
現象到旨歸的邏輯鏈。缺乏邏輯學，缺乏思維推導的明晰性，中國近代
科技之所以落後的重大瓶頸。

漢武帝「獨尊儒術」，當然看重儒學對皇權的維護（有父有君，分明
綱常），看到儒家的謙卑抑己有利「維穩」。儒家強調修身（一日三省），
崇尚抑欲，缺乏歡樂意識，似乎生來就該受苦受難，觸私即俗，涉利即
醜，個人權益難以張口。皇權、民權，集權、個權，函數關係，此消彼
長。因無法從傳統文化獲得個權合法性，極大遲滯五四士林對西方現代
文明的深入解讀。民主自由、個性解放等外爍概念，輕淺浮泛，缺乏文
化內應，無法著床。儒家意識根深柢固，大同願景現成對接「共產」。
抗戰一起，「民族利益」、「國家至上」輕易擄走「個性解放」。二十
世紀中國思想界整體輕貶個體，高尚交出「自我」，只重集體、國家，
忽視個人單元因素，無視集體權益國家權益由個人權益組成。

中共建黨之初，首重紀律性（服從性），延安整風更以黨性剷滅個
性，個人權益污名「個人主義——萬惡之源」。黨性高於人性更高於個
性，黨員必須絕對服從組織（四大服從），生命都得獻出，上刑場還須
「臉不改色心不跳」。

[87] （英）伯特蘭‧羅素：《西方的智慧》，馬家駒、賀霖譯，世界知識出版社（北京）1992年，頁38。
[88] 柏拉圖：《理想國》，郭斌和、張竹明譯，商務印書館（北京）1986年，頁ii、42、151。

燕京經濟系尖子生李慎之，晚年自省渾噩人生之因：

> 根本的原因就是文化太低、知識不足，不能把學得的新知識放在
> 整個人類發展的歷史背景中來認識。……六十年後回頭看，我們
> 這些進步青年其實什麼都不懂，既不懂什麼叫民主，也不懂什麼
> 叫共產主義。[89]

以「什麼都不懂」從事天翻地覆的大革命（以為什麼都懂），以未知
否定已知，不知既往硬指未來，整個盲人瞎馬，臨深淵而不知，直至車
翻反右、國陷文革，毛死政息。

中國共運實為小知造反，自以為抱持「歷史規律」、「絕對正
確」。大批文盲、半文盲赤徒類似教徒膜拜教主，迷信權威，「毛崇
拜」瘋狂度超過納粹黨徒崇拜希特勒。

分娩於西方的共產赤說著床東方，由東方為全人類試錯，西方則成
功摒拒，歸根結底還是文化之力，赤說未能滲透西方理性厚壁。十九世
紀，西方思想界已意識到社會主義對自由的威脅（以集體名義蔑棄個體）。
1848年，托克維爾指出民主本質為個人主義，與社會主義相向對立：

> 民主擴展個人自由的範圍，而社會主義卻對其加以限制。民主盡
> 可能賦予每一個人價值，而社會主義卻僅僅使每一個人成為一個
> 工具、一個數字。民主和社會主義除了「平等」一詞毫無共同之
> 處。但請注意這個區別：民主在自由之中尋求平等，而社會主義
> 則在約束和奴役之中尋求平等。[90]

缺乏基督慈愛精神也是中國赤難日益暴烈一大致因。大批文盲、半
文盲毫無道德底線，在革命就是鬥爭的慫恿下，上演一幕幕折磨「階級
敵人」的慘劇。馬克思主義圓心歪斜，只能放射出愈來愈斜的歪轍。

（二）社會主義等於奴役

自由（美元鎸詞）乃現代人文地基，歐美第一樁柱性理念，凝聚一

---

[89]　李慎之：〈革命壓倒民主〉，《歷史的先聲──中共半個世紀前對人民的莊嚴承
諾》，博思出版集團（香港）2002年，頁27～30。

[90]　托克維爾：〈在制憲會議上關於勞動法問題的演講〉，《亞里克西·德·托克維
爾全集》第9卷，頁546。轉引自哈耶克：《通往奴役之路》，頁30。

系列基礎價值：人權、民主、平等、寬容、個性解放。自由不僅拴繫人類幸福度、社會活躍度，也是創造力第一動能，生產力基礎元素。公有制、計畫經濟要求人們成為規格整齊的齒輪與螺絲釘，指個人自由含「不滿社會主義」因子，從源頭扼住社會發展脖頸。

約翰·斯圖亞特·密爾（John Stuart Mill, 1806-1873）：

> 凡是壓毀人的個性的都是專制，不論管它叫什麼名字。

> 國家的價值，從長遠看來，歸根到底還在組成它的全體個人的價值。……一個國家若只為 —— 即使是為著有益的目的 —— 使人們成為它手中較易制馭的工具而阻礙他們的發展，它終將看到，小的人不能真正做出大的事；它還將看到，它不惜犧牲一切而求得的機器的完善，由於它為求得機器較易使用而寧願撤去了機器的基本動力，結果將使它一無所用。[91]

對個體價值的解讀度，國家文明度刻線。民主之所以必要，亦在保護個體自由，遏制政府公權侵犯民權，為個體自由提供政治保障。民眾選票既制約政要，也平衡各方利益。同時，言論自由保證媒體監督、及時糾誤、剔辨新說。縱為「英明領袖」也得接受民眾挑剔評點。民主雖易爭吵，但爭吵即篩濾，寧慢勿躁，正利遠遠大於負弊。西方爭吵的議會，效能自然千倍於中國舉手機器的櫥窗式「人大」。

國際共運認定正在從事「最後的鬥爭」——符合全人類根本利益，可使用一切手段對付反對者，認定只有通過獨裁政權才能貫徹理想，視自由為罪惡之源。「社會主義第一人」聖西門（1760-1825），呼籲「像牲畜一樣對待」不服從他提議的委員。[92]

托克維爾與阿克頓勳爵均發出警告：

> 社會主義意味著奴役。

列寧老友、美國共產主義作家馬克斯·伊斯門（1883-1969），1922年入俄，考察21個月，轉為堅決反共，強烈批評馬克思主義，出版多部反共著作：《俄國社會主義的末日》、《馬克思主義是科學嗎？》、

---

[91] （英）約翰·密爾：《論自由》，許寶騤譯，商務印書館（北京）2005年，頁75、137。

[92] （英）哈耶克：《通往奴役之路》，頁29。

《論社會主義的失敗》，其代表語：

> 史達林主義與法西斯主義相比，不是更好而是更壞、更殘酷無情、野蠻、不公正、不道德、反民主、無可救藥，最好被稱為超法西斯主義。

1939年，英國作家F‧A‧沃伊特，經多年觀察：

> 馬克思主義已經導致了法西斯主義和民族社會主義，因為就其全部本質而言，它就是法西斯主義和民族社會主義。

1939年，一位德國作家：

> 通過馬克思主義可以達到自由與平等的信念的完全崩潰，已經迫使俄國走上德國一直在遵循的相同道路，即通往極權主義的、純粹消極的、非經濟的、不自由不平等的社會。這等於說共產主義和法西斯主義本質上是相同的。

哈耶克：

> [1920～1930年代]開始時都是社會主義者，最終都成為法西斯主義者或納粹分子。這個運動的領袖們是這樣，下層的徒眾們就更是如此了。在德國，一個年輕的共產主義者能比較容易地轉變為納粹分子，或者情形正相反，這是盡人皆知的，兩黨的宣傳家們尤其瞭解這一點。二十世紀三十年代，這個國家的許多大學教師看到從歐洲大陸回來的英國和美國的學生，無法確定他們是共產主義者還是納粹分子，只能確定他們都仇視西方的自由主義文明。……共產主義者之於納粹分子，納粹分子之於共產主義者，社會主義之於這二者，都是潛在的招募對象，他們都由合適的材料構成。[93]

1922年，英國學者伯蘭特‧羅素（1872-1970）驚人預言：

> 中國易於激動而致群情激憤，……正是性格中的這一因素，……可以想見，將來會有部分中國人成為狂熱的布爾什維克主義者、仇日派、基督徒，或者一個終將稱帝的領袖。[94]

---

[93]　轉引自（英）哈耶克：《通往奴役之路》，頁20、32～34。

[94]　（英）羅素：《中國問題》，秦悅譯，學林出版社（上海）1996年，頁167。1920-10-12～1921-7-11，羅素在華講學。

　　人類文明的高度，濃縮體現於平衡群己關係的精密度。群己關係也是人類社會最重要的關係，馬克思主義在這一關鍵處動手腳，歪倡無私，以集體之名抽空個體之實，以統一挪換自由，指悖謬為崇高，舉荒唐為高義，完全走向人性反面。個權關隘失守，自由失據，民主失依，博愛失憑，平等失基，現代文明地基整個漂起來了。得承認，反黨反社會主義確實聯繫緊密，反黨＝反社會主義，反黨政治性，反社會主義才是價值性。

　　私人財產之所以神聖不可侵犯，就在於財產拴繫權益、保障自由。共產主義棄私為公，顛倒正朔，逆碼甲乙，撬動歷史理性凝成的價值序列，從而導致最烈人禍。

　　中共亦曾允諾「自由」，抗戰名曲〈在太行山上〉（1938）內有「自由之神在縱情歌唱」（宣揚赤區很自由）。二十世紀前期中國知識界粗放混亂，無力辨識共產主義與自由的本質悖反，大批青年相信了社會主義也通往自由，辨識赤說的時間差幫了中共大忙，成功忽悠數代國人。

　　各赤國實驗共產主義（50～100年），內戰、饑荒、貧窮、恐怖……

　　2007-6-12華盛頓，共產主義受難者紀念碑落成儀式，美國總統布希演講：

> 這一意識形態奪走了估計高達1億無辜的男人、女人和孩子的生命。[95]

　　1991-12-17蘇共解體，戈巴契夫（1931-）「結束詞」：

> 馬列主義這一套荒謬絕倫的邪說經過七十多年的實驗，從理論到實踐都徹底失敗了。歷史事實證明馬克思主義是徹頭徹尾的禍害人類的荒謬邪說。……在世界各個角落，只要出現共產黨就會出現內戰，饑荒和恐怖，就把燒殺、掠奪、暴亂、篡國奪權、血流成河帶到哪裡。為此，我們在克里姆林宮真誠地向全世界受共產黨迫害的人民和國家道歉。[96]

　　1999年12月，俄羅斯總理普丁（1952-）：

---

[95]　From: http://www.whitehouse.gov。中國事務轉載http://www.chinaaffairs.org

[96]　https://www.facebook.com/291049771240959/posts/310912035921399/；https://www.meipian.cn/e88ret6

蘇維埃政權沒有使國家繁榮、社會昌盛、人民自由。用意識形態的方式搞經濟，導致我國遠遠落後於發達國家。無論承認這一點有多麼痛苦，但是我們將近七十年都在一條死胡同裡發展，這條道路偏離了人類文明的康莊大道。[97]

中國共運百年，折騰這麼一大圈，以「神聖共產主義」鎮壓打倒那麼多「階級敵人」，毛澤東伸腿的1976年，整死至少七千萬（大饑荒餓死四千餘萬，文革整死兩千餘萬，其他近一千萬），最後發現不僅毛共政權乃有史以來最暴虐政權，連「共產主義」都是虛幻烏托邦，百年赤禍之源。

（三）小知領導層

羅隆基戳到老毛痛處的「小知識分子領導大知識分子」（李維漢認為觸怒毛發動「反右」）[98]，一語中的。中共領導層還真就是一群「半桶水晃悠」的小知，第八屆政治局只有一位本科生（候委陸定一）。馬列圖紙方向本歪，中共卻握為經天緯地絕對真理，小知器識更降低警覺能力。

1980年10～11月，四千中共高幹縱論毛澤東，總結毛氏敗因：「有權+無知」，「他是以農業社會主義思想來指導我國的社會主義建設的。」[99]

楊尚昆留蘇五年（研究生），文革前天天看戲，看電影，看表演，看球賽，閱讀時間很少。1960-2-7楊尚昆緊跟毛澤東讀蘇聯《政治經濟學教科書》（高校教材），只讀下冊（第20～36章），4月13日才讀完。[100]啃讀理論的能力明顯很弱，兩厚本《楊尚昆日記》處處暴露小知侷促──信仰堅定、理性甚弱、層次不高。

狂熱信仰出於模糊認知而非清晰理解，也正因為對共產主義一知半解，才會迸發宗教式狂熱。國際共運的工農化肉身必然排斥知識分子，

---

[97] 王正泉：〈普京對蘇聯歷史及蘇聯解體的評價〉，《百年潮》2006年第11期，頁62。

[98] 李維漢：《回憶與研究》下冊，頁834。

[99] 李銳：〈討論《歷史決議（草案）》的摘記〉，《李銳文集》第5冊，卷九，頁68、62。

[100] 《楊尚昆日記》（上），頁471～493。

不期然而然地以愚為尊。反右、大躍進，以為即將進入紅色天堂，很興奮地自挖墓坑，憤怒打倒揭說真相的知識分子。

法國哲學家柏格森（Henri Bergson, 1859-1941）：

> 信仰的力量不表現在能支使人移山，而在於能讓人看不到有山要移。

西方大眾心理學家：

> 教義不是讓人去理解的，而是讓人去信仰的。
>
> 當一個群眾運動開始去解釋其教義，使之明白易懂時，就是這個群眾運動已經過了生氣勃勃階段的表徵。
>
> 如果一種教義不是複雜晦澀的話，就必須是含糊不清的；如果它既不是複雜晦澀也不是含糊不清的話，就必須是不可驗證；也就是說，要把它弄得讓人必須到天堂或遙遠的未來才能斷定其真偽。[101]

毛澤東深受馬列赤說浸淫。1962-1-30「七千人大會」，毛澤東：

> 社會主義和資本主義比較，有許多優越性，我們國家經濟的發展，會比資本主義國家快得多。……從現在起，五十年內外到一百年內外，是世界上社會制度徹底變化的偉大時代，是一個翻天覆地的時代，是過去任何一個歷史時代都不能比擬的。……不論在中國在世界各國，總而言之，90%以上的人終究是會擁護馬克思列寧主義的。……馬克思列寧主義這個真理是不可抗拒的，人民群眾總是要革命的。世界革命總是要勝利的。[102]

四、警世八誡

社會發展離不開理想燈塔，各朝各代總有借披理想或為理想所惑的興亂者，分辨正義理想與興亂邪說實為提煉赤難訓誡重中之重。為防赤潮再起，循災因而堵漏缺，止亂於初，扼災於苗，尤須補上歷時性文化

---

[101] （美）埃里克・霍弗（Eric Hoffer）：《狂熱分子》，頁3、134～135。
[102] 《建國以來毛澤東文稿》第10冊，頁31～32、37。

漏洞，提高全社會理性層次、加強辨誤能力、提高「度」之掌控——既有理想又不偏方向。

　　馬克思主義自炫「科學社會主義」，披罩「無私」靚衣，倚靠世人辨識新說的時間差，赤旗一時新豔，赤潮騰湧百年。因此，針對靚麗「無私」、時間差「彼岸」，訓誡相應為二：(1)一切以滅私為旨的「主義」均為邪說；(2)一切以「彼岸」證效的方案均須抵制。社會進化改革必須持守的重大原則：以經驗為據，以實踐為準。只能用實踐證效之策優化社會、濟貧扶困，不能僅憑主觀設計。

　　鉤玄提要，凝誡為八：

（一）現實第一

　　共運赤難核心謬因乃哲學性問題：理想與現實之關係。人類進步需要理想牽引，進步動力亦源於濟世願望，但理想得合乎客觀實際，主觀「應然」必須符合客觀「實然」，而非客觀「實然」倒趨逆吻主觀「應然」。追求理想只能做增量，不能降低已有文明水準，更不能為理想而損毀已得利益。

　　禍世邪說均起於歪指現實，片面放大某一局部矛盾，強調其不可調和性，歪設邏輯，掛幌「主義」，推銷「徹底解決」方案。因此，守住現實時效即禦赤雄關，自動檢驗各種新說的理性含量。無時效者，何以致長效？馬克思主義以「未來」名義改造社會、重碼社會秩序，所謂「只接受未來檢驗」，實避現實檢驗，當下一切（包括蘇區災難）失去檢驗赤色革命的「合法性」，即實踐失去檢驗「真理」的資格。

　　西方學界擲評烏托邦：

> 烏托邦主義是人類愚蠢的極致，……把烏托邦主義看作現代歷史中最黑暗的一種邪惡力量。[103]

　　人類社會只能漸趨完美，要求一步到位迅速完美，勢必脫離現實。邱吉爾名言：「完美即癱瘓」。共產主義自稱「最後鬥爭」，實則逆趨理性，各赤國無不立時癱瘓。歷史一再證明：進步只能漸成，社會只能

---

[103] （美）莫里斯・邁斯納（Maurice Jerome Meisner）：《毛澤東與馬克思主義、烏托邦主義》，中央文獻出版社1991年，頁15。

緩進，拾階而上，不可能「畢其功於一役」，所有「最後鬥爭」、「直入天堂」，定為裏邪之說。

人類認識能力有限，不可能看得太遠，今天的局部修正，就是通往美好明天的臺階，積量變才能成質變，直接質變，一鍬挖口井，可能乎？

美國學者約翰・杜威（John Dewey, 1859-1952）：

社會進步並不是一種批發的買賣，而是零售的生意。[104]

「求現實之利，留萬世之名」，無現實之利，何留萬世之名？跳過現實追求懸空未來，如何保證您的追求符合未來？「現實之利」，理性之閘也，理性變革當然得以社會財富「增量」為尺規。未來之利未得，現實之利先損，且以血腥暴力開道，怎麼可能是「福音」？

（二）尊重傳統

共產主義徹底否定傳統，顛覆一切秩序，大亂甲乙，赤難直接致因。傳統之所以必須尊重，就在於它是經驗砌成，凝含一系列不得不然的歷史理性，尊重傳統就是帶上祖先最好的東西。法國法學家讓・多馬（Jean Domat, 1625-1696）：慣例乃自然法的一部分。[105]長期形成的慣例實為博弈之果，存在即合理（必有原因）。

開來只能立足繼往、立足既有臺階，盡量利用已有「建築材料」（經驗），盡棄傳統豈非愚蠢地退回周口店，一切從頭摸起？不沿著既有臺階前進，勢必偏離理性中軸，拐入旁門左道。中國共運，吾華跌入有史以來最黑暗谷底，從最低處再出發。二十一世紀初，王蒙：「對我來說，今天中國的一切都是better than worst（比最差稍好）。」[106]

社會秩序的核心就在於精細協調各種利益、相對合理地碼放價值序列。與時俱進的制度修訂，只能來自實踐試錯、逐步調整。尤其更動社

---

[104] 胡適：〈民主與極權的沖突〉。《自由中國》（臺北）1949-11-20。《胡適選集・政論》，文星書店（臺北）1966年，頁192。

[105] 轉引自（英）埃德蒙・柏克（Edmund Burke）：《法國革命論》（1790），何兆武等譯，商務印書館（北京）2009年，頁198。

[106] 查建英：《八十年代訪談錄》，牛津大學出版社（紐約）2006年，頁228。

會基礎的所有制，涉及宏大框架，豈可未經實踐就自稱「最新最美」？「絕對真理」？

中國這樣的古國大國，船大難掉頭，現代化轉型必須帶著傳統一起走，驟然與傳統脫節，失去檢驗新說的標尺，革命成了脫軌列車，一切亂套失控，一黨專政又使赤色專列沒了剎車。如此這般，共運赤禍，吾華尤烈。

美國人類學家克萊德・克盧布哈恩（Clyde Kluckhohn, 1905-1960）：

> 一個社會要想從它以往的文化中完全解放出來是根本不可想像的事。離開文化傳統的基礎而求變求新，其結果必然招致悲劇。[107]

1775年，美國「大陸會議」，帕特里克・亨利（Patrick Henry, 1736-1799）著名講演詞——

> 我只有一盞指路明燈，那就是經驗之燈。除了以往的經驗之外，我不知道還有什麼更好的辦法來判斷未來。[108]

先破後立，似乎給勁有力，好像也成邏輯，自古成功在嘗試呵，但嘗試成功自古無，何況未經試錯的大破大立。世界近代史證明：成功的社會變革多為漸進銜接型，可逆可改，留有校正餘地，代價較小。如英國光榮革命（1689），如西北歐、北美、亞洲四小龍（韓臺港新）、約旦、摩洛哥、印度……，這些成功範例所凝結的經驗得到廣泛認可。

激進論、突變說，以主觀先驗設計否定客觀經驗，顧此失彼，危險系數極高。社會變革牽一髮動全身，不經實踐，各項變數難以考量預測，寧慢勿錯，寧可摸著石子過河，腳踏實地，安全第一。斷裂式突變，與傳統完全脫鉤，棄成例就未知，棄經驗寄新制，大革命成大賭博。五四左翼士林認定現代化必須首棄傳統，城門洞開，門門自拔，迎納赤色鹹水妹重要一環。

傳統≠消極，保守≠落後，尊重傳統＝尊重自然。吾華經典「中庸」，古希臘箴言「凡事勿過度」，不走極端，可控可逆，至要箴言。

---

[107] 轉引自余英時：《文史傳統與文化重建》，三聯書店（北京）2004年，頁429。
[108] 帕特里克・亨利：〈不自由，毋寧死〉，《歷史深處的聲音》，海南出版社1999年，頁57。

（三）防堵豔說

　　創新之日即易錯之時。大膽設計，必須小心求證，豈能倚新自聖？豔說求靚，必悖常俗；以新博豔，以靚炫世。愈靚麗的「主義」勢必愈脫離現實，因為距離現實愈遠才可能愈顯靚麗。懸幌「終極解決一切」，一定是無法到達的烏托邦。至少兩三百年內，人類只能在通往美好的路上，無法徹底消除貧窮。再則，真若到達盡善盡美的終點（不必發展也不可能發展），豈非相當可怕？

　　士林向以救世濟民為職志（「開萬世之太平」），先天左傾，容易接受大尺度變革。這一士林弱點，恰為馬克思主義所趁。追麗逐豔，迷醉幻影，人性重大弱點，赤潮發軔濫觴。

　　德國詩人弗・荷爾德林（Friedrich Holderlin , 1770-1843）：

　　　　總是使一個國家變成人間地獄的東西，恰恰是人們試圖將其變成天堂。[109]

　　認清邪說、褪其靚衣，需要一定時間。英國坎特伯雷大教長休立特・約翰森（Hewlett Johnson, 1874-1966），1930～1950年代訪蘇訪華，為赤色共運高聲辯護。1953年，大教長出版《中國：新的創造性時代》，宣稱在中國看到二十年前蘇聯出現的「人間天國」：

　　　　　　中國正在上演一齣宗教性的戲劇，它對貪婪的憎惡和基督教完全一致。

　　　　[中國]正在把人從物質占有的本能中解放出來，為建立在更高基礎上的新社會鋪平道路。……他們的小我消失了。我們夢想了多少年的真正基督教的因素在中國實現了。[110]

　　1965年，伯蘭特・羅素仍在挺共：「中國人曾歷經磨難，但他們的英雄主義拯救了他們，他們應該成功。願成功是他們的！」[111]1972年，費正清認為中國文革乃「影響深遠的道德十字軍遠征」，將人性引向

---

[109] 轉引自：（英）哈耶克：《通往奴役之路》，頁29。

[110] 程映虹：《毛主義革命：二十世紀的中國與世界》，田園書屋（香港）2008年，頁189～190。

[111] （英）伯蘭特・羅素：《中國問題》，秦悅譯，學林出版社（上海）1996年，頁1。

「自我犧牲和為別人服務的方向」，管理中國的不是法律而是道德典範，值得美國仿效。[112]

　　人文學科乃錯誤高發區域，各種主義各套邏輯都在解釋歷史、批評現實、規劃未來，世人很難及時撥辨。意識形態又決定看待事物的立場角度、決定價值排列，每一場大型社會運動均起於意識形態之萍末。選擇意識形態等於選擇社會的價值地基，決定文明質地與人文精度。

　　世上本就不存在一匙開千鎖的「主義」，治世良方也不可能從一種「主義」中提取，只能綜合各維度經驗不斷調試修正。任何人都不可能窮盡所有經驗、都無法成為導航萬世的上帝。煊赫一時的馬恩列斯毛，還不是與國際共運一起掃進歷史垃圾堆——爾曹身與名俱滅。

（四）分權制衡

　　再賢明的領袖也可能犯錯，再偉大的個人也難敵集體智慧，國家命運絕不可拴繫一人之識、握於一人之手。三權分立雖存弊端（易引紛爭），但能及時糾錯、制衡獨裁，利弊相權，歷史現階段最精密的政治制度。尤其較之一黨專政，中共都很清楚矮了一大截。毛澤東獨裁禍國，中共無法程序性制止，解決「四人幫」仍靠老套路宮廷政變。中國政治目前仍處於暴力集權封建低層次。

　　歐美民主政制凝結政治操作各種歷史經驗，兼顧人性方方面面。三權分立歷經歐美三百餘年修訂調整日臻完善，模仿照抄，成本最低，便宜可靠，為什麼非要「中國特色」？還不是中共為一黨之利強硬堅持赤色意識形態、堅持一黨專政，以「中國特色」抵制普世價值、抵制「顏色革命」？！

（五）告別暴力

　　西方知識界從法國大革命看到暴力革命的巨大負弊。英國思想家埃德蒙‧柏克（Edmund Burke, 1729-1797），認定秩序乃自由的前提：

> 當古老的生活見解和規則被取消時，那種損失是無法加以

---

[112] 程映虹：《毛主義革命：二十世紀的中國與世界》，田園書屋（香港）2008年，頁190。

估計的。從那個時刻起，我們就沒有指南來駕馭我們了，我們也不可能明確知道我們在駛向哪一個港口。

　　我體會到這場變革不是帶來了改進，而是需要一段漫長的年代才能多少彌補這場哲學式革命的後果，才能使國家回到她原來的立足點上來。

　　柏克精闢分析：英美革命以維護傳統價值為宗旨，法國大革命則以破壞傳統為目的；英美革命指導思想以現實為基礎，法國革命則以抽象哲學觀念為依據。[113]英國的保守正來自對英法革命的深刻剖識，確立非暴力原則。保守主義也是英國得以摒拒赤潮的文化絕緣層。

　　秩序本身就是革命質量的保證，至少保持社會的前後銜接，降低變革成本。現代文明度也集中體現於非暴力。任何暴力革命學說，源頭上即應堵截。

　　中國一日不送客馬列，中共一日還在「不忘初心」（堅持馬克思主義），吾華赤難就尚未結束，就還在為馬克思主義繳納學費，中國人民就還在熬受紅色暴力。

（六）保障自由

　　自由的價值根柢在於保護個人權益，近代人為災難均起於對個權的剝奪，如大饑荒時期不准給瀕臨餓死的「兩勞」人員郵寄食品。[114]1975～1976年英國皇家學院邀請數學家楊樂、張廣厚訪英，因「個人出訪審查極嚴」而擱置。1977年，對方再發邀請（瑞士國際函數論會議），中科院外事局遞呈報告月餘，政治局在京成員一一畫圈，兩位數學家才得出訪（文革後首例）。[115]毛澤東時代的中國，無遷徙自由，無擇業自由，無出入境自由……直至無思想自由。今天，中國仍無第一臺階的言論自由，更無組黨自由，任何集會（包括家庭教會）

---

[113] 柏克：《法國大革命》，何兆武等譯，商務印書館（北京）1998年，頁104、174、頁iii、xi（譯者序言）。

[114] 巫寧坤：《一滴淚》，頁95。

[115] 〈楊樂回憶當年以個人身分出國‧中央政治局在京成員都畫了圈〉，《中國青年報》（北京）2007-8-22。《報刊文摘》（上海）2007-8-27摘轉。

都有麻煩，甚至會入獄。2020-2-15北大法學博士許志永因廈門聚會被捕。[116]

自由為現代人文理念軸心，不僅為各種創造之源，亦人類幸福必履之徑。言論自由既保障各種新說迅速問世，亦使之得到及時撥辨。同一體系內，思維運行同軌，很難發現體系本身的廬山之限。東漢王充（27-97?）已看到：

> 兩刃相割，利鈍乃知；二論相訂，是非乃見。（《論衡‧案書》）

自由保證多元，各體系通過互詰互補相得益彰。絕對尊奉一種學說一則主義，封閉自守，摒拒校正，等於拒絕辨謬剔誤。辨識馬克思主義當然得走出廬山，才能終識「廬山真面目」。

（七）警惕革命

1848年〈共產黨宣言〉發表，馬克思30歲，恩格斯28歲。青年壯志，雄視天下，未知先行。余英時：「馬克思的『是怎樣』的部分實在失之偏頗。」[117]還未搞清楚人類社會「是怎樣」，就設計「應怎樣」，且欲一攬子解決人類所有問題，天翻地覆慨而慷。百年赤難慘烈證明：寧改良勿革命，寧慢勿迫，尤須警惕青年革命。曾經也是紅色青年的錢理群（1939-，中右），引用米蘭‧昆德拉名言警示後人：「青春是可怕的。」[118]青春熱情衝動，發願宏大而識見尚淺，不易看到社會問題牽涉的方方面面。

北伐時期青年學生大面積信仰激進赤說，先紅後黑的陳公博（1892-1946）：「學校未入世的青年都是好奇立異的，也是比較單純的，三民主義太復雜了，焉有共產主義那樣明瞭！」[119]1932年，章太炎（1892-1946）：「現在青年第一個弱點，就是把事情太看容易。」[120]

---

[116] https://zh.wikipedia.org/wiki/許志永

[117] 余英時：〈知識分子必須是批評者〉，李怡編：《知識分子與中國》，九十年代出版社（香港）1990年，頁142。

[118] 《錢理群文選──拒絕遺忘》，汕頭大學出版社1999年，頁290。

[119] 陳公博：《苦笑錄》，東方出版社（北京）2004年，頁23。

[120] 章太炎：〈今日青年之弱點〉，《歷史深處的聲音》，海南出版社1999年，頁169。

1968年，法國「五月風暴」，學生們喊出如此口號：

權力歸於想像！

在用最後一個資本家的腸子勒死最後一個官僚之前，人是不自由的。[121]

（八）「平等」之辯

平等，赤潮藉以發軔的價值初始支點，最有煽動力的號召語。但是，歷史現階段還只能達到基礎平等——生存權平等、教育權平等、種族平等、法律平等，尚不可能達到財富平等、機遇平等、能力平等、實現願望平等……，非洲貧家子弟的命運如何與歐美中上層家庭子弟「平等」？就是歐美國家，不同階層子弟的人生旅途也不可能平等。此外，欲望無限而「蛋糕」有限，「平等」實現各種願望本無可能。硬要一律平等，不承認差異的必然性合理性，不許一部分人先富起來，勢必摧毀殖富機制，共同富裕只能得到共同貧困，均富成均貧。

「第一代無產階級革命家」深陷赤漩，自就「平等」縛繩，深深被「帶節奏」。1974-12-26毛澤東謂周恩來：

我國現在實行的是商品制度、工資制度也不平等，有八級工資制，等等，這只能在無產階級專政下加以限制。……要多看點馬列主義的書，……無產階級中、機關工作人員中，都有發生資產階級生活作風的。[122]

共產主義的前提是不承認人際差異性，以無差求等酬。孟子早云：

夫物之不齊，物之情也；或相倍蓰，或相什伯，或相千萬。子比而周之，是亂天下也。巨屨小屨同賈，人豈為之哉？從許子之道，相率而為偽者，惡能治國家？（《孟子·滕文公上》）

物之不齊，人亦萬別。不同稟賦、不同努力得到不同結果，也是一種平等，一種更重要的平等——保持社會整體平衡的平等。公有共產只顧貧弱一頭，不同工而同酬，等於鼓勵不勞可獲，製造更大不公——弱者剝削強者，亦逼迫人們相率為偽，集體失誠。追求單一

---

[121] 陶錸：《完美的人——切·格瓦拉傳》，海南出版社2002年，頁425。
[122] 《建國以來毛澤東文稿》第13冊，頁413～414。

「平等」而打碎整體平衡（損害社會整體利益），以偏概全以小損大，除微疵而毀整器。

小結

共產主義非不熟之果，並非生產力尚未達到相應階段而失敗，而是原理錯誤原點歪斜，永不可能也不應實現。共產之弊遠遠大於設計之利，赤國一律經濟癱瘓、持續饑荒、政治恐怖、特權腐敗。實踐證明：失去績效酬差，根本無法「按勞取酬」，不是發展生產力，而是破壞生產力。人性本私應私，理性制度只能顧兼公私而非滅私純公。

辨邪說於新興，識凶險於初萌，史學最重要功能。共運赤難如此之烈，當然得用力擰絞經驗訓誡、提煉防堵原則。否則，巨額學費就白繳了，人類還有可能重蹈覆轍。「共產」、「平等」對窮人誘力永存。只要還有窮人，共產主義就存在社會土壤，仍有可能披新衣而還陽。因此，必須警惕各種花哨豔說（掛幌拯溺濟貧），說得愈靚，愈得警惕！

結語

　　中國確實出了一個毛澤東，毛時代的「殘民以逞」遠超吾華五千年任何一朝。副總理方毅（1916-1997）：「毛澤東就是一個暴君。」陸定一：「他瘋了（指毛晚年）。」[1]無論肇禍烈度還是個人品德，鞭毛屍都不足以平民憤。但比毛澤東更可怕的是馬克思主義，全球赤難之源。馬克思主義將中國引入深深赤巷，為中共及毛澤東所有倒行逆施提供「合法性」（價值依據）。認清馬克思主義的原點荒謬，才能走出赤色廬山。

　　吾華赤難尚未結束，馬克思主義雖已西風殘照，尚未「漢家陵闕」，我們還未送走「紅色鹹水妹」，全國青少年還在被強行灌輸「正確思想」。大陸高校五門政治課（必修）：馬克思主義哲學概論、馬克思主義政治經濟學原理、毛澤東思想概論、鄧小平理論和三個代表、思想品德修養。文科再加一門：時政政治。博士論文評審設專項欄目「政治方向與價值導向」：

　　　　是否以馬克思主義為指導思想；研究內容、學術觀點的價值導向
　　　　是否符合社會主義核心價值觀。

　　拆卸「違章建築」馬克思主義，送葬紅色意識形態，才是赤難休止符。走出馬列魔影的第一步即送走毛澤東。毛像在牆，毛屍在堂，「秦始皇」陰魂不去，中國就仍陷「特殊國情」，國家就仍在歪斜中。

　　文革後，一批垂暮赤士持「革命不可避免」，為共運尋求合法性，從「不可避免」進至「歷史必然」，再掛上「歷史規律」。退一萬步，就算赤色革命不可避免，反右、大饑荒、文革、六四也不可避免麼？為什麼生生錯過那麼多剎車機會？為什麼毛氏不死文革不已？為什麼至今還聳立網絡風火牆？還在封閉資訊箝制思想？還在淡化赤難？還將剝奪

---

[1]　李銳：〈胡錦濤管得比江澤民緊〉，《中國時報》（臺北）2006-9-18。

　　李銳：〈毛主席與反右派鬥爭〉，《領導者》（香港）2007年8月號，頁101。

言論自由說成「特殊國情」？還在搞個人崇拜？還在監禁異議人士？還在……

李慎之、李銳、李普、劉賓雁、胡績偉、王若水……，這批延安一代「兩頭真」（青年晚年求真，中年隨僞），中共黨內已走在反思最前列，但仍未能「告別馬列」，局限於「打著紅旗反紅旗」——用這部分馬列反對那部分馬列，因爲他們只識馬列。2001年4月，83歲的李普〈還要走很長的路〉：

> 由於我自己太缺乏常識，對西方近代和現代政治方面的思想和實踐一無所知。改革開放以前，我認爲除了馬克思主義，世界上再沒有什麼社會科學。這種迷信把自己封閉起來，使自己由於愚昧而陷入了更深的愚昧。[2]

雅典德爾菲神廟門廊下三箴言：「認識你自己」、「妄立誓則禍近」、「凡事勿過度」，句句警醒深刻。人類最大的敵人還是自己，赤難終極根源伏於人性弱點。任何「主義」之災，必倚人性弱點而起，利用人類對未來的期待，移動基本原則，更易基礎理念，以彼岸煽動此岸，立假設爲聖條，指暴亂爲「最後鬥爭」。爲此，守住「漸變」就是守住理性雄關，炫豔邪說便不可能擴張滲漫。

中國當今最大的問題當然還是中共，只要中共還在專政，國家就不可能折返理性中軸。毛澤東禍國如斯，居然至今不准研析，不准列示毛時代史實！1980年秋，中共四千高幹縱論毛澤東，起草第二個〈歷史決議〉，鄧小平定調：

> 毛澤東思想這個旗幟丟不得，丟掉了這個旗幟，實際上就否定了我們黨的光輝歷史。……給毛澤東同志抹黑，也就是給我們黨我們國家抹黑。[3]

中共「無力」送別老毛、送別馬列，因拴繫共運「合法性」。1980-6-27鄧小平看了第二個〈歷史決議〉初稿：

> 不行，……如果丟掉毛澤東思想這面旗幟，中共的歷史將被否

---

[2]　《李普自選集》第1冊，柯捷出版社（紐約）2010年，頁149。

[3]　《鄧小平文選》第2卷（1975～1982），頁262～263、266。

定，中共領導政權的合法性也將不復存在。[4]（按：這段話未收入
《鄧選》）

四千高幹中多數也囿於政局穩定而遷就。吳江：「這時如果我們突
然廢棄『毛澤東思想』這一提法，在人們的心目中實際上等於否定我們
已走過來的道路，在政治上易造成被動。」[5]

近年，針對海內外對共運合法性的整體否定，中宣部大力放送
「反歷史虛無主義」，按需剪裁中共黨史，甚至對中共已否定的「大躍
進」、「文革」都動手動腳，說成「艱難探索」，企圖扭轉對毛時代的
整體負評。

中國乃中國人之中國，非中共之中國。赤朝國史當然不可能定於利
益相關方中共的自評，歷史車輪也不可能由中共永久掌控。14億國人當
然有權評點國務，得擁有「神聖一票」。

---

[4]　熊崧策、胡元：〈「歷史決議」是如何煉成的？〉，《文史參考》（北京）2012
年第7期（2012-4-1），頁30～31。《文摘報》2012-4-17摘轉，版8。

[5]　《政治滄桑六十年：吳江回憶錄》，頁207。

跋

　　筆者文學博士出身，50歲由文入史。Why not do something worth more?
（爲什麼不幹價值更大的？）赤難慘烈，神州痛泣，文學實在太輕矣！

　　錢理群：「1998年我提出建立『1957年學』的倡議，在學界幾乎
無人理睬。」[1]作爲對錢先生的呼應，拙著實在有點太晚，得錢先生賜
序，最大獎掖。1986～1987年，兩叩錢門未入（報考北大碩士），錢先生
一直是我精神導師。

　　2004年，初踏史界，戰戰兢兢出版第一本涉史專著《中國知識分
子的選擇與探索》，迷惘驚惶，生怕踩線（觸犯中共忌諱），僅淺涉「反
右」，已極度震駭——怎麼會到這一步！此後十餘年，十分留意「反
右」，2017年4月移美前，已積四十餘萬字研「右」資料。

　　非常感謝美國給了我一張平靜安全的書桌。真誠感謝IIE-SRF
（Institute of International Education-Scholar Rescue Fund，國際教育組織——拯救學者
基金），感謝哥倫比亞大學東亞所，感謝「中國人民的老朋友」——
黎安友教授（Andrew James Nathan）。2018年，IIE-SRF與IAS（Institute for
Advanced Study，普林斯頓高等研究院）提供第一年度資助，得以完成《赤難
史證——大饑荒成因》（臺北秀威2019年）。2020年，IIE-SRF與哥倫比亞
大學東亞所提供第二年度資助，全力投入這本「反右」專著。大饑荒、
反右，中國赤難兩大「標誌性建築」，竟在美國立項，很感佩美國的全
球人文襟懷。

　　感謝美國勞改研究基金會（Laogai Research Foundation），拙著得到該會
部分資助，同時再收穫一份「德不孤」。

　　感謝普林斯頓大學東亞圖書館、哥倫比亞大學東亞圖書館，他們
對中國現代史料的搜集，極具專業意識，提供基礎性支撐。兩館服務超

---

[1]　錢理群：《拒絕遺忘——「1957年學」研究筆記》，牛津大學出版社（香港）
2007年，頁495。

一流，調閱各種資料相當便捷。2021-7-12～23、8-9～20（Covid-19疫情期間），普林斯頓大學東亞館特許我入館四週，東亞館長Martin先生、外借組長Marissa女士傾力協助，特致謝忱。

感謝香港五七學社總幹事、「反右」研究者凌文秀先生（武宜三）提供一系列參考資料。感謝國內兩位幫我查找資料的友人。

感謝2005年以來賜贈回憶錄、提供各種資訊的「右派」前輩：張元勳、張先癡、趙文滔、譚蟬雪、陳奉孝、陳生璽、石天河、范亦豪、張允若、王書瑤、張強華、向承鑑、朱正、鐵流、和鳳鳴、李蘊暉、竺亞青、周素子、陳炳南、茆家升。

感謝所有記述苦難的「右派」，感謝此前所有「右難」研究者，感謝他們提供的臺階。

還得「感謝」人生旅程一路上各單位頭頭，他們的共同見棄才使我未入歧途，終脫俗絆，總算走上「自絕於革命自絕於黨」的正途，未完全走錯人生。如有來生，仍願治史，靜守幽窗，穿越驚濤。

2021年6月　Princeton

附錄一　1957年「右」生〈結論〉（二）

〈中共北京師範大學中文系總支委員會關於雷一寧問題的結論及處理意見〉（1957年10月）

1. 極端的資產階級個人主義，孤芳自賞，狂妄自大，對黨對新社會不滿、對立，認爲自己做了偉大事業中的傻瓜。標榜自己爲獨立思考，不做乖孩子，要求資產階級絕對的民主自由。對同學態度粗暴，經常罵人，抗拒組織的教育和批評。

2. 在整風中，站在資產階級立場，大肆向黨進攻。寫稿件攻擊黨員，在會上謾罵污蔑黨的組織及積極分子，並寫大字報〈從「豈不令人深思」所想起的〉爲右派分子呵欠伯的反動大字報做辯護，並對許多的右派言論都加以同意和讚賞，墜落爲團內的右派分子。

   反右開始後，情緒牴觸、頑抗，打擊積極分子，拒不檢查交代自己的言行，影響反右派的順利開展。經批判後口頭上表示願意檢查，但並未認真考慮自己的問題。

3. 自我檢查只羅列了一般事實，對所犯錯誤仍抱著欣賞的態度，對錯誤的性質和嚴重性認識很不深刻。

爲一般右派分子，分配工作，考查一年。[1]

---

[1] 《千名中國右派處理結論和個人檔案》第3冊，頁87。

〈中共北京師範大學中文系總支委員會關於張榮生問題的結論及處理意見〉（1957年10月30日）

　　張榮生，平時表現即脫離政治，只扣業務，對集體對組織格格不入。肅反運動時不積極，一貫狂妄自大，極端個人主義。去年國際修正主義歪風起來後，更要求絕對民主，大加提倡獨立思考懷疑一切。對正確原則都斥之以教條主義。

　　整風開始即在班上散播謬論，污蔑黨委搞肅反運動是「唐吉訶德式的英雄」、「肅反基本上是不健康的，而且犯了很大錯誤」，要中央答覆。並說「胡風是否反革命值得懷疑，事實上沒找出胡風和國民黨的聯繫」，攻擊班上黨員是特殊人物，造謠說從國外回來的的知識分子被迫自殺。並寫反黨文章〈隨感〉、〈以黨代政〉等。

　　反右派鬥爭中對右派分子極表同情，群眾鬥爭右派分子也極反感。對自己問題交代比較老實，表示願意改造重新做人。

　　根據以上情況，為一般右派分子，決定分配工作，考查一年。

中共北京師範大學中文系總支委員會
審查人　杜慧民；　總支書記　陳燦

同意總支意見　　1957.10.30
　　　　　　中共北京師範大學委員會，審查人　張斧（章）

　　同意（北京師範大學章）　　副校長　何錫麟（章）10.31[2]

---

[2]　《千名中國右派處理結論和個人檔案》第6冊，頁79～80。《不肯沉睡的記憶》，頁268～269。

附錄二　1979年〈覆審意見〉（一）

1979年〈北京師範大學關於張榮生右派問題的覆審意見〉

張榮生，男，47歲，江西新余人。家庭出身牧師兼醫生，本人成分學生，原中文系學生。1957年劃為右派分子，受開除團籍和分配工作考察一年的處分，1962年摘掉右派分子帽子，現在黑龍江綏化教革辦進修組工作。

張榮生被劃為右派的主要依據及覆審意見：

1. 張在5月25日班裡的座談會上發言說：「肅反」師大黨委不從實際出發，不調查研究，主觀臆想出強大的敵人，結果變成一齣滑稽戲，真有點像堂・吉訶德式的。」還說：「肅反基本上是不健康的，而且犯了很大錯誤。要中央答覆」等等。關於這些話，對肅反運動的估計，存在有根本性的錯誤。張榮生之所以產生這些錯誤想法，是因為他受蘇共二十大批評史達林肅反擴大化思潮影響，看到師大肅反中的問題，進而推想到其他單位及全國。但這屬於思想認識問題，不是惡意攻擊黨的肅反政策。他還說：「胡風是否反革命值得懷疑，事實上沒有找出胡風和國民黨的聯繫。」這話沒有什麼錯誤。

2. 張在6月17日的《火星報》上發表〈以黨代政〉一文，該文在黨委委員方銘同志講了幫助黨整風也可以探討一下社會主義制度某些環節上的問題之後寫的。寫完後，經黨支部書記劉叔成同志看後發表。文中有些說法是有錯誤的，如：「在我們國家裡，不管是有意的還是無意的，都存在黨即國家、國家即黨、黨政不分的現象。」但這篇文章還不是反黨反社會主義的。

3.有些錯誤認識係張本人交代，不能作為定案依據。

　　綜上所述，張在1957年整風運動中的言論雖有錯誤，但還不是從根本立場上反黨反社會主義。對原劃為右派分子的結論，予以改正。撤銷開除團籍處分，按超齡團員對待。撤銷分配工作考察一年的處分。

中共北京師範大學中文系總支委員會

1979年2月10日[1]

---

[1]　張榮生：〈不堪回首的一九五七年〉，《不肯沉睡的記憶》，頁272。

附錄三　1957年批鬥實況（一）

1957年10月中央廣播電臺工業組黨支部批鬥「右派」邵燕祥

你給林希翎的信的內容是什麼？我們掌握是我們掌握，現在要你自己來交代。你與林的關係？你們怎樣聯繫的？林的右派面目五六月應該弄清楚了，爲什麼當時不彙報？你支持過林，爲什麼不講？隱瞞的動機是什麼？

你總是強調受別人的影響多，要你說自己的根源。

你對黨組織的認識、尊重、要求領導和幫助，從來不強烈。肅反後期跟審查對象談戀愛，當時審查她的社會關係還沒結束嘛，這就是政治立場問題。

要進一步檢查，怎麼樣自由主義、怎麼樣無原則地遷就群眾。

交代同《辣椒》（按：《中國青年報》副刊）、同舒學熄（《辣椒》編輯）的關係。你自己對《辣椒》等等說了一些什麼意見？

交代你跟各個學校同學的關係！跟艾青等人的關係！

你根本不是反對官僚主義、落後、保守，你反對的是什麼東西？你否定老老實實聽黨的話的幹部！

對電臺不滿、寫稿等等，那不僅是客觀問題，要挖主觀的東西！

長期把個人放在黨的監督之外。爲什麼沒有及時、主動地彙報各種情況？主要的思想顧慮在哪裡？

青年作家中間有很多右派，有哪些熟悉的？有哪些相互影響？

什麼都歸功於自己，爲什麼把個人奮鬥看得這樣重，把黨的教養看得這樣的輕？這牽涉到對黨的看法——爲什麼會諷刺黨組織……

《辣椒》副刊所約的向黨進攻的稿子，難道是偶然寫出來的？你自己的責任在哪裡？

還有錯誤的文藝思想，甚至從胡風文藝思想開始，還講過一些什麼？

還有與文藝界其他右派分子的聯繫！

交代你自己實際的思想情況，你對自己的估價！

你與電臺以外的各個方面的聯繫和活動，不管對與不對，全部交給組織審查──包括寫信、寫稿、約會、電話。凡是對電臺組織瞭解你的思想情況有幫助的材料，全部交出，不得毀掉。

客觀原因要講，主觀原因也要講；還要講你怎麼樣利用自己的身分和影響，進一步在群眾中散播你的觀點。

在全民反右鬥爭中，對你自己嚴重的反黨言行、所放的毒草，沒有端出來，這是採取的什麼態度？你的許多行動，黨不知道。（稍濃縮）[1]

---

[1]　邵燕祥：《沉船》，上海遠東出版社1996年，頁152～154。

主要資料來源

一、中共史料

中共中央文獻研究室、中央檔案館：《建黨以來重要文獻選編（1921～ 1949）》，中央文獻出版社（北京）2011年。

中央檔案館：《中共中央文件選集（1921～1949）》，中共中央黨校出版 社（北京）1989～1992年。

中央檔案館、中共中央文獻研究室：《中共中央文件選集（1949-10～ 1966-5）》，人民出版社（北京）2013年。

中央檔案館編：《共和國五十年珍貴檔案》，中國檔案出版社（北京） 1999年。

中共中央文獻研究室：《建國以來重要文獻選編》，中央文獻出版社 1992～1998年。

中國社會科學院現代史研究室、中國革命博物館黨史研究室選編： 《「一大」前後》，人民出版社1984年。

國家統計局綜合司：《全國各省、自治區、直轄市歷史統計資料彙編 （1949～1989）》，中國統計出版社（北京）1990年。

中共中央辦公廳：《情況簡報（整風專輯）彙編》第1～65期（1957-6-30～ 1958-4-29），宋永毅編：《反右絕密文件》第1～12卷，國史出版社 （紐約）2015年。

新華社（北京）：《內部參考》，1950～1964年。

中文出版物服務中心（洛杉磯，2002～2012）：《中共重要歷史文獻資料 彙編》第22輯，第1～100冊。

中共中央文獻研究室：《建國以來毛澤東文稿》，中央文獻出版社 1987～1998年。

中共中央文獻研究室：《毛澤東年譜（1949～1976）》，中央文獻出版社2013年。

中共中央文獻研究室：《毛澤東文集》，人民出版社1993～1999年。

中共中央「毛選」出版委員會：《毛澤東選集》第1～4卷，人民出版社1966年（橫排本）。

中央中央文獻編委會：《毛澤東著作選讀》，人民出版社1986年。

中共中央毛著編委會：《毛澤東選集》第5卷，人民出版社1977年。

「鋼二司」武漢大學總部、中南民院革委會宣傳部、武漢師院革委會宣傳部：《毛澤東思想萬歲》，1968年5月編印。

中共中央文獻編委會：《鄧小平文選》第2～3卷，人民出版社1983年、1993年。

中共中央馬恩列斯著作編譯局：《馬克思恩格斯選集》，人民出版社1972年。

中共中央馬恩列斯著作編譯局：《列寧選集》，人民出版社1972年。

《當代中國農業合作化》編輯部：《建國以來農業合作化史料彙編》，中共黨史出版社（北京）1992年。

北京大學社會主義思想教育委員會：《北京大學右派分子反動言論匯集》1957年10月編印。

《首都高等學校反右派鬥爭的巨大勝利——中國人民大學、北京大學、清華大學、北京師範大學反右派鬥爭材料選輯》，北京出版社1957年10月。

李維漢：《回憶與研究》，中共黨史資料出版社（北京）1986年。

《楊尚昆日記》（1949～1965），中央文獻出版社2001年。

薄一波：《若干重大決策與事件的回顧》，中共中央黨校出版社1991年（上卷）、1993年（下卷）。

二、資料集

牛漢、鄧九平主編：《六月雪》、《原上草》、《荊棘路》，經濟日報出版社（北京）1998年。

宋永毅主編：《中國反右運動數據庫》，香港中文大學‧中國研究服務
　　中心2014年。

宋永毅主編：《千名中國右派處理結論和個人檔案》，國史出版社（紐
　　約）2015年。

段躍編：《烏「晝」啼──1957年「鳴放」時期雜文小品文選》，中國
　　電影出版社（北京）1998年。

雷一寧等採編：《「陽謀」下的北師大之難》，真相出版社（香港）
　　2011年。

張大芝等主編：《陰晴雨雪旦復旦》，香港華泰出版社2008年。

丁望主編：《原版文革密件》，當代名家出版社（香港）2006年。

《共匪四十年來之罪行》，亞洲聯合通訊社（臺北）1961年8月。

陳權選編：《「鳴放」選萃》第1～2冊，自由出版社（香港）1958年。

《展望》雜誌編：《鳴放回憶》，自聯出版社（香港）1966年。

自聯資料室：《百家鳴放選》，自聯出版社（香港）1957年9月。

中國人民227鳴放反共革命聯合會出版部：《鳴放──反共革命實錄
　　史》，當代出版社（香港）1958年。

海外出版社（臺北）編：《大和尚與小和尚》；《「老子天下第一」》；
　　《「牆」和「溝」的問題》；《「脫胎換骨」的公私合營》；
　　《「外行領導內行」》；《大陸青年進行曲》（「鳴放」輯錄之一～
　　六），海外出版社（臺北）1957年9月。

中國大陸問題研究所：《從大陸看大陸》第1輯，中央文物供應社（臺
　　北）1974年。

王學珍等：《北京大學紀事（1898～1997）》，北京大學出版社2008年。

《南開大學反右資料》（第一本），南開大學社會主義思想教研組編
　　印，1957年10月。

三、回憶錄

俞安國、雷一寧編：《不肯沉睡的記憶──五七學子的往事》，中國文
　　史出版社（北京）2006年。

陳生璽、張鎮強編：《抹不去的歷史記憶——南開大學「五七」記憶》，中國國際文化藝術出版社（香港）2015年。

譚蟬雪：《求索——蘭州大學「右派」革命集團案」紀實》，香港天馬出版公司2010年。

賈植芳：《獄裡獄外——一個「胡風分子」的人生檔案》，天地圖書公司（香港）2001年。

燕凌、穆廣仁等：《一生都在波濤中》（《紅巖兒女》第三部），真相出版社（香港）2012年。

房文齋：《昨夜西風凋碧樹——中國人民大學反右運動親歷記》，新銳文創（臺北）2012年。

巫寧坤：《一滴淚》，遠景出版公司（臺北）2002年。

吳永良：《雨雪霏霏——北大荒生活紀實》，香港五七出版公司2010年。

周鯨文：《風暴十年——中國紅色政權的真面貌》，時代批評出版社（香港）1959年8月再版。

姜桂林：《「新華社」十二年》，正聲廣播公司（臺北）1962年。

《徐鑄成回憶錄》，三聯書店（北京）1998年。

《劉賓雁自傳》，時報文化出版公司（臺北）1989年。

《王若望自傳》，明報出版社（香港）1991～1992年。

《蕭乾回憶錄》，中國工人出版社（北京）2005年。

《林希翎自選集》，順景書局（香港）1985年12月。

《走向混沌：叢維熙回憶錄》，花城出版社（廣州）2007年。

《第一個平反的「右派」：溫濟澤自述》，中國青年出版社（北京）1999年。

石天河：《逝川憶語——《星星》詩禍親歷記》，香港天馬出版公司2010年。

和鳳鳴：《經歷——我的1957年》，敦煌文藝出版社（蘭州）2001年。

吳奔星：《從「土改」到「反右」——吳奔星1950年代日記》，獨立作家（臺北）2014年。

范亦豪：《命運變奏曲——我的個人當代史》，人民文學出版社（北京）2014年。

張元勳：《北大一九五七》，明報出版社（香港）2004年。

吳弘達：《昨夜雨驟風狂》，勞改基金會・黑色文庫（華盛頓）2003年。

陳奉孝：《夢斷未名湖——二十二年勞改生涯紀實》，勞改基金會・黑
　　色文庫2005年。

張軼東：《從列寧格勒大學到新肇監獄》，勞改基金會・黑色文庫
　　2007年。

王書瑤：《燕園風雨鑄人生》，勞改基金會・黑色文庫2007年。

胡顯中：《陽謀下的人生》，勞改基金會・黑色文庫2008年。

陳文立：《滄桑歲月》，勞改基金會・黑色文庫2002年。

曾石榮：《赤海漂零記》，勞改基金會・黑色文庫編委會2006年。

杜高：《我不再是「我」——一個右派分子的精神死亡檔案》，明報出
　　版社（香港）2004年。

張強華：《煉獄人生》，中國三峽出版社（北京）2004年。

周素子：《右派情蹤——七十二賢人婚姻故事》，田園書屋（香港）
　　2008年。

戴煌：《九死一生——我的「右派」歷程》，中央編譯出版社（北京）
　　1998年。

趙文滔：《傷害》，夏菲爾國際出版有限公司（香港）2009年。

鐵流：《走錯房間的右派精英》，夏菲爾出版公司（香港）2009年。

黃秋耘：《風雨年華》（《黃秋耘文集》第四卷），花城出版社1999年。

韋君宜：《思痛錄》，人民文學出版社2013年。

藍翎：《龍卷風》，上海遠東出版社1995年。

邵燕祥：《找靈魂——邵燕祥私人卷宗：1945～1976》，廣西師大出版
　　社2004年。

蕭克、李銳等：《我親歷過的政治運動》，中央編譯出版社（北京）
　　1998年。

于光遠：《我親歷的那次歷史轉折——十一屆三中全會的臺前幕後》，
　　中央編譯出版社（北京）1998年。

章詒和：《最後的貴族》，牛津大學出版社（香港）2004年。

季羨林：《牛棚雜憶》，中共中央黨校出版社2005年。

《政治滄桑六十年：吳江回憶錄》，香港中文大學出版社2012年。

《閻明復回憶錄》，人民出版社2015年。

《戚本禹回憶錄》，中國文革歷史出版公司（香港）2016年。

四、專著、文集

丁抒：《陽謀——反右運動始末》，開放出版社（香港）2006年。

丁抒主編：《五十年後重評「反右」：中國當代知識分子的命運》，田
　　園書屋（香港）2007年。

《反右研究文集》（反右運動50周年國際學術研討會），勞改基金會・中國
　　資訊中心（華盛頓）2008年。

鄭宇碩等編：《五七精神・薪盡火傳》（反右運動55周年國際學術研討會文
　　集），香港城市大學2013年。

華民：《中國大逆轉——「反右」運動史》，明鏡出版社（紐約）
　　1996年。

沈志華：《思考與選擇——從知識分子會議到反右派運動》，香港中文
　　大學當代中國文化研究中心2008年。

朱正：《反右派鬥爭全史（上冊）》，秀威（臺北）2013年。

朱正：《反右派鬥爭全史（下冊）》，秀威（臺北）2013年。

沈展雲等編：《中國知識分子悲歡錄》，花城出版社（廣州）1993年。

金薔薇編：《作家人生檔案》，中華工商聯合出版社（北京）2001年。

魏光鄴編：《命運的祭壇》，作家出版社（北京）2008年。

趙旭：《夾邊溝慘案訪談錄》，勞改基金會・黑色文庫編輯部2008年。

李泥：《歷史傷口—— 二十年右派尋訪記》，明鏡出版社（紐約）
　　2008年。

吳中傑：《復旦往事》、《海上學人》，廣西師範大學出版社2005年。

人民日報報史編輯組：《人民日報回憶錄》（1948～1988），人民日報出
　　版社1988年。

《新文學史料》編輯部：《我親歷的文壇往事》（憶大事），人民文學
　　出版社2004年。

《八十三封書信——許良英、李慎之書信集》，同心同理書屋（北京）
　　2010年。

王蒙、袁鷹主編：《憶周揚》，內蒙古人民出版社1998年。

章立凡主編：《記憶：往事未付紅塵》，陝西師範大學出版社2004年。

于風政：《改造》，河南人民出版社2001年。

吳稱謀編：《「反右」與當代中國命運》，世界華語出版社（美）
　　2017年。

曹樹基：《大饑荒——1959～1961年的中國人口》，時代國際出版公司
　　（香港）2005年。

王友琴：《文革受難者》，開放雜誌出版社（香港）2004年。

金鐘編：《共產中國五十年——非官方記錄的歷史真相》，開放出版社
　　（香港）2006年。

金鐘編：《三十年備忘錄——開放時代100篇精選》，開放出版社（香
　　港）2017年。

《李銳文集》，香港社會科學教育出版公司2009年。

李銳：《李銳論說文選》，中國社會科學出版社（北京）1998年。

《李銳近作——世紀之交留言》，中華國際出版集團公司（香港）
　　2003年。

錢理群：《拒絕遺忘：「1957年學」研究筆記》，牛津大學出版社（香
　　港）2007年。

張紫葛：《心香淚酒祭吳宓》，廣州出版社1997年。

谷興雲編：《一位偉大的女性——紀念雷一寧》，香港新華出版社
　　2016年。

季羨林主編：《沒有情節的故事》，北京十月文藝出版社2001年。

（英）哈耶克：《通往奴役之路》，王明毅等譯，中國社會科學出版社
　　（北京）1997年。

（美）埃里克・霍弗（Eric Hoffer）：《狂熱分子》，梁永安譯，廣西師大
　　出版社2011年。

五、報刊

《黨史研究》（北京），中共中央黨史研究室。

《中共黨史資料》（北京），中共中央黨史研究室、中央檔案館。

《人民日報》（北京），中共中央機關報。

《光明日報》（北京），各民主黨派中央機關報、中共中央宣傳部。

《文匯報》（上海），中共上海市委宣傳部。

《解放日報》（上海），中共上海市委機關報。

《文史資料選輯》（北京），全國政協文史資料委員會。

《百年潮》（北京），中共中央黨史研究室、中共黨史學會。

《黨的文獻》（北京），中共中央文獻研究室、中央檔案館。

《炎黃春秋》（北京），中華炎黃文化研究會。

《紅旗》（北京），中共中央委員會。

《新文學史料》（北京），人民文學出版社。

《世紀》（上海），中央文史研究館上海文史研究館。

《同舟共進》（廣州），廣東省政協。

《新觀察》（北京），中國作家協會。

《文藝報》（北京），中國作家協會。

《文摘報》（北京），《光明日報》社。

《二十一世紀》（香港），香港中文大學‧中國文化研究所。

《當代中國研究》（美國），普林斯頓‧當代中國研究中心。

《往事微痕》（北京），民間刊物（2008-7-10～2012-9-15）。

DO歷史89　PC0971

這是為什麼？
──「右」難及成因

作　　者／裴毅然
責任編輯／尹懷君
圖文排版／蔡忠翰
封面設計／王嵩賀

出版策劃／獨立作家
發 行 人／宋政坤
法律顧問／毛國樑　律師
製作發行／秀威資訊科技股份有限公司
　　　　　地址：114 台北市內湖區瑞光路76巷65號1樓
　　　　　電話：+886-2-2796-3638　傳真：+886-2-2796-1377
　　　　　服務信箱：service@showwe.com.tw
展售門市／國家書店【松江門市】
　　　　　地址：104 台北市中山區松江路209號1樓
　　　　　電話：+886-2-2518-0207　傳真：+886-2-2518-0778
網路訂購／秀威網路書店：https://store.showwe.tw
　　　　　國家網路書店：https://www.govbooks.com.tw

出版日期／2022年2月　BOD一版　定價／950元

獨立 作家
Independent Author

寫自己的故事，唱自己的歌

讀者回函卡

這是為什麼？：「右」難及成因 / 裴毅然著. --
一版. -- 臺北市：獨立作家, 2022.02
　　面；　公分. -- (Do歷史 ; 89)
BOD版
ISBN 978-986-06839-8-1(平裝)

1.中國史 2.政治運動

628.73　　　　　　　　　　　110021221

國家圖書館出版品預行編目